日本外交の150年

【幕末・維新から平成まで】

One Hundred Fifty Years of Japanese Foreign Relations

波多野澄雄 編著
Sumio Hatano

日本外交協会 企画

日本外交協会

序にかえて

日本が国際社会に踏み出して百五〇年、その間、内外の荒波に翻弄されながらも、世界で第一級の民主国家として認められるまでに成長した。その底力はどこから生まれたのか。「平成」の一時代を終え、次代の新しい御代のスタートラインに立つに至って、私たち日本国民はいま改めて過去を振り返り、これからの新しい時代の目標を定めねばならない。

何故ならば、大国といわれる米、中、露の覇権争いが将来ますます激しさを増し、世界中に不安要素をまき散らす怖れがあるからである。今年（二〇一九年）六月、二〇カ国・地域の代表が日本に集結し、安倍晋三首相が初めてリーダーとなって世界が直面する課題に取り組む。その成否は今世紀の国際社会の動向に大きな影響をもたらすに違いない。

トランプ米大統領誕生後の米国や世界の動揺ぶりをみる時、いったん生じた混乱を収めることは容易でないことを証明している。世界の危機的現象は、各国の財政問題、環境問題、自然エネルギーの構築、地域紛争や移民、そしてわが国の場合は、北方領土返還問題、憲法改正への取り組みと安全保障問題など、枚挙に暇がない。そのいずれも私たちに世代を超えた重い責任がのしかかっている。

さらに来年は世界中が日本を注目する一大イベントがある。二〇二〇年のオリンピック・パラリンピックだ。私たちはこのイベントを、新たな平和と経済発展への起点としなければならない。

私たちは今こそ「改元」の意義をかみしめ、歴代内閣やそれを支える官僚組織の輝かしい足跡をかえりみながら、次世代の発展を願って本書を出版したい。

出版にあたり、波多野澄雄・筑波大学名誉教授、赤川博昭・現代史料出版社長に甚大なご協力をいただいた。ここに深甚なる謝意を表します。

二〇一九年三月一〇日

一般社団法人日本外交協会　理事長
池浦　泰宏

目次

第1章 幕府外交と開国

1-1　咸臨丸船中困難の絵図

年表

1853年（嘉永6年）

7月 8日（6月3日）
ペリー艦隊，浦賀に来航．14日（6月9日），久里浜に上陸．米大統領フィルモアの親書を手交．

8月 5日（7月1日）
老中阿部正弘，米国国書への返書に関し，諸大名の意見を求める．

8月22日（7月18日）
プチャーチンの率いるロシア艦隊，長崎に来航．

1854年（嘉永7年／安政元年）

3月31日（安政元年3月3日）
神奈川で日米和親条約（神奈川条約）調印．

10月14日（8月23日） 長崎で日英約定調印．

1856年（安政3年）

1月30日（安政2年12月22日）日蘭和親条約調印．

8月21日（7月21日）
米国駐日総領事ハリス，下田に来航．

10月23日 英軍，広州に侵攻（アロー戦争＝第2次アヘン戦争）．

1857年（安政4年）

6月26日（閏5月5日） 日米約定調印．

12月 7日（10月21日）
ハリス登城（江戸出府），将軍に大統領国書を提出．

1858年（安政5年）

3月23日（2月9日）
老中堀田正睦，通商条約の勅許を求めて参内．

7月29日（6月19日） 日米修好通商条約調印．
10月9日（9月3日）の日仏を最後に，日英，日蘭，日露の順に修好通商条約の調印を終え，安政5カ国条約が完成．

10月13日（9月7日） 安政の大獄始まる．

1859年（安政6年）

7月 2日（6月2日） 神奈川，箱館開港．

1860年（安政7／万延元年）

2月 4日（1月13日） 幕府の遣米使節，軍艦咸臨丸で品川を出発．

1861年（万延2／文久元年）

1月15日（万延元年12月5日）
米公使通弁官ヒュースケン，薩摩藩士に襲われ死亡．

1月24日（万延元年12月14日） 日本・プロシア修好通商条約調印．

3月13日（文久元年2月3日）
ロシア艦ポサドニック号，対馬に来航（対馬事件）．

1862年（文久2年）

2月13日（1月15日）
水戸浪士ら老中安藤信行を坂下門外に襲撃．

9月14日（8月21日）
薩摩藩士，神奈川・生麦で英人を殺傷（生麦事件）．

1863年（文久3年）

6月25日（5月10日）
長州藩，下関海峡で米商船を砲撃，のち仏艦，オランダ艦も砲撃（下関砲撃事件）．

8月15日（7月2日）
英艦隊，鹿児島湾で薩摩藩と交戦（薩英戦争）．

9月30日（8月18日）
公武合体派，宮中クーデターを敢行（8月18日の政変）．

1864年（文久4／元治元年）

8月19日（7月18日）長州藩兵，幕府軍と交戦（禁門の変）．

8月24日（7月23日）
長州藩追討の朝命，一橋慶喜に伝達（第1次長州征伐開始）．

9月5～8日（8月5～8日）
英米仏蘭の4カ国連合艦隊，下関海峡で長州藩と交戦（下関事件）．

10月22日（9月22日）
4国代表と幕府の間に，下関事件賠償に関する約定調印．

1865年（元治2／慶応元年）

11月 4日（9月16日）
英米仏蘭4カ国代表，兵庫の早期開港，条約勅許を求めて連合艦隊を率いて兵庫沖に来航．

11月 9日（9月24日） 将軍参内，長州再征の勅許を受ける．

11月22日（10月5日）
天皇，条約勅許，兵庫開港は不許可の詔勅．

1866年（慶応2年）

3月 7日（1月21日）
木戸孝允ら，坂本龍馬の斡旋で西郷隆盛と薩長盟約．

6月25日（5月13日）
老中水野忠精，英仏米蘭と改税約書に調印．

7月18日（6月7日） 第2次長州征伐（征長の役）開始．

8月29日（7月20日）
将軍家茂死去，9月28日（8月20日），慶喜の宗家相続を布告．

10月10日（9月2日） 幕府と長州藩，休戦を協定．

1867年（慶応3年）

1月10日（慶応2年12月5日）
徳川慶喜，征夷代将軍・内大臣となる．

1月30日（慶応2年12月25日）
孝明天皇死去，2月13日（慶応3年1月9日），睦仁親王践祚．

3月18日（慶応3年2月25日）
樺太島仮規則（日露樺太雑居条約）調印．

7月23日（6月22日）
後藤象二郎ら西郷，大久保利通と会見，大政奉還の薩土密約を結ぶ．

10月15日（9月18日）
大久保利通ら，長州藩主父子らと会見，討幕の密約．

10月29日（10月3日）
後藤象二郎ら，山内豊信の大政奉還建白書を老中板倉勝静に提出．

11月 8日（10月13日）
岩倉具視，薩摩藩主父子宛の倒幕の詔勅を大久保に手交．

11月 9日（10月14日）
将軍慶喜，大政奉還上表を朝廷に提出．

11月10日（10月15日）
朝廷，大政奉還勅許の御沙汰書を慶喜に渡す．

1 開国のむずかしさ——自由貿易の壁

【黒船あらわる】

1853(嘉永6)年7月8日、米国東インド艦隊司令長官ペリーは、軍艦四隻を率いて江戸湾入り口の浦賀沖に姿をあらわした。ペリー艦隊と最初に接触したのが浦賀奉行所の与力・中島三郎助と、オランダ通司・堀達之助であった。二人が旗艦サスケハナ号に近づくと、同艦の通訳が提督は奉行所の最高位の役人以外とは会わない、と伝えたが何とか乗り込んだ。ペリーは副官を通じて、フィルモア大統領から将軍宛の国書を公式に受け取る人物を決めるよう要求した。日本側は、対外問題を扱う場所は長崎であり、そちらに回航されたい、と答えたが艦隊側は断乎として応じようとしなかった。

翌7月9日、中島は再びサスケハナ号に赴き、「国には、その国の国法これあり、その法を犯しそうろう儀は、あいなりがたし」と述べて、国書の受け取りを断った。日本には日本の法がある、というわけである。さらに、幕府の評議には数日かかり、仮に受け取ったとしても返答は長崎で行うと述べた。幕府はアヘン戦争の衝撃を受け、それまでの異国船打払令(25年)を撤回し、薪水、食料を供給する政策に転じていたが、外国との応接は長崎に限定していたからである。しかし、ペリー側は国書をこの地で幕府に手渡すとして譲らず、翌日には艦隊の一部を江戸湾に進入させた。

浦賀奉行の戸田氏栄《うじよし》は、対応策についての伺書を幕府に届けた。幕府は長崎のオランダ商館を通じて、ペリー来航の情報を事前にかなり詳細に把握していたが、追い払う以外に格別な対応を考えていなかった。実際、幕府は外国船が日本近海に迫る危機を自覚しながら、防備策はまったく不十分であった。

幕府の最高責任者は、備後福山藩主から抜擢されて老中となり、三〇歳を前にして老中首座の地位にあった阿部正弘であった。アヘン戦争における清国の敗北が念頭にある阿部は、不十分な防備で戦端を開

1-2 ペリー提督

1-3 庶民の前に姿を見せなかったペリーは様々に描かれた

1-4 久里浜への初上陸

1-5 浦賀奉行にアメリカ大統領の国書を渡す

くことは不可能と悟り、久里浜での国書の受け取りを浦賀奉行に指示した。

7月14日、号砲を合図に約三〇〇余名の兵士とともに久里浜に上陸したペリーは、仮設の会見場で浦賀奉行らと会見した。浦賀奉行は黙々と国書を受け取り、巻紙の受領書をペリーに手渡した。そこには、本来、外国との応接は長崎で行うべきところ、国法をまげてこの地で国書を受領するのでただちに立ち去ってほしいと書かれていた。ペリーは、数日中に浦賀沖を去るが、来年の春には戻ってくるつもりだと述べた。7月17日、艦隊は浦賀沖から琉球に向かい、那覇では首里王朝の意向を無視して貯炭所を設置した。

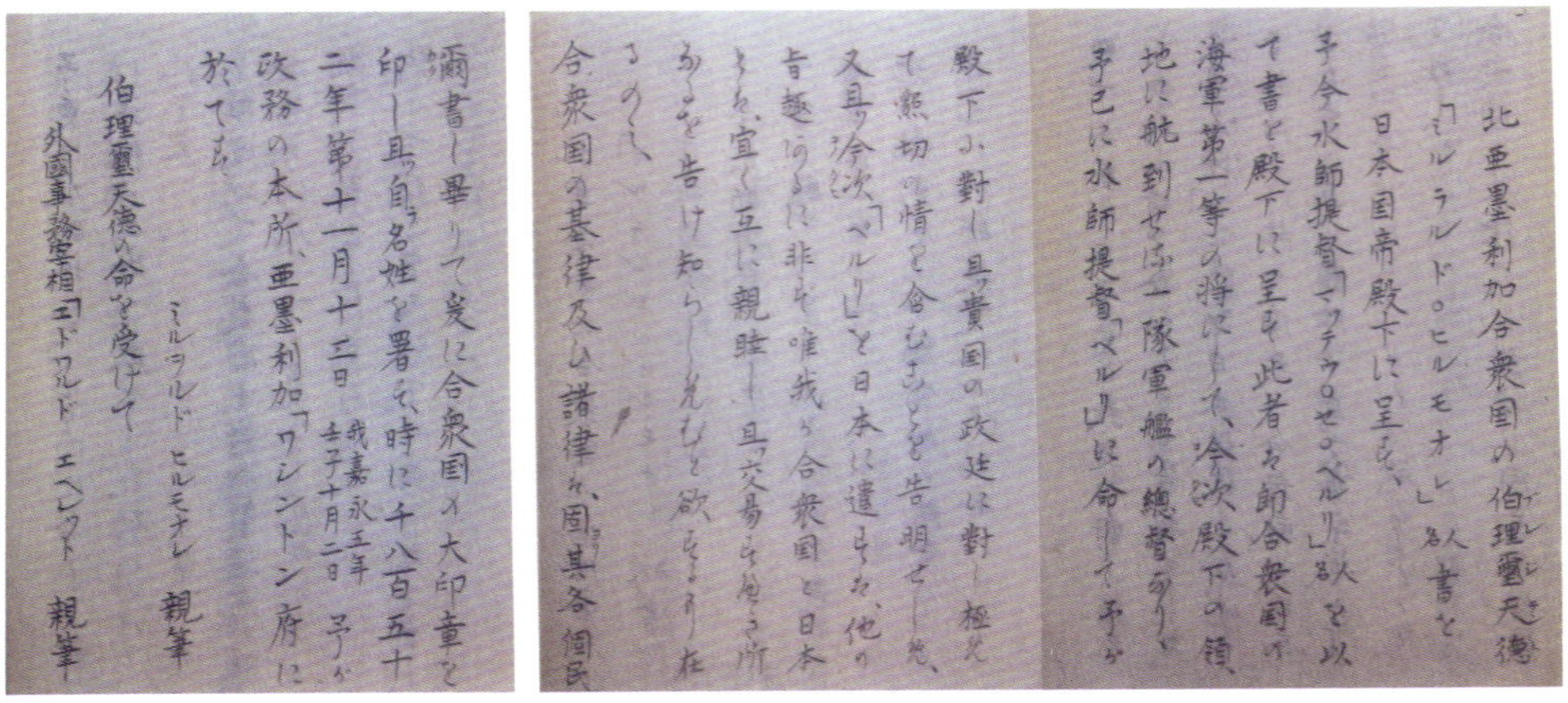

北亜墨利加合衆国の伯理璽天徳
「ミルラルド○ヒルモオレ」名人書を
日本国帝殿下に呈ス、
予今水師提督「マッテウ○セ○ペルリ」名人を以
て書を殿下に呈ス、此者ハ即合衆国の
海軍第一等の将にして、今狄殿下の領
地に航到せる一隊軍艦の総督なり、
予已に水師提督「ペルリ」に命して予か
殿下に對し且貴国の政廷に對し極光
て懇切の情を含むことを告明せしめ、
又且今狄「ペルリ」を日本に遣る者ハ他の
旨趣あるに非す、唯我か合衆国と日本
とハ宜く互に親睦し且交易をなさん所
あるを告け知らしめむと欲するに在
るのミ、
合衆国の基律及ひ諸律ハ、国其各個民

璽書し畢りて爰に合衆国の大印章を
印し且自ら名姓を署す、時に千八百五十
二年第十一月十三日 我嘉永五年壬子十月二日
政務の本所亜墨利加「ワシントン」府に
於てす、
ミルラルド ヒルモオレ 親筆
伯理璽天徳の命を受けて
外国事務宰相「エドワルド エヘレット」 親筆

1-6 フィルモア大統領の国書（写）

1-7 サスケハナ号

【引き延ばし策】

ペリー艦隊を派遣したアメリカが日本に着目した理由は二つであった。一つは、アヘン戦争後にアメリカの中国貿易が拡大し、議会でも太平洋航路の開設要望が高まり、その中継基地として日本の重要性に着目したことである。もう一つは、北太平洋で操業中に難破した捕鯨船の漂流民の保護であった。

海軍力の強化に努めていたペリーは、数年も前から、大型の蒸気艦船を集めた大艦隊をもって喜望峰を回って日本に遠征することを計画し、海軍長官に提案していた。当時の蒸気船は一九世紀の産業革命の一大成果ではあったが、燃費効率が悪く、頻繁な寄港と石炭や薪水の補給を必要としていた。そこで幕府との交渉が失敗した場合には、琉球や小笠原諸島が代替地と考えられた。

アメリカは、艦隊の圧力を背景に開国を無理強いする意思はなく、国書にも「貴国領土の平安を乱すべきあらゆる行動をなさざるよう、とくにペリー提督に指令した」とあり、自重を促している。アメリカでは、宣戦布告の権限は議会にあり、性急な軍事行動にはおのずと制限があった。その一方、ペリーには不測の事態に備えるため、一定の自由裁量が認められていた。実際、江戸湾におけるペリーの言動はかなり強硬なものであった。

ところで大統領国書は、漂流民への人道的対処、漂着船への物資供給などを要請していたが、最も重要な部分は、「旧法」（鎖国）を改めて「交易」を承認すれば、「両国の利益極めて大なる事疑ひなし」と貿易の開始を求めたことであった。これにどう答えるか、阿部は、国書を昌平坂学問所の林大学頭（林復斎《ふくさい》）らに和訳させ、外様大名を含む諸大名や旗本に回覧して意見をつのった。意見の多くは拒絶による鎖国政策の維持であった。そのほか軍事衝突は避け、要求への対応は

幕府外交のにない手たち

昌平坂学問所の外交人材

明治新政府は、幕府が西洋諸国と結んだ諸条約を引き継いだが、これらの条約は片務的な領事裁判権など不平等を強いるもので、新政府は条約改正に腐心することになる。そのため、不平等条約を受け入れた幕府の無為無策が批判されてきたが、最近の研究は幕府外交の評価を変えつつある。軍事力において圧倒的に劣る日本が、欧米と一戦を交えることなく、通商開始を迫る欧米の圧力に抗して国際条約による漸進的な開国にこぎつけ、江戸日本の自立を守ったという評価である。それは決して偶然ではなく、幕府によって登用された「開明派官僚」と呼ばれる幕吏たちの交渉力の成果であった。

例えば、初代の外国奉行となる岩瀬忠震、永井尚志、水野忠徳、井上清直、堀利熙の五人のうち、井上を除く四人は昌平坂学問所（昌平黌ともいい、文京区の湯島聖堂が旧跡）の学問吟味の合格者だったことである。昌平坂学問所は、林羅山に遡る林家の私塾を受け継ぎ、幕府直轄の学問所として1797（寛政9）年に開設されている。朱子学を幕府の「正学」として確立することが目的であった。

学問所の儒者たちは、漢文による文書業務―文書編纂、事例調査、国書翻訳、返書の執筆などを通じて徳川後期の幕府外交に寄与したことが知られているが、眞壁仁『徳川後期の学問と政治』によれば、彼らは古色蒼然たる朱子学の教義を振りまわすだけではなかった。万巻の読書と博覧強記、卓絶した海外知識は、激動する国際環境に対応できる柔軟な思考力と交渉力を養い、幕府の対外折衝を支えた。ペリー来航時に全権となった林大学頭（林復斎、1800～59）もその一人である。

徳川家の家臣でもあった彼らは、徳川宗家に対する篤い忠誠心ゆえに、幕府の瓦解によって悲運にみまわれたが、学問所に学び維新後も外交分野で活躍した人物は少なくない。田辺太一、宮本小一、のちに外相となる榎本武揚らである。外務卿・寺島宗則も古賀謹堂の門人であった。

田辺太一《たなべたいち》（号は蓮舟《れんしゅう》、1831～1915）

学問所では秀才とうたわれ、水野忠徳の知遇を受け、1861年に水野に随行して小笠原開拓に出航した。64年には、池田長発の横浜鎖港使節に随行して渡仏。池田は鎖港の愚を悟って無断で帰国、処分され、田辺も100日の閉門に処せられた。67年、徳川昭武に随行して渡仏し、パリ万国博に参列した。新政府では70年に外務少丞となり、翌年には岩倉遣欧使節にも書記官長の肩書で同行した。74年には大久保利通に従って清国に出張し、台湾事件の処理に貢献した。81年には清国駐剳臨時代理公使ともなった。90年に貴族院議員となる。田辺は幕府の外国方に在職して外交史料「通信全覧」の編纂に中心的役割を果たした。読売新聞に連載した記事を集録した『幕末外交談』（98年）を上梓した。

1-8　田辺太一

宮本小一《みやもとおかず》（1836～1916）

父子ともに学問所で学んでいる。幕府の崩壊時には、神奈川奉行所の官吏を統括する支配組頭を務め、対外折衝事務の第一線にあった。維新後は外国交際や通商を掌る外国官の官吏に抜擢され、69年の外務省の創設にともない、数少ない外務本省の幹部の一人となる。外務権少丞、大丞と出世したが海外に長期赴任することはなく、グラント将軍の来朝時の応接掛など外国賓客の応接や樺太島の調査にあたる。漢学の素養を生かして江華島事件の際には訪韓して黒田清隆全権の交渉を補佐し、琉球帰属問題の解決をめぐる日清交渉、81年には花房義質に従い日朝通商章程の交渉にもあたる。のちに貴族院議員にも勅撰されている。

最小限にとどめるという消極的開国論、さらに少数であったが積極的開国論などがあったが、いずれの意見も、軍事力（海防力）の強化が必要という点では共通であった。

また幕府は、その求心力を高めて難局にあたるため、強硬な攘夷論をもって有力諸藩の信望を集めていた水戸藩の徳川斉昭《なりあき》を海防参与に起用した。1853年11月、幕府は斉昭らの上申書を踏まえ、諸藩に大号令を発し、防備が十分ではないためペリーの再来には正式回答を与えず引き延ばしをはかることや防御策の強化を訴えた。ぐずぐずと回答を引き延ばし、その間に武力を整えて結局は貿易を拒絶しようという鎖国維持策であった。幕府は大型船の建造解禁、洋艦の外国発注、江戸湾に台場を建設して大砲をすえ付けること、などを決定している。また米国応接掛の筆頭に林大学頭を任命してペリーの再来に備えた。

貿易開始の是非は、ペリー来航前から識者の議論となっていたが、不用品の流入や必要品の流出による経済の混乱、一国と貿易を開始した場合、他の国とも貿易を許すことになるという平等性の問題、小国日本は自給自足経済の維持が可能であること、などが拒絶の理由であった。

【日米和親条約の調印】

1854年2月、ペリー艦隊が再び江戸湾に姿をあらわした。ペリーが再来を早めたのは、ロシアのプチャーチンが長崎に来航したとの情報に接し、先を越されないためであった。ペリー艦隊は横浜沖に停泊し、江戸での会談を要求したが、幕府は、最終的に横浜で交渉を行うことにした。3月8日からの交渉では、ペリー側の断乎たる態度に、幕府側がそれに屈して要求をのむ、という場面が多かった。ただ幕府側も長崎以外の開港には、かなり抵抗した。

幕府は、国書への回答書で、石炭、薪水などの供給と難破船の救助には応じたが、開港については五年の猶予をおき、その間は長崎をあてるとしていた。しかし、ペリーは長崎以外に、鹿児島、松前、那覇（琉球）、浦賀の開港を要求した。全権代表の林は、浦賀に反対して下田を提案し、那覇は、「日本の外藩」であるから交渉し難く、松前も大名の領地であるから幕府の独断ではできない、などと答えている。ペリーは松前藩に自ら出向いて大名と直談判するとまで言い及んだため、幕府は箱館（函館）の開港を認めた。他方、交易開始の要求は認めなかった。さらにペリーが、漂流民に対する不当な待遇を指摘し、「人命軽視」政策の変更を迫ると、林は人命尊重という儒学文化圏での道徳律の普遍性を説いて反論している。

54年3月末に調印の日米和親条約は、下田と箱館の開港、同地への寄港、薪水、石炭などの「欠乏品」の供与、漂流民の送還などを定めた。さらに私的な物資の取引を禁じたが（第八条）、他方では、必要物資の金銀対価による供与を定めたため、下田に「欠乏所」が設けられ下田奉行の配下の御用商人が取引にあたった。欠乏所における取引は、小規模ながら事実上の貿易活動であったという解釈もある。

また、和親条約はオランダ以外の欧米に初めて門戸を開き、また、米国に一方的な最恵国待遇[1]も与えることを取り決めた。ついで幕府は、イギリス、ロシア、オランダとも同内容の和親条約を結ぶが、自由な通商活動（自由貿易）を認めたわけではなかった。

ペリーは、琉球を拠点に幕府と交渉していたが、和親条約の調印を終えると琉球に戻り、54年7月、ペリーと琉球王国の間で琉米修好条約を調印している。

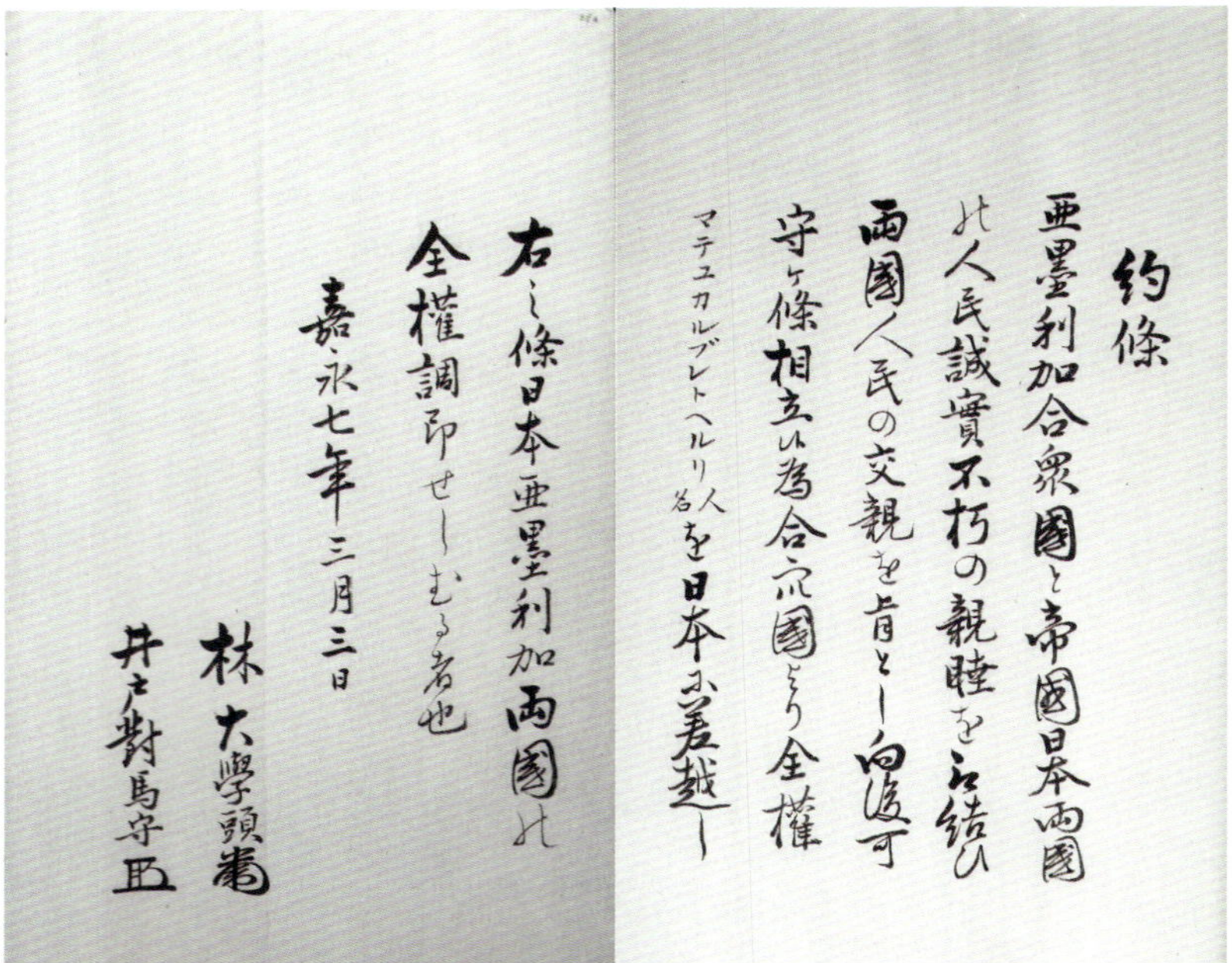

1-9　日米和親条約（調印書）

【クリミヤ戦争の波紋】

この時期、英露はクリミヤ戦争（１８５４〜56年）の渦中にあり、欧州列国の極東における行動にも影響を与えていた。54年9月、四隻の艦隊を率いて長崎にいたった英国中国方面艦隊司令長官スターリングは、極東海域におけるロシア艦の牽制や戦時中立、艦船の寄港などを求めた。長崎奉行・水野忠徳《ただのり》は要求を拒否する一方、日米和親条約を交渉の基礎として同年10月、日英約定を取り決めた。日英約定は、英国船の長崎、箱館寄港を認め、イギリスに対し最恵国待遇が与えられたが、やはり通商を含まなかった。翌55年、日英約定の批准書交換のため長崎を再訪したスターリングの要求には、通商への道を開きかねない事項も含まれていたが、交渉を先送りにした。

クリミヤ戦争は、ロシアのプチャーチン一行の行動にも影響を与え、戦後も極東における英露の対立が続くが、61年のポサドニック号事件がその例である。

ところでオランダは、英清間の南京条約（42年）以降、貿易開始を幕府に勧告していたが、幕府は応じなかった。52年にはオランダ商館長としてドンケル・キュルシュス（クルチウス）を派遣して通商条約の締結を試みたが、これも拒否されていた。結局、日蘭和親条約が56年1月に結ばれたが、貿易は従来からの出島における会所貿易（輸入品を日本商人が入札で購入）を踏襲したものであった。翌57年10月に結ばれた日蘭通商条約（追加条約）は、出島での会所貿易を拡大したにすぎなかったが、最初の通商規定を含む欧米との条約であった。ロシアとも同内容の日露追加条約を結んでいる。キュルシュスやハリスは、これらの追加条約を通商条約とは認めなかった。

欧米と和親条約を結んだ幕府は、老中・阿部正弘を中心に幕府権力の強化をめざし、外様大名を含む全大名の結集をはかろうとした。しかし、諸外国との交渉で朝廷への報告を行い、諸大名に意見を求めたことは、幕府の思惑に反して朝廷の権威を高め、諸大名の発言力を強める結果となった。とりわけ、薩摩（鹿児島）藩主の島津斉彬《なりあきら》、土佐（高知）藩主・山内豊信《とよしげ》、宇和島藩主・伊達宗城《むねなり》、福井藩主の松平慶永《よしなが》などの幕府政治に対する発言力が高まる。

【プチャーチン来航—日露和親条約】

ペリー艦隊が去って一カ月後の１８５３年8月下旬、今度はロシア極東艦隊司令長官のプチャーチンが軍艦四隻をひきいて長崎に来航した。ペリーと同じく通商の開始と国境問題に関する交渉のためであったが、アヘン戦争に勝利したイギリスに警戒感を強めていたロシアは、東アジアにおける影響力を強めることも目的の一つであった。

プチャーチンの艦隊がイギリスのポーツマス軍港を53年1月に出航し、シンガポールを経て、6月下旬に香港に到着すると、ペリー艦隊が琉球方面にあって日本に向かっているという情報が入った。艦隊は急いで香港を発ち、台風に苦しめられた末、8月初旬に小笠原諸島の父島に入港し、先に到着していた本国の艦船から新たな追加訓令を

琉米修好条約

1853年5月、琉球に来航したペリー艦隊は、幕府と日米和親条約を結んだあと琉球に戻り、54年7月、ペリーと琉球王国の間に調印したのが琉米修好条約である。ただ、ペリー来航以来、琉球側は市場での交易の自由、貯炭所の設置などを承諾させられており、それらを条文化したものと見ることができる。

琉球王国はほぼ同じ内容の修好条約をフランス、オランダとも結んでいる。これらが幕府との和親条約とは別個に締結された事実は、鎖国下で日清両属の「外藩」として存続してきた琉球の地位をものがたっている。72年の琉球藩の設置後、琉米修好条約等は外務省が引き継いだ。

1-10　プチャーチン

受け取った。プチャーチンの出発後、フィリップ・シーボルトがロシア政府に接触し、日本との交渉は江戸ではなく長崎に入港すべきだ、などと説き、ロシア政府は追加訓令とともに、これをプチャーチンに伝えたものであった。追加訓令には、国境交渉について、クリル諸島（千島列島）はロシアに属し、南限の島はウルップ島（日本側からすれば択捉島が北端）でまとめて良いという内容も含まれていた。

　ペリーが蒸気船の大艦隊を率いたのに対し、プチャーチン艦隊は老朽の帆船であったが、ペリーの尊大な態度とは違い、プチャーチンの紳士的な態度は長崎応接掛を魅了したという。阿部正弘は、ロシアと提携してアメリカに対抗しようと考えたが、これを退けたのは徳川斉昭だった。米露が示し合わせているのではないか、と疑った。

　応接にあたった長崎奉行は老中宛書簡の受け取りも、奉行との会見も幕府の許可が必要として拒絶した。長崎から急報を受けた幕府は、7月下旬に一二代将軍・徳川家慶《いえよし》が亡くなったことを口実に、書簡は受け取るものの、回答は後日にしてひとまず退去を求めることにした。しかし、これらの情報がプチャーチンに届くのは10月下旬であった。プチャーチンは、回答の引き延ばしをはかる幕府を牽制し、明確な回答を得るまで日本から離れないと述べた。そこで幕府は11月中旬に全権委員として筒井政憲《まさのり》と川路聖謨《としあきら》を派遣することにしたが、二人がようやく長崎に到着したのは12月末、翌54年1月から正式交渉が始まった。

　プチャーチンは、かつて貿易によって凋落した国はなく、むしろ国が潤う利益を強調した。筒井や川路は、日本が貿易を躊躇するのは、日本人が交易に習熟していないからで、数年の準備期間が必要と反論している。54年1月末、プチャーチンは、ロシア側の条約草案を渡し、開国の際にはロシアを最優先するとの約束のもとに、いったん長崎を退去した。プチャーチンは日本側の礼節を尽くした応接ぶりに信頼を深め、川路らも交渉結果を報告する書簡のなかで、プチャーチンは信用に足る人物と報告することになる。

【下田交渉と日露和親条約】

　長崎を離れたプチャーチンは、最新の帆船ディアナ号に乗り換え、一年後に再び日本に向かい、1854年12月初旬に下田に入港した。ペリーが蒸気船の大艦隊をひきいたのに対し、プチャーチンは、たった一隻の帆船で交渉に臨む。日本側の全権は前回と同じ筒井と川路であり、12月下旬から交渉が始まった。

　最初の交渉を終えた翌日（12月23日）、大地震と津波が下田を襲い、ディアナ号が大破したため、交渉は中断した。

　交渉は55年1月に再開される。最大の問題は貿易であった。プチャーチンは通商関係の樹立を迫った。川路らは、箱館、下田、長崎の開港は認めたが、貿易は米国にも認めていない、として応じなかった。国境問題も難航したが、樺太についてはプチャーチンの提案で「境界を設けない」ことで妥協した。国境線の画定はプチャーチンの独断ではなかった。ロシア政府はプチャーチンに対してサ

1-11　横井小楠

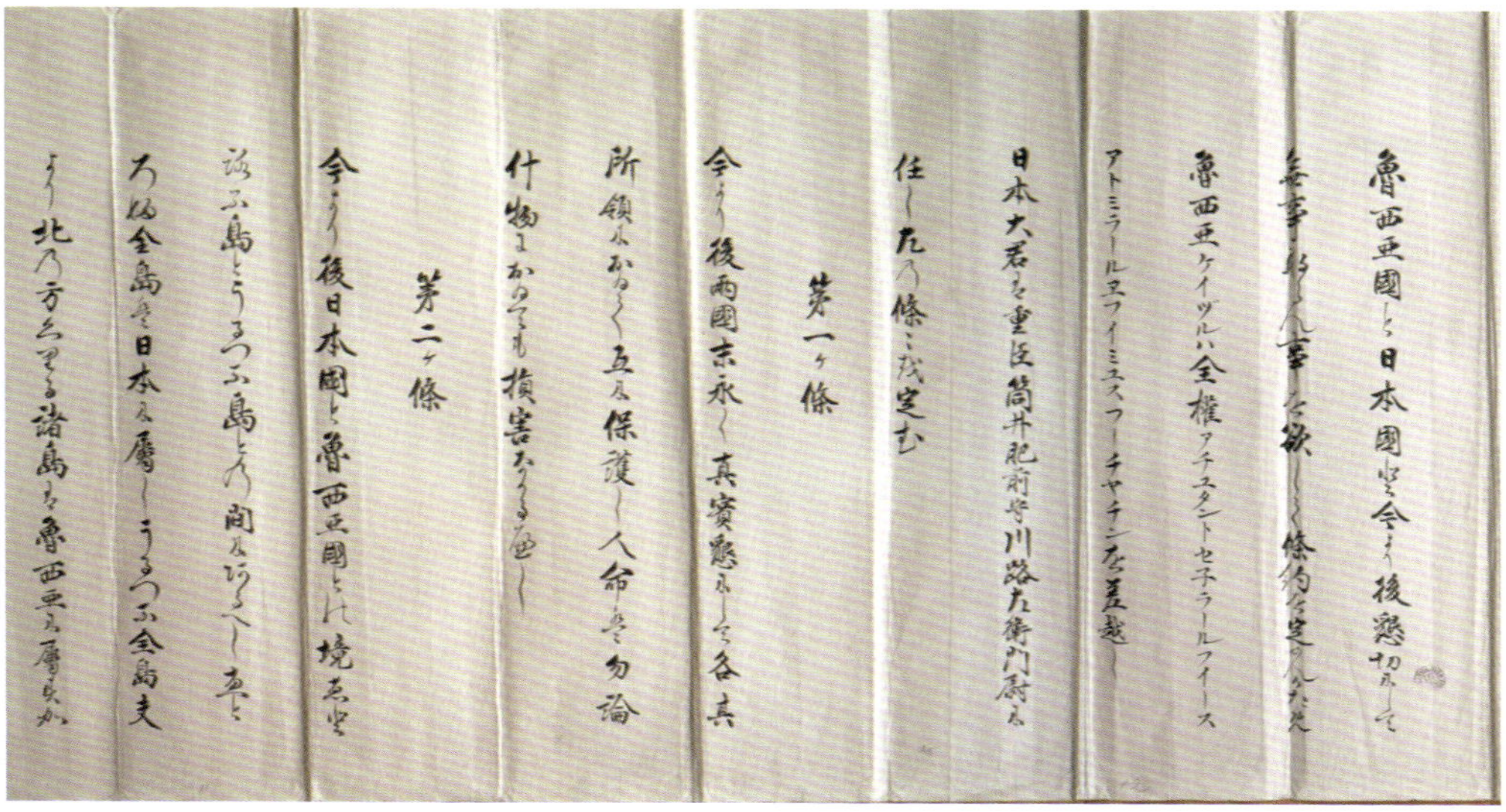

1-12　日露和親条約（調印書）

ハリン（樺太）を自国領とすること、クリル諸島（千島列島）は交渉状況によって、ウルップとエトロフ（択捉）島の間の国境線設定を譲歩ラインとするという勅命を与えていた。

　こうして55年2月、日露和親条約（日魯通好条約）が調印される。千島列島についてエトロフ以南は日本領、ウルップ以北はロシア領であることを確認し、樺太については境界を設けないことを定めた。そのほか、下田、箱館、長崎の開港、ロシア側が下田と箱館に領事を置くこと、ロシアに対して最恵国待遇を与えることなどを定めた。日米和親条約にはない裁判権に関する規定として、日本のロシア人、ロシアの日本人が法を犯すときは、それぞれ本国の法をもって処罰するとあり、双務的な領事裁判権を規定している。

　サハリンの境界を画定できなかったのは、安政東海大地震で旗艦を失い、クリミヤ戦争の危機が迫るなか、プチャーチンが帰国を急いだという事情もあった。

　川路は、対露交渉に臨む前、親友の横井小楠《しょうなん》から『夷虜応接大意』を手渡される。それは、鎖国政策を「天地公共」の理に反して、世界の信義を失うものとする一方、諸外国に対して信義を守る国とのみ交易をすべきとし、信義がない国と国交を結べばいずれ国益を損なうであろう、といった内容であった。横井の示唆を受け、川路はロシアは信義を重んじる国かと真っ向から尋ねる。ロシアは領土をかすめ取る「虎狼の国」だとの評判があるが真実か、もしも信義を重んじる国ならば日本の道理も聞いてほしい、と相手の懐に入りつつ粘り強い交渉を続けた。

　長崎での交渉に随行していたゴンチャローフによれば、川路はしばしばロシアの主張を巧妙に論破し、その高い知性や聡明さにロシア側は感嘆したという。

【ハリスと日米修好通商条約】

　幕府が貿易に積極的となり、開国政策への転換をはかったのは１８５７年であった。前年10月に、キュルシュスが英国艦隊の来航による通商使節の派遣を予告し、長崎奉行を通じて通商条約の締結を幕府に勧告したこと、さらに、英仏・清国間のアロー戦争（56〜60年）の勃発情報は、57年8月の阿部の死去後、老中首座となった堀田正睦《まさよし》ら幕閣に、開国通商の決意を固めさせる。清国を敗北させた英仏艦隊が日本に襲来する危機は杞憂ではなかった。

　56年秋、領事の常駐を認めていた日米和親条約の規定に従って、ハ

1-13　ヘダ号進水式

安政の東海大地震とプチャーチン

1-14　ヘダ号の模型

1854年12月23日、マグニチュード8.4の安政東海大地震が下田を襲った。下田は押し寄せた津波で850戸余りのうち実に9割が全壊ないし半壊の大被害を受けた。プチャーチンは艦内に死者1名、数名の負傷者が出たにもかかわらず、その日の夕方には上陸して、川路を見舞い、ロシア人医師による負傷者の治療を申し出ている。

プチャーチンの乗船する帆船ディアナ号は大きな被害を受け、修理のため駿河湾に面した戸田（へだ）村（現在の沼津市）に向け回航されるが、ディアナ号は沈没を免れず、多数の日本人が救出に向かい、何とか無事に上陸し、宿泊、衣料、食料などが提供された。

和親条約は結ばれたが、ディアナ号を失ったいま、プチャーチンには約500名の乗組員を帰国させるという責務があった。そこでプチャーチンは新たに小型船を建造して極東ロシアにたどりつくことを考えた。幸い戸田村は船の建造に適した地であり、建造には船大工や鍛冶職人が協力し、55年4月には2本マストの全長25メートル、横幅が7メートルほどの帆船を完成させた。プチャーチンは感謝を込めて「ヘダ号」と命名した。ヘダ号はそれまで日本船にはなかった竜骨を備え、幕府も建造で培った技術を早速活用して同じ様式の帆船を建造した。ヘダ号には、500名のうち1割ほどが乗り込みニコライエフスクに向かい、5月末に無事に到着した。

残された船員は中立国の船の下田入港を待ちわび、7月になってようやくドイツ船に乗るが、まもなくイギリス海軍に拿捕されてしまう。当時、ロシアはクリミヤ戦争（54～56年）の渦中にあり、英仏の敵国であった。クリミヤ戦争はプチャーチンの行動にも大きな制約となっていたのである。

81年、プチャーチンは明治政府から勲一等旭日大綬章の叙勲を受けた。第2代駐露公使・柳原前光の進言によるものであった。幕末に条約交渉に携わった外国人は多いが、そのなかでは唯一の勲一等旭日大綬章叙勲であった。日露交渉における貢献、ヘダ号建設の指導が日本の洋式造船の嚆矢となったこと、さらに、ロシアに留学した多くの日本人学生、新設されたロシア公使館員への惜しみない支援や助言、便宜供与がその理由であった。プチャーチンの副官ポシェットも叙勲を受けている。

リスが米国総領事として着任した。下田に領事館を開いたハリスは、本国からの訓令に基づいて通商条約の締結を進めるため、江戸に出て将軍と謁見し、大統領国書を渡そうとした。幕府はハリスの江戸出府を拒み続け、謁見が実現するのは一年後になる。幕府は、もはや江戸出府は避けられないと認識しながら、表面的には出府反対の意見を取り入れ、機が熟すまで時間を稼いだ。

ハリスがようやく幕府の許可を得て、通訳のヒュースケンとともに将軍・徳川家定《いえさだ》に謁見し、大統領国書を渡したのは57年12月であった。ハリスは謁見の前に、下田奉行の井上清直《きよなお》と交渉し、57年6月、日米約定（下田条約）を結んでいる。長崎を開港場としてアメリカ人に開放、アメリカ人の下田、箱館居留の許可、日米の貨幣の同種同重量での交換、さらに片務的な領事裁判権を規定し[2]、これは、翌年の日米通商条約にもそのまま生かされる。

将軍と謁見のあと、ハリスは堀田らと会合をもち、通商条約の締結を提案し、とくに公使の常駐、自由貿易、開港場の追加を求めた。この場でハリスは長広舌をふるった。アロー戦争で清国を敗北させた英仏艦隊が日本に襲来する危機、アメリカは他国と異なり、東洋に領地をもたない、諸国間の交易の発展に日本も参加することで「富強」が可能になる——。

1-15　ハリス江戸登城の図

ハリス（1804～78）と オールコック（1809～97）

1-16　ハリス

ニューヨーク出身のタウンゼント・ハリスは、太平洋、インド洋をまたぐ貿易に従事するなかで、日本の通商開国（自由貿易）を自らの手で成し遂げようとしてピアス大統領に働きかけ、1856 年 8 月に、日米和親条約に規定された最初の総領事として日本に着いた。

下田の玉泉寺に総領事館を開設し、自由貿易と万国公法の重要性を説き、幕府に将軍との謁見を求め、1 年後の 57 年 12 月に江戸出府を実現する。老中首座の堀田正睦らに、英仏の艦隊の日本来襲の脅威を説き、通商条約の必要性を説く。幕府も通商談判に乗り出し、14 回の交渉の末、日米修好通商条約が妥結した。しかし、朝廷の勅許が得られず、ハリスはさらに強い圧力をかけ、58 年 7 月にようやく調印にこぎつける。駐日公使に昇進し、江戸麻布の善福寺に住み、62 年に帰国した。

アメリカの南北戦争にともなう国内事情から、列強の対日政策は広東の英国領事から 59 年 6 月に着任したラザフォード・オールコックが主導するようになった。同年秋には公使となるが、61 年 7 月、東禅寺の公使館が水戸浪士に襲撃されあやうく難をまぬがれる。その後、62 年から 1 年以上も日本を離れたが、64 年春に帰任すると、攘夷をとなえる長州藩の外国船砲撃に対抗して英仏蘭米の 4 カ国連合艦隊による下関砲撃という強硬政策を主導した。しかし、下関への艦隊派遣がイギリス当局の承認を得たものではなかったため、64 年末には本国に召還される。下関遠征は英国政府に了解され、オールコックは 65 年に清国公使となる。

有利な開国のあり方を探っていた堀田は、開明派の幕吏をハリスのもとに派遣し、とくに公使の役割、西洋諸国における取り扱いをたずねている。ハリスは「万国普通之法」に従っている、と答えた。「万国普通之法」とは国際法（万国公法）のことであり、西洋諸国家の間には国内法とは異なる共通のルールがあり、公使の駐在も国際法の取り決めに従っていることを幕府は改めて知るのである。

【「不平等条約」とは何か】

アメリカとの通商条約交渉の全権には井上清直と岩瀬忠震《ただなり》が命じられ、１８５８年１月から交渉が始まる。57年10月、幕府はオランダと最初の通商条約（追加条約）を結び、さらにロシアとも同様の条約に調印していた。幕府側は、これら二つの通商条約と同様の通商規定を定め、横浜を開港したうえ、ハリスの希望をいれ新たに外交使節の常駐を認めようとした。しかしハリスは、二つの条約を交渉の基礎とすることを拒否し、外交官（公使）の相互交換と首都居住、大坂、江戸、京都を含む六港市の開放、国内旅行権、自由貿易を盛り込んだ条約案を提出した。井上、岩瀬の全権団は、国内の人心動揺を強調して漸進主義を訴えたが、ハリスは、アメリカ側案の受諾のみが西洋（英仏）との戦争回避と日本の強国化をもたらす、として取り合わなかった。

ハリスの最も重視した自由貿易について、開港地における容認はすでに幕府の既定方針となっていたが、大きな問題は開港場の選定であった。大坂と京都を日本側が拒絶し、最終的に兵庫（神戸）、神奈川（横浜）、箱館、長崎、新潟の開港、商売のための開市（借地は拒否）は江戸と大坂となった。ハリスは内地貿易と旅行の自由を認めるよう迫ったが、幕府は原則として外国人の自由往来は開港場の四方一〇里（約四〇キロ）以内に制限した。おのずと貿易も居留地内に制限された。

妥結した日米修好通商条約（調印は勅許後の58年7月）では片務的な領事裁判権も規定される。片務的領事裁判権は、主権国家の立場からは明らかな不平等条約であったが、幕府の関心は低かった。外国人が被告となる裁判の負担を軽減するという観点から受け入れたものであった。日露和親条約では、プチャーチンは日本にも領事裁判権を認めたが、こうした双務性をすべての条約で維持しようとはしなかった。同じくロシアが双務的に認めた最恵国待遇にも深い理解が及ばず、片務的であることに抵抗はなかった。

1-17　日米修好通商条約

居留地貿易

幕府は、1854年の日米和親条約や英露蘭との和親条約によって長崎、下田、箱館を開港したが、外国船舶に対する限定的な取引を認めたもので、民間人の直接の自由貿易は認めなかった。安政5カ国条約では、開港場として神奈川、長崎、箱館、新潟、兵庫を、開市場として江戸、大坂を定めた。開港場では外国人の永久居住、土地貸借、建物の購入を認め、開市場では商売のためのみ滞在を許した。また、外国人の自由往来の範囲は、原則として各開港場内の四方10里（約40キロ）以内と定められた。

開港場の居留地で、外国商人と日本人の「売込商」、「引取商」との間で行われた取引を居留地貿易という。「売込商」は、輸出品を生産者や荷主の委託を受けて外商に売込みを仲介し、「引取商」は、輸入品を外商から買い取って一般商人に転売した。「自由貿易」とはいえ、こうした取引は両商による一種の独占貿易であり、自由貿易主義の外国からは抗議の対象だったが、他方では、国内に進出して生産、流通を支配しようとする外国資本の浸透を抑える役割も果たした。居留地貿易は99年の条約改正で廃止されたが、その形態はしばらく続く。外商に代わって日本商が進出したあとも、いぜん、売込商、引取商による独占状態が続いたが、商社と生産工場などの直接取引が発展して、この形態は減少した。

2 攘夷運動の高揚—国家統一を求めて

【条約勅許問題と安政五カ国条約】

阿部正弘が１８５７年８月に死去し、新たな幕閣の中心となった老中・堀田正睦は、条約調印について諸大名の理解を求めるとともに、58年２月、堀田自らが京都に赴いて二度にわたって孝明《こうめい》天皇の勅許（許可）を朝廷に求めた。しかし、朝廷は、通商をともなう開国には、内外秩序を損なうとして許可しなかった。

この条約勅許という問題は、将軍・徳川家定の後継問題とからんで政局を動かす。家定は病気がちで子がなく、その後継として、薩摩藩主の島津斉彬ら有力大名や開明派官僚たちは、若いが人望のあった一橋慶喜《よしのぶ》（水戸藩主・徳川斉昭の子、のち徳川慶喜）を推していた（一橋派）。一橋派の大名たちは条約調印を是認していた。これに対し、譜代大名や旗本層は、対外政策は幕府が主導すべきもので、将軍の後継は「血統」によるべきだ、として、幼年ではあったが徳川家康の血統を受け継いでいる紀伊藩主・徳川慶福《よしとみ》（第一四代将軍・家茂《いえもち》）を後継者として推挙していた。その代表的な存在が譜代大名の重鎮、井伊直弼《なおすけ》（彦根藩主）であった。

将軍・家定は58年６月、井伊を大老に任命すると、井伊は一橋派に味方していた堀田らの老中を罷免する。大老は将軍の代替わりや政情不安が予想される場合に置かれる幕府の最高位の職であった。井伊は、朝廷から示された条約調印の拒否という方向で事態収拾をはかり、ハリスと折衝してひとまず条約調印の期日を延期する。一方、家定は慶

徳川斉昭《とくがわなりあき》（1800～60）

1-18　徳川斉昭

水戸藩主で強硬な尊王攘夷派として諸大名の声望が高く、1853年のペリー来航時には阿部正弘によって難局の打開のため幕政に参与し、外交と海防について大きな発言力をもった。

和親条約の締結にあたっては、薪水補給を認め、通信・通商には反対を主張し、開国路線の幕閣や海防掛と意見が合わず、54年に幕政参与を辞任した。55年に再任され、ハリスの将軍謁見に反対し、将軍後継問題では一橋派の中心となり、井伊直弼大老の条約勅許の責任を追及したため、58年に謹慎を命じられた。

徳川慶喜《とくがわよしのぶ》（1837～1913）

1-19　徳川慶喜

徳川斉昭の子で、1847年に10歳にして一橋家を相続した。62年に朝命により将軍家の後見職となり、公武合体路線に沿って幕政改革を進めた。65年には４国公使の圧力のなかで懸案の条約勅許を実現させた（兵庫開港は不許可）。67年に将軍職に就き、在京のまま小栗忠順らの親仏派官僚をひきいて洋式制度による幕政改革、軍事力の刷新などに努め、67年には公議政体構想に乗って大政奉還を宣言し、諸侯会議における主導的地位の確立を期して将軍職を辞した。だが、すぐに倒幕派による王政復古のクーデターが起こり、新政権の中核である三職（総裁、議定、参与）から排除され、いわゆる小御所会議では辞官と領地の返納を命じられた。慶喜は徳川軍をひきいて薩長討幕軍に戦いを挑むが、３日後には敗戦を悟って大坂城から江戸に逃げ戻った（鳥羽伏見の戦い）。以後、謹慎の身となり新政府に恭順、徳川宗家の当主を５歳の家達に譲る。69年に謹慎を解かれ駿河や東京に住み、1902年公爵の位を授けられた。

万延の遣米使節と咸臨丸

1-20　ワシントン海軍造船所を見学した使節一行（この見学は、小栗忠順が製鉄所建設を発意する契機となった）

日米修好通商条約に調印のあと、批准書交換のため遣米使節が送られた。批准書の交換はワシントンで行う必要もなかったが、外国奉行の岩瀬忠震と水野忠徳が、幕府の意向として提案し、ハリスがこれを受け入れた。使節団は、ともに外国奉行であった新見正興（豊前守）が正使、村垣範正（淡路守）が副使となり、目付の小栗忠順も3使の一人として乗船し、総勢77名が、1860（万延元）年2月に米軍艦ポーハタン号で横浜を出発した。ただ、岩瀬や水野は、安政の大獄の余波を受け乗船できなかった。

ポーハタン号に随行したのは幕府がオランダに発注した木造の咸臨丸であった。軍艦奉行の木村喜毅摂津守は、艦長に身分ではかなり下の勝麟太郎（海舟）をすえ、中津藩士として江戸で学んでいた若き英学者の福沢諭吉らを乗船させた。咸臨丸は暴風や荒波にみまわれながら60年3月、43日後にサンフランシスコに到着した。その12日後に到着したポーハタン号は、損傷の激しい咸臨丸を残し、パナマ運河を経由して5月中旬にワシントンに到着した。使節団はキャス国務長官やブキャナン大統領に面会し、批准書交換を終えると、ワシントンのスミソニアン博物館などを見学し、アフリカから喜望峰を廻り、インド洋、インドネシア、香港と欧州植民地を見聞して11月に横浜港に戻った。一方、サンフランシスコで修理を終えた咸臨丸は、60年6月に品川に戻った。

福沢の『福翁自伝』には、咸臨丸について「少しも他人の手を借らずに出掛けて行こうと決断したその勇気といいその技量といい、これだけは日本国の名誉として、世界に誇るに足るべき事実だろうと思う」と誇らしく記されているが、実際はジョン・ブルック大尉他10名のアメリカ人船員の助けで乗り切った。

咸臨丸には、通弁主任として中浜万次郎が乗船していた。土佐の漁師であった中浜は海難で漂流中に米国の捕鯨船に救われ、10年もアメリカで過ごした。帰国後は、土佐藩に出仕していたがペリー来航時に幕府にとりたてられ、咸臨丸で再渡米を果たす。維新後も英学を教授し、98年に没した。

1-21　ブキャナン大統領の肖像入り金時計

福を後継者とする意思を固め、井伊大老らに伝える。

ハリスの条約調印への要求は急となり、7月、岩瀬忠震と井上清直は、井伊の了解のもと江戸湾に停泊中の米艦で日米修好通商条約に調印した。斉昭や松平慶永らは井伊と面会して、勅許を得ずに条約に調印したことを責め、継嗣に内定していた慶福を撤回し、慶喜を選ぶことを進言したが慶福の後継が公表され、彼らは謹慎処分にあう。

条約調印の報告を受けた朝廷は、調印を非難し、斉昭らの処分を不当とする勅諚（戊午の密勅）を水戸藩士や幕府の官吏に伝達した。朝廷が幕府を批判する異例の内容であった。条約調印に憤慨する朝廷は、幕府による条約調印をなかなか認めなかったが、58年12月になって、近い将来の鎖国への復帰を条件に、調印を了承する趣旨の沙汰書を交付した。

継嗣問題や条約勅許、勅諚問題など幕政秩序の乱れを憂慮した井伊大老は、秩序の回復をはかるため、天皇の名で朝廷内の一橋派の公家、大名、藩士ら六九名を厳しく罰した（安政の大獄）。御三家の代表、徳川慶喜、松平慶永、徳川斉昭は登城禁止などの処分を受けたが、慶喜への一橋派の期待は失われていなかった。

安政の大獄では、「戊午の密勅」にかかわった長州藩の吉田松陰、越前藩の橋本左内らが死刑となった。橋本は松平慶永の意を受けて、条約調印や慶喜の継嗣の必要を朝廷に説得していた。川路聖謨、岩瀬、永井尚志《なおゆき》らも隠居や罷免などの処分を受けた。翌60年、最も厳しい処罰を受けた水戸藩の浪士たちが江戸城の桜田門の近くで井伊大老の暗殺を決行した（桜田門外の変）。

幕府は日米修好通商条約に続いて、オランダ、ロシア、イギリス、フランスと同様の条約を結び欧米と正式に貿易を開始することになった（安政五カ国条約）。日米修好通商条約に調印のあと、60年２月、批准書交換のため遣米使節が送られた。しかし、幕府が勅許のないまま通商条約に署名したことは有力大名たちの反幕府の気運を煽ることとなった。条約勅許問題はまだ終わってはいなかった。

【貿易開始の功罪】

ところで、安政五カ国条約で認められた「自由貿易」は、開港場の居留地内に限定されていたため、徐々に外国の内地開放の要求が強まってくる。その一方、居留地貿易は、国内市場への外国商人の進入を防ぐ役割を果たした。いずれにせよ、幕府が自由貿易の容認に舵を切ったのは、大きな決断であった。それは決して偶然ではなく、幕府によって登用された開明的な幕吏たちの交渉力の成果であった。

例えば、１８５８年に初代の外国奉行となる岩瀬忠震、永井尚志、水野忠徳、井上清直、堀利熙《ほりとしひろ》の五人の幕吏や筒井政憲、川路聖謨らは大きな役割を果たした。なかでも岩瀬は、貿易による利益こそが富国強兵の基本であり、幕府の支配力を立て直す好機ととらえ、安政五カ国条約のすべてに関与した。ハリスは、「井上、岩瀬の全権は綿密に逐条の是非を論究して余を閉口せしめることありき（中略）懸かる全権を得たりしは日本の幸福なりき」と、後に書き残している。

欧米諸国との貿易は59年から神奈川、長崎、箱館の三港の居留地で本格的に始まるが、圧倒的に取引が多かったのが横浜である。日本からの輸出品は、生糸や茶が中心で、輸入品の中心は毛織物、綿織物、さらに鉄砲など軍需品であった。貿易開始からまもなく生糸や茶の輸出が激増したことは国内経済を混乱させ、開市・開港の延期が幕府の課題となる。

66年、パークスの主導で幕府と米英仏蘭との間で改税約書が結ばれた。これによって安政五カ国条約の関税（輸出五%、輸入平均二〇%）のうち、輸入税を一律五%に引き下げ、外国に有利となった。また商品価格に対する従価税から数量に対する従量税となったため、同一品

幕府外交のにない手たち

岩瀬忠震《いわせただなり》（1818～61）と永井尚志《ながいなおゆき》（1816～91）

二人は学問所以来の無二の親友で、幕吏の俊秀として阿部正弘に抜擢される。岩瀬は、1843年の学問吟味に及第して将軍家定付となり、54（嘉永7）年に目付となって外交事務を担当し、56年7月（旧暦）に来日したハリスへの対応にあたり、ハリスの将軍謁見の実現に尽力する。交易による利益こそが富国強兵の基本との信念のもと、自主的開国論の立場から井上清直と日蘭・日露追加条約の交渉にあたる。その成果をもって日米修好通商条約など安政条約のすべてに関与した。老中・堀田正睦が条約勅許を求めて上京した際に同行し、井伊直弼による条約調印（偽勅）の決断を補佐した。将軍継嗣問題で一橋派に属したため左遷され、59年に免職となり、まもなく死去した。

1-22　岩瀬忠震

永井は、勘定奉行を経て58年に水野、岩瀬らとともに初代の外国奉行の一人となっている。一時、安政の大獄に連座して失脚するが、長州討伐の処理に活躍し、徳川慶喜の腹臣として信頼が篤かった。京都の閣老・板倉勝静や小笠原長行を補佐して幕府政治の運営をにない、大政奉還の決意書も慶喜と協議して起草している。その後、諸侯会議を開催できぬまま、大政奉還の政治路線が王政復古のクーデターによって覆されると、戊辰戦争の終わるまで新政権を拒否し、抵抗を続けたため終身禁固を命じられ獄中生活を送り、蘭語の講読など読書にふけった。恩赦による出獄後は開拓使御用掛などに就き、退官後には岩瀬の霊を祭る祠堂を建立し、亡くなるまで霊を慰めたという。

川路聖謨《かわじとしあきら》（1801～68）と井上清直《いのうえきよなお》（1809～68）

二人は豊後国代官所の下級吏員の子で、川路が兄で井上が弟。厳格な両親のもとで育ち、出世してからもその生活は謹厳実直そのもので、徳川家への忠誠も並々ならぬものがあった。ともに老中・阿部正弘に見込まれ、井上は56年に下田奉行としてハリスとの折衝を、58年には岩瀬とともに日米通商条約の交渉にあたった。

一方、川路は、17歳のとき受験した学問所の学問吟味には落第したが、筆算吟味には及第して勘定出役に採用されている。52年に勘定奉行となり、筒井政憲とともに日露和親条約交渉を担当した。ロシア側の随員、ゴンチャローフは、「川路は非常に聡明であった。…彼の一言一句、一瞥、それに物腰までが、すべて良識と、機知と、炯眼と、練達を顕していた」と賞賛している。58年には岩瀬とともに堀田正睦に同行して条約勅許を得るために朝廷工作を期待されて動いた。二人はともに安政の大獄に連座し、川路は免職となり井上も左遷される。井上は江戸開城を前に死去し、川路は外国奉行を務め、江戸開城とともに自害した。

1-23　川路聖謨

水野忠徳《みずのただのり》（1815～68）

44年、旗本から老中・阿部正弘に西丸目付に登用される。52年に浦賀奉行、53年に長崎奉行となる。プチャーチンとの日露交渉を補佐し、54年には日英和親条約の交渉にあたる。58年、外国奉行となり日英、日仏修好通商条約の交渉や横浜開港問題を担当した。通貨問題にも通じ、金銀の内外価格差による金貨の流出を防ぐため、安政二朱銀の発行を献策したが、列強の猛反対で流通禁止を余儀なくされた。59年、最初の外国人殺傷事件とされるロシア士官の殺害事件の責任を問われ、いったん職を離れるが61年に再度外国奉行となる。小笠原島の開拓を命じられ、同島が日本の領土であることを明らかにした。62年、公武合体に反対して箱館奉行に左遷されたが、すぐに辞任。幕政改革を進め、江戸開城の前後には徳川慶喜のもとで小栗忠順らと新政府軍に対する抗戦継続をとなえたが、容れられずに武蔵多摩に引き揚げ、憂憤のうちに病死した。岩瀬、小栗とともに「幕末の三傑」と称される。

1-24　水野忠徳

筒井政憲《つついまさのり》（1778～1859）

学問所に学び、頭角をあらわす。17年に長崎奉行となって日蘭貿易の拡大に尽くし、20年もの間、幕府の要職、江戸町奉行を務めた。天保の改革によって不遇の時期をすごす。45（弘化2）年から学問所御用となり、阿部正弘の対外政策の相談役となる。アメリカのビッドルひきいる東インド艦隊やデンマーク艦が来航して交易を求めると、薪水食糧は給与するが、自給自足の経済体制を理由にオランダを例外として交易を拒否し、武力衝突を回避するという、穏便な対処を献策。他方、筒井は、不足物資を相互に交換し、その利潤によって国民を養うという交易は、西洋のキリスト教の救世の精神に由来すると理解を示していた。

54（安政1）年、大目付に転じ、同時に海防掛となる。岩瀬ら開明的な海防掛目付の開国論を支え、プチャーチン来航時には対露交渉の首席全権として川路とともに日露和親条約交渉にもあたる。ハリスの出府実現（大統領国書を奉じて江戸にのぼり、将軍に謁見する行為）という重大な方針転換に大きな影響を与えた。途絶えていた朝鮮通信使の再開準備にもあたったが幕府の瓦解で実現しなかった。

1-25　筒井政憲

パークス（1828～85）と
サトウ（1843～1929）

1-26　パークス

1-27　サトウ

オールコックの後任がハリー・パークスであった。パークスは1865年7月、公使兼総領事として横浜に着任。実直な性格で在日のイギリス人保護と貿易、とくに自由貿易の貫徹をはかり、フランス公使ロッシュと対立した。幕末の内政を静観していたが、薩長両藩が外国貿易に積極的となると討幕勢力に接近した。66年には兵庫開港問題をとらえて輸入税率を一律5%に引き下げる交渉に成功した（改税約書）。反面、幕府による貿易独占の計画には反発して修正させた。明治新政府をいち早く承認して発言力を確保し、イギリス側の不利益となる事業や政策には激しい圧力をかけ、条約改正にも一貫して消極的だった。

他方、パークスは日本の文明開化には強い関心をもち、お雇い外国人の斡旋には尽力した。ロシアとの領土問題にはイギリスが極東でロシアと対立関係にあったため、日本政府に助言と協力を惜しまなかった。83年、駐清公使となるが2年後に客死した。

パークスの時代に、イギリス政府の対日政策を幕府支持から西南雄藩支援に転換させたのが、若い外交官、アーネスト・サトウであった。サトウは日本語が巧みで西南雄藩の討幕勢力と親密な関係を築き、西郷隆盛にも支援を申し出ている。サトウは、66年春には『ジャパン・タイムズ』紙に3度にわたって「英国策論」を掲載している。そのなかで、「大君」と呼ばれている将軍は、各地の大名のなかの首席にすぎず、天皇こそが本来の元首である、と説いて、討幕派の行動に理解を促している。サトウには『一外交官の見た明治維新（A Diplomat in Japan）』という日本滞在記があるが、外交理論の名著もある。

目であれば価格の高いものを輸入すれば有利となり、自由貿易が促進された。

【公武合体策と攘夷運動の高まり】

井伊の死去後、安藤信正《のぶまさ》と久世《くぜ》広周《ひろちか》の二人の老中が幕政をになった。二人は幕府の権威失墜の回復をはかるため、朝廷に歩み寄る公武合体策に踏み出す。「公」は朝廷を、「武」は幕府を指し、天皇を擁する朝廷との一体化を天下に示し、幕府を強化することがその目的であった。とくに薩摩の島津久光（島津斉彬の弟）は一橋派の処分を解除したうえで、幕府と朝廷の要職に配することを構想し、長井雅楽《うた》の「航海遠略策」をもって1861年から行動を起こす。航海遠略策とは、外国船の渡来を待つだけでなく、積極的に海外に雄飛する目標をもってこそ公武合体も可能になる、という主張であった。朝廷も好意をもって

ポサドニック号事件（対馬事件）

対馬は、江戸時代から、幕府が朝鮮使節との応接や通商を島の領主宗氏に委任していた重要な拠点であった。1861（文久元）年4月、ロシア艦ポサドニック号が、船体修理を名目に対馬を一時占拠する事件が起きた。幕府は外国奉行・小栗忠順を派遣してロシアと撤退交渉にあたらせ、箱館奉行の村垣範正もロシア領事に退去を求めるが、ロシア艦は退去せず、要塞を築きはじめ、ロシア兵士が島民に掠奪や暴行を働くという事態も起こった。

結局、駐日英公使オールコックの尽力でイギリス艦が急行してロシア艦は退去した。イギリスにもロシアに対抗して対馬占領の計画があったとされる。対馬はクリミヤ戦争以来の英露対立の舞台でもあった。国内的には、この事件はロシアが樺太から南下して朝鮮半島に進入するのではないかという危惧を煽った。

島津の運動を受け入れる一方、一橋派大名への処分の緩和、孝明天皇の妹和宮《かずのみや》と将軍・徳川家茂との婚姻などが具体化する。開市・開港の延期申し入れも、貿易開始後の国内経済の混乱を鎮静化する策として、公武合体運動の一環であった。

しかし、公武合体運動は、かえって薩摩や長州の中下層の下級藩士による尊王攘夷運動の台頭を促し、薩長は急進的な攘夷運動に傾く。62年2月、安藤が水戸脱藩浪士に襲われ（坂下門外の変）、まもなく老中を辞職し、久世も罷免される。さらに、尊王攘夷を藩論とする長州藩は、急進派の公家と結びついて朝廷を動かす。62年12月、幕府はやむなく攘夷の決行を諸藩に命じた。幕府には外国人を本格的に追い払う意図はなかったが、長州藩は63年、下関海峡を通過する外国船を砲撃し、下関海峡を封鎖してしまう（下関砲撃事件）。

長崎に寄港してから瀬戸内海を通って横浜に回航するのを常としていた外国船にとって下関海峡の封鎖は重大事であった。英仏米蘭は英国公使オールコックの主導によって、長州藩の敵対行為の停止を幕府に要求するが、幕府の態度はあいまいで64年7月、四国は下関遠征砲撃を決める。英国留学から急きょ帰国した伊藤俊輔《しゅんすけ》（博文《ひろぶみ》）と井上聞多《もんた》（馨《かおる》）は、オールコックに軍事行動の自制を求め、長州藩主にも警告書を送って衝突回避に努めるが、同年9月、四国連合艦隊は下関砲台を破壊・占拠し、長州藩は敗北し、下関の封鎖は解除される。幕府はイギリスから三〇〇万ドルという莫大な賠償金を請求され、その支払いは明治新政府にまで引き継がれる。

さらに、パークスが英国公使として着任すると四国代表は兵庫開港と条約勅許の実行に動きだし、幕政の混迷のなか、軍艦を兵庫沖に張り付けて幕府に圧力をかけ、65年11月には、将軍宛に最後通牒を提示して条約勅許を迫った。朝廷会議で、幕府の利害を代表する徳川慶喜は、なおも勅許に反対する孝明天皇や公家を、開戦すれば京都は焦土

幕末の旅券

徳川幕府は1866（慶応2）年、修学と商業の目的で海外へ渡航することを許可した。それにともない発行した最初のパスポート（旅券）。これは亀吉という曲芸師に渡されたもので、発行番号、渡航者名、年齢のほか、「眼小キ方」など人相の記述も見られる。

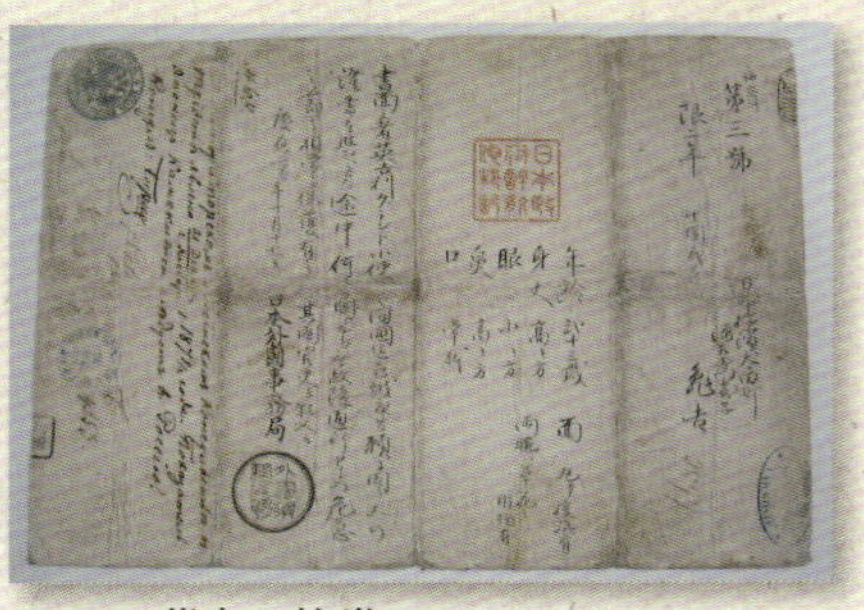

1-28　幕末の旅券

開市・開港延期問題と遣欧使節

井伊直弼大老の死去後、幕政の中心となった安藤信正は、江戸、大坂、兵庫、新潟について、安政５カ国条約の期日までには開市・開港は不可能とみて、その延期をオールコック駐日総領事（のち公使）に申し出た。貿易開始による政治経済の混乱の鎮静化に時間を要すること、さらに公武合体策の一環として朝廷との宥和という思惑があった。

オールコックは条約調印国との協議を勧めたため、幕府は勘定奉行の竹内保徳を正使に、1862年１月、38名の使節団を英国軍艦でヨーロッパに向かわせた。使節団はフランスを経てイギリスに渡り、同年６月、英国政府に新潟、兵庫および江戸、大坂の開市・開港を63年１月から５年間延期することを認めさせ、その代わり３開港場では条約規定の励行を約束した。このロンドン覚書を手始めに、オランダ、プロシア、ロシア、フランス、ポルトガルからも開市・開港延期の承認を得て１年後の63年１月に帰国した。使節団が派遣されなかったアメリカには64年２月、やはり欧州諸国と同じ期間だけ開市・開港の延期を認めさせた。

この文久の遣欧使節団は、幕末の遣外使節のなかでは最も巡遊の範囲が広く、欧州各国の文物や国内事情の見聞が大きな割合を占めた。福沢諭吉も随員に加わり、のちの『西洋事情』はその見聞によるところが大きい。ほかに福地源一郎、寺島宗則（松木弘安）などが随行した。

となる、と説得し、ついに条約勅許にこぎつけた。兵庫開港は承認されなかったが、58年以来の懸案が解決され、安政五カ国条約は国内的にも合法的なものとなった。

1-29　下関砲台占拠

文久の遣欧使節

安政５カ国条約では、兵庫・新潟の開港、江戸・大坂の開市（外国人の居留を認めること）を定めていたが、幕府は国内の政治・経済状況が安定するまで、開市・開港の延期を各国に要請していた。これに対し、イギリスのオールコック駐日総領事（のち公使）は、開市・開港の延期は条約の目的に反するとしながらも、遣欧使節を派遣して直接交渉するよう提案した。幕府はオールコックの助言に従い、1862年１月（文久元年12月）、竹内保徳を正使、松平康直を副使に、38名の使節団をイギリス軍艦でヨーロッパに向かわせた。

使節団は、フランスを経てイギリスに渡り、62年６月にはロンドンで開市・開港を68年１月まで延期する覚書を結んだ。このロンドン覚書を手始めに、オランダ、プロシア、ロシア、フランス、ポルトガルと同様の承認を得て１年後の63年１月に帰国した。この文久の遣欧使節団の随員には、福沢諭吉、福地源一郎、松木弘安（寺島宗則）などが加わっていた。

1-30　福沢諭吉

1-31　福地源一郎

【薩英戦争の波紋】

この間、1862年9月には、江戸から京都に向かっていた島津久光の行列に遭遇したイギリス商人四人を薩摩藩士が殺傷するという事件が起こる（生麦事件）。事件は偶発的であったが、イギリスはその報復として鹿児島湾に艦隊を派遣し、63年8月、薩英戦争を起こす。薩摩は善戦するが、列強の強大な軍事力を思い知ることになる。西郷隆盛《たかもり》、大久保利通《としみち》ら下級藩士が藩政の実権を握っていた薩摩藩は討幕

小笠原諸島の領有

1593（文禄２）年に小笠原貞頼が発見したとされる小笠原島は、幕府が長く放置している間に英米の捕鯨船が来航し、ハワイ島民を含む欧米人が移住していた。幕府は開港後、ペリーの『遠征記』から、ペリーが来航途中で、貯炭所の設置契約を父島島民と結んでいたことなどを知り、危機感をいだき、1862年１月、帰国した咸臨丸で外国奉行・水野忠徳、田辺太一、通訳として中浜万次郎らを派遣した。１月中旬に到着した一行は小笠原の外国移住民を集めて誓書を徴して地券を交付し、父島の扇浦に幕府の役所を設置して「小笠原新開墾の碑」を建てた。報告を受けた幕府は各国に小笠原の再開拓を通知し、同年８月に八丈島島民38名の入植を実施した。ところが翌63年、幕府は突然、入植計画を中断し入植者に撤退を命じた。生麦事件の賠償問題を発端にイギリスとの緊張関係が生じ、イギリスによる父島襲撃を幕府が危惧したことや、小笠原開拓に熱心だった老中・安藤信正の坂下門外の変による退場、水野の失脚、幕府の財政難などが原因とされている。

日本人の撤退以降、小笠原はアメリカ人入植者を中心に「自治」が行われているに過ぎなかった。維新後、国境画定問題において、絶海の孤島群である小笠原に対する新政府の関心も高くはなかった。しかし、74年の台湾出兵は、万国公法における「無主地」台湾に対して「文明国」日本が統治する正当性を欧米諸国と清国に主張する契機となり、小笠原の実効支配の重要性を政府に認識させた。75年11月、政府は明治丸に調査団を乗せ、同諸島調査を行い、76年10月、寺島宗則外務卿が、万国公法に従い「小笠原諸規則」を各国に送付して日本領であることを宣言した。

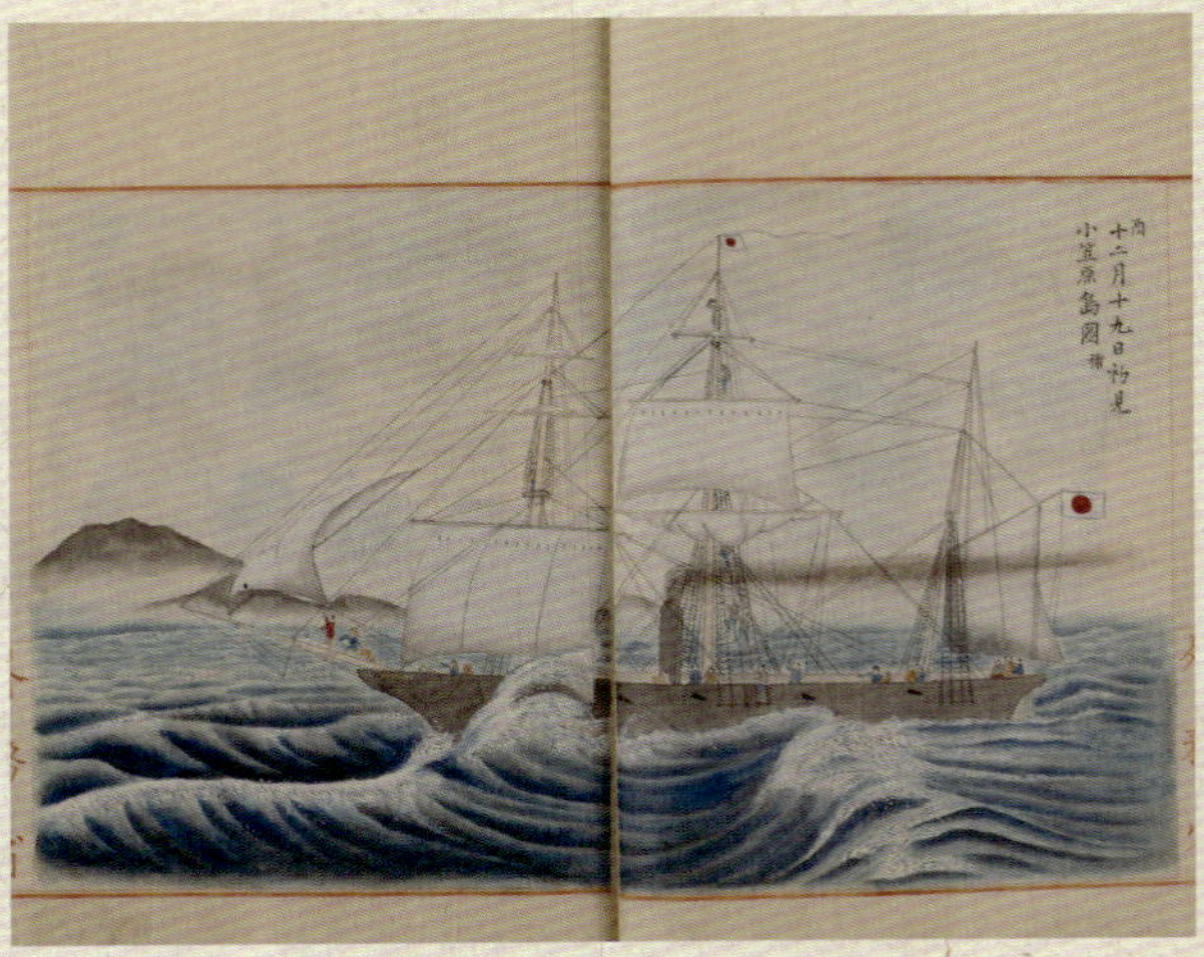

1-32　初見小笠原島図

に傾いていった。また、下関砲撃事件で洋式兵器の威力を知った長州藩も、軍事力の整備の必要性を痛感し、攘夷から討幕と新政府樹立に舵を切ることになる。その中心となったのが下級藩士の高杉晋作《しんさく》や桂小五郎（木戸孝允《たかよし》）であった。

過激な攘夷運動は国政における発言力の増大をめざす雄藩にとっては障害でしかなかった。薩摩藩の島津は藩内の急進派を排除し、63年夏には孝明天皇が長州藩勢力と急進派の公家、三条実美《さねとみ》や沢宣嘉《のぶよし》らを朝廷（京都）から一掃した（8月18日の政変）。こうして63年後半には急進的な攘夷派は後退し、島津の上申で朝廷改革がはかられ、朝廷の諮問機関として、長州以外の雄藩の代表者や徳川慶喜を含めた参預会議が設置される。参預会議は、対外政策をめぐる慶喜と島津らの対立などで、わずか三カ月しか続かなかったものの、朝廷と幕府の宥和という点では公武合体運動の成果であった。

幕府は攘夷論の強い朝廷との宥和策の一環として、全面攘夷に代わる横浜鎖港の方針を打ち出し、64年2月、池田長発《ながおき》を正使とする横浜鎖港使節を送ったが失敗している。

長州藩は64年夏、池田屋事件（64年7月、新選組が長州藩の志士の集会を襲った事件）に激昂した強硬派に引きずられ、大軍をもって京都に攻めのぼったが、幕府と薩摩は協力して長州藩を撃退し、ここに長州藩は「朝敵」となった（禁門の変）。慶喜は朝廷から畿内の指揮権を任され、江戸の幕閣から自立した一種の政権を打ち立てていた。朝廷と幕府の協力関係は第一次長州征伐でも維持されていた。

【薩長の接近と英仏】

1865年5月、慶福から改名していた将軍・家茂は、第二次長州征伐のため、大軍をひきいて大坂に入り、譜代大名を結集させた征討軍を編成した。しかし、大義名分に乏しい征討に西郷隆盛の薩摩藩は消極的で長州藩との和解に動き、長州征伐を前にして、66年3月、京都で薩長盟約が西郷と長州藩の木戸孝允の間で成立する。これを斡旋・仲介したのが土佐藩の坂本龍馬と中岡慎太郎であった。薩摩藩はこの盟約で、幕府と長州藩の戦争となれば京都、大坂を固める後方支援を約束し、薩長は討幕勢力としての立場を固めることになった。66年7月、幕府は大坂に集結した大軍勢をもって長州征討を命令するものの、薩摩藩は長州戦争への出兵を拒否し、長州藩は騎兵隊などの諸隊を動員して各地で幕府軍を打ち破る。防戦一方の幕府は将軍・家茂の急死を受けて戦闘を中止する。

薩長盟約は藩士間の取り決めであったが、当事者たちは盟約に従って藩政を動かし、藩主がこれを承認して、さらに他藩にも及ぼすという大きな影響力をもっていた。

薩長の接近を歓迎したのは英国公使のパークスで薩長盟約にも一定の役割を果たした。パークスは、貿易の利益を独占しようとする幕府には批判的で、幕府に対抗する最大勢力であった長州藩の敗退が幕府の全国再統一の契機となる事態を恐れた。外国貿易に積極的となっていた薩長両藩の宥和と政権奪取を期待していた。

一方、幕府は親仏路線をとった。64年4月に着任したフランス公使のロッシュは積極的に幕府に近づいた。当時、フランスは産業革命の完成期にあり、貿易増進など積極的な対外発展をはかっていた。薩長

池田長発《いけだながおき》(1837〜79)と横浜鎖港使節

1-33　池田長発

筑後守と称した幕臣の池田は、1862年に目付、63年京都町奉行、外国奉行となる。このころ幕府は、攘夷論の朝廷を宥和するため、全面攘夷に代わる横浜鎖港を打ち出すが列強は拒絶。そこで幕府は横浜鎖港を使命とする使節の派遣を決め、池田が正使となり64年2月に出帆した。パリに到着した池田使節は、ナポレオン3世に謁見し仏外相と交渉に入る。仏側は、幕府が国内の鎖港論を抑えられなければフランスが支援する意思を表明したうえ、下関海峡で長州藩に砲撃された軍艦への賠償、横浜など3港の自由港化などを要求した。結局、池田使節は64年6月、仏艦の下関海峡の自由航行の保証、賠償支払い、輸入品の関税率低減を約束するパリ約定に調印した。64年8月に帰国した池田使節は、開国政策への転換と国内政治の刷新を建議したが、幕府はパリ約定の批准を拒否し、池田らを処分した。池田は免職となり、67年軍艦奉行となるが5カ月で辞任。

兵庫開港問題

1865年4月、イギリスは下関砲撃事件の賠償金の減額の代わりに、66年1月からの兵庫開港、条約勅許、輸入税率の軽減を提案した。兵庫の開港延期は承認されていたが、それを早めるためと、安政5カ国条約の勅許が得られていなかったためであった。英仏米蘭の代表はこれらを承認させるため、パークス英国公使の指導のもとで、艦隊を率いて幕府に圧力をかけた。幕府では老中・阿部正弘ほかが兵庫開港の承認を主張したが、京都を支配していた慶喜は老中が勅許を得ずに兵庫を開港しようとしたとして朝議を開いて二人の老中を罷免した。将軍家茂はこれに憤激して辞表を提出して江戸に帰ろうとした。

慶喜は11月下旬、家茂を京都に引き留め、朝廷会議を開催して条約勅許を決したが、兵庫開港は承認されなかった。薩摩藩は幕府が窮地に陥ることを予想し、兵庫開港問題を討幕戦術に使おうとした。しかし、慶喜は67年5月、これに対抗して大坂城で4国代表と謁見して全国統治の大権を掌握したことを示し、兵庫を期日通り開港すると表明した。続いて6月、慶喜は、薩摩、越前、土佐、宇和島の4藩代表と二条城で会見した。長州処分と兵庫開港が議論され、結論は、形式的には長州処分の先決であったが、実質は2問題を同時に決定することに落ち着いたため、薩摩の策謀は失敗した。慶喜は6月下旬に朝廷会議を開き、長州藩の寛大な処分、兵庫開港の承認を朝旨（朝廷の意思）として出させた。薩摩による政治的手段による討幕を封じ込めた慶喜の勝利であった。兵庫は68年1月より開港が確定した。

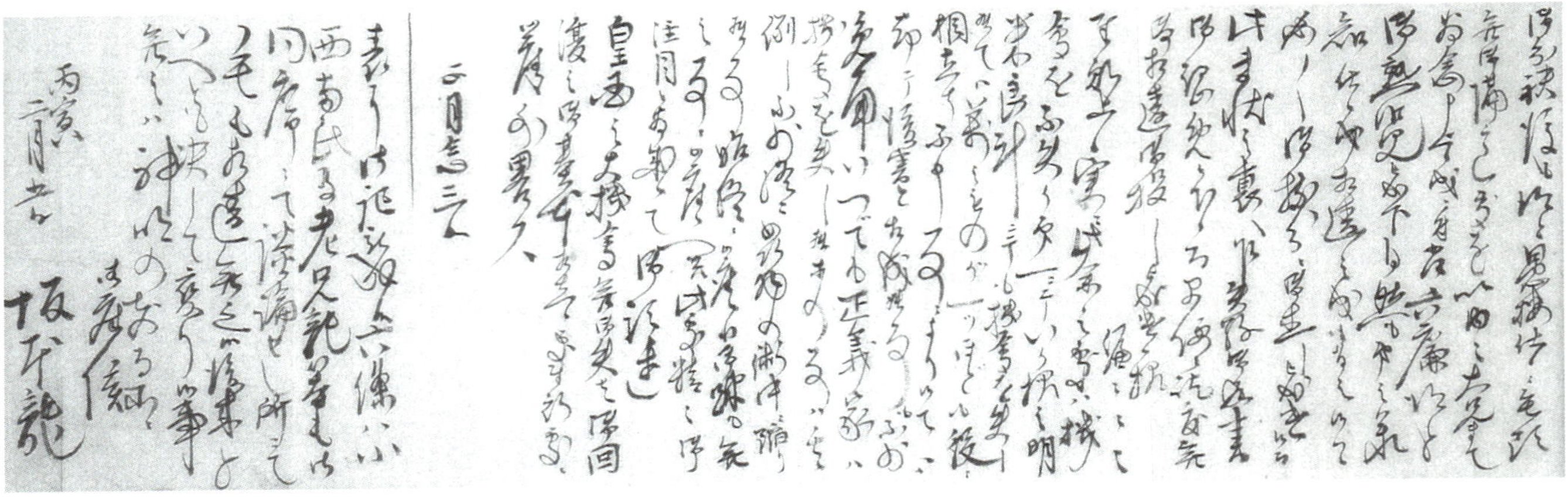

1-34　薩長同盟覚書の写

1-35　坂本龍馬

ロッシュ（1809～1901）

イギリスの政策に対抗して幕府を援助していたのがフランスであった。とくに２代目の駐日公使であったレオン・ロッシュは幕府の軍事力を強化するため、武器や軍需品、軍艦の供与、横須賀製鉄所の建設などを斡旋した。また将軍慶喜に対して、内政改革、常備軍の設置、殖産興業を進言した。幕府はこの進言を受け入れ、フランスから軍事顧問団を招いて陸軍の育成などに努めた。しかし、本国政府の政策転換で親幕府政策は後退し、ロッシュも帰国命令を受ける。それでもロッシュは、王政復古に際しても、慶喜にその再起を勧告するなど幕府支援に最後まで固執していたが、1868年６月に日本を離れた。

と幕府の対立は、幕府への支援を通じて日本に影響力を強めようとするフランスと、自由貿易をめざすイギリスとの対立でもあった。幕府内にはフランスの援助のもとで幕政改革を実施しようとする親仏官僚が台頭した。勘定奉行の小栗忠順《ただまさ》、外国奉行の栗本鯤《こん》がその中心であり、64年末には幕府の実権を握り、幕府は専門官僚制の形成や老中合議制の改革などに着手していた。

【幕府政治の終焉─新国家への胎動】

１８６５年から66年にかけ、三つの政権構想が競う状況が生まれる。一つは、フランスに支援され、徳川慶喜のもとで全国再統一に向けて権力の確立をめざす幕府、もう一つは、「皇威」や「尊王」の必要を認めつつ、武力による討幕をめざす薩長、そして三つ目は公武合体運動の流れをくむ土佐藩の大政奉還構想であった。

土佐藩の坂本龍馬と後藤象二郎は、欧米列強と対抗していくためには、天皇のもとに、一致して幕藩体制を変革する必要を痛感し、67年7月、長崎を発ち京都に船で向かった。その船中で龍馬が筆録させたのが「船中八策」とされる。幕府が大政奉還のうえ、朝廷中心の統一国家をつくり、議会を開設し、「外国交際」を刷新し、新政府に「御親兵」を置く、といった天皇中心の立憲制国家をめざす公議政体の構想であった。

薩摩の西郷や大久保は武力討幕に固執していたが、後藤は彼らと折衝を重ね薩土盟約を成立させる。薩土盟約は、幕府が政権を朝廷に返上する大政奉還、構成員を有志大名から全大名に拡大した諸侯会議の常設化(議会開設)という公議政体を想定していた。龍馬や後藤にとっては薩長の武力討幕を回避するための最上策であった。大政奉還の方策に反発した佐幕派は、67年12月、刺客を送って龍馬の下宿先を襲撃し殺害した。

幕府外交のにない手たち

小栗忠順《おぐりただまさ》（1827～68）と栗本鯤《くりもとこん》（1822～97）

小栗は旗本の子でのち小栗上野介と称した。1860年、万延の遣米使節の3使の一人（目付）となる。渡米中に、フィラデルフィアの造幣局で日本から持参した天秤ばかりとソロバンで日米金貨の金含有量の差を正確に測定する実験を行い、交換レートの不均衡を指摘した。アメリカ側は小栗の知性に感嘆するものの、条約改定には応じなかった。

帰国して外国奉行などの要職を務め、66年には、幕府権力の強化策としてフランス軍事教官を招いて幕府軍の近代化をはかった。その大胆な産業政策や社会制度の発案に、大隈重信は「明治政府の近代化政策は、そっくり小栗のそれを模倣したもの」と評したという。なかでも、勘定奉行時代の横須賀製鉄所建設は、資金難を理由に批判が殺到する。しかし、小栗はたとえ幕府が倒れても日本に必要な事業として外国借款が滞るなかでも建設を主導した。

小栗の製鉄所建設を助けたのが栗本である。栗本は号は鋤雲といい、学問所に4年間学んでいる。58年から蝦夷に移り、のち箱館奉行組頭となり、薬園、医院建設などで功績をあげ、65年から横浜に駐在し小栗を支えた。一時、外国奉行となる。渡仏して幕府の親仏路線を支えたが幕府の瓦解で帰朝、維新後は『郵便報知新聞』などジャーナリズムで活躍した。

1-36　小栗忠順

一方、小栗は68年1月、新政府軍に対し主戦論を徳川慶喜に進言するが採用されなかった。上州に移り、土着帰農を図っていたが、取り調べもないまま新政府軍によって殺害されてしまう。

小栗が着手した製鉄所建設は新政府に引き継がれ、71年に横須賀造船所となった。東郷平八郎元帥は横須賀造船所のおかげで日本海海戦に勝てたと小栗の遺族に謝辞を述べた。横須賀造船所1号ドックは現在も米海軍横須賀基地で使用されている。

10月下旬、土佐藩が大政奉還を建白した。その構想は、将軍からいったん政権を朝廷に返させ、朝廷のもとで徳川主導の諸藩の合義（諸侯会議）による連合政権をつくるというものであった。11月8日、一〇万石以上の諸藩の重臣を二条城に集めて諮問のうえ翌9日に大政奉還の上表を朝廷に提出した。慶喜は名義の上では政権を返上するが、実質は諸侯会議を朝廷のもとに召集し、多数の大名の支持を得て、自ら元首の座に就くことをねらった、とされる。朝廷は慶喜の要請を受け入れ、将軍職にとどまることを認めた。

ところが、薩長両藩の討幕派は西郷と大久保の指導のもと、朝廷内の有力公家、岩倉具視《ともみ》と手を組み、討幕について天皇（67年1月、孝明天皇が死去。一六歳の睦仁《むつひと》親王が天皇）から「密勅」を得たうえ、両藩の討幕軍を出発させた。討幕軍の藩兵が御所を固めるなかで68年1月3日（慶応3年12月9日）、朝廷は「王政復古の大号令」を宣言した。慶喜の大政奉還に対して、武力討幕派がこれを覆し、天皇の名のもとに幕府を廃止したという意味で、「王政復古のクーデター」と呼ばれる。慶喜から将軍職がはく奪され、若い明治天皇のもとに、公家、雄藩大名、藩士などからなる新政府が発足し、二六〇年以上も続いた徳川幕府は終わりを告げた。

同日夜、天皇臨席のもと最初の三職（総裁、議定、参与）の会議である小御所会議が開催され、慶喜に官職と領地の返上を命じた。慶喜はここに二条城を出て大坂城に退去し、巻き返しをはかることになる。

【内乱の回避—戊辰戦争】

1868年1月、慶喜を擁する旧幕府軍は、大坂から京都に進軍したが、京都近郊の鳥羽・伏見の戦いで朝廷側（新政府軍）に敗退した。西日本を掌握した新政府は、江戸の旧幕府勢力の軍事的解体をめざし、有栖川宮熾仁《ありすがわのみやたるひと》親王を東征大総督に任命して江戸に向かわせ、3月には先鋒隊に江戸総攻撃を命じた。その一方、4月の勝海舟と西郷隆盛による交渉で、慶喜の水戸謹慎、江戸城の明け渡し、旧幕府側の軍艦や兵器の引き渡しなどを申し合わせ、江戸城は無血開城した。

新政府に不満を抱く東北諸藩と新政府軍の間に戦闘が続くが、68年10月には奥羽列藩同盟の盟主であった仙台藩が降伏して同盟が崩壊、続いて会津若松城が陥落した。この間、元海軍副総裁・榎本武揚《たけあき》は軍艦八隻をひきいて江戸湾を脱出して蝦夷地に向かい、69年1月には蝦夷地を制圧する。しかし、最新鋭の甲鉄艦がアメリカから新政府に引き渡され、海軍力で優位に立った新政府軍は、69年6月の五稜郭の戦い（箱館戦争）で榎本軍を降伏させ、戊辰戦争は終わりを告げる。戊辰戦争は、日本を二分する内乱に発展する可能性もあった。しかし、そうなれば外国の本格的な軍事介入を招き、清朝の二の舞となるという警戒感が新政府と旧幕府（徳川）の行動を抑制した。

内戦の拡大を望まなかったのは欧州列強も同じであった。英国公使パークスは、勝海舟の要請もあり、西郷に対して、江戸攻撃に強く反対を申し入れていたという。そこには、内乱が貿易を阻害するというイギリスの意思が強く働いていた。

注

(1) **最恵国待遇**―他の国と結んだ条約で、日本が米国に与えたよりも有利な条件を認めたときは、米国も自動的にその条件が認められる、という措置。

(2) **片務的な領事裁判権**―日本の領域内で、外国人の領事が外国人の裁判を行う権利（領事裁判権）を認めるが、日本側が外国人に対して裁判を行う権利を放棄。

パリ万国博覧会

1867年、ナポレオン三世の招待を受けて参加したパリ万博に、幕府は徳川昭武以下26名を派遣して多数の浮世絵、美術工芸品を出展した。幕臣であった渋沢栄一も若き随員の一人であり、翌68年までヨーロッパにとどまって産業経済を見聞した。また、ヨーロッパを訪問中の五代友厚は、パリ万博の計画を知って、これを薩摩藩に伝えると薩摩藩も単独で参加することになり、佐賀の鍋島藩もこれに続いた。こうしてパリ万博には幕府、薩摩、鍋島の三者が日本国を名乗って出展したことで話題となった。

1-37　徳川昭武

戊辰戦争とストーン・ウォール号

戊辰戦争の行方を左右したのが欧米の局外中立宣言であった。例えば、アメリカは局外中立を宣言していたため、幕府が戊辰戦争の前にアメリカから購入していた最新鋭艦のストーン・ウォール号（甲鉄艦）を引き渡すことができなかった。しかし、1868年11月の会津藩の降伏後に欧米は局外中立を解除して正統政府として明治新政府を認めたため、ストーン・ウォール号の引き渡しも可能になった。その結果、明治新政府は69年6月の五稜郭の攻撃に、この軍艦を投入できた。榎本（武揚）軍は旧幕府軍艦の多くを箱館に集結させて海軍力の優位を保っていたが、それが逆転したのである。ちなみに、ストーン・ウォール号の引き渡しの交渉役となったのが、元海援隊士だった陸奥宗光であった。

第2章

「元勲外交」の時代

2-1　前列左から、伊藤博文、大隈重信、井上馨、後列左から、中井弘、久世治作

年表

1868年（慶応4年／明治元年）
1月 3日（慶応3年12月9日） 王政復古の大号令.
1月27日（慶応4年1月3日）
戊辰戦争始まる（旧幕府軍，鳥羽伏見で薩長軍と戦う）.
2月 4日（4年1月11日）
備前藩兵が外国人を襲撃（神戸事件）.
2月 8日（1月15日）
新政府，6カ国代表に新政府成立の宣言書を手交．
2月13日（1月20日）
新政府，幕府時代の条約を受け継ぐことを各国に通告．
3月 8日（2月15日）
土佐藩兵が仏兵を殺傷（堺事件），土佐藩兵の処刑と賠償金.
4月 5日（3月13日）
西郷隆盛と勝海舟，薩摩邸で江戸開城を交渉，翌日交渉成立.
4月 6日（3月14日）
天皇，公家と諸候をまねき，五箇条の誓文を示す.
5月 3日（4月11日）
江戸城開城．徳川慶喜，水戸に隠退．
5月22日（4月1日）
パークスがヴィクトリア女王による信任状を天皇に提出
6月11日（慶応4年閏4月21日） 政体書が発布.
外国官が大坂（まもなく京都に移転）に置かれ伊達宗城が初代外国官知事.
9月 3日（7月17日） 江戸を東京とする詔書発布.
10月 8日（明治元年8月23日）
慶応から「明治」に改元．一世一元の制を定める.

1869年（明治2年）
3月 2日（2年1月20日）
薩長土肥前の4藩主は版籍奉還を上奏.
6月27日（5月13日） 五稜郭開城，戊辰戦争終わる.
8月15日（7月8日）
職員令を発布，外務省を設置，初代外務卿には沢宣嘉.

1870年（明治3年）
11月24日（閏10月2日） 海外に大中小「弁務使」（公使）を駐在させる在外使臣制度を創設．鮫島尚信を少弁務使として欧州（英・仏・プロシア）に派遣．外交代表の第1号.

1871年（明治4年）
1月 外務省，霞が関の民部省跡（旧黒田邸）に移転.
8月29日（7月14日）
廃藩置県の詔書（藩知事を罷免し，府知事を任命）.
9月13日（7月29日） 天津で日清修好条規調印.
12月23日（11月12日）
岩倉具視を全権とする遣外使節団が横浜を出航（73年9月13日帰国）.

1872年（明治5年）
1月 上海に領事館がおかれ，品川忠道が領事となる．
4月 5日（2月28日）兵部省を廃し，陸軍省，海軍省をおく．
11月 4日（10月14日）
弁務使廃止．「公使」（特命全権公使，弁理公使，代理公使）となる．
12月 5日（11月5日） 岩倉大使，英国女王に謁見．
12月 9日（11月9日）
太陰暦を廃止し，太陽暦を採用（明治5年12月3日を明治6年1月1日とする.

1873年（明治6年）
1月 9日 鎮台を名古屋，広島に置き，6鎮台の軍管を定める.
1月10日 徴兵令を定める.
8月 17日 閣議，西郷隆盛の朝鮮派遣を決定.
10月24～25日
天皇，朝鮮遣使を無期延期. 西郷，副島種臣，板垣退助，後藤象二郎ら参議を辞職（明治6年政変）.

1874年（明治7年）
2月 6日 台湾出兵を閣議決定（5月22日，西郷従道軍が台湾上陸）.
4月 4日 西郷従道を台湾蕃地事務都督に任命.
10月31日 日清両国互換条款を北京で調印.

1875年（明治8年）
5月 7日 千島・樺太交換条約調印.
9月20日 朝鮮沖の軍艦雲揚が江華島守兵と交戦（江華島事件）.

1876年（明治9年）
2月26日 日朝修好条規調印.

1877年（明治10年）
1月30日 西南戦争起こる.
2月22日 西郷（隆盛）軍，熊本城を包囲．
4月14日 黒田清隆の政府軍，熊本城に入る．
9月24日 西郷隆盛ら，城山で自害（西南戦争終わる）.

1878年（明治11年）
2月20日 英国領事裁判でアヘン密輸の発覚で摘発された英国商人ハートレーが無罪判決（ハートレー事件）.
7月 日米約定調印（吉田・エヴァーツ協定）.

1879年（明治12年）
3月11日 琉球藩を廃して沖縄県とすることを公布.
7月 3日 世界漫遊中のアメリカ前大統領のグラントが清国を経て来日，浜離宮で天皇と会談.

1881年（明治14年）
10月11日 御前会議，立憲政体に関する方針，大隈参議の罷免などを決定（明治14年の政変）.

1882年（明治15年）
7月23日 京城で朝鮮兵が叛乱，日本公使館を襲撃（壬午事変）
8月30日 壬午事変の処理のため済物浦条約（日朝修好条規続約）調印.

1883年（明治16年）
7月25日 日朝通商章程調印．
8月 3日 伊藤博文ら憲法調査のための西欧歴訪から帰国．

1884年（明治17年）
6月23日 清仏戦争始る．
12月 4日 京城で親日派のクーデター，2日後に清国軍が制圧（甲申事変）.

1885年（明治18年）
1月 9日 漢城条約調印.
4月15日 英艦隊，朝鮮半島南端の巨文島を占領してロシアを牽制（87年に撤退）.
4月18日 日清天津条約調印.
12月22日 内閣制度が発足，**第1次伊藤博文内閣**発足.

1886年（明治19年）
5月 1日 外務省にて第1回条約改正会議開催.
10月24日 英船ノルマントン号が熊野灘沖合で沈没（ノルマントン号事件）.

1887年（明治20年）
4月22日 第26回条約改正会議にて，裁判管轄に関する英独案を修正のうえ可決.
7月29日 法典編纂の完成まで条約改正会議の無期限延期を通告.

1888年（明治21年）
4月30日 **黒田清隆内閣**発足.
11月30日 日墨修好通商条約調印（最初の対等条約）.

1889年（明治22年）
2月11日 大日本帝国憲法発布.
2月12日 黒田首相，いわゆる「超然主義」演説.
10月18日 大隈重信外相遭難のため条約改正交渉延期.
12月24日 **第1次山県内閣**発足.

1890年（明治23年）
11月25日 第1回帝国議会通常議会召集.
12月 6日 山県首相，施政方針演説で「主権線」「利益線」を主張.

1891年（明治24年）
3月29日 ロシア皇帝，シベリア鉄道建設の詔勅発布（1904年9月全通）.
5月 6日 **第1次松方内閣**発足.
5月11日 大津事件起こる.

1892年（明治25年）
8月 8日 **第2次伊藤内閣**発足.

1894年（明治26年）
7月16日 日英通商航海条約に調印，米伊露独など新条約「陸奥条約」は99年に実施（法権回復）.

1 新政府の旅立ち

【新政府の正統性】

維新政府は、まず、幕府と外交関係をもっていた欧米諸国から国を代表する正統政府として承認される必要があった。新政府は、王政（朝廷）がクーデターを起こし、幕府に代わって政権を担当するという形で成立したからである。1868年1月（慶応3年12月）、五カ国の公使と大坂城で会見した徳川慶喜《よしのぶ》は、大政奉還の事情を説明するとともに、王政復古の暴挙を非難したうえ、「全国の衆論」をもって日本の政体が定まるまでは、各国との条約を遵守し、「交際」（外交）を全うするのが自分の責任であると述べた。鳥羽・伏見戦争の勃発に際し、幕府は駐日外交団に、維新政権の中心であった薩摩藩に武器や軍艦を提供しないよう要請した。国際法の観点から見ると、新政権は幕府に叛いた交戦団体とされていた。その意味では、慶喜の訴えには正当性があり、逆に維新政権は諸外国への政権交代の通告に苦慮していた。

68年2月4日（慶応4年1月11日）、開港したばかりの神戸で、備前藩兵の隊列を横切った外国人を藩兵が切りつけるという事件が起こった（神戸事件）。新政府の方針を開国に向かわせるチャンスとみたパークスは、港内の英仏軍艦に連絡して陸戦隊を上陸させ、備前藩兵に対して攻撃をしかけ、港内の日本船舶を抑留し、神戸の中心部を占拠した。この報を受けた京都の新政府は、陸奥宗光、中井弘を急派した。陸奥らが事態の深刻さを報告すると、13日、参与で外国事務担当の東久世通禧《みちとみ》が岩下方平《みちひら》、寺島宗則《むねのり》、伊藤博文らを従えて勅使として神戸に赴き、2月8日、六カ国代表の前で王政復古を宣言した勅書（新政府成立の宣言書）を読み上げた。天皇が自ら「内外政事」をつ

2-2　各国公使召見

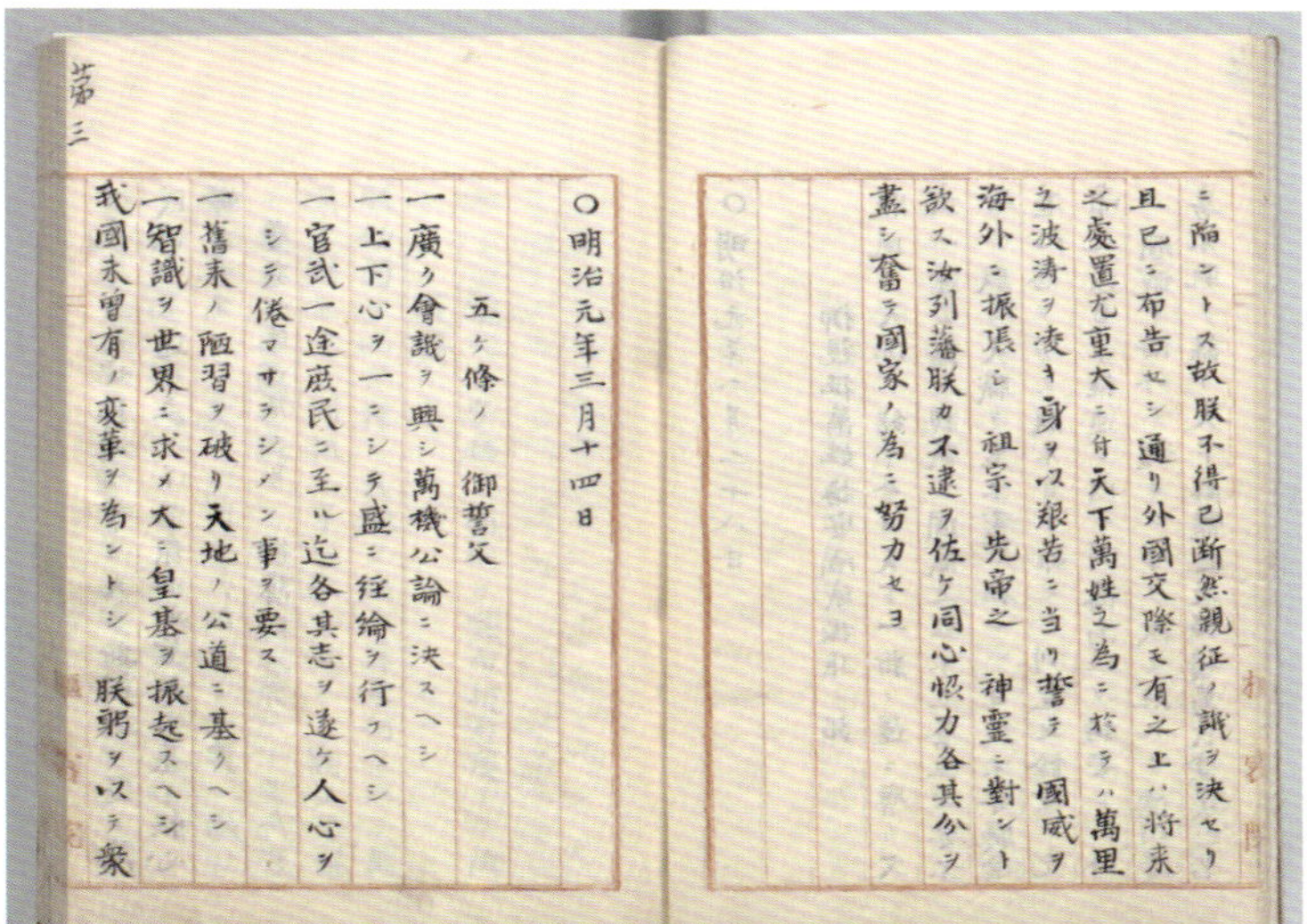
ニ陥シトス故朕不得已断然親征ノ議ヲ決セリ
且已ニ布告セシ通リ外國交際モ有之上ハ将来
之處置尤重大ニ付天下萬姓之為ニ於テハ萬里
之波涛ヲ凌キ身ヲ以艱苦ニ当リ誓テ國威ヲ
海外ニ振張シ祖宗先帝之神霊ニ對シ
欲ス汝列藩朕カ不逮ヲ佐ケ同心協力各其分ヲ
盡シ奮テ國家ノ為ニ努力セヨ

第三
○明治元年三月十四日
五ケ條ノ御誓文
一廣ク會議ヲ興シ萬機公論ニ決スヘシ
一上下心ヲ一ニシテ盛ニ経綸ヲ行フヘシ
一官武一途庶民ニ至ル迄各其志ヲ遂ケ人心ヲシテ倦マサラシメン事ヲ要ス
一舊来ノ陋習ヲ破リ天地ノ公道ニ基クヘシ
一智識ヲ世界ニ求メ大ニ皇基ヲ振起スヘシ
我國未曾有ノ変革ヲ為ントシ朕躬ヲ以テ衆

2-3　五箇条の誓文

鮫島尚信《さめじまなおのぶ》（1845～80）と森有礼《もりありのり》（1847～89）

2-5　鮫島尚信

2-6　森有礼

二人は、1865年に薩摩藩が英国に派遣した留学生に加わり、生涯の友となる。吉田清成や五代友厚も同行している。二人は王政復古を知って帰国。鮫島は70年外務大丞となり、同年、欧州（英仏普）派遣の弁務使に任命され71年2月ロンドンに到着。しかし、英国から外交代表と認められず、パリで公館業務を開始。一方、森は鮫島と同時期に最初の駐米弁務使に任命され、翌年からワシントンで業務を開始。訪米した岩倉使節団に条約改正交渉を促すが米国は応じず、行き詰まって自ら辞任を申し出る。73年に帰国した森は、旧知の加藤弘之、西周、福沢諭吉らの知識人と明六社を立ち上げ、機関誌『明六雑誌』に何度も寄稿している。その論説を通じて、外国人の内地開放問題に関する政府の弱腰を批判し、列強の「無礼」を許すことは国家の独立を損なうこと、日本側の事情を説明して相手国を納得させる、という日本外交に特有の「情実」に訴える手法は列国の侮りを受けると批判し、対等の立場で「条理」や「公理」（国際道義）に依拠して談判すべし、と説いた。75年、駐清公使となった森は李鴻章と談判し、朝鮮の主権国家としての独立を主張し、清・朝間の宗属関係を牽制して一定の成果を収めた。

パリの鮫島は74年から肺病のため療養生活に入り、翌年に帰国して外務大輔となる。療養中に外交学の研究に没頭しDiplomatic Guideをまとめている。77年、対米条約改正交渉が動きだすと、寺島外務卿は英仏独との同時交渉を進めるため欧州事情に通じた鮫島を駐仏公使として復帰させる。78年3月に再びパリに着任した鮫島は、日本の税権回復が国内産業だけでなく国際的にも広く貿易振興に寄与するはず、とフランス政府に訴える。しかし、鮫島は80年12月、肺病が悪化して死亡。親友の森はロンドンから駆けつけ、危篤の鮫島を看取った。モンパルナスの墓地での葬儀には、仏大統領の名代や各国の大使公使が参列し、35歳の若い外交官の死を悼んだ。

一方、森は79年に駐英公使となり、井上外務卿のもとで条約改正の最難関であった対英交渉に従事するかたわら、ハーバート・スペンサーなど一流の知識人や文化人と交わる。国民教育への関心を深め、教育制度の調査にも取り組み、憲法調査のためウィーンに滞在していた伊藤博文とも議論している。対英交渉が一段落すると84年に外務省を辞し、伊藤の推薦によって念願の文部省に入った。85年、伊藤内閣の文部大臣に抜擢され、大学令の制定など教育改革に尽くしたが、憲法発布の当日、森の「不敬」を糾弾する国粋主義者によって殺害される。森がキリスト教徒であったか否かは今も議論が続く。

かさどり、外国との交際には将軍ではなく、天皇の名が用いられ、「万国公法」に基づく外国交際を行うと告げた。

2月10日、政府は最初の外交方針として「開国和親の布告書」を公表し、各国との交際は「宇内の公法(国際法)」を按配して行うと国内向けに宣言した。王政復古の大号令で、京都に朝廷中心の新政権が成立したとき、多くの人々は攘夷鎖国の世に戻ると信じていただけに、この布告書は大きな驚きであった。

一方、神戸事件は、責任者の処罰（切腹）で解決したが、攘夷鎖国の世に戻るのではないことを周知するためにも、一刻も早く外国政府の信頼と承認を得る必要があった。

68年2月13日、維新政府は幕府時代の条約を受け継ぐことを各国に通告した。新政府が国際法を遵守する正統な政府であることを主張したわけである。さらに、2月29日、薩長土肥に越前、安芸の六藩主が列国外交代表の天皇謁見を求める建言書を新政府に提出した。国民が攘夷の迷夢から覚めるには、外交担当者の努力が必要で、その一環として各国代表の天皇謁見を一日も早く実現し、それを内外に布告すべきだと説いた。この建言を受けて伊達宗城《むねなり》と東久世は、3月7日、大坂で各国代表と会見して外国事務局の設置を告げ、外国との交際はすべて同局で扱うこと、そして天皇謁見を促した。

その直後、堺港で土佐の藩兵とフランス水兵が衝突し、銃撃戦となりフランス兵一一名が死亡すると

薩摩の外交家たち

薩摩藩は明治の前期において、外交の分野で活躍する多くの人材を輩出している。戊辰戦争に縁の深い黒田清隆、西徳二郎（以上は別掲）に加え、新政府の参議兼外務卿となった寺島宗則が代表格である。ほかにも、森有礼、鮫島尚信、吉田清成、上野景範らは、初期の対欧米外交を現地でになった。ここでは寺島、森、鮫島を取り上げるが、吉田（1845～91）は森や鮫島とともに薩摩藩留学生の仲間であった。帰国後は大蔵省に入るが、1874年に駐米公使に転じて寺島の条約改正交渉を支え、いわゆる吉田・エヴァーツ条約を結んだ。上野（1844～88）は薩摩の逸材として知られ、寺島が新政府に出仕するきっかけをつくり、寺島の片腕として活躍し、駐英公使、外務大輔となっている。

寺島宗則《てらしまむねのり》（1832～93）

2-4　寺島宗則

薩摩藩出身。伯父の松木宗保の養子となり、のち松木弘安と改名。藩費で江戸に遊学してオランダ医学を学ぶ。島津斉彬の侍医となり、その才覚を見込まれ、62年に幕府初の遣欧使節に随行。蘭学よりも文明モデルとしての英国に関心を向け、65年には薩摩藩の遣英使節に加わり五代友厚らとともに渡英した。67年11月、2度の欧州旅行の見聞による西洋の政体を念頭に、諸侯（領主）が天皇に忠誠を尽くすためには、封地と人民を朝廷へ奉還することだと建白している。木戸孝允による版籍奉還の建白に先駆けた構想であった。王政復古クーデターの前夜には大久保利通らと交わり、関係を深めていく。

新政府が初めて遭遇した外交問題であった神戸事件で、パークスやサトウとの折衝相手となり、困難な問題を解決に導き外交家としての地位を固める。68年3月、神奈川奉行に代わる外交担当者として横浜に在勤し、造幣機械の購入や東京と横浜間の電信機の敷設に尽力した。

72年4月、大弁務使（10月には全権公使）となり、岩倉使節団の米英訪問を支援しながらロンドンに着任する。73年10月、副島種臣の後を継いで参議兼外務卿となり、大久保体制の中核的存在となる。副島時代からの懸案であったマリア・ルス号事件を駐露公使・榎本武揚の助けをかりて処理する一方、条約改正交渉では、日本の裁判権に服さない限り外国人の内地通行権を認めない方針を堅持した。他方、寺島は、大蔵省の要請を受けて税権回復をめざす。交渉内容を限定したことで対米交渉は前進し、78年7月の吉田・エヴァーツ条約で税権をほぼ回復した。対米関係の突出を避けるため英独仏との交渉にも臨むが、とくに英国は協定税率の改定には応ずるが、保護貿易を警戒して税権回復を認めなかった。さらに77年の西南戦争による財政の逼迫から大蔵省は税収増のため関税率改定を期待するが、寺島は、関税率の改定交渉に絞ろうとはしなかった。大隈重信らの大蔵省首脳は、英仏独の駐在公使と連携しつつ寺島から外交の主導権を奪い、たまたま起こった英人ハートレーのアヘン密輸の無罪事件も法権回復への国民の関心を高めた。寺島は79年9月、税権回復にこだわった誤りを認め外務卿を辞任した。寺島は、「其性質柔軟にして辱めらるるも怒らず、罵しらるるも憤らず」と評され、冷静で知的な誠実さはあったが、強力な指導力には欠けた。

いう堺事件が起こる。事件の真相は不明であるが、仏公使ロッシュは、文明国にあるまじき蛮行として、土佐藩兵の処刑と賠償金、藩主と外交責任者の謝罪を要求した。戊辰戦争のただ中にあって、事件の関係者の厳しい処断は、いまだくすぶる攘夷勢力の暴発を招きかねなかった。結局、新政府は仏側の要求をのみ、土佐藩の兵士二〇名を処刑したが、仏側の配慮で九名が助命された。処刑は一一名のフランス兵死者の数だけにとどめられた。

堺事件が片付くと、列国代表の天皇謁見の道が開かれ、3月23日からフランスのロッシュ、オランダのポルスブルック公使など各国公使による天皇謁見が行われる。英公使パークスも参内のため後藤象二郎らと京都御所に向かったが途中で二人の武士に襲われ、あやうく難を逃れた。しかし、襲撃事件に対する新政府の迅速な対応はパークスを満足させ、3月26日に改めて謁見を実現した。これを踏まえ、5月22日、パークスは、ヴィクトリア女王による信任状を天皇に提出した。列国外交団の代表格であったイギリスが維新政府を正統政府として認めたことを意味した。

【外国官から外務省へ】

明治新政府は、その安定のため多くの藩の支持を得る必要があった。1868年4月6日、天皇は公家と諸侯をまねき、国政の基本方針として「五箇条の誓文」を示した。第一項では「広く会議を興しるマリア・ルス号事件では、終始、外務省を指導し、ロシア皇帝による審判を勝利に導き76年に帰国した。

シーボルトとスチーヴンスの悲劇

アレキサンダー・シーボルト（Alexander von Siebold）は、フィリップ・シーボルトの長男で、1859（安政6）年に父とともに12歳で来日し、70年に民部省、75年に大蔵省雇いとなり、78（明治11）年に青木周蔵駐独公使の推薦でドイツ公使館に雇用されている。73年のウィーン万博や松方正義大蔵大輔の欧州巡遊に随行し、青木の目にとまった。

駐仏公使館では、初代公使の鮫島尚信が秘書として雇用したマーシャル（Frederic Marshall）は、17年もの間、歴代公使のもとで情報収集や通訳にあたり、ヨーロッパ全体に及ぶ情報網の広さ、情報収集の能力、その勤勉ぶりは高く評価されていた。とくに条約改正談判では、難航していたイギリスの説得、イギリスと独仏など大陸諸国との切り離し、という過剰な期待を託されていた。

井上外務卿の時代には条約改正談判のため、在外公館で活躍する有能な外国人が東京に集められ、井上の手足となって働いた。シーボルトのほか、寺島公使のもとで82年に米公使館雇となっていたスチーヴンス（Durham Stevens）もその一人である。86年からの27回に及ぶ条約改正会議にはスチーヴンスとシーボルトは日本側委員として毎回出席した。条約改正会議が無期延期となっても、井上はスチーヴンスとシーボルトに対し、欧米の有力政治家や官吏、新聞に日本政府の方針を説明し、意見交換の結果を逐一報告するよう秘密訓令を与えている。

スチーヴンスは引き続き在米公使館で米国内の世論工作や情報収集にあたったが、シーボルトはどこの公使館にも属さず、自由に欧州各国を動き回って秘かに情報収集や世論工作に従事し、電信暗号をもって外相や次官に通報する権限さえ与えられていた。彼は日露開戦前夜には駐独の井上勝之助公使のもとで世論対策や新聞操縦にあたり、1911年にイタリアで没するまで欧州で活動した。欧州政況を定期的に東京に送っていたが、欧州の在外公館が拡充されると「シーボルト情報」への依存度は低下していった。

2-8　シーボルト

一方、スチーヴンスは歴代の駐米公使を補佐したが、その役割はもはや条約改正談判よりも、関税や移民問題に関する駐米公使による対米交渉の補佐であった。日露開戦後の04（明治37）年12月、日本による保護国化が進む韓国の外交顧問としてワシントンから京城に移る。その後、08年3月、日本政府の要請でワシントンに戻るためサンフランシスコに到着したスチーヴンスは、日本の対韓政策に関する談話記事を地元紙に発表した。その内容は、韓国は日本の保護によって多大の利益を得ることになる、といった日本の対韓政策を擁護するもので、サンフランシスコ在住の韓国人を刺激した。スチーヴンスは、この新聞記事に激怒した数名の韓国人によって銃撃され数日後に死亡した。

外交分野におけるお雇い外国人の役割は、条約改正の道筋が見えてくる明治後半には限られたものになる。逆にいえば、外務省におけるお雇い外国人は、その多くが条約改正のためであった。

ちなみに「お雇い外国人」の「お（御）」は、「御上」つまり、天皇の政府が雇用した外国人という意味あいを持ち、とくに「官雇」外国人は厚遇され、天皇謁見、勲章授与、賜金などの特典があった。外交分野で勲一等を贈られたのは、デニソン、シーボルト、スチーヴンスの3人である。

万機公論に決すべし」と記されていた。誓文には、公卿、諸侯、各藩の重臣らおよそ五〇〇名が宣誓、署名した。誓文の発案は参与の由利公正《きみまさ》であった。坂本龍馬の同志であった由利は、横井小楠《しょうなん》の弟子として越前藩の財政改革に才を発揮していた。由利の「国是五章」案を、土佐出身の参与、福岡孝弟《たかちか》や木戸孝允《たかよし》が修正したものであった。第四項「旧来の陋習《ろうしゅう》を破り、天地の公道に基づくべし」とは木戸が加筆したもので、開国和親の布告書のなかの「宇内の公法」の尊重と同じ意味で、国際法の遵守を約したものとされる。

続いて6月11日には政体書が発布され、朝廷の伝統的な政治機構を模倣した太政官制が設けられる。新政府発足直後の三職制（総裁、議定、参与）は廃止され、七官制からなる太政官への権力の集中、三権分立、官吏の公選（互選）など基本的な統治組織が示された。立法機関である議政官に、各藩などの「公議世論」をすくいあげる仕組みがつくられていた。ところが議政官はまもなく廃止される。「公議世論」より、強力な中央集権体制の確立が目標となるのである。

政体書によって外国官が大阪（まもなく京都に移転）に置かれ、外交、貿易、開拓、疆土（領土）に関する事務を所掌することになった。ただ条約締結や和戦の決定の権限は議政官にあり、外

お雇い外国人

外国人の積極的活用は、近代化を推し進める明治政府にとって不可欠な政策であった。軍事、科学技術、工業、財政経済、外交、教育、芸術など広汎な分野で明治政府が雇用した外国人は、1868年から99年までの間に約2300名にのぼる。とくに政府が雇用した「官雇」は、国内が安定する70年代に増大し、74年から75年にかけてのピーク時には500人以上に達し、内務卿時代の大久保利通は200人もの外国人を雇用した。多くの外国人を雇用しながら、明治政府は彼らを助言者、補助者として使いこなし、政策決定の主導権を彼らに譲ることはなく、主体的な近代化政策を推し進めたという賢明さがあった。

外交分野のお雇い

幕府時代には、名誉職を除けば、幕閣や老中、外国奉行などの外交責任者が外国人を雇うことはなかったが、明治期には、一定の契約のもとで外務省雇の外国人が外務本省と在外公館で働くようになる。そのほか条約改正など特定目的のための一時的雇用、語学教師、翻訳者としての雇用があるが、詳細は分かっていない。

外交分野における外国人雇用はフランス人のフリュリ＝エラール（Paul Flury-Hérard）が最初であろう。彼は幕府が親仏政策をとっていた際に、駐日公使ロッシュの提案で、横須賀製鉄所の建設資材や最新兵器の調達のためパリにおかれた幕府の出先機関に、66（慶応2）年に雇用されている。翌年のパリ万博への日本の参加にも貢献した。

本省雇用の代表格はアメリカ人のデニソン（Henry W.Denison）である。デニソンは69（明治2）年に来日して米国領事館に勤務。80年に外務省雇いとなり、以来、1914年の逝去まで、大半を外務本省にあって外相の諮問に応じた。その役割は単に外相の諮問に応えるだけではなかった。三国干渉では、病床にあった陸奥外相が独仏露宛の回答案文の起草を依頼したり、日英同盟問題では、小村寿太郎外相の依頼で元老・井上馨を説得したり、外交政策の重要決定にも関与した。

2-7　デニソン

在外公館では、初代の駐米公使・森有礼が1871（明治4）年に雇用したチャールズ・ランマン（Charles Lanman）が第1号である。ランマンは文筆家であったが、議会との関係が深く、新政府の課題であった下関償金返還問題で議会に働きかけることが期待された。森の斡旋で岩倉使節団に同行した5人の女子留学生のうち津田梅子と吉益亮子がランマン婦人のもとに引き取られている。

大政奉還の前夜の67年10月、幕府からサンフランシスコにおける領事事務を委嘱されたのがブルークス（Charles W. Brooks）であった。すでにブルークスは同地で無報酬で日本人の通商支援や事実上の領事事務を長く続けており、領事任命は米政府の要請によった。ブルークスは咸臨丸の乗組員の世話にもあたり、明治政府の成立後も自費で領事事務を引き受け、奉仕的活動を続けた。渡米した伊藤博文がこれを知り、恐らく伊藤の建議で明治政府はブルークスに資金援助を行うようになった。岩倉使節に同行して来日し、73年には天皇にも謁見している。

外務省雇の最初の国際法顧問がペシャイン・スミス（E. Peshine Smith）であった。アメリカ国務省の法律顧問であったが、大隈の大蔵省が商法、税法、海関行政の専門家を必要としていたことから、森有礼公使が国務省と交渉して実現した。71年に来日し、日本が経験した初の国際裁判であ

国官の権限は限定的であった。伊達宗城が初代の外国官知事となったが、ほどなく辞表を提出してしまう。病気の再発が理由であったが、実際には英国公使パークスの傲慢な態度に辟易していたからであった。他方、パークスは、過激な攘夷運動のなごりを思わせる事件が相次ぎ新政府への不信感を強めていた。

伊達は、官吏公選により多数を得て、改めて外国官知事に選ばれたが辞意を撤回せず、公家で参与の沢宣嘉《のぶよし》が後任となった。

戊辰戦争後、新政府（太政官）は東京に移転するが、外国官はそれに先だって東京に移転した。69年8月15日、政府は職員令《しきいんりょう》を発布して外務省を設置し、長官である外務卿のもとに大輔、少輔などの官職が置かれた。初代外務卿には沢が、外務大輔には寺島宗則が任ぜられた。外務省が霞が関の民部省跡（旧黒田邸）に移転したのは71年1月のことで、ここから「霞が関外交」の名称が生まれる。

外務省設置の翌70年11月、海外諸国に大中小「弁務使」（公使）を駐在させる在外使臣制度がもうけられる。まず、外務大丞であった鮫島尚信《なおのぶ》を代理公使に相当する少弁務使として欧州（英・仏・プロシア）に派遣することが決まる。外交代表の第一号であった。鮫島はフランス経由で71年2月、ロンドンに到着したが、英国からは鮫島の年齢（二五歳）と身分から外交代表

2-9　初期の外務省

とは認められず、パリで公館の開設準備を進めることになった。71年夏、鮫島は、欧州事情や外交に精通した英国人秘書、フレデリック・マーシャルを雇い、仮公館で業務を開始した。マーシャルは17年もの間、パリ公使館を拠点に歴代公使の手足となって働いた。

鮫島とともに森有礼《ありのり》がアメリカ駐在の少弁務使に任命され71年1月、ワシントンに到着した。森も、チャールス・ランマンという秘書を雇い入れ、彼の幅広い人脈を生かし日本公使館を舞台に幅広い「文化外交」を展開することになる。

72年4月、大弁務使に転任した寺島外務大輔は、英国駐在となった。ヨーロッパでの条約改正交渉における中心的役割を期待する副島種臣外務卿の意見によった。鮫島、森に次ぐ三人目の外交代表であった。寺島の任命にイギリスも満足した。寺島は、岩倉使節団を一時離れ、全権委任状を得るため帰国していた大久保利通、伊藤博文とともに6月にワシントンに入り、8月にロンドンに到着した。寺島は、ヴィクトリア女王に謁見して信任状を奉呈した。鮫島が英国政府から代理公使として拒絶されてから一年余り。初の公使としての謁見であった。

72年10月、弁務使が正式に「公使」（特命全権公使、弁理公使、代理公使）と改められ、パリの鮫島、ワシントンの森も、それぞれ弁理公使、代理公使となった。職制も一等から三等までの書記官が置かれることになり、近代外交官制度にさらに踏み出した。74年の時点で、

薩摩の外交家たち

大久保利通《おおくぼとしみち》（1830～78）

2-10　大久保利通

薩摩藩出身の大久保は、尊王攘夷運動に身を投じ、島津久光の庇護のもと藩論を攘夷から公武合体論に導く。朝廷と幕府を一体化し、開国可能な体制をつくるという公武合体策を公家の岩倉具視の協力を得て推進する。だが、激しい攘夷運動の前に行き詰まると、大久保は京都政界を西郷隆盛にまかせて薩摩藩の富国強兵政策に没頭した。イギリスからの軍艦の購入、留学生のイギリス派遣、欧州諸国との交易も実行した。藩を固めた大久保は再び上洛して薩長連合へと向かう。岩倉や西郷と協力して武力討幕の準備を進める一方、幕府が大政奉還の挙にでると、王政復古のクーデターを敢行した。大久保はこの無血革命劇の巧みな演出者であった。

明治政府の中枢に座った大久保は、新政府の対外的信用の確保のための外交措置、中央集権のための版籍奉還、廃藩置県などを矢継ぎばやに実行すると、岩倉使節団に加わり、帰国後の征韓論争では内治優先論をもって征韓派を制した。新政府の最初の政治危機（明治6年の政変）に直面すると、間髪をいれず内政全般に強大な権限をもつ内務省を設置し、自ら内務卿に就任して乗り切った。翌1874年の江藤新平の佐賀の乱には、文官でありながら軍権を掌握して現地に入り、ただちに鎮圧した。同年の台湾出兵後の日清交渉では、北京に乗り込み、清国側から50万両の賠償金を獲得して交渉を妥結させ、開戦の危機を防いだ。

新政府の10省体制の中央官僚機構も、基本は大久保の構想による。官僚人事についても徹底した適材適所主義をもって有為の人材を即決で登用した。また、大隈重信を大蔵卿に、伊藤博文を工部卿に配し、自在に殖産興業、開化事業を進めた。そのため大量のお雇い外国人を招き、土木技術者だけでも200名を超えた。

明治初年の10年間、内外の難局を一人の責任で乗り切った手法は「大久保独裁」とも評され、民権派からは、政府の実権が一握りの官僚の手中にある（有司専制）と批判された。大久保にとって、対外強硬論を抑え、中央官僚機構を整備し、殖産興業にまい進する内治優先策そのものが国家建設期の外交政策にほかならなかった。自在に権勢をふるった大久保であったが、その身辺は清潔で、財産もなく、負債が残るのみであったという。大久保は木戸孝允、西郷とともに「維新の三傑」と称される。大久保の権力は伊藤博文が、西郷の陸軍は山県有朋が受け継いでいく。

ワシントン、ロンドン、パリ、ペテルブルグ、ウィーン、ベルリン、ローマ、北京の八カ所の公使館が開設されている。

なお、領事館は72年1月に上海に領事館が置かれ、品川忠道が領事となったのが最初である。

【版籍奉還と廃藩置県】

新政府は1868年10月に元号を慶応から「明治」に変更し、一世一元制を布告し、江戸も東京と改称された。69年3月、天皇の東京行幸が実現し、政府も東京に移った。

中央集権化の第一歩は藩権力の解体であった。大名分国制のもとで三〇〇近い諸藩、諸侯に分断されていた日本を統一に導くためには、各藩が預かっている領地（版）と領民（戸籍）を天皇（朝廷）に返上するという版籍奉還が必要であった。69年3月、薩長土肥の四藩主が連署して版籍奉還を新政府に願い出ると、他藩もぞくぞくとこれに従った。藩主は中央政府によって任命される藩知事となった。旧藩士は禄の高低にかかわらず一様に「士族」となり、大名と公卿は等しく「華族」となった。版籍奉還は、それまで庶民には縁遠い存在であった天皇の絶対的な権威を印象付けるねらいもあった。

二年後の71年4月、薩長土の三藩は、約八〇〇〇の藩兵を御親兵として新政府（朝廷）にさしだし、これが最初の政府直轄の軍隊となり、まもなく兵部省の所属となった。兵部大輔にはヨーロッパ調査から戻った山県有朋が就任した。同時に政府は、東京、大阪、鎮西、東北の四鎮台を設け、直属の鎮台兵を統括した。政府直属の軍隊は、佐賀の乱、萩の乱、西南戦争に威力を発揮することになる。

その軍事力を背景に、71年8月、新政府は藩知事を罷免し、政府が派遣する府知事や県令が地方行政にあたるという廃藩置県を断行した。版籍奉還と違い、旧藩主の意思を無視して大久保利通、西郷隆盛、木戸孝允の三人の薩長指導者が天皇の威信を借りて断行したものであった。大きな反発が予想され、西郷は最後には武力鎮圧まで決意していたが、奇跡的にも成功した。とくに、廃藩置県に熱心であった木戸は、廃藩置県の発令に「はじめてやや世界万国と対峙の基定まるといふべし」と日記に書いた。西洋列強と伍していくためには、強力な中央集権国家を確立する必要があり、その障害となっている大名分国制の解消は必須の条件であった。

ともあれ、新政府の樹立からわずか三年半で、二五〇年以上も続いてきた藩権力を奪い、中央に権力を集中してしまう、という「奇跡」がなぜ、可能だったのか。その背景は、幕末には多くの藩の財政が破たんに追い込まれ、自立的な財政運営の能力を失っていたこと、大名分国制とはいえ、藩主たちは徳川宗家の「家産官僚」（主君に仕える使吏）としての意識が強かったこと、そして、集権的体制でなければ、欧米の開国圧力に対抗し得ないという危機感が各藩にも広がっていたことも重要である。

【岩倉使節団と条約改正の挫折】

廃藩置県からまもない1871年12月、副首相格の岩倉具視《ともみ》を正使（全権）とする遣外使節団が横浜を出航した。新政府の最高指導者であった大久保利通、木戸孝允、伊藤博文らが副使として加わり、総勢四六名、五九名の留学生を含めれば一〇〇名を超えた。木戸や大久保が加わることに留守をあずかる西郷隆盛や板垣退助、三条実美《さねとみ》太政大臣（首相格）が反対したが、廃藩置県の成功で政局が安定したことも手伝って、彼らの強い希望が通った。ただ当初は一〇カ月半の予定であったが、実際には一年以上も延び帰国は73年9月であった。

使節団の目的の一つは、安政五カ国条約の改正のめどをつけることであった。条約の規定によって72年以降、改正交渉が可能になってい

長州の外交家たち

木戸孝允《きどたかよし》（1833～77）

2-11　木戸孝允

　長州の藩医の子として出生。8歳で桂家の養子となり、桂小五郎と称した。江戸に遊学して軍事教練や軍事技術の習得をめざしていたが、吉田松陰に感化して攘夷運動に参加。1864（元治元）年、蛤御門の変で長州藩が敗北し、第1次長州征伐後に長州藩が幕府に恭順すると、幕府に追われた木戸はしばらく身を隠し、盟友であった高杉晋作は藩外に亡命した。高杉が帰藩して藩政を恭順派から奪還すると、65年4月に帰藩した木戸はその基礎の上に、第2次長州征伐戦を控えた66年、薩摩の西郷隆盛と薩長同盟を結び、反幕体制を固める。

　さらに木戸は、大久保利通や岩倉具視と結んで王政復古のクーデターの一翼をにない、新政府の首脳の一人（徴士、参与）となる。五箇条の誓文の草案作成にかかわり、誓文での冒頭が「広く会議を興し」となったのは、福岡孝弟ら公議政体派による原案の「諸侯会議を興し」を木戸が訂正したものという。それは、直轄軍も直轄領ももたない新政府が、雄藩連合の上に政権の基礎を置こうとした公議政体論に対し、中央集権国家の構想を示したものとされる。

　68年から翌年にかけて、木戸は政府部内で最初の征韓論をとなえるが、その征韓論は版籍奉還に備え、朝廷直属の軍隊をつくって国内の反対勢力を抑えるためだったという。木戸は新政府にあって、諸藩が割拠する分国制を克服し、集権国家を実現するため、早くから版籍奉還と廃藩置県を構想していた一人であった。

　新政府の直轄軍をどのように編制するかという問題で、大久保や西郷隆盛と構想が異なっていたが、結局、薩長土の3藩の兵による直轄軍（政府軍）の創設に落ち着き、71年8月、廃藩置県が断行される。廃藩置県の直後、木戸は日記に「世界万国と対峙の基定まると云ふべし」と記した。欧米列強と伍していくためにも、分権的な諸藩の存在を克服し、強力な中央集権国家を目指すべきであった。

　廃藩置県後、岩倉使節一行に副使として加わり、帰国後の征韓論争では、大久保や伊藤博文とともに内治優先論にくみして西郷、江藤新平、板垣退助らを追放する（明治6年の政変）。しかし、大久保や西郷従道が主導する台湾出兵には反対して参議を辞任する。75年、伊藤の仲介による大久保との大阪会議によって、専制政治の緩和と民権の拡大を条件に、板垣とともに政府に復帰する。しかし、西南戦争の最中、京都の別邸で死去した。

　木戸の全盛期を新政府内で支えた大隈重信は、「木戸は何れかと云えば奇才縦横、雄弁とうとうという風であったが、然し極めて正直真面目で、誠実の人であった」と評した。たしかに木戸は開明的で、物分かりが良く、信望も厚かったが大久保のような卓越した実務能力に欠け、岩倉使節団の副使として帰国してからは病気がちで、もはや廃藩置県前の精彩はなかった。大久保と西郷も77年とその翌年に相次いで非業の死を遂げ、「維新の三傑」の時代は終わる。

たが、新政府は71年に条約改正掛を設けて改正内容の調査に着手したばかりであり、岩倉や外務大輔の寺島宗則にとって、改正の目的と希望を討議するにとどめ、将来の本格改正に向けた地ならしがねらいであった。

　最初の訪問国のアメリカでは、使節団が大歓迎されたことも手伝い、伊藤や駐米の弁務使となったばかりの森有礼が、米国に多少譲歩しても改正条約に調印することが有利と主張し、岩倉全権らを動かし交渉に着手する。国務長官フィッシュも改正交渉に前向きであったが、予備的な了解ではかえって混乱を招くと指摘した。そこで使節団は本調印に必要な全権委任状を本国に請求するため、大久保と伊藤が一時帰国した。

一方、領事裁判権の撤廃はむずかしいことを自覚して

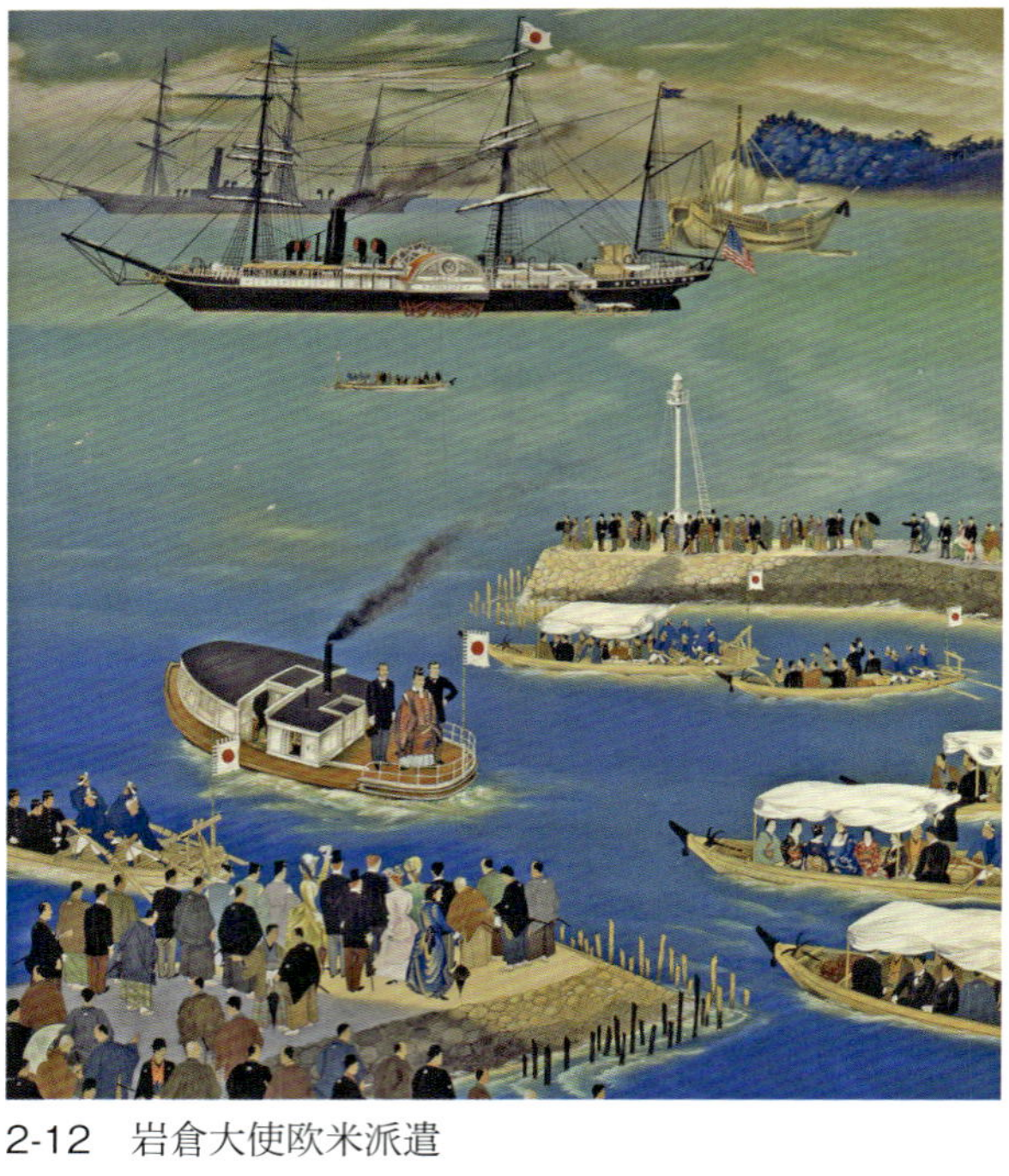

2-12　岩倉大使欧米派遣

岩倉使節団と留学生

岩倉使節団に約 50 名の官費留学生が加わっていた。のちに帝国憲法の起草にかかわった金子堅太郎（福岡県士族）、三井財閥の創業者の団琢磨、自由民権運動の指導者で『三酔人経綸問答』の著者として知られる中江兆民（篤介、高知県士族）、大久保利通の次男の牧野伸顕など、のちに近代日本の指導者として名を残した面々である。

また、官費留学生のなかには５名の女子学生が含まれていた。津田梅子、山川捨松、上田悌、永井繁子、吉益亮子である。最年少の津田は８歳（数え年）で、ほかはいずれも 10 代であった。使節団の米国到着後、女子学生を世話したのが初代の米国公使・森有礼であり、津田と吉益が森の秘書であったランマン婦人のもとに引き取られた。津田は 1882（明治 15）年に帰国し、伊藤博文の通訳などを務め、1900 年に女子英学塾（津田塾大学の前身）を創立し、生涯を女子教育に捧げたことで知られる。山川は、日本初の物理学博士で会津藩出身の山川健次郎の妹で、会津城攻防戦では籠城生活も経験していた。米国では国際政治学を学んだ山川は、帰国後、陸軍卿・大山巌の後妻となり、「鹿鳴館の名花」とうたわれた。上田は、外国文学者で詩人の上田敏の母となり、永井は瓜生外吉夫人となる。

2-13　岩倉使節団　左から木戸孝允、山口尚芳、岩倉具視、伊藤博文、大久保利通。サンフランシスコ到着直後の写真とされる。岩倉はこの後断髪

官費留学生の多くは勉学熱心であったが、各省の思惑がからみ、政府指導者との縁故によって、意欲や能力が不問のまま選ばれる場合もあり、留学の成果をあげられない学生が増える。使節団の目的の一つも留学生の実情調査にあり、その結果、73 年には官費留学生は一時、中止となる。

なお、アジア歴史資料センターのインターネット特別展「岩倉使節団─海を渡った 150 人の軌跡」は、使節団の旅程、訪問先、視察内容等を関連資料とともに辿る。

キリスト教解禁問題

安政５カ国条約（1858 年）によって居留地内における外国人の信仰の自由が認められ、宣教師は相次いで居留地に上陸したが、国内での布教はキリシタン禁制の国法が壁となっていた。幕府のキリシタン禁教政策を継承した維新政府は、70（明治３）年１月、発覚した長崎県浦上村の潜伏信徒 3000 余名をとらえ諸藩に監禁した。各国公使がこれに抗議して外交問題化する。新政府首脳は、キリスト教徒に対する措置は宗教上の問題ではなく、信徒が宣教師の保護のもと政府の威信を損なう反政府的活動、あるいは内政干渉にあたると主張した。もう一つは伝統的な神仏信仰を拒絶し、ひいては天皇の神性という国民信仰を認めないという点にあった。岩倉使節団の出発直前の 71 年 12 月、伊万里県（のち佐賀県に所属）が、管轄下のキリシタンを逮捕したことで、使節団はキリスト教解禁という問題をかかえて出発することになる。

案の定、岩倉使節団は訪問各国から、浦上キリシタン問題の解決とキリスト教信仰の解禁を強く求められる。73 年２月、岩倉はキリスト教禁止の高札（立て札）の撤去を打電し、太政官布告で高札は撤去された。３月、政府は各地に預けていた長崎の信教徒を解放して浦上に復籍させた。高札の撤去は、キリスト教の解禁ではなく事実上の「黙許」であった。

信教の自由は近代国家の構成要件として帝国憲法でも認められるが、それは「天皇の不可侵」を前提とした内面の自由であり、制約されたものであった。信教の自由を許容しつつ、天皇尊崇を確保するため、神道の宗教性を否定する方向での問題解決がはかられる。神道は宗教ではなく「国家の祭祀」とされ、天皇は宮中で行う祭祀の総括者と位置付けられることになる。

いた使節団は、関税自主権回復や行政規則の制定権の回復を求めた。しかし米国側は、これらを問題とせず、逆に開港場の増設、外国人の内地通行権（内地開放）の拡大、輸出税の廃止などを要求した。

東京の留守政府は、アメリカに対する最恵国待遇の適用で、日本の譲歩が欧州諸国にも同じ措置が必要となること（均霑《きんてん》）の不利を知り、欧州でアメリカを含

む国際会議を開催することが得策と考えた。しかし、アメリカは同意しなかった。

大久保、伊藤が全権委任状を携行してワシントンに帰着した直後の72年7月、岩倉全権は交渉中止を米国務長官に通告し、ヨーロッパに向かった。ロンドンでは、使節団より一足先に大弁務使（公使）として着任していた寺島宗則が使節団に合流し、10月下旬、グランヴィル外相との会談に臨んだ。イギリス側は外国人に対する内地開放と沿岸貿易の許可を強く求めた。しかし、寺島や岩倉は、神戸居留地における地代の不払いなどを例に、内地での行動の自由を外国人に許すならば、まず外国人をして日本の法律に従わせることが肝要と反論した。

72年12月、ようやくエリザベス女王との謁見がかなった使節団はフランスに渡り、仏大統領、ベルギー皇帝、オランダ皇帝、ドイツ皇帝と謁見した。フランスでは、やはり内地開放を要求され、さらに浦上におけるキリスト教徒の迫害をとりあげられ、信教の自由を認めるよう要望された。

結局、ヨーロッパでは改正交渉は避け、希望を述べるにとどまったが、各国は一様に、外国人の内地通行と信教の自由の保証を要望した。とくにキリスト教徒の迫害に強い抗議を受け、使節団は出張先から留守政府宛にキリシタン解禁を献策し、その結果、73年2月、禁教の高札が撤廃された。ただし、全面解禁ではなく「黙許」であった。

【ビスマルクの教訓と成果】

1873年3月、プロシアの宰相ビスマルクは使節団を招いた宴でのスピーチで、大国は自ら利があると見れば万国公法を守るが、利がないと見れば軍事力で覆す、小国は万国公法に頼って自主の権を守ろうとするが、大国の力の前には無力だ、と述べた。国際関係を律するのは国際法ではなく、弱肉強食の論理であり、強国となることが条

華夷秩序《かいちつじょ》（朝貢体制《ちょうこうたいせい》）と万国公法

東アジアでは、ヨーロッパのような、相互に対等な主権国家の存在を前提とする国際関係は形成されていなかった。17世紀以来、東アジアに形成されていた国際秩序は中国を中心とする「華夷秩序」と呼ばれる。中国の周辺の国々は中国の優越を認め、貢物をもってそれに従うことを約し（朝貢）、中国はその見返りとして保護者としてふるまうという関係（宗属＝そうぞく＝関係）が成立していた。本来は、中国の「徳」による感化（王化）が人々に及ぶ度合いに応じて形成された秩序で、周辺地域に対する排他的な領土管轄ではない。華夷秩序には、朝鮮や琉球は含まれるが、江戸期以来の鎖国日本は含まれず自立を保っていた。

華夷秩序は、天津・北京条約以後、朝貢を行う中国周辺国が植民地となったり、琉球が1879年に日本の直轄地となったりして、80年代には、唯一朝鮮だけが朝貢国として残されていた。ただ、中国は朝貢体制の維持を前提に、朝鮮は「属国」ではあるが、対外関係については自主を認めようという立場をとった。一方、朝鮮は「自主」を優先し、欧米との条約を締結していった。

朝貢体制とは別に、周辺諸国の首長が中国に使節を遣わし、国王としての称号を求め、中国がそれを承認するため使節を派遣するという「冊封＝さくほう＝関係」が形成されていた。朝貢には貢使による交易をともなったが、冊封には交易は含まれなかった。冊封と朝貢とが一つの国で重なる場合もあり、「朝貢・冊封体制」と呼ばれることもある。「朝貢体制」とは、華夷秩序を基礎とする東アジアの国際関係を理解する一つの仮説である。

これに対して国際法（万国公法）はウェストファリア条約（1648年）によって国家主権の相互尊重と内政不干渉原則が確立されたことを契機として、ヨーロッパ諸国内で誕生した。ヨーロッパ諸国が武力を背景に海外進出すると、華夷秩序はヨーロッパの国際法秩序によって侵食され、本来の国家主権と内政不干渉原則は失われ、三層構造をもった秩序に転換していった。

すなわち、欧米を「文明国」、中国、日本等を「半文明国」（野蛮国）、東南アジア地域等を「未開国」とみなし、「半文明国」に分類されると、主権の存在は認められるものの、国家主権は制限され、不平等条約を締結させられた。さらに「未開国」と分類されれば、例え独自の政治体制が成立していても、国家主権は認められず、その地域は有力な支配統治が敷かれていない「無主の地」と判定された。

約改正の前提であることを思い知らされた瞬間であった。

欧米の制度と文物の調査も使節団の目的の一つであった。随員たちは、視察項目に従って各地で官庁、工場、学校、文化施設などを視察した。その模様は、随員の久米邦武《くにたけ》らが詳述した『特命全権大使米欧回覧実記』に見られる。とくにヨーロッパにおいて、外交慣例や儀礼に従って便宜供与や調査を各国に依頼し、使節団の効果的な視察を準備したのは鮫島尚信であった。いずれにせよ、多方面の知見は、近代国家の建設に幅広い恩恵をもたらした。

例えば大久保利通は、74年の「殖産興業に関する建議書」において、日本と同じ島国のイギリスの隆盛は、政府による産業保護のおかげであり、政府による民間産業の保護奨励こそが必要だ、と説いている。また立憲政体に関する意見書では、イギリスの立憲政体は国民の自発的な努力を引き出し、強国を支えていると論じ、目標とすべき国家像として、いわば「イギリス・モデル」を提唱している。こうして大久保は内治優先の立場から、国内の殖産興業を強力に推し進めるのである。

こうした成果があるにせよ、岩倉使節団の欧米周遊はあまりに長かった。留守政府は使節団との約束を違え、学制発布、鉄道建設、徴兵制の実施など新たな改革を実行に移し、これらの政策の是非をめぐって政府内は分裂気味であった。たまりかねた三条実美太政大臣は73年1月、大久保と木戸孝允の早期帰国を促し、二人は相次いで帰国の途についた。

同年9月に岩倉使節団が帰国したところ、留守政府は三つの対外問題に直面していた。その一つは、朝鮮の開国という問題であり、二つ目は、樺太におけるロシアの南下、三つ目が台湾出兵という問題であった。三つの対外危機を前に、出兵を含む強硬論が台頭していたが、その背景には、廃藩置県によって失職し、武士の特権をはく奪された旧藩士族の不満とやるせない思いがあった。幕府に抵抗して勤王のために尽くした草莽の志士としての気概は行き場を失っていた。

2 周辺諸国との関係調整
―対外危機への対応

【日中交流の開始―日清修好条規】

日本と清国とは、幕末まで公的な取り決めのないまま、長崎一港に限定された慣習的な貿易が行われていた。しかし、幕末期に清国商人が西洋商人の代理人として日本各地を訪れ、海産物を上海などに輸送するようになると長崎に限定された貿易だけでは対応ができなくなる。上海を中心とした貿易体制に参入する必要もあった。こうして1870年から全権の伊達宗城、補佐の柳原前光《さきみつ》と清国全権・李鴻章《りこうしょう》との間で交渉が始まり、71年9月、日清修好条規が結ばれる。

修好条規は、それぞれが欧米との間で結んだ通商条約の内容を追認し、互いに領事裁判権と協定関税を認め合う、という特異な対等条約であった。他方、条約の形式という点では、東アジアの国々の独特のルールである華夷秩序(コラム36頁)を踏まえたものであった。例えば、前文では「日本国天皇」や「清国皇帝」といった尊称は避けている。「皇」の文字を使用するのは清国皇帝のみである、という清国側の主張に配慮したものである。さらに、第一条は「両国に属したる邦土も各《おのおの》礼を以て相待ち、聊《いささか》も侵越する事なく、永久安全を得せしむべし」とされ、領土の相互不可侵を定めていたが、清国側は「邦土」とは、属国(朝鮮、琉球などの朝貢している国々)に対して用い、それを日

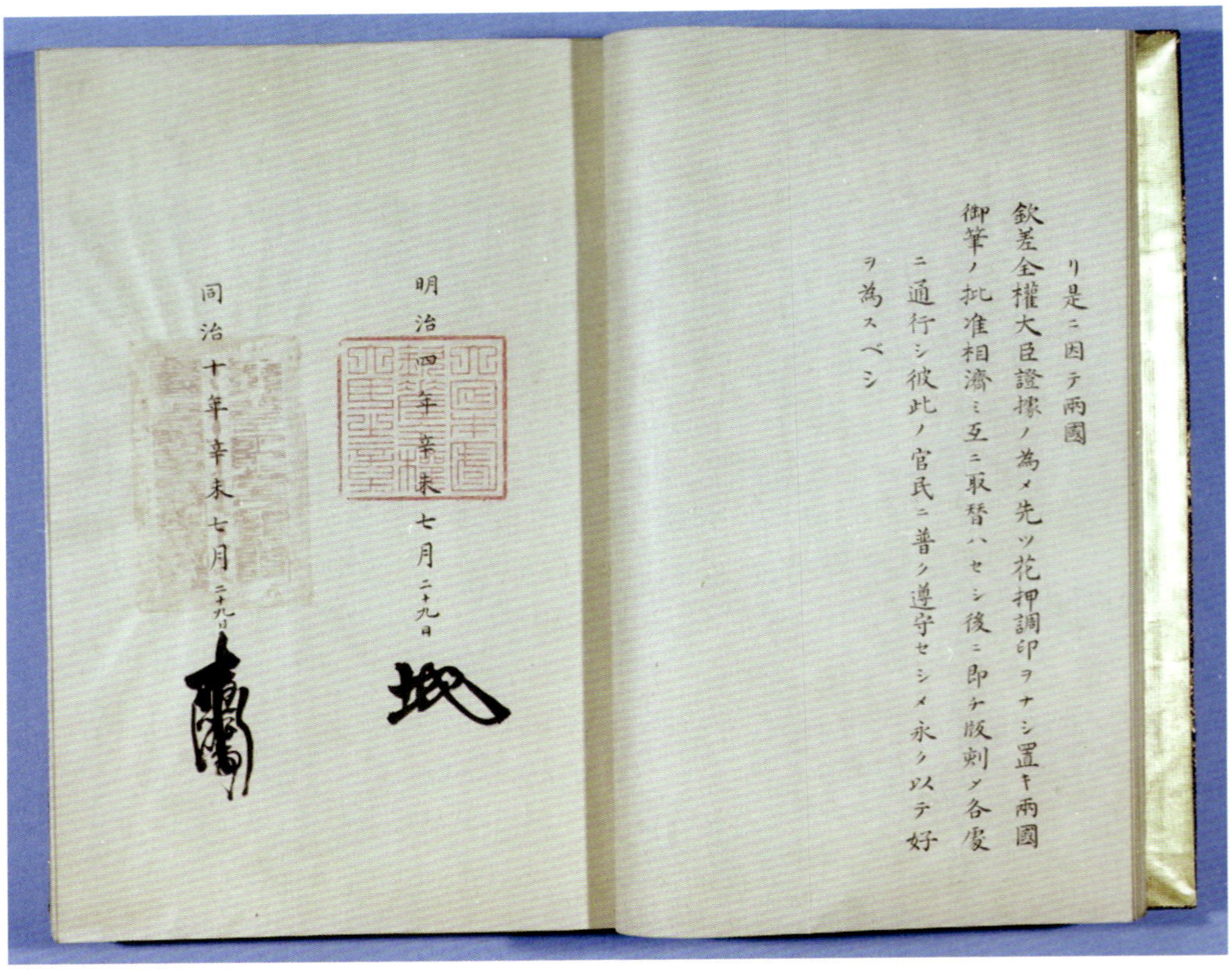
り是ニ因テ兩國
欽差全權大臣證據ノ為メ先ツ花押調印ヲナシ置キ兩國
御筆ノ批准相濟ミ互ニ取替ハセシ後ニ即チ版刻メ各處
ニ通行シ彼此ノ官民ニ普ク遵守セシメ永ク以テ好
ヲ為スベシ
明治四年辛未七月二十九日
同治十年辛未七月二十九日

2-14　日清修好条規（調印書）

本にのませたと解釈した。朝鮮も琉球も清国領土という解釈である。これに基づいて日本が琉球に藩や県を設置したことを条約違反と主張することになる。日本はこうした解釈を受け入れなかったが、漢文が正文となっていたことが解釈の齟齬を生んだ。

ところで日本側は、修好条規と付属の通商章程の改定のため批准延期を求めた。理由は第二条の文言に攻守同盟の色彩があり、欧米の反発を招くこと、さらに日清のそれぞれの貿易ルールが異なり、その調整が必要というものであった。しかし、清国側は批准前の改訂を拒絶したため、73年4月、批准書が交換され修好条規は発効する。

【征韓論を支えたもの】

欧米の軍事的圧力の前に、清国と日本は開国（開港）に踏み出すが、朝鮮は鎖国を維持し、ことに大院君《だいいんくん》の執政期（1863～73年）の強硬な排外政策が開国を妨げていた。66年には、大同江を遡り、平壌付近で貿易を求めた米国商船に対し、朝鮮側は交易や布教を拒絶して退去を求めた。これに応じなかった同船は焼き討ちに遭い乗員全員が殺害されるというシャーマン号事件はその象徴であった。大院君は開国日本にも不快を感じ、往来の禁止を現地に通達していた。

こうしたなかで、69年初頭、新政府は対馬藩の使者を釜山に送り、王政復古の事実と交際（外交関係）の更新を書状（書契）によって朝鮮政府に伝えた。朝鮮政府の役人は書状に「皇祚」あるいは「皇上」という文字が使われていることに驚き、受け取りを拒否した。華夷秩序のもと、中国の属国であった朝鮮にとっては対外関係で「皇」という文字を使う資格があるのは中国の皇帝だけだったからである。日朝間の交渉は行き詰まり、さらに朝鮮は、対馬藩が釜山に置いていた草《そう》梁《りょう》倭館《わかん》を含め交流を閉ざした。これらの措置に対し、新政府内には武力行使もやむを得ないという強硬論が勢いを増してくる。

征韓論に集約される強硬論には様々な動機があった。欧米に対抗するため日朝提携を提案し、朝鮮が応じないときは武力で従わせよ、という議論、対外危機を引き起こすことで国内統一を固めようという主張も有力であった。さらに、元来、朝鮮半島の国は天皇に服属すべき存在であり、王政復古が実現したいま、朝鮮は属国となって「藩臣の礼」を尽くすべきだ、という考え方も征韓論を支えていた。

西郷隆盛は、73年8月の板垣退助宛の手紙で、西郷自身が渡韓し、それに対し朝鮮側が挑発してくれば戦争に持ち込もう、と提案している。戦争の正当性が得られれば、「内乱を冀《ねが》う心を外に移して国を興すの遠略」が達成されるというのである。幕府が衰亡したのは攘夷の戦争を避けたからであり、そのため独立の気概がそがれてしまったと考える西郷にとって、幕府に抵抗して勤王のため尽くした草莽の志士にこそ、ふさわしい働き場所を与えることが必要であった。

73年8月の閣議で、板垣が軍艦派遣論を展開すると、西郷はこれを受け、朝鮮との戦争は名目に乏しいため、自分が使節として交渉にあたること、挑発によって砲撃することも辞せず、と述べた。閣議は西郷の意見を容れ、朝鮮に特使を派遣して開国を迫ることを決定した。特使派遣が武力行使に発展するのを危惧して強く反対したのが外遊(岩倉使節団)を終えた帰国組の岩倉具視、大久保利通、木戸孝允であった。欧米との国力の格差に衝撃を受けた彼らは、朝鮮への関与より、国内建設を優先すべきだと「内治優先」を主張した。

大久保は世界の趨勢をにらみながら、ロシアやイギリスの朝鮮介入を警戒し、性急な征韓を戒めた。とくにロシアは「雑居の地」とされた樺太に軍民を送り込み、さらに南下の勢いである。もし日本が征韓に踏み切ればロシアに出兵の口実を与え、樺太や朝鮮ばかりか北海道すら危うくなると論じた。大久保のロシア脅威論は、やがて安全保障策としての樺太・千島交換条約の伏線となる。

征韓論争は一カ月以上も続いたが、同年10月、帰国組は、太政大臣・三条実美の「錯乱」に乗じて岩倉を代理に立て、閣議決定を覆して特使派遣を中止に追い込んだ。これに抗議して征韓派の参議五名(西郷、江藤新平、板垣、副島種臣、後藤象二郎)がそろって辞職した(明治6年の政変)。残留の参議は大久保、木戸、大隈重信、大木喬任《たかとう》の四名となってしまった。

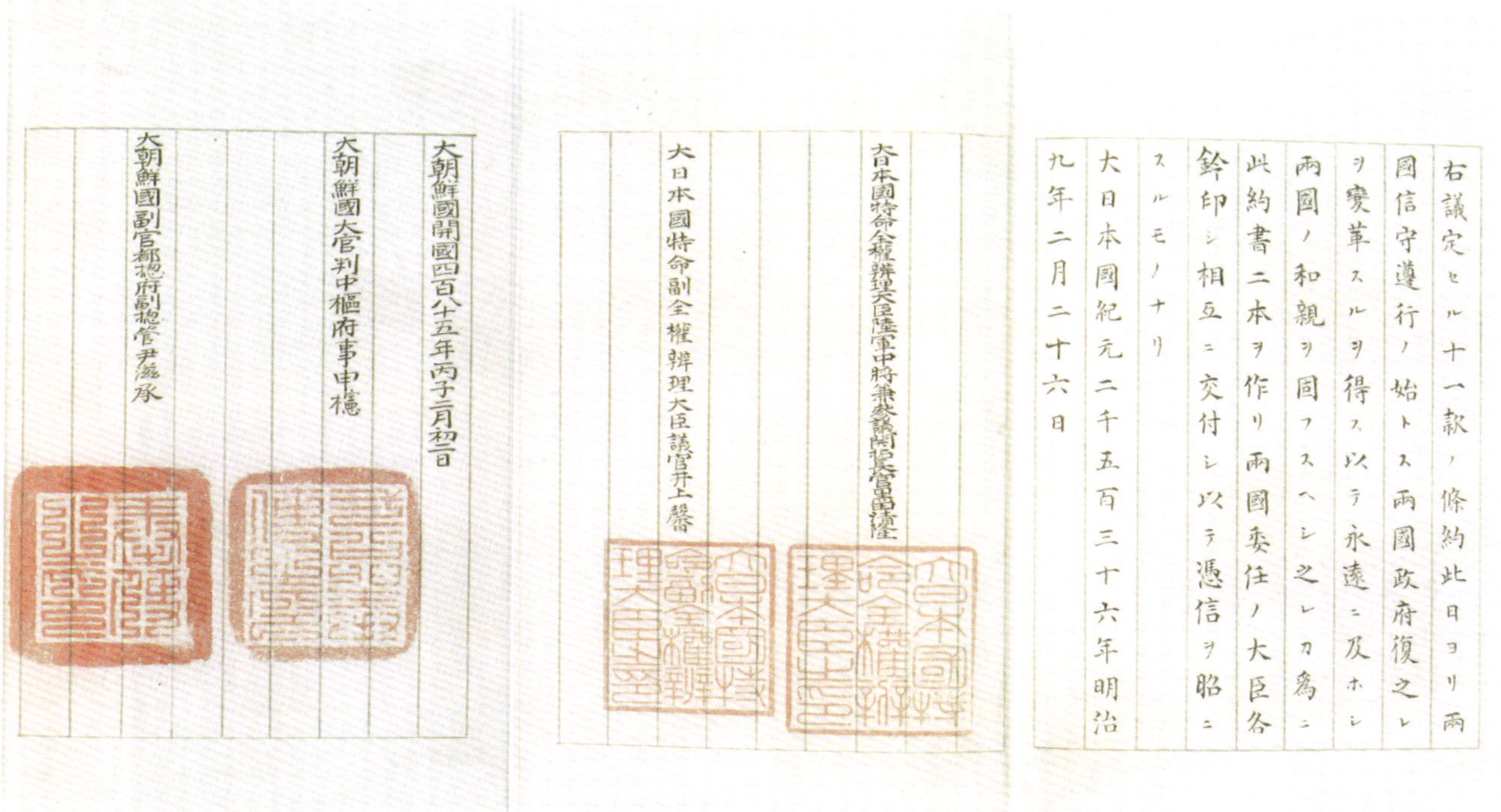
右議定セル十一款ノ條約此日ヨリ両國信守遵行ノ始トス両國政府復之レヲ變革スルヲ得ス以テ永遠ニ及ホシ両國ノ和親ヲ固フスヘシ之レカ為ニ此約書二本ヲ作リ両國委任ノ大臣各鈐印シ相互ニ交付シ以テ憑信ヲ昭ニスルモノナリ

大日本國紀元二千五百三十六年明治九年二月二十六日

大日本國特命全權辨理大臣陸軍中將兼參議開拓長官黒田清隆

大日本國特命副全權辨理大臣議官井上馨

大朝鮮國開國四百八十五年丙子二月初二日

大朝鮮國大官判中樞府事申櫶

大朝鮮國副官都摠府副摠管尹滋承

2-15　日朝修好条規（調印書）

大久保は伊藤博文と協議のうえ、かねてからの持論であった参議と卿の兼任制を実現する。各参議に行政長官としての卿を兼任させ、行政運営の強化をはかろうとした。大蔵卿の大隈、工部卿の伊藤、外務卿の寺島宗則らは同時に参議を兼任した。大久保は新設の内政全般を統括する内務省の長官となり、内務卿兼参議となった。

【日朝修好条規】

朝鮮側では、１８７３年末に、国王・高宗《こうそう》と閔《びん》氏一族が大院君を追い落とし、日本側と関係修復に乗り出す構えを見せ、日本側もそれを察知して外務少記・森山茂を釜山に派遣した。74年9月、明治維新となって初の日朝間の公式会談が行われたものの、またも日本側書契における「皇上」の文字などが問題となり、森山は日本の「名分」にかかわるとして譲らず、事態打開のため軍艦の派遣を要請した。

75年9月、政府は三隻の軍艦を武力偵察のため朝鮮近海に派遣した。そのうち雲揚（艦長・井上良馨《よしか》）は、朝鮮沿岸の測量の命を受け、砲台を備えた江華島に予告なしに故意に接近して戦闘を挑発した（江華島事件）。戦闘は雲揚側が勝利したが、朝鮮側が故意に発砲したとの報告を受けた明治政府は、懸案を一挙に解決しようと黒田清隆、井上馨を全権として派遣した。使節派遣の前に、朝鮮に対する清国の態度を探るため森有礼が駐清公使として北京に派遣される。李鴻章は朝鮮の独立こそ認めなかったが、森の談判は朝鮮に対する宗主権を牽制し、交渉を日本に有利に運ぶという意味があった。森の下交渉を踏まえた黒田全権の使命はあくまで平和的交渉による開国（条約締結）とされたが、黒田は軍艦による強圧をもって朝鮮の開国を迫った。

76年2月、朝鮮政府と江華府で調印された日朝修好条規は、まず前文について、「大日本皇帝天皇陛下」と「朝鮮国王殿下」という、元首尊号は書き込まれず、「大日本国」と「大朝鮮」という対等の形式がとられた。清朝に対しては属国との立場をとる朝鮮側に配慮し、天皇の朝鮮国王に対する優位性を示す「皇帝」の文字を避けたのである。

第一条は、「朝鮮国は自主の邦にして日本国と平等の権を保有せり」とされた。日本から見ると独立国として平等という扱いであった。

その他の条項では、朝鮮側は、釜山以外の二港の開港を認め、片務的な領事裁判権の設定に同意した。自国民が海外に出かけることを想定していなかったため、むしろ朝鮮側の希望にかなっていた。日本側提案の最恵国待遇について、朝鮮側は他国と条約を結ぶ意思がないとしたため削除された。日朝修好条規は、後年、日本が朝鮮に押し付けた「不平等条約」の典型とされるが、当時の朝鮮政府は不平等性の自覚に乏しかった。

その一方、外交使節の首都常駐、内地開放、開港場の地点確定、米穀の輸出入にともなう関税の設定など多くの重要な問題を残したため、その後も交渉は続き、83年7月、日朝通商章程がようやく成立する。日本文と漢文の解釈の食い違いに気付きながら調印に導いたのは外務大丞・宮本小一《おかず》であった。

【台湾出兵】

征韓論争の二年前、１８７１年12月、台湾に漂着した琉球島民五四人が先住民によって殺害されるという事件が起こった。翌年夏、事件の詳細が鹿児島県から日本政府に伝えられると、副島種臣外務卿は台湾領有を目的に征討を計画し、73年春、副島と柳原前光が清国に渡り、清国の対応を問いただした。清国政府は、台湾の生蕃（原住民）は「化外の民」であり清国の統治は及ばないと回答した。日本側は、「化外の民」という発言を、台湾は万国公法における「無主地」だから出兵して問題はない、と解釈した。

国内の征韓論争のためこの問題はいったん沙汰やみとなるが、明治

2-16　台湾出兵の日本兵

6年の政変で副島らが下野すると一気に表面化する。大久保らはいまだくすぶっていた征韓熱を、朝鮮より抵抗が弱いとみなした台湾にそらそうとした。加えて、琉球民のために出兵するのだから、琉球が日本に属すことを内外に示すことにもなると考えた。

74年4月、陸軍中将の西郷従道《つぐみち》（隆盛の弟）が台湾蕃地事務都督となり、事務局も設置され大隈重信が事務局長官となって軍事行動の準備が進んだ。九州各地から募った士族による征伐軍も編成される。しかし、出兵には米国公使ビンガムやパークスが反対した。さらに木戸孝允は、征韓論を否定しておきながら、台湾出兵は矛盾であると強く反対し、参議を辞して下野してしまう。三条実美太政大臣はやむなく出兵を中止するが、西郷は征伐を強行し、5月下旬に台湾南部に上陸して制圧に乗り出した。日本側の戦死者は一二人にとどまったが、風土病のマラリアで死亡した兵士は五〇〇人を超えた。

台湾出兵は清国に衝撃を与えた。相互の領土不可侵を定めた日清修好条規は早々に破られたと感じたからであった。日本に強く抗議するとともに、一万人を超える兵を台湾南部に集結させた。日本側でも交渉決裂に備えて大隈を中心に対清開戦の準備が進む。74年9月、開戦の回避のため、大久保が自ら北京に乗り込み、難交渉のすえ10月末に日清両国互換条款にこぎつけた。条款によれば、出兵は「保民義挙」として正当化され、清国が遭難民に見舞金（撫恤銀《ぶじゅつぎん》）を支払う条件で日本側は撤兵を了承した。大久保の交渉力が日清開戦の危機をしのいだ。

【琉球の領有】

一七世紀初頭以来、琉球王国は薩摩藩の統治下にあった。その一方、中国との関係では、明の時代から冊封・朝貢関係にあり、それは清朝にも引き継がれ、琉球は、薩摩藩にも清国にも属すという意味で「両属関係」にあった。日本は、台湾出兵を通じて琉球の両属関係は清算され、日本帰属を認めたものと内外に宣伝した。そのうえで、1875年、清国との冊封・朝貢関係の停止を命じ、79年には琉球藩を廃して沖縄県とすることを公布した（琉球処分）。清国政府は、日本政府の一方的な措置に抗議を繰り返したが、日本側は、あくまで内政上の問題として清国の抗議を退けたため、日清間は冷却化していった。ただ、新疆イリ地方でロシアと国境紛争の最中にあった清国としては、日露接近の恐れから対日強硬姿勢に出られないという事情があった。

79年7月、世界漫遊中のアメリカ前大統領のグラントが清国を経て来日した。清国側から琉球問題の調停を頼まれていたグラントは琉球諸島の分割案を勧告した。この勧告を受けて80年に北京で交渉が行われるが、そこで日本側が提案したのが「分島改約案」であった。それは、日清修好条規を改め、清国が日本に最恵国待遇と内地通商権を与える代わりに、沖縄本島以北を日本の領土とし、宮古、八重山を清国に割譲して琉球王国を再建するという案であった。80年秋になって交渉は日本側の提案通りに妥結したが、李鴻章が反対に転じ、調印を拒否した。同年11月、交渉にあたっていた井上毅《こわし》は憤慨して帰国してしまう。李鴻章が反対に転じたのは領土的野心からではなく、朝貢国としての面子から「琉球王国」を失いたくなかったからである。こうして琉球の日本領有は既成事実となり、日清戦争を迎える。

【「北方の脅威」と樺太・千島交換条約】

新政府は、成立早々から、樺太へのロシア進出を警戒し、北方対策に気を配った。樺太は1855年の日露和親条約では境界を設けないとされ、67年には、幕府が小出秀実《ほずみ》を全権とする遣露使節を送って国境確定を試みるが果たせなかった。代わりに日露樺太仮規則を結び、樺太全島が自由往来（雑居）となった。しかし、日本人は夏期に役人や商人が一時滞在するにすぎなかったが、ロシアは沿海州の防衛拠点と位置付け、開発にも熱心であり、アニワ湾周辺を除けば、樺太は

榎本武揚《えのもとたけあき》（1836～1908）と黒田清隆《くろだきよたか》（1840～1900）

2-17　榎本武揚

2-18　黒田清隆
（右は花押）

黒田は薩摩藩の出身。榎本は昌平坂学問所に学び、幕府の海軍伝習生となり、1861年にはオランダに留学して帰国後には海軍奉行となる。維新後の68年に幕府所有の軍艦の引き渡しを官軍から要求されるが、これを拒否して全艦隊をひきいて北海道にいたり、箱館、松前を占領して五稜郭に立てこもった（箱館戦争）。このとき新政府軍の参謀として五稜郭攻撃を指揮していた黒田は、投降勧告を拒んでいた榎本に書状を送り、仲間の命を救うためにも自害しないよう説得した。榎本は説得に応じて降伏の道を選んだ。黒田は、海軍技術に詳しく、また長くオランダに留学し、兵制や法律、工学を学んだ榎本の知識や経験が新政府に必要と考え、助命運動に奔走し、榎本を死刑にするならば自分は出家する、と宣言して実際に頭を丸めてしまった。72年、榎本は特赦となり、2年後の74年に初代のロシア公使としてサンクトペテルブルグに赴任した。

樺太・千島交換条約の調印を終えた榎本は、80年に海軍卿、82年に、清国公使となり、伊藤博文全権を助けて日清天津条約の成立に尽力した。逓信大臣、文部大臣を歴任し、91年には大津事件で辞職した青木周蔵の後任の外相となる。大津事件で悪化したロシアの対日感情を和らげるため、ロシアにも信頼の篤かった榎本が起用されたといわれる。

一方、黒田は、新政府では外務権大丞、兵部大丞を経て70年に開拓次官となり、翌年に渡米。開拓顧問として招いたケプロンとともに帰国し開拓長官代理となる。73年には、持論である樺太放棄論をとなえ、北海道開拓に力を注ぐべきことを主張した。同年11月には、東北地方の強壮の若者を集団で入植させ、開墾と警備、有事の際の防衛にあたらせるという屯田兵構想を建議し、74年屯田兵制を創設した。同年には参議兼開拓長官となり、75年に江華島事件が発生すると、全権となって軍艦をひきいて朝鮮の開国を迫り、日朝修好条規をとりまとめた。

黒田は、大久保利通亡き後の薩摩藩の総帥となるが、酒癖の悪さなどから評判を落とす。81年、開拓使官有物払下げ事件で世論の批判を浴び、翌年の開拓使廃止によって内閣顧問に退く。清国や欧米を周遊し、帰国の年の87年に農商務大臣、88年に第2代首相となった。翌年の憲法発布早々、いわゆる「超然主義」をとなえる。外相の大隈重信による条約改正交渉が暗礁に乗り上げるなか、大隈の遭難事件で内閣総辞職を余儀なくされた。

2-19　樺太・千島交換条約（批准書）

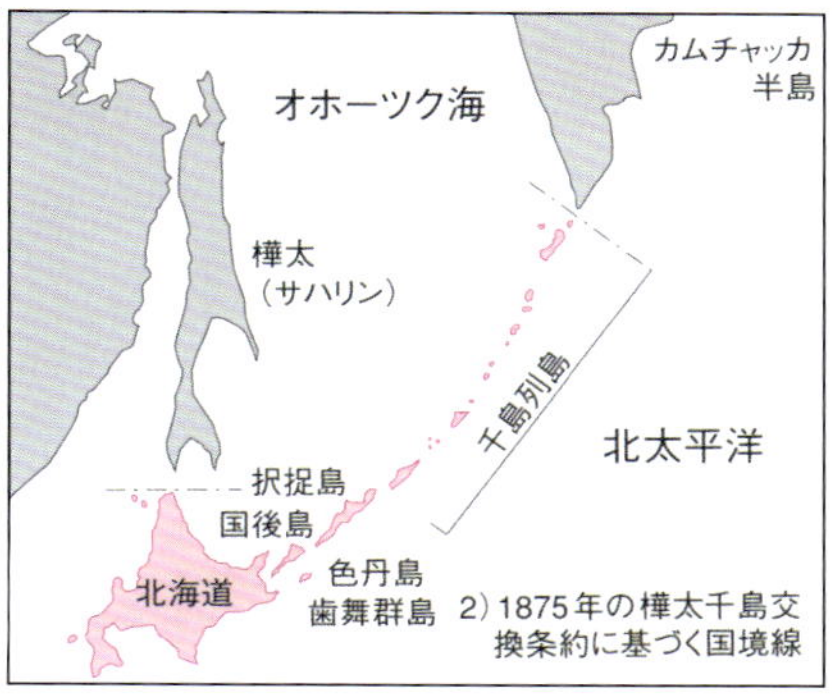

2-20　樺太・千島交換条約に基づく国境線

実質的にロシア領となっていた。

維新後の68年6月、政府は樺太への移民入植を決定し、三〇〇名が樺太のクシュンコタン島に上陸するが、厳寒の地で、しかも集住を禁じられていたため、多くの入植者は餓死か凍死の運命をたどった。69年8月、ロシア兵が函泊を占領し、兵営陣地を構築するという事件が発生する。外務大丞・丸山作楽《さくら》は函泊で談判するが解決せず、翌年にも同種の事件が起きた。丸山は兵力なき談判の無為を痛感し、強硬論を主張するようになる。

新政府による樺太固執の危険を訴えたのがパークスであった。ロシアの南下政策が北海道に及ぶことを警戒するパークスは、樺太が事実上、ロシア領となっている現実を踏まえ、金銭的な保証などの譲歩を条件として領有権の放棄を勧告した。樺太放棄論は開拓次官・黒田清隆などの関心をひいていたが、アメリカによる仲裁斡旋を期待していた政府の決断は遅れ気味であった。こうしたなかで、樺太を視察して「雑居の形勢、三年を保ち得べし」と、ロシア勢力の浸透を悲観したのが黒田であった。黒田は一時出兵論に傾くが、それは、樺太の危機を訴えることで西郷隆盛が征韓論に傾くのを防ぐためであり、本音は放棄論にあったとされる。

72年、副島種臣外務卿は、全島買収などをロシアに提議するものの、ロシア側は応じなかった。74年には、本格的な対露交渉を前に樺太放棄を決定し、樺太在住の日本人にも引き揚げを命じた。副島が征韓論争で敗れて下野すると、後任の寺島宗則外務卿は榎本武揚《たけあき》を駐露公使に任命し、対露交渉を託した。74年6月、ロシアに赴いた榎本は、訓令に従い樺太の雑居の解消をまず求めた。これに対し、ロシア側は樺太全島の領有を談判の基礎と主張し、榎本はその代償として千島列島の一部の譲渡を要求する、というように黒田の樺太放棄論を基本に交渉は進展した。

75年5月に調印の樺太・千島交換条約（ペテルブルク条約）は、樺太全島をロシア領とし、宗谷海峡を両国の国境とすること、ロシアはその代償として、列島一八島の一切の権利を日本に譲り、カムチャッカ半島のロパッカ岬とシュムシュ島の間の海峡を国境とする、などを定めた。

この交渉でロシアは、最終段階でも、オネコタンまでは日本領と認めるが、パラムシル島以北は譲れないと主張したが、ついに譲歩した。ロシアにとっては、千島列島のすべてを日本が領有した場合、ウラジオストークから日本の領海を通らずに外洋に出ることは不可能となるが、それでも譲歩したのはプチャーチンの助言による、との説がある。いずれにせよ、この条約は、領土的には日本の大幅譲歩であったが、ロシアとの紛争の種を絶つという安全保障上の大きなメリットを得る。北方の安全を確保した新政府は、大久保が信頼する黒田を責任者として、北海道開拓に力を注ぐのである。

3 朝鮮半島と日本外交

【壬午事変《じんごじへん》】

1880年代初頭、高宗王妃の閔妃《びんひ》一族は、大院君（高宗の父）の排外政策をしりぞけて親日政策を進め、日本から軍事教官を招いて別技軍という洋式軍隊の創設に着手した。日本政府は、朝鮮の独立を維持しつつ、閔氏の主導による開化政策を後押しすることで親日化が可能と考えていた。しかし、開港による日本商品や商人の流入は、豊臣秀吉の倭乱（朝鮮侵略）を想起させるほど民衆の生活を圧迫していた。

こうしたなかで、82年7月下旬、日本式の軍政改革や待遇に不満を募らせていた旧軍隊の兵士が暴動を起こし、漢城（ソウル）の民衆も呼応した。暴動は、反撃の機をうかがっていた大院君に煽動されて拡大し、王宮に乱入して閔氏派の重臣を殺害し、一族の邸宅や日本公使館をも襲撃して焼き払った。弁理公使の花房義質《はなぶさよしもと》はかろうじて仁川に脱出し、イギリス軍艦で長崎に逃げた。閔氏政権は瓦解し、大院君が再び政権を握った。

花房公使は、朝鮮政府の謝罪や賠償金のほか、駐兵権の獲得や開港場の権益拡大などを要求する訓令を受け、数隻の軍艦や歩兵隊とともに

花房義質《はなぶさよしもと》（1842～1917）

岡山藩士の子。藩校で儒学（四書五経）を、のち蘭書や砲術も学ぶ。藩の命で大坂府下の海岸砲台の建造を担当した。1867（慶応3）年に欧米に遊学した後、69（明治2）年に外務省に入省。72年、外務大丞（朝鮮差派遣）、76年から外務大丞として朝鮮に駐在。朝鮮が在外使節の常駐を認めたのは80年で花房が初代朝鮮公使に任命され、外国使臣として初めて国王に謁見した。日本人軍事教官の派遣など朝鮮の要望に応じた。日清修好条規の予備交渉や朝鮮との修好交渉を補佐した。マリア・ルス号事件では副島外務卿を補佐してロシアに仲裁を求める使節代表となり、駐露公使の榎本武揚とともに仲裁裁判における日本の勝利に貢献した。82年の壬午事変では襲撃された公使館を脱出して帰国したが、軍隊を伴って再度赴任し済物浦条約の締結にこぎつけた。その後は朝鮮を離れ、83年駐ロシア公使、農商務次官、宮内次官、枢密顧問官、日本赤十字社社長などを歴任した。

2-21　花房義質

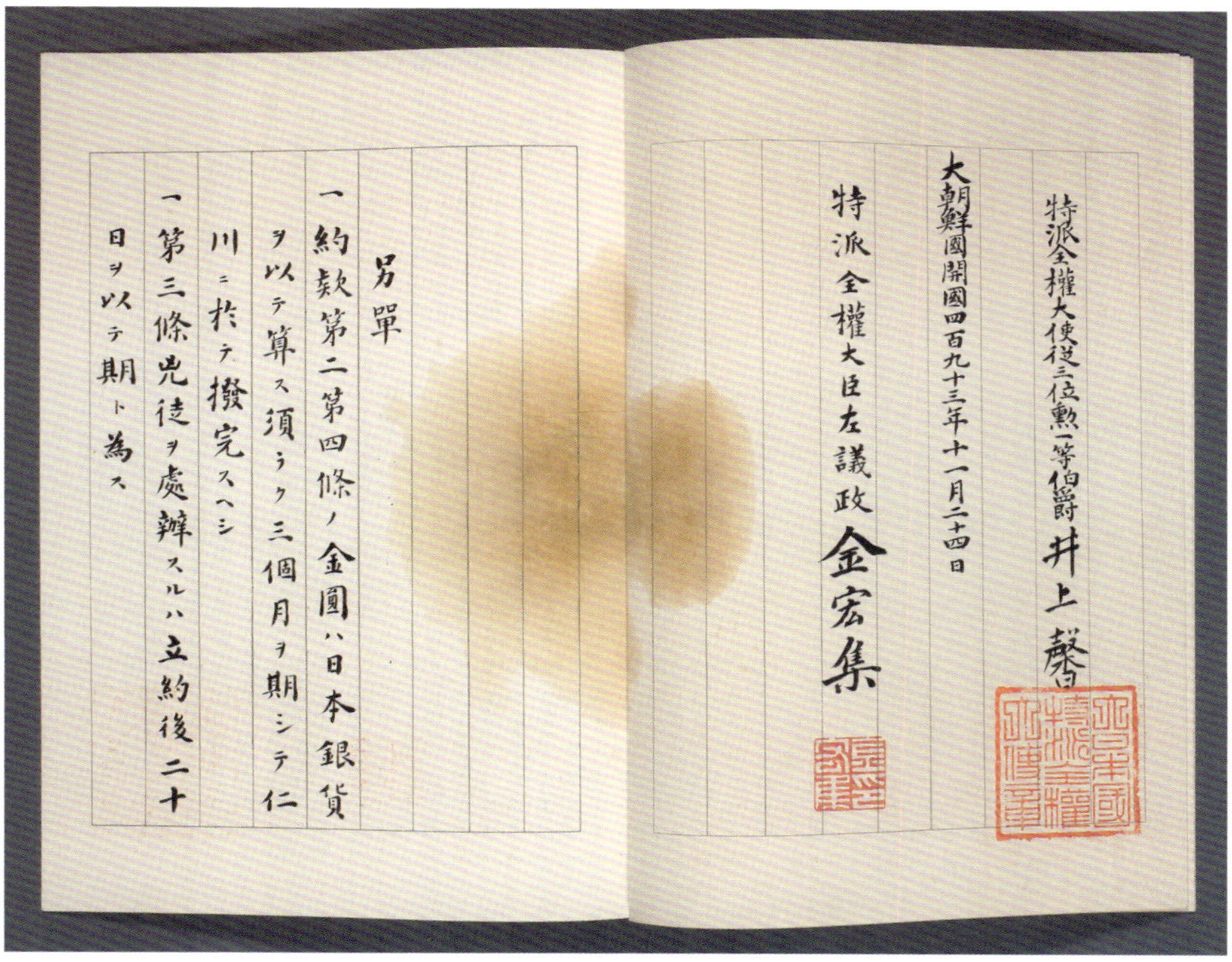
特派全權大使從三位勲一等伯爵井上馨
大朝鮮國開國四百九十三年十一月二十四日
特派全權大臣左議政金宏集

另單
一約款第二第四條ノ金圓ハ日本銀貨ヲ以テ算ス須ラク三個月ヲ期シテ仁川ニ於テ撥完スヘシ
一第三條兇徒ヲ處辨スルハ立約後二十日ヲ以テ期ト為ス

2-22　漢城条約（調印書）

に漢城に入り、大院君との談判を開始し、最後通牒を突きつけて仁川に引きあげた。ところが、8月末、清国の李鴻章は、清国皇帝の臣下である大院君の謀反と見なし、清国軍を漢城に急行させ、大院君を拘束して天津に幽閉した。こうして叛乱を鎮圧した清国軍の庇護のもと閔氏政権が復活した。

日本政府は、朝鮮政府の謝罪文を受けて、仁川沖の軍艦・金剛の艦上で交渉を再開した。その結果、82年8月末、済物浦《さいもっぽ》条約（日朝修好条規続約）が締結された。日本は賠償金と公使館警備のための駐兵権を獲得した。安南（ベトナム）をめぐってフランスと緊張関係にあった清国は、対日関係の悪化を恐れ、交渉の過程には介入しなかった。しかし、清国は条約締結後に、袁世凱《えんせいがい》とその軍隊を朝鮮に駐留させて親清勢力の育成に努める一方、清韓貿易章程によって清国人の内地旅行権や領事裁判権を獲得し、元山、釜山、仁川に租界を整備する。清国と朝鮮の宗属関係は実質的に支配―被支配の関係として強化されていく。高宗と閔氏は内外政を清国に依存するようになる。

【甲申政変《こうしんせいへん》】

日本政府にとって壬午事変は、清国の朝鮮に対する宗主権を見せつけられた事件であったが、清国との武力衝突は避けねばならなかった。井上外務卿は、李鴻章とも交流のあった竹添進一郎を朝鮮公使に任命し、清国との対立を避けつつ、独立国としての朝鮮の地位を安定させようとした。

他方、朝鮮では、対清依存を深めていた閔氏政権に対し、対決姿勢を強めていたのが朴泳孝《ぼくえいこう》、金玉均《きんぎょくきん》らの「開化派」の若手官僚であった。彼らは、清国に対する対抗勢力として日本との接触を深めながら、国政の刷新と近代化をめざしていた。朴や金は１８８２年10月に、公式の謝罪使として来日し、年末まで滞在して福沢諭吉をはじめ、多くの政財界人と交わり、帰国後、四十数名の青年を日本に留学させている。

その一方、開化派は竹添公使と通じながら閔氏政権の打倒をめざし、84年12月4日、クーデターを起こす。清国が対仏戦争のため、約半数の軍隊を朝鮮から引き揚げるという事態をとらえたものであった。王宮を占拠した金玉均らは、日本軍による王宮護衛を竹添公使に要請し、竹添もそれに応えた。翌5日には新政権が組織され、クーデターは成功したかに見えた。ところが三日目にして、宮廷の重臣からの急報によって、袁世凱が率いる朝鮮駐留の清国軍が出動し、日本軍を武力で圧倒し公使館はまたも焼き払われてしまう。金玉均らは国王を仁川に移して日本の援軍を待つよう竹添公使に訴えたが、竹添はこれを受け入れず、開化派は孤立し、少数エリートの開化派による日本軍に頼ったクーデターは失敗に終わった。金や朴は日本亡命を余儀なくされ、竹添公使は漢城を脱出して仁川に避難した。

事態を重大視した日本政府は井上外務卿を漢城に派遣して交渉にあたらせた。朝鮮政府は開化派と竹添の共謀とみなして竹添の責任を追及したが、責任問題は回避され、85年1月、朝鮮政府の謝罪、日本人被害者への補償金の支払いなどを認めた漢城条約が締結された。

一方、甲申政変は、清国軍による日本公使館への発砲と日本人の殺害にも及んだため、その解決が必要になっていた。国内的には、日本がクーデターに加担した事実は伏せられ、清国軍の襲撃と居留民が殺傷されたことのみが報道され、対清世論を一挙に悪化させ、福沢諭吉の『時事新報』も、清国に進撃すべし、と世論を煽った。こうした世論にも後押しされた日本政府は、対清交渉の難航が予想されたため、駐清英公使パークスの仲介を求めたうえ、85年2月に伊藤博文の派遣を決定し、李鴻章との交渉にあたらせた。

交渉では、朝鮮からの両軍撤退では一致したが、李は将来変乱が起こった場合、宗主権に基づいて派兵すると主張し、結局、両軍の派兵で合意した。こうして85年4月に結ばれた日清天津条約は、①両国軍は四カ月以内に撤退すること、②将来、朝鮮内で内乱が起こった場合には、事前に相互に通知し、鎮定後は即時撤兵すること、という二つを取り決めた。天津条約は、東学党の乱の発生時に、日清両国が派兵する根拠とされた。

壬午、甲申という二つの政変で日清は衝突の危機に直面するものの、井上外務卿と伊藤（85年12月から首相）によって収拾された。戦争に訴えるだけの軍備が整っていなかったというより、政治主導によって清国との衝突を避け、条約改正に力を注ぐという意思が強く働いていた。

二つの政変を通じて、日朝清の三国関係は変転する。朝鮮の親日派は大きく後退し、親日派を通じた日本の朝鮮進出の道は途絶え、清韓の宗属関係は、より深まった。一方、朝鮮国王・高宗は、甲申政変直後からロシアに接近する姿勢を見せる。そのロシアと対立するイギリスは、85年4月、戦艦をもって朝鮮南端の巨文島を占拠した。そこで井上は高宗の策動を封じるために、のちの朝鮮内政改革案の原型となる改革案を清国に提起した。そのねらいは、清国主導のもとで朝鮮の改革を行い、ロシアの浸透を阻止しようという、一種の対清協調路線であった。ただ日本にとっては清国の朝鮮に対する宗主権の独占を阻止するという意味があり、李はこれを拒絶し、単独で内政改革に乗り出し、漢城に袁を派遣した。さらに李は、ロシアから朝鮮の土地を占拠しないという約束を得て巨文島からイギリスを撤退させる。

日清関係はより悪化したが、全面対決を避けるためにも、朝鮮は独立国として維持すべきであった。強引に朝鮮に進出した場合、英露対立に巻き込まれる危険性があった。

【山県有朋と朝鮮中立化構想】

朝鮮の支配ではなく、独立国として存立することが、日清にとっても利益であるという考え方は征韓論争に勝利した新政府の指導者に共通していた。大久保利通は、財政負担、英露の干渉の可能性、朝鮮側の絶えざる抵抗などを勘案して「征韓」は日本の利益とならないと論じた。別の観点からすれば、朝鮮が独立国として欧米と条約を結ぶことで勢力均衡の条件が東アジアに整い、日本の安全も確保されることになる。１８８２年に、井上毅は「朝鮮政略」において、東洋の勢力均衡を保つには、朝鮮の独立を保護し、ロシアの南下を防ぐ必要があるとして、日朝清三国同盟を考案している。しかし、現状では困難として、朝鮮の中立を列国間で共同保障するという案を提唱した。こうした朝鮮中立化構想は山県有朋の意見書にも見られる。

山県の「軍事意見書」(88年)によれば、シベリア鉄道の建設(91年に起工、1904年に全通)によってロシアの進出先は朝鮮に向けられ、朝鮮を舞台に英露戦争の危険性が高まっている、とした上で、兵備強化とともに外交政略をこう説いた。「我国の政略は朝鮮をして全く支那の関係を離れ、自主独立の一邦国となし、以て欧州の一強国、事に乗じて之を略有するの憂なからしむるに在り」。日本の外交政略は、朝鮮を清国の宗属関係から切り離し、自主独立の国として国際社会に立たせ、とくにロシアによる領有を防ぐことだ、というのである。

そして、山県は90年12月、第一回帝国議会の施政方針演説で、列国のなかで一国の独立を維持するためには、単に「主権線(日本本土)」

2-23　魚釣り遊び
朝鮮支配をめぐって日清が争うなか、ロシアが「漁夫の利」をねらっている(ビゴー作)

居留地貿易と内地開放問題

安政5カ国条約(修好通商条約)は外国人が自由に移動できる範囲を各開港場の10里四方(約40キロ四方)の「遊歩区域」に限定していた。したがって1859年に開始された自由貿易は、神奈川(実際には対岸の横浜)、長崎、箱館の開港場における取引に限られていた。開市場(江戸、大坂)では商売のみの逗留(滞留)が許されていた。開港場では外国人の永住が許可され、土地を賃借し、建物の購入や建築も許されていた。清国の租界にならった政府公認の居留地制度で、99年の条約改正まで続く。

開港場(居留地)での取引は、輸出品ならば、生糸や茶の生産者の売込委託をうけて売り込みを仲介する売込商、輸入品であれば外国商から商品を買い取って転売する引取商に限られた。こうした開港場における取引(居留地貿易)を発展させたのが横浜であった。横浜は国内の全居留地の半分以上の面積を占め、やがて香港、上海とならぶ国際貿易都市として発展する。取引に参入した外国商社の代表格がジャーディン・マセソン商会であった。

居留地貿易は、やがて売込商や引取商による一種の独占状態となり、外国商人は居留地でしか商売ができない条約規定に不満を募らせる。こうした商売上の必要からも、全面的な内地開放(内地雑居)を求める声は、条約改正交渉の場でも繰り返された。すでに清国では、天津条約(58年)によって、外国人に対する国内の開放が実現していた。

寺島外務卿時代の74年8月には、外国公館発行の旅券の保持者に対する国内旅行が許可されるが、大きな効果はなかった。結局、明治政府は、不動産所有の自由を含む内地の全面開放は最後まで認めず、この問題は、条約改正交渉での日本側の最大の取引材料ともなっていた。全面的な内地開放に応じなかったことは、外国商品や外国資本の国内への大量進出を妨ぎ、国内市場への打撃を回避する意味があったとされる。

を守るだけでなく、進んで「利益線（朝鮮半島）」を保護しなければならぬと述べた。利益線の保護とは朝鮮の独立確保を意味していた。

山県演説のねらいは陸海軍軍備の充実について議会の承認を得ることにあった。西南戦争によって緊縮財政を強いられていた政府は、壬午事変後に本格的に軍備拡充に取り組むが、「利益線」の防護に必要な軍事力の建設はこれからであった。清国の誇る北洋艦隊に対抗する海軍力の建設計画も緒についたばかりであった。山県はむしろ、外交手段によって朝鮮の独立と中立の保障を関係列国に約束させることが、日本の安全保障にかなっていると考えた。

結局、朝鮮中立化案の実現の機会は訪れなかった。相互に駐兵を禁じた天津条約が日清関係の基礎となり、かろうじて朝鮮独立を保障していたが、朝鮮内政の混乱と清国の朝鮮介入の深まりで、それも危ういものとなる。こうしたなかで日本政府には、中立化案に代わって日清共同による朝鮮内政改革案が浮上してくる。

4 独立の完成をめざして——条約改正

新政府は、幕府の諸条約を受け継ぐ一方、新たにスウェーデン＝ノルウエー、スペイン、北ドイツ連邦、オーストリア＝ハンガリーなどと条約を結んだ。とくに1869年10月に調印の日本・墺地利条約(日本・オーストリア＝ハンガリー条約)は、外国側の権利をより明確化し日本に不利な点を網羅し、また、開国後に生じた慣例も成文化して挿入された、不平等条約の完成版であった。しかも、この日墺条約は、他の国も最恵国待遇によって均霑できるので、一群の不平等条約の基

マリア・ルス号事件

1872（明治5）年7月、清国人労働者（苦力）を乗せて澳門からペルーに向かっていたペルー船籍のマリア・ルス号が嵐にあって横浜に入港した。すると船内の清国人労働者の一人、木慶が船外に脱出し、虐待を受けているとして港内の英国軍艦に助けを求めた。英国政府はマリア・ルス号を「奴隷運搬船」と判断して日本政府に救助を要請した。副島種臣外務卿は、日本に管轄権のある事件として調査のうえ、マリア・ルス号の出航停止を命じて清国人を下船させる。同時に神奈川県令大江卓を裁判長として開設された法廷は、清国人労働者の解放を命じる判決を言い渡した。船長ヘレイラは無罪となったものの、移民契約不履行の訴訟を起こしたが、法廷は契約無効の判決を下した。船長はマリア・ルス号を放棄して帰国し、日本政府は230名の労働者を清国側に引き渡した。事件は決着したかに見えた。しかし、反発したペルー政府は全権公使を派遣して裁判の不法性を非難し、謝罪と賠償を要求した。結局、日本とペルー間の交渉は決着をみず、ロシア皇帝による国際仲裁裁判に委任することになり、寺島外務卿へ引き継がれた。

日本とペルーは代表者をロシアに派遣して皇帝による国際仲裁裁判に臨んだ。その結果、75年5月、日本の措置は一般国際法にも条約にも違反せず、賠償責任はないとする最終判決が下り、日本側の全面勝利に終わった。日本政府にとって初の国際仲裁裁判の勝利であり、その法的措置の正当性を世界に知らしめ、その後、奴隷の売買や貿易を禁ずる法令が諸外国で制定される契機ともなった。日本側も裁判の過程でペルー側から娼妓という人身売買が公然と行われ、奴隷売買を非難する資格はないと批判されたことから、芸娼妓の年季奉公廃止を布告した。答弁書の作成を主導したアメリカ人顧問ペシャイン・スミスの貢献に加え、現地交渉にあたった駐露公使榎本武揚の交渉力の成果であった。また、判決直前に樺太・千島交換条約が締結されており、日露領土交渉と仲裁裁判における日本の勝利との関連を指摘する研究もある。

鹿鳴館外交

外相となった井上馨が、外国貴賓と上流社会の交遊の場として、迎賓館の建築をコンドルに命じたのは1880（明治13）年末。同年に着工し、83年11月に完成。場所は現在の帝国ホテル（千代田区内幸町）の隣であった。伊藤博文や井上は国内法制の整備を進めるとともに、国民の風俗、習慣などを西欧風に改め、文明国として近代化を推し進める日本の姿を形をもって示すことで条約改正事業を前進させようとした。鹿鳴館では、内外の高官、紳士淑女が舞踏会、夜会、仮装会、バザーなどに興じたが、井上や伊藤も率先して参加した。

鹿鳴館の名は、井上の妻武子の前夫で、工部省の大書記官中井弘がつけたとされる。その由来は、中国の古典『詩経』の小雅鹿鳴にあり、鹿は餌をみつけると一頭では食べずに、仲間を呼び集めて皆で愉しみながら食べる、という意味があり、内外人の交際の場に相応しい名称として誰もが納得したという。

福沢諭吉は『学問のススメ』のなかで、こう述べた。「国の文明は形を以て評すべからず。学校と云ひ、工業と云ひ、陸軍と云ひ、海軍と云ふも、皆是れ文明の形のみ。……畢竟、人民に独立の気力あらざれば、彼の文明の形も、つひに無用の長物に属するなり」。文明化とは「形」ではなく、独立自尊の精神こそが肝要という正論であるが、「形」が先行する欧化政策に反発も起こる。

87年に民友社を結成し、総合雑誌『国民之友』の刊行に着手した徳富蘇峰、翌88年に、政教社を立ち上げ雑誌『日本人』の刊行を開始した志賀重昂、三宅雪嶺、杉浦重剛らは、鹿鳴館の狂騒を苦々しく思い、条約改正や欧化政策を批判し、国粋保全や国民主義を主張した。彼らは「国権主義者」と呼ばれるが、その主張の多くは排外主義ではなく、急進的な欧化政策の展開という新たな局面に反応した新しいナショナリズムと見なすことができる。

井上の辞職後、鹿鳴館外交は萎んでしまい、鹿鳴館は華族会館として活用されるが、1940年に取り壊される。その一方、欧化政策は羅馬字会の設置や演劇改良運動など文化史的には大きな意味をもち、国民生活の西欧化をも後押しした。

鹿鳴館外交は、伊藤の貴族趣味と井上の外交術の合作と言われることがある。たしかに、伊藤には将来の貴族院の設置が念頭にあり、1884年には華族令を施行して「華族」という身分を創りだした。伊藤にとっては、鹿鳴館と華族会館は華族の修業の場という意味があったのであろう。

2-24　貴顕舞踏の略図

礎をなした。

新政府はどの部分が不平等であるかを短い期間で理解し、不都合な部分の改正が念頭にあった。その第一は領事裁判制度。日本にいる外国人が犯罪の容疑者となった場合、その国の領事によって裁かれるというものであった。第二は、関税自主権の喪失。日本には、協定税率を超える関税の徴収が許されなかった。それでも日米通商条約は平均二割の輸入関税を認めていたが、66年にイギリス主導で、追加の改税約書が結ばれた。これによって協定関税は原則五％に引き下げられた。第三に、最恵国待遇は日本のみが義務付けられた片務的なものであった。条約国は日本が他の国に与えた権利を享受できるが、日本は同じことはできなかった。

他方、条約国の権利が制限されている点として、貿易や居住が許されたのは、開港場（神奈川―横浜、兵庫―神戸、箱館、新潟、長崎）と開市場（江戸、大坂）に限られ、それ以外では原則として認められていなかった。そのため諸外国からは内地開放を求める声が上がる。しかし日本は、外国人が日本の法律や習慣を守らず、トラブルを起こす状況では内地開放を認めることは困難と判断していた。

領事による裁判は、条約の運用のなかで、一般的な行政規則に外国人が違反するような場合にも実施され、また、領事裁判によってでなければ行政規則を外国人に適用することはできなかった。さらに行政規則の制定の場合も、各国の領事・公使と交渉が必要であった。こうして条約改正交渉は、不平等条約そのものの撤廃よりも、まず、行政規則による運用上の不平等の解消、さらに行政規則の制定権の回復を求めて本格的に行われることになる。

一 寺島時代（1873〜79）—税権回復をめざして

1873年10月、副島外務卿が明治6年の政変で下野すると、後任には寺島宗則が就任した。寺島は下関賠償金の支払いに応じ、さらに内地開放については、外国公館発行の旅券保持者に対する国内旅行を容認した。

寺島は、法権よりも関税自主権（税権）と貿易規則の制定権の回復をめざした。西南戦争後の政府財政が逼迫し、大隈重信の大蔵省は一刻も早い協定関税の引き上げを望んでいたからである。78年7月、駐米公使の吉田清成《きよなり》がワシントンで調印した日米約定（吉田・エヴァーツ協定）は、日本に関税自主権、貿易規則を制定する権利などを与える一方、関税自主権回復の代償として、協定関税（輸出税）を廃止し、開港場を新たに設定するというものであった。

パークスは「条約諸国に知らせずに勝手に条約を結んでしまった」と批判したが、寺島は、条約文を英仏独の駐在公使に送付し、個別会談の開始を訓令した。税権回復による保護貿易を警戒したイギリスは自由貿易を守ることを理由にこれを拒否する。仏独も歳入補てんのための税率引き上げのみ認め、税権回復には応じなかった。結局、日米約定は、他の条約国が同様の協定に調印した場合にはじめて実施されるという条件付きだったため、発効しなかった。

イギリスは、東京における個別交渉案を主張する寺島に対し、ヨーロッパにおいて列国が参加する合同改正交渉を提案したため、寺島交渉は暗礁に乗り上げる。この間、77年と翌年、英国商人ジョン・ハートレーが、アヘン密輸の発覚で二度も摘発され、イギリスの領事から無罪判決（二度目は有罪）を受けるという事件（ハートレー事件）が起こる。この事件は、外国人の横暴の象徴として国民の憤激を煽り、法権の回復を含まない改正は無意味という世論を巻き起こす。政府内にも寺島批判の声が起こり、79年9月、寺島は辞任する。

二 井上時代（1879〜87）—鹿鳴館と内地開放宣言

寺島宗則の後任外務卿となった井上馨は、条約改正の環境を整えるため、鹿鳴館に象徴されるように、「文明国日本」のアピールに努めた。

2-25 条約改正会議

1884年10月、井上は鹿鳴館でこう演説した。「わがとるべき方策は他なし。我国をして欧米各国と同様の地位に立ちて東洋中に欧米文明国の一国を造出せんと欲するにあるのみ」。

井上の交渉方針は、法権と税権を一挙に回復するのではなく、法権では、港規則、銃猟規則、検疫規則など行政規則を外国人に適用することで一部を回復し、裁判制度の整備をまって法権の全面回復をはかる。税権では、従来の協定税率に代えて、重要な輸入商品を限定して関税率を引き上げようとするものであった。外務、司法両省に多くの外国人専門家を雇い、民法、商法などの法典整備の準備を進めた。

井上の条約改正案は各国に送られるが、行政権をめぐって既得権益に固執する各国は容易に認めようとしなかった。とくにイギリスは井上案は改正ではなく、旧条約の破棄、新条約の締結を意味するとして反対した。82年から、井上が議長となって各国合同の条約改正予議会が二一回にわたって東京で開催されるが、関税率引き上げや行政権の回復に関し、その条件をめぐって予議会は行き詰まる。国内でも、内地開放の条件をめぐって合意にいたらなかった。打開策として井上は、日本の法律に従うかぎりにおいて、全面的な内地開放と法権回復（領事裁判権の撤廃）を宣言した（82年4月）。その内容は、通商や旅行

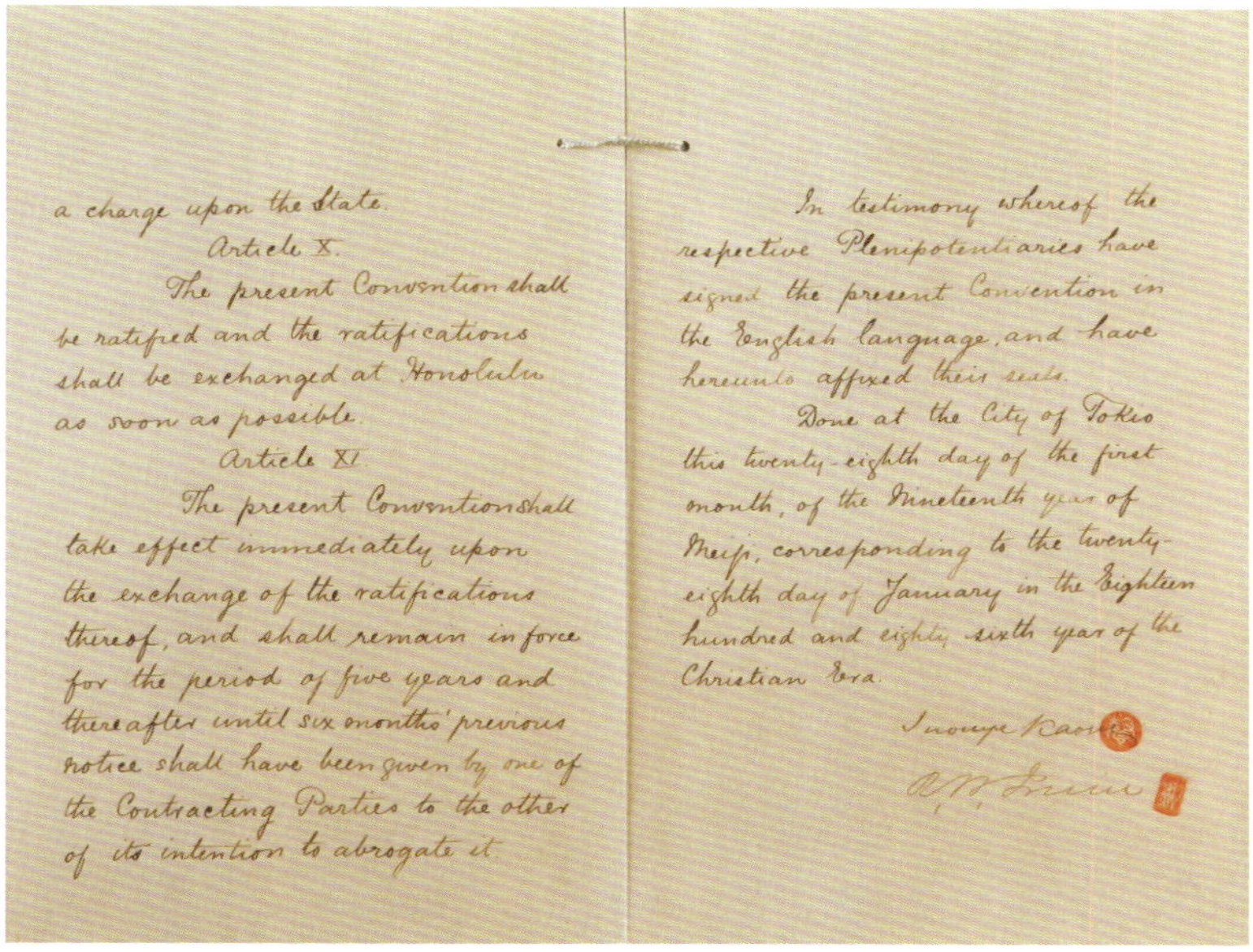
a charge upon the State.
Article X.
The present Convention shall be ratified and the ratifications shall be exchanged at Honolulu as soon as possible.
Article XI.
The present Convention shall take effect immediately upon the exchange of the ratifications thereof, and shall remain in force for the period of five years and thereafter until six months' previous notice shall have been given by one of the Contracting Parties to the other of its intention to abrogate it.

In testimony whereof the respective Plenipotentiaries have signed the present Convention in the English language, and have hereunto affixed their seals.
Done at the City of Tokio this twenty-eighth day of the first month, of the Nineteenth year of Meiji, corresponding to the twenty-eighth day of January in the Eighteen hundred and eighty sixth year of the Christian Era.
Inouye Kaoru

2-26　日布（日本・ハワイ）渡航条約（調印書）

ノルマントン号事件

1886（明治19）年10月24日の夜、大しけのなか神戸に向かっていた英国の貨物船ノルマントン号が熊野灘の勝浦沖合で暴風雨に遭って座礁し沈没した。ドレーク（John Drake）船長以下、乗組員26人はボートに分乗して串本と須江浦に漂着したが、日本人乗客25名は行方が分からず、全員が船倉で溺死したものとみなされた。神戸の英国領事は、11月初旬に領事館内で海事審判を行った結果、船長や乗組員の陳述を是認し、過失を認めず無罪とした。この判決に、東京日日新聞や時事新報など主要紙も日本人乗客に対する差別的な扱いを憤り、弾劾する記事を一斉にかかげた。一方、事件の顛末について報告を受けていた日本政府（井上外相）は、強硬な世論にも押され、11月13日、兵庫県知事をしてドレーク船長を神戸の英国領事館に殺人罪で告訴させた。予備尋問のあと横浜の英国領事館に移った法廷は、12月8日、船長を職務怠慢による有罪とし、3カ月の禁固に処した。世論も沈静化したが、日本人乗客の悲劇を伝える立会演説会が頻繁に開かれ、流行歌や紙芝居まで登場し、領事裁判権の不当性を示した事件として長く記憶される。

2-27　メンザレ号の救助（ノルマントン号事件）

のほか不動産の所有も認めるというものであったが、これを具体化した細目案はパークスや井上毅らの強い反対に直面する。

　86年5月、日本外務省で開催された条約改正会議では、井上案に代わって、外国人の法権服従と日本の内地開放とがセットとなった英独案が提出される。日本側はこれを高く評価し、その後の交渉の基礎となった。翌87年4月に合意に達した英独案は、（1）一定期間内に内地開放、（2）欧米式の法典を編纂し、あらかじめ各国に通知する、（3）法権は回復されるが、外国人が原告または被告となる訴訟事件の審理について一定数の外国人を判事とする、といった骨子であった。

　このまま会議を閉会すれば各国別に調印されるはずであったが、英独案が巷に漏えいし、がぜん政治問題化した。さらに英独案には、司法省の法律顧問ボアソナードが、国の主権を外国に売り渡すようなものと批判し、政府内にも強い異論があり、ノルマントン号事件の苦い記憶も手伝って世論の批判も浴びる。7月には条約改正会議は無期延期となり、9月には井上も外相を辞任する。

三 大隈時代（1888～89）―外国人判事の任用をめぐって

　1888年2月、外相に大隈重信が就任した。大隈は外国人法律家の採用は大審院判事に限定し、この規定を条約本文からはずして宣言書に移し、法典の編纂・通知についても、やはり宣言書において表明する形をとり、国内の反発を和らげようとした。税権については井上案を踏襲した大隈の新条約案は、米独露にそれぞれ個別に打診され、89年8月までにそれぞれ調印された（批准はされなかった）。外国人

2-28　大隈重信

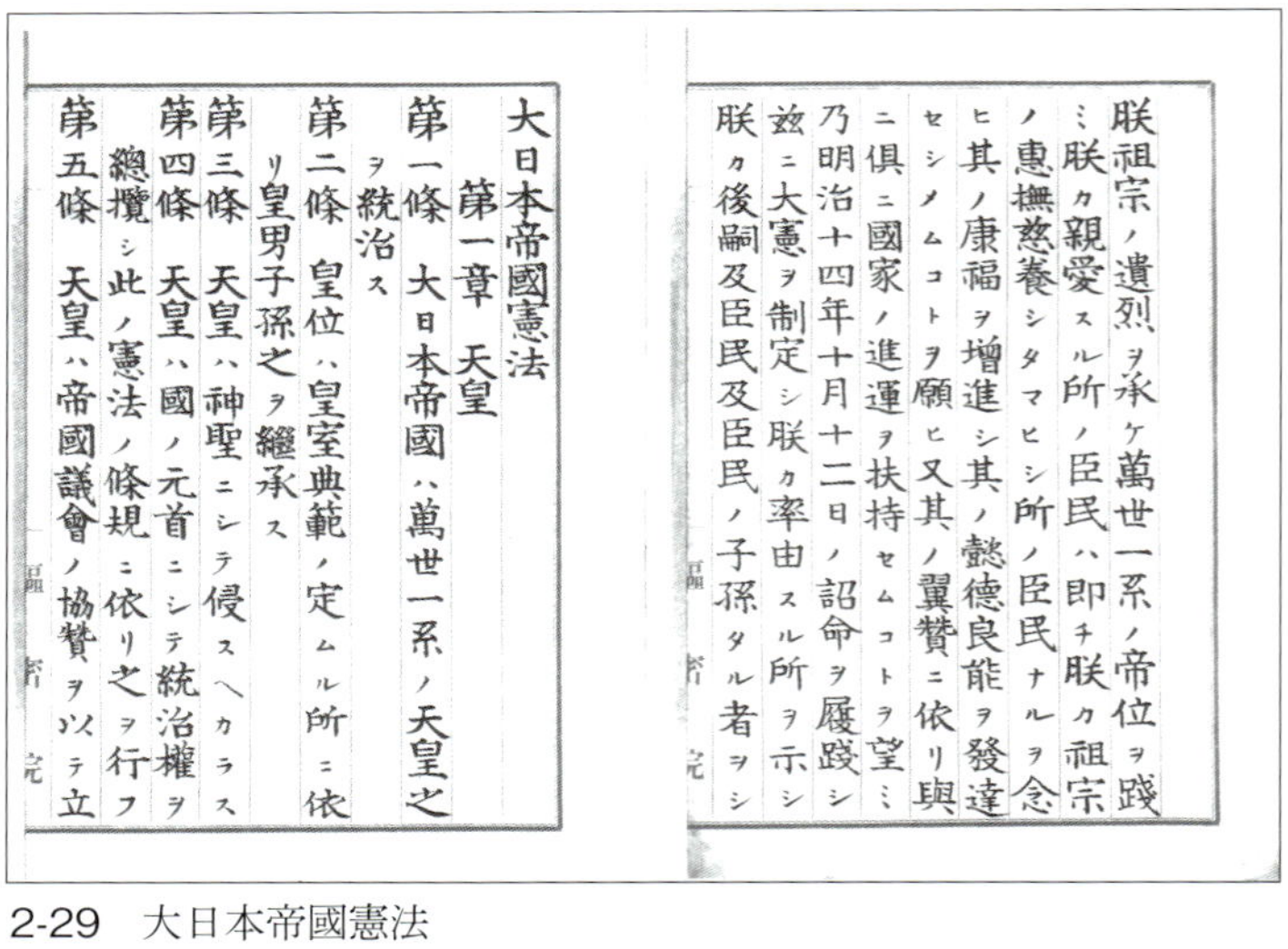

朕祖宗ノ遺烈ヲ承ケ萬世一系ノ帝位ヲ踐ミ朕カ親愛スル所ノ臣民ハ即チ朕カ祖宗ノ恵撫慈養シタマヒシ所ノ臣民ナルヲ念ヒ其ノ康福ヲ増進シ其ノ懿徳良能ヲ發達セシメムコトヲ願ヒ又其ノ翼賛ニ依リ與ニ倶ニ國家ノ進運ヲ扶持セムコトヲ望ミ乃チ明治十四年十月十二日ノ詔命ヲ履踐シ茲ニ大憲ヲ制定シ朕カ率由スル所ヲ示シ朕カ後嗣及臣民及臣民ノ子孫タル者ヲシ

大日本帝國憲法

第一章　天皇

第一條　大日本帝國ハ萬世一系ノ天皇之ヲ統治ス

第二條　皇位ハ皇室典範ノ定ムル所ニ依リ皇男子孫之ヲ繼承ス

第三條　天皇ハ神聖ニシテ侵スヘカラス

第四條　天皇ハ國ノ元首ニシテ統治權ヲ總攬シ此ノ憲法ノ條規ニ依リ之ヲ行フ

第五條　天皇ハ帝國議會ノ協賛ヲ以テ立

2-29　大日本帝國憲法

2-30　憲法発布式

青《あお》木《き》周《しゅう》蔵《ぞう》（1844〜1914）

2-31　青木周蔵

長州藩（長門国）の村医の子。藩校明倫館や長崎で医学修業のあと、1868年、同郷の木戸孝允の推挙で藩留学生としてプロシア（ドイツ）に留学。ドイツを選んだのは医学ではなく、政治や法学を学ぶためであった。73（明治6）年1月、木戸の推薦でベルリンの日本公使館に採用される。翌年に駐独公使となり85年まで10年以上もドイツに滞在した。この間、男爵の娘と結婚し、ドイツに傾倒していく。

85（明治18）年12月、井上馨外務卿のもとで外務大輔（まもなく次官）となり、次の大隈重信外相でも留任して条約改正交渉に尽力し、大隈遭難後の89（明治22）年12月、井上、山県有朋ら長州グループの推挙によって第1次山県内閣の外相となった。次官から外相となった初の職業外交官出身の外相であった。

条約改正交渉では、最大の難関であった対英交渉を優先した。イギリスの承認の見込みはなかったが、89年2月の大日本帝国憲法の発布によって「法治国家」の体裁を整えたこと、翌年には第1回帝国議会が迫り、議会の協賛を得られる改正条約のみが締結可能であることを意識させようとした。また、国際情勢の面でも、ロシアの南下姿勢が露骨となり、それを憂慮するイギリスとの間で改正交渉の進展が期待できた。実際、イギリスは態度を軟化させ、改正交渉に光明を見出した青木は、次の松方正義内閣でも外相として留任したが、その直後の91年5月、ロシア皇太子ニコライが暴漢に襲われるという大津事件が起こり、辞職を余儀なくされた（コラム54頁）。

92（明治25）年1月、駐独公使として3度目のドイツ駐在となる。翌年には駐独公使のまま駐英公使兼任となり、陸奥外相のもとロンドンでの対英交渉を担当した。しかし、改正交渉は、イギリスの政権交代や国内の対外硬論の台頭によって難航した。青木は、当初は強硬な国内世論を利用して対英交渉に臨んだが、英側の反発から過激な対外硬運動の弾圧を要請するようになる。94年春になると、政府は、第6議会での民党の攻撃や日清関係の逼迫から早期調印を青木の現地交渉に託した。青木はこれに応え、陸奥との緊密な連携のもと、的確な現地情報を送って妥協点を探り、日清開戦の直前に、日英通商航海条約の調印にこぎつけた。

改正交渉を回顧した青木は、最も苦心したのは、「外人の永代借地権を所有権に変するの一事」だったという。外国人の土地所有権の容認は英国の要求でもあったが、陸奥は、外国人に土地所有を認めることを危険視する「俗論」を恐れてこれを断行しなかったことを後悔している。土地所有権を容認しなかった結果、安政期に定めた低い借地料以外に、土地税、家屋税などを徴収できず、財政面では大きな損失となり、その点で青木には先見の明があったとされる。

98年、第2次山県内閣のもとで再び外相となる。1900年に義和団事件が起こり、列強の派兵要請に応ずる方向で閣議をとりまとめる。しかし、ロシアが撤退しないとなると対露強硬論に傾く。06年に初代の駐米大使となるが、移民問題の解決のため、訓令のないままローズヴェルト大統領ら米国首脳と強硬な態度で交渉したため、独断専行として本国に返された。青木は生涯を通じて学問に憧れ、洋書の講読を好んだ。理屈屋で物怖じしない性格は、明治の外交官に必要な資質であったかもしれない。

判事の参加する大審院に事実認定の権能を付与することを要求していたイギリスも調印に傾く。しかし、89年4月19日に、日米新条約案が『ロンドン・タイムズ』に掲載されると、外国人法律家がなおも関与していることに反発する世論が高まる。実質的な批判は、井上案と同じく、外国人判事の任用が司法権の独立をそこなうこと、すでに発布されていた大日本帝国憲法にも抵触するといった点であった。

89年10月、大隈は玄洋社の青年に襲撃されて重傷を負う。政府は改正交渉の延期を決定し、12月下旬、大隈は辞職した。同時に山県有朋内閣が発足して次官の青木周蔵が外相となる。

四　青木時代（1889〜91）——帝国議会の開設と改正交渉

明治政府は、国会開設の前に、自らの手で条約改正をなし遂げることを目標にしてきた。議会を通じて在野勢力が政府の外交を制約することが予想されたからである。しかし、その目標が挫折するなかで、青木周蔵外相は交渉の対象をイギリスに絞る方針をとる。さらに、井上案や大隈案と違い、譲歩をともなわない、より完全な法権回復をめざそうとした。さらなる難航が予想されたが、対英交渉は予想外に順調であった。その重要な理由は、1889年2月の大日本帝国憲法の発布によって議会(立法府)

大津事件と青木外相

1891（明治24）年5月11日、滋賀県大津で、警備中の巡査・津田三蔵がロシア皇太子（のちのニコライ2世）を斬りつけ頭部に軽傷を負わせるという事件が起こった。この大津事件に、5月末の大審院は刑法116条（天皇や皇太子に対する危害を加えた場合の規定）に基づく政府の死刑要求を退け、無期徒刑（懲役）を判決したため、司法権の独立と法治国家の実を内外に示した事例として知られている。この事件の波紋は大きく、日露関係の悪化を懸念する声は国内に広がり、自害してお詫びするという女性まで現れた。明治天皇も見舞に駆けつけた。

大津事件には、前年に起こったロシア公使館に対する投石事件という「前触れ」があった。天皇が乗った馬車の行列がロシア公使館の前にさしかかったとき、この行列を見ようと公使夫人らが2階から見下ろしていた。これに対し天皇の行列を見下ろすとは無礼であるとして、数名の学生が公使館に投石した。すでにニコライ皇太子の訪日が決定していたため、この事件を重く見た駐日ロシア公使は、刑法の臨時改定を青木周蔵外相に申し入れる。すると青木外相が万一、皇太子を傷つけるような輩には日本の皇族に対する犯罪と同様に裁く、と口約束をしてしまった。津田に対する無期徒刑が言い渡されると、ロシア外相は、青木の後任、榎本武揚外相に、死刑判決後にロシア皇帝が天皇に嘆願して減刑する形が望ましかった、と伝えたが、他方では、日本政府の処置に満足していると明言したため幕引きがはかられた。

2-32　凶行者近傍配置巡査調書、木綿のハンカチ（血痕がある）、サーベル

が新設されたことにある。青木の強硬方針には、立憲制のメリットを想定しながら、新設の議会の協賛を得られる改正条約のみが締結可能である、というメッセージが込められていた。

青木案は、大審院への外国人法律家の任用を中止し、法典編纂とその通知を約束しなかったが、イギリスは、こうした立法府を刺激するような規定の削除や緩和に応ずるようになる。イギリスの関心事は、新設された日本の立法府が制定する法律や規則から居留民を守ることにあったからである。また議会の創設は、法律や規則の制定について外国領事や公使の介入を不可能にした。また、内地開放に際して、外国人が居留地で有す永代借地権を、イギリスの要望に応えて土地所有権に改める方針であった。

イギリスの軟化には、前述のように、東アジアにおける英露対立も影を落としていた。イギリスは85年に朝鮮半島南端の巨文島を占領してロシアを牽制（87年に撤退）、ロシアは91年にシベリア鉄道の建設に着工した。こうした英露間の緊張はイギリスの対日関係を妥協的なものとした。

こうして日英交渉はまとまるかに見えたが、青木は大津事件に遭遇して91年5月、辞任を余儀なくされる。次の榎本武揚外相（1891～92）は、伊藤博文枢密院議長の協力を得て、条約改正調査委員会を設置して政府内の意見調整をはかったが、成果があげられず、松方内閣の総辞職にともなって辞任した。

五 陸奥時代（1892〜96）―条約励行論と法権回復

1892年8月、伊藤博文が第二次内閣を組織すると、伊藤が信頼する陸奥宗光が外相に就任する。陸奥の改正案は、青木周蔵案と大差はなかったが、税権については、英独仏米の主要品目の輸入税率を協定するほかは、関税自主権を回復するというものであった。また、内地開放に際して、外国人の土地所有を認めず、居留地で有する永代借地権はそのまま存続させる点が青木案と異なっていた。

陸奥は青木を駐独公使として対英交渉をまかせたが、青木のロンドン交渉の前に対外硬派の「条約励行論」が立ちはだかる。それは、現行条約の文面通りに外国人を処遇して、いかに現行条約が外国人にとって不便不利なものであるかを痛感させつつ、有利な改正交渉を行おうという主張であった。条約励行論には、内地開放に反対していた勢力も合流し、対外硬派は衆議院の過半数を握った。伊藤内閣は対外硬派に対抗するため自由党と提携する。

条約励行論の広がりを背景に、外国人に対する暴行事件などが頻発していた。こうした状況にイギリスは反発し、ロンドン交渉も一時中断した。93年12月、対外硬派が第五議会に条約励行建議案を上程すると、陸奥は「今にして条約励行をなさば、片務的条約は存続され、その利を失うものは却って日本人である」と演説し、議会に反省を迫った。伊藤と陸奥は停会を繰り返し、年末には衆議院を解散する。その結果、政府支持勢力と対外硬派は拮抗したが、第六議会では、政府外交を批判する建議案が可決されてしまう。伊藤内閣は再び議会解散の窮地に陥ったが、このとき日清戦争が起こり、状況は一変する。

この間、ロンドンでの交渉では、内地で日本人と同様の待遇を外国人に与える原則のもと、必要に応じて外国人の権利を制限する法律の制定権を得るという日本の方針が容認された。ただし、不動産の所有

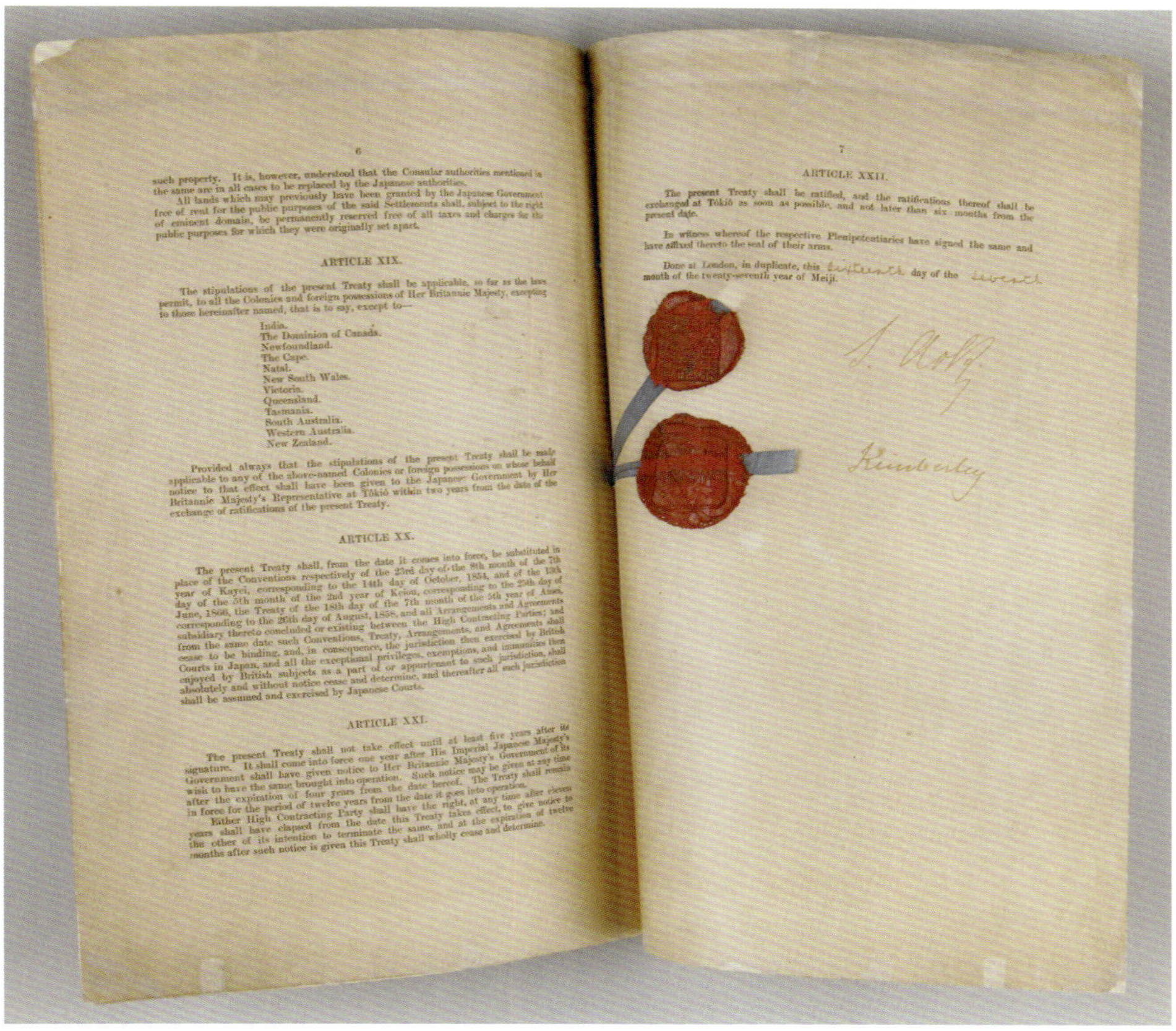

6

such property. It is, however, understood that the Consular authorities mentioned in the same are in all cases to be replaced by the Japanese authorities.

All lands which may previously have been granted by the Japanese Government free of rent for the public purposes of the said Settlements shall, subject to the right of eminent domain, be permanently reserved free of all taxes and charges for the public purposes for which they were originally set apart.

ARTICLE XIX.

The stipulations of the present Treaty shall be applicable, so far as the laws permit, to all the Colonies and foreign possessions of Her Britannic Majesty, excepting to those hereinafter named, that is to say, except to—

India.
The Dominion of Canada.
Newfoundland.
The Cape.
Natal.
New South Wales.
Victoria.
Queensland.
Tasmania.
South Australia.
Western Australia.
New Zealand.

Provided always that the stipulations of the present Treaty shall be made applicable to any of the above-named Colonies or foreign possessions on whose behalf notice to that effect shall have been given to the Japanese Government by Her Britannic Majesty's Representative at Tôkiô within two years from the date of the exchange of ratifications of the present Treaty.

ARTICLE XX.

The present Treaty shall, from the date it comes into force, be substituted in place of the Conventions respectively of the 23rd day of the 8th month of the 7th year of Kayei, corresponding to the 14th day of October, 1854, and of the 13th day of the 5th month of the 2nd year of Keiou, corresponding to the 25th day of June, 1866, the Treaty of the 18th day of the 7th month of the 5th year of Ansei, corresponding to the 26th day of August, 1858, and all Arrangements and Agreements subsidiary thereto concluded or existing between the High Contracting Parties; and from the same date such Conventions, Treaty, Arrangements, and Agreements shall cease to be binding, and, in consequence, the jurisdiction then exercised by British Courts in Japan, and all the exceptional privileges, exemptions, and immunities then enjoyed by British subjects as a part of or appurtenant to such jurisdiction, shall absolutely and without notice cease and determine, and thereafter all such jurisdiction shall be assumed and exercised by Japanese Courts.

ARTICLE XXI.

The present Treaty shall not take effect until at least five years after its signature. It shall come into force one year after His Imperial Japanese Majesty's Government shall have given notice to Her Britannic Majesty's Government of its wish to have the same brought into operation. Such notice may be given at any time after the expiration of four years from the date hereof. The Treaty shall remain in force for the period of twelve years from the date it goes into operation.

Either High Contracting Party shall have the right, at any time after eleven years shall have elapsed from the date this Treaty takes effect, to give notice to the other of its intention to terminate the same, and at the expiration of twelve months after such notice is given this Treaty shall wholly cease and determine.

7

ARTICLE XXII.

The present Treaty shall be ratified, and the ratifications thereof shall be exchanged at Tôkiô as soon as possible, and not later than six months from the present date.

In witness whereof the respective Plenipotentiaries have signed the same and have affixed thereto the seal of their arms.

Done at London, in duplicate, this sixteenth day of the seventh month of the twenty-seventh year of Meiji.

2-33　日英通商航海条約（調印書）

伊藤の対露交渉は成功しなかったが、その動きは日英同盟を後押しした。98年1月、蔵相として入閣した井上らの協力で第3次内閣を組織したが、半年ももたずに倒れた。欧州巡遊ののち、日露戦争後は満州における軍政撤廃を実現させ、韓国統監として朝鮮内政の近代化をめざすが、1909年、民族主義者・安重根の凶弾に倒れた。

伊藤は、列国協調を基本とし、つねにロシアの動向に気を配りながら、明治外交の重要案件の大半をさばいた。その一方、「対外硬」が主流の議会や世論からは、しばしば激しく批判されるが、敢然とひるむことはなかった。大久保暗殺から1898年の第3次内閣の倒壊まで、伊藤体制が20年も続いたのは、明治天皇の信頼が篤く、薩摩系の有力者とも協調できる明朗で快活な伊藤の人柄ゆえであった。

「泰西主義」と朝鮮政策

75（明治8）年に政府に復帰した井上は、79年から8年間にわたって外務卿・外相を務めた。条約改正の核心部分である領事裁判権の撤廃と引き換えに、外国人に内地を開放する方針を打ち出して国際合意を導いた。

ドイツ人医師ベルツはその日記で、井上を「ヨーロッパの文化や生活様式に完全無欠に同化した日本人」と評している。井上は、純西欧を意味する「泰西主義」という言葉を好んで用いた。文明のモデルとしての泰西主義の徹底は条約改正の前提であり、井上が力を注いだ鹿鳴館を舞台とする交際がその象徴であった。西欧文明があまねく行き渡ることを願う井上は、国民教化と称して、小説、演劇、美術、音楽、ローマ字の普及、洋服の着用、肉食の奨励などの社会改良運動にも力を注いだ。

井上の外相時代は条約改正だけではなく、不安定な朝鮮半島情勢の対処を迫られた。84年の甲申事変では清国との衝突を回避しながら自ら渡韓して漢城条約を結んだ。94年10月、伊藤に請われて内相を辞任して朝鮮公使となり、朝鮮の近代化をめざす内政改革に着手した。朝鮮の支配ではなく、独立国として存立することが、日清にとっても利益であるという考え方は伊藤も同じであり、朝鮮をできるだけ清国の影響力から切り離し、安定した独立国として保つことが井上のねらいであった。

藩閥の最有力者（元老）のなかでは、唯一組閣の経験はなかったが首相には執着しなかった。

井上は、大久保暗殺以来、参議（工部卿、外務卿）、4次の伊藤内閣で3度入閣し、条約改正や朝鮮問題で伊藤を支え続けた。井上の手がけた外交案件の多くは未完に終わったが、彼の真価は、親友伊藤と志を同じくし、良き相談役としてその内外政を支え続けたことにあろう。

また井上は財政に通じ、大蔵大輔や蔵相にも就任している。その後は元老として重きをなし、「三井の番頭」といわれた実業界との人脈を生かし、日露戦争における外債募集交渉、満州、朝鮮への経済進出の斡旋、仲介を惜しまなかった。第一次世界大戦を「大正新時代の天祐」として歓迎し、中国への経済進出の好機ととらえ、21カ条要求の作成にも影響を与えたが、加藤高明外相の強引な手法には批判的であった。

井上は社交的で、多弁で世話好きでもあったが、自己主張が強く短気であった。その点で人の話をよく聞いた伊藤とは対照的であった。それが災いして組閣の機会に恵まれなかったのであろう。

権は最後まで外国人に与えることはなかった。税権についてイギリスは、精糖を協定関税に含めることを主張した。清国との戦争を控えた日本側は調印を急ぎ、結局、条件付きでこれを認めた。こうして94年7月、日英通商航海条約が調印された。条約の実施は五年後とされ、また最恵国待遇条項を含んでいたことから、日米、日伊、日露、日独など新条約が結ばれていく。これら一連の「陸奥条約」は99年に実施され、法権は完全に回復した。

六　小村時代（1908～11）―税権の完全回復

陸奥条約は税権について、完全な自主性を獲得したわけではなく、毛糸、鉄など重要輸入品の多くに最高一五％の協定税率が残されていた。この協定税率は従量税とされていたため、物価騰貴による輸入価格の増大を強いられても、輸入税額を増加できず、また成長途上にある日本の産業を保護し得なかった。そこで、陸奥条約の満期を控えた1910年4月、小村は新条約案をイギリスに提出し、日本が固定税率主義を原則とし、例外的に互恵関税協定主義を採用している以上、自由貿易主義のイギリスに対しては、最恵国待遇を与える他はない、と主張した。イギリスは、自由貿易主義のもと、日本品には現に寛大な待遇を与えているから、日本もイギリスの重要輸出品に関し、協定税率を設けるよう求めた。

日本側は、自由貿易のイギリスとの関税協定は片務協定の継続を強いるものであり、税権回復の目的

伊藤博文《いとうひろぶみ》(1841～1909)と井上馨《いのうえかおる》(1836～1915)

2-34　伊藤博文

2-35　井上馨

ともに長州藩出身で、伊藤は吉田松陰の松下村塾に、井上は萩の藩校・明倫館に学び、尊王攘夷に染まっていったが、二人は1863(文久3)年に秘かに渡英し、生涯の友となる。5歳年上の井上が誘ったとされる。ロンドンでは西洋文明の圧倒的力を実感し、開国論に傾き、長州藩の攘夷の実行計画を知ると急ぎ帰国した。長州藩の四国連合艦隊との戦闘は阻止できなかったが講和談判は成功させ、長州藩を開国に向かわせ討幕運動に奔走した。

新政府では二人は参与職などを歴任し、伊藤は岩倉使節団の全権の一人となる。留守組の井上は、大隈重信らと新政府の財政をあずかり、廃藩置県後の地租改正、殖産興業など大蔵省主導の革新的政策に辣腕をふるう。内治優先路線の先がけであったが、保守派との対立から73年、渋沢栄一とともに大蔵省を辞した。

立憲国家の設計者

伊藤は岩倉使節団の帰国後、大久保利通らと西郷隆盛らの征韓論に反対し、殖産興業が何よりも重要という産業立国への道筋を示した。78(明治11)年に大久保が凶刃に倒れると、36歳にしてその実質的な後継者となる。伊藤体制を支えたのが盟友の井上、山県有朋という長州グループであった。

81年、早期国会開設を主張する大隈を明治14年の政変で追放し、明治天皇を説得して10年後の国会開設を約束させた。翌年から憲法調査のため渡欧する。随行したのが伊東巳代治や西園寺公望であった。渡欧前の伊藤にはイギリス・モデルが念頭にあったが、プロイセンのシュタインに学び、君主権といえども立法府や行政府によって制約されるという立憲君主説を日本の歴史的経験に合致した憲法モデルとして構想するようになる。

85(明治18)年に内閣制度が導入されると伊藤は初代首相となり、立憲制の定着に心血を注ぐ。92年8月、第2次内閣を組織し、陸奥宗光を外相に、井上を副総理格として、立憲国家と条約改正の完成をめざした。同年11月、伊藤は馬車の事故で重傷を負い、翌年2月の復帰まで井上(内相)が首相臨時代理となった。日清戦争時には、開戦理由に掲げた朝鮮の内政改革のため、内相の井上を朝鮮公使として送り込み、戦後の講和や三国干渉では、伊藤は受諾論で陸奥を支えた。

桂太郎内閣の推進する日英同盟(1902年)の難航を予想していた伊藤は、それを補完する日露協商論をとなえる。

は達成できないと反論して、交渉をいったん中断した。しかし、交渉の挫折が日英同盟の運用に悪影響を及ぼす恐れから、双方の主張を調和する形がとられた。すなわち、イギリスからの若干の輸入品について税率を協定し、日本の輸出品若干に対してイギリスは無税据え置きを約束させる、という形式上の双務関係をもって日本は税権の回復に成功した。11年4月、日英は新たな通商航海条約に調印した。米独仏などとも相次いで新通商航海条約が調印される。日米修好通商条約からほぼ五〇年後、ようやく不平等条約の撤廃にこぎつけた。

【条約改正とは何だったのか】

条約改正問題とは、幕末・維新期に西洋諸国との間に結ばれ、日本の主権を損ない、不利な立場におとしいれた不平等条約を、国を挙げて対等なものとする努力と理解されてきた。今日の眼から見ると、安政五カ国条約は、片務的な領事裁判権、最恵国待遇、協定関税の三点において確かに不平等であった。しかし、幕末・維新当時の実情に照らし、安政条約体制を一括して「不平等」とみなすのは適切なのだろうか。

その前に、不平等条約はなぜ、必要だったのだろうか。不平等条約の重要な目的は、自由貿易を実現し、貿易の利益を最大限引き出すためであった。それは、自由貿易を柱とする世界規模の資本主義市場の形成をめざした一九世紀の西洋列強が、日本を含むアジアに条約を強要した結果であった。駐日英公使オールコックは、「われわれは絶えず次々に新しい市場を探し求める。……われわれの第一歩は、条約によってかれらの提供する市場に近づくことである」として、圧力による条約の強要の正当性を説いている。その場合の条約とは、不平等条約でなければならなかった。なぜなら、ヨーロッパ的な意味での文明国ではなかった東アジア諸国の法制度や社会秩序は、文明国の人、商品、資本が国境を越えて移動する場合に障害と考えられ、それを補うのが不平等条約であったからである。とりわけ領事裁判制度は、現地の異なる法制度のもとで、自国民の生命財産や取引の安全を確保し、軋轢を解消するための仕組みとして導入された。

　この領事裁判権を例にとれば、確かに、安政五カ国条約で日本が受け入れた領事裁判制度は、ロシアを除き、日本だけが義務を負う片務的なものであった。日本領で日本人と外国人との紛争が発生し、日本人から訴えられた外国人はその国の領事が自国の法律に基づいて裁いた。これに対し、欧米の地で日本人が訴えられた場合、現地の裁判に服することとされ、現地の日本領事には裁判権がなかった。つまり明らかに不平等であったが、日本領における裁判管轄権に限れば、被疑者が外国人ならその国の領事によって裁かれ、日本人なら日本の裁判に服することになっていた。その意味では両者は対等な立場にあった。しかも、条約締結のときには、日本人の海外渡航は官吏以外には想定されていなかったから、領事裁判によって日本人が不利になるという認識はなかった。

　とはいえ、「対外和親」と「万国対峙」をスローガンにかかげ、国家存立の基盤を国際的な承認に求め、西洋国家に比肩できる国家をめざした明治政府にとっては、条約改正は条約自体の不利、有利という問題を超えた国家的課題であった。

【帝国憲法の制定】

　ところで、明治維新の諸改革の中で、その後の政治的、経済的近代化の基盤となったのは、端的には廃藩置県（１８７１年）であった。福沢諭吉は、「廃藩の一挙こそ全国を平均して政令を新にし、軍事なり、会計なり万般の国務を統て同一色ならしめたるの基礎」であると論じた。廃藩置県の詔書には、国際社会のなかで自立をめざすという意味をもつ「万国対峙」が国家目標に掲げられた。「万国対峙」は、五カ条の誓文に示された「公議輿論」の理念とともに、二〇年を経て条約改正と憲法制定として実現し、維新の課題は達成される。

　１８８９年に発布の帝国憲法は、その強大な天皇大権を特徴とした。立憲制の根幹が君権と民権の法による規定にあるとすれば、民権の保障は充分ではなかった。民権は憲法によって初めて与えられるもので、それも法律の範囲内とされた。その一方、強大な天皇大権は直接行使される仕組みではなかった。大権の行使は国家諸機関に委任され、分有された。各国家機関は天皇に直結し、それぞれ輔弼（助言）の機能を果たすものとされた。とりわけ軍の作戦計画や指揮命令に関する「統帥大権」は高い独立性が保障され、国家の統一的運営を内部から揺るがす制度的要因となる。

　こうした高度の権力分立制が採用されたのは、王政復古の理念に照らして、幕府のような絶対権力の出現を防ぐという意味と、議会に基礎をおく議院内閣制、ひいては政党政治を排除するためであった。伊藤博文ら明治維新の創業者（元勲）たちにとっては、大隈重信が提唱したような英国流の政党政治は未だ時期尚早であった。藩閥集団に代って政党が国政運営において中心的な役割を果たすようになるには、帝国議会の開設（９０年）から約三〇年を擁した。

第3章

陸奥・小村の時代

——日清・日露戦争

3-1　対露宣戦御前会議

年表

1894年（明治27年）
- 6月16日　陸奥外相，清国に東学の乱の平定と朝鮮内政改革を日清共同で行うことを提案．
- 7月16日　日英通商航海条約（領事裁判権を撤廃）．
- 7月23日　日本軍，朝鮮王宮を占拠，武装解除．
- 7月25日　日本艦隊，豊島沖で清国艦隊を攻撃．
- 8月 1日　日清両国が宣戦布告．

1895年（明治28年）
- 1月14日　尖閣諸島の沖縄県編入を閣議決定．
- 4月17日　日清講和条約（下関条約）調印．
- 4月23日　露仏独，三国干渉（5月10日，閣議は遼東半島の清国への返還を決定）．
- 10月 8日　朝鮮公使・三浦梧楼ら大院君擁立のクーデター敢行，閔妃殺害（乙未事変）．

1896年（明治29年）
- 5月14日　朝鮮に関する小村・ウェーバー協定調印．
- 6月 3日　露清密約．
- 6月 8日　日露通商航海条約調印．
- 6月 9日　朝鮮に関する山県・ロバノフ協定．
- 7月21日　日清通商航海条約調印．
- 9月18日　**第2次松方内閣**発足．

1897年（明治30年）
- 6月16日　アメリカ，ハワイ併合（米布併合条約調印）．

1898年（明治31年）
- 1月12日　**第3次伊藤内閣**発足．
- 3月 6日　ドイツ，山東半島の膠州湾租借（1922年に中国に返還）．
- 3月15日　ロシア，清国から旅順・大連租借，南満州鉄道敷設権を獲得．
- 4月12･14日　福建省の不割譲に関する日清間の公文を交換（福建不割譲協定）．
- 4月25日　米西戦争勃発．
- 4月25日　東京で韓国に関する西・ローゼン協定調印．
- 6月11日　清国光緒帝，変法自強を宣布（戊戌変法～9月23日）．
- 6月30日　**第1次大隈重信内閣**（隈板内閣）発足．
- 11月 8日　**第2次山県内閣**成立．

1899年（明治32年）
- 5月18日　第1回ハーグ万国平和会議開催（～7月29日）．
- 9月 6日　米国門戸開放通牒（ジョン・ヘイ宣言）．
- 11月16日　フランス，広州湾租借（1946年に中国に返還）．

1900年（明治33年）
- 5月19日　軍部大臣現役武官制制定．
- 6月15日　中国・義和団による各国公使館包囲に対し，兵力派遣を閣議決定（義和団事件）．6月21日，西太后が欧米列国に宣戦布告．
- 8月14日　日本軍，8カ国連合軍の一員として北京城内に進入．
- 10月19日　**第4次伊藤内閣**発足．

1901年（明治34年）
- 6月 2日　**第1次桂太郎内閣**成立．
- 9月 7日　義和団事件最終議定書（北京議定書）調印．

1902年（明治35年）
- 1月30日　第1回日英同盟，ロンドンで調印．

1903年（明治36年）
- 6月23日　御前会議，満韓問題に関し対露交渉を決定．

1904年（明治37年）
- 2月 4日　御前会議，対露交渉打ち切り，開戦を決定．
- 2月10日　ロシアに宣戦布告（日露戦争開戦）．
- 2月23日　日韓議定書調印．
- 8月22日　第1次日韓協約調印．

1905年（明治38年）
- 1月 1日　旅順のロシア軍，降伏．
- 1月22日　ロシアで血の日曜日事件．
- 3月 1日　奉天会戦（～3.10）．
- 5月27～28日　日本海海戦．
- 6月 9日　セオドア・ローズヴェルト大統領，日露に講和を勧告．
- 7月29日　桂・タフト覚書．
- 8月10日　ポーツマス講和会議開催．
- 8月12日　第2回日英同盟調印．
- 9月 5日　日露講和条約（ポーツマス講和条約）調印．
- 9月 5日　日比谷焼き打ち事件．
- 11月17日　第2次日韓協約調印．
- 12月22日　満州に関する日清条約調印．

1906年（明治39年）
- 1月 7日　**第1次西園寺公望内閣**成立．
- 5月22日　満州問題に関する協議会開催．
- 11月26日　南満州鉄道株式会社（満鉄）設立．

1907年（明治40年）
- 4月 4日「帝国国防方針」「用兵綱領」などを制定．
- 6月 1日　日仏協約調印．
- 6月15日　第2回ハーグ万国平和会議開催（～10月18日）．
- 6月25日　ハーグ密使事件．
- 7月24日　第3次日韓協約調印．
- 7月30日　第1回日露協約調印．
- 11月16日　日米紳士協約第1号（～08年3月25日まで11通の覚書交換など）．

1908年（明治41年）
- 2月 5日　第二辰丸事件（日本船が武器密輸船として清国に拿捕．日貨排斥運動起こる）．
- 7月14日　**第2次桂内閣**成立．
- 5月 5日　日米仲裁裁判条約調印．
- 9月10日　日露樺太境界画定書公布．
- 11月30日　高平・ルート協定調印．

1909年（明治42年）
- 9月 4日　日清間で満州5案件協約調印．
- 10月 2日　清国，米英と錦愛鉄道（錦州―愛琿間）敷設契約調印．
- 10月26日　伊藤博文，ハルビンで暗殺．
- 11月 6日　米国務長官ノックス，満州鉄道中立化を提議（翌1910年1月，日露不同意を通告）．

1910年（明治43年）
- 7月 4日　第2回日露協約調印．
- 8月22日　韓国併合に関する日韓条約調印．
- 11月10日　英仏露独の四国借款団結成（清国への鉄道投資の平等参加）．

1911年（明治44年）
- 2月21日　日米新通商航海条約調印（初の関税自主権確立）．
- 7月13日　第3回日英同盟調印．
- 8月30日　**第2次西園寺内閣**成立．
- 10月10日　辛亥革命勃発（武昌蜂起）．

1 陸奥外交と日清戦争

【東学の乱と日清開戦】

朝鮮では、１８９０年代に入ると近代化政策も反清政策も、財政難によって挫折の危機に直面し、地方の疲弊はさらに深刻となる。こうした国内情勢のもと、94年春、朝鮮全羅道《ぜんらどう》で蜂起した農民闘争が広がり、５月末には全州府を占領すると、朝鮮国王は清国に軍隊派遣を要請する事態となる。この東学の乱は、85年の日清天津条約以来、朝鮮から軍隊を撤退させていた日清両国の関係に大きな変化をもたらす。

第二次伊藤博文内閣は、94年６月２日、陸奥宗光《むつむねみつ》外相の指導のもとで、済物浦《さいもっぽ》条約に基づき居留民と公使館の保護を理由として派兵することを決定。５日には、天皇親裁のもとに陸海軍の統合的運用をになう戦時大本営が三宅坂の参謀本部内に設置され（９月には広島に移動）、陸海軍は戦時体制に移行。７日、日清両国は天津条約に従って出兵を相互に通告した。陸軍は第五師団の一部を仁川に上陸させ、清国側も軍隊を牙山に上陸させる。

ところが、６月10日、兵をひきいて漢城に入った大島圭介駐韓公使は、漢城が平穏であることを知った。政府軍と戦っていた農民軍は日清両軍の派兵情報に接して引き揚げていたからである。清国軍も牙山に留まり漢城には進出していなかった。当然、朝鮮政府や清国から派遣されていた袁世凱《えんせいがい》は日本軍の撤退を求めた。大島はあわてて軍隊の増派は不可である、と陸奥外相に打電したが、すでに第一次派遣部隊は出発し、後戻りはできなかった。

６月16日、伊藤内閣は、日清共同による朝鮮内政改革を提案し、清国が応じない場合は単独駐兵することを決定した。ロシアの朝鮮進出の牽制が一つのねらいであった。陸奥外相はこれを清国側に申し入れるが、清国は、内乱がすでに収束したこと、朝鮮の内政は朝鮮自らが行うべきであること、清国が撤兵したのであるから、天津条約に従い日本も撤兵すべきとして拒絶した。

日本政府は６月23日、単独で内政改革にあたるという「絶交書」を送り、軍事衝突はもはや時間の問題となる。７月20日、大島公使が宗属関係の破棄などを要求する最後通牒を発出した。回答期限の７月23日、日本軍は王宮を占拠して閔《びん》氏政権を倒し、大院君《だいいんくん》を執政とする政権を発足させた。日本軍は、朝鮮側からの発砲により、やむなく王宮を占領したと弁明したが、実際は大島公使が日本軍と周到に準備した行動であった。７月25日、豊島沖《ほうとうおき》で戦闘が開始され、日本は８月１日、清国に宣戦布告した。

日朝交渉の最終段階で、朝鮮側が指摘したように、

3-2　朝鮮異聞：小戦の顚末

陸奥宗光《むつむねみつ》（1844～97）

3-3　陸奥宗光

勝海舟は『氷川清話』のなかで、陸奥を「才子」と評しつつ、「あの男は、統領もしその人を得たら、十分才を揮ふけれども、その人を得なければ、不平の親玉になって、眼下に統領を踏み落とす人物だ」と書いている。その「統領」の役割を巧みに演じ、陸奥に活躍の場を与えてきたのが伊藤博文であった。伊藤あっての陸奥と言われるゆえんである。

和歌山藩士の子であった陸奥は、父の失脚で脱藩して江戸に出る。まもなく京都に移り、勝海舟の海軍塾に学び、坂本龍馬にその才覚を見込まれ海援隊にも加わる。鳥羽・伏見の戦いが終わると秘かに大坂に赴き、英国公使パークスと王政復古後の外交処理を話し合い、その顛末を岩倉具視に報告する。「開国進取の策の外策なし」と説く陸奥の所論に賛同した岩倉は、陸奥を外国事務局御用掛に任じた。陸奥はすぐさま東久世通禧に随行して列国外交団に王政復古の事情を説明し、新政府による外交関係の継承を約束するという大役を務めた。

開明派官僚としての陸奥は順調に出世し、伊藤や木戸孝允、井上馨とも知り合う。だが、政府転覆の容疑で逮捕され、国事犯として投獄される。1883年、特赦によって出獄した陸奥は、伊藤や井上のはからいで欧州に遊学する。ロンドンでは国際法や英国政治を学び、ウィーンでは伊藤の紹介でシュタインの講義を受け、オーストリア公使であった西園寺公望からもその勉学ぶりを賞賛される。帰国後の86年、条約改正の準備作業を担当し、88年には駐米公使となる。大隈重信外相の指示でメキシコとの対等条約の締結に取り組み、領事裁判の撤廃と引き換えに、日本国内をメキシコ人に開放するという、日墨通商修好条約を結ぶことに成功した。

90年に帰国すると、国会開設後初の衆議院議員選挙に和歌山から立候補して当選。第1次山県有朋内閣の農商務大臣に推薦され、山県がこの人事を奏請すると、天皇は投獄の一件から難色を示した。しかし山県は、陸奥の前科は償われており、「今日、陸奥を採用しなければ、陸奥は在野に身を置き、政府の妨害をなすでしょう。むしろ陸奥を抜擢して、その才能を利用する方が国家のためです」と押し切った。閣僚として衆議院に議席を有したのは陸奥が最初であった。農商務大臣の時期には、秘書課長であった原敬を見出す。議論好きの陸奥は、「自分の意見を遠慮なく述べて議論を闘わす位の気骨ある人間でないと満足しなかった」という。その点で原は、陸奥の眼鏡にかなっていた。

92年、第2次伊藤内閣が発足すると、伊藤は陸奥を外相に起用して条約改正事業を託す。念願の外相となった陸奥は次官に林董、通商局長には原を抜擢し、伊藤の悲願に応える体制を整えた。こうして陸奥は、伊藤と一体となって対外硬派の攻撃に耐え、領事裁判権を回復させた。他方、日清開戦は防げなかったものの、列国の介入を避けるため講和を急ぎ、三国干渉でも受諾を即決した。講和のころから病魔におかされ、療養中の大磯で日清開戦から三国干渉までの日本外交をふりかえった『蹇蹇録』（全力を尽くして主君に仕えるの意）を口述した。これが公開されたのは34年後であった。1907年に外務省構内に陸奥の銅像が建立された。発起人であった原は、「日本の外交は故伯〔陸奥〕により一面目を改めたる次第にて、各国と初めて対等の位地に立つ事を得た」と記した。

東学の乱がすでに終息していたことで日本の出兵理由は失われていた。そこで持ち出された開戦理由が、朝鮮独立を全うするための内政改革を妨害する清国という、明治天皇の開戦詔書で展開された論法であった。開戦前まで、日清提携を基本とする列国共同保障による朝鮮の中立化、それによる独立の確保という路線を描いていた日本政府としては、その論法は単に「建前」ではなかった。日本の新聞でも、改革を推進する日本、それを拒絶する清国という対比で両国の立場をとらえる論説が目立った。

開戦を是とする世論という意味では、日本政府に保護され東京に在住していた金玉均《きんぎょくきん》が94年3月末、誘い出された上海で閔氏政権の刺客によって惨殺され、遺体が清国軍艦によって朝鮮に送還されるという、「非文明」を象徴する事件の波紋も大きかった。金の支援者であった福沢諭吉は、「文明開化の進歩を謀るものと其進歩を妨げんとするものとの戦」と戦争を意味付けた。

その一方、陸奥外相は『蹇蹇録』で、「朝鮮内政の改革といい、清韓宗属の問題というも、畢竟その本源に遡れば日清両国が朝鮮における権力競争の結果」と冷徹に述べている。開戦外交の当事者としては、戦争も帝国主義国家の権力闘争の一環にほかならなかった。

【日清戦争と日清講和条約】

日清開戦は、それまで条約改正をめぐって政府を批判していた議会内の「対外硬」グループを、一転して内閣支援に導いた。隣国朝鮮を助けるための「義戦」とみなしたのである。広島で開催された第七議会は、巨額の臨時軍事費と軍事公債の募集をまたたく間に満場一致で可決した。国民も戦争を熱狂的に支持し、軍事公債をこぞって買い求めた。

対清戦争は、まず、陸続きに朝鮮半島を北上する作戦が採用された。山県有朋が自ら率いた第一軍司令官のもと、第三師団が仁川に上陸、１８９４年9月の平壌会戦によって朝鮮半島における戦闘は日本軍の圧勝に終わる。黄海海戦では連合艦隊を編成した日本海軍が清国の北洋艦隊に艦隊決戦を挑み、旅順口から、さらに威海衛に追い込み、ほぼ壊滅させた。

3-4　我軍大勝利旅順口占領

3-5　日本艦隊威海衛攻撃の図

さらに日本軍は鴨緑江を渡り満州に侵攻、11月には、新たに編成された第二軍（大山巌司令官）が旅順要塞を陥落させた。同じころ、アメリカが講和斡旋を提議したため、旅順の陥落後、日本は北京付近の直隷で決戦を挑み、講和に有利な戦況をつくり出そうとして直隷作戦の準備を進めた。しかし、決戦の実行前に、清国は講和の動きを見せ、95年に入って李鴻章《りこうしょう》が全権として来日し、日本側の伊藤、陸奥との講和交渉に臨んだ。日本側は列強に介入の機会を与えないよう、早期の決着をねらった。その結果、95年4月、日清講和条約（下関講和条約）が調印された。

日清講和条約第一条には、「清国は朝鮮国の完全無欠なる独立自主の国たることを確認す」と明記される。朝鮮は清国の属国ではないことが国際条約で確認されると同時に、伝統的な華夷秩序（朝貢体制）がついに崩壊したことを意味した。76年の日朝修好条規で「朝鮮は自主の邦」とされたものの、清国との関係では「属国」の地位にあった。属国の立場を離れた朝鮮は、「大韓帝国」（97年に成立）への道が開かれたことになる。

第二条、第三条には、台湾と遼東半島を日本に割譲す

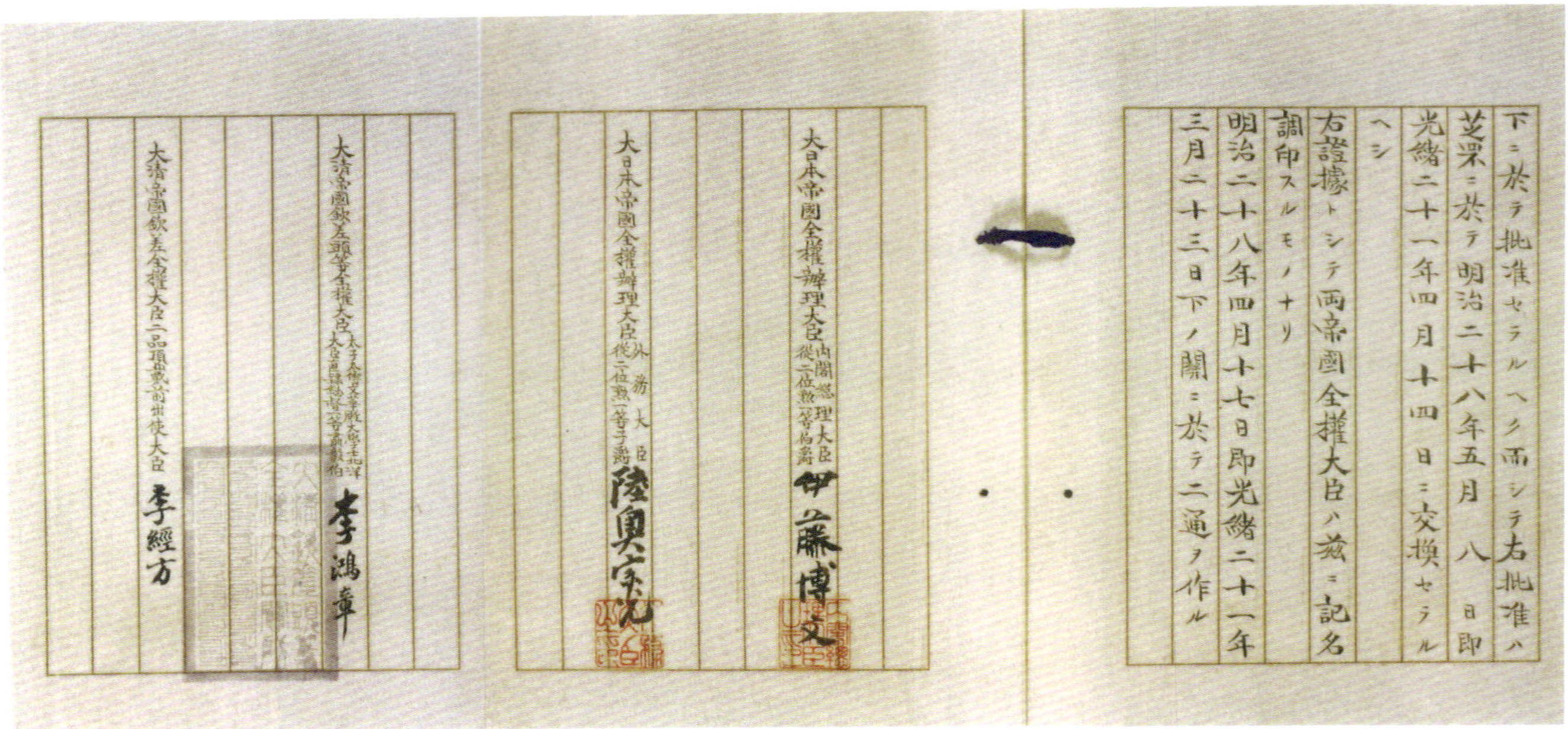

下ニ於テ批准セラルヘク而シテ右批准ハ芝罘ニ於テ明治二十八年五月八日即光緒二十一年四月十四日ニ交換セラルヘシ

右證據トシテ両帝國全權大臣ハ茲ニ記名調印スルモノナリ

明治二十八年四月十七日即光緒二十一年三月二十三日下ノ関ニ於テ二通ヲ作ル

大日本帝國全權辨理大臣 内閣總理大臣 従二位勲一等伯爵 伊藤博文

大日本帝國全權辨理大臣 外務大臣 従二位勲一等子爵 陸奥宗光

大清帝國欽差頭等全權大臣 太子太傅文華殿大學士北洋大臣直隷總督一等肅毅伯 李鴻章

大清帝國欽差全權大臣 二品頂戴前出使大臣 李經方

3-6　日清講和条約（調印書）

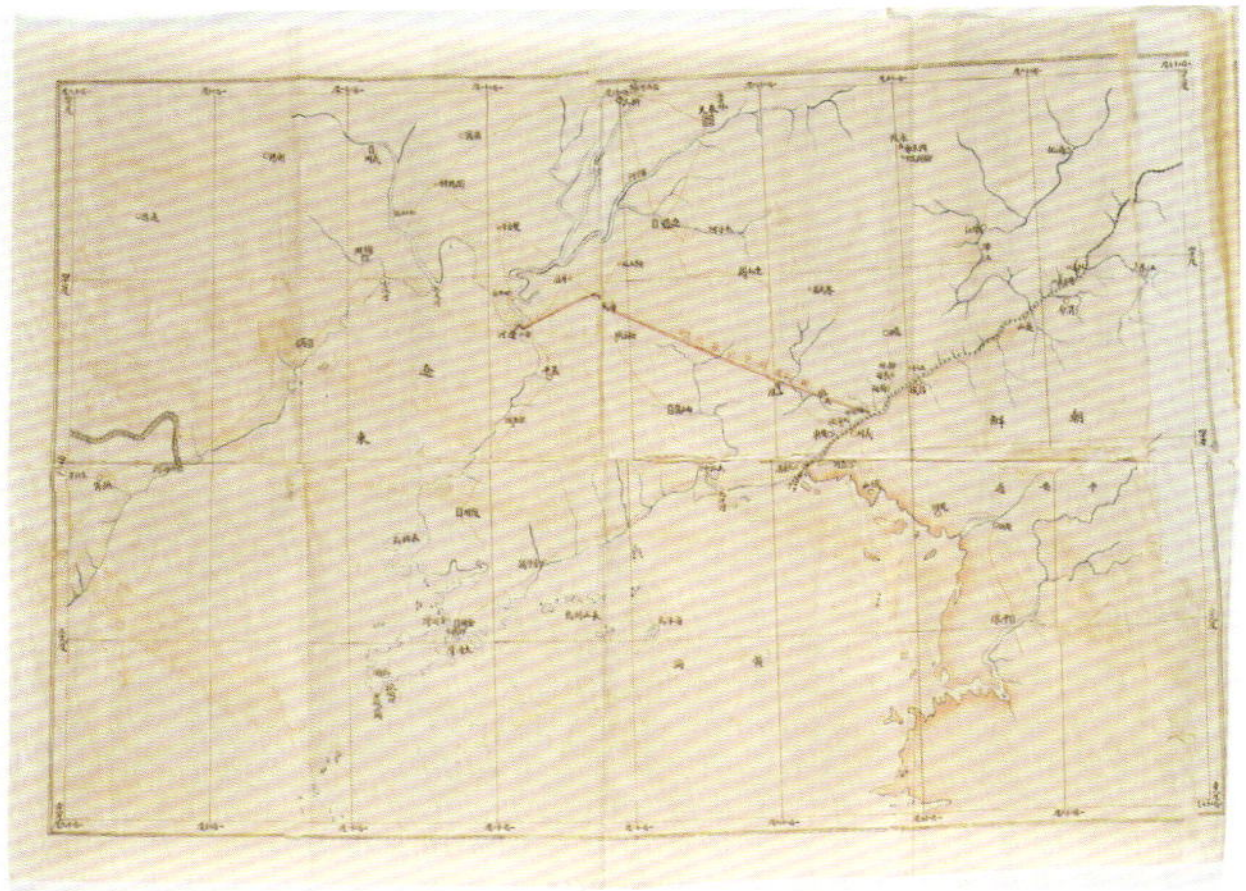

3-7　日清講和条約（付属地図）

3-8　下関講和談判

る内容が記された。日本にとって台湾の領有は、初の海外領土（植民地）の獲得であった。台湾領有の是非について日本国内には多くの議論がなされたが、資源を重視する観点から領有に踏み切った。台湾には台湾総督府が置かれ、初代総督には黄海海戦で勇猛をはせた樺山資紀《すけのり》海軍大将が任命された。しかし、日清講和の直後から、それまで台湾を統治していた清国の官僚を中心に、住民を巻き込んで抵抗戦争が起こった。95年5月には、その中心であった唐景崧《とうけいそん》を総統とする「台湾民主国」が独立宣言を発した。その後、清国官僚は中国本土に戻ったが、台湾住民の抵抗は続いた。

第四条には、二億テール（約三億円）という巨額の賠償金が書き込まれた。この賠償金は官営製鉄所の建設などインフラ整備のための財源となり、その一部は、一流国の証しとして松方正義蔵相の悲願であった金本位制移行（97年）のための元手ともなった。

第五条以下は付則的なものだが重要である。まず割譲地（台湾と遼東半島）の住民に二年の猶予期間を設けて資産の処分と国外移動の自由（国籍選択権）を保障した。これは植民地となった地域の住民に選択権を与えるという国際慣例に則ったものであった。

　ところで、日清講和条約には、「清国と欧州各国との間に存在する諸条約」を基準に、両国は条約を締結し直す、という取り決めが盛り込まれ、日本は清国に対して欧米と対等な立場で条約を結び直すことが可能になった。その結果、71年に締結された対等な日清修好条規に代わり、96年に日本優位の日清通商航海条約が北京で結ばれる。片務的な領事裁判権の行使、税制上の優遇措置、重慶、沙市、蘇州など諸都市を貿易のために開放すること、など欧米と同等の権利待遇を獲得した。日本人の清国内における自由貿易や開港地における就業の自由なども保証された。日本は自身の条約改正と清国との不平等条約の締結によって、東アジアに覇権をもつ列強の一員に限りなく近づいたといえる。

　他方、不平等条約を強いられた清国にとっては、その廃棄や改正は、中華民国期における国権回収運動の主要なターゲットとなるのである。

【三国干渉と陸奥の決断】

　予想を上回る日本の勝利に列国も注目したが、とくに清国が調停を拒否する姿勢を示していたこともあり、戦争の終末まで列国は積極的な介入や斡旋仲介を控えていた。開戦直前の1894年7月、条約改正（日英通商航海条約による法権回復）に応じていたイギリスは、開戦を黙認した。

　また、ロシアは極東の安全確保という観点から朝鮮の現状維持を基本とし、日清両国の出兵後にも、列国と協調して早期停戦を両国に促す方針であった。その一方、ロシアは、日本軍が朝鮮から満州に侵攻すると、講和交渉における日本の突出した要求提出に備え、英仏独との協調確保に努めた。95年4月初旬に日本の講和案が示されると英仏独を誘って遼東半島の放棄勧告を提案した。仏独は応じたが、イギリスは提案を拒んだ。その背景には、ロシアの極東での勢力拡大に対抗する勢力として清国よりも日本に期待する、という判断が働いていた。

　4月中旬、ロシア首脳部はイギリス不参加のまま遼東半島の放棄勧告を行うか、あるいは日本の同半島領有を認め、ロシアも清国や朝鮮から代償を得るかを検討した。その結果、予想される清国分割競争で優位に立つためにも、武力を行使してでも日本の遼東半島領有を阻止すべきだ、と決議した。

　一方、遼東半島の割譲は清国にとっては死活問題であり、李鴻章は、国際干渉によって取り戻す可能性があるとの情報を得たあとに条約に調印した、といわれる。案の定、4月23日、露仏独の駐日三国公使は三国干渉を実行

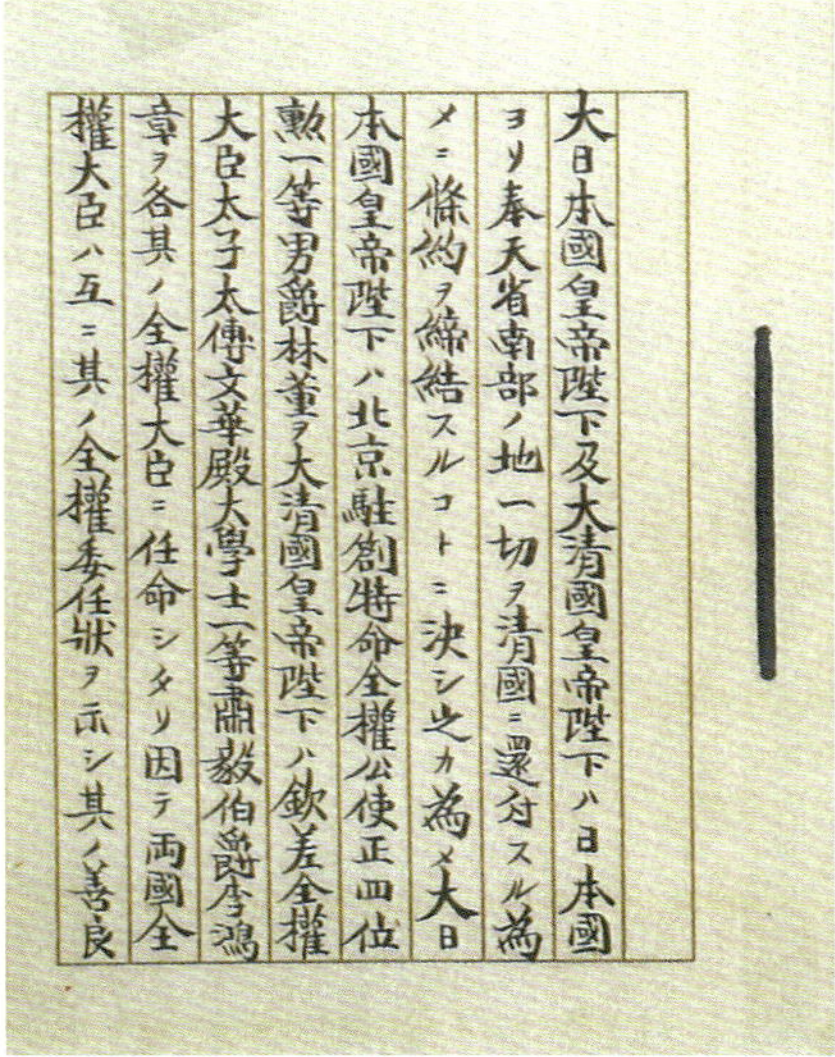
大日本國皇帝陛下及大清國皇帝陛下ハ日本國
ヨリ奉天省南部ノ地一切ヲ清國ニ還付スル爲
メニ條約ヲ締結スルコトニ決シ之カ爲メ大日
本國皇帝陛下ハ北京駐劄特命全權公使正四位
勲一等男爵林董ヲ大清國皇帝陛下ハ欽差全權
大臣太子太傅文華殿大學士一等肅毅伯爵李鴻
章ヲ各其ノ全權大臣ニ任命シタリ因テ両國全
權大臣ハ互ニ其ノ全權委任狀ヲ示シ其ノ善良

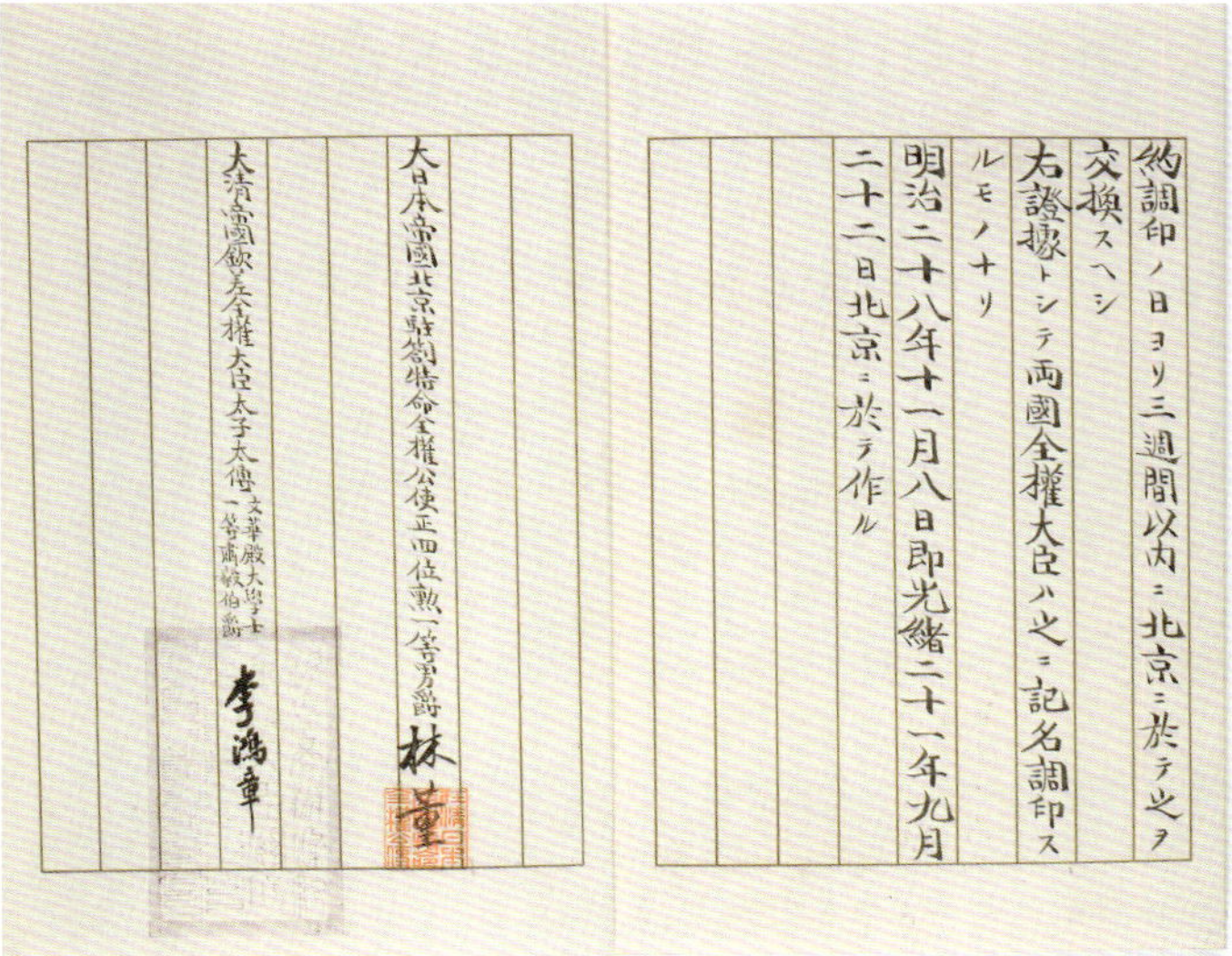
約調印ノ日ヨリ三週間以内ニ北京ニ於テ之ヲ
交換スヘシ
右證據トシテ両國全權大臣ハ之ニ記名調印ス
ルモノナリ
明治二十八年十一月八日即光緒二十一年九月
二十二日北京ニ於テ作ル
大日本帝國北京駐劄特命全權公使正四位勲一等男爵 林董
大清帝國欽差全權大臣太子太傅文華殿大學士一等肅毅伯爵 李鴻章

3-9　遼東半島還付条約（調印書）

し、遼東半島の放棄を日本政府に勧告した。伊藤内閣はただちに御前会議を開催して三案を検討した。①勧告の拒絶、②列国会議開催の提唱、③遼東半島の返還であった。御前会議は②案に内定したが、病床にあって御前会議に出席できなかった陸奥は、②案の列国会議方式は新たな干渉を招くのみ、とする意見を寄せ、③案を強く推した。伊藤内閣はこの陸奥案によることを即時に決定し、勧告の受け入れを露仏独に回答した。

戦時中から国際干渉をある程度予期し、ドイツなどからの事前警告にも接していた陸奥ではあったが、三国干渉の受諾は苦衷の選択であり、のちに『蹇蹇録』のなかで、「当時何人を以てこの局にあたらしむるもまた決して他策なかりしを信ぜんと欲す」とその心中を記すことになる。

【日清戦争後—朝鮮をめぐる日露関係】

日清開戦後、日本は井上馨《かおる》を朝鮮公使として送り、大院君に代えて朴泳孝《ぼくえいこう》や金弘集《きんこうしゅう》らの開化派政権を成立させ、朝鮮の内政改革を進めたが進展しなかった。一方、朝鮮国内では、政治の中枢から排除されていた閔妃《びんひ》（高宗《こうそう》の皇后）がロシアと結び勢力を増し、日本を牽制するようになる。井上の後任の陸軍中将・三浦梧楼公使は、大院君を擁して親日政権の樹立を企て、1895年10月7日、日本軍守備隊と朝鮮軍の一部をもって王宮に突入させるというクーデターを起こし、閔妃を殺害し金弘集政権を樹立させた（乙未《いつび》事変）。閔氏と対立していた高宗は、ロシアに派兵をもとめたが、日本を挑発する行動を避けたいロシアは、これに応じなかった。そこで96年2月、高宗は王宮から出てロシア公使館に移り、日本が擁立した金弘集政権を一掃し、親露派政権を立てた（俄館播遷《がかんはせん》）。高宗は一年後の97年にロシア公使館から王宮に戻り、皇帝に即位して国号を「大韓」と改め、ロシア軍人の韓国派遣、ロシア人の韓国財政顧問への登用など親露政策を深める。朝鮮における日本の影響力は大きく後退し、日露関係も冷え込む。

悪化した日露関係を修復するため、96年5月、朝鮮公使・小村寿太郎とロシアの駐朝鮮代理公使・ウエーバーとの間に覚書を、同年6月には山県・ロバノフ協定を結ぶ。後者は、対露関係改善に意欲的な伊

西徳二郎《にしとくじろう》（1847～1912）と本野一郎《もとのいちろう》（1862～1918）—「ロシア通」として

3-10　西徳二郎

西は薩摩藩、本野は佐賀藩出身。西は1870年にロシアに遊学、そのままフランス公使館書記官となる。帰国後の86年に駐露公使となり、日清戦争、三国干渉、日露戦争と重大案件が続く10年間をロシアにあって日本外交を支えた。97年から第2次松方内閣、第3次伊藤内閣の外相を務め、98年には韓国問題に関する西・ローゼン協定を結んだあと、駐清公使となる。まもなく義和団事件に遭遇して小村寿太郎とともに邦人保護や事件処理のための多国間交渉で成果をあげ、1901年、駐清公使を小村に譲って退官した。

西は、露仏語に通じ「ロシア通」として省内に知られたが、西とならぶロシア通が本野であった。本野は外務権少丞を務めた本野盛亨の長男で、フランスのリヨン大学に学び法学博士の学位をもつ。1890年に外務省に入り翻訳官となり、96年から約20年、連続して欧州に勤務した。とくにロシア勤務は長く、1907年から16年までは駐露大使として4回の日露協約の影の立役者であった。16年11月、寺内内閣の外相となったが、ロマノフ王朝にあまりに深入りしたためか、翌17年の10月革命に端を発するボルシェヴィキ勢力の広がりを過小評価し、革命への軍事干渉（シベリア出兵）の必要性を説いた。日本政府がシベリア出兵を宣言した直後に逝去。

3-11　本野一郎

藤首相の指示のもと、ニコライ二世の戴冠式に出席した山県とロバノフ外相との協議の結果として、日露同数の軍隊駐屯など、朝鮮におけるロシアの権利を日本と同等のレベルまで認めるものであった。さらにロシアは、旅順、大連の租借に関心を向け、98年2月にはローゼン駐日ロシア公使と西徳二郎外相との間で西・ローゼン協定を結ぶ。この協定はロシアの旅順、大連の租借を認める一方、韓国における日本の商工業的発展をロシアは妨害しないこと、朝鮮内政に対する両国の不干渉を約束した。西外相は韓国の完全な確保を意味する満韓交換を提議したがロシア側は応じなかった。いずれにせよ、これらの協定は暫定的な性格のもので、日露関係に安定した基盤をもたらすものではなかった。

2 小村外交の時代
―中国の変動と日英同盟

【領土分割競争と門戸開放通牒】

日清戦争に敗北した清国に対し、列強は容赦なく侵食をはかるようになる。まず、１８９６年５月、ロシアは李鴻章との間に露清密約を結ぶ。日本の脅威に露清両国が共同で対処することを約したもので、実効性には乏しかったものの、その代償としてロシアは東清鉄道の建設、経営権を獲得した。翌年に起工の東清鉄道は、シベリア鉄道の一地点から清国の領土（満州）を横断し、沿海州にいたる鉄道であり、ロシアは露清国境を遠回りすることなくウラジオストークにいたるルートを確保できた。さらにロシアは98年３月には、三国干渉で日本から清国に返還させたばかりの遼東半島（旅順、大連）の租借を清国に強要し、東清鉄道の要地、ハルビンから旅順・大連にいたる東清鉄道南部支線を建設する権利を得た。

イギリスはロシアとの均衡のため、98年７月に威海衛を租借した。さらに同６月には、九竜半島を租借し、香港総督の統治下に置いた。ドイツは山東半島でドイツ人宣教師が殺害されたことを口実に、98年３月、膠州湾《こうしゅうわん》と青島を租借し、膠済鉄道の敷設権、沿線の鉱山採掘

門戸開放通牒とアメリカ

20世紀末の1898年から翌年にかけて、ドイツ、イギリス、フランス、ロシアなどは、清国に要求して、港湾都市の租借権や鉄道敷設権、鉱山採掘権などの権益を獲得し、それぞれ勢力範囲や利益範囲を設定していった。他方、アメリカは、アジアへの関心が南北戦争で中断したのち、98年に米西戦争によってフィリピンを獲得し、同年ハワイを併合してアジア進出の拠点を得た。列強の中国分割の動きに対抗するため、99年9月と11月に、ジョン・ヘイ国務長官が第１次門戸開放通牒を英独露仏伊日の６カ国に送り、既成事実としての勢力範囲内で、通商・航海の均等待遇の保証を求めた。６カ国は他の関係諸国の承認を条件として、提案に同意した。第１次通牒は慎重な言い廻しではあったが、そのねらいは、勢力範囲の拡大や固定化、中国分割に対する歯止めにあった。

1900年、義和団事件で列国が清国に宣戦布告すると、中国の分割・解体が迫っているかに見えた。そこで同年７月、ジョン・ヘイ長官は、11カ国にアメリカの一方的声明として第２次通牒を発した。中国の領土的・行政的保全の原則を明示的に宣言し、勢力範囲を事実上否定した。

門戸開放・機会均等、領土保全の原則はその後のアメリカの中国政策の基本原則となる。さらに、これらの原則はワシントン条約（1922年２月の中国に関する９カ国条約）に明記されることで、中国進出に関心をもつ列国の共通原則となった。９カ国条約は、中国における通商、経済発展に関して、自己利益のため「優越的諸権利」を主張しないことを規定したが、実際には、日本の勢力拡大や排他的な権益設定を抑制するためであった。日本外交は日米戦争にいたるまで優越的地位を追求する中国政策と、９カ国条約が求める門戸開放主義との整合性に悩まされることになる。

権を獲得した。フランスも独露にならって広州湾を租借した。

租借地は租界と異なり、租借国は行政、立法、司法の権利を行使し、軍隊の駐屯など排他的管轄権ももち、実質的に領土割譲と同じ効果をもっていた。ただし、租借には期限があり、満了時や租借国が放棄した場合には、被租借国の主権は完全に復活することになっていた。したがって長期間の租借期限の設定が常態となり、以上の租借地はすべて99年が期限であった。ロシアの遼東半島の租借期限二五年はきわめて異例といえるが、ロシアは旅順の占領をねらっていたイギリスに先手を打つため、租借を急いだからと思われる。

日本は98年3月に、新領土の台湾の安全と、大陸への将来の地歩を固めようとして福建省と沿岸一帯を、いずれの国にも譲与や貸与をしないよう清国に求めた。清国は交換公文の形でこれに同意したため、福建省は事実上、日本の勢力範囲となる。さらに日本は列国にならい福建省内の鉄道敷設権を要求したが清国は応ぜず、同省内に鉄道敷設する場合はまず日本に相談するとの口頭の約束にとどまった。

列強による中国侵食の動きに警戒感を強めたアメリカは99年9月から11月にかけ、ジョン・ヘイ国務長官による門戸開放通牒（商業上の門戸開放に関する宣言）を六カ国政府に発した。この通牒に、英独日露伊仏の各国が、関係国の同意を条件に原則的に同意した。

列強の中国市場に対する関心は、貿易上の利益にとどまらず、鉄道敷設、鉱山開発、工場建設など投資に向くようになっていた。例えば、対清貿易を支配するイギリスはそれまで門戸開放を経済・貿易活動の基本としていたが、列国の関心が借款を担保として鉄道敷設、鉱山開発に移ったことから、そうした権利を求めるようになる。

中国市場をめぐる国際貿易競争というイメージは二〇世紀に入って、世界に広がっていた。アメリカの海軍戦略家アルフレッド・マハンは、１９００年に出版した *The Problem of Asia* のなかで、列強はもはや自由貿易競争に満足せず、「競争は闘争になり、その手段は貿易力ではなく、軍事力—陸でも海でも—である」と書いたが、清国をめぐる列強間の競争はもはや手段を問わないものとなっていた。

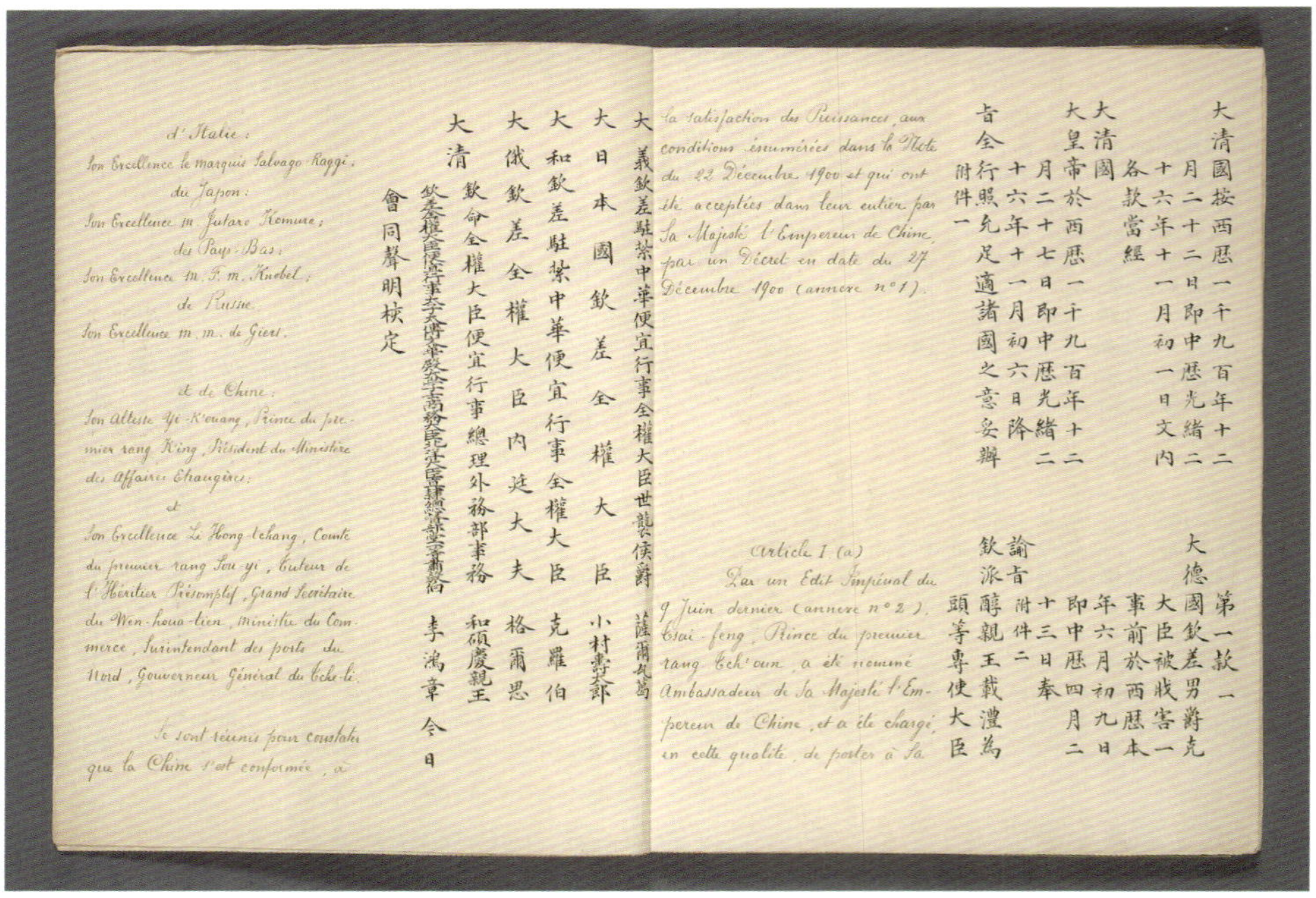
大清國按西歷一千九百年十二月二十二日即中歷光緒二十六年十一月初一日文內各款當經
大清國
大皇帝於西歷一千九百年十二月二十七日即中歷光緒二十六年十一月初六日降
旨全行照允足適諸國之意妥辦
附件一

第一款一
大德國欽差男爵克
大臣被戕害一事前於西歷本年六月初九日即中歷四月二十三日奉
附件二
諭旨
欽派醇親王載澧為頭等專使大臣

la satisfaction des Puissances, aux conditions énumérées dans la Note du 22 Décembre 1900 et qui ont été acceptées dans leur entier par Sa Majesté l'Empereur de Chine, par un Décret en date du 27 Décembre 1900 (annexe n° 1).

Article I (a)
Par un Edit Impérial du 9 Juin dernier (annexe n° 2), Tsai-feng, Prince du premier rang Tch'oun, a été nommé Ambassadeur de Sa Majesté l'Empereur de Chine, et a été chargé, en cette qualité, de porter à Sa

大義欽差駐紮中華便宜行事全權大臣世襲侯爵 薩爾瓦葛
大日本國欽差全權大臣 小村壽太郎
大和欽差駐紮中華便宜行事全權大臣 克羅伯
大俄欽差全權大臣內廷大夫 格爾思
大清 欽命全權大臣便宜行事總理外務部事務 和碩慶親王
李鴻章 今日
會同聲明核定

d'Italie: Son Excellence le marquis Salvago Raggi; du Japon: Son Excellence m. Jutaro Komura; des Pays-Bas: Son Excellence m. F. M. Knobel; de Russie: Son Excellence m. M. de Giers.

Et de Chine: Son Altesse Yi-Kouang, Prince du premier rang King, Président du Ministère des Affaires Etrangères; et Son Excellence Li Hong-tchang, Comte du premier rang Sou-yi, Tuteur de l'Héritier Présomptif, Grand Secrétaire du Wen-houa-tien, ministre du Commerce, Surintendant des ports du Nord, Gouverneur Général du Tche-li.

Se sont réunis pour constater que la Chine s'est conformée, à

3-12　北京議定書（義和団事件最終議定書）

【義和団事件と北京議定書】

列強による清国侵食の波は国内に二つの動きを引き起こした。一つは、康有為《こうゆうい》や梁啓超《りょうけいちょう》ら若手官僚による、明治維新をモデルとした「変法自強」の改革運動(戊戌変法《ぼじゅつへんぽう》)であった。かつての洋務運動のように、西洋式技術の導入に偏重した動きとは異なっていたが、保守勢力の反発は強く光緒帝《こうちょてい》は幽閉され、運動はわずか三カ月で挫折してしまう。

もう一つは「扶清滅洋」をスローガンとした義和団による排外運動であった。1900年に入って勢いを増した義和団は北京の列国公使館を包囲する事態となり、清朝政府もこれに便乗して列国に宣戦布告した。包囲された列国の公使館は本国政府に救援を求め、八カ国(英米仏露独伊墺日)共同による兵力派遣が決まる。ただ、実際に大規模な兵力を派遣できるのはロシアと日本だけであり、なかでも日本は義和団の鎮圧に大きく貢献した。

3-13　日本をロシアにけしかけるイギリス

清国と列国との間には01年に北京議定書(義和団事件最終議定書)が結ばれ、清国は日清条約の二・五倍に相当する賠償金を支払うことになった(日本の取り分は七・七%)。賠償金のほか、列国は北京の各国公使館への守備兵の常駐などが認められた。日本の取り分は少なかったものの、日本軍は、戦闘だけでなく各国の居留民の保護にも大きく貢献し、いわば「帝国主義クラブ」の仲間入りを認められた形となる。

事変後、列国は撤兵するものの、一五万人を超える軍隊を満州に派遣していたロシアはなかなか撤兵しなかった。ロシアの満州占領は、列国にとっても脅威であり、アメリカは01年に二度目の門戸開放通牒を発して、とくに中国の領土的保全の尊重に改めて注意を促した。イギリスもこの事態を深刻に受け止め、「光栄ある孤立」を放棄して、同盟・協商によってロシアの膨張を阻止し、中国における権益を守ろうという方策を模索しはじめる。イギリスは00年10月、ロシアに対する牽制策として英独協定を結び、そのうえで英独日の三国同盟に向かうことになる。

【満韓交換論】

1901年4月、林董《ただす》駐英公使に伝えられた三国同盟案は、その条件の第一として、韓国における日本の自由行動を認めていたため、英独との同盟構想は現実味を帯びてくる。山県有朋は伊藤博文首相宛の意見で、列強は当面、中国保全をとなえることで均衡を維持しようとし、日英独同盟はそれにかなっており、ロシアの南下も抑止できる、と評価した。

義和団事件の最中、駐清公使・小村寿太郎は青木周蔵外相に「日露両国は夫々韓国及び満州に於て自由手腕を保留し、各自の勢力範囲に於て相互に通商上の自由」を保障すべし、と具申していた。韓国の確保を優先目標としたうえで、ロシアは満州、日本は韓国について、それぞれ自由行動を認め合うという「満韓交換論」であり、青木外相も賛同した。早速、ロシア側に提議されたが、ロシアは消極的であった。日本側では韓国の確保を日露間の満韓交換という方法で達成するという発想が、01年末までに元老ら最高指導者に共有されていく。

ロンドンの林公使は、第一次桂太郎内閣の成立直後の01年7月から交渉を再開した。林はロシアとの提携をにおわせながらイギリスの腹を探るが、同盟の範囲や性質について曖昧であった。日本政府も韓国問題の解決――韓国に対する支配権の確立を第一とする点では一致していたが、対露方針について日露協商か、日英同盟のあとに日露談判を行うか、確定していなかった。そこで、9月中旬、元老の伊藤、井上馨、山県に桂首相を交えた意見交換が行われる。いずれの案にせよ、対露交渉が必要として伊藤がロシアを訪問することになった。並行して日英同盟交渉も行われた。

駐清公使として義和団事件の処理にあたっていた小村が、清国から帰国して外相に就任したのは01年9月下旬であり、伊藤の訪露と入れ替わりであった。このころには、満韓交換論は元老も共有する対露外交の基本となっていた。

日英同盟――日本外交の「骨髄」

1901年11月になってランズダウン外相が具体的な同盟案を示したことで交渉は進展する。態度決定を迫られた桂太郎と小村寿太郎は、パリでロシア訪問の準備にあたっていた伊藤博文の意見を求めた。

伊藤は、①同盟からドイツを外すことはドイツを露仏側に追いやり、三国干渉の再来の危険がある、②韓国について他国による併合を防ぐだけでは不十分で、日本の自由行動を規定する必要がある、といった意見を述べた。これらは日本側の同盟案に生かされる。とくに①については、井上馨らが懸念していた点であったが、日英同盟成立後にドイツが参加することが想定されていた。

伊藤は日英同盟交渉の継続は認める一方、ロシアに入って満韓交換を基礎とした予備交渉に取り組む。予備交渉では、ロシア案が韓国における日本の自由行動を制限しているのに対し、満州におけるロシア

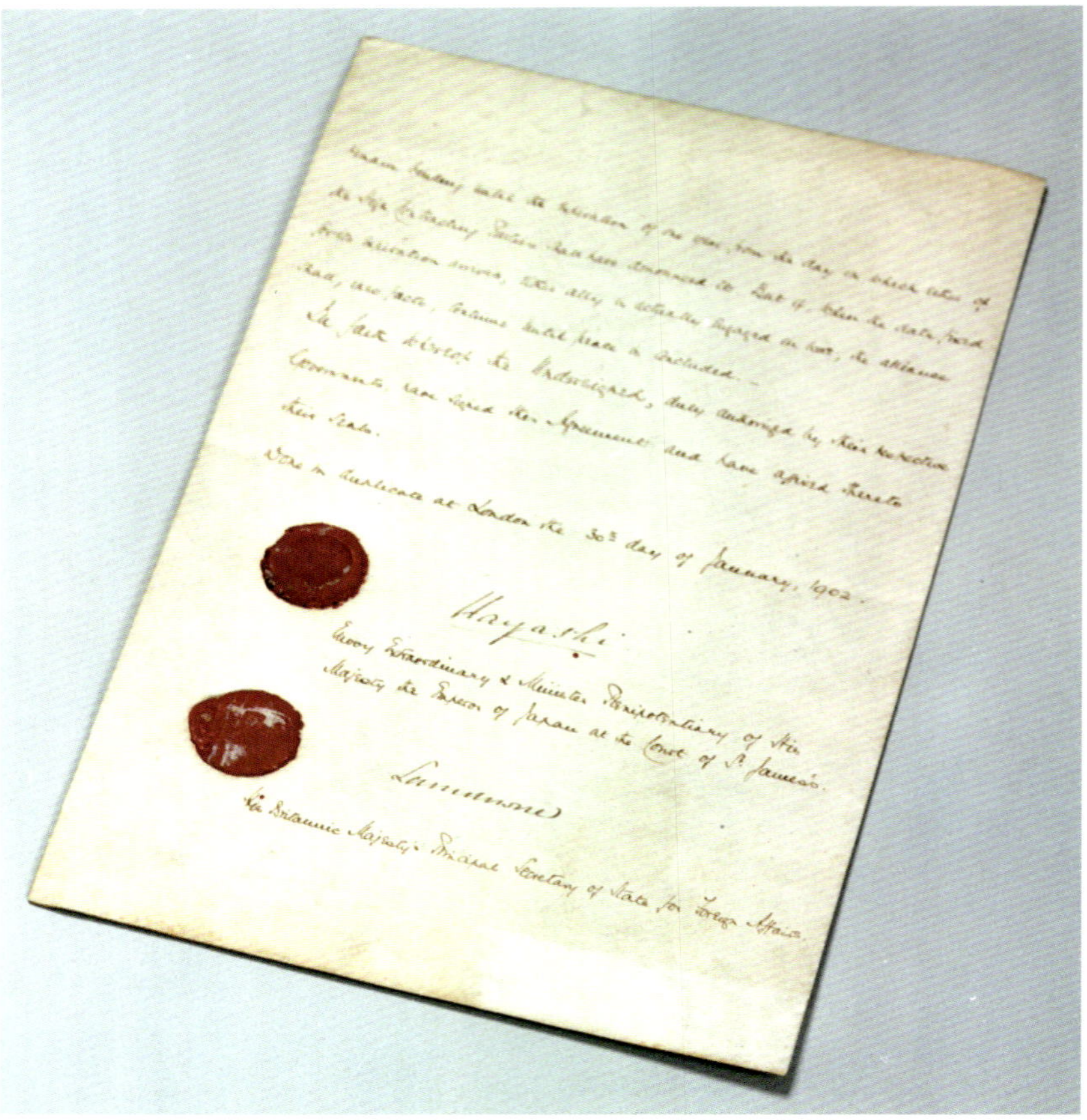

3-14　第一回日英同盟協約（調印書）

日英同盟

イギリスは、義和団事件後のロシアの満州不撤兵の事態を深刻に受け止め、「光栄ある孤立」を放棄して、同盟・協商によってロシアの膨張を阻止する方向を模索しはじめる。ただ、イギリスにとってはロシアとの対立は極東だけではなく、西アジアやヨーロッパにも及ぶグローバルなもので、ロシア牽制のためにはドイツとの同盟も有力な選択肢であった。当初の英独日の３国同盟案に示されているように、日英同盟はイギリスのグローバルな対露外交戦略の一環であった。

1902年１月に締結された日英同盟協約の骨子は、清国と韓国における日英両国の利益を相互に認め合い（第１条）、利益を守るために一方が戦争に突入した場合、一方は中立を守り第三国の参戦防止に努めること（第２条）、第三国が参戦した場合には、一方は参戦して援助する義務を負う（第３条）、というものであった。例えば、日露が戦争になった場合、イギリスは中立を守り、フランスのようなロシアの友好国が参戦する場合にのみイギリスは日本を助けて参戦する、という内容で、いわば「防御同盟」であった。

第４条は、日英は協議することなく、どちらかの「利益を害する」別約を第三国と結ばないと規定した。この条項は、日英同盟の成立後に予定していた日露協約を考慮した結果であり、日露交渉は日英同盟に抵触しない範囲で行われることを列国に了解させるためであった。第５条は日英の利益が危うくなった際の相互通報、第６条は５カ年の期限と廃棄の場合は１年前の通告を規定した。

同盟には日英両海軍の平時における協力体制を定めた交換公文が付属している。この交換公文に基づいて02年５月から情報交換や技術協力のため、定期的に海軍間の軍事協議が実施され、陸軍の対露作戦計画についても意見交換がなされている。

日露講和会議中の05年８月に結ばれた第２回同盟協約は、三つの特徴をもつ。第１は、同盟の適用範囲をインドにまで拡大し、東アジアおよびインドにおける平和の確保、日英の領土権や特殊利益の防護が目的となり、これに清帝国の独立・領土保全・機会均等主義が加わった。第２は、日英の一方が交戦した場合には、他の一方はただちに援助して協同戦闘にあたり、講和も双方が合意のうえで行うと規定され（第２条）、第１回同盟の「防御同盟」から「攻守同盟」となったこと。第３は、イギリスは韓国における日本の卓絶した利益を認めたうえで、日本の指導・保護権を承認したこと。また有効期限は10年とされた。

10年の有効期限を待たずに11年７月に、第３回同盟協約が結ばれた。英米間に総括的仲裁裁判条約が結ばれ、実質的に英米が交戦する可能性がなくなり、アメリカが日英同盟の対象外となったことをきっかけとしている。また、前年の10年に日本が韓国を併合したため、第２回同盟協約から韓国に関する条項が削除された。また、期限は調印の日から10年とされ21年に満期を迎えることになった。

日英同盟は、イギリスにとってはグローバルな世界政策の一環であり、日本にとっては韓国の確保とロシアの牽制という直接的な意義をもった。しかし、日露戦争後には、日露協約、日仏協商、英露協商などが次々に結ばれ、日英同盟もこうした同盟・協商網の一つとなり、当初の存在意義は失われていった。

の自由行動が無制限である点で行き詰まり、12月下旬に予備交渉は中断される。伊藤は日英同盟締結後の翌年2月に帰国した。

桂首相や小村、山県有朋、さらに駐英公使の加藤高明らが重視した日英同盟と、伊藤、井上、松方正義らが重視した日露協商とは、互いに相いれないものではなかった。ロシアの脅威が朝鮮半島にも及ぶという情勢のなかで、日本の安全保障にとって韓国の確保が核心である、という点で両者は一致し、そのための日英同盟であり、日露協商であった。換言すれば、韓国の確保を確実にする満韓交換の実現のため、日英同盟の圧力によって日露協商の締結をめざす、という点では共通していた。

駐英公使の林董は、小村外相宛の報告書「日英同盟協約締結始末」において、日露協商を推進して日英同盟を妨害する伊藤や都筑馨六《つづきけいろく》（井上の女婿で青木周蔵外相のとき外務次官）という構図で伊藤を非難している。この図式は後年、日英同盟路線か日露協商路線かという、二者択一の論争がなされた、とする通説を生み出す原因の一つとなった。

02年1月に調印された日英同盟は、日英の一方が交戦する場合は、一方は中立を守り、第三国が参戦した場合には、一方は同盟国として援助のため参戦するという内容であった。日露が戦争となれば第三国がロシア側にたって参戦することを防ぐ意味があった。日英同盟はその後、二回改定されるが、二〇年にわたって日本外交の「骨髄」としての地位を占めることになる。

林董《はやしただす》（1850～1913）

佐倉藩の蘭方医の子。幕府医師・林洞海の養子となる。幕府派遣の英国留学生としてイギリスに学び、1868年に帰国して箱館戦争で榎本武揚軍に加わる。敗北で捕らえられ赦免後の71年、陸奥宗光の推挙で神奈川県出仕となり、岩倉使節団にも加わる。その後、工部大書記官などを歴任し、91年、榎本外相のもとで外務次官。92年、「余が生涯最第一の知己」と回顧する陸奥が外相となると、林は引き続き次官として陸奥を補佐した。95年4月、三国干渉通告を直接、手渡された経験から、ヨーロッパ列強との合従連衡策を講じる必要を痛感する。林には、同盟相手として、露仏英、とくにイギリスが念頭にあったが、ロシア公使時代の98年には、日露提携の必要を打診したように、日英同盟、日露提携は両立可能であった。

1900年、小村寿太郎外相のもとで駐英公使。翌年3月エッカルトシュタイン（駐英ドイツ代理大使）が極東での勢力均衡のため、日英独の3国同盟を提議と打電。以後、ロンドンで、林とランズダウン外相ら英側との予備的交渉に入る。林は、ロシアへの接近をにおわせながらイギリスを説得し、01年11月、交渉が進捗して政府として態度決定を迫られると、元老の伊藤博文の同意を得るため、本国の指示によりパリで伊藤を説得した。02年1月、ロンドンで日英同盟に調印（71頁）。05年、駐英公使館の大使館昇格にともない初代駐英大使となる。日露戦争では対英協調の立場でふるまい第2回日英同盟にこぎつける。06年5月、山県有朋や井上馨の推薦で西園寺公望内閣の外相となり、日仏協約、日露協商を結び、日英同盟を軸に多角的な同盟・協商網を築いた。2年間の林外相の時期に、今度は小村が駐英大使として林を助けた。福沢諭吉が評したように、林は飄々として学者風であり、実務に長けた小村とは対照的であった。その2人のコンビが築いた同盟・協商網の行方を見定めることなく、小村は11年に、林は13年に世を去った。

3-15　林董

を提案した。日本は、韓国における利益には軍事援助や助言も認めること、満韓国境に中立地帯を設けることを提案したが、ロシアの対案は変わらず、小村は交渉による解決を断念し、対露開戦を決断する。

帝国外交の基礎固め

日露開戦後、日韓議定書や第1次日韓協約で韓国支配を進展させる一方、日英同盟の更新（第2回日英同盟）によって韓国の保護国化をイギリスに承認させた。更新された同盟は、同盟国が開戦した場合、もう一方の同盟国もただちに参戦するという攻守同盟となり、有効期限は10年に延長された。

05年8月、ローズヴェルトの斡旋で講和のテーブルについた小村は、賠償金の獲得にこだわった。一方、全権ウイッテは賠償金の支払いと領土の割譲をかたくなに拒んだ。妥協が無理と判断した小村は交渉打ち切りを政府に進言する。しかし、国力の点で戦争継続は困難と判断した本国政府の訓令によって、賠償金を求めず、北緯50度以南の樺太領有で妥結を余儀なくされる。講和条約における賠償条項の欠如は、国民の講和反対運動をまき起こし、日比谷焼打事件の原因となる。

日露講和条約で日本は韓国の支配権、遼東半島の租借権、南満州鉄道を獲得する。これらの権益は、日英同盟、7月の桂・タフト覚書によって米英露から承認を得たとみなした日本は11月には第2次日韓協約で韓国の保護国化を実行に移していく。

小村はこれらの権益を外国の介入から守ることに執着し、米国の鉄道王ハリマンの提唱による満州鉄道の共同経営案に反対し、仮契約を解消させた。また北京に乗り込んで05年12月、日露講和条約に基づき満州に関する日清条約を結び、ロシアから譲渡された満州権益を清国に承認させた。

06年1月、桂内閣の総辞職で外相を降りるが、08年8月に、第2次桂内閣の外相に復帰する。第2次桂内閣の「対外政策方針」は、日英同盟を日本外交の「骨髄」と位置付け、対清政策に関連して、「満州の現状を将来永遠にわたって持続する」決意を明らかにした。西園寺前内閣の林外交は、門戸開放政策を受け入れる姿勢を見せていたが、再び小村の登場で、少なくとも南満州については単独で、永遠に維持する方針を打ち出した。

10年の第2次日露協約（密約第5条）では特殊利益が迫害される場合には、利益擁護のための共同行動と相互援助を約し、韓国併合を一歩進め、アメリカの満州進出をも牽制する日露の共同戦線を確立させた。この第2次日露協約、07年の帝国国防方針、桂内閣の「対外政策方針」は三位一体となって推進される。09年に小村のもとで作成された「対韓基本方針」は「帝国の韓国に対する政策は我実力を該半島に確立し、之が把握を厳密ならしむるに在るは言を俟たず。」とされ、翌年、韓国併合に踏み切った。11年には条約改正の最後の関門であった税権の回復を実現、その年の11月に肺結核で逝去した。

小村外交は、日露戦争後の大陸進出の基盤形成に大きく貢献したが、その中核的権益の排他性はまぬがれず、門戸開放に固執するアメリカとの関係調整という重い課題を残して退場した。

【日露開戦】

日英同盟は、ロシアの満州撤兵に対する圧力となったかに見えた。1902年4月、ロシアは清国との間で満州還付条約を結び、三期に分けて満州からの撤兵を約束した。しかし、ロシアは第一次撤兵を実施したものの、03年4月の第二期の撤兵期限を守らず、さらに清国に撤兵条件を提出したことから、日露関係は再び緊迫化した。ロシア内には、穏健論と強硬論とがあり、前者は他国を刺激しないよう段階的な撤兵を実施し、後者はこの機会に満蒙地域を支配下に置くことをもくろんでいた。露清間の満州還付条約は外相、蔵相らの穏健論に沿ったものであった。しかし、皇帝側近の強硬派が勢力を盛り返し、撤兵中止を主張したため、第二期撤兵を行わなかった。8月、ロシアは強硬派のアレクセーエフを極東総督に任命し、日本や清国に駐在する外交官は彼の指揮下に入った。

日露交渉は、03年9月から小村寿太郎外相とローゼン駐日公使との会談を軸に始まる。ロシア側は、満州占領の継続を前提に、満州問題から切り離して韓国問題のみを議論しようとした。他方、日本側は満韓交換を基礎に、満州問題を含む合意をめざした。日本の参謀本部は、日露交渉が満足すべき合意に達しなかった場合にはシベリア鉄道の鉄道輸送能力が高まる前に戦争に踏み切ることを想定していた。シベリア鉄道は、バイカル湖を迂回する部分を除きほぼ全線開通していた。

ロシアは韓国における日本の優越的利益を認めるも

小村寿太郎《こむらじゅたろう》（1855 〜 1911）

霞が関に君臨（1901 〜 11）

1901（明治 34）年6月、第１次桂太郎内閣が発足すると小村は外相に就任した。以後小村は、外相を通算７年余（1901〜06、08〜11）、次官を含めると 10 年もの間、明治後半の霞が関に君臨し、帝国外交の基礎をつくりあげる。

日向国飫肥藩（宮崎県）出身の小村は、長崎で英学を修業し、大学南校を経て第１回文部省留学生としてハーバード大学ロースクールに学ぶ。帰国して司法省に入るが、南校時代の友人、杉浦重鋼の推薦で 29 歳にして外務省入り、10 年もの間、公信局と翻訳局ですごすが、原敬局長による新たな外交官領事官制度の創設に協力。この間、小村は父の事業の失敗による多額の借金をかかえて苦しむ一方、杉浦らの結成する国家主義団体・日本倶楽部の活動にも加わっている。

制度改正で翻訳局が廃止されると、1893 年に清国在勤となり、日清開戦で帰国して政務局長を務める。閔妃殺害事件の処理のため朝鮮に派遣され、そのまま朝鮮公使となる。閔妃殺害事件で緊迫した日露関係の改善のため、96 年に朝鮮内政の共同監督を目的とする小村・ウェーバー覚書に調印している。98 年から西園寺公望、大隈重信、西徳二郎の３代の外相の次官を務め、駐米公使、駐露公使、さらに駐清公使と進み、義和団事件の処理で評価を高める。駐露公使であった小村は日本が列国の共同行動の外に置かれることのないよう、最強国との均等の軍隊派遣を進言した。山県有朋内閣は、これを容れて、８カ国連合軍の半数に近い 8000 人の日本兵を派遣した。さらに、駐清公使として、事件解決のための北京交渉に臨み、156 センチ余の体をネズミのように動かして交渉をリードしたといわれる。

3-16　小村寿太郎

ロシア在勤は、小村にロシアの満州、韓国への南下政策への危惧を抱かせ、1901 年９月に外相となると、小村は桂太郎とともにロシアを抑止するため日英同盟を模索する。非公式の対英交渉は加藤高明外相のもとですでに始まっていたが、林董駐英公使が同盟の可能性を初めて桂内閣に報告したとき、小村はまだ北京にあって政府の態度決定には参加していない。小村は林に改めて交渉権限を与え、02 年に日英同盟が締結される。小村にとって、同盟は義和団事件後も撤兵しないロシアに撤兵を促し、韓国の確保のうえでも必要であった。日英同盟後の 02 年４月には露清満州還付条約が結ばれ、ロシアは満州からの段階的撤兵、満州の清国返還を約束した。

しかし、ロシアは撤兵の約束を履行しなかった。03 年６月の御前会議で、小村は韓国の外国支配を防ぐことは「帝国伝来の政策」としたうえで、対露交渉では韓国における日本の利益を主張し、ロシアの満州権益は鉄道経営などに限定すべきだと述べた。全権委員としてローゼンとの交渉ではロシアが、日本の韓国に対する「優越なる利益」は商工業に限り、韓国の北緯 39 度以北は中立地帯とすることのの、韓国領土を軍事利用しないこと、韓国北部に軍事的中立地帯を設けることを要求した。ロシアの言い分は、ロシアは韓国に影響力をもつが、日本は満州には影響力をもたないので、満州と韓国における日露の地位とは同列に議論できないというものであった。

日本側は、対等な「満韓交換」を前提に、韓国における完全な自由行動の確保をめざし、04年1月、韓国内の軍事利用禁止と中立地帯設定の条項を削除し、満州における領土保全の規定を加える最終案を提示した。ロシア側の回答は遅延し、開戦に慎重であった元老も、ロシアはもはや外交的解決を放棄したと認めざるを得ず、2月4日の臨時閣議、御前会議で交渉断絶を決定した。ロシア側では1月末に、満州の領土保全の要求は拒否するものの、中立地帯条項を削除する案が特別会議で合意されるが、ローゼン公使のもとには届かなかった。

2月8日夜半、旅順港沖に停泊していたロシア艦隊に対する連合艦隊の奇襲攻撃によって戦争の火ぶたが切られた。同じころ陸軍の先遣部隊も仁川に上陸し、9日には漢城（ソウル）に入った。2月10日付の明治天皇の開戦詔書は「韓国の存亡は実に帝国安危の繋る所」と述べ、日本の安全と一体である「韓国の保全」がロシアによって脅かされたことをもって、開戦の大義名分とした。自国の領土ではなく、他国の領土の安全を「死活的」とみなして開戦することが可能な時代、まさしく「帝国主義の時代」であった。

【日露戦争と第二回日英同盟】

陸軍部隊が漢城に入城すると、日本政府は韓国の独立と領土保全のためとして、韓国領土を軍事的に使用する権利を韓国に要求し、その同意を得た(日韓議定書)。議定書では、戦争を奇貨として韓国の独立・領土保全、皇室の安寧を保障していたが、日本政府内では、韓国の軍事、外交、財政など主要な国家機能を日本の管理下に置く、という保

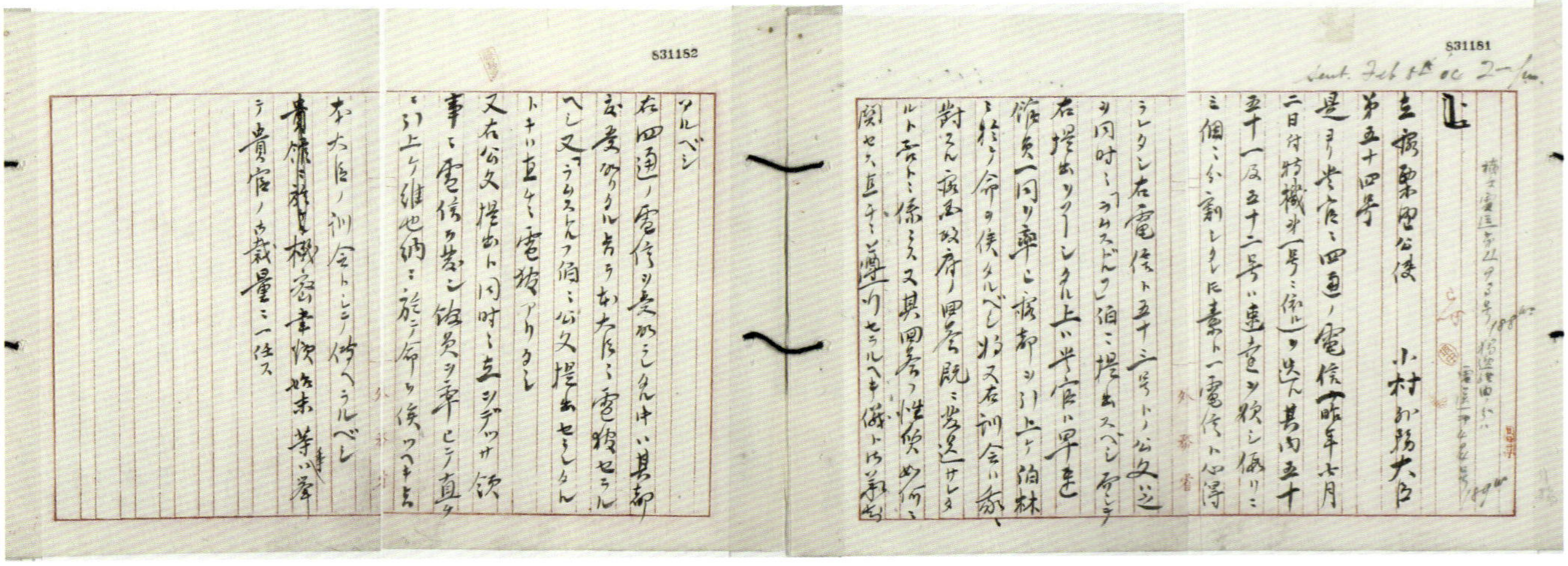
S31181
在露栗野公使
小村外務大臣
第五十四号
S31182

3-17　小村寿太郎外務大臣発在露国栗野慎一郎公使宛電報第54号
1904年2月4日、御前会議はロシアとの交渉打ち切りを決定し、2月5日、小村外相は栗野駐露公使に国交断絶を訓令する。栗野は、翌6日、ロシアに国交断絶を通告した

護国化の計画が進んでおり、1904年8月には、その第一歩として、韓国の外交と財政を日本人顧問の監督下に置く第一次日韓協約が締結されている。

ところで、日露戦争における清国の立場は微妙であったが、結局、清国政府は中立の立場をとって戦争の行方を見守り、日本軍が清国領（満州）で戦うことも認めることになる。

清国領における戦闘は04年5月の陸軍部隊の遼東半島上陸から始まった。日本の陸軍部隊は鴨緑江を越えて満州に進撃、9月には遼陽会戦でロシア軍を破ったが、消耗も激しかった。旅順攻撃では二〇三高地の攻防で大きな犠牲を払った末、翌05年1月にようやく攻略した。

05年2月、日本国内が旅順攻略に沸くなかで、日英同盟三周年祝賀会が開催され、その席上、小村寿太郎は演説の終わりに同盟の継続強化の希望を述べた。この情報はただちにイギリスに伝わり、歓迎の声があがる。林董公使とランズダウン外相の非公式会合が3月末から始まり、ポーツマス講和会議の開催中の8月に第二回日英同盟協約が調印された。同盟の適用範囲はインドまで拡大され、同盟の性格も防守同盟から攻守同盟に変化した。第二回日英同盟は軍事面での協力を具体化させることになり、その基礎が、ロシアを第一の仮想敵に定めた「帝国国防方針」（コラム78頁）であった。

3-18　日露役旅順開城

【消耗戦と戦費調達】

この間、日本軍は1905年3月の奉天会戦にも勝利したが、両軍に大きな損害を出した。海戦でも黄海海戦で勝利を収め、ウラジオストークを根拠地とする艦隊にも大打撃を与えた。太平洋艦隊を失ったロシアは、バルチック艦隊に第三艦隊を合流させて日本海方面に送る。この艦隊の消息が一時不明となり、日本側ではロシア艦隊が対馬海峡を通って進入するか、津軽海峡を通るか、海軍の判断が分かれた。東郷平八郎連合艦隊司令長官は対馬海峡説をとって警戒中のところ、5月末にバルチック艦隊を捕捉して艦隊決戦を挑み、潰滅的損害を与えた。ここに日本の勝利は動かぬものとなった。

日露両軍の戦闘は、兵員と武器弾薬の巨大な消耗戦であった。地上戦の死傷者は予想をはるかに超え、旅順攻略戦では五万九〇〇〇人、奉天会戦では実に七万人に達した。ロシア軍の犠牲者はさらに大きかった。戦力消耗の激しさから奉天会戦後には児玉源太郎満州軍総参謀長が一時帰国して政府に早期講和を要請していた。また、戦費の面でも、日本政府は当初、日清戦争の戦費が二億二〇〇〇万円であったことから、対露戦の戦費を約五億円と見積もっていたが、実際には約一九億円以上を要した。戦費は増税と内外国債の発行によって賄われたが、そのうち外国債は八億円にものぼった。巨額の外国債の募集は

3-19 「三笠」艦橋の図

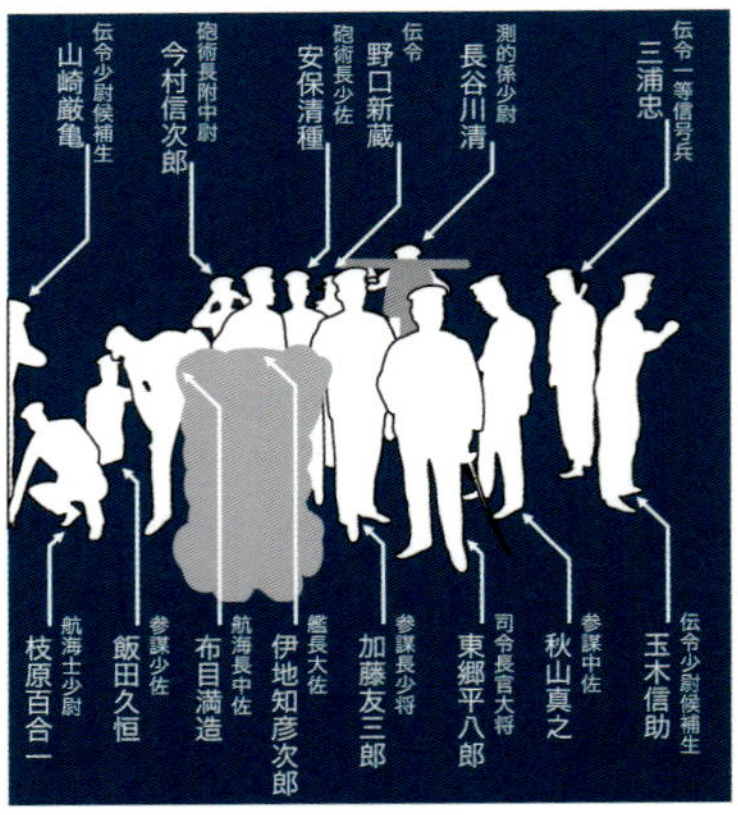

3-20 「三笠」艦橋の図中の人物

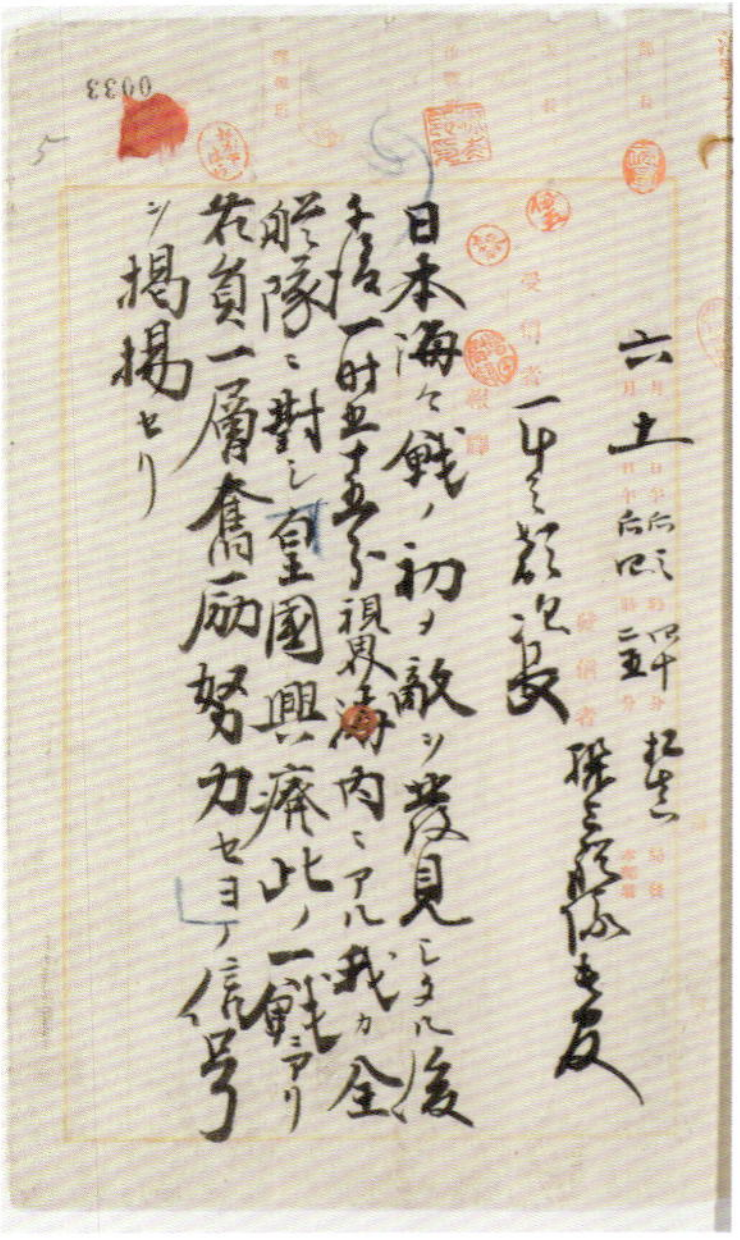

日本海々戦ノ初メ敵ヲ発見シタル後午后一時五十五分視界海内ニアル我カ全艦隊ニ対シ皇国ノ興廃此ノ一戦ニアリ各員一層奮励努力セヨトノ信号ヲ掲揚掲セリ

3-21 皇国の興廃此の一戦にあり

容易ではなく、この重要な任務のため、日銀副総裁であった高橋是清《これきよ》が欧米に派遣された。幸い、英米における募債は予想以上に好意的に受け止められ、戦費が底をつくことはなかった。

【日露講和交渉と韓国保護権の確立】

開戦初期に元老の伊藤博文は、セオドア・ローズヴェルト大統領と個人的にも親交のある金子堅太郎を特派して講和の機会を探らせた。列国にも講和斡旋の動きがあったが、1904年中には日露とも講和を受け入れる余地はなかった。05年に旅順が陥落し、極東艦隊が全滅となると、ロシアでは「血の日曜日」に象徴される社会不安が広まり、同盟国フランスはロシアに講和を促す。しかし、ロシアはハルビン付近に精強なロシア軍を集結させ、反抗の機会をうかがっていた。

敵を内部に深く引き入れて一挙に潰滅させるという、ロシアの伝統的な戦術を警戒する日本軍は、好機をとらえた講和も有力な選択肢となっていく。日本軍は武器、弾薬、兵員補充の限界に達しつつあった。05年3月、山県有朋参謀総長は、こうした現地情勢を踏まえ、ロシアが自ら講和を申し出る見込みはなく、日本は好機をとらえて講和を求めるべきだ、と東京の指導者に説いた。

奉天会戦後の4月の閣議は、講和の絶対三条件（①韓国の自由処分、②満州からの両国軍の撤退、③遼東半島の租借権と東清鉄道南部支線の譲渡）、希望四条件（④軍費賠償、⑤中立港に逃げ込んだロシア艦艇の引き渡し、⑥サガレン（樺太）島の割譲、⑦沿海州周辺の漁業権の譲与）を決めた。前年7月、小村寿太郎外相は桂太郎首相宛の意見書で、軍費賠償を第一とした強気の講和条件を提出していたが、一年後には希望条件に格下げされる。戦況の厳しさを物語っている。そして05年4

月末、ローズヴェルト大統領に「友誼的斡旋」を正式に申し入れる。ローズヴェルトは、ロシアの東アジア進出を阻止する勢力として日本に期待し、斡旋に好意的であった。

ローズヴェルトは、ヨーロッパの君主や首脳を通じてロシアに働きかけると、講和反対のドイツ皇帝・ヴィルヘルム皇帝もその立場を変化させ、肝心のロシア皇帝・ニコライ二世がアメリカの斡旋に前向きとなったことから講和への道が開ける。講和会議の全権には小村外相と高平小五郎、ロシア側は前蔵相ウイッテと前駐日公使ローゼンであった。

05年7月、戦争が休戦状態に入った微妙な時期、訪日団を率いたアメリカのタフト陸軍長官と、桂太郎首相との間で桂・タフト覚書が東京で取り交わされている。行政府主導の秘密協定として公表されなかったが、桂はフィリピンに対する日本の野心を否定し、タフトは朝鮮に対する保護権の確立は「東洋における平和」に貢献するであろうと述べた。対露講和において韓国における自由行動を求めていた日本と、フィリピンへの日本の野心に警戒感を強めていたアメリカの思惑とが一致したものであった。

日露講和会議は、8月10日から本会議が始まり、ロシアは前記の日本側案のう

3-22　日露講和条約（批准書）

金子《かね》子《こ》堅《けん》太郎《たろう》（1853 ～ 1942）

3-23　金子堅太郎

福岡藩士の子。11 歳で藩校修猷館に学び、東京遊学中に漢学から洋学に転向。同じ福岡藩の団琢磨とともに岩倉使節団に随行して渡米。そのまま米国にとどまり、ボストンの高校から 1876 年にハーバード大学ロースクールへ進学。ロースクールには１年前から小村寿太郎が文部省派遣留学生として滞在しており、１年間を同宿した。

帰国して 84 年、伊藤博文が長官をつとめる制度取調局で憲法起草をになう元老院書記官となるが、伊藤に見込まれて第１次伊藤内閣の総理秘書官に抜擢される。89 年、議会運営の調査のため米国に出張し、ハーバード大学で同窓のセオドア・ローズヴェルトと面識をもつ。90 年、貴族院書記官長、貴族院議員となり、98 年には第３次、第４次伊藤内閣に入閣（農商務相、司法相）。この間、大日本帝国憲法の起草にも参画し、その功で男爵となる。

日露戦争が勃発すると、伊藤枢密院議長から、ただちに米国に赴いて時機いたらば講和の斡旋をしてくれるようローズヴェルト大統領に秘かに依頼することと、米国民に日本の戦争目的を広報して日清戦争以来の黄禍論を抑え、米国世論を対日友好に向かわせる世論工作を託された。94 年３月に米国に到着すると、高平小五郎公使とともにローズヴェルトを数回訪問し、戦争の原因、目的、黄禍論の防止策などを話し合い、新渡戸稲造の『武士道』を贈ったという。６月７日には、ホワイトハウスの午餐会に招待され、講和の斡旋に関する日本政府の希望を伝える。外交文書によれば、ローズヴェルトは「未だ確言すること得ずと雖も、若し適当の時機に達せば、余は日本の為めに周旋の労を執るを辞せざるべし」と好意的であった。

ローズヴェルトの講和斡旋が実を結ぶのは１年後のことになるが、その間、金子は拠点をワシントンからニューヨークに移し、東部の諸都市における講演、あるいは執筆活動を通じて好意的な対日世論の形成に向けて奮闘した。帰国後の 1907 年には日露戦争への貢献が認められ子爵に昇進。17 年には、日米両国の識者によって東京で結成された日米協会の初代会長となるが、24 年、連邦議会が排日条項を含む排日移民法を可決すると失意のうちに辞任した。

ち、④⑤⑥の条件はロシアの尊厳にかかわる、として拒否した。全権のウイッテは、樺太が日本軍に占領されている現状から、その割譲を本国に打診した。しかし、ニコライ二世は領土の割譲と軍費賠償には断固として反対した。公債の発行でようやく戦費を賄った日本としては、戦費賠償に強い執着があった。

小村は軍費賠償と領土（遼東半島と樺太）の二つの要求は日本の栄辱にかかわる問題として談判の打ち切りを8月末に本国政府に打電した。しかし、閣議と御前会議は二つの要求を放棄しても、講和を成立させることを決議した。もはや日本は戦争を続ける余力を失っていた。

この間、ローズヴェルトは、日本に賠償に固執しないよう求め、領土では、ロシアに対して、日本が全域を占領した樺太の南半分の譲渡を働きかけた。両国はこの斡旋案を受け入れ、9月5日、日露講和条約（ポーツマス講和条約）が調印される。

3-24　上下ともポーツマス講和会議

帝国国防方針

1907（明治 40）年 4 月、日露戦後の軍事戦略面における安全保障政策（国防）の基本方針を「帝国国防方針」として定めた。軍事に関する天皇の最高諮問機関である元帥会議が決議し、明治天皇が裁可した。元帥山県有朋の献策によるもので、陸海軍の首脳間で立案が進むが、政府側も西園寺公望首相が財政、外交の観点から天皇に意見を述べ、かなりの程度反映されている。その意味では総合的な国家戦略という見方もできる。

国防方針の趣旨は、日露戦争を通じて獲得した「満州及韓国に扶植したる利権」の擁護、拡張が日本の大方針であること、大陸権益の擁護・拡張のためには、日本本土を守るだけの「守勢」戦略ではなく、大陸における戦闘を前提とした「攻勢」戦略を採用するというものであった。大陸権益を脅かす可能性のある勢力はロシアであり、「将来の敵と想定すべきものは露国を第 1 とし、米、独、仏の諸国之に次ぐ」と規定した。対米戦略を重視する海軍も、仮想敵国の第 1 位がロシア、アメリカが第 2 位という位置付けを受け入れていた。

攻勢戦略に対応する所要兵力量（必要軍備）について、ロシアを仮想敵とする陸軍は、少なくとも平時 25 個師団（戦時 50 個師団）の常備を求めた。日露戦争後には 17 師団体制となっていたため 8 個師団の増設が必要であった。アメリカを仮想敵とする海軍も戦艦 8 隻、巡洋艦 8 隻（8・8 艦隊体制）を要求していた。しかし、いずれも長期目標であり、財政上の制約に配慮して具体的な完成年度は明示されなかった。

国防方針は外交にも言及し、「日英同盟は確実に之を保持すると同時に、努めて他の同盟をして成立活動せしめざる如くするを要す」と、日英同盟の維持を基本とし、日本と利害の一致しない国々の連携阻止を求めている。

国防方針は、国際情勢や国防環境の変化に応じて改訂されている。第 1 次世界大戦末期の 18（大正 7）年の第 1 回改訂では、想定敵国はロシア、アメリカ、中国の順とされ、第 2 回改訂（23 年）では、アメリカが想定敵国の第 1 位となり、ロシアと中国がそれに続いた。満州事変後の 36（昭和 11）年の第 3 回改訂では、ソ連とアメリカがともに第 1 位におかれ、陸海軍の主張が併記された形となり、次に中国とならんでイギリスが加わっている。

この間、陸軍の所要兵力量の目標は 20 年代には下方修正され、海軍も 8・8 艦隊目標の維持が困難となり、それに固執しない方針に変更される。こうして国防方針は軍備増強の抑制に一定の役割を果たしていたが、37 年に日華事変が始まると、その役割も形骸化していく。

山県有朋《やまがたありとも》（1838～1922）と 桂《かつら》太《た》郎《ろう》（1847～1913）

長州を代表する軍人政治家

3-25　山県有朋

3-26　桂太郎

ともに長州藩出身の攘夷論者であった。山県は松下村塾に学び、生涯の師と仰ぐことになる吉田松陰に出会う。1864年に四国聯合艦隊との交戦を経験し、武器や兵制の刷新の必要性を痛感して攘夷から開国論に転じた。長州藩を倒幕に導き、戊辰戦争では奇兵隊を率いて会津藩と戦う。69年、軍事制度の視察のため渡欧し、帰国後、暗殺された大村益次郎の遺志をついで初代陸軍卿となり軍制改革を進める。徴兵制の導入、参謀本部の設立、軍人勅諭の制定など、文字通り日本陸軍の基礎を築いた。

一方、10歳年下の桂は、戊辰戦争に出陣、維新後はたびたびドイツに学び、軍事行政の研究に力を入れた。参謀本部の整備などに尽くし、日清戦争に従軍したあと、98年から山県を含む4代の内閣の陸相を務めた。陸軍軍人としての経歴は30年以上にも及ぶが、軍の指揮官としてよりも軍政家として山県の信頼を築く。

山県は対外問題では、国力培養を優先し、武力による解決には慎重であった。征韓論に反対し、台湾出兵でも、対清戦争を回避するため速やかな撤兵を主張した。第1次山県内閣（89～91）における90年の第1回帝国議会の施政方針演説で、「主権線」（日本本土）を守るためには「利益線」（朝鮮半島）の防御が必要と演説し、軍備拡充の必要を説いたが、その意図は朝鮮侵略ではなく中立化にあった。

三国干渉とその後のロシアの朝鮮進出に対露宥和策で臨み、山県・ロバノフ協定をもって朝鮮における勢力均衡をねらった。第2次山県内閣（98～1900）では、義和団事件後のロシアの満韓進出を警戒して、満韓交換論を伊藤博文や桂と共有し、日英同盟を推進する。ロシアの強硬姿勢が続くと日露戦争も容認するが、参謀総長として国力の消耗を懸念し、奉天会戦後には早期講和を具申している。

「第二世代」内閣の功績―桂と小村

山県内閣が退陣した翌1901年、桂内閣が誕生する。元老ではない「第二世代」の指導者が初めて政権を握ったため、世間からは「二流内閣」「三日天下」と嘲笑された。だが、桂内閣は4年8カ月も続く。伊藤博文や原敬のひきいる政友会との妥協・提携によって政権基盤を広げ、日露戦後から13年まで、桂と西園寺公望が交互に政権を担当し、政治の安定をもたらした「桂園時代」を築いた。

桂は、山県や伊藤を後ろ盾としつつ、信頼する小村寿太郎を外相にすえ、日英同盟の締結、日露戦争と戦後の対外問題の処理に取り組む。とくに韓国の保護化とその国際的承認には力を注ぎ、日英同盟の更新、桂・タフト覚書を結び、09年には韓国併合を主導的に決定しているが、戦争を支える財政基盤の確立こそが主要テーマであった。日露戦争の長期化を想定した戦費調達のための増税と軍拡、外債募集に力を入れた。12年末、3度目の首相となると、蔵相を兼任して日露戦争時の外債の償還、戦後の正貨の流出に対応するため、井上馨や松方正義の協力を得て緊縮財政や行政整理も断行した。

第1次憲政擁護運動の高まりのなかで、桂は新政党の結成を決心し、首相を退いて、後藤新平や加藤高明らを擁して新党（立憲統一党）結成にまい進するが、13年秋に病没した。桂が新党結成に向かうのに対し、山県は一貫して政党を嫌った。それは、対外硬派の多くが占める議会がしばしば内外政策を阻害したからで、軍部大臣現役武官制も、政党政治家が無謀な戦争に走るのを避けようとしたため、との解釈もある。

元老としての山県

山県は09年の伊藤の没後、元老の筆頭として歴代内閣の「後見人」を自任して、「第二世代」の内外政に影響力を発揮し続けた。11年の辛亥革命では、清朝の崩壊を憂慮し、袁世凱政権への援助による中国の安定化の必要を説く。第1次世界大戦では、持論の人種戦争論から白色人種の攻勢を予想して日中提携をとなえる一方、加藤外相の21カ条要求など対中強硬論や元老無視の態度を激しく非難した。第4回日露協約の締結に尽力し、日米共同のシベリア出兵にも賛同したが、それは帝政ロシアの対独戦を継続させるという、白色人種の分断のためでもあった。帝政ロシアが崩壊すると原内閣の撤兵を支持する。その直後に没した。

山県は、面倒見が良く、桂のような見込みのある官僚や軍人を要職につけて見捨てることがなく、山県系といわれる人脈を形成した。ちなみに、山県と伊藤は、仲が良く互いに良き相談相手であったが、伊藤は私党を嫌い、人脈形成にも執着しなかった。

【日露講和の成果とは何か?】

講和条約は、賠償金の放棄など日本の譲歩が目立つものの、朝鮮半島からロシアの影響力を取り除き、朝鮮半島の永続的な安全を担保するという日本の最も重要な目標は、一応達成された。第二条は、ロシアは、日本が韓国において卓越した利益を有することを承認し、日本が韓国に指導、保護、監理の措置をとることを妨げない、と規定した。さらにロシアは、清国の承諾を得て遼東半島（旅順口、大連ならびに付近の領土・領水）の租借権および租借権に関連する一切の権利、特権を日本に譲渡する（第五条）、長春―旅順間の鉄道とその支線および付属する一切の権利、特権、財産、炭鉱を清国の承認を得て日本に譲渡する(第六条)、さらに樺太の南半分を日本に譲ることになった(第九条)。

これらのうち、遼東半島の租借期限は二五年（１９２３年まで）、長春―旅順間の鉄道敷設・経営権は39年が期限とされた（路線完成後の03年から三六年後に清国に買い戻す権利を認めていた）。いずれも露清間の条約を引き継いだものであった。

日本にとって、日露戦争は文字通り「辛勝」であり、戦後の日露の友好関係を展望できるような終わり方ではなかった。日本軍は、予備兵、後備兵を含む九〇万人を超える兵員を動員した。清国領における激しい戦闘に耐えることができたのは、納税と兵役の義務に積極的に応じた国民の奮闘のたまものとも言えた。非常特別税や救護費の徴収、義捐金の募集、国庫債権への応募など、日々の生活を通じて国民は戦争を負担していると実感できた。講和で賠償金が獲得できなかったことがわかると、05年9月5日、日比谷焼打事件が起こる。二〇万人に及ぶ死傷者を出しながら、国民が主体的に支えた戦争で得た成果が、政府によって踏みにじられたという国民の失望感の表れであった。

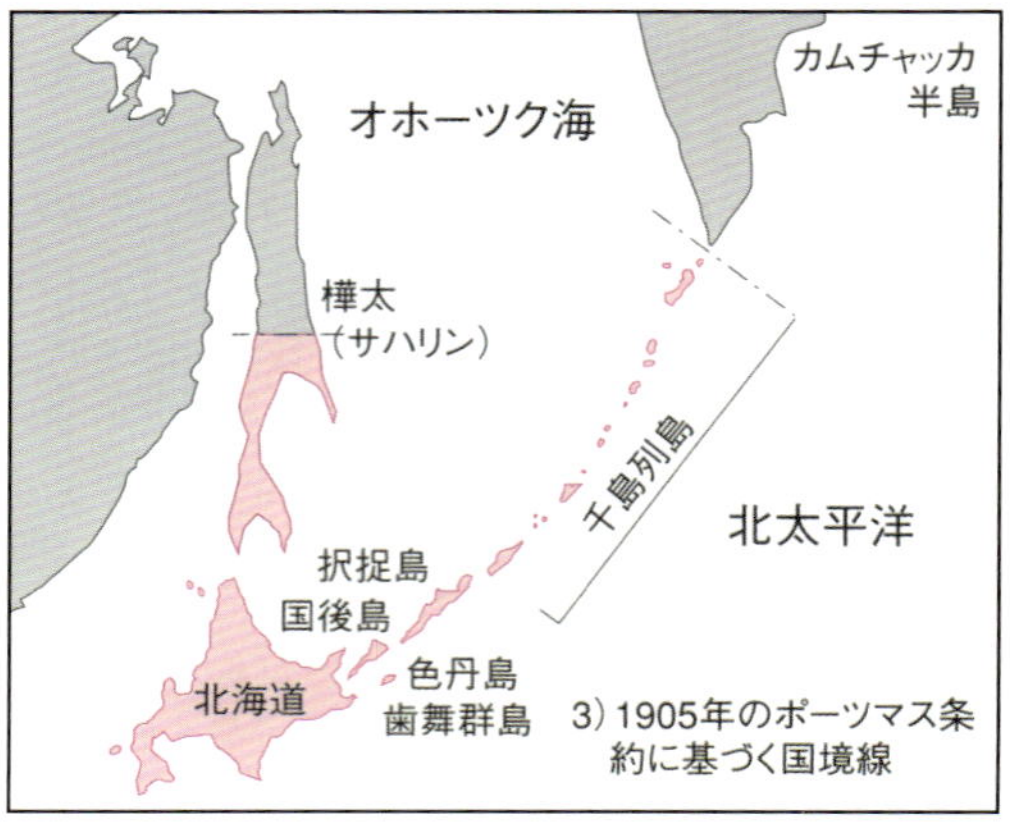

3-27　ポーツマス条約に基づく国境線

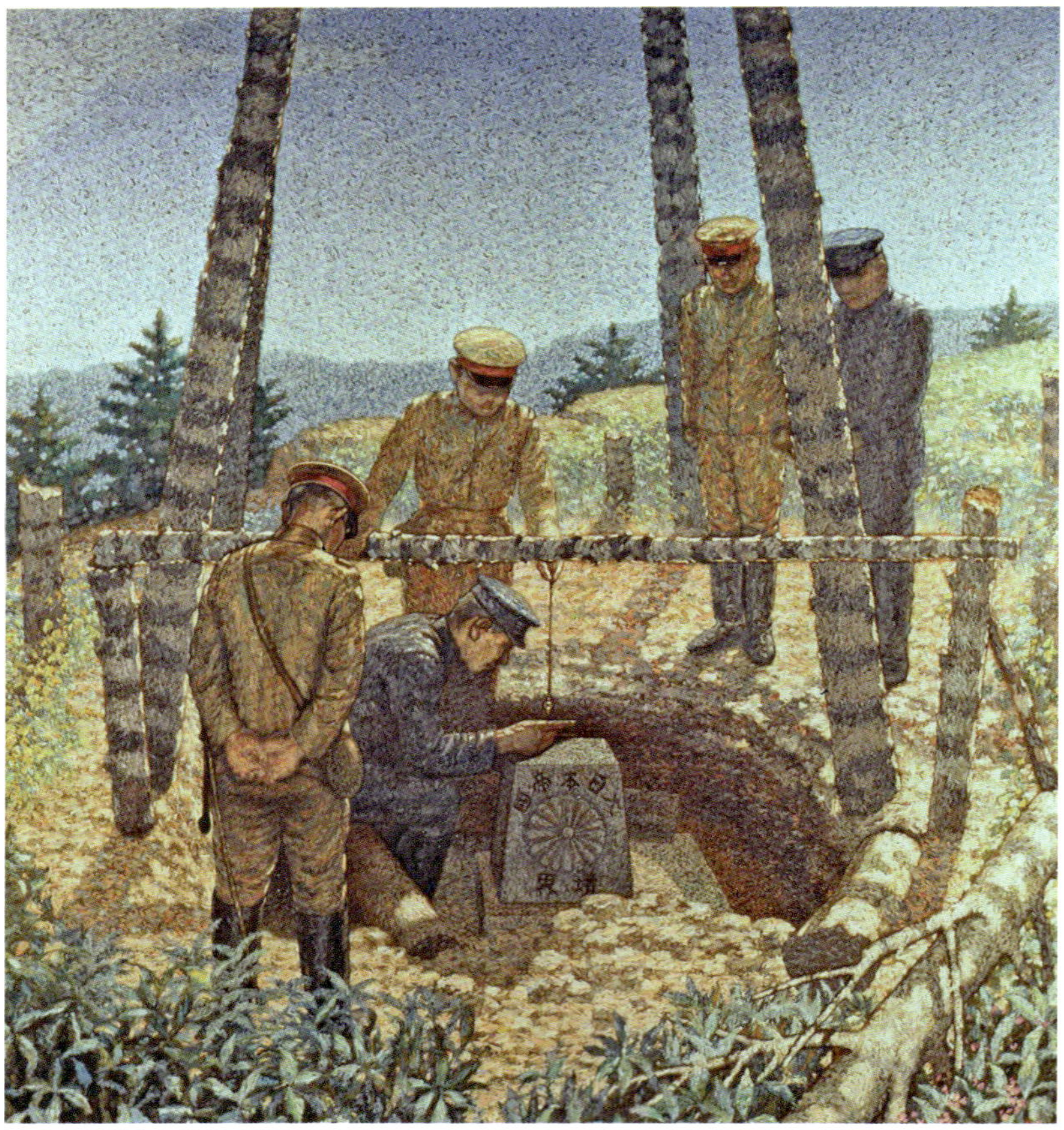
3-28　樺太国境画定

3 日露戦後の国際関係

—日露協約と韓国併合

【「満州は純然たる清国領土である」—伊藤博文と満州経営】

日本がロシアから継承した満州権益の中心は、遼東半島（旅順、大連）の租借権と東清鉄道南部支線の経営権であった。これらは、いわば「大陸国家」としての布石であった。ポーツマス条約の規定で、日露両軍は１９０７年４月までに、遼東半島租借地以外の満州から撤退することになっていた。しかし、撤退までの間、現地軍による軍政が実施され、外国人の経済活動は制限され、英米からは門戸開放原則に反するものとして批判を招いた。危機感をもった伊藤博文韓国統監は、06年2月と5月に、政府・軍の首脳を集めて満州問題に関する協議会を開催した。西園寺公望《きんもち》首相の満州視察を経た5月の協議会では、児玉参謀総長が「満州における主権を誰か一人の手に委ね、一切を指揮する官衙を新たに組織してはどうだろう」と提言した。伊藤は「予の見るところによると、児玉参謀長等は満州における日本の地位を根本的に誤解しておられるようである。満州は純然たる清国領土である」と厳しく指摘し、早期の軍政撤廃と通商上の門戸開放について了解をとりつけた。

関東総督の機関は平時組織に改められ、軍政署を廃止することになった。軍政署に代わって奉天には総領事館が設置され、初代総領事に萩原守一が着任した。満州の英米の門戸開放要求よりもロシアの脅威を優先する現地軍や中央の陸軍は、軍政を主張し、条約上の権利に基づく権益擁護を基本とする外務省とは相いれず、その対立は後をひ

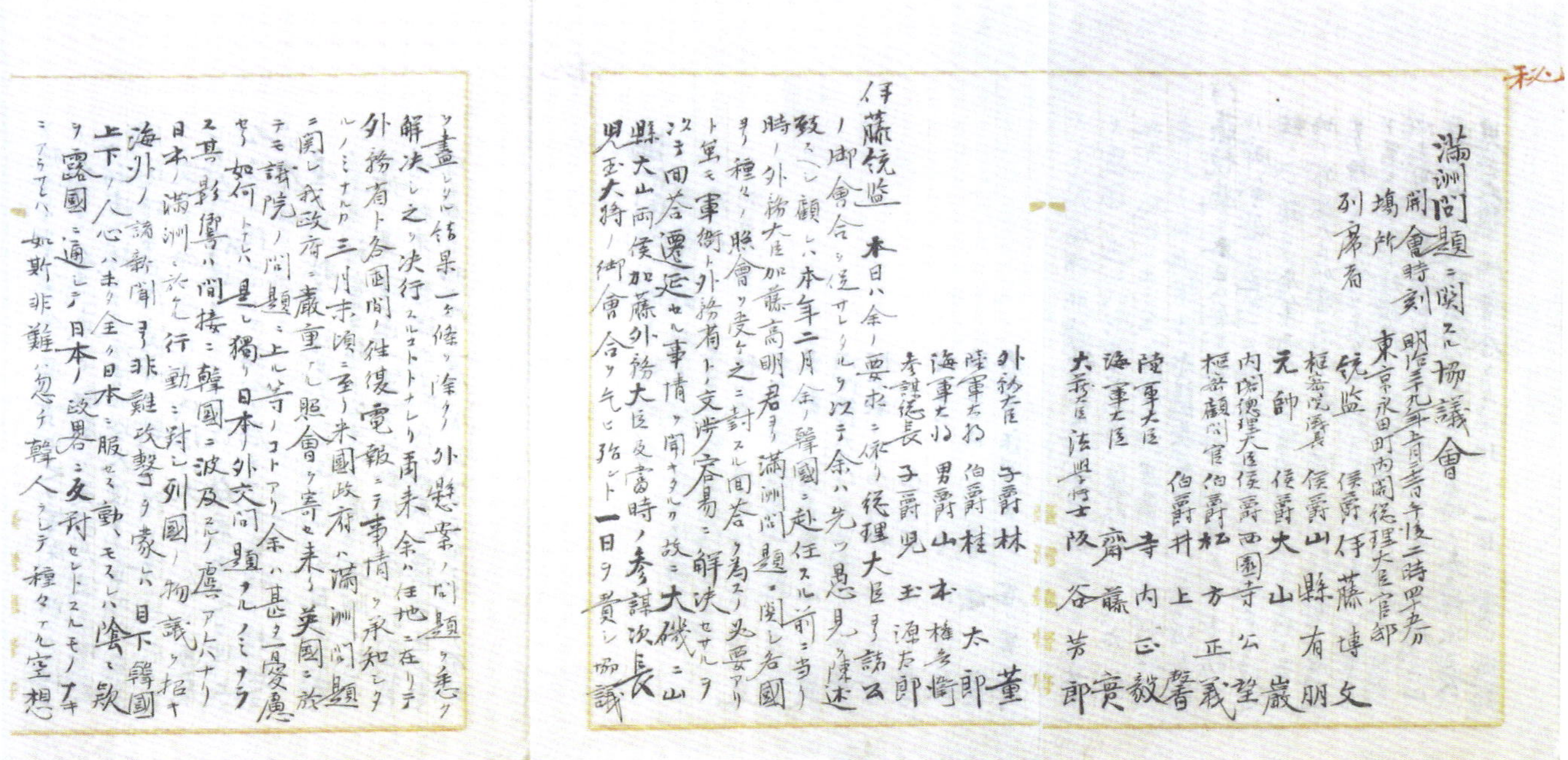

秘

満洲問題ニ関スル協議會

開會時刻 明治三十九年五月廿二日午後二時四十分

場所 東京永田町内閣總理大臣官邸

列席者

統監 侯爵 伊藤博文

樞密院議長 侯爵 山縣有朋

元帥 侯爵 大山巖

内閣總理大臣 侯爵 西園寺公望

樞密顧問官 伯爵 松方正義

伯爵 井上馨

陸軍大臣 寺内正毅

海軍大臣 齋藤實

大藏大臣 法學博士 阪谷芳郎

外務大臣 子爵 林董

陸軍大将 伯爵 桂太郎

海軍大将 男爵 山本權兵衛

參謀總長 子爵 兒玉源太郎

3-29 満州問題に関する協議会記録

ハーグ万国平和会議

多くの国民を巻き込んだナポレオン戦争が「国民戦争」や「総力戦」の概念を生み出したように、その悲惨で苛酷な戦闘の経験は、19世紀半ばの政治家や思想家の間に戦争を忌避し、戦争にも一定のルールが必要だ、とする考え方を台頭させる。こうした考えが、外交交渉を経て国際合意として実を結んだのがロシア皇帝ニコライ2世の提唱による1899年の第1回ハーグ万国平和会議であった。ヨーロッパの主要国を中心に26カ国が参集し、東アジアから日本（全権は本野一郎公使）と清国が参加。採択された条約は、国際紛争平和的処理条約、陸戦の法規慣例に関する条約など3条約。有毒ガスの散布を禁止する宣言など3宣言書が採択。日本はいずれも調印、1900年に批准した。国際紛争平和的処理条約に基づき、紛争当事国が合意によって付託した事案を裁く常設仲裁裁判所が設置された。

第2回会議は、ローズヴェルト大統領の発議、ニコライ2世の要請によって07年6月から10月まで開催。当時の世界の大半の44カ国が参加（日本全権は佐藤愛麿）。国際紛争平和的処理条約および陸戦の法規慣例に関する条約の内容をさらに詳細に規定した同名の2条約、開戦に関する条約、開戦の場合の中立国の権利義務や商船の取り扱いを定めた条約など13の条約を採択。日本は国際捕獲審検所条約（未成立）を除き調印、11年に批准。日露戦争は、ハーグで合意された陸戦規則などが最初に適用された戦争となった。

二つのハーグ平和会議は、戦争に訴える権利を否定したり、制限することを目的としてはいなかったが、平時から紛争の発生に備え平和的解決の制度を整えたこと、交戦法規を整備したこと、それまで紛争ごとに実施されていた仲裁裁判を常設化したこと、人道的な観点から戦争手段を制限する条約を多く含むこと、など20世紀の国際社会を展望した画期的な意義をもつ。不平等条約体制下にあった清国やトルコも参加し、対等な立場で諸条約の立法審議に加わったのは、世界政治におけるアメリカの影響力の増大と無関係ではない。

3-30　平和宮（オランダ、デン・ハーグ）、同宮殿には常設仲裁裁判所、国際司法裁判所などがある

3-31　平和宮の日本の間の錦絵
1913（大正2）年に完成した平和宮に日本政府が寄贈した壁飾りの錦絵（金地花鳥模様）

くことになる。

06年8月には、日本は旅順、大連を「関東州」と名づけ、関東都督府を設置してこの地域を統治し、大連を自由港として開放した。また、東清鉄道南部支線の経営については、11月に南満州鉄道株式会社（満鉄）を設立し、総裁には、すでに台湾総督として実績をあげていた後藤新平が任命された。

後藤は、日露再戦に備えた根拠地として満州統治を強固なものとするため、移民や技術の扶植、経済開発を進める必要を説いていた。山県有朋も09年の意見書で、「二〇億の資財と二〇余万の死傷を以て獲得した戦利品」を手放すことはできないので、清国が要求するときまでに、満州経営の実績をあげ、巨額の賠償金を要求できる根拠とすべきだと述べている。

満州を韓国のように「併呑」するのではなく、欧米列強に貿易・投資や商工業のために門戸を開放したうえで、満鉄を中心に満州経営の実績を積み上げ、それを揺るがぬものとすることが、大陸発展やロシアの脅威に対抗するためにも有効である、という考え方であり、それが日露協約の締結で権益を守っていくという路線にもつながる。

しかし、満州（実際には南満州）における権益の擁護・発展と門戸開放とは、実際には両立が難しく、とくにアメリカからの疑惑の眼は注がれ続けた。08年3月、米国務省員の覚書は「日本の現在の満州政策は、このまま続行すれば、中国の領土保全を擁護するアメリカの政策に大損害を与え、中国における門戸開放と機会均等の原則に深刻な打撃となるだろう」と記している。

【満州権益の「定着」】

日露講和条約により、満州権益の譲渡は清国政府の同意を得て実施されることになっていた。そのため、小村寿太郎外相が特派全権大使となり、1905年11月から日清交渉が開始される。日本は日露講和条約に規定された以上に、できる限りの権益を清国に認めさせようとし、清国側はこれを抑えようとして交渉は難航した。とくに鉄道敷設問題では、対露戦の遂行のため日本軍が敷設した軍用鉄道の安奉線（安東―奉天）と新奉線（新民屯―奉天）の譲渡、吉長線（吉林―長春）の敷設で対立した。結局、安奉線は改築後一五年で清国に売却、新奉線は清国に売却（一部経費は日本から借り入れ）、吉長線は中国が建設（経費の半額は日本から借り入れ）で妥協した。鉄道守備隊の駐屯問題では、清国は一年以内の撤兵を求め、その後は清国兵を配置するとした。結局、日本もロシアと同様の措置をとることにして同意した。

05年12月に調印された満州に関する日清条約は、条約本文はたった三カ条で、清国領土からの日本軍の撤兵を約束するとともに、清国が日露講和条約による日本への一切の利権の譲渡を承諾し、清国には、遼東半島の租借と長春―旅順間の鉄道の所有を認めさせた。そのほか、多くの付属協定と非公表の協定が結ばれ、清国は満鉄平行線の建設禁止などを約束した。

08年、第三次桂太郎内閣の外相にとどまった小村は、満州に関する日清条約と秘密付属取り決めが実効をあげていないため、満州における鉄道問題、鉱山問題、そして間島《かんとう》問題を一括して交渉することにした。間島問題とは、一九世紀半ば以降、朝鮮北方に位置する間島の帰属をめぐって清韓が争ってきた領土紛争であった。05年の日韓協約で日本が韓国の外交権を掌握すると、清韓間の問題であった間島帰属問題は、今度は日清間の問題となった。

伊集院彦吉《ひこきち》駐清公使がこれらの交渉にあたり、09年8月には安奉鉄道改築に関する覚書、9月に間島に関する日清協約（韓国人の間島における居住条件など）と満州五案件に関する日清協約（鉄道の取り扱い、撫順・煙台炭鉱の日本の採掘権、鉄道沿線鉱山の日清共同事業）が調印され、ようやく満州に関する日清条約が実際の効力をもつことになった。

【日露協約】

日露戦後、対露脅威感はいまだ陸軍のなかにくすぶっていたが、清国のナショナリズムを抑え、満州に獲得した利権を維持するためにも日露協調の必要性は増してくる。山県有朋はそうした意見であった。日露戦後のロシアもまた、財政の逼迫、国内の社会不安から対日再戦を避けねばならなかった。1906年5月、駐日公使であったイズヴォリスキーが外相に就任すると、ドイツに対抗するため英露関係の改善を進める一方（07年8月、英露協商の締結）、極東では平和維持のため日露間の関係改善を求めるようになり、07年初めからイズヴォリスキーと本野《もとの》一郎駐露公使との間で調整交渉が始まる。

日露交渉の開始と並行して、日仏の間ではフランスにおける公債募集をめぐって交渉中であった。フランスは、日本の公債募集について同盟国ロシアの意向を打診したが、ロシアは日本の意図を詮索して異議をとなえた。これを知った本野はロシアに働きかけてロシアの懸念を払拭した。これによって前年秋から栗野慎一郎駐仏大使と仏外相の間で行われていた日仏交渉が進展した。07年6月の日仏協約は、清国における領土保全、現状維持と、福建省とインドシナにおける相互の勢力範囲の確認を内容としていた。日仏協約はまた、日露の交渉も促進することになり、同年7月末に第一回日露協約が調印された。

日露協約は、清国の独立と領土保全、機会均等などの相互承認をかかげる一方、秘密協約で相互の勢力範囲（南満州は日本、北満州はロシア）を認め合った。また、外蒙古に限定してロシアの特殊地位を認め、ロシアは交換的に日本の韓国における優越的地位（「今後の発展」に異議を挟まない、とされた）を尊重することを確認した。東アジア

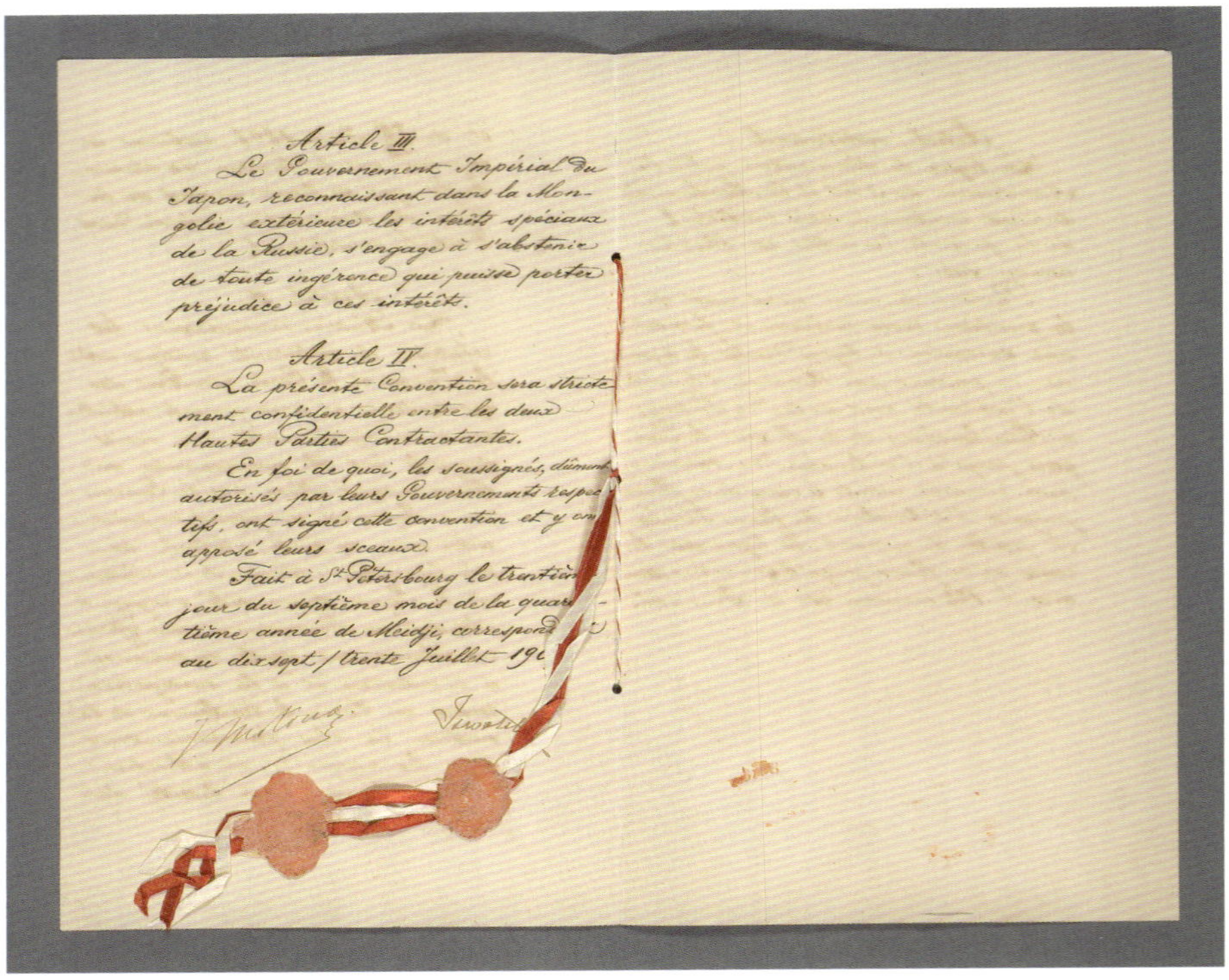

Article III.
Le Gouvernement Impérial du Japon, reconnaissant dans la Mongolie extérieure les intérêts spéciaux de la Russie, s'engage à s'abstenir de toute ingérence qui puisse porter préjudice à ces intérêts.

Article IV.
La présente Convention sera strictement confidentielle entre les deux Hautes Parties Contractantes.
En foi de quoi, les soussignés, dûment autorisés par leurs Gouvernements respectifs, ont signé cette convention et y ont apposé leurs sceaux.
Fait à St Petersbourg le trentième jour du septième mois de la quarantième année de Meidji, correspond au dix sept / trente Juillet 190

3-32　第一回日露協約（調印書）機密の部

栗野《くりの》慎一郎《しんいちろう》（1851 ～ 1937）

3-33　栗野慎一郎

筑前黒田藩、槍術師範の家の出身。小村寿太郎より早く米国に留学し、1881年に一足先に帰国して外務省に入り、壬午・甲申事変の調査にあたる。85年から条約改正事業を担当したが、青木周蔵次官との意見対立などにより86年から90年まで逓信省に転出。外務省に復帰して政務局長となり、94年、陸奥宗光外相によって駐米公使に抜擢され、対米条約改正交渉にあたり、日米新通商条約の調印にこぎつけ、97年に駐仏公使に転じた。

1900年7月、加藤高明、小村、林董駐英大使らの「霞が関外交」が一致して日英同盟による対露強硬策に踏み切ろうとしていたとき、パリで敢然と日露協商論を説いて伊藤博文・井上馨の両元老を悩ませる意見書を送る。北清事変をめぐるイギリス外交を「日本を手先に利用しているに過ぎない」と非難し、同年10月には伊藤首相にも、日露が戦えば「双方が消耗して両国戦力減殺するは英独に漁夫の利を占めさせるのみ」とし、その対策として日露協商を説いた。01年1月に帰朝したが、桂太郎と小村に説かれてロシア公使を受けた。11月に出発してパリに到着すると、ロシアから戻っていた伊藤と会い、日英同盟が進行中と聞かされ、栗野は憤慨してロシア公使を辞退しようとしたが小村外相は認めなかった。02年2月にロシアに着任し、対露関係の修復に努力するが日本政府を動かすにいたらず、04年2月にロシア政府に国交断絶の通告文を送るという役回りを演じなければならなかった。日露戦争後は、11年までフランス大使を務め、日仏協約や改正通商条約をまとめた。

における両国の利害調整、紛争防止を目的としており、日英同盟のように攻守同盟ではなかった。日露協約は、秘密協約を含めて英仏に伝えられ、英仏ともに歓迎した。懸案交渉も進み、満州鉄道の連絡に関する協定、日露通商航海条約、日露漁業条約がそれぞれ結ばれている。

日本にとって日露協約は、南満州における自由な行動を保障され、ロシアの対日復讐戦が回避されたという意味があった。日露協約は、その後約一〇年にわたって両国関係を規定する外交的枠組みとなった。

すでに保護国化に向かっていた韓国について、ロシアの介入が避けられる見通しとなり、日露協約成立直前の07年7月に第三次日韓協約が結ばれている。ロシアにとって、この日韓協約は、極東における権益の安全が強化されたことを意味し、バルカン半島への進出を助長することになった。

【「ドル外交」と第二回日露協約】

ポーツマス条約で日本が東清鉄道の南部支線をロシアから譲渡されると、アメリカの鉄道王として海外での鉄道経営に関心をもっていたハリマンは、南満州鉄道に出資して共同経営者となることを日本政府に提案した。桂首相は、政府の財政難を考慮して、１９０５年10月に申し入れを受け入れる予備協定（覚書）を結んだ。しかし、満鉄を日本の満州経営の基幹と位置付けていた小村外相は共同経営に反対し、ハリマンとの覚書を解消した。

ローズヴェルト大統領は、日本が満州に優越した経済権益をもつことに異議をとなえない代わりに、日本が中国における領土保全と門戸開放の維持に協力することを期待していた。そうした期待は、日米が太平洋地域における現状維持、通商の自由、中国の門戸開放・機会均等・領土保全を確認した08年の高平・ルート協定に反映している。

ローズヴェルト政権は日米協調の維持を優先していたが、次のタフト政権のノックス国務長官は、09年後半、満州で日露が鉄道支配を通じて勢力圏を築きつつあることを懸念し、満州の鉄道中立化構想と錦愛鉄道計画をもって巻き返しをはかった。鉄道中立化とは、清国政府に国際借款を与えて日露が所有する鉄道を買収させ、債務返済が終わるまでそれらの鉄道を国際管理下に置くという計画である。この計画を進めるため、南満州の錦州から北満州の愛琿にいたる錦愛鉄道を国際借款により建設し、それを梃子として日露から中立化構想への同意

3-34　憐れむべき瘠馬

を引き出そうとした。しかし、日露にとって、満州鉄道の中立化計画は、満州に特殊な利益をもつ両国の地位を脅かすものであり、高平・ルート協定を無効化するに等しかった。前外相の林董は三国干渉にも匹敵するショックを受けたという。

10年1月、日露は中立化案を拒否するとともに、ロシアは日露協約をさらに進めた新協約案について日本の意向を打診した。日本はただちにこれに応じ、同年7月、第二回日露協約が結ばれ、第一回協約で決められた分界線をもって「勢力範囲」とし、勢力範囲内の自由行動を相互に承認した。南満州は日本、北満州はロシアの勢力圏であることを、より明確化した。秘密協約では、相互の「特殊利益」が脅かされる場合は共同行動をとることを定め、第一回協約より積極的なものとなっている。小村外相は、日露が将来における紛争の原因を根絶し、「東洋平和の維持に最有力なる保障を与えるもの」と歓迎した。

日本は「北満州」をロシアの勢力範囲と認めた以上、次の進出の方向は「内モンゴル」（内蒙古）となり、すでに「外モンゴル」を勢力範囲としているロシアとの調整が必要であった。その機会は辛亥革命による清朝体制の崩壊によって訪れる。

【韓国併合―韓国保護化の意味】

日本の強い圧力で外交権を手放した韓国の高宗は、1907年、第二回ハーグ平和会議に密使を派遣し、日韓協約の無効を国際社会に訴えようとした。会議参加は認められなかった密使は、抗議文を新聞に公表するなど、会議の外で広報活動を行った。日本はこのハーグ密使事件に強く反発し、皇帝を退位させ、第三次日韓協約により統治の実権を完全に掌握した。

日本には韓国併合促進論が台頭し、09年7月には閣議で「適当な時期」に韓国併合を断行する方針を決定したものの、日本はただちに併合に向かったわけではなく、国際法に則ることを重視し、その扱いは慎重であった。韓国の自立のため、政治・経済の改革をめざしていた伊藤博文統監は、完全な併合には消極的であったとされる。その伊藤は09年10月、ハルビン出張中に独立運動家の安重根《あんじゅうこん》に暗殺される。翌10年8月、寺内正毅《まさたけ》統監と李完用《りかんよう》総理との間で韓国併合条約が調印された。第二回日露協約の調印から一カ月後のことであり、かつて韓国支配をめぐって争ったロシアとの事前調整は併合の前提であった。

併合条約は、両国は「東洋の平和を永遠に確保」（前文）するため、「韓国皇帝陛下は韓国全部に対する一切の統治権を完全且つ永久に日本国皇帝陛下に譲与す」（第一条）と規定した。幕末以来の目標であった朝鮮半島の「平和」は、併合によって達成されたことになる。

韓国併合は、西洋帝国主義による植民地化とは異なる過程をたどった。

ハーグ密使事件

1907年、第2回ハーグ万国平和会議に、韓国政府の派遣した「密使」が参加しようとして阻止され、会場外で日韓協約の無効を訴える事件が発生した。1899年の第1回に続き、第2回ハーグ会議にも招請されなかった韓国皇帝・高宗は、密使をハーグ会議に派遣して国際紛争平和的処理条約の締約国となり、ついで、常設仲裁裁判所に日韓紛争を付託し、日韓協約の無効を法的に勝ち取ることをねらっていた。ただ、紛争の付託には両当事国の合意が必要であったため、現実には付託はあり得なかったが、日本政府は、密使の出現を予測し、ロシア政府に韓国を招請しないよう何度も確認し、警戒していた。

実際に密使が出現したことに衝撃を受けた日本政府は、韓国皇帝の退位と第3次日韓協約を韓国に強要し、秘密覚書では、日本人の大審院長、検事総長の任命、韓国軍隊の解散、警察権の掌握、中央・地方の行政組織への日本人の任用などを規定した。

この事件は、紛争の平和的解決の手段としての仲裁裁判制度に対する不信感、自国の要求の貫徹のため利用されることへの警戒感を強め、日本も仲裁裁判条約には慎重になっていく。

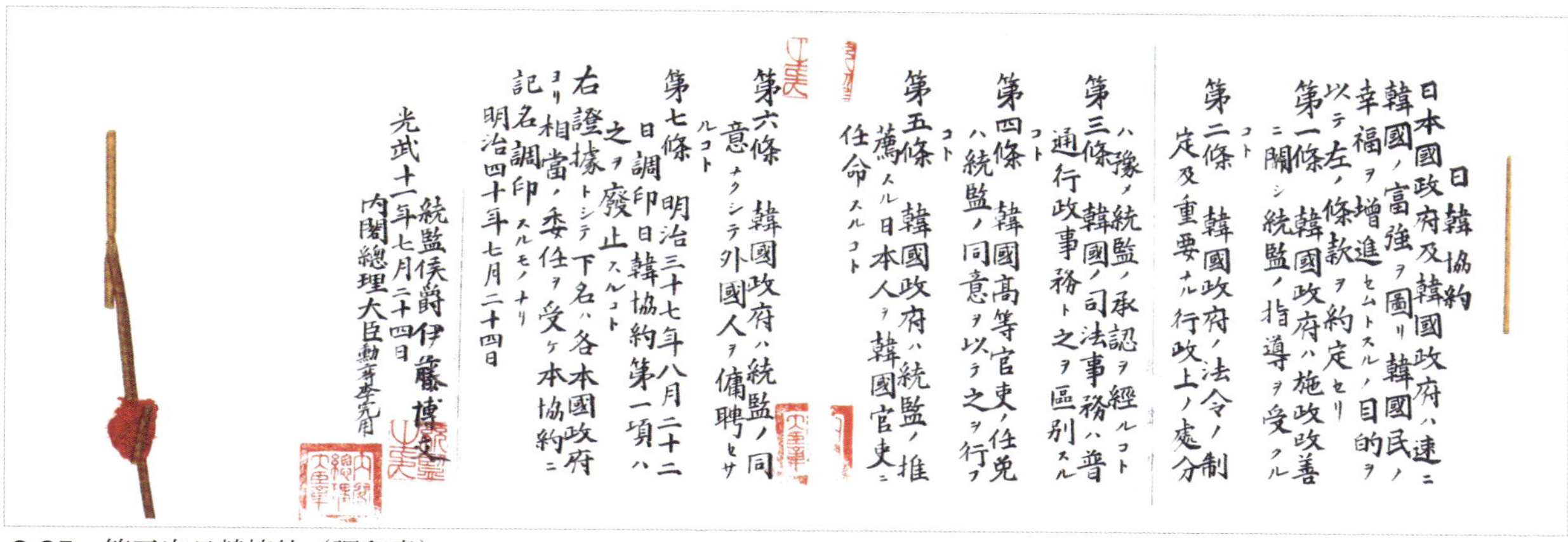

日韓協約

日本國政府及韓國政府ハ速ニ韓國ノ富強ヲ圖リ韓國民ノ幸福ヲ増進セムトスルノ目的ヲ以テ左ノ條款ヲ約定セリ

第一條　韓國政府ハ施政改善ニ關シ統監ノ指導ヲ受クルコト

第二條　韓國政府ノ法令ノ制定及重要ナル行政上ノ處分ハ豫メ統監ノ承認ヲ經ルコト

第三條　韓國ノ司法事務ハ普通行政事務ト之ヲ區別スルコト

第四條　韓國高等官吏ノ任免ハ統監ノ同意ヲ以テ之ヲ行フコト

第五條　韓國政府ハ統監ノ推薦スル日本人ヲ韓國官吏ニ任命スルコト

第六條　韓國政府ハ統監ノ同意ナクシテ外國人ヲ傭聘セサルコト

第七條　明治三十七年八月二十二日調印日韓協約第一項ハ之ヲ廢止スルコト

右證據トシテ下名ハ各本國政府ヨリ相當ノ委任ヲ受ケ本協約ニ記名調印スルモノナリ

明治四十年七月二十四日　統監侯爵伊藤博文

光武十一年七月二十四日　内閣總理大臣勳二等李完用

3-35　第三次日韓協約（調印書）

3-36　大隈と伊藤韓国統監

日本は、桂・タフト覚書のように、慎重に国際的な承認をとりつけながら、国際法に則る形で保護国化を進めた。併合は単に韓国支配の強化というだけではなく、併合によって第三国の韓国介入をあらかじめ排除しておくという意味をもっていた。

日本は、日露戦争を通じて、韓国を支配下におさめたうえで、ロシアから継承した南満州権益を基礎に、満鉄を中心に満州経営に乗り出し、その実績によって満州権益の定着と拡充をはかろうとする。しかし、満州権益の基礎は不安定であった。日露講和によってロシアから獲得した権益のうち、旅順・大連の租借期限は23年、南満州鉄道の経営権の期限は39年であり、これら期限の延長は最も重要な外交課題の一つとなる。

満州権益は、国際的な承認という意味でも十分ではなかった。日露戦争中の第二回日英同盟、戦後の満州に関する日清条約、日仏協約、日露協約、高平・ルート協定などを通じて、満州権益を条約上で明確に認めたのは清国とロシアのみであった。とくに、アメリカの中国における門戸開放政策が重みを増してくるにつれ、満州権益の擁護・拡充という日本の目標とは、両立が困難となる。こうしたなかで清国は11年には辛亥革命に直面することになる。

4 日米移民問題と紳士協約

アメリカの西部諸州における移民制限は、中国系移民がまず対象となった。一九世紀半ばから増え続けた中国系移民は、当初は白人の好まない労働に低賃金で従事して歓迎されたが、やがて白人の競争者として台頭するようになると各地で激しい排斥運動が起きた。そこで連

3-37　ドイツ兵捕虜の演奏を聴く市民（板東俘虜収容所）

「第九交響曲」が、日本では初めて演奏されている。収容所内の音楽活動や作品展は他の収容所でも盛んで、1300人を超える最大の収容所であった久留米では、演奏回数は板東を上回り、市内でも「第九」が演奏されている。広島湾内の似島収容所では、19年1月、捕虜によるサッカーチームと広島高等師範学校などの合同チームとの親善試合が行われ、広島県物産陳列館（現在の原爆ドーム）ではバウムクーヘンが販売されたという。こうした交流活動は19年末から始まる捕虜の本国送還、収容所の閉鎖（多くは20年4月）まで続いた。

第1次世界大戦は「人道主義」の思想が広まる契機となり、欧州では国際人道法の精神がはぐくまれていく。日赤は、シベリア出兵でも救護活動で活躍し、孤立したチェコ軍患者の収容や、外務省の依頼を受けて、ウラジオストークに取り残されたポーランド孤児の救済事業にもあたる。その一方、日本は、29（昭和4）年の「俘虜の待遇に関する条約」に調印しながら軍部の反対で批准できなかった。その理由は、「帝国軍人の観念よりすれば俘虜たることは予期せざるに反し、外国軍人の観念においては必しも然らず。従って本条約は、形式は相互的なるも実質上は我方のみ義務を負う片務的なものなり」というものであった。つまり、捕虜となることを潔しとしない日本軍人のかたくなな考え方は、国際標準とは乖離しはじめるのである。30年代に入ると人道主義や国際法教育は日本軍において大きく後退していく。

戦争の時代は日赤をも翻弄し、その活動を大きく制約するが、国際的連携のもとに展開される救護事業の意義が失われることはなく、第2次世界大戦後に花開く赤十字活動へとつながっていく。

邦議会は1882年に中国人排斥法（排華法）を制定し、中国人の労働者（商人などは除く）が入国を禁じられた。当初は一〇年間に限られたが、後続の法律によって恒久化された。

中国系移民の禁止にともない、その間隙を埋めるように増えたのが日本人移民であった。日本人移民は一九世紀最後の一〇年間に毎年一〇〇〇人余りが渡米し、1900年には一万人を超え、このころから日本人移民の公然たる排斥運動が始まった。とくに日本人移民の多かったカリフォルニア州では、日本人労働者を排斥する法案成立をめざす運動も起こる。日本政府は1895年から断続的に自主的に移住を規制する措置をとるが、渡航熱を抑えることはできず、98年にアメリカがハワイを併合すると、ハワイ経由で米本土に向かう移民も激増した。99年には米本土の日本人は三万五〇〇〇人に達し、日露戦後の08年には一〇万人を超えた。

日本人移民が外交問題となったきっかけは、06年4月、サンフランシスコ市で起こった大地震に際し、市教育委員会が施設不足を理由に、同年10月、日本人学童の公立学校への通学を禁止し、東洋人学校に通学させる措置をとったことにあった。市全体で一〇〇名たらずの日本人学童の隔離は人種差別意識の象徴ともいえた。サンフランシスコ総領事・上野《うえの》季三郎《すえさぶろう》が問題解決に奔走するものの州知事との間では解決の糸口が見えず、林董外相は青木周蔵駐米大使を通じ、ルート国務長官に抗議書を送った。

事態を深刻に受け止めたローズヴェルト大統領は、06年12月、特別議会で演説し、日米両国の歴史的な友好関係を「一つの州によって台無しにするのは容認できない」と述べ、積極的な介入姿勢を見せた。しかし、連邦政府の積極的な介入は、かえって州政府や教育委員会の態度を硬化させ、地元の新聞やメディアも連邦政府との対立を煽り、その結果、排日論者によって「日米開戦論」や「戦争脅威論」が盛んに流される事態となる。

米政府は、日本人移民の入国禁止が抜本的な解決策となり、排日運動の防止にもなると考え、労働者の相互移住禁止法案を日本側に打診する。しかし、この法案は実質的には日本人移民だけを排斥する不平等なものであり、到底受け入れることはできなかった。

交渉が難航するなか、ローズヴェルトは、連邦政府が移民問題を専管的に扱うことに理解を求めたうえで、日本人移民の効果的

捕虜と日本赤十字

日清・日露戦争と国際法の遵守精神

日清開戦を明治天皇が公式に宣言した宣戦詔勅（1894年8月）には、国際法の遵守に言及した一節がある。君主が将兵に国際法遵守を命じた例は世界戦史にも稀である。大山巌陸相も開戦直後、ジュネーヴ条約加盟国として、「敵はいかに残暴にして悪むへき所あるにもせよ、此方にては文明の公法により傷病者を救護し、降者俘虜を愛撫し、仁愛の心を以て之に対すへし」と訓示し、出征する各師団長に傷病者を救護し、捕虜を保護するよう命じた。

ジュネーヴ条約とは、赤十字国際委員会（ICRC）の提唱によって、戦時における捕虜（俘虜）や傷病者の人道的扱いを定めた64年の「第1回赤十字条約」をさす。日本は86（明治19）年に加盟していた（1906年と29年に改正、それぞれ第2回、第3回赤十字条約となり、日本は08年と34年に加盟）。日清戦争の当時、清国がジュネーヴ条約の締約国ではなかったにもかかわらず、一方的に同条約を遵守し、清国側に残虐行為があっても報復を禁じたのである。「文明の公法」という言葉のように、「文明国」として認められよう、という強い動機が読み取れる。大山は、1870年に普仏戦争の観戦武官となり、翌年から3年間、フランス留学し兵制を研究している。陸軍卿となってジュネーヴ条約への加盟にも尽力し、加盟を果たすと、条約内容を陸軍部内に普及させるため「赤十字条約解釈」を全将兵に頒布している。

国際法学者・有賀長雄は、清国軍が国際法を無視した残虐な行為を繰り返したにもかかわらず、日本軍が略奪暴行を禁じ、傷病兵や捕虜を手厚く扱うなど、国際法と文明の慣行を尊重実践したことを念頭に、「戦争の最も重要な特質は交戦国の一方は戦争の法規慣例を遵守しなかったにもかかわらず、他方はこれを厳守せんと努めた」ことにある、と論じた。

日清戦争では、日本赤十字社（77年に創設の博愛社を改称）が120名の救護員を朝鮮に派遣したのをはじめ、戦争を通じて救護員1400名余りを送り、10万人を超える傷病者を治療した。捕虜患者約1500人も日本に搬送し、日赤病院などで治療した。

日露戦争は99年のハーグ万国平和会議で採択された「陸戦の法規慣例に関する条約」が適用された最初の戦争であった。この陸戦条約では「俘虜は博愛の心を以て取扱ふへきもの」と規定され、加盟国による捕虜虐待を禁ずる条項が設けられた。日本は1900年にこの条約を批准していた。04年2月の宣戦の詔勅にも、「凡そ国際常規の範囲に於て一切の手段を尽し、遺算なからんことを期せよ」と日清戦争と同じく、天皇の命として国際法遵守が書き込まれ、陸軍は出征各軍に2名の国際法学者を従軍させている。

日露戦争は、日清戦争をはるかに上回る7万9000人のロシア兵捕虜が、弘前から熊本まで29カ所の収容所に移送された。傷病者も延べ人数で60万人に及んだが、そのうち日赤は10万余りを救護した。日赤は北清事変（義和団事件）でも490名を国内外に派遣。救護した患者は2万人近くに及ぶ。こうした日赤の活動は赤十字国際委員会の席上でも賞賛された。国際法遵守の「模範国」の地位を支えたのは日赤の活動であった。

捕虜収容所と日独交流—初の「第九交響曲」演奏

14年の日独戦争（第1次世界大戦）でも、山東半島の青島など捕虜となった約4700名のドイツ将兵捕虜が久留米、熊本、東京、姫路など12カ所（のち16カ所）の俘虜収容所に送られた。このうち、最後の1917年4月に開所した板東収容所（現在の徳島県鳴門市）では、所長の松江豊寿大佐が捕虜の自主的活動や地元住民との交流を最大限認め、捕虜たちから慕われていたことで知られる。同年6月1日には、収容所内でヘルマン・ハウゼンの指揮でベートーヴェンの

制限をサンフランシスコ市当局に約束し、差別措置を撤回させた。結局、学童の就学問題については、一六歳以下と一定の英語能力という条件のもとで従来通り通学を認めることになった。また、この措置は差別的措置ではないことを示すため、全外国人に適用されることになった。サンフランシスコ市教育委員会は、日本人学童の隔離決議を撤回した。加えて、米政府は、ハワイへの移民を日本に保障する一方、日本は米本土への移民を毎年五〇〇人に制限することを約束した。

　この間、米政府は、各州議会での厳格な移民制限立法の動きを抑制するため、日本の自主的な渡航制限を求めた。日本政府の関心は人種差別の解消というより、在米日本人の他の外国人との均等待遇の確保、日本人の権利保護にあったため、一定の自主規制に応ずることとした。

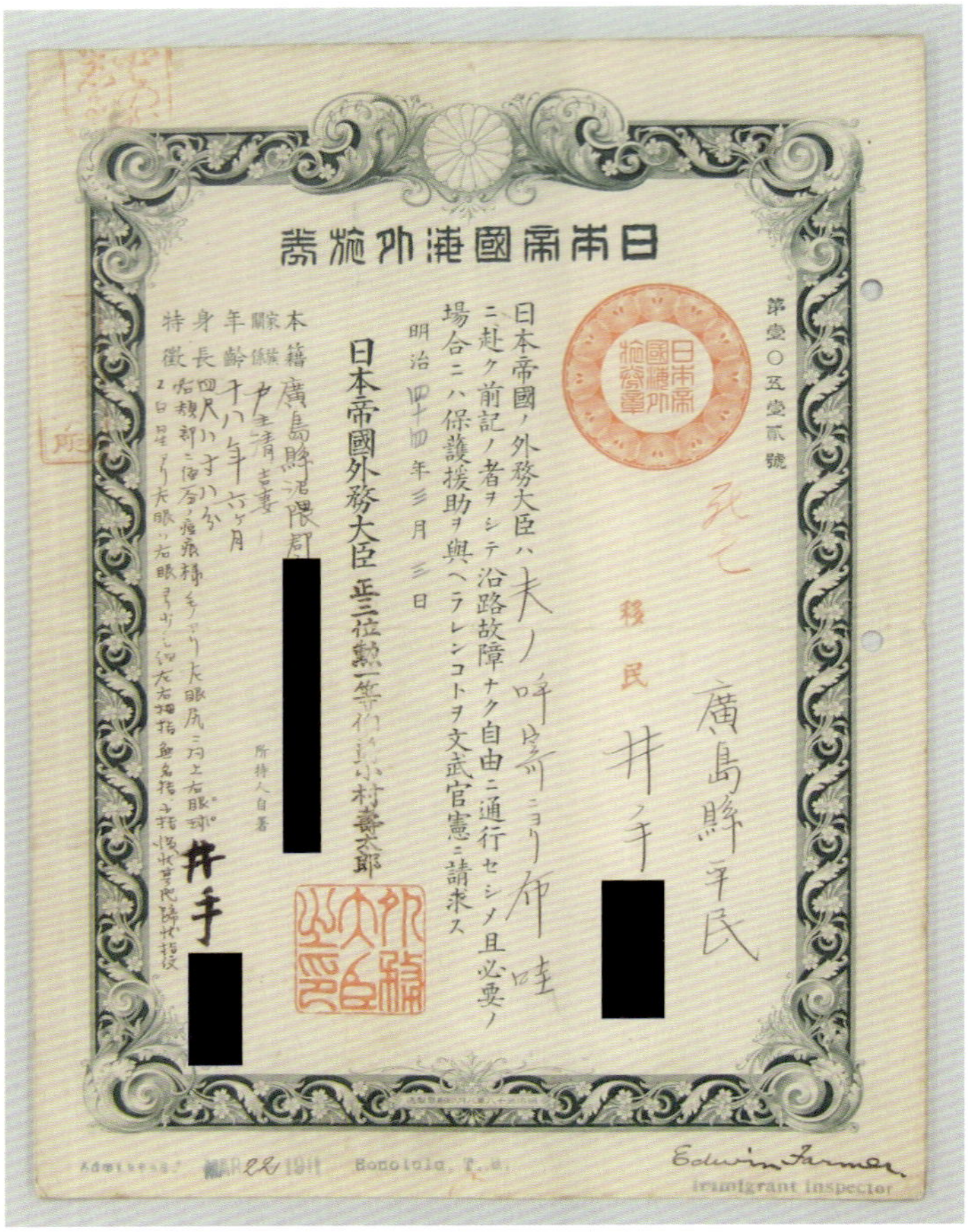
日本帝國海外旅券

第壹〇五壹貳號

移民

廣島縣平民
井手[redacted]

日本帝國ノ外務大臣ハ右ノ呼哇ニ赴ク前記ノ者ヲシテ沿路故障ナク自由ニ通行セシメ且必要ノ場合ニハ保護援助ヲ與ヘラレンコトヲ文武官憲ニ請求ス

明治四十四年三月三日

日本帝國外務大臣 正三位勲一等伯爵小村壽太郎

本籍 廣島縣沼隈郡[redacted]

家族ノ關係 戸主清吉妻

年齢 十八年六ヶ月

身長 四尺八寸八分

特徴

所持人自署 井手[redacted]

Admitted MAR 22 1911 Honolulu, T.H.

Edwin Farmer
Immigrant Inspector

3-38　明治44年移民旅券

07年11月から翌年2月にかけ、林外相とオブライエン駐日大使との間で、一一通の書簡や覚書の交換がなされ日米紳士協約が成立した。紳士協約は日本側の移民制限が実質的な内容であり、日本は再渡航者、在米者の父母養子、学生、商人などを除いて、自主的に新規の移民をすべて禁止した（ハワイは例外）。

　紳士協約は行政府間の協定として結ばれ、あえて条約形式を採用しなかったが、それは、条約形式では連邦議会の承認が困難だったこと、日本政府にとっても条約となれば移民規制の自主的措置が不平等条約の性質を帯びてしまうからであった。双方にとって都合の良い解決策ではあったが、政府間の条約ではなかったことが、のちに移民問題を外交上で再燃させる火種になった。08年2月には、日本はカナダとも紳士協約（ルミュー協約）を結び、その後の北米移民政策は自主的制限の方針で一貫したが、24年の排日移民法の成立で日米紳士協約は一方的に破棄される。

第4章 中国の政治変動と日本外交

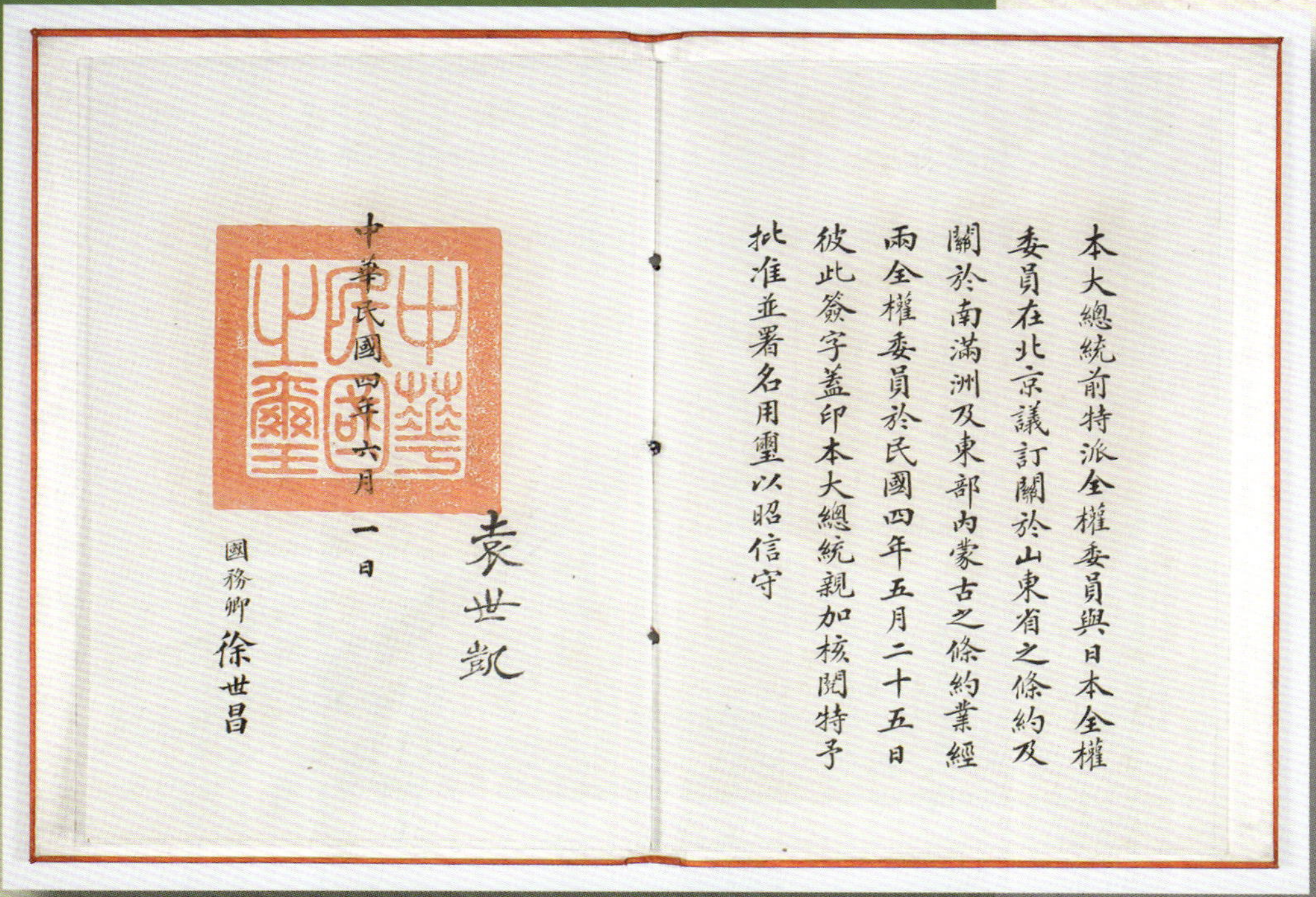

4-1　南満州および東部内蒙古に関する条約（中国側批准書）

年表

1912年（明治45年 / 大正元年）

1月 1日　孫文, 中華民国の建国を宣言.
2月12日　清朝滅亡.
3月10日　袁世凱, 中華民国の臨時大総統に就任.
6月18日　6国借款団成立（日露が加わる）.
7月 8日　第3回日露協約調印.
7月30日　明治天皇崩御, 皇太子嘉仁親王が天皇に践祚, 大正に改元.
11月22日　上原陸相, 朝鮮に2個師団増設案を閣議に提出.
12月21日　**第3次桂内閣**成立.

1913年（大正2年）

2月20日　**第1次山本権兵衛内閣**発足.
3月 4日　ウッドロウ・ウイルソン, 米国大統領に就任.
3月20日　米国, 6国借款団を脱退.
5月19日　カリフォルニア州で排日土地法成立.
6月13日　軍部大臣現役武官制を改正.
7月12日　孫文による中国第2革命.
10月 6日　袁世凱が大総統に推戴され, 日本は中華民国（北京政府）を正式承認.

1914年（大正3年）

1月23日　島田三郎, シーメンス事件で政府を追及.
4月16日　**第2次大隈内閣**発足.
7月28日　第1次世界大戦勃発.
8月23日　ドイツに宣戦布告.

1915年（大正4年）

1月18日　対華21か条要求を提出.
5月 7日　日置益公使, 21カ条要求について最後通牒を提出.
5月 9日　**中華民国政府**, 21カ条要求を受諾（国恥記念日）.
5月11日　米国, 領土保全と門戸開放に違反すれば不承認と通告（第2次ブライアン・ノート）.
5月25日　山東省に関する条約, 南満州および東部内蒙古に関する条約などを調印.
12月25日　中国第3革命勃発.

1916年（大正5年）

3月 7日　閣議, 反袁世凱政策を決定.
6月 6日　袁世凱死去.
7月 3日　第4回日露協約（日露同盟）調印.
10月 9日　**寺内正毅内閣**発足.

1917年（大正6年）

1月20日　西原借款開始（～18年9月）.
3月12日　ロシア2月革命.
3月27日　ロシアの臨時政府承認を閣議決定.
4月 6日　米国, 対独参戦.
4月13日　日米協会創立.
6月 6日　臨時外交調査委員会（外交調査会）発足.
8月14日　中華民国, 第1次世界大戦に参戦.
11月 2日　石井・ランシング協定調印.
11月 7日　ロシア10月革命, ソヴィエト政府発足.

1 袁世凱政権と日本

【辛亥革命の波紋】

清国では、日露戦争前から清朝打倒をめざす運動が頻発していたが、ついに1911年10月10日の武昌（現在の武漢）における蜂起が成功して、革命の波は拡大し、揚子江以南の各省は清朝からの独立宣言や離反が相次いだ。12月末には、革命勢力は各省代表を集めて臨時政府を発足させ、孫文《そんぶん》を臨時大総統に選び、12年1月、南京で中華民国臨時政府を成立させる。

一方、北方の清朝は、隠遁していた袁世凱《えんせいがい》を11年11月1日に国務総理（総理大臣）として復帰させて事態収拾をはかった。革命の勃発に積極的に対応したのが、揚子江流域を中心に多くの権益を張りめぐらすイギリスであった。そのイギリスは、12月中旬、南北の仲介に乗り出し、ジョーダン英国公使の斡旋で和議会談が開催される。イギリスは、寄り合い所帯で資金力も弱く、政権基盤も安定しない南方派（革命勢力）ではなく、袁を擁する清朝（北方派）によって事態が収拾されることを見越していたが、その思惑通りに進展した。清朝が袁を擁して勢力を盛り返すと、革命派は袁との妥協に傾く。イギリスの利益を巧みに察知した袁は、権力掌握の野望実現のため、清朝支配の継続を早々と断念し、イギリスの思惑に沿って共和制による収拾を選ぶ。

この間、発足まもない第二次西園寺公望《きんもち》内閣は11年10月下旬、関係列国と協調行動をとりつつ、「満洲問題の根本的解決」のための有利な情勢の到来を待つことを閣議で確認していた。しかし11月末、西園

山座円次郎《やまざえんじろう》（1866～1914）と伊集院彦吉《いじゅういんひこきち》（1864～1924）

4-2　山座円次郎

4-3　伊集院彦吉

山座は福岡藩、伊集院は薩摩藩（鹿児島県）出身。山座は1892年に外務省入省、韓国や中国の各地、ロンドンに在勤し、1901年から06年まで政務局長を務め、小村寿太朗外交を支えた。再びロンドンに在勤後、辛亥革命後の中国の視察や要人との会談を重ねるなかで、軍部の大陸進出論に批判的となる。13年から駐中華民国公使となり、その経綸の実現が期待されたが翌14年5月、狭心症のため急逝した。福岡の玄洋社に出入りし、近衛篤麿の東亜同文会や対露同志会の人士とも交遊があり、豪放磊落な性格からも「対外硬派」の外交官とみなされがちであるが、外交実務に長け緻密な一面を備え、小村は伊集院と並ぶ後継者の一人とみなしていた。

伊集院は、石井菊次郎と同期で1890年に外務省に入る。天津総領事などを経験し、1908年から駐清公使となる。11年の辛亥革命に際して、内田康哉外相の対英協調方針のもと、袁世凱政権に立憲君主制の採用を強硬に働きかける。しかし、袁世凱がイギリスの支持を得て共和制を採用すると、自ら召喚を申し出るが、対中外交の頓挫を恐れる内田は認めなかったため、なおも列国協調を前提とした外交努力を続け、6国借款団への参加にこぎつける。13年にようやく駐中華民国公使の任を解かれ、山座が後任となる。16年からイタリア大使となり、パリ講和会議の全権委員の一人となった。パリでは中国全権団の激しい宣伝戦に触発され、帰国後、原敬内閣のもとで情報宣伝部門の強化に力を注ぎ、21年に新設された外務省情報部の初代部長となった。23年には第2次山本権兵衛内閣の外相となるが、年末に内閣総辞職となったため、在任はわずか3カ月であった。外相辞任から3カ月後に病魔に襲われ急逝。

韓国と中国の在勤が長かった山座と伊集院は、ともに小村の後任として期待され、任地での評価も高かった。

西園寺公望《さいおんじきんもち》（1849～1940）

4-4　西園寺公望

京都の公家・徳大寺家に生まれ西園寺家を継ぐ。勝気で聡明な少年であった西園寺は 1870 年、開成所に入り、まもなくフランスに留学。留学中の友人が中江兆民であった。30 歳のときに帰国し、中江や松田正久らと『東洋自由新聞』を創刊して社長となるが、すぐに辞任。81 年、岩倉具視の紹介で伊藤博文が議長を務める参事院の議官補となり、法律知識と才覚を伊藤に見込まれ、82 年には伊藤の憲法調査のための訪欧に随行する。84 年から欧州に駐在し、ウィーンではシュタインに学んでいた陸奥宗光と親しくなる。

91 年に帰国しフランス法の知見を生かして民法、商法の整備に情熱を注いだ。94 年、第 2 次伊藤内閣に文相として初入閣。陸奥の病状が悪化したため、兼任外相として 96 年の伊藤内閣の総辞職まで日清戦争直後の外交をになう。1900 年には、伊藤による立憲政友会の創立に原敬とともに入党。翌年 5 月、伊藤内閣が倒れると次の桂太郎内閣まで首相代理となり、伊藤の後継者として地位を築いていく。03 年、伊藤が政友会総裁を辞任すると後継総裁となり、日露戦後には桂と西園寺が交互に政権を担当するという「桂園時代」の一翼をになった。

06 年、第 1 次西園寺内閣のとき、伊藤の力を借りて満州における軍政を撤廃し、国際的非難を浴びていた満州経営の開放に道筋をつけた。また、日英同盟と日露協約を基軸とし、条約上の満州権益や韓国への指導権の確保が可能な列強との関係を築いた。07 年に軍主導で立案された帝国国防方針についても国際外交と財政の観点から一方的な軍備充実に歯止めをかけた。桂園時代の後半には、桂や政友会の原が台頭する中で精彩をなくし、政権維持に固執しなくなる。12 年末に、2 個師団増設問題で第 2 次内閣を総辞職した西園寺は、政友会総裁も原に譲り、京都に 3 年も引きこもる。その一方、大正政変（第 3 次桂内閣の総辞職）後には、元老に準ずる存在として首班選定に深く関与するようになる。

18 年 9 月、寺内正毅内閣が辞職すると、英国をモデルとした 2 大政党政治を理想的とみなす西園寺は、元老をリードして初の本格的政党内閣である原内閣を誕生させた。

18 年 11 月、パリ講和会議の首席全権となり、翌年春の最高軍事会議から出席するが一言も発言しなかった。フランス語もほとんど話せなくなっており、国際舞台における日本の存在感を示すにはいたらなかった。パリから帰国後の西園寺は、静岡県興津の別荘で一年の大半を過ごすようになり、使者を通じて必要な情報を集め、政界に影響力を行使するという政治スタイルを常とした。22 年に山県有朋が世を去ると、筆頭元老として首相推薦を通じて政党政治の確立を支援した。また牧野伸顕宮内大臣（のち内大臣）らを従え、宮中をも掌握した。満州事変に始まる日中紛争が拡大すると、軍部の抑制と事態の収拾を宇垣一成や近衛文麿に期待して首相に推薦するものの、期待外れに終わった。

日本が満州国を承認したころ、西園寺は「伊藤公始め自分達は、東洋の盟主たる日本とか、亜細亜モンロー主義とか、そんな狭い気持ちのものではなく、寧ろ『世界の日本』という点に着眼してきた」と語っている。西園寺が望むような、こうした「着眼」をもつ強力なリーダーはついに戦時日本には生まれなかったのである。

寺は、伊集院彦吉《ひこきち》駐清公使や内田康哉《やすや》外相の意見を容れ、イギリスとの協調のもと、立憲君主制の実現を促すため南北停戦、講和を斡旋する方針に旋回した。立憲君主制への支援を通じて満州問題の解決を有利に運ぼうとしたこと、共和制の成立が日本の君主制と相いれず、その悪影響を恐れたためであった。

ところが、南北講和を画策していたイギリスは日本の提案を拒絶し、袁もイギリスに従っていた。西園寺内閣はこうした清国情勢に追随せざるを得ず、11月末には、立憲君主制を断念し、イギリスとの共同干渉方針も撤回、事態を静観する方針に戻る。日本を無視したイギリスの単独行動は、日本国内に日英同盟の意義を疑う声が起こるほどであった。

こうして革命後の混乱は、袁の思惑通りに収拾され、最後の清朝皇帝・宣統帝《せんとうてい》（溥《ふ》儀《ぎ》）は退位し、12年3月には、孫文の辞表を受けて袁が中華民国臨時政府の大総統に選出される。袁時代の始まりであった。

【「満蒙権益」の登場】

ところで辛亥革命は、それまで満州権益の維持強化に限られていた清国政策を転換させる契機となった。1911年10月の閣議に内田康哉外相は、満州権益の保持に加え、初めて清国本部に「利権増進」と優越的地位を列国に承認させる方針を提案している。しかし、西園寺公望内閣は新たな中国政策を打ち出すことはできなかった。

日本は、革命派と清朝政府の双方に公私の様々なパイプがあった。革命初期のころには、政府は、こうしたパイプを活用し、清朝の求めに応じて武器や資金（借款）を秘かに提供し、その代償として清国の対日態度の変更や満州における日本の地位の尊重を要求していた。その一方、商社を介在させた武器の供与など、革命派の支援に関与していた一部の陸軍軍人、商人、大陸浪人らの動きを黙認していた。また陸軍では、大規模な出兵計画が何度か検討されるものの、独自出兵は列国協調という観点からいずれも退けられた。こうした革命への対応をめぐる混乱は、清国政策の統一を妨げていた。

その一方、辛亥革命は「満蒙権益」という概念を登場させる契機となる。11年11月、革命の勃発に乗じて外蒙古（外モンゴル）が、ロシアの支持のもと清国からの独立を宣言した。そのため日露間には従来の満州を南北に分断する境

4-5 南満州鉄道株式会社（1907年）

満蒙特殊権益とは何か？

「満蒙」とは南満州と東部内蒙古を指すが、日本が「東部内蒙古」と呼んだ地域には実は権益の実態がなかった。それを、言葉のうえでは実態があるかのごとく説明してきたものであった。実際、新4国借款団の結成にあたっては、東部内蒙古に関連する唯一の既得権益であった洮熱線も新借款団に提供することになり、そのため日本が実際に保持する条約上の特殊権益は「満蒙」ではなく、南満州に限定されることになった。そもそも満蒙特殊権益は、日本にとって日露戦争以来の日中間の条約に基づく権利であると同時に、歴史的、政治経済的に特殊な関係に基づく権利である、と一方的に主張された。したがって既成事実や慣行、法的根拠があいまいな地域的な取り決めに基づくものが多く、特殊権益をめぐって国際的な理解が得られることはなかった。

例えば、新4国借款団交渉において、満蒙権益を一括して新借款団の対象から除外するという、日本の「概括主義」の主張は、満蒙権益はすでに英米露仏によって承認されたもの、との理解に基づいていた。しかし、確実な条約や取り決めに基づくものは少なかった。21カ条要求に基づく南満・東蒙条約も、その内容にアメリカは当初は異議を挟まなかったが、その後、1915年の日中条約のすべてに対し「不承認」主義で臨んだ。石井・ランシング協定にしても、領土が相接近する国家の間には、特殊な関係が生ずるという一般論を前提に、日本が中国に「特殊の利益」をもっていることを認めたにすぎない。日露協約では、たしかに秘密取り決めでロシアは満蒙権益を承認し、英仏にも内々に伝えられたが、詳細な内容は示していない。

また、外交的には、日本は特殊権益は排他的勢力圏を意味しないことを主張しなければならなかった。こうした主張は、帝国主義外交時代には容認されたが、門戸開放・機会均等を相互に保証し、排他的な勢力圏の形成を否定するワシントン体制の考え方とは明らかに矛盾した。外務省の一部には、満蒙権益が国際的に承認されたとする解釈に疑義をもち、9カ国条約違反を懸念する声もあったが、大勢とはならなかった。例えば幣原外相は、満州に中国の主権が及ぶことを認めつつ、満蒙権益は条約に基礎を置く確固としたもので、列国によって承認されたもの、という理解を疑うことはなかった。

参謀本部が20年の新借款団交渉の妥結を「失敗」として認めなかったように、国際関係の変動や国際秩序の変化とは無関係に、満蒙権益の特殊化を追求する勢力は後退することはなかった。その結果、20年代末から30年代にかけ、中国の国権回収運動が満州に迫ると、日本の国防と経済的生存がこの地域の特殊権益に大きく依存している、という「満蒙生命線論」が声高に主張されることになる。

界線だけでなく、内蒙古（内モンゴル）の勢力範囲についても確定する必要が生まれた。12年初頭から日露交渉が行われ、12年7月、第三回秘密日露協約が結ばれ、内蒙古を北京を通る経度をもって東西に分割し、相互に特殊利益を承認した。

その結果、日本の勢力範囲は「南満州と東部内蒙古」（「満蒙」）となり、13年には「満蒙権益」という概念が登場する。第三回日露協約は完全に秘密とされたが、英仏には通報され、英仏露は「満蒙」を日本の勢力範囲として認知したことになる。しかし、満蒙権益の国際的承認も不確かで、また中国との条約上の権利（とくに東部内蒙古）も確固としたものではなく、その基盤は脆弱であった。

【国際借款団と南北対立】

タフト政権はその後も、満州の鉄道建設や国内開発への列国の協力は、国際借款団からの融資で行うべきであるとし、そこにアメリカの銀行を参加させるという政策を推進した。この四国借款団構想に、満州に大きな権益をもつ日露は異議をとなえ、英仏も日露の立場に理

内田康哉《うちだやすや》（1865～1936）

4-6　内田康哉

明治末から昭和まで五つの内閣で通算７年半もの間、専任外相を務めた。肥後国（熊本県八代市）の出身。1887年東京帝大法科大学を卒業し入省。翌年、陸奥宗光が公使の米国に在勤。89年には陸奥の農商務相就任にともない同省に移り、生涯友人となる原敬を知る。２年後、陸奥の外務次官就任で外務省に復帰。93年、ロンドンに在勤して日英通商航海条約の調印に貢献。95年、清国在勤となり、帰国後、本省で通商局長、政務局長などを務めた。1901年から駐清公使として義和団事件後のロシアの撤兵問題に対処した。03年４月、満州撤兵に関する露清間の秘密交渉に関する情報を探知した内田は、ロシアに撤兵の意思はなく、対日開戦を引き延ばし秘かに戦争準備を進めている、と判断し、開戦を急ぐよう陸奥外相に具申した。清国政府にもロシアの撤兵延期の要求に応じないよう要請した。この措置は功を奏し、ロシアに打撃を与えたという。内田はのちに、露清間の秘密交渉の情報に接したとき、「あの時位感激に全身の血を躍らせたことはなかった」と振り返っている。04年には、内田は慶親王との会談でロシアとの密約の存在を認めさせ、待望の露清密約の全文を写し取った。

ウィーンに在勤後、09年から駐米大使として日米通商航海条約に調印。11年10月、第２次西園寺公望内閣に外相として初入閣し辛亥革命に遭遇。当初は事態を静観していたが、袁世凱の構想が立憲君主政体による事態収拾にあることが解ると、イギリスに呼びかけて列国共同で動乱を収めようとした。ところが、イギリスはすでに秘かに袁世凱と接触し、共和制の容認による清朝と革命軍の講和会議の斡旋に動いていた。同年12月末には日本は立憲君主制による収拾策を放棄せざるを得なくなる。その１年後、西園寺内閣の総辞職で内田も辞任する。

駐露大使の17年、ロシア10月革命に遭遇し、独露単独講和の成立を見て帰国。独露の連合による「独禍東漸」（ドイツ勢力の極東進出）は虚構であること、革命勢力の持続性への確信からシベリア出兵に反対論を展開。18年９月、原内閣で２度目の外相となり、原の急死後も高橋是清、加藤友三郎の内閣に留任した。この間、幹部には幣原喜重郎、埴原正直、出淵勝次、松平恒雄、松田道一、山川端夫らの「国際協調派」を配して、パリ講和会議やワシントン会議を乗り切った。23年に外相を辞して枢密顧問官となり、28年にはパリ不戦条約会議の全権として不戦条約に調印。しかし､条文中の「人民の名に於て」の言葉が天皇の大権を侵すもの、という野党の批判を浴びて枢密顧問官を辞任。

31年６月、幣原外相の要請で満鉄総裁となり、業績不振の満鉄の改革、停滞していた鉄道交渉を手がけた。満州事変に際し、内田は当初、事態の不拡大方針を支持していたが、やがて関東軍による軍事行動を「自衛行動」とみなし、自ら調印した不戦条約に違反せず、と説くようになる。満蒙新政権の樹立構想にも同調し、32年７月、斎藤実内閣の外相となり、８月の帝国議会では、満州国の承認こそが満州問題解決の唯一の方法との主張を、「国を焦土にしても此主張に徹する」と訴えた。まもなく体調を崩して翌年に外相を辞任。

外交評論家の清沢洌は34年に、内田外交にはゴムのような弾力性があったが、そのゴムが「化石」のように硬くなってしまったことは日本の悲劇だ、と評した。30年代の内田外交は、持ち前であった柔軟性を失っていた。

解を示したため、アメリカは日露の排除より、両国を借款団に参加させる道を選ぶ。日本も中国本部の華中・華南の利権に対する借款が、イギリスの牽制と中国側の利権回収の動きの前に停滞していたため、満州における特殊権利に留保しつつも、借款団の要請を受諾し、1912年3月、横浜正金銀行を指定銀行として借款団に参加した(六国借款団)。翌13年に成立したウィルソン政権は、借款条件が中国の行政的独立を損なう恐れがあるとして自国銀行団への支持を打ち切ったため、アメリカの銀行団は脱退し五国借款団となった。この五国借款団と中国の改革借款は袁世凱政権の安定に貢献した。

その一方、袁世凱と革命派の対立は激しくなり、革命派の指導者の一人、宋教仁《そうきょうじん》の暗殺をきっかけに13年7月には孫文による第二革命が勃発する。袁世凱はたちまちこれを鎮圧し、10月、正式に大総統に選出されると、日本を含む13カ国が新政府を承認した。孫文らは日本に亡命、中国は南北対立の時代を迎える。

4-7　日本軍の青島入城

13年9月5日、阿部守太郎政務局長が大陸浪人・岩田愛之助に暗殺される。袁世凱を支援し、満蒙を顧みないことが理由とされた。伊集院駐中華民国公使も暗殺の標的にされていたが、阿部はその伊集院と連携して外務省の不干渉政策をリードしていた。内田外相に提出した意見書では、中国内政への陸海軍の介入を抑制し、「外交は総て外務省を以て之を統一」することが急務とした。しかし、袁世凱を排除し、粛親王《しゅくしんのう》らを担ぎ出して清朝の復活や満蒙の分離独立を画策する川島浪速《なにわ》らの民間人の策動は絶えなかった。これに呼応して権益拡大をもくろむ現地軍の一部の動きも深刻なものとなっていた。不干渉政策はもはや形骸化していた。その一方、英米との協調や不干渉政策が積極的な中国政策を妨げているという見方が政府内外に広がり、日英同盟不要論まで台頭させていた。こうした状況に変化をもたらしたのは第一次世界大戦の勃発であった。

2 第一次世界大戦勃発と日本の参戦

【対独参戦と山東占領】

バルカン半島の局地紛争から始まった第一次世界大戦は、人類が経験したことのない未曾有の損害と殺戮をもたらし、ヨーロッパを荒廃させ、それは「総力戦」と呼ばれる。1914年7月末の開戦当初はオーストリア＝ハンガリーとセルビアの二国間での旧来型の戦争で終わる可能性があったが、同盟・協商網が導火線となって、またたく間にヨーロッパ五大国を巻き込む大戦争へと発展した。

欧州戦争は日本が主体的に開始した戦争ではなかったにもかかわらず、また、多くの国が中立を宣言したのに対し、日本はいち早く参戦する。

第二次大隈重信内閣の加藤高明外相は、8月5日に英国大使を訪問して、参戦が確実とみられたイギリスに対する支援の意思を伝え、戦

加藤高明《かとうたかあき》（1860～1926）

4-8　加藤高明

尾張藩（愛知県）の出身。東京帝大を卒業、三菱に入社し海運を担当。やがてイギリスに派遣され、そこで陸奥宗光を知る。1886年、岩崎弥太郎の長女と結婚して三菱一門につらなり、将来を嘱望されたが、陸奥の推薦で87年に外務省に転じた。90年に大蔵省に鞍替えするが、陸奥外相のもとで外務省に復帰して政務局長となり、林董次官、原敬通商局長とともに「陸奥派の三羽カラス」とうたわれた。日清戦争後に35歳という異例の若さで駐英公使に抜擢され、95年、ロンドンに着任。4年間ロンドンに在勤し、対英提携の必要を本国に説き続けた。98年3月の西徳二郎外相に宛てた意見書では、満韓交換論を「対露軟弱外交」として批判し、「ロシアとの衝突を覚悟して英と協力」して「日本の存立全うせよ」と説いた。

1900年1月、第4次伊藤博文内閣の外相に迎えられてもこうした方針は変わらず、とくに義和団事件後のロシアの南下に警戒心を強め、厳しい対露姿勢で臨んだ。01年春、ドイツが日独英3国協定案を提案すると、これを発端として日英同盟の非公式交渉を林駐英公使に託すが、日英同盟の締結を見ることなく、同年6月には伊藤内閣の退陣で外相を辞した。日露講和後に、第1次西園寺公望内閣の外相に返り咲くが、鉄道国有化への反対を理由にすぐに単独辞任。第3次桂太郎内閣で小村寿太郎亡きあとの三度目の外相に指名されたとき、入閣条件として、対中政策への陸軍の介入がもたらす「二重外交」の弊害の是正を求めたが大正政変のため50日余りで退陣してしまう。08年末、再び駐英大使としてロンドンに着任。日露協約が更新され親露路線に傾くことを危惧した加藤は、日英同盟こそが「帝国外交の骨子」として第3回日英同盟の締結を推進した。

14年4月、桂がつくった立憲同志会の党首に迎えられ、同志会を与党とする第2次大隈内閣が成立、副総理格の外相となる。元老の外交介入を排除するため、機密文書を元老にも配布する慣行を廃止し、元老側の感情的な反発を招く。のちに寺内正毅内閣が設置した外交調査会にも憲法が求める外交一元化の原則に反するとして参加を拒否している。まもなく起こった第1次世界大戦を天与の機会として対独参戦を主導し、日英同盟を基礎に満蒙権益の拡張の外交方針に掲げ、懸案の満州権益を定着・拡充するため21カ条要求を中国に提出した。しかし、その性急な交渉は高圧的で一貫性を欠き、中国側の激しい抵抗と米英の強い批判を浴び、長く日本外交の汚点となった（本文参照）。基盤の弱い大隈重信内閣のもとで、陸軍や対外硬団体の雑多な要求を統制できなかったこと、中国やアメリカの反発を見通せなかったことが致命的であった。

15年8月、加藤は外相を辞任し、その後、10年近くも野党（憲政会）の党首にとどまり、24年に第2次護憲運動を起こして待望の首相となる。のちの首相、若槻礼次郎は「加藤は老人を喜ばせることの出来ない男」だが、原は「老人がどういうことを喜ぶかを、ちゃんと知っていた」と評した。老人とは元老を指すが、気位が高く、人に頭を下げるのを嫌った加藤は、とりわけ山県にうとまれ、山県と原の死後、ようやく組閣できたのである。

首相としての加藤は外交政策を大きく転換させた。義弟の幣原喜重郎を外相に起用し、いわゆる幣原外交の強力な擁護者となる。英米協調、内政不干渉、経済的利益の追求といった方針は加藤の方針でもあった。加藤は26年1月に急逝する。加藤がさらに長命であれば、対中政策は変わり満州事変は起きず、政党政治も早く定着した、とする評価もあながち見当外れではない。

火が東アジアに及ぶ場合には、日英同盟を基礎として行動する、と述べた。イギリスは同日（日本時間）に対独参戦すると、極東水域におけるドイツ軍艦の撃破を日本海軍に求めるという限定的な参戦を日本政府に要請した。同月7日、臨時閣議では日英同盟によって参戦の義務はないが、「同盟の「情誼」と日本の国際的な地位の向上を理由として対独参戦を決定した。

翌8日には元老にも伝えられた。山県有朋は、戦後の東アジアに列強が復帰したとき、日本が孤立することに一抹の恐れをいだき、慎重な行動を求めるものの、加藤は一気に押し切った。参戦に積極的であった元老の井上馨《かおる》は、大隈内閣宛の意見書で、日本は挙国一致して「天祐を享受」すべきであり、「日本を孤立せしめんとする欧米の趨勢を、根底より一掃」すべしと檄を飛ばした。欧米が戦争に関心を集中しているこの好機に、東アジアで日本の地歩を固めよう、というのである。

8月15日、大隈内閣は最後通牒をもって、東アジア海域からのドイツ艦隊の退去、膠州湾租借地を中国に返還する目的で日本に引き渡すことをドイ

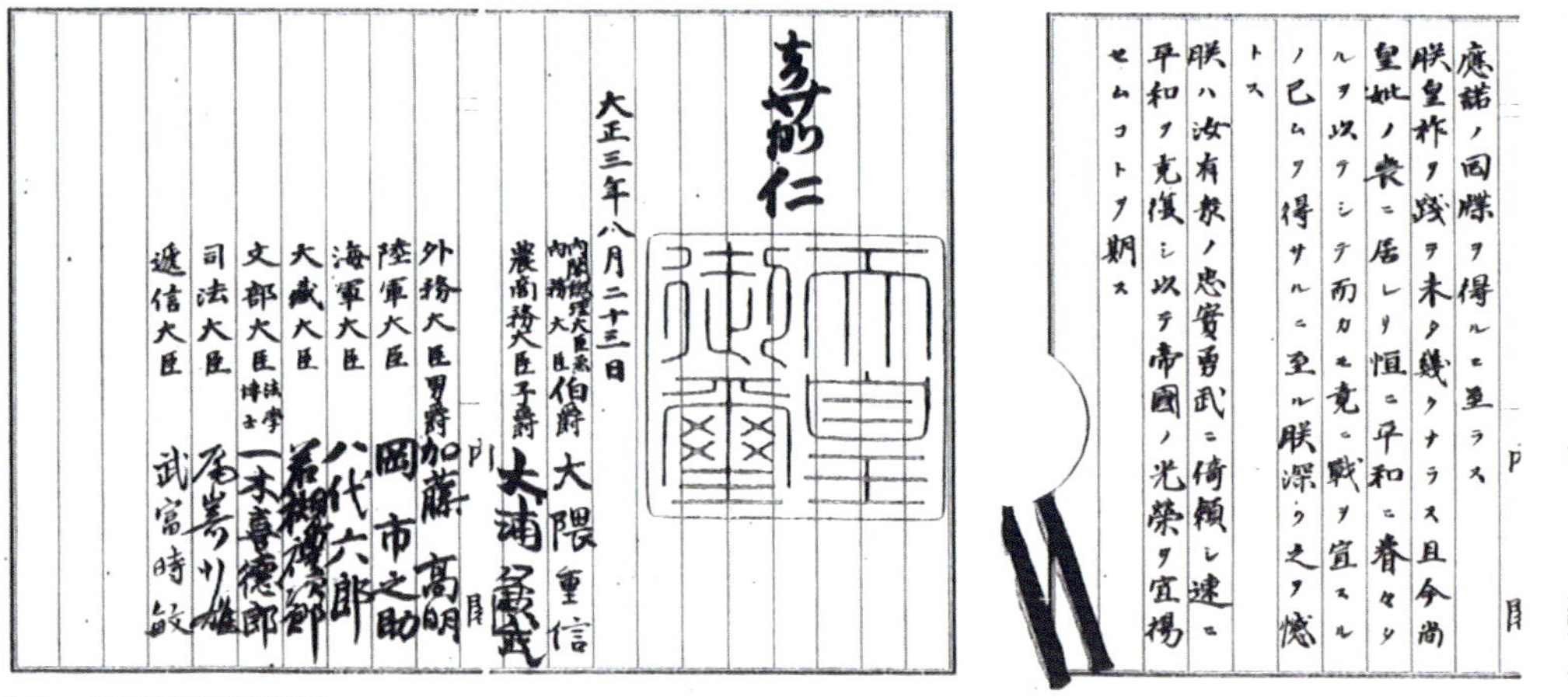
天佑ヲ保有シ萬世一系ノ皇祚ヲ践メル大日本國皇帝ハ忠實勇武ナル汝有衆ニ示ス
朕茲ニ獨逸國ニ對シテ戰ヲ宣ス朕カ陸海軍ハ宜ク力ヲ極メテ戰鬪ノ事ニ從フヘク朕カ百僚有司ハ宜ク職務ニ率循シテ軍國ノ目的ヲ達スルニ勗ムヘシ凡ソ國際條規ノ範圍ニ於テ一切ノ手段ヲ盡シ必ス遺算ナカラムコトヲ期セヨ
應諾ノ回牒ヲ得ルニ至ラス
朕皇祚ヲ践テ未タ幾クナラス且今尚皇妣ノ喪ニ居レリ恒ニ平和ニ眷々タルヲ以テシテ而カモ竟ニ戰ヲ宣スルノ已ムヲ得サルニ至ル朕深ク之ヲ憾トス
朕ハ汝有衆ノ忠實勇武ニ倚頼シ速ニ平和ヲ克復シ以テ帝國ノ光榮ヲ宣揚セムコトヲ期ス
嘉仁
天皇御璽
大正三年八月二十三日
内閣總理大臣兼内務大臣伯爵 大隈重信
農商務大臣子爵 大浦兼武
外務大臣男爵 加藤高明
陸軍大臣 岡市之助
海軍大臣 八代六郎
大藏大臣 若槻禮次郎
文部大臣法學博士 一木喜德郎
司法大臣 尾崎行雄
遞信大臣 武富時敏

4-9　日独開戦通告書

ツに要求した。ドイツが要求を拒否したため、同月23日、日本は対独宣戦を布告した。9月初旬、山東半島に上陸を開始した陸軍部隊は、山東鉄道を占領したのち、英国陸軍とともに青島要塞の攻略にあたり、11月初旬にドイツ軍を降伏させた。

この間、8月6日、袁世凱政権は、中国領土内での交戦行為を拒絶するという中立宣言を発していた。中国側は、日本の求めに応じて、日露戦争のように中立除外地帯の設定を承認していたが、山東鉄道は中国側が認めた交戦地域の外であり、中立違反の疑いがあった。日本は、ドイツ租借地と一体のものという理屈で山東鉄道の占領を強行した。

日露戦争後、満州以外では中国本土で日本が獲得した鉄道利権は皆無で、山東鉄道を日本の管理下に置くことは、戦後に膠州湾租借地を中国に還付する場合にも、その代償としてぜひとも必要な措置であった。

ドイツ軍の降伏後、陸軍部隊が撤退するものの、二五〇〇人規模の守備隊が編成され、山東鉄道などの警備にあたった。山東権益の中国還付を八年も争うことになる山東問題はここに始まる。

ドイツの極東における もう一つの根拠地であった南洋群島に対する海軍作戦も順調で、10月中旬までにヤップ島、サイパン島などを占領し、グアム島（米国領）を除いて赤道以北の南洋群島（ミクロネシア）は日本の占領下に置かれた。

こうして日本が加藤外相の強いリーダーシップのもとで参戦を急いだのは欧州戦争は早期に終結するだろう、という見通しによる。ただちに参戦しなければ、列国の介入を招き、中国権益の拡張の好機を逃すことになるという危機感は指導者に共有されていた。実際、袁世凱政権は中立を宣言したあとも、山東半島をドイツから取り戻すため、列強に働きかけていた。早期参戦はこうした国際的な動きも封じ込めた。

国内世論の大勢も早期参戦と権益拡張を積極的に支持した。明確に参戦反対の論陣を張ったのは、石橋湛山の主宰する『東洋経済新報』がほとんど唯一の主要メディアであった。

【加藤外相と二一カ条要求の波紋】

日本が対独参戦すると、外務省には陸軍や民間から、続々と中国進出や満蒙権益の拡充に関する献策が殺到した。加藤高明外相はこれらの献策を対中要求としてとりまとめ閣議決定のうえ、青島占領直後の1914年12月に「対支政策に関する件」として日置《ひおき》益《えき》駐華公使に訓令した。青島攻略のあとの翌15年1月、北京の日置公使は袁世凱に要求を提出し、受諾を迫った。これがいわゆる二一カ条要求である。

二一カ条要求は、第一号から第四号までの「要求条項」と第五号の「希望条項」とに大きく分けられる。第一号は、山東省内のドイツ権益の継承、第二号は満州に関するもので、遼東半島租借地（旅順・大連）と南満州鉄道の租借期限（長春以南の東清鉄道南部支線の経営権）を九九カ年に延長すること、東部内蒙古における権益拡大、などであった。この第二号は、満蒙権益の基礎を固めるための中核的な要求であった。日露戦争で獲得したロシアの権益のうち、旅順・大連の租借期限は23年、南満州鉄道のそれは39年であった。そのため租借期限の延長は日本外交の重要な課題として常に意識されていた。

第三号は中国の代表的な鉄鉱、製鉄企業であった漢冶萍公司《かんやひょうこんす》の日中共同経営の要求、第四号は福建省沿岸部の「不割譲」を求めていた。

遼東半島租借地と満州鉄道の租借期限の延長を優先目標とする加藤は、世界大戦という好機を利用し、ドイツから奪取した山東権益を取引材料として、不安定だった満蒙権益の安定確保と、その強化をはかろうとしたのである。

以上の第四号までの要求は、英仏露米にもその内容が内示されたが、列国はなんら異議をとなえなかった。中国の激しい抵抗は予想されたものの、四号までの要求であれば、このまま列強の了解を得られたであろう。吉野作造は二一カ条要求について、「支那にたいする帝国の将来の地歩を進める上から見て、極めて機宜に適した処置」とみなしていたように、当時にあっては合理的な要求といえた。

しかし、列国には秘匿されたが、実際には日本の要求には「希望条項」とされた第五号が含まれていた。第五号には、中国政府への日本人顧問の招へい、一部警察の日中合同、日本に対する鉄道敷設権の供与、日本からの武器供与の特権など、中国や欧米を刺激しかねない雑多な要求がならんでいた。加藤は第五号要求を最後まで温存し、その扱いについても具体的な指示を何も示さなかったため、今日でも様々な解釈を生んでいる。

4-10　21カ条要求当時の排日運動のビラ

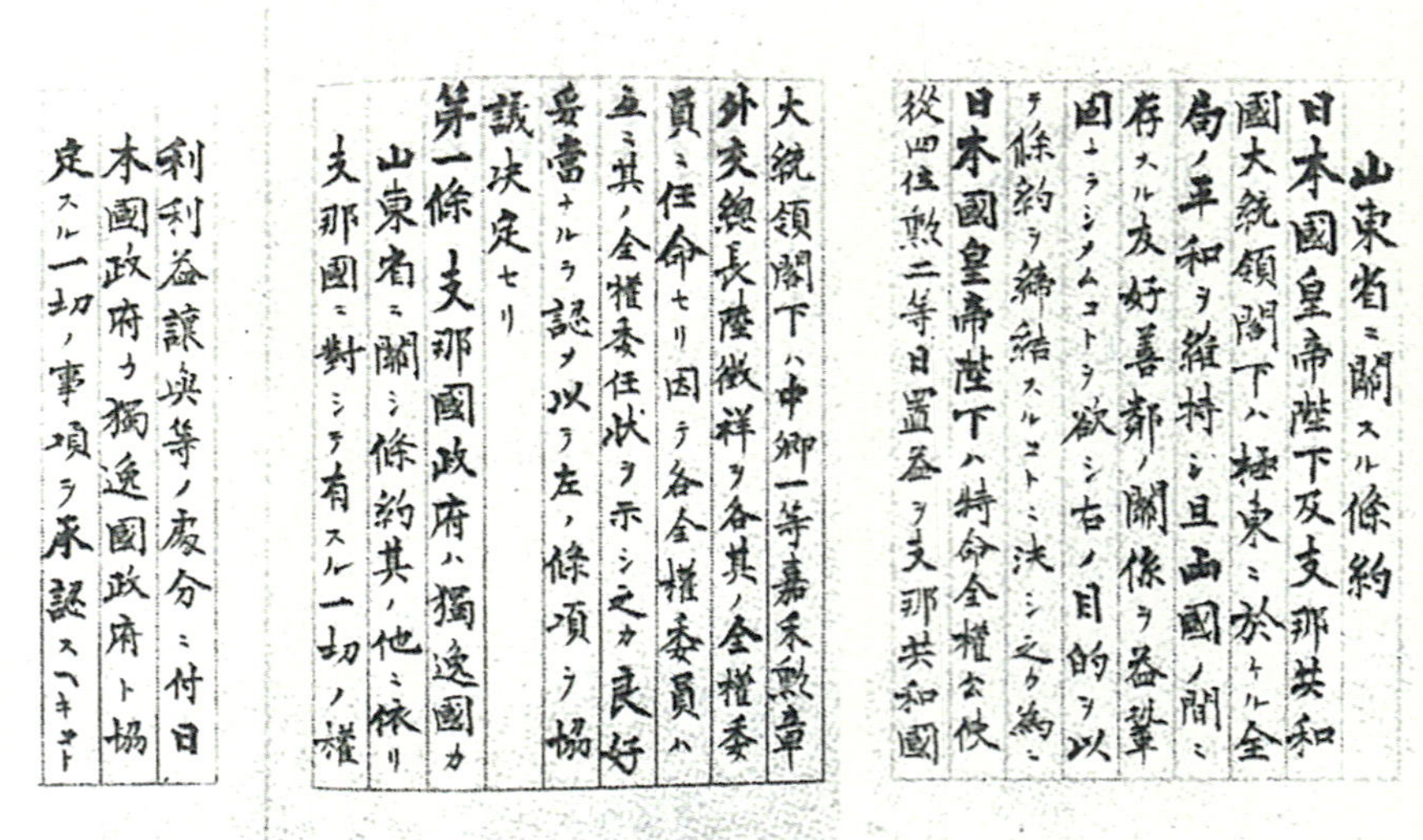
山東省ニ關スル條約

日本國皇帝陛下及支那共和國大統領閣下ハ極東ニ於ケル全局ノ平和ヲ維持シ且両國ノ間ニ存スル友好善鄰ノ關係ヲ益鞏固ナラシムコトヲ欲シ右ノ目的ヲ以テ條約ヲ締結スルコトニ決シ之カ為ニ日本國皇帝陛下ハ特命全權公使從四位勲二等日置益ヲ支那共和國大統領閣下ハ中卿一等嘉禾勲章外交總長陸徴祥ヲ各其ノ全權委員ニ任命セリ因テ各全權委員ハ互ニ其ノ全權委任狀ヲ示シ之カ良好妥當ナルヲ認メ以テ左ノ條項ヲ協議決定セリ

第一條　支那國政府ハ獨逸國カ山東省ニ關シ條約其ノ他ニ依リ支那國ニ對シテ有スル一切ノ權利利益讓與等ノ處分ニ付日本國政府カ獨逸國政府ト協定スル一切ノ事項ヲ承認スヘキコト

4-11　21カ条要求のうち山東権益に関する日中条約（調印書）

いずれにせよ加藤は、交渉は秘密のうちに短期間で終わらせる予定であった。しかし、袁はすぐに要求内容を新聞にリークし、反日世論を煽った。15年１月下旬になると、日本の要求が二一カ条に及ぶという報道が中国で繰り返されるようになり、「二一カ条要求」という呼称が定着していった。

【日中交渉とアメリカ】

日中交渉は、第二号の要求を満州だけでなく東部内蒙古にまで適用するか否かで行き詰まる。南満州における日本人の居住、営業、土地所有といった面での活動範囲や優越的地位を東部内蒙古でも認めるか否かが攻防の中心であった。交渉が難航するなか1915年３月13日、アメリカは、日本の要求に商工業上の機会均等等に反する条項があるものの、山東省の権益と南満州に関する権益強化については領土の隣接による特殊関係として日本の主張に理解を示す覚書（ブライアン・ノート）を両国に通告した。

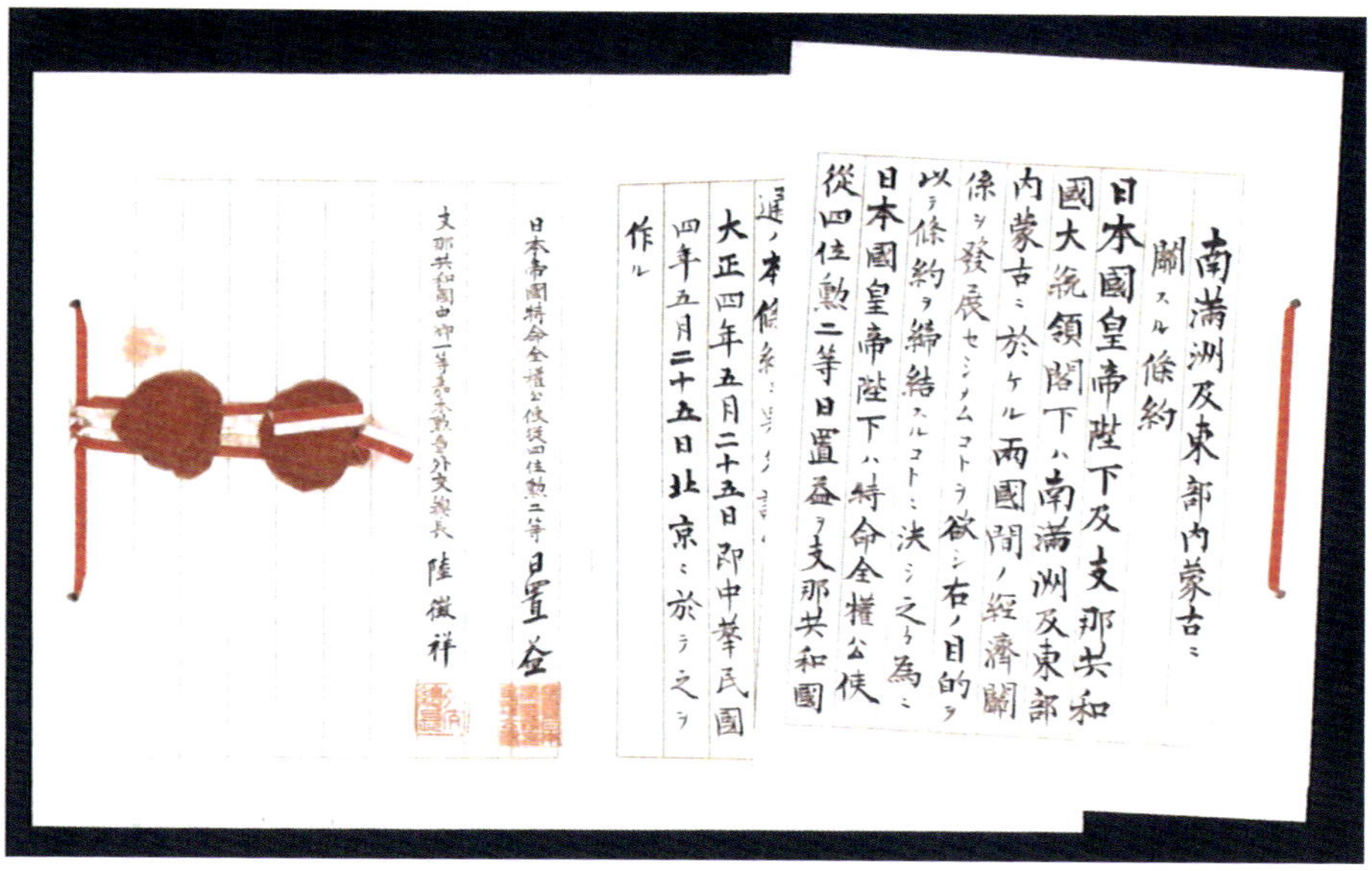

4-12　南満州および東部内蒙古に関する条約（調印書）

このブライアン・ノートの好意的反応を過信した加藤は、取引材料としての第五号を最後まで温存しようとした、とする説がある。また、交渉促進の手段とした加藤は、３月初旬には華北駐屯軍の増援部隊が編成され、一時的に武力威圧を加えた。武力衝突を憂慮したイギリスは、日本に平和的解決を求め、中国には譲歩を勧告した。

他方、アメリカでは第五号こそが日本の野心の表れと説き続けたラインシュ駐華公使の電報がウィルソン大統領を動かす。４月中旬、ウィルソンは直接、外交指導に乗り出し、それまでの調停的な立場から、中国支持へと転換した。アメリカの変化を背景に、中国の態度も一転して強硬となり、中国は第二号と第五号の取引を示唆した前の発言を撤回し、交渉は暗礁に乗り上げた。

５月５日、閣議は第五号を削除のうえ、最後通牒を発することを決定。５月９日、中国は欧米からの勧告もあり受諾を回答した。その直後の５月11日、アメリカは、中国の領土保全や門戸開放に反する現行条約や今後締結される条約は承認しない、という覚書（第二次ブライアン・ノート）を日本に手交した。この覚書はアメリカの不承認政策の最初の例であり、満州事変後のスチムソン・ドクトリンの原型となったとされる。中米の緊密な協力関係はワシントン会議まで続く。

５月25日、北京でそれぞれの問題ごとに二つの条約と十三の交換公文が結ばれ、二一カ条問題は終了した。条約の一つは「山東省に関する条約」、もう一つは「南満州および東部内蒙古に関する条約」（南満・東蒙条約）であった。前者は、山東省のドイツ権益処分に関する日独協定を中国は事前に承認すると定めた。後者は、旅順、大連の租借期限、南満州鉄道と安奉鉄道の経営権の九九カ年延長、南満州で日本人

寺内正毅《てらうちまさたけ》内閣と西原借款（1860～1926）

4-13　寺内正毅

寺内正毅（1852～1919）は長州閥の寵児として山県有朋の庇護を受け、桂太郎の後継者とみなされていた。謹厳実直な実務に長けた軍官僚として頭角をあらわすが政治力に乏しかった。1902年から10年間も陸相として、桂園内閣時代の軍事行政の中枢にあった。11年に初代朝鮮総督となり、いわゆる「武断政策」を展開する一方、経済開発にも力を入れた。16年に元帥となり、同年10月、山県の推挙で首相となり、多くの官僚出身者を入閣させ、典型的な超然内閣として「非立憲（ビリケン）内閣」とも冷評された。他方、国論統一と外交政策を政争の外に置くことを名目に、憲政史上初の超党派の外交政策審議機関として外交調査会（臨時外交調査委員会）を設置、シベリア出兵や中国政策などの重大課題を審議した（本文とコラム114頁参照）。中国政策では、前大隈重信内閣が21カ条問題など、その実際が「露骨な内政干渉」として内外の非難を浴びたことを踏まえ、中国内のいずれの党派にも「普遍公平の態度を持し、一切其の内政上の紛争に干渉せざること」を閣議決定した。しかし、列国が北方の段祺瑞政権を認めている状況から、17年7月には「段内閣に相当の友好的援助」を与える方針（援段政策）への転換を閣議で決定した。

この援段政策の柱が西原借款であった。西原亀三は06年に朝鮮で共益社を設立し、16年まで貿易業を営んでいたが、その間に寺内朝鮮総督と知り合い、15年末に勝田主計が朝鮮銀行総裁として赴任すると、西原と勝田は寺内の大陸経営の指南役となる。寺内が首相となり勝田が蔵相に就任すると、西原と勝田のコンビは再び寺内の指南役として大陸政策の経済面を主導する。幸い日本は、第1次世界大戦下で、未曾有の好景気に恵まれ、国際収支は初めて黒字となり、18年末までに16億円もの正貨（外貨）をかかえていた。積極財政主義の勝田は、西原と連携しつつ、蓄えた外貨をもって中国に集中的に資本投下し、戦後の国際経済戦に備え、併せて段政権の強化をはかろうとした。借款計画は勝田が立案し、西原一人が交渉役となり、17年から翌年にかけて段政権との間に8口（1億4500万円）の借款契約が成立した。段政権は極度の財政難を克服するためには、外国借款に頼るほかはなかった。

中国への投資については、過度の投資競争を避けるため国際借款団（国際投資団）がすでに結成されていた。当初は、すべての借款が規制対象となっていたが、13年には規制対象は政治借款に限られ、実業借款は除外されていた。西原借款は、規制外とされた実業借款の体裁をとっていたが、段政権の援助をねらう政治借款の色彩が濃厚であり、実際、供与された借款はもっぱら段政権の行政費、革命派討伐のための軍事費に回されていた。西原の借款構想は、独自の「王道主義」に基づき、日中の「経済同盟」を通じて大戦後の国際的な通商・投資競争に備えることに目標があった。「王道主義」とは、両国民が「誠意」によって「経済的融合」を実現し、「所謂外交の形式を避けて真に日支親善の実を取る」ことを指した。そのため、西原借款は無手数料、無割引を原則としたが、これらの原則は実質的に民間企業を締め出した。

寺内・勝田・西原の手の内で進められた西原借款は、米国主導の新4国借款団の結成の動きのなかで、国際借款団の取り決めに抵触するという疑惑を招き、また、横浜正金銀行の借款団業務を支援してきた外務省も反発を強めた。寺内内閣が米騒動の混乱で退陣し、18年9月に原敬内閣が成立すると、援段政策の転換とともに西原借款はなんら成果をあげないまま停止される。

は自由に居住し、商工業に従事できること、商工業や農業のため必要な土地を商租（自由契約による土地貸借）できること、などを定めた。

さらに、南満・東蒙条約には、南満州で石炭、鉄の主要鉱山の採掘を許可する交換公文、南満州と東部内蒙古における日本の借款優先権、政治や財政、軍事、警察などの分野で外国人顧問を任用する場合の日本人優先権に関する交換公文が附属しており、日本の満蒙権益の中核となる。二つの条約によって日本は、日露戦後の諸懸案のうち、満州権益の半ば永久的な確保、中国本部への進出に足がかりとなるドイツ権益の継承という中心的な目標は達成されたかに見えた。

しかし、二一カ条要求をめぐる交渉が続く間、中国では排日運動や日本商品のボイコット運動が頻発していた。最後通牒後の受諾日（5月9日）は「国恥記念日」とされ、「国恥」を忘れるなというスローガンが集会やデモでかかげられる。

中国問題の解決を有利に転ずるために参戦した日本は、新たな権益を得たが、中国の反帝国主義ナショナリズムを刺激し、その矛先は何よりも日本に向かう。

15年5月に日中交渉が終わったとき、日本外交をとりまく環境は大きく悪化していた。中国との関係はもとより、アメリカの対日不信感は深刻なものとなっていた。二一カ条要求の悪評は、その後の日本外交を悩ます「負の遺産」となる。

【反袁政策・援段政策・西原借款】

二一カ条問題が決着した中国では、元来、共和主義政体に理解のない袁世凱が、いわば便宜的に共和国の大総統になっていた。袁は二一カ条問題でかえって政治基盤を強化し、自ら皇帝の座につくことをめざした。１９１５年末、帝政計画に反発する「第三革命」と呼ばれる軍隊の反乱が雲南で起こった。大隈内閣は、英仏露を誘って帝政延期を勧告した。帝政計画がさらなる混乱を助長し、諸外国の利益を害する恐れがあるという理由であった。16年3月、大隈内閣は帝政を阻止するため、南方の革命軍を援助する政策を閣議決定した(反袁政策)。袁は6月に失意のうちに死亡した。

袁の死後、中国は軍閥内戦の時代に入る。軍閥とは自ら自立的な軍隊をもつ首領に統率された集団のことである。袁の死後、大総統となった黎元洪《れいげんこう》のもとで内閣を率いたのは段祺瑞《だんきずい》（国務総理）であった。国会が回復し、段政権は、正統政府（北京政府）として存在したが、南方派（孫文の革命派）に対抗して、北方に跋扈する軍閥の一つにすぎなかった。北方では、段の安徽派のほか、直隷派（馮国璋《ふうこくしょう》）、奉天派（張作霖《ちょうさくりん》）など有力な軍閥が競い合っていた。

16年10月に発足した寺内正毅《まさたけ》内閣の対外政策の課題は、前内閣の中国政策の転換であった。大隈内閣の対中国政策は、北方の北京政府に対抗する南方の革命派に対し、商社を通じた武器援助などで間接的に支援し、他方で北方の清朝の復活をねらう宗社党にも秘かに援助するという「無節操」（林権助《ごんすけ》）なものであった。山東でも混乱に乗じて利権の拡張をねらって現地軍が策動する動きは、絶えることはなかった。

17年1月、寺内内閣は、本野《もとの》一郎外相の意見に基づき、中国内の南北両派に対して「不偏公平の態度」で臨み、穏健な手段で権益を拡充するという新政策を決定した。しかし、寺内内閣は次第に内政関与の姿勢を強め、同年7月の閣議で、段祺瑞政権に「相当の友好的援助を与え、時局の平定を期す」という援段政策を決定した。中国の財政救済のため資金を貸す（借款）というのである。

17年8月、段政権は連合国側（英仏露）に立って参戦し、講和会議で発言する機会を得た。参戦によって独中間の条約は廃棄され、山東省におけるドイツ権益そのものがすでに消滅した、とする立場を中国はとることになり、講和会議での火種となる。

日本は、参戦を決めた段政権に単独で借款を与え、政治的影響力を高めようとした。これが西原借款であった。ヨーロッパ諸国には資金的な余裕がなかったが、日本は未曾有の好況期に入り、明治以来、初めて国際収支が好転していた。戦争特需で蓄積された外貨を中国に投資しようという勝田主計《しょうだかずえ》蔵相の積極財政が生かされようとしていた。西原亀三は朝鮮で綿業会社を経営し、寺内とも親しく、経済を中心に対中政策の立て直しを献策していた。

しかし、膨大な西原借款も、もっぱら段政権の行政費、革命派討伐のための軍事費に使用され、日中経済提携には結びつかなかった。原敬内閣のとき、西原借款は、中国政界の一部勢力を潤すにとどまり、南北争乱を助長する恐れありとして停止された。

石井菊次郎《いしいきくじろう》（1866～1945）

4-14　石井菊次郎

千葉の上総国（茂原市）の出身。東京帝大を経て1890年に外務省入省。伊集院彦吉が同期。91年から5年間、ヨーロッパに勤務。97年から清国駐在。義和団事件で半年間、北京に籠城した。努力家として知られ、1904年の通商局長のとき小村寿太郎外相に認められ、ポーツマス講和で能力を発揮し、08年に先輩の山座円次郎を飛び越えて次官となる。15年、加藤高明外相が辞職すると外相に推薦される。翌年には第4回日露協約の交渉にあたり、18世紀の7年戦争におけるロシアとプロシアの単独講和の教訓から、ロシアが単独講和で連合国から離脱して日本に対抗することを恐れ、その関心をヨーロッパに向けさせようとした。露独の単独講和はロシア革命後に現実のものとなり、「歴史は繰り返す」を実感する。

16年9月、外相を辞職して貴族院議員となるが、21カ条問題などで米国の猜疑心が深まるなか、中国大陸における日本の優越権について承認を求めるため、特使となってワシントンに赴く。ランシング国務長官は、中国市場で有利な日本が勢力範囲を撤廃し、中国の領土保全と門戸開放、機会均等を日米間で合意するよう求めた。石井も同意見であったが、寺内正毅首相や本野一郎外相、さらに外交調査会は、あくまで日本の特殊地位を米国に認めさせることを主張した。特殊地位の表現をめぐって交渉は難航するが、結局、中国における「特殊利益（Special Interest）」という表現で妥協し、石井・ランシング協定にこぎつけた。18年、駐米大使となり、シベリアからの早期撤兵のため奮闘。20年に駐仏大使となり、ベルサイユ条約実施に関する最高会議などで政府代表として活躍。以後、7年間、国際連盟を舞台に活動し、その公正な仕事ぶりは連盟内でも評価が高かった。27年、ジュネーヴ軍縮会議では、斎藤実とともに全権委員として奮闘するが、まもなく退官。

33年ロンドン世界経済会議代表となり、ロンドンに赴く途中、ローズヴェルトとアメリカの満州国承認を前提とする予備交渉を行い、日米の緊張緩和のため仲裁裁判条約を提議するが本交渉にいたらなかった。石井・ランシング協定の再来といわれたように何らかの合意形成の期待があったが、進展はなかった。37年には国際世論が悪化するなか「国民使節」に選ばれ、ヨーロッパで日本の立場を説いて回った。45年5月の空襲で明治神宮の参道で行方不明となる。石井は自伝『外交余録』の中で、「書類の整備の完否は、外交の勝敗を決する」と書き、外交記録の整備に注意を促し、また、外交家の「理想としては経綸と折衝とに兼ね長じたる者」であるとしつつ、日本の外交家は「経綸に長じたとか折衝に優ったと言ふよりは寧ろ誠実と穏健とに帰すべきである」という。まさに「誠実と穏健」を地で行った外交官であった。

3　日露同盟とアメリカの参戦

【「日露同盟」の完成】

欧州の戦線が日本の参戦によって極東にまで拡大すると、英仏露は日本の動向に、それまで以上に関心を寄せる。とくにインドシナへの戦禍が及ぶのを警戒するフランスは、日英同盟への参加、あるいは日英仏露の四国同盟の締結を日本に働きかけた。日英同盟にひびが入ることを恐れる加藤高明外相はこれに応じなかった。一方、極度の弾薬や軍需品の欠乏に悩まされていたロシアは、極東の兵器廠としての日本に期待を寄せ、さらに日本に接近する。

ところで日英関係は、辛亥革命以来、中国において不協和音が目立っていたものの、イギリスは連合国の一員としてのロシアを戦列から離脱させないため、日露の接近を間接的に支援する。その表れが、イギリスの要請による1915年10月の単独不講和ロンドン宣言への日本の加入であった。ロンドン宣言は、大戦勃発で英仏露三国がドイツを共通の敵としたにもかかわらず、三国間に単一の同盟条約が存在しないため、それに代わるものであった。加藤外相は加入に消極的であったが15年8月に辞任してしまう。戦後講和での発言力を確保するため加入の必要を認めていた石井菊次郎が後任外相となり、イギリスの要請に応え、一挙に加入したのであった。

しかし、ロンドン宣言への日本の加入は、ロシアを満足させることはなかった。ロシアが望むのは日露同盟であり、それは日独が単独講和を結んでロシアに向かうことを防ぐためでもあった。日本側でも、日露同盟に消極的であった加藤が退陣すると、元老の山県有朋や井上馨は寺内正毅や田中義一ら陸軍首脳部の支援も得て、石井外相らに働きかけを強める。彼らは日露の攻守同盟と、日露戦争では達成できなかった東支鉄道のハルビンまでの譲渡を目標としていた。16年初頭にゲオルギー大公が来日し、日露関係の一層の緊密化を求めるサゾーノフ外相の意向を伝え、まもなく本野一郎大使とサゾーノフ外相との交渉が始まる。東支鉄道の譲渡問題こそロシア側が難色を示し、後日の交渉に委ねられるが、16年7月、第四回日露協約がペトログラードにおいて調印される。

この日露協約は、それまでの協約とは異なり、中国の領土保全や機会均等など他国に配慮した表現はなく、もっぱら日露の利害のみを強調している。とくに秘密協約では、中国をめぐって、日露が「敵意を有する第三国」と戦争に陥った場合の相互援助や兵力援助の方法など、軍事同盟の実質を備えていた。そのため日露（攻守）同盟と呼ばれることがある。「敵意を有する第三国」とは当然、ドイツを指すものとみなされたが、17年12月19日付の『イズベスチア』紙で日露協約の秘密協約の部分が、「敵意を有する第三国」とは英米を指すもの、との注釈付きで公開され、関係国に衝撃を与えた。いずれにせよ、それまでの協約のように満州や蒙古の勢力範囲の調整ではなく、全中国を対象に第三勢力の排除を目標とした点で画期的であったが、ロシア十月革命によって日露協約そのものが終わりを迎える。

ロシア革命が起こらなかったならば、日露協約は継続し、中国全土を日露の分割支配のもとに置く根拠として機能し、中国をめぐる英米陣営と日露陣営の対立は、欧州列国をも巻き込んで抜き差しならぬものとなったであろう。

【石井・ランシング協定】

ところで、二一カ条要求後の日米関係は、中国問題と移民問題が阻害要因となり、冷え込んでいたが、１９１７年4月のアメリカの対独参戦は状況を一変させる。同年初頭からのドイツの無制限潜水艦戦への突入に憤慨したウィルソンは、ドイツと国交を断絶し、4月には議会に「世界をデモクラシーにとって安全なものにする」ために戦うと訴え、上下両院は対独宣戦を決議した。ウィルソンは当初から総力戦の決意のもと、海軍を対潜水艦戦争に投入し、速やかに大量の兵力を西部戦線に送り出すため17年5月、徴兵法を導入し、総額一一六億ドルにも及ぶ戦時借款をともに戦う国々に提供した。

アメリカが参戦すると、講和と戦後秩序の再建に大きな発言力をもつことが予想されたため、日本政府は冷え込んでいたアメリカとの関係を修復し、東アジアにおける日本の特殊な立場について了解を求めようとした。ウィルソンにとっても対独戦を優先させる観点から、日米関係の調整は望ましかった。

4-15　石井・ランシング協定

4-16　石井菊次郎特命全権大使とランシング米国務長官

17年5月下旬、寺内正毅内閣は移民問題と中国問題のため、特使派遣を閣議決定した。特派大使には前外相石井菊次郎が起用され、9月から交渉が始まる。石井が用意した「中国に関する日米共同宣言案」は、他の関係諸国が自国の勢力範囲を放棄するならば日本も放棄すると規定していた。中国において、ある一国が独占的地位を占めることを拒否するウィルソン外交への積極的な応答といえるものであった。

しかし、この石井案は、外交調査会における審議を経て、英露への配慮から勢力範囲撤廃の部分が削除され、結局、石井は勢力範囲撤廃に触れることなく、地理的近接を理由に、日本の中国における特殊地位を承認させる交渉方針で臨む。

日米交渉は、両国が「領土相接近する国家の間には特殊の関係が生ずること」を認め合ったうえで、アメリカが中国において「特殊の利益」を有することを承認するという内容となった。日本側は、中国における日本の「卓越した利益」の承認を求めたが、ランシングはこれを認めず、「特殊の利益」に落ち着いた。この合意は、石井とランシングが交換する公文による共同宣言となった(石井・ランシング協定)。日本にとっては、移民問題は残ったものの、高平・ルート協定に代わり、中国において日本が特殊利益を有することを、ほかならぬアメリカが認めたことが画期的であった。

また、この日米合意は、特殊利益に敷衍して、「支那の領土主権は完全に存在する」こと、他国の通商に不利な待遇を与えないことを約束することで、欧米列強の中国における権利を保障する一方、日本の突出した権益獲得を阻止しようとした、と見ることもできる。

日露戦争後の日本をとりまく国際環境の整備という観点から見ると、石井・ランシング協定は、英仏露の協商関係を基礎とする日露同盟、日英同盟、日仏協約とともに、ドイツを包囲する戦時の同盟・協商網の一環であり、その最後の仕上げであった。しかし、成立直後に、十月革命が勃発し、ロシアが離脱するという事態となる。

4 移民をめぐる日米摩擦

【「写真花嫁」と第一次排日土地法】

日米紳士協約(1908年)による日本側の自主規制の結果として、日本人移民の純増は抑えられたが、やがて在米日本人の家族は渡航可能という、紳士協約の抜け道を活用する形で「写真花嫁」(picture brides)が盛んとなった。写真や手紙だけを取り交わして縁談を成立させ、花嫁は入籍後に旅券発給を受けて渡航するという結婚の形態はアメリカ人にとっては奇異であった。さらに、写真花嫁による出産は、自動的に米国市民権を得ることになる子供の増大につながり、日系人コミュニティーの拡大への危機感も手伝って、しばらく鎮静化していた排日運動を再燃させた。

一方、単純労働者から脱して定住をはかる日系人も増えたことで、とくに農業従事者への警戒感は高まり、その土地利用への制限となって具体化する。それが13年初頭、カリフォルニア州議会に提出された、帰化不能外国人の農地所有を制限する土地法案であった。実質的に日本人移民をターゲットとしていた。この種の法案は07年以来、すでに数回提出されていたが、その都度、共和党のローズヴェルト、タフト両大統領の圧力によって阻止されていた。しかし、12年の大統領選挙における民主党のウィルソンの勝利は局面の転換が期待できた。新大統領は共和党とは違い、選挙戦でも州権の尊重、日本人移民の制限支

4-17　日本人排斥の風刺画

持を訴えていたからである。

　何度か修正を経たのち、13年5月に州議会は、圧倒的多数で「1913年外国人土地法」（第一次排日土地法）を成立させた。日本政府は珍田捨巳《ちんだすてみ》大使を通じて、日本人に対して不当に差別的で、11年の日米通商航海条約にも抵触するとして米国政府に強く抗議。ウィルソン大統領も、拒否権の発動をジョンソン・カリフォルニア州知事に要請するとともに、4月下旬、ブライアン国務長官を現地に急派した。

　日米通商航海条約には土地所有に関する規定がなく、居住や商業目的のための土地の賃借、家屋の所有などを定めるのみであった。この通商航海条約に抵触しないよう、修正法案は、以下のように規定していた。①帰化資格を有する外国人は、あらゆる土地の所有権をもち、②帰化資格のない外国人は米国との条約に従い、居住および商業目的に関する土地所有権をもつ、③農業目的の土地は三年以内の借地権に限って許可する。日露戦争以後、西海岸地域における排日運動が、法制度として結実した最初であった。

　ただ、この土地法には法的な抜け道があった。例えば、米国で誕生した自分の子供（米国市民権をもつ）に土地を所有させ、自らはその後見人となり子供から土地を賃借する、といった事例であった。ローズヴェルト大統領は、こうした抜け道に無頓着ではなかったが、「日米友好関係の維持」の観点から見逃した。カリフォルニア州知事にとっても、実際的な効果より、成立させること自体が重要であった。

【珍田大使の奮闘】

　第一次排日土地法は、州議会における審議段階から日本世論の激しい批判を浴びた。日露戦の勝利によって列強と対等な地位を築いたはずの日本の威信が傷つけられたと映ったからである。1913年4月17日に東京の国技館で開催された大規模な反米抗議集会では、土地法の成立は「国の名誉」にかかわる重大事であり、成立阻止のために、「日本艦隊をただちにアメリカ西海岸に回航させよ」、と砲艦外交を訴えた。『ニューヨーク・タイムズ』まで、日本の抗議集会の模様を大きく報じたため、米軍当局も日米開戦に備えて対日作戦計画書の作成にとりかかったほどであった。

　法案成立後、日本政府は強硬な抗議書を米政府に提示したため、フィスク米海軍作戦部長は、対日戦不可避と判断し、米艦の移動をダニエルズ海軍長官に要請。そのため海軍首脳があわてて挑発的な行動を抑えるという一幕もあった。

　日本にとって移民問題の最良の解決策は、日本人移民に帰化権を与えることであったが、それはきわめて困難であった。そこで珍田捨巳大使は、法案成立後の13年8月からブライアンとの粘り強い協議を通じて、現実的な解決策として、新たな日米条約

4-18　珍田捨巳（1856 ～ 1929）

日米未来戦記

20世紀初頭のアメリカにとって、西海岸における日本人移民の増大がもたらす脅威は、人種摩擦や労働市場における競争といった問題にとどまらなかった。日露戦後の「強国日本」への深刻な懸念と重なり合っていた。例えば、アーチボルド・クーリッジの『世界の強国アメリカ』（1909年）は、日露戦争の勝利で「世界の強国」として台頭した日本は、「太平洋の支配者たらんとする野望」をもち、日本移民は強国日本の「前衛」であり、退却するのは日本移民ではなく白人だ、と警鐘を鳴らした。

一風変わったアメリカ人作家のホーマー・リーの『無智の勇気』（1909年）は、太平洋における「日米未来戦」を描いた。日本軍が本格的に米本土攻略を企てるならば、たちまち西海岸を制圧し、やがてロッキー山脈まで進出し、アメリカはなす術がないだろうとし、自国の防衛力の手薄さを指摘する。『無智の勇気』は、日本を危険な仮想敵とみなしてはいたが、憎悪の対象ではなく、日本人の勇気と武士道を高く評価していた。そのためか、日本でも何種かの翻訳が刊行され、その邦訳は相当な反響を呼んだ。

こうした日本脅威論は政府や軍のなかにも見られた。ルート国務長官は、06年10月の省内向けの覚書で、日本は「恐らく現在世界で一番精鋭な装備と人員を備えている」が、戦争準備もできていないアメリカは、日米戦争が起こった場合、「フィリピン、ハワイ、恐らく太平洋岸は占領されてしまい、太平洋の交易は崩壊してしまうだろう」と書いている。

第1次大戦後、日本の海軍力増強はアメリカを刺激し、ワシントン会議（21～22年）前後には、「日米もし戦わば」といった類の書物が日米双方に大流行となり、英国人ジャーナリスト、バイウォーターの太平洋戦争物が世界を風靡し、日本でも石丸藤太、水野広徳らが活躍した。この風潮は30年代になっても鎮まることはなかった。

4-19　日米未来戦

その一方、ローズヴェルト大統領は、17年12月、大西洋岸のハンプトン・ローツ港から太平洋岸のサンフランシスコ港に16隻の主力戦艦を回航させ、その途中で太平洋を中心に世界を周航させる計画を明らかにした。米海軍力の威力を誇示し、日米両国の巷に流布する日米必戦論の払拭を意図したもので、日本政府も艦隊の日本寄港を要請した。

米艦隊は、通常の軍艦色であった灰色を白色に塗り変え、ホワイト・フリートとして18年10月中旬、横浜に寄港した。日本は朝野を挙げて艦隊の寄港を歓迎し、日米親善の気運を盛り上げ、太平洋の現状維持を確認した高平・ルート協定（08年11月）の締結を後押しした。戦艦の世界周航は、老朽化した米艦隊を刷新するというアピールもねらいのひとつであった。

によって農地所有に関する日本人移民の権利を保障する道を探った。珍田の日米条約案は、農地に関する権利の取得、処分、相続などについて最恵国国民（非アジア人）と同等の待遇を与える、という趣旨であり、14年1月までに合意された。しかし、ブライアンは上院外交委員会への上呈を躊躇した。上院は、州権尊重の立場を重んずる民主党が過半数を占めていた。そのため、連邦議会の通過は困難と判断したのであろう。さらに14年4月に大隈重信内閣の外相となった加藤高明外相が、前の牧野伸顕外相期の条約案を白紙に戻したため、協議は打ち切りとなり、珍田大使の努力は実らなかった。

それでも、珍田大使は、各州にこの種の排日的土地法が成立するのを防ぐため、同年10月に新たな条約案に基づく交渉開始をブライアンに申し入れた。この第二次協議もブライアンの辞任によって立ち消えとなるが、珍田の努力は七年後の幣原・モーリス会談に生かされる。

第5章

「新外交」と日本

5-1　ヴェルサイユ講和条約各国首席全権

▼

年表

1918年（大正7年）

1月 8日　ウイルソン大統領，14カ条の平和原則発表．
3月 3日　独ソ間にブレスト・リトフスク講和条約調印．
3月25日　独・墺を対象に，北京政府と日華陸軍共同防敵軍事協定調印．
4月 5日　日英の陸戦隊がウラジオストクに上陸．
5月13日　チェコ軍団によるチェリャビンスク事件，ロシア各地で蜂起．
7月 8日　米国，日本にチェコ軍団救出のため出兵提議．
8月 2日　シベリア出兵宣言．
8月 3日　米騒動起こる．
8月 7日　日本とソヴィエト政府間の外交関係が事実上，断絶．
9月29日　**原敬内閣**発足．
11月11日　連合国，ドイツと休戦協定調印．第1次世界大戦終結．
11月18日　オムスク政府でクーデター，反革命派のコルチャーク政権成立．

1919年（大正8年）

1月18日　パリ講和会議開催（～6月28日，連合国27カ国が参加．詳細は本文）．
3月 1日　3・1独立運動起こる．
3月 2日　モスクワでコミンテルン創立大会．
5月 4日　5・4運動起こる．
5月17日　コルチャーク政権を承認．
6月28日　ヴェルサイユ平和条約調印．
7月25日　カラハン宣言（ソ連の対中不平等条約撤廃）（第2次1920年9月27日）．

1920年（大正9年）

1月 1日　日本軍，イルクーツクに到着（西進の限界）．
1月10日　国際連盟設立（日中はともに原加盟国となる）．
1月15日　日本軍を東部シベリアに追加派兵の閣議決定．
4月 1日　米軍，シベリア撤兵完了．
4月 4日　日本軍，沿海州の武装解除開始．
4月 6日　極東共和国建国．
5月24日　ニコラエフスクで日本軍民735名殺害（尼港事件）．
7月 3日　日本軍，北樺太を保障占領．
7月15日　日本軍と極東共和国が停戦協定．
7月21日　日本軍，ザバイカル州から撤退開始（9月に撤兵完了）．
9月21日　カリフォルニア州の日本人移民問題に関し，幣原・モーリス会談（～21年1月24日）．

1921年（大正10年）

3月 3日　皇太子裕仁殿下，欧州訪問に出発（9月2日帰国）．
5月13日　極東共和国と協定を結び次第，沿海州撤兵開始を閣議決定．
11月 4日　原首相，東京駅で暗殺．
11月12日　ワシントン会議開幕（～22年2月6日）．
11月13日　**高橋是清内閣**成立．
12月 2日　山県有朋死去．

1 パリ講和会議とその遺産

【ウィルソンの「新外交」】

１９１８年１月、ウィルソンは年頭の議会演説で、戦後に再建されるべき国際秩序の構想を一四カ条にまとめた演説を行った。外交の公開の原則（外交の民主的統制）、航海自由（自由貿易）の原則、軍縮の原則、諸民族の自治あるいは独立（民族自決）の原則、さらに平和維持のための国際機構の設立などである。

その二カ月前の17年11月には、ロシア革命で誕生したボルシェヴィキ政権が、「平和に関する布告」を全交戦国に向けて発表し、民主的講和の条件として、無併合、無賠償や民族自決権の尊重を訴えた。さらに戦時にロシア帝国が結んだ秘密条約を公表した。そのねらいは、戦争が自衛のためではなく、帝国主義的な目的のためであったことを世界に印象付けることであったが、世界の耳目はボルシェヴィキ政権よりも、参戦を通じて圧倒的な力を見せつけたアメリカの動向に注がれる。18年10月、敗色が濃くなったドイツとオーストリアは、一四カ条を基礎とする休戦・講和を申し出る。その一カ月後に休戦条約が調印され、四年に及ぶ第一次世界大戦は幕を閉じた。一四カ条原則は戦後の新国際秩序のための基本的条件として現実味を帯びる。

ウィルソンの一四カ条のうち、公開外交と国際機構の設立構想は、それまでの国際政治観の刷新を求めるものであった。公開外交の原則は、それまで貴族や特権階級によって独占され、秘密外交が常態化していた外交活動の開放が何より重要とされ、それゆえに「新外交」と呼ばれた。勢力均衡や特権の獲得のため権謀術数や秘密外交を繰り広げるという「旧外交」を変革し、公開の討議や会議外交による紛争解決が理想とされた。

「民族自決」の原則について、ウィルソンはこの原則に、植民地主義への批判を込めたが、講和会議で取り上げようとはしなかった。ウィルソンにとっては民族自決よりも民主主義がより重要であり、新外交とはアングロ＝サクソン人が築いた文明の優越性を象徴する民主主義を基礎とする、いわば外交のイデオロギー化でもあった。

それまで、講和交渉といえば、領土や賠償金をめぐっての利害の調整が主であったが、そうした利害調整ではなく、主義や原則の問題として提示されることになった。吉野作造は、「帝国主義より国際民主主義へ」と題する論文で、「従来の国際関係は詰り帝国主義、強い者勝ち、弱い者は強い者の餌食になるのでありましたけれども、（中略）皆四民平等の原則を国際間に応用し相和し、相信じて極く新しい国際関係をたてなければならぬと云ふことに、是からの世界は段々と改造されて行くものと思ふ」と述べた。

しかし、それまで「旧外交」に慣れ親しんできた日本外交は、ウィルソン演説にとまどった。ことに国際連盟構想には、強い警戒感があり、次官の幣原喜重郎は、国際連盟構想に、「利害関係国相互の直接交渉によらず、こんな円卓会議で我が運命を決せられるのは迷惑至極だ」と語ったという。他方、外務省内には政務局第一課長であった小《こ》村《むら》欣一《きんいち》（寿太郎の長男）のように、大隈重信・寺内正毅《まさたけ》内閣期の対中外交の失敗から、勢力範囲撤廃や治外法権廃止をもって新外交に積極的に応じようという議論が起こる。だが、そうした声が外務省内の大勢を占めるのは講和会議後のことである。

原敬《はらたかし》（1856～1921）

盛岡藩の家老職の出身。司法省の法学校に入学するが退学し、『郵便報知』の記者や政府系の『大東日報』の主筆などを転々としていたが井上馨に見出され、井上が外務卿であった1882年に26歳で外務省に入った。天津領事館やフランス公使館に務めたが、89年には井上が農商務大臣のとき同省参事官に転じた。ここで原は生涯親交を深めることになる大臣秘書官の内田康哉を知る。やがて、アメリカから帰国した陸奥宗光が農商務相に就くと原の能力に注目するようになる。

陸奥が第2次伊藤博文内閣の外相となった92年、原を引き抜いて通商局長に起用し、95年には外務次官に抜擢した。原は陸奥を補佐して日英通商航海条約の締結や外交官・領事官の試験任用制度の導入に力を注いだ。「藩閥嫌い」の原にとって公平な試験によらない情実任用は「藩閥の余弊」以外の何ものでもなかった。96年、陸奥が病で閣外に去ると駐韓公使になるが、翌年には外務省を退き、『大阪毎日新聞』の主筆、さらに社長となる。1900年、伊藤や井上の勧誘で立憲政友会に入党し、第4次伊藤内閣で逓信相を務め、03年に伊藤が政友会を去ると、西園寺公望総裁を助けて実質的な指導者となり、14年には総裁となる。

在野時代の原は、08年秋から半年間の欧米旅行を通じて、「将来恐るべきは此国ならん」としてアメリカの躍進と政治の民主化（「民力の発達」）を実感することになる。政友会総裁として寺内正毅内閣の外交調査会の委員となった原は、懸案のシベリア出兵問題で、「日米間の親密なると否とは殆んど我国将来の運命に関すると云うも不可なし」との観点から、アメリカの提案する限定出兵論を説き、全面出兵論の寺内首相や田中義一陸相と対立する。

5-2　原敬

中国政策についても、「支那に対しては根本的に従来の態度を一変して大いに親善の道を講ずる事必要なり」と21カ条要求を推し進めた大隈重信・加藤高明外交を批判していたが、寺内内閣の援段政策も内政干渉を誘発するものとして容認しなかった。

寺内内閣が米騒動で退陣すると、18年9月、原は元老西園寺公望に推されて後継首相に就く。陸海外の3相以外の閣僚はすべて政友会で占める初の本格的政党内閣であり、外相も原と親しい内田康哉となる。内政面では鉄道建設など政友会の地方拠点の整備などに努め、外交面では大隈・寺内両内閣によって損なわれた対米関係の修復のため、西原借款の停止など対中政策の転換を実行した。20年には中国に対する新たな投資団として新4国借款団に加わり、中国支援のための国際協調の推進者となり、ワシントン体制を導く外交的基礎を固めたが、大陸における既得権益の擁護にはこだわった。ワシントン会議直前の21年11月、青年に襲撃され急逝した。西園寺は「原は人のためにどうだったか知らぬが、自己のために私欲を考える男ではなかった」と評したが、急逝しなければ山県有朋や松方正義の後を継ぐ元老となったであろう。

【原内閣と中国政策の転換―対米関係の修復】

「新外交」に向き合ったのは、１９１８年９月に発足していた原敬内閣であった。原は、衆議院における質疑で、外交は「徒《いたずら》に強硬を装ふて出来得るものではない」と指摘し、民主主義に基づく新たな外交潮流を「文明国人民の国際関係に対する思想を一変」させたと述べた。しかし、原内閣の前途は明るいものではなかった。帝政ロシアの崩壊によって日露協約は無効となり、シベリアへの「自主出兵」（後述）は、ウィルソンの不信感を募らせていた。原は、アメリカの猜疑心と中国の反日感情を招いた大隈重信・寺内正毅両内閣の対中政策の遺産を背負って組閣した。

首相に就任する前、半年間の訪米旅行の経験もある原は、アメリカの参戦による平和の到来が、世界に「米国の威力」と「民主主義の勃興」をもたらすと見通していた。原にとって対米協調の可否は日本の運命を左右する重大課題であった。こうして原は、優先目標を対米協調に置き、アメリカとの対立と摩擦を引き起こした大戦中の中国政策を転換していく。組閣から一カ月後には、対中単独借款の停止と西原借款の整理を決定し、北京政府に対する借款供与や武器給与は列国の疑惑を招き、中国の内乱も助長しているとして停止させた。

また、外務省には寺内内閣のときから、軍人や民間人が関与する「二元外交」を退けて外交経路の一元化、対中国外交機関の統一の必要を訴える声が小幡《おばた》西吉《ゆうきち》駐華公使などからあがっていたが、原はこうした外交一元化の要請にも応えた。原にとっての外交一元化とは、外交調査会（コラム114頁）に半ば奪われていた外交政策の決定権限を内閣に取り戻すことであり、外交調査会を巧みに利用しつつも、最終的にはその廃止が念頭にあった。ただ、原によるこうした外交政策の「転換」は、新外交に直接、応えたものではなく、従来の中国政策の修正にとどまった。

【牧野伸顕の奮闘】

日本の講和会議方針の決定を実質的にになった外交調査会は、1918年11月から本格的な討議に入る。外交調査会における討議では、「新外交」へ呼応という意味で、次席全権となる牧野伸顕《のぶあき》（枢密顧問官）の発言が際立っていた。パリ講和会議の目的は「旧式外交を根絶せんこと」にある、と正しく理解していた牧野は、18年12月の外交調査会では、中国政策について、「正義公正」や「内政不干渉、日支親善」を説く一方で、実際には二一カ条のような威圧的、帝国主義的な外交を進める、という「二重外交」こそが日本に対する信頼を損なっている、と指摘し、治外法権の撤廃や日本軍の撤退を主張した。寺内正毅前首相や田中義一陸相と論争になるものの、多くの委員は治外法権撤廃や軍隊の撤退に賛同した。

さらに牧野は、国際連盟案にも積極的に賛同すべきだと主張したが、これには批判的な意見が多かった。伊東巳代治は「アングロサクソン人種の現状維持を目的とす

牧野伸顕《まきののぶあき》（1861～1948）

大久保利通の次男として薩摩藩（鹿児島県）に出生。1871年、鹿児島を離れ岩倉使節団に留学生として随行し、そのまま米国で学び74年秋に帰国。同年開成学校に入学。78年には父、利通が暗殺され、母も12月に病死。伸顕と改称。79年に外務省に入り、在英公使館に勤務中の82年、憲法調査のため英国滞在中の伊藤博文に会う。牧野の才覚に注目した伊藤は中国出張に同行させるなど自分の手元で修業させた。国内勤務のあと97年から1906年まで10年余りを駐伊公使などとして欧州で過ごす。

日露戦争後、第1次、第2次西園寺公望内閣で文部大臣、農商務大臣を務め西園寺との関係を深める。13年に薩摩派の悲願であった山本権兵衛内閣が誕生すると外相に就任。2年余りの外相期には、中国で日本人の殺害・暴行事件が頻発し、世論は激高するが、牧野は外交交渉による解決の方針を貫く。対米関係ではカリフォルニア州における第1次排日土地法に直面し、珍田駐米大使を通じ新たな日米条約によって日系移民の権利を保障する道を探ったが、実らなかった。対外強硬論が主流の世論は、同胞の苦難に強硬な措置を躊躇する牧野に「軟弱外交」と批判を浴びせる。

寺内正毅内閣が設置した外交調査会の委員となった牧野は、シベリア出兵問題で、原敬とともに日米協調を基本に「限定出兵」を主張して、大規模出兵を敢行しようとする寺内首相らと対立した。18年末、パリ講和会議の次席全権となり、大隈重信・寺内両内閣の「旧式外交」を一掃し、ウィルソンの「新外交」に呼応すべきことを主張した。中国政策における「二重外交」の是正、不平等条約の改定、日本軍の撤退、さらに国際連盟への積極的協力を提唱するものの、「大勢順応」の講和会議方針には反映されなかった。

5-3 牧野伸顕

21年から宮内大臣、25年には内大臣に転じ、その後10年間、元老西園寺とともに若き昭和天皇の良き相談相手となる。29年には軍令部長の鈴木貫太郎大将を侍従長に抜擢して天皇側近を固め、天皇の厚い信頼を得て「宮中政治家」としての地位を築く。張作霖爆殺事件の処理では、責任の所在を曖昧のまま済ませようとする田中義一首相に、天皇が直接、譴責するという異例の措置をリードした。辞職した田中がまもなく急逝したとき、牧野は、田中について「政治家の素養を全く欠いていた」と記している。外交面では、中国への内政不干渉と欧米協調を基本とする「幣原外交」の擁護者となり、30年のロンドン海軍軍縮問題では、浜口雄幸内閣を一貫して支持した。

入江侍従によれば、35年に内大臣を辞任したとき、天皇は「声を上げてお泣き遊ばした」という。昭和期の牧野は、軍の一部や国粋主義団体からは政府を操る「親英米派」の中心とみなされ、2.26事件で襲撃されるが危うく難を逃れる。48年、87歳で逝去。

る一種の政治同盟」とみなし、日英同盟の存続も危うくなると懸念した。

外交調査会では全委員が、一部の経済権益のみを残し、租借地を含む旧ドイツ権益を中国に還付することに賛成した。とくに対米関係への配慮を優先した結果であった。しかし、その方法は、直接還付ではなく、ドイツから山東権益の無条件譲渡を得たのちに、15年の山東に関する条約に基づき、日中二国間の交渉で最終的に還付する間接方式を採用することになった。

講和会議方針は、閣議決定を経て12月下旬に最終決定となる。その骨子は、山東および南洋諸島の旧ドイツ権益の「無償譲渡の要求」でありその他の問題には「大勢順応主義」で臨む、というものであった。ウィルソンの一四カ条に関する日本政府の意見は、全体には「主義として賛成」するものの、日本への影響を考慮して、イギリスと同調するか、あるいは「大勢順応」となった。とくに連盟の創設案については、具体的成案の議定はなるべく延期させることになった。新外交への呼応を呼びかけた牧野の意見は反映されず、大戦中に獲得した権益を確定することが講和方針となる。

連盟創設案との関連で浮上したのが人種差別撤廃という要求であった。外務省の講和準備委員会などでは、連盟が有色人種を排除した白色人種による取引の場となることを防ぐためにも、差別撤廃案を提議すべきだ、という意見が出ていた。その背後には13年のカリフォルニア州の排日土地法に象徴されるように、排日運動がにわかに全米に広がる勢いを示していたという事情があった。外交調査会でも議論となり、「人種的偏見より生ずることあるべき帝国の不利を除去」するための提案を行うことになった。世論も移民問題の解決に有用であること、将来の人種戦争の予防といった観点から支持する声が多かった。

講和会議では、連盟設立に関する議事の引き延ばしをはかり、設立が避けられなくなる場合には、連盟規約に人種差別撤廃条項の挿入を要求することになった。ただ、実際の提案内容は、有色人種の立場から人種差別撤廃という理想を訴えるというより、とくにアメリカの日本人移民が、営業や土地所有、市民権などで制限を受けている現実を念頭に置いたものであった。

【パリにて―要求の行方】

日本の全権団は、首席全権として西園寺公望《きんもち》、実質的な首席全権で

臨時外交調査委員会（外交調査会）

1917年6月、寺内正毅内閣のとき天皇直属の外交問題に関する調査審議機関として設置。原敬、高橋是清、加藤友三郎の各内閣に引き継がれ、日本外交のいわば「お目付役」として大きな影響を及ぼした。当初のメンバーは、政府側が主要閣僚のほか、牧野伸顕、平田東助、伊東巳代治の各枢密顧問官、原政友会総裁、犬養毅立憲国民党総理の10名であった。外交課題が山積するなかで国論の統一を促し、外交を政争の外に置くことを名目としたが、寺内内閣による政友会と立憲国民党に対する与党化工作もねらいの一つとされる。直接的には伊東が考案し、関連法制も起案した。当初は、超党派的な機関となることが期待されたが、政友会とならぶ有力政党であった憲政会の加藤高明総裁が委員就任を断った。外務省中心の「外交一元化」に固執する加藤には当然の判断であった。さらに、学界や全国紙は、国務大臣以外に輔弼の機関を置くことは憲法違反とする違憲論が大多数であった。加藤はその後も委員には加わらず、調査会の意義は半減するものの、シベリア出兵やパリ講和会議など重要な外交案件では実質的な意思決定のための審議体として機能した。

とくに組閣後の原は外交調査会の弊を自覚しながらも、これを重視し、元老や枢密院の説得のため逆に利用した。しかし、パリ講和における日本全権の判断をめぐって伊東、後藤新平、犬養と対立し、とくに伊東の「駄弁」を非難のための非難とみなし、伊東の介入を排除するため、事実上、事後報告で済ませるよう調査会を運用するようになり、開催も少なくなっていく。伊東はパリ会議後も調査会の存続を望んだが、原は廃止を考えるようになり、加藤（友）内閣期の22年9月に廃止された。

5-4　パリ講和会議日本代表団　最前列中央に牧野伸顕と西園寺公望、左から２人目松岡洋右。２列目左から３人目重光葵、４人目吉田茂、５人目有田八郎。３列目左から８人目芦田均、４列目 11 人目近衛文麿

次席全権の牧野のほか、珍田捨巳《ちんだすてみ》（駐英大使）、松井慶四郎（駐仏大使）、伊集院彦吉（駐伊大使）が全権となった。随員には永井松三、長岡春一《はるかず》、佐分利貞男《さぶりさだお》、松岡洋右《ようすけ》、吉田茂、木村鋭市、有田八郎、重光葵《まもる》、芦田均《ひとし》、陸軍から奈良武次《たけじ》、二宮治重《はるしげ》、田中国重《くにしげ》、畑俊六、海軍から竹下勇、野村吉三郎、そのほか山川端夫《ただお》、立作太郎《たちさくたろう》、深井英五らが加わった。

公式随員以外に、近衛文麿、西園寺八郎、秋月左都夫《さつお》らを加えると総勢60名にも及んだ。さらに、中野正剛《せいごう》、馬場恒吾《つねご》、永井柳太郎、植原悦二郎、古島一雄ら新聞人、政治家もパリに赴いた。これらの顔ぶれをみると、昭和外交を牽引した主要な外交官や言論人が多く含まれていることが解る。幣原喜重郎も、次官として本省で講和外交を指揮した。

１９１９年１月から６月まで開催されたパリ講和会議は、二九の連合国に招待状が送られたが、実際の会議運営はロイド・ジョージ英首相、クレマンソー仏首相、ウィルソン大統領、オルランド伊首相の四大国首脳の会合が主導権を握っていた。日本は当初は五大国の一員として遇されたが、徐々に外されるようになり、やがて「サイレント・パートナー」と揶揄されるようになるが、代表団はそれなりに奮闘する。

西園寺公望に同行した近衛は、「秘密外交がやうやく過去の遺物となりて国民外交、公開外交の時代が来る兆がある」と感ずる一方、「力の支配」という厳然たる事実にも衝撃を受ける。新外交に対する「受容と反発」という、日本外交の揺れ動く受け止め方を象徴している。

《南洋諸島の委任統治》

講和会議は、対独講和条約のなかに国際連盟規約を含める方向で議論が進み、ウィルソンが提示した国際連盟の設立構想と連盟規約の審議から始まった。これと並行して、アフリカや太平洋の旧ドイツ領の処分問題が審議され、南洋諸島もその対象となった。

5-5　パリ講和会議

ウィルソンは、旧ドイツ領植民地を戦勝国がただちに併合することは、一四カ条の民族自決の趣旨に反し、旧秩序への回帰という印象を世界に与えることを恐れた。結局、旧ドイツ領を文化的程度や地域の特性に応じて、A式、B式、C式に区分し、それぞれ連盟の付託に基づいて統治するという委任統治方式がとられた。その結果、南洋諸島はC式委任統治領として日本の施政下に置かれることになった。22年には軍政が撤廃され、防備隊も撤退し南洋庁が設置された。軍事化の禁止など制限はあったものの実質的には日本領として、第二次世界大戦終結まで統治することになる。

《人種差別撤廃条項の挫折》

人種差別撤廃条項を連盟規約に挿入する、という日本の要求は難航した。牧野全権は2月中旬の国際連盟委員会に、締約国内の外国人に対し、人種や国籍を問わず、法律上あるいは事実上何ら差別を設けず、すべての面で「均等公平」の待遇を与えることを連盟規約のなかに明記すべきであると提案した。牧野は「従来人種上、宗教上の怨恨がしばしば各国民間の紛糾および戦争の原因となり、その結果痛嘆すべき極端なる惨禍をもたらしたること、史上にその例の少なくないこと多言を要せず」と力説した。五大国のうち有色人種の代表による提案として、反響は小さくなかった。日本国内でも、貴族院、政友会などの有志三〇〇余名が人種差別撤廃期成同盟を結成し、人種差別撤廃をパリの仏代表クレマンソーに打電するなど支援の輪が広がる。

しかし、日本の提案にウィルソンは賛同したが、日本移民の流入を懸念するオーストラリアを連邦内にかかえるイギリスや、フランスが反対した。牧野は珍田全権とともに3月末まで連日にわたって説得に奔走した。他方、牧野らは、「各国民の平等」と外国人に対する「公正待遇」の原則を連盟規約の前文にかかげることで事態の打開をめざした。4月中旬の連盟委員会最終会合の票決では一六名の委員のうち一一名が賛同したが、ウィルソンは重要案件の採択には全会一致が必要として日本提案を否決した。ウィルソンを躊躇させたのは、人種差別撤廃の採択が米国議会で移民問題に利用されるという懸念が一因といわれる。

《紛糾する山東問題》

日本にとって最も重要な案件は、対独参戦によって獲得した山東半島の旧ドイツ権益の譲渡問題であった。寺内正毅内閣の本野《もとの》一郎外相は、連合国への戦争協力の見返りとして、ドイツ権益の無条件譲渡の保障を求め、連合国と秘かに交渉した。17年1月、日本は、イギリスからの駆逐艦の地中海派遣の要請に応じたが、その代わりに、講和会議の際にはドイツ権益の無条件譲渡の要求を支持するイギリスの秘密覚書を取り付けた。仏露伊からも同様の秘密覚書で支持を取り付けていた。したがって、主たる説得対象はアメリカであったが、そのアメリカはブライアン・ノートによって15年の山東省に関する条約（101頁）の不承認を表明していたので難航が予想された。

一方、中国では、北京政府が対独参戦したあとも、南北両政府の激しい争いが続いたが、大戦が終息に向かうなかで南北和議が成立し、各派代表を加えた五〇名の代表団をパリに送っていた。中国の最も重要な目標は、山東権益の無条件回収にあった。山東問題に関する実質的な討議は19年4月から始まるが、アメリカは当初、中国の立場を強く支持していた。日本全権団は、訓令通り、山東利権を無償・無条件でドイツから獲得し、これを山東省に関する条約に従って、直接交渉によって中国に還付するという間接返還を主張し、講和会議からの脱退を辞さない態度さえしめした。ウィルソンは連盟設立を優先する立場から日本の要求を受け入れ、ヴェルサイユ講和条約に日本の要求が山東条項として盛り込まれた。

日本の要求を受け入れたウィルソンの決断は、欧州諸国との秘密合意を踏まえた日本全権の強硬姿勢によるものだけではなかった。牧野は19年5月、ウィルソンとの協議による合意に基づいて、日本は、旧ドイツの経済権益の確保や青島に居留地を設定する権利のみを保持する、として山東半島の主権の全面返還を改めて表明していた。それは、ウィルソンに、連盟を通じた山東問題の最終的な解決と、中国をめぐる国際協調の前進を期待させるものであった。

ウィルソンは山東問題が導火線となり、世界が旧来の勢力均衡に戻ることを恐れ、新たな国際秩序の実現のため、大国間の協調を重視したのである。大国間協調の維持こそがウィルソンの求める集団安全保障の前提であった。しかし、ウィルソンの構想はアメリカ国内で否定され、日米の危機が再燃した。日米関係の安定は、ハーディング政権によって東アジア政策における指導力が回復されるワシントン会議まで待たねばならなかった。

【五・四運動とプロパガンダ】

山東利権の日本への譲渡が中国の反対を押し切って承認されると、北京では学生による大規模なデモが発生し、全国的な反帝国主義の民衆運動に発展し、日本商品の徹底的なボイコット運動や抗議行動が各地に広がる（五・四運動）。北京政府はこれを弾圧したうえヴェルサイユ条約への調印を代表団に訓令する。中国代表団は、山東利権の部分だけを留保して調印しようとしたが、留保が認められなかったため調印を拒否した。

その後日本は、ヴェルサイユ条約の発効を待って山東還付交渉を中国に提議した。その条件は、日本軍の撤退、山東鉄道の日中合同経営などであった。しかし、無条件還付の姿勢を崩さない中国は、米英の介入や国際連盟に解決を託そうという世論にも押され、日本の申し入れを拒絶し、解決はワシントン会議まで持ち越される。1910年代後半には、日本は突出して反帝国主義運動の標的となり、排日運動も頻繁となる。日本が、中国の歴史教科書における「排日教育」の是正を求めたのもこの時期であった。

日本側は、講和会議における日中協調による山東問題の解決を楽観していた。内田康哉《やすや》外相も、講和会議に向かう途中で日本に立ち寄った北京政府の陸徴祥《りくちょうしょう》と18年12月に会談し、中国の不平等条約の改定

日米ヤップ島問題

日本の委任統治のもとに置かれた南洋諸島は、マリアナ諸島、カロリン諸島、マーシャル諸島からなる。そのうち、カロリン諸島の西端にあったヤップ島という小さな島が日本の委任統治となることについて、アメリカは難色を示した。ヤップ島は米国領グアム—オランダ領セレベスを結ぶラインなど、三つの海底電線の通過点に位置し、海底電線を１国の支配のもとに置くことを懸念したからである。

1920年10月、ワシントンで開催された国際通信予備会議でアメリカは、日本の委任統治区域からヤップ島を除外し、国際管理のもとに置くことを主張した。幣原喜重郎駐米大使は、いったん委任統治となったものを覆せないと反論した。しかし、アメリカは、21年２月、国際連盟に抗議書を送り、４月には日英仏伊の４国に、ヴェルサイユ条約を批准していないため、その決定には拘束されないと通告した。事態の打開のため、ヒューズ国務長官と直接交渉に臨んだ幣原は、海底電線の敷設、運用、無線電信業務に限り、ヤップ島における日本などと同等の特権や権利を認める代わりに、日本のヤップ島委任統治に関するアメリカの異議を放棄させることとした。アメリカはこれを受け入れ、22年２月、日米ヤップ島及び赤道以北委任統治地域に関する協定が成立した。

を支持することを伝え、日中の協調を確認していた。しかし、中国はその裏で、全権で駐米公使の顧維鈞《こいきん》が、アメリカ代表団がパリに入る前から中国の立場を説明し、ウィルソンの新外交への支持を表明し、中国全権団も山東交渉の直前まで対米工作やプロパガンダを繰り返していた。

首席全権の西園寺公望は、山東問題について、「支那全権委員の反対と米国側一部の支那に対する同情と相まって之が解決に至大の困難を惹起せり」と、中国のプロパガンダが大国を動かしたという苦い体験を、その復命書に記している。西園寺に同行した近衛文麿も、外交が公開的性質を帯び、「民衆の同意同情を集むることなくしては何事もなし得ざる時代」にあっては「プロパガンダは実にこの時代の必要に応じて生まれ出たる外交上の新武器に外ならざるなり」と、講和見聞記に書き、「プロパガンダ機関」の設立の必要を提言している。

【外務省改革と自立化】

本格的な国際会議を初めて経験した日本全権団は、五大国としての椅子が用意されていたにもかかわらず、組織的な準備の不足、情報宣伝活動の見劣り、不十分な語学力などを痛感することになった。近衛文麿は、講和会議の所感の一つとして、外交官制度刷新の必要に言及しているが、こうした問題意識は近衛だけではなかった。

外務省の将来に危機感をいだいた有田八郎、重光葵、斎藤博、堀内謙介らの若手外交官は、パリで外務省革新運動を旗揚げした。運動目標を門戸開放、省員養成、機構の拡大強化の三点に絞り、帰国後、在外公館にも檄を飛ばして五〇名近い同志を集め、１９１９年９月に有田を中心に革新同志会を結成した。その活動は同志会の建議によって常設機関として省内に設置された制度取調委員会に引き継がれる。同委員会は田中都吉《ときち》（通商局長）を委員長に、活発な会合を重ね、20年5月に報告書を内田康哉外相に提出した。

報告書の提言は機構、人事、予算、待遇、啓発など広範にわたるが、その多くが外務省改革に生かされる。機構の拡大強化という面では、19年7月に条約局が新設され三局制となっていたが、20年10月には、繁忙な政務局が亜細亜局と欧米局に分けられ四局制に拡充された。通商局はそのままであったが、現在に続く地域局が生まれた。

人材養成面では、新任者に対して、任地の語学や情勢研究に従事する機会を与える制度が21年1月に省議決定される。海外留学組を除けば、言葉のできる外交官がようやく生まれることになった。門戸開放という面では、本省と在外公館の定員数が大戦後に大幅に増加し、外交官試験合格者だけでなく、特別任用制度によって省外からも人材が登用されるようになった。松本俊一（大蔵省）、三谷隆信《みたにたかのぶ》（広島県）、山本熊一（東亜同文書院卒）、宇佐見珍彦《うずひこ》（臨時産業調査局）、原田健（京都府）、塚本毅《たけし》（行政試験合格者）らは外交官試験合格者に劣らない実績をのこした。ちなみに、18年には五八六名であった省員数は、21年には二倍近くの一一〇八名に急増している。

啓発宣伝面では、原首相自身が大規模な情報宣伝機関の設置に熱心であり、原を補佐していた伊集院彦吉を中心に検討される。原の要望に沿って内閣に有力な情報機関を設置する案も浮上するが、当面は非現実的として退けられ、その代わりに21年8月に外務省情報部が設置された。初代部長は伊集院。

こうした組織改革や劇的な増員といった外政機構としての拡充に加えて、第一次世界大戦期を通じて外務省外交を制約する元老や議会から相対的に自立する傾向も強まる。まず、１８９３年に導入された外交官及領事官試験制度のもとで、試験合格者でなければ任用できなくなり、他省への転任も原則として禁じられた。この人事システムは着実に定着し、第一次世界大戦期とその直後には、幣原喜重郎のように、外交官試験合格後に大使や外務次官に就任する者が現れ、93年の改革は頂点に行き渡る。

その一方、こうして形成された「霞が関外交」の推進は、外務省への外交一元化の努力と一体的であった。軍部による「二重外交」の弊害を排除し、元老や枢密院の介入を排除するための一定の努力もなされ、いわゆる「新外交」の時代にふさわしい外交の自立性を徐々に獲得していく。しかし、省内の意思統一のための仕組みは不十分で、また、国レベルの外交政策の統一という面では、軍部や枢密院との対立は相変わらず続き、外交の民主的統制という「新外交」の最も重要な要件は満たせないまま１９２０年代に踏み出していく。

2 国際連盟と日本

【集団安全保障と国際協力】

１９１９年3月、ヴェルサイユ条約第一編に組み込まれた国際連盟規約が三二カ国によって採択され、翌20年に四二カ国を原加盟国として国際連盟は発足した。連盟はウィルソンのかかげるような「世界政府」とはならず、主権国家間の協力体制に帰結した。かつての欧州協調のように、主要大国である米英仏伊そして日本の五カ国が常任理事国として、世界の平和と安全のため特別の責任をもつことになった（アメリカの非加盟で四大国が創設時の常任理事国）。

連盟の創設過程では、軍備の制限や集団安全保障の考え方が調印国によって確認される。第一次世界大戦前までの国の安全保障とは、一言でいえば自国本位であった。自国の安全を維持するため、諸国家は独力で、もしくは利害関係を同じくする諸国と同盟を結んで敵対勢力に備えた。軍備や同盟の自由、戦争に訴える自由といった条件に支えられ、勢力均衡の世界を前提に各自の安全をはかってきた。しかし、こうした自国本位の安全保障策は

5-6　国際連盟本部

不安定で、軍備拡張競争や同盟国間の対立激化を生じやすく、その結果、戦争の頻発を抑えられず、ついに未曾有の世界戦争を引き起こしてしまった。その反省から軍備の制限や集団安全保障という考え方が脚光を浴びた。なかでも集団安全保障は、平和維持や紛争解決のため、一定の国家集団に支持された常設の国際機構を設け、それを通じて加盟諸国が相互に安全を保障するという新しい考え方であり、その実現を国際連盟に託した。

しかし、現実に誕生した国際連盟は、主権国家の併存という国際社会の基礎を是認し、紛争解決や平和維持といった役割は加盟諸国の合意の範囲内にとどまった。そのため、国際紛争の平和的解決の義務に関する裁定や侵略に対する共同制裁措置のあり方などの点で多くの欠陥をかかえていた。

最も大きな欠陥は侵略行為に対する制裁手段が穏健なものにとどまったことである。ウィルソンは侵略行為に対抗する制裁手段として、世界政府や国際軍ではなく国際世論の「道徳的力」と経済制裁を重視した。また戦争の防止手段として、連盟規約には加盟各国に軍備の削減を求める軍縮が明記されていたが、国際軍縮の推進はやがて「力の真空」がもたらす勢力圏拡大への誘惑を生み、穏健な制裁手段は、その無力を露呈することになる。

国際連盟は、安全保障問題だけではなく、加盟国の社会経済の発展のための国際協力事業を展開した。たとえば、連盟の設立とともに誕生したＩＬＯ（国際労働機関）は、労働条件の改善を通じて「社会正義」を実現することであり（ＩＬＯ憲章前文）、具体的な機能は、国際労働基準を設定する条約あるいは勧告を総会で採択し、これらの実施状況を監視することにあった。日本はＩＬＯの設立当初から常任理事国となっていたが、満州事変や日中紛争の進展で38年に脱退した（51年に再加盟）。

国際連盟知的協力委員会と「教科書問題」

1921年の国際連盟総会の決議により、連盟の諮問機関として知的協力委員会（ユネスコの前身）が22年に誕生した。その創設に大きく貢献したのが連盟事務局次長の新渡戸稲造であった。アインシュタインやキュリー夫人ら、世界的な知識人が個人の資格で委員に名を連ねるというユニークな組織として生まれたこの委員会が、各国の教育関係者と連携し、教科書運動に取り組んだことがある。それは、自国政府にとって都合の良い歴史が教えられることは、他国民に対して偏見と敵愾心を植え付け、国民の精神的な戦争準備を促す、という危機感から、複数国間で歴史教科書を相互に検討し、他国に対する重大な誤解を招きかねない記述を排除するという運動であった。

日本でも、結成まもない教員組合「啓明会」が20年の連盟総会に向けて、敵愾心を助長する一切の教科の排斥、国際的な歴史教科書の編纂をアピールした。この運動は教科書主権の侵害、内政干渉といった大国の声の前に30年代半ばには挫折するものの、29年には知的協力委員会の国際協力委員会報告に表現されているように、自国本位の教育を棄ててヨーロッパを一つとみなした歴史を教えることが統一を助ける、という考え方に導かれていたことは、特筆に値する。

【連盟活動における日本の貢献】

日本が国際連盟に加盟したのは、その理念や理想に共感したから、というより、「大勢順応」の姿勢と「大国意識」とに導かれたからであった。それでも日本は「世界がうらやんでいる大常任理事国の地位」を占めた。パリ講和会議の運営では力を発揮できなかった日本ではあったが、常任理事国としては連盟の活動に大きく貢献した。日本の連盟における公式活動は実質一三年であるが、連盟運営の中核的なポストである事務次長に新渡戸《にとべ》稲造、杉村陽太郎という二人の国際人を送り出している。『武士道』によって世界に最も知られた日本人であった新渡戸は連盟の宣伝啓発活動に、その後任の杉村はヨーロッパの紛争

芳沢謙吉《よしざわけんきち》（1874～1965）

新潟県出身。幼少期から漢学に親しむ。1899年に東京帝大英文科を卒業、外交官試験に合格し、翌年に清国駐在となり、2年余りのロンドン勤務を除けば1918年の帰国まで中国に在勤した。19年に政務局長としてシベリア出兵問題の外交折衝にあたる。23年から29年まで中国公使として排日・排日貨運動の緩和と在留邦人の保護に努めた。田中義一内閣の山東出兵では張作霖の満州への撤退を勧告したが、日本軍の強硬姿勢には一貫して批判的であった。また、北京関税特別会議では日置益とともに全権として9カ月にも及ぶ長期交渉にあたり、他方では日ソ国交樹立のため北京で交渉を重ね、25年に日ソ基本条約に調印した。

30年に駐仏大使としてパリに赴き、国際連盟の日本代表理事を兼ね、満州事変の収拾をめぐる連盟理事会の討議の矢面に立った。32年1月、犬養毅内閣の外相となり、満州独立政権の樹立を急ぐ軍部の抑制に努めた。5.15事件で犬養内閣が総辞職すると外交官生活を引退。その後、40年末から41年6月まで石油の確保のための日蘭経済交渉の全権を務め、41年10月から仏印大使府の特派大使となり、太平洋戦争末期の44年末に帰国。戦後は52年に、台湾の国民政府との間に日華平和条約が締結されると初代の駐華大使となった。

5-7　芳沢謙吉

芳沢の外交官生活は60年にも及んだが多くは中国勤務であり、なかでも中国を代表する親欧米外交官の顧維鈞とは、軍閥内戦期からの交渉相手であった。

顧は、コロンビア大学で博士号を取得し、卓抜な英語力を生かしてパリ講和会議やワシントン会議で中国代表を務める。北京政府や南京国民政府の外交総長にもなり、不平等条約の撤廃を自らの使命として列国交渉に臨んだ。満州事変後にはリットン調査団の中国側委員となり、33年には国際連盟中国代表として日本と対峙した。その後も駐仏大使、駐英大使、戦後も駐米大使として中国（中華民国）の国際的立場の改善に努めた。とくに駐仏大使時代には同じくパリに駐在していた芳沢と親交を深め、芳沢と顧は「いろいろ交渉では争ったが、また非常に親密」でもあり、戦後まで親しく両者の交流は続いた。

新渡戸稲造《にとべいなぞう》（1862～1933）と杉村陽太郎《すぎむらようたろう》（1884～1939）

新渡戸は、1881年に札幌農学校を内村鑑三らとともに卒業。渡米して新設のジョンズ・ホプキンズ大学に学び、アメリカ人と結婚してクエーカー教徒となる。札幌農学校教授時代の99年、英文で『武士道』を出版。十数カ国語に翻訳され、日本人の心意気を世界に紹介した。京都大学教授から第一高等学校長となる。専攻は植民政策学、農政学であったが、大正の教養主義を代表する社会教育家として名声が高かった。

牧野伸顕の推薦によって1920年から7年間、連盟事務次長を務めた。ドラモンド事務総長のもとで国際事務局部長を兼ね、とくに知的協力委員会（ユネスコの前身）の創設とその運営、連盟の啓発事業に多くの足跡を残した。生涯の念願は「われ、太平洋のかけ橋とならん」にあったという。帰国後は貴族院議員となり、満州事変後には、日本の行動に対する「誤解」を説くため、33年にカナダで急逝するまで、アメリカ、カナダで精力的に講演活動を行った。

杉村は外務省に入ってからリヨン大学に留学（のちに法学博士号を取得)、23年末に国際連盟帝国事務局次長となって松田道一事務局長を補佐するかたわら各種の国際問題に手腕を発揮した。26年に帝国事務局長となり、翌27年には新渡戸の後任として連盟事務次長兼政務部長としてジュネーヴに転身した。済南事件では中国による提訴を未然に防いだが、満州事変では連盟と日本という二つの相反する立場に苦悩し、日本の連盟脱退後は、しばらくスイスの山中で静養した。連盟脱退直後に著した『国際外交録』のなかで、「日本といえどもいやしくも極東の長者、東亜の指導者を以て任じ、隣邦との間に協力せんとする以上、機運の熟するを待って政策転換の挙に出なければならない」と力説した。37年に駐仏大使となるが腸閉そくの病に見舞われ、39年3月に死去した。外務省はその功績をたたえて外務省葬を実施した。

5-8　新渡戸稲造

5-9　杉村陽太郎

解決に力を尽くした。とくに新渡戸は、連盟の諮問機関として、教育や文化・学術領域の活動をになう知的協力委員会の立ち上げと、その後の運営に大きく貢献した。

理事会にも石井菊次郎、松井慶四郎、安達峰一郎、芳沢謙吉、佐藤尚武、長岡春一らの大使を送り込んだ。公正で誠実に職務をこなす彼らの姿勢は、「他の模範」として高い評価を受けた。とくに石井は上部シレジア問題特別理事会の議長、オーランド群島問題の議長を務め連盟内では令名が高かった。

また、1920年代後半、公平な立場が期待できる日本に対し、少数民族問題への対応が託された。日本代表部は理事会と協力しつつ、ドイツ・ポーランド間の少数民族問題の解決に力を注ぎ、両国の直接交渉を斡旋して外交的解決の糸口をつくった。和解と歩み寄りの「ジュネーヴ精神」を体現する貢献であった。そのほか、国際労働機関、知的協力委員会、常設国際司法裁判所などの活動にも積極的に協力した。保健衛生部門では、宮島幹之助が活躍し、極東地域における疫病の現地調査に従事し、その成果は伝染病情報局の設置をもたらす。

佐藤尚武によれば、日本の積極的な連盟活動への貢献は、やがて満州問題をめぐって日中が対立し、連盟の場で議論となったような場合に備え、加盟国の信頼を獲得し優位な地位を築いておくことであったという。しかし、満州問題の深刻化はこうして築かれた信頼獲得の努力を押し流していく。

ヨーロッパ問題では公正な活動を展開した日本代表ではあったが、極東問題では事情が異なった。28年の済南事件の際には中国の提訴は未然に防いだが、31年の満州事変では紛争当事国として日本が初めて連盟審議の対象となり、苦汁をなめる。33年の脱退通告によって政治面からは撤退するものの、平和的な専門分野については協力を維持することを宣言し、連盟との協力関係は38年11月まで続く。

この間、26年にドイツが加盟して常任理事国となっている。このドイツの常任理事国入りのために活動したのが中国であった。中国は、ヴェルサイユ条約には調印を拒否したが、オーストリアとのサンジェルマン条約に調印し、その第一条に基づいて連盟の原加盟国となる。連盟における中国は、経費の多くを負担し、連盟内での地位向上に努め、非常任理事国のアジア枠を利用することで何度か非常任理事国に当選している。

3 国際借款団と日本

【国際借款団の系譜】

外国借款（投資）による中国の財政援助と市場の開拓という構想は清朝時代に遡る。とくに、辛亥革命後に成立した北京政府（袁世凱《えんせいがい》、段祺瑞《だんきずい》政権）は、その財政状況が内戦のため悪化し、その立て直しを外国借款に頼るというパターンを繰り返し、列国の対応も不統一で借款の効果はあがらなかった。そこで、国際借款団の結成による共同事業という試みがなされるようになる。1909年には、英仏独の銀行団と清朝との間で湖広鉄道（広東―漢口、四川―漢口の諸鉄道）に対する借款契約が成立しており、アメリカがこれに参加する形で四国借款団が、辛亥革命の直前、11年に成立した。ノックス米国務長官による満州鉄道の国際化（中立化）案は日の目を見なかったが（85頁）、国際借款団を組織して共同で鉄道経営にあたる、という構想が形を変えて実を結んだものであった。四国借款団の事業契約には、鉄道だけではなく通貨制度（幣制）の改革や満州開発も含まれていた。

四国借款団の結成情報が伝わると、日露両国は満州権益の保全という観点から警戒感を強める。だが、四国借款団は、辛亥革命によって誕生した北京政府（袁政権）の申し出によって大規模な改革借款に乗り出す構えを示し、日露とも借款団に加わることになる（12年6月、六国借款団）。日本では、中国の行財政が、将来的に欧米列国の「国際共同管理」のもとに置かれるという事態も想定されたことから、その一員となることが得策と判断された。そこで日本は、満州権益に対する列国の留保、黙認を慎重に取り付けながら借款団加入を果たす。

ところが六国借款団は、13年3月にアメリカが脱退するという事態に直面する。タフト政権に代わるウィルソン政権が、借款団の事業が中国の主権と行政的独立を脅かすものと判断したからである。米国の脱退を受けて、借款団はその事業を政治借款に限定し、民間の実業借款については各国に任せることを決議した。だが、その翌年の14年、借款団は第一次世界大戦という事態に直面する。英仏露の交戦国となったドイツは借款団から離脱し、事業活動も停滞する。しかし、大戦景気に沸く日本は、貿易収支は入超（赤字）から一挙に出超（黒字）に転じ、債務国から債権国へと様変わりした。こうした経済成長を背景に、日本は積極的な対中借款政策に乗り出すが、その事業は国際借款団の枠組みから外れたものとなっていく。その典型が寺内正毅内閣時の西原借款であった。

中国北方の段政権を援助するため、秘密裏に展開された西原借款は、欧米諸国の対日不信感と国内からの批判を招き、18年9月に成立した原敬内閣のもとで停止され、援段政策も白紙に戻される。原は、強引な中国政策で大戦期に損なわれた対米関係の修復を進めるが、新四国借款団への加入はその努力の一つと位置付けられる。

【新四国借款団と満蒙権益】

パリ講和会議が終盤に近づいた１９１９年5月、同じパリで、モルガン商会のラモントを議長として、四国銀行団会議が開かれた。そのきっかけは、18年7月、米国政府が日英仏の三国に、新しい国際借款団の結成を提案したことにあった。提案の内容は、中国に対する銀行間の投資競争の過熱化を避けるために銀行団を結成し、この銀行団にのみ政府が援助するというものであった。米国政府は、他の三国にも同様の銀行団の結成を求め、四国の銀行団が共同で中国に投資を行うことを提案した。その背景には、西原借款のような独占的な投資活

伊東《いとう》巳代治《みよじ》（1857～1934）

5-10　伊東巳代治

長崎で英学を学び、神戸で外字新聞社に在勤中、兵庫県令の神田孝平に認められ、兵庫県の通訳となり、神田が元老院議官となると上京して伊藤博文の知遇を得る。以来、伊藤の忠実な使徒となり、第1次伊藤内閣の首相秘書官、第2次の内閣書記官長、第3次の農商務相などを務めた。1899年に枢密顧問官となり、1934年に死去するまで実に35年もの間、同院の実力者として君臨した。伊藤の死去後には山県有朋に接近し、山県が老いると「元老格」を自認してしばしば外交問題に関与するようになる。外交調査会設置の立役者となり、シベリア出兵問題でも、本野一郎外相の自主出兵論を批判して辞任に追い込み、日米協調出兵論の牧野伸顕や原敬らの慎重論を抑え込む。山県死去後には、外交界の「黒幕」として、ときの政府を悩ませることになる。27年には若槻礼次郎内閣の台湾銀行救済に関する緊急勅令を違憲とし、難詰して否決に導き、翌年には田中義一内閣が調印した不戦条約第1条の「人民の名において」論争では違憲論を展開、30年には枢密院審査委員長としてロンドン海軍条約の批准議案に統帥権干犯論をもって浜口雄幸内閣を問責する、などの言動である。

動を抑えるため、という政治的な意図が込められていた。具体的には、①新借款団は政治借款のみならず実業借款も扱う、②各国が中国に有する借款優先権を新借款団に譲渡する、という条件が提示された。①は、西原借款が旧四国借款団における実業借款の自由を悪用して中国に勢力扶植を試みたものとみなしたからであった。

寺内正毅内閣は、前記の二条件に対する見解が定まらず、回答を引き延ばしていたが、次の原敬内閣は、日本の銀行代表として横浜正金銀行を参加させることを決断し、19年5月、パリでの四国銀行団会議が実現した。

新借款団の設立交渉の過程で、最も難航したのは日本の満蒙（南満州・東部内蒙古）権益の取り扱いであった。原内閣は19年5月の閣議決定に基づき、満蒙を借款団の共同事業の範囲から全面的に除外するよう、パリの代表団に指示し、米英にも覚書で通告した。日本の満蒙除外の要求は「概括主義」と呼ばれ、ある一定地域をまとめて除外する方式であり、この要求は7月末にアメリカから拒否される。

これを受けた8月初旬の外交調査会では、内田康哉外相が借款団に満蒙除外を決議させることは困難とし、個別権益を列挙して除外を求めることを提案した。内田の提案は、条約等に基づく確実な権益を列挙して除外を求める方式で「列記主義」と呼ばれた。同じ外交調査会では、満蒙権益の維持・擁護を主張する陸軍の圧力を背景に田中陸相が「概括主義」を貫く必要を説いた。伊東巳代治は、列記主義も満蒙権益の留保を主張するもので英米との交渉妥結は望めないとし、概括主義か、完全な撤回かを迫った。

出淵《でぶち》勝次《かつじ》駐米代理大使は、日本の国際的地位の低下、日本が投資優先権をもつ満蒙五鉄道を借款団に提供しても損失は少ない、などから概括主義の撤回を具申した。出淵は、撤回の条件として英仏をして「勢力範囲撤廃」を確約させ、アメリカの対日感情を和らげ、借款団の運

皇太子裕仁の外遊

5-11　皇太子裕仁とジョージ５世

1921年３月、20歳の皇太子裕仁殿下（のちの昭和天皇）は随員15名とともに、戦艦「香取」に乗船して横浜を出港し、ヨーロッパに向け旅立った。主たる訪問先はイギリスであった。大正天皇の病状が悪化するなか、原敬首相や元老の西園寺公望、山県有朋が、外遊によって将来の君主としての成長を期待して勧めたものであったが、何よりも皇太子自身の希望によった。５月にイギリスに到着した皇太子一行は、英国皇室と政府の賓客として忙しい日程をこなし、フランス、イタリアを経て９月に横浜港に帰着し、11月には摂政に就いている。

歓迎晩餐会の翌日、滞在先のバッキンガム宮殿の部屋を国王ジョージ５世が突然訪ねた。皇太子は、イギリスの現状、大戦中の同国の努力に耳を傾けた。のちに、訪欧についての質問に昭和天皇は「ジョージ５世から立憲政治のあり方について聞いたことが終生の考えの根本にある」と答えている。ロンドンでは、自ら買い物に出かけ、地下鉄を体験し、絵画や骨董品を購入し、ジブラルタルでは競馬の賭に興じ、パリでは自らネクタイを買った。地下鉄では電車を降りる際に切符をもったまま改札を通過してしまうというハプニングが起こる。パリから持ち帰った切符を天皇は、生涯を通じて大切に保管していたという。６月の第一次大戦の激戦地ヴェルダン訪問では、砲弾の破片や防毒マスクが散乱し、真新しい墓標が峡谷を埋め尽くす光景に、「戦争というものは実に悲惨なものだ」との感想を漏らしたという。

皇太子訪欧に政治的な意図はなかったが、20年間にわたって日本外交の「骨髄」の位置を失わなかった日英同盟（第１回は02年締結）の更新が取りざたされるなかで、翌年の英国皇太子の答礼訪日とともに、両国の変わらぬ友情への願いを象徴するイベントではあった。70年９月、昭和天皇は訪欧を振り返って、「それまでの籠の鳥のような生活から自由を経験し、それが今も役立っている」と述べている。

営に主導権を確保すべきだと主張した。パリの日本銀行団も、特定の地域を囲い込む割拠主義は時代遅れで、中国市場における自由競争で他国より有利な日本は、満蒙鉄道に共同投資をしても何ら危険ではない、として概括主義の撤回を求めた。このように概括主義への批判は多く寄せられたが、原敬首相は、「概括主義」の立場を維持しつつ譲歩（列記主義）による解決をめざし、英米の反応を慎重にうかがっていた。

交渉が手詰まりに陥るなかで、20年3月には、国務省の要請でラモントが来日し、井上準之助と協議を重ね、除外される権益のみを列挙する「列記主義」で原則的な合意を見た。新借款団の結成を優先するアメリカの譲歩による合意であった。原内閣も同じ3月下旬、英米に対する回答を閣議決定した。それは、満蒙地方と日本の「死活的」な関係を理由に、国防上と国家生存上、特殊かつ正当な留保を行うとの立場に理解を求め、そのうえで留保を希望する個別の権益を列挙するものであった。要するに「概括主義」を撤回し、「列記主義」による解決をはかろうとする決定であった。

米英政府は、5月初旬、満蒙に存在する日本の「緊切なる利益」に反するどのような行動もとらないことを改めて言明し、これが交渉妥結を受け入れる決定打となった。米英は、日本銀行団の無条件加入と引き換えに、「列記主義」を受け入れるとともに、地理的近接性は国家間の特殊な関係を生む、との一般原則のもとで、満蒙に日本の「緊切なる利益」が存在し、それを侵害しないことを約束した。一方、日本政府は、「緊切なる利益」が、排他的な特殊権利や勢力範囲を意味しないことを明言した。かろうじて日本は満蒙権益の正当性を主張する根拠を確保したことになる。

交渉開始から一年後の20年5月、日本銀行団は日本政府の訓令に基づき、満蒙の概括的除外を求めた19年6月の書簡を撤回し、米英仏の各銀行団との同一条件で新借款団に加入することを表明した。20年10月に新四国借款団が発足し、以後の対中借款は経済借款を含めて借款団の共同事業とされるが、積極的な活動のないまま終わる。

新借款団問題の決着は、満蒙問題が再び日米間の争点となることを防いだ。また、中国において排他的、優越的な地位を追求する政策は、現実的な選択肢とはなり得ないことを示した。東アジアの国際関係は、日本の拡張政策への対抗を基本的な構図として展開してきたが、日米関係の安定を軸に、日本をパートナーとする国際秩序の構築に向けて動き出す。その帰結がワシントン会議であった。

4 シベリア出兵―干渉戦争と日本

【出兵か、自重か―日米共同出兵】

十月革命によって権力を掌握したボルシェヴィキ政権は、レーニンを代表とする史上初の共産主義政府であった。レーニンは民衆の求める「平和」のため、領土の無併合、無賠償の講和を全交戦国に呼びかけるが応答する国はなかった。他方、英仏露連合国と戦うドイツは、革命の混乱に陥ったロシアに軍事攻勢に出る。ロシア軍は対抗する術がなく、１９１７年12月、レーニンは対独講和を申し出た。ロシアの戦線離脱による東部戦線（独露戦線）の消滅は、ドイツ軍の攻勢が西部戦線に集中することを意味した。そこで英仏は、ロシアのボルシェヴィキ政権を倒し、ロシアの戦争継続を支持する勢力を結集させて新たな政権を打ち立て、東部戦線を再建しようと画策する。こうした計画のもと英仏は17年末から日米両国政府に対してシベリア方面への共同出兵を求めて、説得にあたった。

日米ともに当初は出兵に消極的であった。一四カ条の平和原則で、すべてのロシア領土からの撤退を呼びかけていたウィルソン大統領は、英仏による説得を拒絶した。18年3月、日本政府に対し、出兵を当面、自重するとの趣旨の覚書が送られた。同じころ、露独はブレスト・リトフスク講和条約に調印した。優位に立つドイツはレーニンの主張する無併合・無賠償を認めず、領土の割譲を要求したため、ロシアは広大な領土を失ったが、第一次世界大戦から離脱し、平和を回復することができた。

5-12　シベリア出兵　ウラジオストク市街を行進する日本軍

ドイツとソヴィエト新政府との和解をドイツのシベリア方面への進出の脅威と受け止めたのが日本であった。

日本政府では、本野一郎外相がドイツ勢力の東進を防ぎ、「自衛」のため、として出兵に応ずべきだと主張した。本野は、ロシア在勤が長く、帝政ロシアと深い関係を築いていたので、ボルシェヴィキ革命への嫌悪感が強かった。それだけではなく第一次世界大戦後の国際的な発言力を高めるためにも出兵に応ずべきだという。

本野外相の出兵論は17年12月の外交調査会で披露される。しかし、原敬（政友会総裁）が、出兵は戦争挑発行為であり即時開戦を招く、として強く反論し、他の委員も賛同して封じ込められる。寺内正毅首相、筆頭元老の山県有朋も慎重論であった。山県は、出兵による軍費調達や撤兵の段取りが見通せない限り、単独出兵には反対であった。彼らは、少なくともアメリカの同意もしくは共同での出兵が必要と考えていた。こうして18年4月、寺内内閣は、治安維持と帝国自衛のため、シベリア東部への出兵の必要性は確認するものの、アメリカの同意が得られない限り自重することになった。本野外相は辞任し、後任には本野と同じく積極出兵論の後藤新平が就いた。

外交調査会や政府内の出兵をめぐる慎重な議論をよそに、最も積極的であったのは参謀本部であった。田中義一参謀次長は、バイカル湖以東に、ドイツ勢力に対抗する自治政権（一種の緩衝地帯）を形成し、これを指導してシベリア開発の地歩を固めよう、という構想を描いて

5-13　米騒動　怒った民衆に焼き打ちされた精米会社

いた。参謀本部では「居留民の保護」を名目に、沿海州から北満に日本軍を派兵する出兵計画が作成されていた。その田中を委員長に18年2月末には、動員計画の作成のため陸軍省と参謀本部の関係部課長が集められ、軍事共同委員会がつくられる。3月にまとまった最終的な出兵案は、バイカル湖以東を進出限界としたシベリア東部の掌握、東支鉄道沿線の主要地点の制圧、そして占領地域における親日政権の樹立という陸軍の構想を反映したものであった。

【チェコ軍団事件と共同出兵】

ウィルソン大統領は、軍事的には米軍を西部戦線に集中させるため、また共同出兵が北東アジアにおける日本の勢力拡張につながることを警戒して、出兵にはなおも消極的であった。そのウィルソンを出兵に踏み切らせる事件が起こる。チェコ軍団事件である。

１９１８年５月、シベリア鉄道を東へ向かっていたチェコ軍団が、チェリャビンスクという駅で、捕虜として西へ移動していたハンガリー人と小競り合いを起こす。この事件は収拾されるが、ソヴィエト政府は、チェコ軍団が引き続き東へ向かう条件として武装解除を要求した。だが、これを拒否したチェコ軍団はソヴィエト政府に叛旗を翻し、シベリア鉄道沿線をまたたく間に占領してしまう。

チェコ軍団の蜂起という事態は予想外であったが、英仏は、この事件を対独戦線の再建に利用しようとする。チェコ軍団も当面、これに呼応する姿勢を示した。このころ、バイカル湖以西のチェコ軍団が孤立し、独澳の捕虜に攻撃されて孤立しているという「憶測」が流れ、英仏主体の連合国最高軍事会議は、チェコ軍団兵士の救出のため日米に出兵を強く促した。チェコ軍団側からもウィルソン大統領に救助と自立支援を求めた。ウィルソンは翻意し、チェコ軍団兵士の救出に加え、シベリアにおける民主主義勢力の自立を助けるため、として、18年7月、それぞれ七〇〇〇人の兵員をウラジオストークに共同で派遣するという日米共同出兵を提案した。

7月中旬の外交調査会では、原敬はウラジオへの限定出兵ならば将来の日米提携の端緒となるとして賛同したが、シベリアまでの大規模出兵には反対した。牧野伸顕も、アメリカへの配慮からウラジオに若干の陸戦隊の揚陸にとどめることを主張し、寺内正毅首相、後藤新平外相らの全面出兵論と対立した。結局、外交調査会は8月1日に一万二〇〇〇人を超えない範囲でウラジオに出兵すること、状況に応じてさらに増員することを決定した。翌日の閣議は、ウラジオとシベリアへの派遣総数は二個師団を超えないとの言質を寺内首相が与えた

チェコ軍団の悲劇

シベリアで内戦に巻き込まれたチェコ軍団とは、オーストリア帝国の支配から逃れてロシア帝国と協力し、将来の独立につなげようという部隊である。第一次世界大戦でロシア軍の捕虜となったチェコ人やスロヴァキア人、さらにハプスブルグ家の支配から逃れるため、古くからロシアに移住していたチェコ人によって編成されていた。ロシア２月革命後も臨時政府の支援のもとで拡大し、1917年末には４万人近い兵士を擁していた。しかし、18年３月にソヴィエト政府がブレスト・リトフスク講和条約でドイツ、オーストリアと和解すると、ロシア国内で居場所を失い、ソヴィエト政府の許可のもと西部戦線で戦うためシベリア鉄道で東に向かった。ウラジオストークから太平洋を渡り、米国経由でフランスの戦場に向かうという、大遠征であった。

チェコ軍団の目的は民族の独立であり、18年10月、チェコは独立を宣言し、翌年のパリ講和会議で各国に承認され、共和国の初代大統領には軍団の形式的な司令官で、文人として名高いマサリクが就いた。しかし、チェコ軍団の撤兵は遅れ、英仏指揮下の反革命軍に位置付けられたが、叛旗を翻して日本軍とも交戦した。20年２月、ソヴィエト政府と休戦に調印したが、軍団のシベリアからの撤兵は20年９月で、帰国した兵士は７万2000人、戦死者は日本軍を上回る3600人に達したとされる。

うえで、アメリカとの協議という条件付きの共同出兵を決定した。同じ日、日本政府は、内外に向けて「合衆国政府の提議に応じて其の友好に酬い」るためであることを強調した出兵宣言を発した。それは宣戦布告ではなく、ウラジオへの派兵宣言であった。アメリカをはじめ英仏も出兵を宣言した。

【コルチャーク政権の興亡】

1918年8月中旬には日本軍と米軍がウラジオストークに上陸した。日本軍は10月中旬までに、北満からバイカル湖以東の極東ロシアの三州（ザバイカル、アムール、沿海）に、日米間の合意を大きく逸脱する七万三〇〇〇人の兵員を送り込んだ。さらに東支鉄道の管理を独占するかに見えた。こうした日本軍の行動にウィルソン大統領は厳しく抗議したため、対米関係を重んずる原敬内閣（18年9月成立）は、派遣軍の総数を二万六〇〇〇人に縮小し、東支鉄道の管理についても国際管理方式を日米間で協定した。

第一次世界大戦の休戦（18年11月）のころ、オムスクを拠点に反革命派のコルチャーク政権（オムスク政府）が成立する。コルチャーク軍は赤軍を上回る装備や兵員のもと、反革命勢力を恭順させながら19年春にはウラル山中で赤軍を敗退させ、モスクワ進撃の勢いであった。英仏は、コルチャーク政権を援助する動きを見せる。親日的な独立政権の樹立を望んでいた日本も、19年5月、各国に先駆けてコルチャーク政権を仮承認した。シベリア開発や東支鉄道の譲渡、漁業権などロシア帝国時代の懸案の有利な解決が期待できた。原首相の無二の親友であった加藤恒忠（貴族院議員）がコルチャーク政権の大使に任命さ

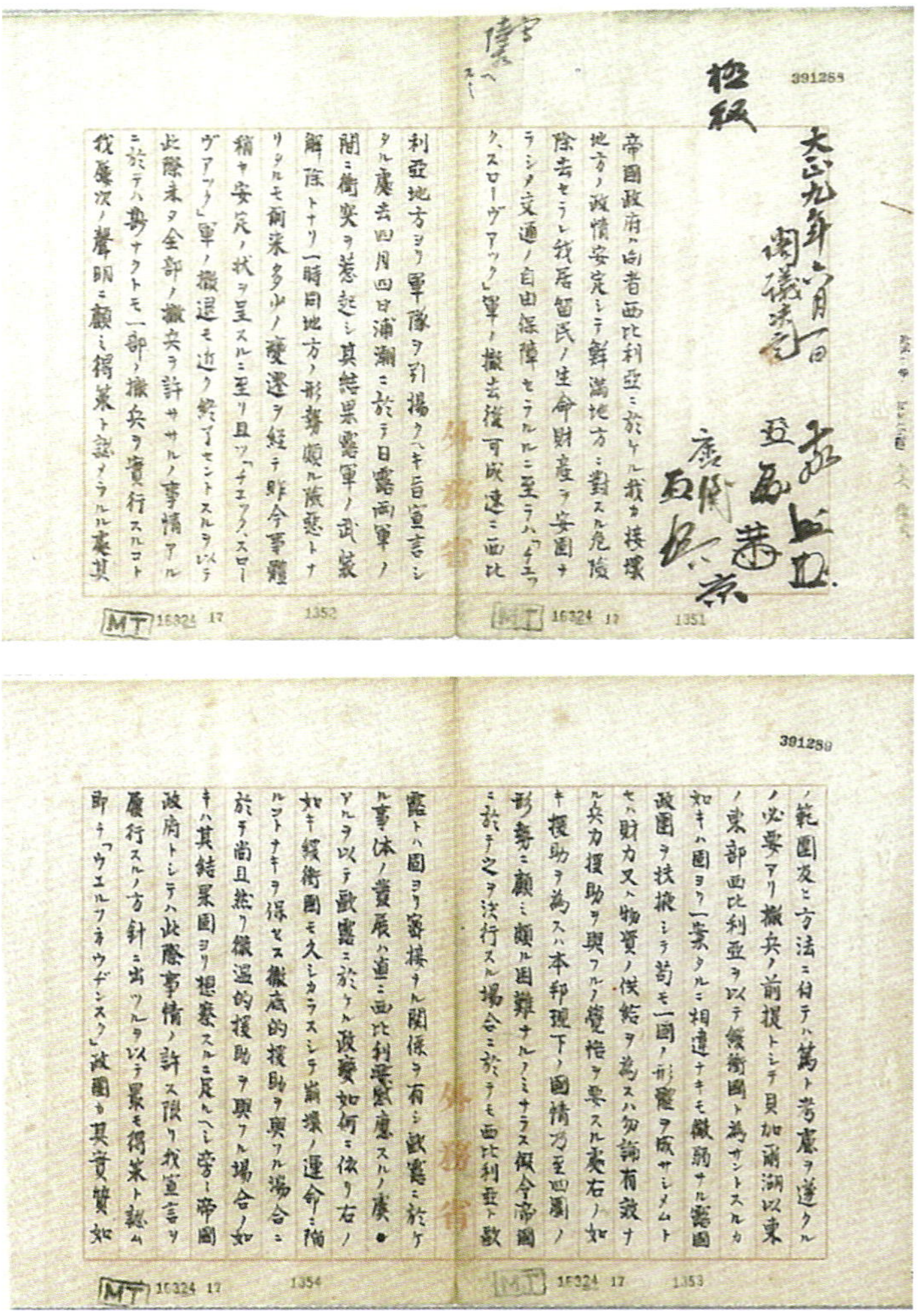

5-14　シベリア撤兵方針

極東共和国

日本がシベリア出兵を実施中、極東ロシアの革命指導者クラスノシチョコフを中心に1920年4月に成立した国家。現地のボルシェヴィキ軍が極東に緩衝国家を設けることを提案し、日本軍との衝突を避けるためレーニンとトロツキーが承認した。チタに根拠を置き、当初の支配地域はザバイカル州西部だけであったが、次第にシベリア各地の地方政権を吸収していった。極東共和国はソヴィエト政府の影響下にあったが、過激な革命政府ではなく民主主義国家を装うことで、日本からの干渉の名分を奪い、国際的な支持を得ようとした。日本軍との武力衝突を招いて大規模な武力干渉を引き起こす事態を抑える「緩衝国」としての役割もになった。

東部シベリア全体に勢力を伸ばした極東共和国は、シベリア地域で最後に残った反革命勢力を吸収してこの地域での権力の統合を完成し、ワシントン会議にも代表を送り、各国の同情を喚起して日本軍の早期撤兵を訴えていく。しかし、日本軍のシベリア撤兵で「緩衝国」としての役割も終わり、22年11月にはソヴィエト共和国に吸収される。

れ、10月に赴任した。正式な外交関係が樹立されると、ハバロフスク、イルクーツクなどコルチャーク政権の支配地域に日本領事館が開設される。

しかし、まもなくコルチャーク政権は赤軍の反撃にあって東に後退する。19年7月、コルチャーク政権は日本軍に増援を求めるが、原内閣は要請を拒否した。参謀本部は赤軍の進出をバイカル湖で阻止するため、また田中義一陸相も満蒙権益を防衛する最前線が過激派によって蹂躙される危険性から、シベリアへの増兵を要求した。しかし、対米関係を重視する原首相は増派要求を抑え、ロシア内戦への深入りを避けた。

赤軍はさらに勢いを増し、11月中旬にはオムスクを占領し、コルチャーク政権は、首都をオムスクからイルクーツクに移す。田中陸相は再び閣議で増兵案を提出するが、原内閣は応じなかった。パルチザンと協力しながら東進する赤軍とは積極的に戦わない方針であった。赤軍は20年3月にイルクーツクに入り、コルチャーク政権は崩壊し、バイカル湖以東はすべてソヴィエト政府の支配下に置かれた。こうした情勢下で、英仏はシベリア武力干渉を中止し、アメリカも20年1月に共同出兵の打ち切りを日本側に伝えた。シベリアに駐兵するのは日本軍のみとなった。

コルチャーク政権崩壊後、日本軍が最も重視していた沿海州でも革命勢力の影響が及び、20年1月にはウラジオストークがパルチザンに占領され、革命派の影響が濃厚な臨時政府が組織される。沿海州のもう一つの主要都市、ハバロフスクでも同年2月に同様の臨時政府が誕生した。こうして革命勢力と日本軍の衝突の危機が高まるが、ソヴィエト政府は、日本軍との衝突を回避するため、バイカル湖以東への赤軍の進撃を認めなかった。同年2月、ソヴィエト政府は、武力よりも交渉によって日本軍の撤退を促すため、松井慶四郎駐仏大使を通じ、日本政府に交渉開始を提案してきた。

原内閣は、20年3月、アムール州とザバイカル州からの撤退とともに、出兵の範囲を縮小して沿海州南部と東支鉄道沿線への兵力集中によって満州と朝鮮への革命の波及を阻止する新方針を決定した。出兵の大義名分はチェコ軍団の救出から、過激派に対する「自衛」のため、と変更された。この出兵範囲の縮小、再編が実施されようとしているとき、尼港事件が起こる。

【尼港事件の波紋】

アムール河口のニコラエフスク（尼港）は日本の陸戦隊が1918年9月に抵抗を受けることなく占領したが、20年初頭、革命軍に協力していたパルチザン部隊によって包囲される。コルチャーク政権の没落で反革命軍に代わって矢面に立った日本軍は、パルチザン部隊と交戦のうえ2月下旬に休戦した。だが、パルチザン部隊は反革命派の軍人や協力者を処刑したうえ、日本側に武器の引き渡しを求めた。すでに救援要請は何度か本国政府になされていたが、救援の手段もなく、孤立して決断を迫られた日本軍と民間人は、武器の引き渡しに応ずるより、パルチザンを急襲するという手段に活路を見出そうとした。

3月12日未明、日本軍はパルチザン軍を奇襲した。敵はパルチザンだけでなく、中国艦隊は日本軍を砲撃し、朝鮮人も義勇隊を結成して日本軍と戦った。戦闘は日本側の敗北に終わり18日にはパルチザンに降伏した。日本軍の兵営や、領事館にたてこもって抵抗した日本人は大半が戦死または監獄に収容された。同地の石田虎松副領事一家も自決した。6月初旬にようやく日本の救援軍が事件現場に到着したときには、パルチザン軍は撤退し、市街は焼き払われ、収監されていた日本人捕虜は全員殺害されていた。尼港事件の犠牲者は、一八三名の女性を含む七三五名（民間人三八四名、軍人三五一名）にのぼった。

尼港の惨劇に日本の世論は怒りを沸騰させた。犠牲者を孤立無援のまま放置した当局の措置にも怒りは向いた。とりわけ、帰国していて難を逃れた石田副領事の長女、石田芳子（当時一二歳）は、父母兄弟を失った悲しみを「敵を討ってください」という詩に託して『国民新聞』に発表し、涙を誘った。石橋湛山は、世論がいっせいに復讐になびくのは、軍閥や財閥を利するのみで、国家にとって百害あって一利なし、と警告した。しかし、尼港事件は出兵兵力の縮小・再編案をいったん棚上げしたうえ、北樺太占領という新たな出兵に道を開くことになる（麻田 2016）。

【北樺太の占領】

樺太は1875年の樺太・千島交換条約によって全島がロシア帝国の領土となったが、日露戦争では日本軍が全島を占領し、ポーツマス講和によって北緯五〇度以南を日本が獲得した。以降、樺太の南北を日本とロシアが分け合っていた。ロシア領の北樺太は、ロシア革命前から、有望な原油の産地として日本海軍が採掘権の確保をねらっていた。海軍の艦艇用の燃料は石炭に頼っていたが、日露戦後の1906年には重油を採用するようになっていたからである。19年5月には、コルチャーク政権の承認の見返りに、樺太の石油採掘権を獲得することを閣議決定している。

原敬内閣は20年7月、北樺太にロシアの責任ある政府が樹立され、尼港事件が解決するまで「保障占領」することを宣言した。尼港事件は北樺太占領の口実とされたのであった。北樺太はまたたく間に日本軍が占領し、軍政が敷かれた。政府は「保障占領」という暫定的な措置のため、本格的な投資や移住促進は控えたが、民間資本が炭坑や油田の開発に積極的に参入し、移住者も増えていった。日本企業の組合

後藤新平《ごとうしんぺい》（1857～1929）

水沢藩（岩手県）の出身。須賀川医学校に学び、病院医師となるが、医学から衛生行政に関心を広げ1883年に内務省衛生局に入る。95年、陸軍検疫部に勤め、陸軍次官兼部長だった児玉源太郎の知遇を得て、児玉が台湾総督となると台湾総督府民政局長（のち民政長官）に抜擢される。1906年、南満州鉄道の初代総裁に指名され、満鉄経営の骨格をつくった。満州経営の安定のためにも対露関係の安定は常に念頭にあり、08年にもロシアを訪問している。満鉄—東支鉄道—シベリア鉄道を結ぶ「欧亜交通網」の形成が目的であったとされるが、その発想は、日中ソの連携をユーラシア大陸（旧大陸）に広げ、とくにアメリカ（新大陸）に対抗するという、独特の「新旧大陸対峙論」に基づく。伊藤博文が09年10月にハルビンを訪問したのも後藤の勧めで日露提携の可能性を打診することにあったが、暗殺され失敗に終わった。

伊藤が凶弾に倒れると、桂太郎首相の力を借りて対露外交をすすめようとし、12年には桂の訪露に同行し、第3次桂内閣の逓相となる。寺内正毅内閣時の18年4月、本野一郎外相が辞任したため、内相から外相に転じた。後藤は立憲同志会の党首を加藤高明と争った政党人でもあり、5カ月余りではあったが政党人による最初の外相であった。シベリア出兵問題では、第1次世界大戦でロシアと講和したドイツ勢力の「東漸」に備え、また「日英米の連衡」を強固にして大戦後に備えるため、日米共同出兵に賛同した。やがてシベリアに有力な地歩を築くため、寺内首相や陸軍に同調して積極的な自主出兵をとなえ、18年8月の出兵宣言の発出をリードした。

外相辞任後の後藤は、日露協会の会頭として日ソ親善事業に力を入れ、日魯漁業会長の堤清六ら民間人との幅広い人脈を築いた。23年初めには、加藤友三郎首相の了解のもと、東京市長を辞してソ連の極東外交代表のヨッフェを招き、国交樹立のための非公式会談に臨む。この会談自体は成果がなかったが、翌年には正式の日ソ会談に移され、25年の日ソ国交樹立に向けた重要な一歩であった。

27年末には、田中義一首相の要請によって訪ソし、スターリンやチチェリン外務人民委員らと会談した。「英米外交の莿絆」を離れ、ソ中両国との提携強化に路線転換の構想を示す一方、当面、日ソ間で中国問題に関する了解を提案した。その外交構想の基軸は、日中ソ3国の提携によるアメリカとの対抗にあり、やはり「新旧大陸対峙論」が発想の源となっていた。地政学的発想による「対峙論」は、帝政ロシア時代も第1次世界大戦後の「新外交」やイデオロギー外交の時代にも変化はなく、ワシントン体制下で米英協調が主流の「霞が関外交」に対抗する外交構想であった。

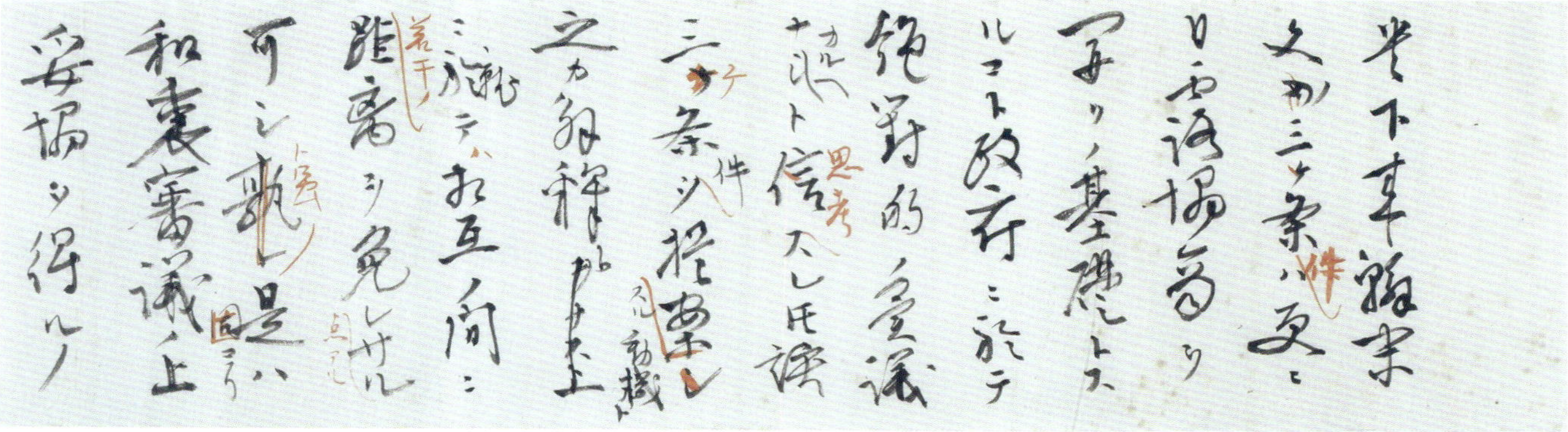

5-15　後藤新平自筆「ヨッフェとの会談覚書」

5-16　後藤とヨッフェ（右）

である「北辰会」には、派遣軍から優先的な開発権が与えられ、鉱物資源の採掘は海軍の監督下に置かれた。米国企業のシンクレア石油や英国企業も油田開発に参入を試みるが、いずれも派遣軍が阻止している。門戸の閉鎖として日米関係を悪化させる原因の一つとなった。

北樺太占領の一方、原内閣は20年３月の新方針に従ってザバイカル方面からの撤兵を決定した。チタで成立していた反革命政権（セミョーノフ政権）を見殺しにする、との現地のウラジオ派遣軍や参謀本部の強い反対論を押しのけた決定であった。一方、現地の革命勢力は、シベリアに緩衝国家を設ける構想をモスクワに打診した。日本軍との衝突を避けようとしていたレーニンらはこの構想を支持し、20年４月に極東共和国の建国が宣言される。極東共和国の革命軍は、セミョーノフの根拠地チタに進軍を要請するがレーニンはやはり許可しなかった。原首相は田中義一陸相の支援も得てザバイカル州からの撤退を急がせ、７月の極東共和国との合意に基づき９月には撤兵が完了した。

北樺太の駐兵はまだ続いていた。

【後藤新平の登場】

日本政府は、北樺太占領は尼港事件に原因があり、シベリア出兵問題とは無関係であるとして占領を継続してきたが、二つの懸案はセットで解決されない限り国交樹立は望めなかった。この難題を背負って日ソの仲介を買って出たのが前外相の後藤新平であった。東京市長で日露協会の会頭でもあった後藤は、外相時代には出兵を熱心に説いていた。その後藤が対ソ国交調整に臨んだのは、１９２２年

間島《かんとう》出兵

中国吉林省の東南部に位置する間島地方（現在の吉林省延辺朝鮮族自治州）は、朝鮮半島とは豆満江（図們江）を挟んで向かい合い、満州側は険しい山岳地帯である。中国領であった間島には多くの朝鮮人や日本人が居住し、朝鮮とロシアに接していた。この間島は1919年から20年にかけて朝鮮人独立運動の一大拠点となっていた。3・1独立運動に対する日本側の武力鎮圧を逃れ、また日本軍のシベリア出兵を避けて、朝鮮人活動家が間島に移っていたからである。日本人居留民と抗日・独立勢力との紛争も絶えず、抗日グループが独立軍を編成して朝鮮に侵入する事件も起こっていた。

20年10月、馬賊が間島の中心都市であった琿春の日本総領事館を襲撃して全焼させた。日本人の死者は十余名、中国人と朝鮮人にも多くの死傷者が出た。日本政府は襲撃した馬賊のなかに「不逞鮮人」とロシア人を含む過激派がいたとし、朝鮮駐屯の日本軍を派遣し、さらにシベリア出兵の兵員のうち、ウラジオストークから帰還予定の日本軍の一部も「示威行動」のため間島に派遣することを閣議決定した。東三省巡閲使になったばかりの張作霖に共同討伐を申し入れた。張は、一時は躊躇するもののこれに応じ、実質的には日本軍のみの共同討伐が11月まで続いた。関東軍、朝鮮駐屯軍、シベリア出兵軍を合わせて約1万の兵力が投入された。日本軍は400名弱に及ぶ民間人を含む「不逞鮮人」を射殺し、学校や教会も襲撃した。こうした情報はカナダ人宣教師や奉天駐在の米国総領事の情報として世界に伝わり、日本は国際的な非難を浴びた。

沿海州南部のウラジオストークからの撤兵を山県有朋から提案されたとき、原敬首相はこれに反対した。ウラジオストークに日本軍が駐留していればこそ、ロシアの過激主義と独立運動が結びつき、朝鮮統治を揺るがすような事態を防ぐことができたのである。間島討伐を成功させるため、沿海州南部に日本軍が駐兵し、にらみを利かせる必要があった。間島出兵はシベリア撤兵を遅らせる原因ともなっていた。さらに、民族独立を求めていたチェコ軍団の存在が朝鮮人による独立運動を刺激していた。19年3月にウラジオストークで誕生した大韓国民会議はチェコスロヴァキアの国民会議を意識したものだったという。こうした意味で間島出兵問題はシベリア出兵と深く関連していた。

に廃棄された日英同盟に代わる日ソ提携が東アジアにおける中国、アメリカへの対抗軸となると考えたからにほかならない。さらに後藤は中ソが直接提携するのを防ぎ、日中ソ三国の連携による英米との対抗を見通した。それは、ユーラシア大陸（旧大陸）とアメリカ（新大陸）の「新旧大陸対峙論」と呼ばれる雄大な構想から発していたが、イデオロギー問題を超えた地政学的な発想がそこに見られた。

しかし、23年1月からの後藤・ヨッフェ会談は、北樺太からの撤兵時期や尼港事件の解決、北樺太の買収額をめぐって折り合わず、交渉は川上俊彦《としつね》（ポーランド公使）にバトンタッチされるが進展せず、7月には決裂した。8月には加藤友三郎首相が亡くなり、9月1日には関東大震災が首都圏を襲う。こうした国内情勢のため交渉は停滞したが、清浦奎吾内閣の外相・松井慶四郎は、英伊の対ソ承認、さらに中ソ国交樹立といったソ連の国際的地位の上昇に後押しされ、24年5月、ソヴィエト代表カラハンとの正式会談を発足させた。しかし、清浦内閣は倒れ同年6月に発足した「幣原外交」のもとで改めて交渉が行われる。

18年夏に始まったシベリア出兵は、本質的にはロシア革命の波及を恐れる連合国の干渉戦争であった。最初は日米を中心とする共同干渉であったが、20年以降は日本軍のみが東シベリアに居座るという単独出兵となり、北樺太から最終的に撤退する25年まで続く。この七年余りの間に延べ二四万人の兵員を派遣し、戦死者は三三〇〇人を超えた。尼港事件の犠牲者や民間人、義勇兵も含めれば犠牲者は一万人を超えるであろう。出兵はなぜ七年にも及んだのか。麻田雅文によれば、最も大きな原因は、陸軍とりわけ参謀本部が撤兵を拒み続けたことにあるが、犠牲者が多くなれば、それだけ兵を退けない、犠牲に見合った果実や土産が必要だ、という政軍指導者に共通の意識がそこに潜んでいた。

第6章

国際協調とその揺らぎ

——「幣原外交」の時代

6-1　ワシントン軍縮会議各国代表

年表

1922年（大正11年）

2月 4日　山東懸案解決条約調印．
2月 6日　ワシントン会議において，太平洋に関する4カ国条約（日英同盟の廃棄），中国に関する9カ国条約、海軍軍備制限に関する5カ国条約（ワシントン海軍軍縮条約）調印．
6月12日　**加藤友三郎内閣**発足．
6月23日　10月末までのシベリア撤兵を閣議決定．
7月 4日　陸軍軍縮計画発表（山梨軍縮）．
10月25日　ウラジオストクから最後の日本軍が撤兵．
12月30日　ソヴィエト社会主義共和国連邦（ソ連）が成立．

1923年（大正12年）

1月26日　孫文・ヨッフェ共同宣言（ソ連の中国国民党支援が本格化）．
1月29日　ヨッフェが来日し，後藤新平と会談．
6月28日　川上（俊彦）・ヨッフェ会談開始．
9月 1日　関東大震災起こる．
9月 2日　**第2次山本内閣**発足．
12月27日　虎ノ門事件（山本内閣総辞職）．

1924年（大正13年）

1月 7日　**清浦奎吾内閣**成立．
1月10日　政友会，憲政会，革新倶楽部，清浦内閣打倒運動（第2次憲政擁護運動）．
1月20日　中国で第1次国共合作．
2月 1日　イギリス，ソ連承認．
5月15日　日ソ国交樹立に関する吉沢（謙吉）・カラハン北京会談，正式に開始（～25年1月20日）．
5月26日　排日移民法が米国連邦議会で可決され，クーリッジ大統領が署名して成立（52年6月まで施行）．
6月11日　**第1次加藤高明内閣**発足（護憲三派内閣）．
9月18日　第2次奉直戦争勃発，張作霖が北京政権を掌握．

1925年（大正14年）

1月20日　日ソ基本条約調印．
3月29日　普通選挙法成立．
4月22日　治安維持法公布．
5月15日　日本軍，北樺太から撤兵．
8月 2日　**第2次加藤内閣**発足．
10月26日～26年7月30日　北京関税特別会議．

1926年（大正15年/昭和元年）

1月30日　**第1次若槻礼次郎内閣**発足．
4月26日　コンスタンチノープルで中東・バルカン方面での貿易促進のため近東貿易会議開催（～5月5日）．
7月 1日　中国国民党，北伐宣言（7月9日、蒋介石率いる国民革命軍，北伐開始）．
9月13日　日比谷の衆議院で南洋貿易会議開催．
12月25日　大正天皇崩御，裕仁親王が践祚，昭和と改元．

1927年（昭和2年）

3月15日　金融恐慌勃発．
3月24日　北伐途上の国民革命軍，日英の領事館などを襲撃（南京事件）．
4月12日　上海で蒋介石の反共クーデター（4.12クーデター）．
4月20日　**田中義一内閣**発足．
5月28日　第1次山東出兵発令．
6月27日　東方会議開催．

1928年（昭和3年）

2月20日　初の男子普通選挙実施．
4月19日　第2次山東出兵．
5月 3日　北伐軍と日本軍が本格的に衝突（済南事件）．
5月 9日　第3次山東出兵．
6月 4日　張作霖爆殺事件（満州某重大事件）．
6月 9日　国民革命軍，北京入城（北伐完了）．
8月27日　不戦条約調印（ケロッグ・ブリアン条約）．
10月 1日　ソ連，第1次5カ年計画開始．
12月29日　東三省（張学良）政権が国民政府に合流（易幟），中国統一達成．

1929年（昭和4年）

6月 3日　中国国民政府を承認．
7月 2日　**浜口雄幸内閣**発足．
7月19日　東支（中東）鉄道管理をめぐって張学良政権とソ連の中ソ戦争ぼっ発．
10月24日　ニューヨークで株式大暴落（世界恐慌始まる）．

1930年（昭和5年）

1月11日　金輸出解禁（金本位制復帰）を実施．
4月22日　ロンドン海軍軍縮条約調印．4月25日，政友会，統帥権干犯として追及．
5月 6日　日華関税協定調印（中国の関税自主権を承認）．
11月14日　浜口首相，東京駅頭で狙撃され重傷．31年8月26日死去．

1 ワシントン会議

【日英同盟の揺らぎ】

1921（大正10）年3月、皇太子裕仁《ひろひと》（のちの昭和天皇）は、英国皇室の賓客としてイギリス訪問に出発し、フランス、イタリアを経て9月に横浜港に帰着した（コラム124頁）。皇太子の訪欧に政治的意図はなかったが、翌年の英国皇太子の答礼訪日とともに、両国の変わらぬ友情を象徴するイベントではあった。だが、皇太子訪英を背後から支えた日英同盟は、ちょうど21年に満期を迎え、二〇年間の使命を終えようとしていた。

6-2　ワシントン会議第一日

11年に改定された第三回日英同盟は、同盟の本来の対象であったロシアが革命によって大国の地位を失い、ロシアに代わる脅威であったドイツも第一次世界大戦に敗退していた。もはや日英同盟は軍事同盟としては形骸化していた。しかし、日本政府は、孤立化を防ぎ、国際的な地位を保つためにも同盟の継続を望んでいた。他方、イギリスは日本の中国進出で利害対立を深めていたが、むしろそれがために、対日抑制のチャネルとして効用のある同盟の廃棄は望ましくなかった。また、日英同盟が廃棄された場合、日本はイギリスの植民地や自治領に対する脅威となることも懸念された。

その一方、21年6月、ロンドンで開催の英帝国会議では、自治領として外交・軍事について独自性を主張するようになっていたカナダが強硬に同盟継続に反対した。帝国内の意見はまとまらなかったが、問題はアメリカの反対であった。アメリカにとって日英同盟は、「旧外交」時代の産物にほかならず、相互の特殊利益を認め合う排他的な取り決めを含み、イギリスを日本の中国進出に加担せざるを得ない立場に置くものであった。ヒューズ国務長官は21年6月下旬に同盟更新に消極的な態度をイギリス側に示していた。

イギリスはアメリカの不信感を解消する必要に迫られる。カーゾン外相は、日米英三国に、希望するならば中国も加えて、太平洋諸国の国際会議のなかで日英同盟問題の解決をはかろうとして、ロンドンでの国際会議を提案した。この提案は英帝国会議でも支持され、7月初旬に日米に伝えられた。ロンドンの林権助《ごんすけ》大使は、すでに日露協約は失われ、唯一の支柱である日英同盟も危ぶまれ、国際孤立を招きかねないとして本国に参加を促した。

一方、会議の主導権がイギリスに移ることを警戒するアメリカは、7月中旬、ハーディング大統領が、すでに検討されていた軍縮会議構想に、極東・太平洋会議を合流させ、ワシントンで開催する案を英仏日伊に非公式に提案した。

【海軍軍縮問題】

第一次世界大戦中の１９１６年、アメリカは世界最強をめざす海軍艦隊の建設に乗り出したが、大戦後の不況は、逆に列国の軍備制限の気運を高め、ウィルソンの一四カ条にも記されていた国際軍縮の具体化は20年代には切実なものとなっていた。国際連盟加盟に強硬に反対していたボラー上院議員などが主要な海軍国による軍縮会議の開催を提唱していた。共和党や大企業からは、世界機構に拘束されない大国間協調による軍縮こそが政府支出を抑える実効的な方法として積極的に支持された。

こうした背景のもと、21年7月、アメリカは軍縮問題討議のための五カ国による国際会議を提唱した。当時、日本では、米英に対抗する海軍増強計画（八・八艦隊計画）が実施されていたが、戦後急激に膨張した歳出予算のなかでも陸海軍予算が占める割合は高く、実に五割近くにものぼっていた。その主たるものが軍艦建造費であり、財政難のため建艦計画の継続はむずかしくなっていた。

そのため日本海軍も、主要海軍国である日英米三国が太平洋の平和維持のために「海軍力の均衡」をはかることに積極的であった。一方、イギリスも、世界最強の海軍力の維持を伝統的な政策としていた時代の終わりを自覚し、英米が対等の海軍力の水準まで軍縮を実現することに異論はなかった。

アメリカの国際会議提案には中国を含む極東問題に関する討議も含まれていた。第一次世界大戦を通じて対米、対中関係を悪化させた日本外交は、日英同盟の更新如何にかかわらず、極東問題の国際的討議を通じて日米間に何らかの了解が必要であった。こうした日本の動向を把握していた米国務省は、その伝統的な門戸開放政策を旗印に、第一次世界大戦時の日本の大陸進出が生み出した既成事実や山東問題などの紛争を総決算し、極東における勢力均衡を再編すべき時期が到来したと判断していた。

【外務省の積極的対応】

こうして１９２１年夏、原敬内閣は英米から相次いで国際会議の提案を受ける。日米関係の改善と日中関係の転換の好機として積極的に応ずべきだ、とする意見が大半であった。その一方、日本政府の一部は、国際会議で主導的役割を果たすはずのアメリカは、とくに極東・太平洋問題において、日本をパリ講和会議のように「勝者」としては扱わず、大戦中の大陸政策に対する批判者となると予想した。

また、政府内には山東問題や二一カ条問題など日中二国間の問題が多国間協議の議題となり、被告的な立場に立たされることを恐れ、これらの問題が議題となることを避けたい意向が強かった。しかし、原内閣は、海軍軍縮や極東問題でアメリカも加わった新たな合意の成立を歓迎した。存続が困難となっていた日英同盟も日英米三国協力の枠組みのなかで維持することに積極的となっていた。

外務省は21年夏の段階で、国際会議の機会を利用して、中国政策に

6-3　ワシントン会議日本全権団

おける「二重外交」や「軍閥外交」をただすことを訴え、その刷新を託そうとしていた。とくに、小村欣一《こむらきんいち》（寿太郎の長男）が課長の政務局第一課は、パリ講和会議と20年の新四国借款団の成立を受けて、中国における大国間の勢力範囲の相互尊重を基本とする「勢力圏外交」から、「新外交」に呼応する外交へと変化を促す原動力であった。

　全権団に対する訓令には、中国問題について、①司法制度の整備促進を前提とした「領事裁判権の撤去」、②「在華外国軍隊の撤廃」、③「勢力範囲の撤廃」などが含まれていた。②については、山東からの日本軍の撤兵を含む列国一律の華北駐屯軍の撤去、③については揚子江沿岸、広東、広西、雲南における列国の「排他的主張を一律撤廃」が具体的内容であった。

　これらはワシントン会議で提案されることはなかったが、中国政策の刷新を実現しようとする外務省の姿勢をよく示している。ただ、③について、満蒙における日本の国防と経済的生存に関する保証は、新四国借款団の結成にあたって、「すでに留保せられ勢力範囲の撤廃によって影響を受けない」とされ、満蒙権益の排除は既定の路線となっていたことが分かる。幣原喜重郎《しではら》全権もこれを了承していた。

　いずれにしても外務省は、様々な議題を幅広く想定しながら、周到な準備を進め、パリ講和会議に優るとも劣らない陣容をととのえた。首席全権には加藤友三郎（海相）、全権委員には幣原（駐米大使）、埴原正直《はにはらまさなお》（外務次官）、徳川家達《いえさと》（貴族院議長）の三名、外務省から佐分利貞男《さぶりさだお》、石射猪太郎《いしいいたろう》、斎藤博、沢田廉三《れんぞう》、松平恒雄、木村鋭市、白鳥敏夫ら昭和の外務省中枢をになう外交官がこぞって随員となった。全権団の総員は八五名にのぼり、報道陣も四〇名を超えた。

【ワシントン会議開幕と海軍軍縮条約】

　全権団がワシントンに到着してまもない１９２１年11月初旬、原敬首相の暗殺という驚愕の報が東京から届いた。首相を兼任した内田康哉《やすや》外相は、後継内閣の構成にかかわらず、引き続き全権委員として任務を遂行するよう求めた。原内閣を受け継いだ高橋是清《これきよ》内閣は全閣僚を留任させた。

　ワシントン会議は、11月12日のハーディング大統領の演説に始まった。続いて登壇したヒューズ国務長官は、いきなり以下の軍縮案を提示して会場を驚かせた。①建造中の主力艦（戦艦、巡用戦艦）全部と現有艦の一部の廃棄、②現有の勢力比を基準として米英日の主力艦総

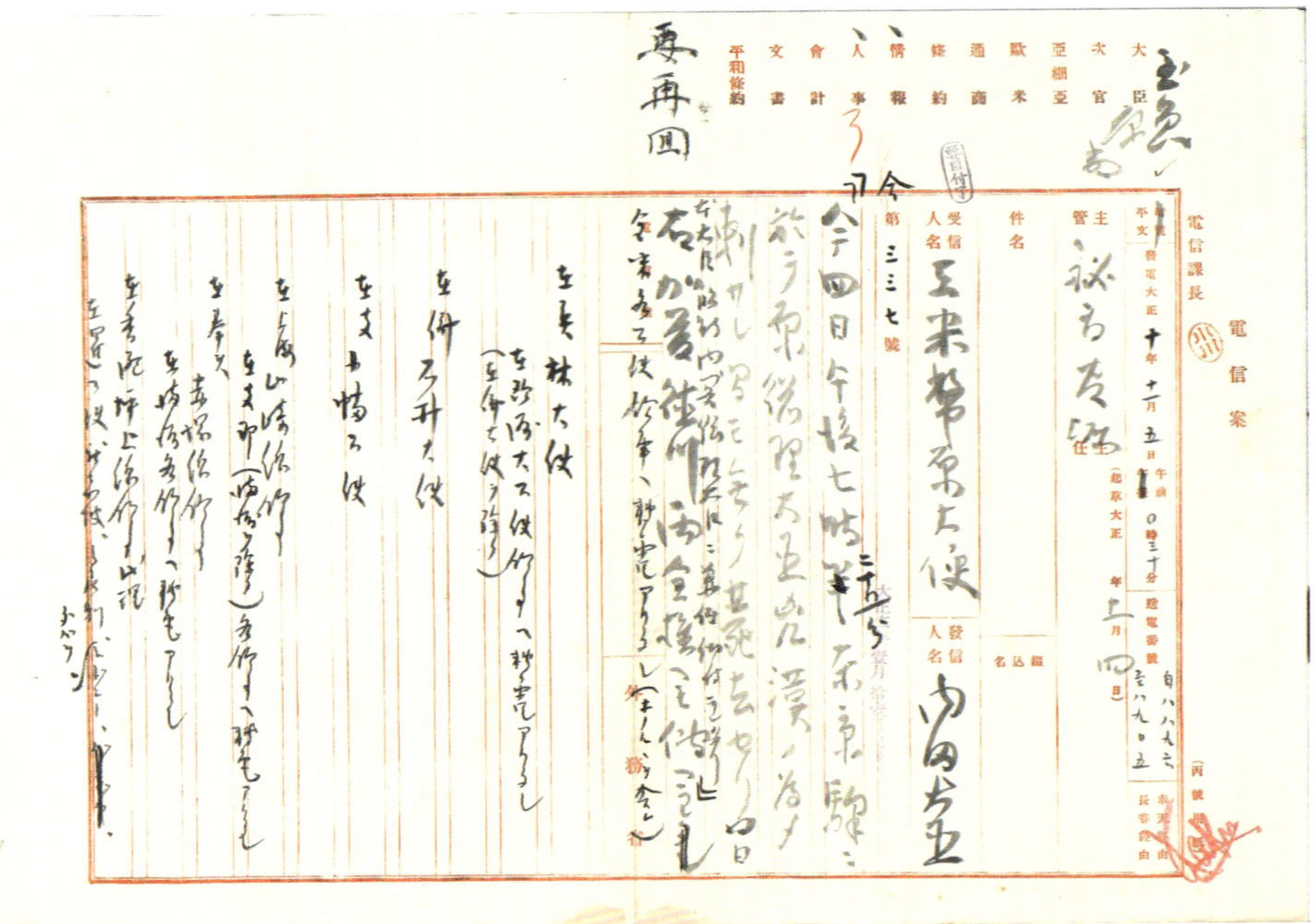

6-4　原敬暗殺の連絡電報

トン数の比率を五：五：三とし、③それに基づいて各国の保有量を決める、④協定成立から一〇年間の建造休止。日本に関しては、主力戦艦三隻（進水済みの陸奥、建造中の土佐、加賀）、巡洋戦艦四隻（建造中の天城、赤城、建造材料を収集中の愛宕、高雄）の廃棄、さらに戦艦、巡洋艦の建造計画の放棄、一切の超ド級戦艦などの廃棄を求めていた。ただ、建造中の主力艦はアメリカが最も多かったため、ヒューズによる全面的な廃棄提案は、大胆で、公正な態度として賞賛された。イギリスはただちに賛同した。

フランスとイタリアは、英米の三割とされた。主要な海軍国としての伝統をもつフランスは交渉の蚊帳の外に置かれ、数量的にもイタリアと同等に扱われることに大いに不満であった。だが、軍縮会議で孤立することが、ヨーロッパにおける自国の立場に及ぼす悪影響を考慮して渋々賛同した。問題は日本の態度であった。

加藤首席全権は、ヒューズの提案を原則的に受諾する決意であったが、海軍の随員を含む専門委員会で、日本側は「七割比率」を主張したため、交渉は一時頓挫した。西太平洋で米海軍を迎え撃つためには、少なくとも対米七割の海軍力が必要という七割比率論は、07年の「帝国国防方針」の策定以来の日本海軍の通念となっていた。海軍の首席委員であった加藤寛治《ひろはる》中将などは容易に譲らなかった。しかし、加藤（友）全権は、狭い技術論を排して大局的な見地から受諾を決断した。その一方、加藤全権は六割比率の受諾の代わりに、太平洋諸島における防備や軍事施設の現状維持を日米英三国の間で約すことを提案して認められた。こうして22年1月、海軍軍備制限に関する五カ国条約が成立した。同条約第一九条によって、アメリカは太平洋における前進根拠地であるフィリピンとグアムの要塞化を禁じられ、日本は西太平洋において相対的に海軍力の優位を保つことになった。

航空母艦について保有総トン数が定められたが、補助艦については単艦のトン数や備砲の制限のみで、潜水艦については取り決められなかった。とくに補助艦の制限が不十分であったことは、主力艦の劣勢を補助艦で補うため、新たな建艦競争を招くことになった。

【日英同盟の廃棄と四国条約】

日英同盟に代わる国際協定案は、すでにワシントン会議前から日英において検討され、英国全権のバルフォアは、

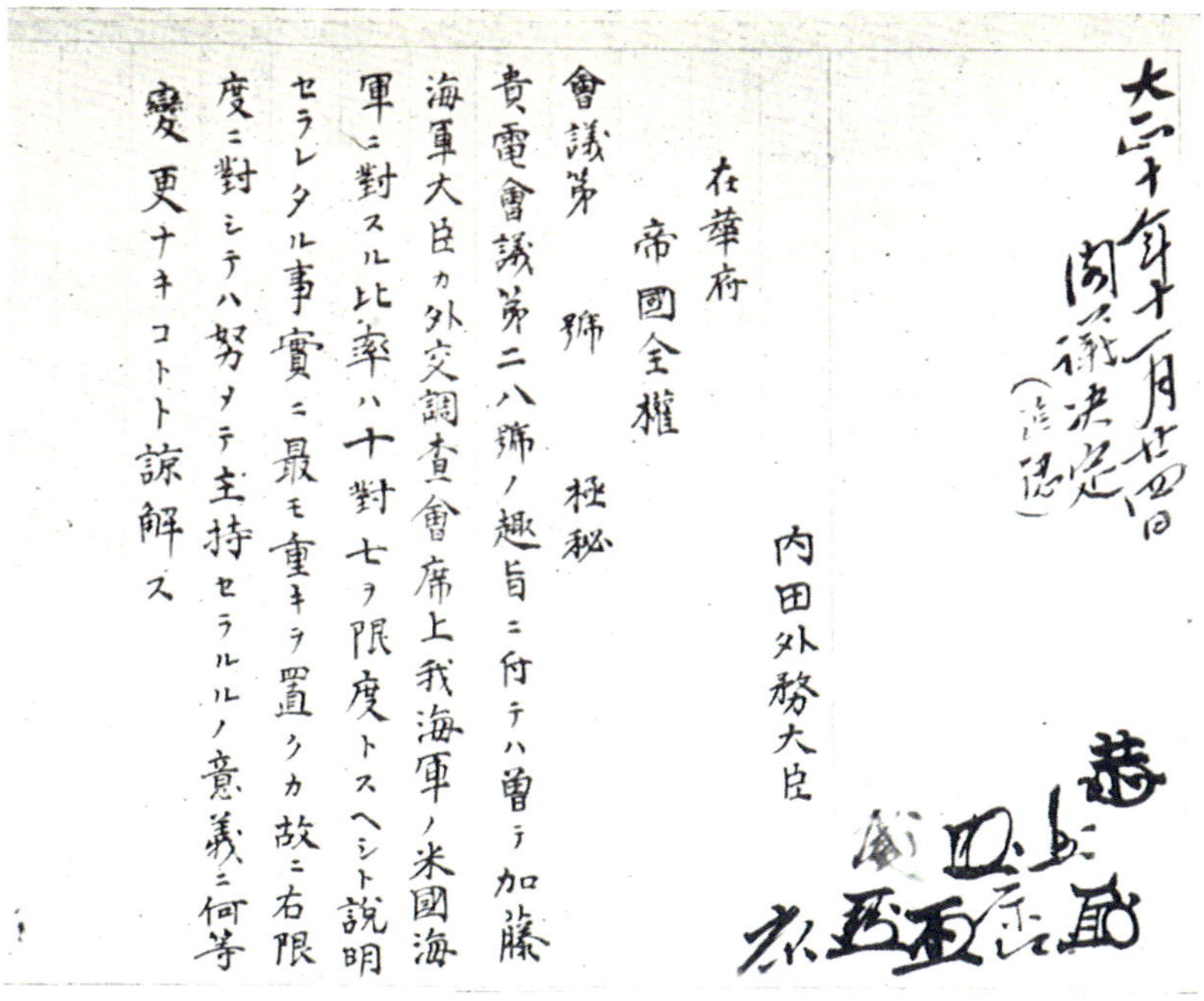
大正十年十一月廿四日
閣議決定
(追認)

内田外務大臣

在華府
帝國全權　　極秘

會議第　號

貴電會議第二八號ノ趣旨ニ付テハ曽テ加藤
海軍大臣カ外交調査會席上我海軍ノ米國海
軍ニ對スル比率ハ十對七ヲ限度トスヘシト説明
セラレタル事實ニ最モ重キヲ置クカ故ニ右限
度ニ對シテハ努メテ主持セラルルノ意義ニ何等
變更ナキコトト諒解ス

6-5　日米海軍比率 10 対 7 の閣議決定

アメリカを実質的に日英同盟の枠内に取り込む「三国協商案」を提案した。しかし、実質的な軍事同盟の継続に等しいバルフォア案はアメリカの理解を得られないとみなした幣原喜重郎全権は、独自の「幣原試案」を１９２１年11月下旬に提案した。それは軍事的義務や同盟的な性格を取り除き、締約国に脅威が迫った場合に、とるべき措置について意見交換を行うことなど、もっぱら「協議条約」の形をとるもので、米英は修正のうえ、これを交渉の基礎として受け入れた。ヒューズはさらに「無害な一般協定」に書き換えたうえ、22年２月、太平洋に関する四国条約が成立した。

同盟の継続を望んでいた日英が、軍事色を一掃した無害な四国条約に応じた要因は、同盟を成立させていた脅威が失われたこと、そしてアメリカの反対圧力であった。イギリスが最後に同盟廃棄を決断したのは、アメリカが海軍軍縮条約に加わり、極東におけるアメリカのコミットメントが確実となったからであった（中谷二〇一二）。

四国条約は、太平洋島嶼における締約国の領土権の相互尊重、締約国間の紛争の場合に共同討議に付すこと、第三国の侵略への対処について協議すること、発効とともに日英同盟の破棄などを定めた。四国条約は日本にとっては外交的孤立を回避し、日米緊張を緩和させるうえで、一定の価値があったが、軍事同盟だった日英同盟に代替しうる条約ではなく、実際、四国条約が発動されたことは一度もなかった。

【中国に関する九カ国条約】

ワシントン諸条約で中国（北京政府）が参加した唯一の条約が九カ国条約であった。日本全権団の懸念は、アメリカが中国における日本の権益や地位に異議をとなえることであった。中国全権の施肇基《しちょうき》は、11月中旬の第一回会合で、まっさきに、列国による中国の領土的保全、行政的独立の尊重、不平等条約の廃棄など一〇原則を提示した。しかし、アメリカ全権ルートは、中国の包括的な要求を退け、いわゆるルート四原則（①中国の主権・独立、領土的保全の尊重、②安定政権樹立のための機会提供、③商工業上の機会均等主義、④中国の現事態に乗じ「友好国国民の権利および安寧」を侵害しないこと）を示した。右のうち④は、日本の国防と経済的生存にとって不可欠な満蒙特殊権益に対する介入や挑戦を許さない、という従来の主張を暗黙のうちに認めたもの、と日本では理解された。実際、日本はルート全権との内密の接触を通じて、こうした解釈に裏づけを得ていた。

ルート四原則は12月の総会で可決され、これを骨子とし、さらに優越権や独占権の設定を禁ずる決議、新たな勢力範囲を設定しないとい

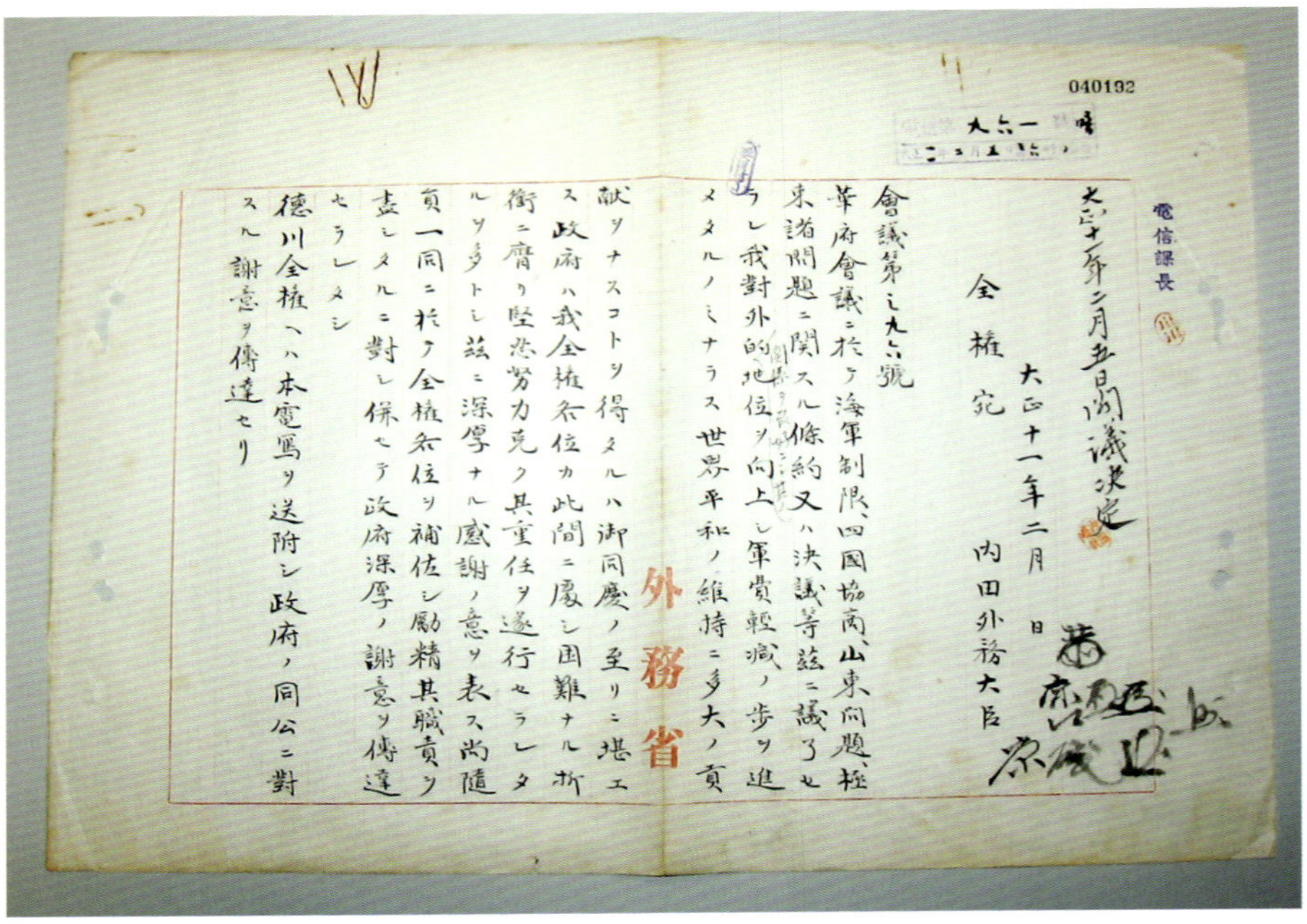

電信課長

大正十一年二月五日閣議決定

全権宛　大正十一年二月　日　内田外務大臣

會議第二九六號

華府會議ニ於テ海軍制限、四国協商、山東問題極東諸問題ニ関スル條約又ハ決議等茲ニ議了セラレ我對外的地位ヲ向上シ軍備軽減ノ歩ヲ進メタルノミナラス世界平和ノ維持ニ多大ノ貢献ヲナスコトヲ得タルハ御同慶ノ至リニ堪エス政府ハ我全権各位カ此間ニ處シ困難ナル折衝ニ膺リ堅忍努力克ク其重任ヲ遂行セラレタルヲ多トシ茲ニ深厚ナル感謝ノ意ヲ表ス尚随員一同ニ於テ全権各位ヲ補佐シ励精其職責ヲ盡シタルニ對シ併セテ政府深厚ノ謝意ヲ傳達セラレタシ

徳川全権ヘハ本電写ヲ送附シ政府ノ同公ニ對スル謝意ヲ傳達セリ

外務省

6-6　1922年2月5日の閣議決定（翌日、諸条約に調印）

う決議などを加えて、１９２２年２月、中国に関する九カ国条約が成立した。アメリカの伝統的な門戸開放政策の条文化ともいえるもので、日本の中国進出の一定の歯止めとなった。しかし、九カ国条約は、新たな排他的権益の獲得を禁ずるものではあっても、列国の既得権益や満蒙権益を脅かすものではなかった。九カ国条約の調印によって石井・ランシング協定は廃棄された。日本は九カ国条約において満蒙権益の留保が裏書きされ、同協定が不要になったと解釈したからであった。

また、ルート四原則の②に示されているように、九カ国条約は列国が中国の統一と発展の「機会を提供」することに合意したもので、そのために積極的な行動を約束したわけではなかった。中国の統一と発展は、中国の自発的努力が前提とされ、列国の役割はこれを後押しするものとされたのである。

【山東権益の返還と南満・東蒙条約の存続】

パリ講和会議以来の重要懸案であった山東問題について、日本は日中間限りの問題として解決を望み、ワシントン会議の議題とすることに反対であった。この問題の解決を東アジアの秩序の安定化のため必須と考えるアメリカは、ワシントン会議と並行した日中間の直接交渉に委ねることとし、そこに米英代表をオブザーバーとして送り込む形で斡旋を試みた。

日本側は埴原正直全権が中心となって交渉に臨んだが、中国は、アメリカの支援を期待して山東権益の無条件返還を要求して難航した。事態を憂慮した幣原喜重郎は、体調をひどく崩していたが、途中から交渉に参加し、交渉の決裂が、好転したアメリカ世論を再度、悪化させるのを懸念して東京に譲歩を求めた。アメリカも交渉決裂が他の問題に悪影響を及ぼすのを恐れていた。日本側が山東からの撤兵はすでに約束していたので、交渉の焦点は山東鉄道の処分にあったが、日中合弁経営案や借款鉄道案を中国は拒否し、最終的に、四〇〇〇万円の中国国庫証券の支払いと引き換えに中国に返還することで妥結した。

こうして三六回にも及ぶ交渉の末、１９２２年２月初旬に山東懸案解決条約が日中間で調印される。幣原はのちに、本条約締結により、かつてないほどアメリカの各方面から感謝され、ともに条約起草にあたった中国の王寵恵《おうちょうけい》とはその後深い親交を結ぶことができた、と自ら述べている。22年末には山東の日本軍は全面撤退し、翌年１月に山東

幣原《しではら》喜重郎《きじゅうろう》（1872～1951）

6-7　幣原喜重郎

　大阪府門真の豪農出身。1883（明治16）年、早くから英語教育に力を入れていた大阪中学に学び、京都の第三高等学校、東京帝大法科大学を卒業して外交官、領事官任用制度の第4期合格者として96年に外務省に入省。6年間の海外勤務を経て1903年、加藤高明夫人の妹の岩崎雅子と結婚。04年から11年まで電信課を中心に本省に勤務した。この間に、外務省顧問のヘンリー・デニソンから英文作成の作法、外交上の慣行や交渉術の指導を受ける。15年、石井菊次郎外相のもとで外務次官となり、以後、兼任を含め5人の外相に仕えた。19年に駐米大使となり、幣原・モーリス会談など日米移民問題に取り組む一方、原敬内閣の対米協調主義のもと、パリ講和会議やワシントン会議を通じて、勢力圏を争う旧外交から脱出し、国際協調主義を日本外交に定着させようと努力する。

　24年6月、加藤高明内閣の外相となるや、初めての演説で、「今や権謀術数の政略ないし侵略的政策の時代は去った」と述べて、改めて中国政策の刷新に意欲を見せた。幣原の中国政策の基本は、英米との協調行動、軍閥内戦への徹底した内政不干渉、経済主義であった。幣原は、中国の統一と安定を期待する観点から内政不干渉方針をもって臨んだが、それは経済的な利益を重んずる国益観と合致していた。幣原には、共産主義による統治であっても、一定の秩序が保たれていれば貿易や経済発展の必要性は揺るがない、という考えが根底にあった。こうした観点から、中国の安定と統一を託しうる蔣介石を英米とともに支援し、ソ連との国交樹立にも積極的となる。

　その一方、条約を神聖視する姿勢も幣原の特徴であった。ワシントン会議でも山東問題について、「もし、自己の本意でなかったとの理由で、すでに調印も批准も終了した条約を無効とすることが認められるならば、世界の平和、安定は如何にして保障し得られるか」と論じた。条約を神聖視する姿勢は現状維持でもあり、しばしば現実の事態進展に不適合を招くことがあった。

　幣原は、加藤首相の病死後も第1次若槻礼次郎内閣に留任し、27年4月の田中義一内閣の登場で、いったん閣外に去るが、29年7月、浜口雄幸内閣で外相に復帰した。井上準之助蔵相の緊縮財政と、幣原の国際協調とは浜口内閣の2本柱であった。幣原はまず、30年初頭からのロンドン海軍軍縮会議を対英米協調を優先して成功に導く。中国問題では、重光葵を駐華臨時公使にして交渉を託し、英米に遅れをとっていた中国の関税自主権の承認を実現した。さらに治外法権撤廃交渉など着手していた矢先に柳条湖事件が勃発する。

　満州事変に対し、幣原は不拡大方針堅持と日中直接交渉による解決を模索したが、31年12月、若槻内閣の閣内不一致による総辞職とともに退陣した。

鉄道は中国に引き渡され、ここに14年以来の日本の山東支配は終わりを告げた。紡績など一部の日本産業は、青島、済南を中心に存続し、山東は中国における日本の経済権益の集中地の一つとなった。

　中国が執拗に撤廃を求めた二一カ条要求について、アメリカは必ずしも中国の主張を支持しなかった。ただ、幣原は、ワシントン会議の準備段階の国内の合意を踏まえ、二一カ条要求の効力は堅持するものの、自発的に第五号要求の撤回、満蒙における投資優先権などの放棄を明言した。

　こうして、山東権益の回収という中国の目的はほぼ達成されたが、二一カ条要求に基づく、15年の南満・東蒙条約の存続は認められた。日本にとって南満・東蒙条約は、満鉄付属地と関東州に限られていた日本人（朝鮮人を含む）の事業活動や往来の自由を南満州全域に広げる根拠として、その廃棄には応じられなかった。

2　ワシントン体制と幣原外交

【「ワシントン体制」とその揺らぎ】

　ワシントン会議の諸条約によって形成されたアジア太平洋地域の国際秩序をワシントン体制と呼び、実質的には日米英の三国の協調行動によって成り立っていた。第一次世界大戦を通じて、その蓄えた経済力をもってアジア太平洋地域で存在感を増したアメリカが主導した。とくに、世界史上、初めて軍備縮小について、国際的合意を成立させたワシントン海軍軍縮条約は、日米英が相互に譲歩と妥協を重ねた国際協調の成果であった。

その一方、ワシントン諸条約を伝統的な外交的取り引きの所産ととらえるイギリスには、そもそも国際協調システムに拘束されているという意識はなかった、という有力な説もある。では、ワシントン体制と呼ばれる協調システムが存在しなかったか、といえば決してそうではなかった。ヒューズ国務長官は、ワシントン諸条約それ自体よりも、その基礎をなしている協力と相互信頼を重視してワシントン会議の「精神」を強調したが、こうした想いは各国の指導者も同様であった。

問題は、相変わらず政情不安定な中国においても、日米英三国の協調行動が持続できるかどうかにあった。中国に関する九カ国条約も、中国の統一と安定のための積極的な協調行動を約束したわけではなかった。まずは中国の自発的努力が必要とされ、それを列国がどのように支援するかが問われた。日本にとっては、満蒙権益の維持を前提に、英米と調整しながら中国全体の課題にいかに応えていくかが最も重要な外交課題であった。

しかし、対米英協調を中軸にすえる日本外交は、１９２０年代半ばにさしかかると、二つの脅威に直面する。その一つは、中国の激しい国権回収運動を背景とした中国の「革命外交」であり、もう一つは、ロシア革命による混乱を乗り越え、経済建設と極東進出に乗り出したソ連の脅威であった。こうした新事態を想定していなかった日本外交は動揺し、日米英の協調を軸とするワシントン体制も揺らぐことになる。そもそもワシントン体制は中国、ソ連を排除して成り立っていたのである。

【中国の混乱―北京政府と国民党の成長】

辛亥革命によって中国には共和政体の中華民国が誕生し、北洋軍閥の雄、袁世凱《えんせいがい》が大総統となり、北京政府を支配した。袁は議会政治を圧殺して専制的な統治を強化する。これに反発した孫文《そんぶん》は、中華革命党（のち中国国民党）を率いて広東に別の政権を樹立した。中国は事実上、南北の分裂状態に陥った。

まず、北方では、１９１６年に袁が急死すると、「援段政策」で知られるように、日本に支持された段祺瑞《だんきずい》（安徽派）が北京政府を支配した。しかし、19年の五・四運動によって、北京政府を牛耳っていた段の求心力は衰え、代わって台頭したのが呉佩孚《ごはいふ》（直隷派）と、満州の支配者であった張作霖《ちょうさくりん》（奉天派）であった。両派は20年に提携して段を北京から追い払い（安直戦争）、北京には奉直連合政権が成立するものの、北京政界への本格的進出をねらう張と呉の対立が激しくなり、両者は二度の激しい内戦を展開する。

22年の第一次奉直戦争では、張は満州への撤退を余儀なくされた。それでも張は北京進出をねらって24年9月に第二次奉直戦争を起こす。張は窮地に陥ったが、同年10月の直隷派の将軍、馮玉祥《ひょうぎょくしょう》のクーデターによって救われ、呉は逃亡した。馮のクーデターの背後には、工作資金の提供など関東軍が糸を引いていたとされる。

他方、中国南方では新しい政治勢力が台頭しつつあった。中国統一をめざす孫のひきいる中国国民党（広東政府）が、中国共産党やソ連の支援を得ながら力をつけてくる。24年1月には、国民党第一回全国代表大会が広州で開かれ、連ソ・容共・農工援助の三大政策を打ち出した。こうして国民党は国共合作のもと、労働者、農民の支持を獲得しつつ国民革命に乗り出そうとしていた。国民革命の主目標は、北方の軍閥政府の打倒とともに、清朝時代に遡る不平等条約の撤廃――失われた国権の回収にあった。

内戦の混乱のなかでも、国権回収という対外的目標は北京政府にも共有されており、23年には、北京政府による旅順・大連の回収要求として日本に向けられる。23年は帝政ロシアが旅順・大連を租借してから二五年目の返還期限にあたり、北京政府は、日本の租借をその継続となして、二一カ条要求に記載の九九年延長を認めず、一挙に回収することを日本に通告した。日本政府はこれを拒否するものの、その衝撃は大きかった。

【ソ連の東アジア進出】

ソ連は、外務人民委員代理カラハンの二つの宣言（1919年、20年）で、中国における不平等条約の撤廃や特権の廃棄を宣言して、国交樹立を呼びかけた。これを受けソ連代表ヨッフェは上海で孫文と会談し、23年1月、孫文・ヨッフェ共同宣言を発表した。共同宣言は、中国の当面の最大課題は「民国の統一と完全なる独立」にあること、そのためソ連は「共感をもって援助する」と述べ、ソ連の国民党支持を明確にした。ヨッフェはその直後の同年2月に来日して後藤新平と日ソ国交樹立のための非公式会談に臨んでいる。中ソの接近を警戒する後藤の招きに応じたものであった（コラム130頁）。

その後ソ連は、24年5月に北京政府との間で国交樹立協定を結ぶ。しかし、これを受け入れない張作霖政権（奉天政権）は、北京政府の抗議を押し切って10月に奉ソ協定を結んだ。奉ソ協定は、張政権の支配下に入っていた東支鉄道の中ソによる共同管理、付属地の司法や政務の中国官憲の処理を取り決め、25年には北京の段祺瑞政権によって追認され、正式に批准される。しかし、東支鉄道の管理権は実質的にはソ連が握り、張政権とソ連は管理権をめぐって対立を続けた。

こうしたソ連の東アジア進出に対し、幣原外交はソ連に国交樹立の

対支文化事業の展開

1920年代に、文化や教育の側面に着目して日中間の溝を埋めようという対支文化事業が実施されたことがある。その発案者の一人は林権助駐華公使であった。18年3月、林は、義和団事件賠償金の還付金を、中国国内の利権と結びついた借款や経済開発ではなく、21カ条問題で冷え込んだ日中関係の修復のため、「実業教育ないし一般教育、または衛生事業」に使うべきだと提案した。このころ帝国議会でも中国人留学生教育に関する建議案が相次いで出され、これらの動きは23年に制定の対支文化事業特別会計法に結実した。翌24年2月、汪栄宝駐日公使と出淵勝次亜細亜局長との間に協定（汪・出淵協定）が結ばれる。日中両国委員による総委員会が運営主体となり、亜細亜局文化事業部（27年に亜細亜局から独立）が実施主体となった。名称も「東方文化事業」と改称された。

6-8 東亜同文書院

東方文化事業は、日中の政治状況に左右されない、非政治的な共同事業をめざし、具体的な事業として、留学生への学資補給や関係団体への助成のほか、北京の人文科学研究所、上海の自然科学研究所の設立、東京・京都の東方文化学院の設置などが含まれていた。20年代後半には、日中関係悪化のあおりを受け、「文化侵略」の疑念を生み、国権回収（教育権回収）運動の対象となり、済南事件後には中国側委員が引き揚げ、29年には汪・出淵協定が中国によって廃棄される。

翌30年、幣原喜重郎外相は、文化事業を「政局より全然独立せる制度」として再建をめざすが中国側の協力が得られず、単独事業としての色彩が濃厚となる。共同の文化事業を通じて日中親善に寄与するという、当初の理念はゆがめられ、日本単独で「東洋文化の研究発揚」に取り組む研究機関として東方学院が構想される。日華事変勃発後の30年代末に興亜院が設立されると、文化事業の主要業務は外務省から興亜院の管轄となり、華北、華中における占領地行政の一つとして対中文化工作へと変貌した。

事業は20年代の「新外交」の時代にふさわしい、ソフト・パワーに着目した先駆的な試みであったが本来の目的を達成できなかった。

士協約は移民に関する権限を日本政府に委ねており、議会の「専属権」を侵害し、米国の主権を侵害している、と訴えたことである。以前から連邦議会の権限と紳士協約の関係は問題になっており、対日関係に配慮して曖昧なままであったが、改めて公然と問題視されたのである。

もう一つは、埴原正直大使がヒューズ国務長官に宛てた書簡（24年4月）の末尾に、もしこの法律が成立すれば、「両国間の幸福にして相互に有利なる関係に対し重大なる結果を誘致」するだろう、という表現があり、とくに「重大な結果（grave consequences）」の箇所が日本政府による対米恫喝（「覆面の威嚇」veiled threat）である、とロッジ上院外交委員長が糾弾したことである。その結果、新移民法に消極的であった議員も立場を翻して雪崩をうって賛成に回った。こうして新移民法は、4月中旬、圧倒的多数で上院で可決され、若干の修正ののち24年5月下旬にクーリッジ大統領が署名して成立した。大統領は法案に懸念を示す声明を発表するものの、拒否権を発動することはなかった。

埴原書簡は、紳士協約について誤った情報が議員の間に伝わっていたため、協約の内容と運用を正確に伝えようと日米当局が協議を重ねて作成され、両院に回付されたものであった。埴原書簡はこう述べていた。

——外国移民の制限は主権にかかわる措置であり、日本政府として、合衆国が望まない日本人の米国入国を阻止するため協力して努力してきた。その一方、日本にとって移民問題は数の制限ではなく、日本国民が「他国民より相当の尊敬及考慮を受くる資格ありや否やの問題」であり、日本人の「自尊心」の問題である。それは、「実に文明諸国間における友誼的国交の基調たるべきもの」である。

こうした日米当局者の誠意は議員には伝わらなかった。なぜ、ロッジ委員長らが態度を豹変させたのか。当時、油田疑惑をめぐって共和党が苦境に立たされ、くわえて大統領選挙を11月に控えていたため、党指導部が新移民法案を利用して党の結束を図ったためという。党内事情が外交政策における大局的判断を妨げたのである。

ちなみに、同じく自主規制を約束した紳士協約（ルミュー協約）によって対応したカナダでは、紳士協約の改定によってしのぎ、排日移民法にはいたらなかった。

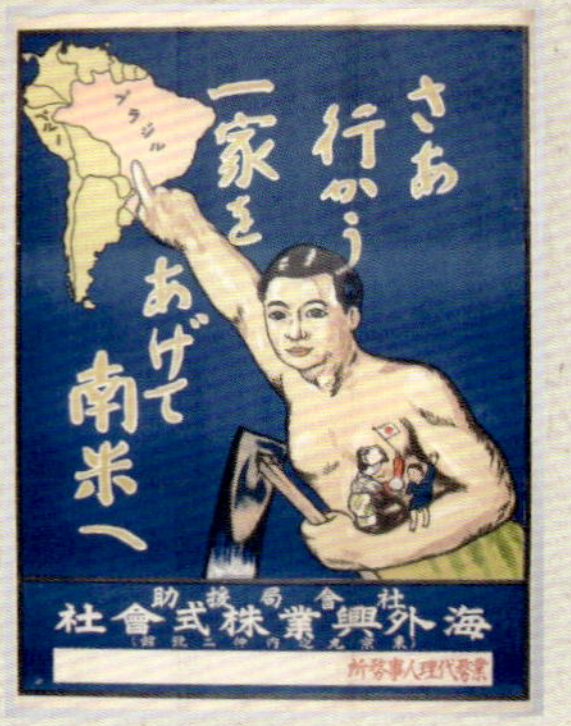

6-9　移民募集のポスター

排日移民法の衝撃

排日移民法は外交問題としてよりも、日米両国民をへだて、埋め難い人種問題として日本人の記憶に残ることになる。それだけ衝撃は大きかった。昭和天皇は、太平洋戦争後に口述した『独白録』において、41年の日米開戦の原因を遡れば人種差別の問題に伏在している、としたうえ、「黄白の差別感は依然残存し、加州移民拒否の如きは日本国民を憤慨させるに充分なものである（中略）かかる国民的憤慨を背景として一度、軍が立ち上がつた時に之を抑へることは容易な業ではない」と述べている。

東京の14の新聞社は共同記事で、「排日移民法の成立は、その内容において人道に背き、正義に反するのみならず、（中略）日米両国の伝統的親友誼をも無視したる暴挙」と論じ、全国各地で反米運動や米国製品の不買運動が起こる。正義や人道に反する行為として日本人には受け止められた。

排日移民法が実施された日（7月1日）、『国民新聞』を主宰する徳富蘇峰は、「米国と手を切ってアジアの兄弟と手を握る日」と書いた。日本人移民の排斥という、アイデンティティの危機に直面し、国民心理のうえでは、「西洋」を離脱して「アジアのなかの日本」を模索する転機となったとする見方もある。

手をさしのべ、他方、脅威を感じた日本陸軍は張との提携強化に傾き、北満進出の機会をうかがうことになる。

【第一次幣原外交】

《幣原外交の出発》

1924年6月、幣原喜重郎は第一次加藤高明内閣の外相として入閣した。外交官領事官試験に合格した外交官として初の外相であった。加藤内閣は、憲政会と政友会を中心とする連立の政党内閣（護憲三派内閣）であり、幣原外交は本格的な政党政治を基盤として出発した。加藤首相も積極的に幣原外交を擁護した。出淵勝次、佐分利貞男、木村鋭市、小村欣一らが次官や局長、次長となり、幣原を支えた。いずれも幣原が駐米大使としてワシントン会議を仕切ったときの協力者であった。

幣原の外交姿勢は24年7月の第四九臨時議会での外交演説で示された。幣原自身が起草したこの演説は、ワシントン諸条約の規定は政府と一致するものであり、「政府は同条約の精神に依りて終始せむ」と述べた。前任の松井慶四郎外相もワシントン会議の「精神を十分に尊重」と述べているが、ワシントン諸条約の成

移民をめぐる日米危機

幣原・モーリス会談

第1次世界大戦中は小康状態にあったカリフォルニア州における排日運動は、大戦が終わると日米関係の冷却化を背景としながら再燃する。1919年9月にはカリフォルニア州排日協会が設立され、州内各地の排日団体と連携して、日本人に借地権の禁止、写真の交換のみで結婚を約束する写真花嫁の禁止、紳士協約の破棄などを主張して、超党派的な支持を集めた。日本政府は20年に写真花嫁の渡航禁止の措置をとるが、排日団体は目標を土地法に絞り、19年秋からイニシアティヴ（州民直接投票）請願運動を開始する。20年8月までに法廷署名数をはるかに上回る8万4000人の署名を獲得して、一般投票が行われることになった。

20年11月に州民による一般投票が行われ、3対1（67万対22万）の圧倒的多数で第2次排日土地法が成立した。米国政府はイニシアティヴ立法に反対する声明を投票前日に発表するものの、大勢は動かし難かった。こうして日本人移民は、土地所有権に続いて借地権を禁止され、さらにアメリカ生まれの子供（米国籍）の後見人としての土地所有も禁止された。

この間、日米間では移民問題の解決をめざして幣原・モーリス会談が行われていた。第2次土地法の成立が避け難いことは日米当局にとって想定内であり会談は継続し、23回に及ぶ会談の末、21年1月末に合意に達した。合意内容は、日本政府の自主的規制の方針はそのままとし、紳士協約の改定を通じて渡航禁止の幅を拡大し、それと交換的に、追加の日米条約で在米日本人の均等待遇を約す、というもので、日本政府にとって「合理的かつ実際的解決案」であった。内田康哉外相も、「本件を解決し将来の禍根を一掃することは両国のため望ましい」と幣原喜重郎を激励した。

しかし、新条約案はハーディング政権によって活用されることはなかった。ワシントン会議の準備を優先するヒューズ国務長官は、ワシントン体制の協調枠組みのなかで解決されるものと期待していた。第2次排日土地法はワシントン州をはじめ、アリゾナ、テキサスなど各州に波及し、同種の土地法が次々に成立した。日本人は訴訟によって打開をはかるが、22年には帰化訴訟が大審院で敗訴し、土地法訴訟も大半が敗訴した。

埴原《はにはら》書簡

第2次排日土地法の成立以前から、紳士協約に基づく日本側の自主規制によって、日本人移民の増加は抑えられていた。09年から23年の純増数は年平均で600人弱に過ぎず、土地法成立の翌21年からは純減に転じ、両国世論も沈静化していた。

ところが23年12月に連邦議会下院に提出された新移民法案は大きく局面を転換させる。もともとこの法案は、ヨーロッパからの移民流入を制限するため、すでに時限立法として実施されていた移民割当法の恒久化をめざすものであった。各国の移民割当比率を、総枠数15万に対して各国別の在米居住者数の2％に定め、仮にこの比率を日本に適用した場合、毎年185名程度となるはずであった。しかし、新移民法案は市民権取得資格のない移民の入国禁止が規定されていたため、この割当制度は日本には適用されなかった。22年の連邦最高裁の判決によって、日本人は帰化不能外国人、すなわち市民権の取得資格のないことが確定していたからである。

新移民法案は、圧倒的多数で可決され審議は上院に移った。外交を重んずる上院では、国際関係に配慮する傾向があり、実際、上院では新移民法に批判的な意見が多数であった。したがって日米外交当局とも、上院では同法案は否決されるもの、と楽観的に見通していた。ところが、上院における審議で、こうした楽観論に冷水を浴びせる指摘がなされる。その一つは、ハイラム・ジョンソン議員などが紳

立に奮闘した幣原にとって、その擁護の決意は並々ならぬものがあった。ただ、この議会演説で注目されたのは対米問題であった。アメリカでは同年5月に排日移民法が成立し、演説当日は同法の施行日にあたっていたからである。

排日移民法に関して幣原は、対米抗議を表明する一方、日米両国間の永遠の親交を確保するため努力するとの決意を述べた。しかし、国内世論は同法に対して強く反発しており、演説の日には米国大使館の星条旗が盗まれる事件が発生した。幣原はすぐさま米国政府に陳謝し、翌日には犯人が逮捕され、星条旗も無事に返還される。日本側の敏速な対応に米国政府は日本政府の責任を問うことはなかった。その後も幣原は、排日問題に執拗に反論しても「徒に両国に於ける国民的感情を刺戟する」だけ、として抑制的な対応をとった。

《北方の戦乱と不干渉政策》

幣原外相期を通じて最大の懸案は中国問題であった。安定した統一中国との共存共栄をめざした幣原は、ワシントン体制の維持を基本に、中国に対して一貫して「内政不干渉」の立場を堅持する。

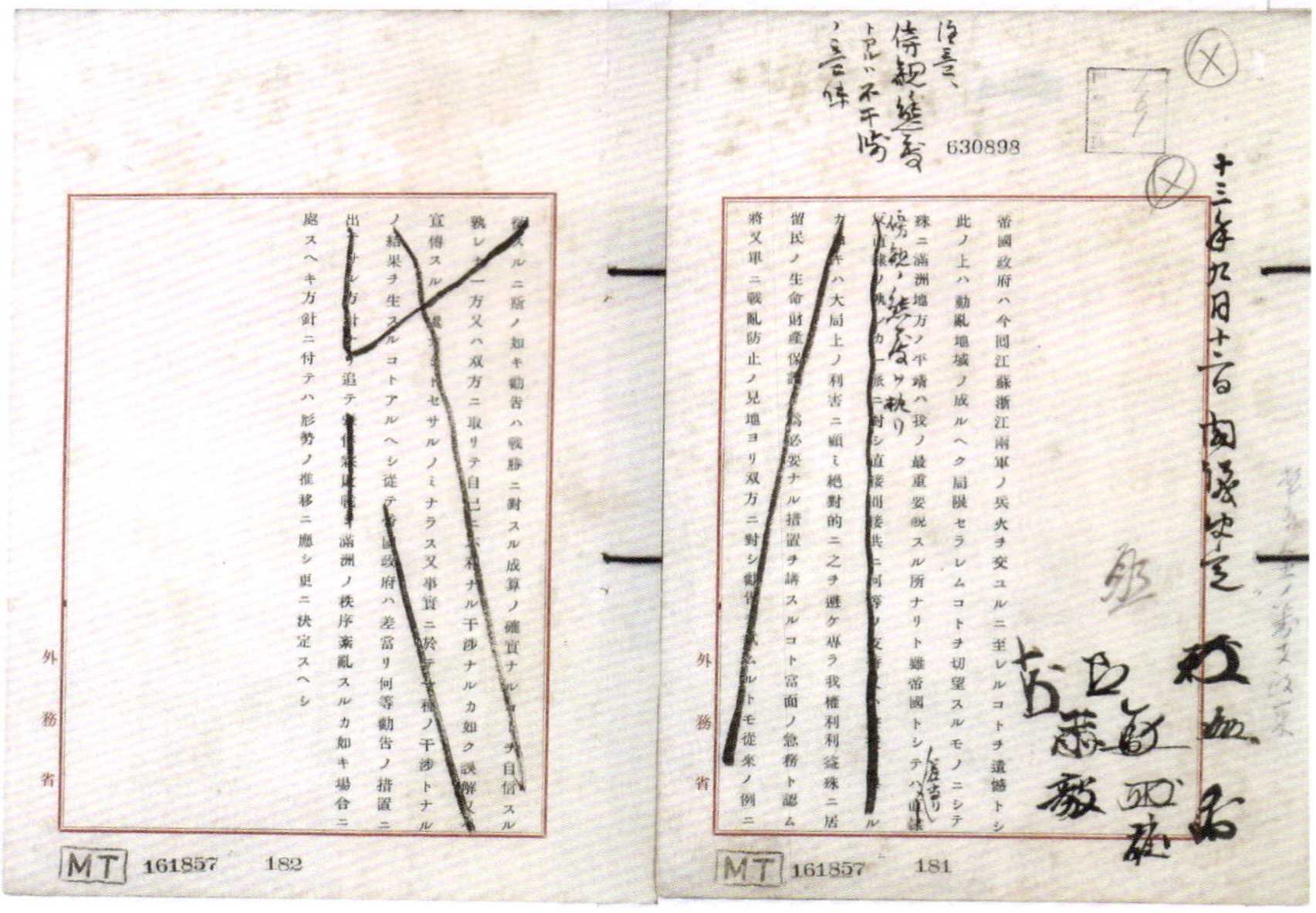
帝國政府ハ今回江蘇浙江兩軍ノ兵火ヲ交ユルニ至レルコトヲ遺憾トシ
此ノ上ハ動亂地域ノ成ルヘク局限セラレムコトヲ切望スルモノニシテ
殊ニ滿洲地方ノ平靖ハ我ノ最重要視スル所ナリト雖帝國トシテハ
留民ノ生命財産保護ノ爲必要ナル措置ヲ講スルコト當面ノ急務ト認ム
將又軍ニ戰亂防止ノ見地ヨリ双方ニ對シ

6-10　閣議決定「内政不干渉方針について」1924年9月12日

幣原は、まず、24年9月の第二次奉直戦争に対して「不干渉」の方針を閣議決定し、それを出淵亜細亜局長の談話として内外に示した。奉天派と直隷派は、それぞれ有利な立場を築くため日本に活発に働きかけていたが、どちらにも与しない態度を示したのである。張作霖の奉天派が直隷派に圧倒されて窮地に立つと、日本軍の派遣が政府内で検討されるが、10月の直隷派内部の馮のクーデターによって事態が逆転し、内戦への介入は危うく回避された。このとき幣原は、不干渉政策を貫徹するために辞表まで用意していたと後に回想している。

馮のクーデター後、天津に引退していた段が、張と馮に擁立されて三たび、北京の政権の座に返り咲いたが、政情は相変わらず不安定であった。

張はその勢力を華北から華中まで広げたが、他の軍閥と軋轢を生んで後退し、さらに翌25年11月、配下の将軍で、張学良の教育にもあたるなど奉天派内の実力者であった郭松齢《かくしょうれい》が叛旗を翻し、張作霖の命運は危機にひんした。郭事件発生後、郭の勢力が満州に及ぶことを恐れる領事館、満鉄、関東軍など日本の出先機関はほぼ一致して、張作霖を援助することで満州の現状維持をはかるよう意見具申した。外務省や陸軍指導部は、あくまで不干渉の方針で臨んだが、次第に郭軍が優勢になると11月中旬には出兵が閣議決定され、本土および朝鮮半島の部隊約三五〇〇名が奉天にむかった。幣原は、在奉天の吉田茂総領事に対し、派兵はあくまで軍隊の「補充」を目的としたものであり、「絶対不干渉厳正中立の態度」に何等変更がない旨を伝えた。

結局、郭の叛乱は、日本軍の介入や援助で張作霖側が制圧した形となり、郭軍の満州侵入という事態は避けられた。

《在華紡と五・三〇事件》

中国本部に眼を向けると、24年1月の国共合作以降、軍閥政府反対・不平等条約廃棄の大衆運動が盛り上がりを見せ、労働運動も激化する。25年に入ると上海や青島の日系の紡績工場で大規模なストライキが発生するようになる。その背景は、在華紡と呼ばれる日系の紡績工場の上海や青島への進出であった。第一次世界大戦で巨額の利益を得た紡績会社は、19年の中国綿糸布の輸入関税引き上げを契機に、東洋紡、鐘淵紡、大日本紡などが上海や青島に直接投資によって相次いで進出した。在華紡の投資規模は、満州を除く中国本土への直接総事業投資の三割近くにも及び、日本の対中投資において満鉄に次ぐ地位を占めるようになり、中国国内の民族資本を強く圧迫した。

　在華紡は、技術や経営を日本式のまま中国に持ち込み、中国人労働者を日本人より低額の賃金で雇用した。また、豊富な資金力と強力な販売網をもつ日本の大商社との連携という点でも中国の民族資本に対して優位であった。中国系工場は経営困難に陥り、倒産や操業停止が相次ぎ、労働者の失業や賃金カットをもたらした。こうした背景のもと、25年2月に上海の内外棉工場で紡績ストが始まり、さらに同工場で日本人監督が労働者を殺傷した事件が起こると、日系各工場の中国人労働者が連帯して大規模なストに突入した。

　同じころ、イギリス支配の工部局による、中国人商工業者に対する差別的法案をめぐって多くの学生が逮捕され、学生の釈放を求める抗議デモが起こり、これにイギリス租界警察が発砲して大惨事が起きた。この五・三〇事件は、空前の反英・反日運動が各地に広がるきっかけとなる。共産党は時を移さず反帝民族闘争を呼びかけ、労働組合の代表を集めて上海総工会を結成してストライキの中心となる。さらに共産党は、中国の中小企業家集団、学生連合会を結びつけ、工商学連合委員会を結成して反帝闘争を組織的に展開した。

　こうした事態に、北京政府は、不平等条約が事件の根本的な原因であるとしてその是正を日、米、英、仏、伊、蘭各国で構成されていた駐華公使団に提起した。これに対し、幣原は「日英米三国協力」を基調として、警察責任者の処分や犠牲者の救済による事件の解決を優先し、直接関係のない不平等条約改正は審議すべきではないという方針で臨んだ。駐華公使団による交渉は難航するが、結局、25年8月に矢田七太郎上海総領事と北京政府との間で妥協が成立し、イギリスを除く各国がこれを歓迎したことにより事態は収拾に向かった。不平等条約の改正問題は、北京関税特別会議でも北京政府から提起されることになる。

《北京関税特別会議》

　25年10月、日中英米仏など一三カ国の代表が北京に集まり、北京関税特別会議が開催される。ワシントン会議で調印された中国の関税に関する条約に基づくもので、フランスの批准が遅れていたため、この時期となった。日本側全権は日《ひ》置《おき》益《えき》大使と芳沢謙吉駐華公使が務めたが、実質的に代表団を取り仕切ったのは、幣原によって北京に派遣された佐分利貞男（通商局長）であった。

　会議の主な目的は二つであった。一つは、北京政府（当時は段祺瑞政権）の財政収入を増加させるため、従価五％ときわめて低く抑えられていた中国の関税率を引き上げることであった。関税収入の多くが外債の返済に消えていたため、ワシントン会議後には関税表の改訂による事実上の引き上げが行われており、関税会議ではさらに二・五％（奢侈品は五％）の付加税が承認されるはずであった。

　もう一つは、各地方軍閥が課していた国内通行税である釐金《りきん》の廃止を北京政府に約束させることであった。釐金は商品流通を妨げ、軍閥を潤すが中央政府の財源確保には障害でしかなかった。要するに関税会議は、北京政府の財政基盤の強化と軍閥の地方支配を弱め、中国の統一に寄与することが期待された。

　他方、北京政府は、国権回収をめざすナショナリズムを背景に、列国との不平等条約の改正を求めて「修約外交」に乗り出していた。すでに、ドイツとの条約改正に成功するなど個別交渉で成果をあげつつあったが、多国間外交によってそれを達成するための舞台となったのが、北京関税会議であった。そのため、北京政府は関税自主権の回復問題を優先的な議題に加えていた。

　会議の冒頭、日本代表団は率先して関税自主権回復の要望に賛同する用意のあることを声明して参加国を驚かせた。「親華声明」と呼ばれることの声明の発案は佐分利であった。中国の関税引き上げによる対中貿易への悪影響を恐れる日本政府は、有利な関税協定を中国と個別に結ぶねらいもあり、代表団の方針を支持していた。主導権を握った代表団は参加国を説いて、25年11月には、中国の関税自主権回復の原則を承認する決議に結びつける。それと引き換えに中国は29年1月をもって釐金を廃止すると宣言した。

しかし、その後の交渉は難航する。関税自主権承認までの暫定税率について、二・五%のみとしたい日本と、高率を求める中国とが対立した。また、付加税による関税増収の使途などで列国は折り合わなかった。結局、暫定税率については、アメリカの熱心な調停によって差等税率を設けることで、概ね合意が成立した。しかし、26年4月にはクーデターによって北京政府（段政権）が崩壊したため、正式の合意のないまま会議は無期延期となった。

会議の流会はワシントン体制―日米英の協調体制が中国問題をめぐって崩壊する起点となり、差等税率で譲歩を示さない日本の姿勢が会議を失敗に導いた、といった評価もある。英米とは異なり、日本にとっては死活的な対中貿易の利益を守るため、日英米協調を破綻させた、というのである。しかし、幣原は佐分利とともに、中国の関税自主権の回復の原則を参加国に承認させ、早期の中止を求めるイギリスの説得に奔走するなど、会議の成功のため力を尽くしたことも事実である。

【北伐と南京事件】

1920年代半ばの中国は、満州に張作霖、北方に段祺瑞と馮玉祥、南方に孫文の革命政府がそれぞれ覇権を主張していた。さらに、いまだ弱体であったが中国共産党も誕生していた。こうした勢力構図のなかで、25年に孫が死去すると蒋介石《しょうかいせき》が後継者となって国民党による中国統一をめざし、26年7月、広東から国民革命軍を率いて北伐を開始した。

国民革命軍は、またたく間に華南、華中地域を席巻し、やがて上海、南京に迫った。北伐は反帝国主義・反軍閥の性格を帯びる国民革命運動でもあり、第一次大戦期以来の日中間の緊張の高まりは、この北伐の過程で発生した。国民政府の方針は、「革命外交」と呼ばれる過激な国権回収運動に傾き、27年1月には、漢口と九江のイギリス租界を実力で回収した。イギリスは日本政府に対して派兵要請を行ったが、幣原喜重郎は内政不干渉の立場からこれを拒絶した。

27年3月、南京が革命軍に占領されたとき、日英の領事館や外国人が襲撃された。この南京事件は、それまでのイギリスに代わり、実質的に日本が標的となった最初の事件であった。英米は南京城内を軍艦で砲撃したが、幣原外相は共同制裁に加わらず、報復や制裁を避け「内政不干渉」を貫く。国内では、こうした幣原の対応は「軟弱外交」であるとして居留民や野党から激しい批判を浴びた。

南京事件は、国民革命軍に共感していた日本人居留民にとって、軍紀が厳正な革命軍というイメージを裏切る行為であった。事件後も外国人居留民に対する集団的な暴行は相次ぎ、蘇州、杭州、九江、宜昌、重慶、成都などから多くの日本人が生活拠点を棄てて本国に引き揚げた。

幣原外相は蒋を北伐勢力のなかの「穏健勢力」とみなし、蒋との協力を通じて日本の権益保持をはかろうとしていた。南京事件についても、過激な反蒋勢力による陰謀だとして、責任追及を抑えた。27年4月、おりから発生した金融恐慌により若槻礼次郎内閣は倒れ、幣原も退陣した。

その直後、蒋は上海で反共クーデターを敢行し、武漢に設立された容共派の国民政府に対抗して南京に国民政府を樹立した。汪兆銘《おうちょうめい》のひ

6-11　日ソ基本条約調印（着席の左・芳沢、右・カラハン両国代表）

6-12　芳沢、カラハン両代表のサイン

In witness whereof the respective Plenipotentiaries have signed the present Convention in duplicate in the English language, and have affixed thereto their seals.

Done at Peking, this twentieth Day of January, One Thousand Nine Hundred and Twenty-Five.

きいる武漢国民政府も、27年9月には南京の国民政府に合流した。24年以来の国共合作は27年をもって崩壊し、その後、国共の対立は一〇年間も続くことになる。

【日ソ基本条約の締結―芳沢公使の粘り】

日本政府は幣原外交の登場以前から、国交の正常化を求めて対ソ交渉を進めていたが、北樺太からの撤兵、石油資源や北洋漁業などの利権問題、尼港事件への謝罪など山積する難問を前に交渉は停滞していた（前述）。外相に就任した幣原喜重郎は、北京で対ソ交渉に従事していた芳沢謙吉駐華公使に改めてソ連代表カラハンとの交渉継続を指示する。その結果、六一回にも及ぶ正式会談（芳沢・カラハン会談）を経て、日ソ基本条約が１９２５年1月に調印される。

重要な交渉案件の一つが、ポーツマス条約の効力確認であった。極東共和国を統合して22年に成立したソヴィエト連邦は、帝政ロシア時代の条約の廃棄を宣言していたため、ポーツマス条約もその対象となる恐れがあった。とりわけ、北洋漁業の展開の根拠となっていた日露漁業協約（07年）は、ポーツマス条約に基づいており、その存続を日本は重視した。幸い、基本条約はポーツマス条約の効力存続を確認した(第二条)。北樺太からの撤兵も一定期間内に履行することで合意し、尼港事件に対する謝罪もソ連は受け入れた。艦艇の燃料確保の観点から、海軍が切望していた北樺太における油田開発権についても北樺太からの撤兵の代償として、その試掘・採掘権が認められた。

最後まで問題となったのは、コミンテルン(共産主義インターナショナル)の活動が、同条約第五条(宣伝禁止条項)に該当するか否かであった。芳沢は、コミンテルンの活動は相手国の秩序や安寧を脅かす行為とみなすのに対し、カラハンは強硬にこれに反論した。最終的に、ソ連政府とコミンテルンは別個の存在とするカラハンの主張が容認された。だが、日本政府は基本条約の運用において、コミンテルンの活動を第五条に該当するものとの解釈に固執した。この問題は、基本条約の締結に合わせて日本政府が治安維持法を制定した理由の一つであった。

幣原は、日ソ復交が必要な理由について、ソヴィエト政府の国際的地位が安定化しつつあること、そして経済的利益を挙げている。ソ連との国交樹立は、安定的な国家運営を始めたソ連をワシントン体制の「批判者」ではなく、「理解者」として迎え入れ、国際協調体制の基盤拡充をはかることを意味した。

一方、日ソ貿易の拡充や北樺太の資源開発といった経済面に着目した日ソ復交は、経済中心の幣原の国益観を革命後のソ連にも適用したものであった。初代の駐ソ大使に経済通の田中都吉《ときち》を起用して、それらの推進をはかる。

【貿易圏のグローバル化】

幣原が力を入れた「経済外交」の中心は通商貿易の販路拡大であった。第一次幣原外交の時期は、第一次世界大戦後の世界的不況と関東大震災（1923年）によって不況のどん底にあり、外国貿易は大幅な入超に陥り、その対策として新販路を開拓して貿易振興をはかる必要に迫られていた。

そこで幣原は、気心の知れた佐分利貞男をはじめ、歴代の通商局長（斎藤良衛、武富敏彦）らと協力し、通商局の拡充や商務書記官制度の新設など組織整備を行うとともに、それまで重視されていなかった地域との通商の拡大に努め、貿易の多角化をめざした。その対象地域として、東部アフリカやエジプト（埃及）、トルコ、小アジアなどの中東地域に注目した幣原は、26年4月から5月にかけて、トルコの首都コンスタンチノープルで近東貿易会議を開催している。貿易振興のための直通航路の開設、在外公館の充実、商務書記官の派遣、見本市の開催などが議決されている。具体的な成果の一つが日本郵船による近東航路の開設であった。これと並行して、南洋やインド方面の貿易促進のため、26年9月に、第一回貿易会議（南洋貿易会議）が東京で開催されている。

幣原外交期に新たに締結または改訂された通商条約はベルギー、ペルー、スペイン、チェコ、エジプト、リトアニア、ルーマニア、エチオピア、仏印など十数カ国にのぼる。日本の経済力を多角的な通商貿易網のなかで伸長し、それによって国力の増進をはかるという、日本外交にとっては新たな取り組みであった。

3 田中内閣と満蒙分離政策

【東方会議と済南事件】

1927年4月、政友会総裁の田中義一がひきいる田中内閣が誕生した。外相を兼任した田中は、米英協調のもとに国民政府と東三省（張作霖）政権の双方の立場を認めつつ、満州問題の解決や開発を進めようとした。しかし、田中外交を支える政友会の基盤は不安定で、世論対策上、必要以上に強硬姿勢をとらざるを得ず、幣原外交の内政不干渉主義を一転して居留民の現地保護主義を打ち出し、6月に山東半島に出兵した。しかし、そもそも出兵に慎重な田中内閣は、内地師団の派兵ではなく、満州からの移動で対処し、しかも青島に一カ月もとどまった。青島で出兵が停滞すると国内では田中外交批判が高まり、

「田中上奏文」と国際宣伝

1927（昭和2）年7月、東方会議直後に田中義一首相が昭和天皇に上奏したとされる怪文書が、「田中上奏文」である。かなりの長文であるが、とりわけ次の一節が注目されてきた。

「支那を征服せんと欲せば、先ず満蒙を征せざるべからず。世界を征服せんと欲せば先ず支那を征服せざるべからず。…之れ乃ち明治大帝の遺産にして、亦我が日本帝国の存立上必要事たるなり」

日本では、この上奏文がねつ造であることが早くから指摘され、今では本物とみなす研究者は皆無である。しかし中国では、ねつ造説が完全に否定されてはいない。日本がアジアを征服するにはまず中国を制し、中国を征服するにはまず満州を制する、という上奏文の論理が、日本の中国侵略の計画性、一貫性を強調する中国の歴史観と合致していることから、国際宣伝や情報活動の格好の手段として活用され、その影響力を発揮してきた。

上奏文は、29年当時、張学良政権下の中国東北でねつ造された可能性が高く、東北の排日的な雑誌や新聞にしばしば登場していた。日本公使館も見過ごしていたわけではなく、国民政府外交部に抗議文を提出し、外交部も偽物であると認めていた。しかし、満州事変をきっかけに中国各地やアメリカなどに流通し、反日宣伝に活用されていく。例えば、国際連盟では、中国代表・顧維鈞は、上奏文の一節を引用しながら、偽書であるかはともかく、田中上奏は、華北や東アジアにおける覇権の追求を説くもので、日本の東北支配は「世界征服の第一歩にすぎない」と論じた。満州事変は、上奏文が無数の反日文書の一つとして埋もれてしまうのを防いだのである。

第2次世界大戦後の東京裁判においても検察側に注目され審理の対象となるが、本物と断定するにはいたらず、「共同謀議」の証拠としては採用されなかった。だが、上奏文は冷戦下のアメリカやソ連にも流通し、中国共産党の機関紙「人民日報」にもしばしば登場している。

国際政治は、正確な情報や事実のみによって動くものではない。上奏文の国際的流布は、ねつ造された情報であっても宣伝戦や情報戦に活用され他国民の誤解や偏見を増殖し、国際政治を動かす場合が少なくないことを示している（服部龍二 2004）。

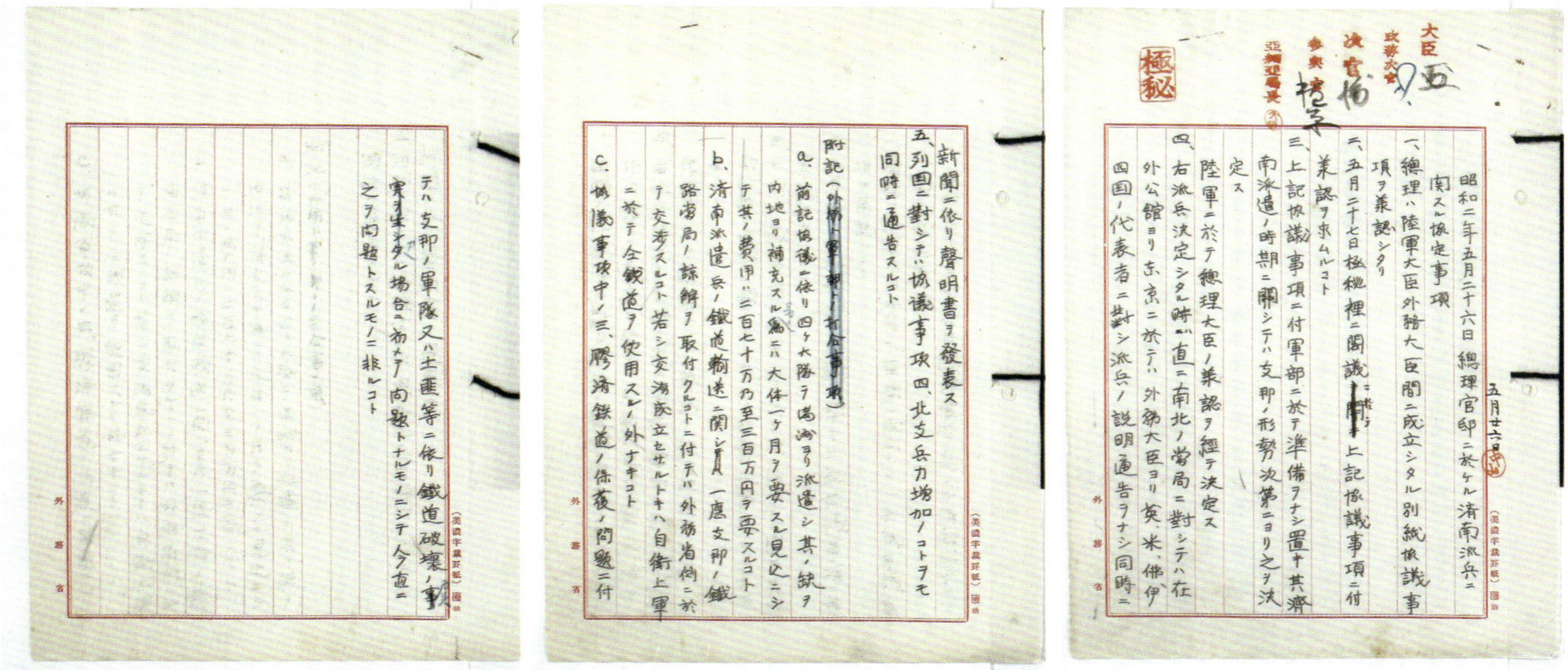
極秘
大臣
政務次官
次官
参与官
亜細亜局長

昭和二年五月二十六日總理官邸ニ於ケル濟南派兵ニ
関スル協定事項
一、總理ハ陸軍大臣外務大臣間ニ成立シタル別紙協議事
項ヲ承認シタリ
二、五月二十七日極秘裡ニ閣議ニ諮リ上記協議事項ニ付
承認ヲ求ムルコト
三、上記協議事項ニ付軍部ニ於テ準備ヲナシ置キ其濟
南派遣ノ時期ニ關シテハ支那ノ形勢次第ニヨリ之ヲ決
定ス
陸軍ニ於テ總理大臣ノ承認ヲ經テ決定ス
四、右派兵決定シタル時ハ直ニ南北ノ當局ニ對シテハ在
外公館ヨリ東京ニ於テハ外務大臣ヨリ英、米、佛、伊
四国ノ代表者ニ對シ派兵ノ説明通告ヲナシ同時ニ
新聞ニ依リ聲明書ヲ發表ス
五、列国ニ對シテハ協議事項四、北支兵力増加ノコトヲモ
同時ニ通告スルコト
附記（外務軍部ノ打合事項）
a、前記協議ニ依リ四ケ大隊ヲ満洲ヨリ派遣シ其ノ缺ヲ
内地ヨリ補充スル爲ニハ大体一ケ月ヲ要スル見込ニシ
テ其ノ費用ハ二百七十万乃至三百万円ヲ要スルコト
b、濟南派遣兵ノ鐵道輸送ニ関シテハ一應支那ノ鐵
路當局ノ諒解ヲ取付クルコトニ付テハ外務省側ニ於
テ交渉スルコト若シ交渉成立セサルトキハ自衛上軍
ニ於テ全鐵道ヲ使用スルノ外ナキコト
c、協議事項中ノ三、膠濟鉄道ノ保護ノ問題ニ付
テハ支那ノ軍隊又ハ土匪等ニ依リ鐵道破壊ノ事
實ヲ生ジタル場合ニ初メテ問題トナルモノニシテ今直ニ
之ヲ問題トスルモノニ非ルコト

6-13　外務省覚書「昭和2年5月26日総理官邸に於ける済南派兵に関する協定事項」

ようやく青島から済南に向かう。このときは国民革命軍も武漢政府軍によって側背を脅かされて途中で後退したため、日本軍も撤退し、日中両軍は衝突を避けられた（第一次山東出兵）。

山東出兵と同じころの6月下旬、田中は、外務省や軍の中国出先機関の長や政府首脳ら関係者を集めて東方会議を開催した。会議の最後に田中が訓示した「対支政策綱領」は、対中政策について、中国本部と満蒙政策とを区別し、中国本部には中立的態度で臨むが、満蒙は日本の国防上、国民の生存にとって重大な利害関係があるとして、中国本部とは別扱いすることを確認するものであった。この「満蒙分離」方針は、満蒙の領土化や、独立を意味するのではなく、満蒙が中国の主権下にあることを認めるが、そこの統治者は日本の死活的な権益を尊重しなければならない、という主旨であった。「革命外交」を標榜していた国民政府が、日本の死活的な在満権益を尊重するとは考えられなかったのである。

27年8月、武漢政府と南京政府の合同を促すために下野した蔣介石は、日本を訪問して田中首相と会見した。田中は性急な北伐再開を戒め、当面は長江以南を固めるよう促した。つまり、田中は幣原外交と同じく、蔣との協力・提携を通じて日中関係を安定化させようとしていた。蔣による中国統一を承認しつつ、張作霖を東三省（満州）に帰還させて地方政権としての安定をはかろうとしていたのである。

しかし、田中の忠告にもかかわらず、28年4月、中国国民政府（27年9月、武漢政府と南京政府とが合流）の革命軍総司令に復帰していた蔣は北伐を再開する。田中は居留民の保護を名目に、今度は内地師団をいきなり山東に派遣した。2月の総選挙で事実上の敗北を喫した政友会の勢いを取り戻すという意味があった。派遣された五〇〇〇人

田中義一《たなかぎいち》（1864～1929）

6-14　田中義一

長州藩萩の出身。苦学を重ねながら1882年に上京して翌年に陸軍教導団に入隊し、陸軍士官学校、陸軍大学校と進み、日清戦争で満州各地を転戦した。日清戦争後の96年、参謀本部情報部員となり、ついでロシアに在勤し、帰国後は参謀本部作戦部ロシア班長として対露作戦計画の立案にあたった。日露戦争では新設の満州軍参謀として出征。戦後は「長州閥の寵児」として順調に軍歴を重ねた。1911年には2個師団増設計画を作成、15年には参謀次長に進み、積極的なシベリア出兵計画を陸軍の立場から取りまとめた。18年には、同じ長州出身の元老・山県有朋の推薦で原敬内閣の陸相となると、一転して原の対米協調政策に協力し、山東半島やシベリアからの撤兵政策を主導した。21年に病のため陸相を辞任するが、翌年に死去した山県に代わって陸軍内に強い発言力を維持した。25年には軍籍を離れて野党の政友会に入党し、総裁に就いた。

27年4月、政友会総裁として首相に就任し、外相を兼任した。それまでの幣原外交が、中国政策について国際協調や内政不干渉を重視するあまり、「軟弱外交」と批判されたのに対し、田中は日本人居留民の保護のため山東出兵を敢行するなど「積極外交」を展開した、とされる。しかし、田中の中国政策は、満蒙地域（東三省）と中国本土を分離し、満州は張作霖に経営を委ねるものの、中国本土は蔣介石による穏健な統治を容認する、という考え方が基本であった。とくに満州については、張作霖を利用してその治安を維持し、外国資本の導入によって鉄道建設や経済開発を押し進め、日本の経済権益を維持拡大するというもので、米英協調を踏み外すものではなかった。実際、鉄道政策を重視する田中は政友会幹部から満鉄社長となっていた山本条太郎に依頼して、28年5月には張作霖との間で満蒙5鉄道建設請負に関する協約を成立させた。さらに、第1次山東出兵を躊躇したように、田中は決して積極的な出兵論者でもなかった。

しかし、田中は「養子総裁」と評されたように、政友会の党内基盤が弱体で、党内や世論の強硬論、さらに野党・民政党との政策的相違にも配慮せざるを得ず、穏健な中国政策の構想を貫徹できなかった。28年の第2次山東出兵も、政治的配慮を優先させた決定であった。その結果、多くの犠牲者を出した日中両軍の衝突（済南事件）を招き、国内世論と陸軍指導部はますます対中強硬論に傾く。事件後、蔣介石の国民革命軍は済南を迂回して北京に迫り、5月中旬には張作霖軍の敗走、蔣介石軍の満州侵入は目前に見えた。田中は関東軍を山海関に派遣して両軍の武装解除と満州侵入を阻止しようとするが、天皇の命令が必要なその決断を躊躇した。あせった関東軍は、6月4日、北京から奉天に列車で帰還しようとする張作霖を爆殺し、南満州に親日政権を擁立しようと企てたが、関東軍内の意思統一でさえ十分ではなく、張作霖の後継となった息子の張学良も動かなかった。張学良はその後、蔣の国民政府との合流に傾き、28年末には国民政府による中国統一が完成した。張学良の対日姿勢は厳しいものとなり、田中の満州政策も停滞してしまう。

他方、28年6月下旬に事件の真相を知った田中は、事件関係者の厳罰を天皇に約束した。だが、陸軍省の方針は、責任の所在を明確にせず、厳罰にも消極的で、首謀者の河本大作大佐の停職など軽い行政処分にとどまるものであった。田中がこれを天皇に報告すると、天皇は以前の報告内容と矛盾すると断じ、なお説明しようとする田中を制した。ここに田中は天皇の信任を失ったとして29年7月に総辞職した。総辞職後の9月末、持病の心臓病で死去した。

の第六師団はついに済南で中国軍と衝突してしまう（第二次山東出兵）。日本軍は居留民が受けた被害への報復と軍の威信をかけて済南城を攻撃し、中国側に三五〇〇名を超える犠牲者を出した。日本では、事件の原因は中国人の対日軽侮心にあるとされ、それを根絶するため「膺懲《ようちょう》」が叫ばれた。居留民保護という日本の当初の出兵目的は、中国軍の「膺懲」へと変化するのである。

この済南事件は、蔣の対日不信感を強めたばかりか、それまでイギリスを主敵とみなしてきた中国の反帝国主義・排外運動が、日本を標的とした最初の事件であった。事件の解決交渉は難航するものの、29年3月、日中は相互譲歩のうえ解決文書に調印している。

【張作霖爆殺事件と北伐の完成】

満州の張作霖（奉天軍）は、1926年の段祺瑞の失脚後、改めて北京に進出し、翌年には軍政府を組織して、北上してくる国民革命軍（北伐軍）を迎え撃とうとしていた。済南を引き払って北上を続ける蔣介石は、張作霖軍と対峙することになる。

田中義一内閣は張作霖と蔣の双方に、厳正中立の態度で臨んでいた。しかし、28年5月中旬、戦乱が満州に波及する恐れがある場合には、治安維持のため適切かつ有効な措置をとると双方に通告した。この通告は、中国軍が混乱したまま満州に入る場合には、どちらの軍隊であっても武装解除することを意味した。国民革命軍に圧倒され、敗色濃厚の張作霖は日本の勧告を容れて、北京を引き揚げ満州に帰還する決断を下す。

このとき関東軍は軍司令部を旅順から奉天に移し、中国軍の武装解除のための錦州への進出に備えていた。国民革命軍が満州に入ってくる場合はもちろん、張作霖（奉天）軍であっても入満の際には武装解除し、実力で張作霖を排除しようとした。しかし、関東軍の本務は満鉄の保護にあり、満鉄線から遠く離れた錦州に進出するためには奉勅命令という形式の天皇の承認が必要であった。

関東軍から報告を受けた参謀本部は、天皇の裁下を求める前に、田中首相の同意を求めた。しかし、なおも張作霖との関係を維持しようとしていた田中は、5月末、関東軍の錦州進出に不同意を明らかにした。奉勅命令を天皇に仰ぐ前に田中の反対にあったことになる。奉勅命令の下達を待っていた関東軍司令部では、しびれを切らした村岡長太郎司令官や幕僚が張作霖の暗殺によって局面を打開しようとした。その中心が高級参謀の河本大作《こうもとだいさく》大佐であった。

河本大佐は、北京から奉天に帰還する張作霖の特別列車の爆破を案出し、独立守備隊の東宮鉄男《とうみやかねお》大尉にその実行を託した。6月4日の早朝、張作霖は列車ごと爆破され、間もなく死亡した。河本らは張作霖の死による満州の混乱に乗じて、南満州に親日政権を擁立しようと企ててい

6-15　張作霖爆殺　炎上する特別列車

た。しかし、関東軍内の意思統一でさえ十分ではなく、張作霖の後継となった息子の張学良も動かなかった。

張作霖の爆殺で、息子の張学良が満州の実権を握った。張学良政権は28年末に南京の国民政府と合流し、北伐は完成した。中国はここに「易幟《えきし》」と呼ばれる統一をなし遂げた。

張学良政権は、張作霖時代の旧軍閥の将領や各省の有力者による連合政権であったが、これを集権的な政権に改編するため、行財政改革を進めた。張学良は張作霖と違い、関内（中国本部）への進出を自制して国民政府と協力関係を築き、満州行政の近代化を進め、それによって日本と対抗しようとした。

その一つが、独自資本による鉄道敷設計画の推進であった。この計画が軌道に乗れば、張作霖時代の満蒙五鉄道の建設に関する了解（山本条太郎満鉄社長と張作霖の間で成立した28年5月の建設請負契約など）を頓挫させることが期待できた。張学良政権は、東北交通委員会の統轄のもとで、満鉄線を包囲する形の建設計画を加速させる。日本側は、満鉄の利益が貨物競争によって脅かされることを恐れた。なかでも打通線（打虎山—通遼）と吉海線（吉林—海竜）の建設は満鉄にとって致命的と考えられ、日本側は、05年の満州に関する日清条約の満鉄平行線禁止条項に違反するとして繰り返し抗議する事態となった。

【国権回収ナショナリズムの急進化】

一方、中国本部では、統一完成に向かう国民政府が再び「革命外交」を標榜して、反帝国主義、不平等条約撤廃を宣言した。だが、過激な革命外交を先導していたソ連や共産党の影響力は低下しており、二国間交渉によって、自立的な経済建設に必須の関税自主権を確立することが優先目標となった。列国も、協調行動よりも、国民政府との二国間交渉で中国の国権回収要求に応じながら権益を維持しようとした。五・三〇運動以後の反英ボイコット運動に悩まされていたイギリスは、中国のナショナリズムに現実的に対処する方策を選び、1926年末には、クリスマス・メッセージによって、中国が自らの手で新たな政府を樹立すれば、国権回収交渉に応ずる用意があることを明らかにした。28年7月、アメリカは率先して関税自主権を承認し、12月にはイギリスもこれに続いた。

4 第二次幣原外交

【日中関税協定の締結】

1928年7月、張作霖爆殺事件の責任をとって退陣した田中義一内閣に代わって、民政党の浜口雄幸《おさち》内閣が発足し、再び幣原喜重郎が外相となった。幣原の外交課題は、まずは、田中内閣が積み残した中国の関税自主権の承認問題への対処であった。30年1月の金解禁と、2月に予定された中国側の国定税率の導入を控えた浜口内閣にとって、中国との通商関係の調整は緊喫の外交課題となっていた。

幣原は、日本の最大産業であった紡績業の対中輸出の利益を国際協調に優先させ、関税率の無条件引き上げ、拙速な自主権回復には消極的であった。しかし、済南事件以来の各地の中国人商工業者によって先導されたボイコット運動は対中輸出を大きく阻害し、その回復が必要となっていた。その済南事件が難交渉の末、29年3月に解決されたことも後押しとなり、幣原は信頼する佐分利貞男を駐華公使に任命して交渉の促進をはかろうとした。しかしその佐分利は11月に不慮の死

（自殺とされる）を遂げ、後任となった小幡酉吉《おばたゆうきち》公使の着任も拒否（アグレマンの拒絶）される。

そこで幣原は、重光葵《まもる》在上海総領事に臨時代理公使を兼任させて、日中交渉にあたらせることとし、30年初頭から、重光と宋子文財政部長との間で進められ、同年5月に重光と王正廷《おうせいてい》外交部長の署名により日中関税協定が調印された。日本は、主要輸出品（綿製品、水産物など）について三年間は税率据え置きの条件付ながら、米英独に次いで中国の関税自主権を認めることになった。中国にとって、列国との関税協定の締結による関税自主権の回復は、財政を再建し、自立的な経済発展をめざすための必須条件であった。

幣原が、対米英協調の観点から共同歩調を乱さないよう腐心したのに対し、重光の構想は中国国内の急進的勢力を忌避して、穏健な「現実派」に大幅な譲歩を提供し、その主導権の確立を支援するというものであった。

6-17　日中関税協定（調印書）

【中ソ戦争と不戦条約】

張学良の奉天政権とソ連は、１９２４年の奉ソ協定にもかかわらず、東支（中東）鉄道の管理権をめぐって対立を続けていた（前述）。北伐完成後の29年7月に国民政府が東支鉄道の実力回収に乗り出すと、ついに武力衝突へと発展した。ソ連軍は軍事力で張軍を圧倒し、同年末には原状復帰を内容とする停戦協定が結ばれる。

張は、全面衝突の危機が迫ると、ちょうど発効したばかりの不戦条約違反を調印国に訴えて、列国の調停を引き出そうとした。だが、列国はソ連を非難しながらも、張政権の一方的な東支鉄道の占拠も不当

小幡酉吉《おばたゆうきち》（1873～1947）とアグレマン拒絶事件

6-16　小幡酉吉

アグレマンとは、ある国が外交使節団の長を他の国に派遣しようとする際に、その人物について、事前に派遣される国（接受国）の同意を得る外交慣例を指す。1929 年 7 月、幣原喜重郎外相は前年 11 月に死亡した佐分利貞男公使の後任として、帰朝中の小幡公使を内定し中国側に通告したところ、アグレマンを拒絶したという情報が新聞報道を通じて日本側に伝わった。新聞報道は、南京の国民政府筋の情報として、アグレマン拒絶の理由は、小幡が 21 カ条問題で、「対華侵略外交の一翼をなした張本人」であったから、と報じていた。たしかに小幡は 1 等書記官として北京の公使館に勤めていた15 年 1 月、日置益公使が対華 21 カ条要求を袁世凱（北京政府）に提出した際、補佐役を務めた。

しかし、日本政府は、小幡は 21 カ条問題のあと 5 年半もの間、駐華公使を務めており、中国政府から勲章まで授与されていること、アグレマン拒否を中国政府が新聞記者に発表し、日本を侮辱したことは許し難いと反論した。上海総領事館の重光葵らも、「対華侵略外交の一翼をなした」といった「誤解」を解くため、知日派の大物、胡漢民らを通じて説得を試みるが、国民政府側は聞く耳をもたなかった。最終的に、王正廷外交部長はメディアによる拒否の理由に関する情報は否定したが、アグレマン拒否自体は撤回しなかった。

駐華公使就任を拒否された小幡は 30 年からドイツ大使となるが、33 年に外交界を退く。37 年 2 月には林銑十郎内閣の外相を要請されたが、フランス大使の佐藤尚武を推して辞退した。

不戦条約の意味するもの

第１次世界大戦後のフランスは、相変わらずドイツの脅威を想定しながらアメリカとの安全保障協定を模索していた。一方、アメリカはドイツ賠償問題を側面から支援するなど経済的にはヨーロッパに関与していたが、国内では孤立主義の傾向が強かった。そうしたなかで、ケロッグ国務長官は、フランスのブリアン外相に米仏間の安全保障協定ではなく、戦争全般を違法化するための不戦条約を提案した。フランスは不満足ではあったが、独仏国境のラインラントからの仏軍の撤退が２年後に迫り、ともかくアメリカの関与が必要であった。こうして1928年８月、パリで15カ国を調印国とするパリ不戦条約（ケロッグ・ブリアン条約）が成立した。フランスの安全保障を求める要求と、ヨーロッパの権力政治と距離をおこうとするアメリカの姿勢がマッチしたもので、その意味では、不戦という正義の共有というより、米仏それぞれの国益のためであった。

第１条では、「締約国は、国家政策の手段として戦争を放棄することを、その各々の人民の名に於て厳粛に宣言する」とされた。24年に国際連盟で採択されたジュネーヴ平和議定書の延長線上に位置し、歴史上初めて戦争を明確に違法とし、戦争放棄を求める画期的な条約であった。それまでは戦争に訴えることは国家の正当な権利であり、連盟規約も部分的にしか戦争の禁止を規定していなかった。ただ、不戦条約は「国家政策の手段としての戦争を放棄する」と合意したのであり、自衛戦争は放棄の対象ではなかった。日本国憲法第９条は、この不戦条約が一つの起源とされる。

田中義一内閣は不戦条約の原調印国となり、枢密顧問官の内田康哉（元外相）が全権として署名している。日本は当初、中国における自由行動の留保をねらい、内田が列国首脳と接触するが色よい感触は得られず、結局、受諾に際して自衛戦争を否定するものではない、との了解を表明することにとどまった。

日本国内では、批准段階で第１条の「人民の名に於て」の文言が、天皇主権の帝国憲法と矛盾するという批判が起こる。自国本位の解釈による異論であった。野党の民政党にとっては格好の政権批判の手段となり、28年秋から政治問題化して激しい議論となる。29年６月下旬、田中内閣は、上記の文言は「帝国憲法の条章より観て日本国に限り適用なきものと了解する」との政府宣言書を発表して落着させた。内田は自ら署名した条約に、政府宣言書を付すことを不満として枢密顧問官を辞任した。不戦条約は早くも29年秋の中ソ（張学良政権とソ連）戦争において、その実効性が問われることになる（本文参照）。

として、積極的な調停を回避した。幣原外相は、両国の駐日代表と個別に会談し、中ソ間の直接交渉の斡旋を試みるが、ソ連は応じなかった。

他方、スチムソン国務長官は、日英仏などに呼びかけ共同委員会による解決を模索する。呼びかけに応じた英仏を含め、29年12月には三国共同声明が発表される。声明は、ソ連の武力行使を不戦条約違反として非難する一方、調停の用意があるとして停戦を勧告した。ソ連は「自衛戦争」としてその軍事行動を正当化し、第三国の介入を拒否したものの、直接交渉による停戦には応じた。この間、幣原は、スチムソンの呼びかけに応じなかった。満蒙権益の維持のためには、ソ連の立場に理解を示すことで満州における一種の勢力均衡をもたらすことが必要と判断されたからであった。

【ロンドン海軍軍縮会議】

日米英三国はワシントン会議において、主力艦の保有量制限と一〇年間の主力艦製造休止を決定したが、その後、各国は補助艦の建設に力を入れる。そこで１９２７年、米国クーリッジ大統領の提唱によって、補助艦の保有制限のためジュネーヴ海軍軍縮会議が開催される（仏伊は不参加）。日本の全権は石井菊次郎と元海相・斎藤実であった。日本は水上補助艦について対米七割を主張する一方、対立する米英の仲介に努力するが失敗に終わる。

その後、29年に大統領に就任したフーヴァーは、前年に成立していた不戦条約を前提とした軍縮をとなえ、イギリスでも、軍縮をかかげたマクドナルド労働党内閣が成立し、軍縮の気運が高まった。三カ月間の英米間の予備交渉を経て、翌30年1月からロンドンで海軍軍縮会議が開催される。日本の首席全権は元首相の若槻礼次郎、全権が海軍大臣・財部彪《たからべたけし》、駐英大使・松平恒雄らであった。

浜口雄幸内閣は29年11月、攻撃には不十分だが、防御には十分な数

「支那」という呼称の変更

日本政府は、1913（大正2）年6月、条約や国書を除いて中国を「支那」と呼称する、と閣議決定した。しかし、侮蔑的なニュアンスの強い「支那」という呼称を好まない中国は、しばしば「中華民国」を用いることを日本に求めるようになる。例えば、30（昭和5）年5月、国民政府文書局長の楊熙績は、日本が関税協定の条文中に「支那」を使用した点を批判し、「今後日本側が重ねて斯の如き無礼の字句を使用するときは我方は之を返附すると共に厳しく詰責し以て国家を辱しめざることを期すべし」と指摘した。こうした中国官民の感情に配慮して、同年10月、浜口雄幸内閣は常則として「中華民国」との呼称を用いる旨を決定した。

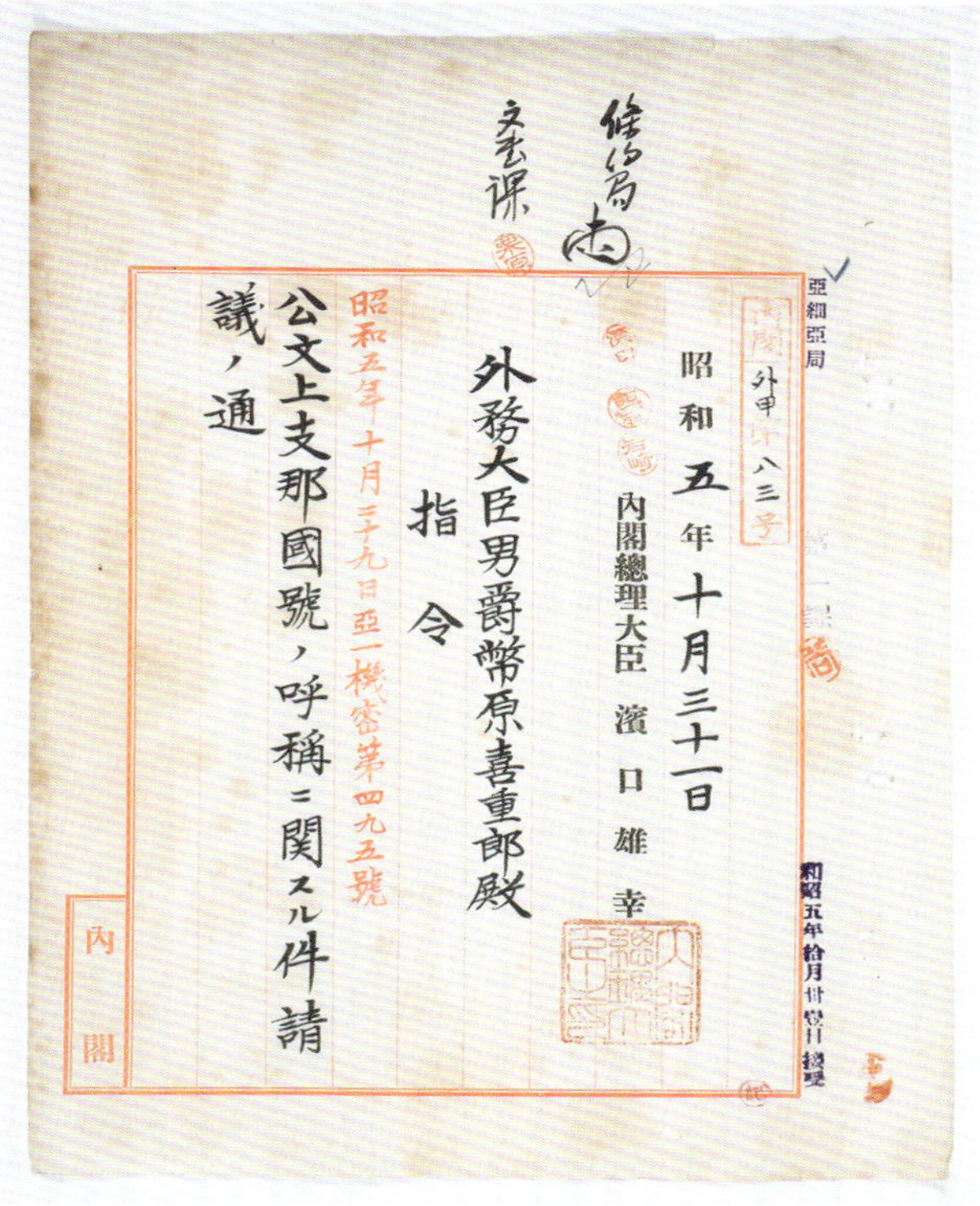
昭和五年十月三十一日
内閣総理大臣 濱口雄幸
外務大臣男爵幣原喜重郎殿
指令
昭和五年十月二十九日亜一機密第四九五號
公文上支那國號ノ呼稱ニ関スル件請議ノ通

6-18 「支那」呼称に関する件

6-19 ロンドン軍縮会議

余りで蔵相を退いた。

井上とラモント―日米経済協調の要

ところで、第１次世界大戦は、国際金融の世界においても、アメリカの地位を飛躍的に高め、クーン・レーブ商会に代わってモルガン商会を台頭させた。大戦時に、連合国に対する資金や物資の調達に貢献したモルガン商会の支配人ラモントと信頼関係を築き、日本の対外金融をリードしたのが井上であった。

大分県日田出身の井上は、17歳で上京して英語と数学を学び、仙台の第二高等学校から東京帝大を卒業して1896年に日本銀行に入行。まもなく銀行業務の研修のためイギリスに出張。99年に帰国し大阪支店長などを務めたが、総裁の高橋によって国際金融家の養成のため、1909年からニューヨークに送り込まれた。12年に帰国して翌年に正金銀行頭取に就き、19年には日銀総裁となっている。こうして井上は、帝大・正金・日銀とエリート金融家として出世街道を歩んだ。七転び八起きの高橋とは対象的であった。

日銀総裁としての井上は、ラモントに協力し、新４国借款団への日本加入を実現させる。この借款交渉を通じてラモントは、「近代日本における自由主義者の典型」として井上を高く評価するようになる。23年には第２次山本内閣の蔵相に迎えられ、自論でもあった金本位制への復帰（金解禁）に取り組もうとしていた。その矢先に、関東大震災に遭遇し、ラモントの協力を得ながら震災復興外債の発行や金解禁準備のためのクレジットの設定などに取り組み、20年代を通じて米英銀行団との交流を深め、ワシントン体制を経済面から支えた。

井上は、金本位に復帰すれば、通貨価値と為替相場の安定、国際収支の均衡が自動的に達成されるという自動調整作用を信じていた。さらに金本位制の前提として正貨準備の蓄積のための緊縮政策への志向が特徴であった。金解禁に踏み切る場合、緊縮政策や軍縮は米英の金融家の要求でもあり、井上がラモントらの信用を得たのも、緊縮財政に対する彼の信念にあった。

6-21　井上準之助

世界恐慌の荒波

29年、浜口内閣の蔵相に起用された井上は、次々に緊縮政策を実行に移し、30年１月、金解禁（金本位制復帰）に踏み切った。日本経済は金本位制下の開放体制に突入し、世界経済に大きく窓を開けた。しかし、その瞬間に世界恐慌の波が襲い、いわゆる昭和恐慌に突入してしまう。満州事変（柳条湖事件）の直後、イギリスが金本位からの離脱を宣言した。大恐慌は金本位制の基盤を揺るがし、日本も金輸出の再禁止（金本位制を停止）を迫られる事態となる。31年12月、第２次若槻内閣が退陣すると井上も蔵相を降りた。蔵相を退いた井上は、民政党の中心として高橋の積極財政を批判し、金本位に復帰する機会をうかがっていたが、32年２月、テロに倒れた。

大恐慌は金本位制度を崩壊させ、高橋に再び活躍の場を与える。犬養毅新内閣の蔵相に就いた高橋は、ただちに金本位制を停止した。円の対米ドル為替レートは急落し、輸出産業は好調となり軽工業製品の輸出は急増した。以後、36年の２・26事件で暗殺されるまで、恐慌の克服を託された高橋は、景気回復のため、増税ではなく日銀引き受けの赤字公債の発行によって、軍需の増大に応じた財政支出を拡大させた。輸出の急増と財政支出の拡大とは日本経済をいち早く恐慌から脱出させる鍵となった。他方、満州事変を背景とした軍需の際限のない拡大を抑えるため、健全財政の観点から赤字公債の削減に乗り出すが、この方針は軍部の反感を買い、高橋が襲われる遠因となった。

量を保持するためとして、補助艦の総トン数と大型巡洋艦の対米七割などの原則的要求を決定していたが、対米七割の比率を公言することは避けていた。ロンドンにおける対米協議の結果、日本が重視していた大型巡洋艦の対米比率は六割二厘にとどまったものの、巡洋艦、駆逐艦、潜水艦を合計した総トン数の対米比率を六割九分七厘五毛とするなどの日米妥協案が成立し、若槻全権は妥協案受け入れを政府に請訓した。この妥協案に海軍軍令部は軍事的見地から国防を危うくするもの、と反対するが、浜口首相は大局的見地から受け入れを決意し、4月1日に日米妥協案を基礎とする訓電案を閣議決定した。その結果、4月下旬にロンドン海軍条約が成立した。

しかしその後、条約の批准をめぐって、いわゆる「統帥権干犯問題」が起こる。野党政友会は、4月の特別議会で、明治憲法第一二条を根拠として、統帥機関である軍令部の反対を無視して政府が兵力量を決定したのは天皇の統帥権を犯すものである、と主張して政府を論難した。軍令部は兵力不足論から統帥権干犯論に転じ、海軍の長老・

高橋是清《たかはしこれきよ》（1854～1936）と井上準之助《いのうえじゅんのすけ》（1869～1932）

七転び八起き

江戸に生まれた高橋は、仙台藩足軽の高橋是忠の養子となり、英語修業ののち1867年に14歳にして渡米し、意味が分からない契約書にうっかり署名したため、奴隷として売られる。帰国して森有礼の書生となるが、文部省や大蔵省に属しながら通訳や翻訳業、唐津や東京の英語学校の教師、相場師など職を転々とした。放蕩生活のなかでも、優れた財政家としての片りんを見せている。24歳のころ、一世を風靡していた馬場辰猪の自由貿易論に対し、後進国として産業発展と輸出振興のためには「保護貿易」によるほかはない、と反駁演説を行っている。米英先進国に適合的な自由貿易よりも、自国産業の保護育成を優先すべき、という高橋の財政論の出発点であった。

28歳で農商務省に入り商標登録や専売特許の問題に取り組んでいたとき、たまたまペルー銀山の開発事業への出資を持ちかけられ、89年に職を辞して自ら現地リマに赴くが、廃坑と分かって破綻。すべてを失った高橋は「丁稚小僧」として一からの出発を決意し、日本銀行に入って頭角をあらわし、95年には横浜正金銀行の本店支配人に転じた。第2次松方正義内閣は97年に金本位制を採用するが、その実施に際して平価切り下げによる金本位制度を進言して蔵相兼任の松方を支えた。

6-20　高橋是清

日露開戦とともに、政府は不足する戦費の調達のため日銀副総裁であった高橋に外債募集を託した。日本はいまだ国際的信用が十分ではなく、欧米市場での外債発行は危ぶまれた。しかし、クーン・レープ商会のヤコブ・シフの助けを得て米英市場で売りさばきに成功した。鉄道王ハリマンと組んで、大胆な投資活動を行っていたドイツ系アメリカ人のシフは、日本の将来に賭けた。後年、高橋は「クーン・レープ商会は日本の恩人」と語っている。信義を重んずる高橋は、その後もシフと家族ぐるみの交際を続けた。また、高橋は、日銀や大蔵省から優秀な若手をロンドン、ニューヨークに送り、国際金融家の育成にもあたる。井上準之助、巽孝之丞、水町袈裟六、深井英五、森賢吾、津島寿一といった俊英である。

中国の安定のために

1913年、60歳となっていた高橋は、松方の推薦で第1次山本権兵衛内閣の蔵相となるが、山本内閣は40日余りで退陣し、高橋は腕を振るう間もなかった。18年9月、再び蔵相として原敬内閣に入閣すると、原とともに西原借款の停止や介入主義的な中国政策の清算に協力する。このころから、中国の安定と平和的な経済進出が高橋の重要なテーマとなる。21年5月、高橋はその出発点ともなる意見書で、日本の資本と中国の資源、日本の工業力と中国の労働力を結合させた「東亜経済力」が確立されるならば、米英の東アジアへの資本進出を恐れる必要はない、と説いた。そのためには、日本の「干渉的態度」を改め、中国からの撤兵や軍事施設の撤去などが必要だとし、原の中国政策に合致するものであった。

21年11月、原首相の暗殺で首相に抜擢されると、高橋は蔵相を兼務した。財政面では、憲政会の浜口雄幸らが、高金利政策による通貨収縮論を展開して「積極政策」を批判したが高橋は動じなかった。高橋は政友会の総裁でもあったが、党員歴は浅く、党内の批判勢力を封ずる指導力には欠け、7カ月余りで退陣する。

27（昭和2）年4月、金融危機で若槻礼次郎内閣が倒れると、高橋は、再び田中義一政友会内閣の蔵相に迎えられる。すでに74歳に達していたが、明るい性格の高橋の登場は国民に安心感を与え、手際良く金融危機を乗り切り、40日

東郷平八郎元帥もこれに同調し、国粋主義団体も呼応して騒然となった。とりわけ、条約批准前の枢密院での審査では、伊東巳代治顧問官を筆頭に統帥権干犯を厳しく追及した。だが、浜口首相や幣原喜重郎外相が妥協することなく正面から論駁した結果、枢密院側は態度を軟化させ、30年10月に条約は批准される。

浜口はこう主張した。「帝国海軍の兵力量に関しては、軍部の専門的意見を十分斟酌し、然る上に政府が之を決定した。既に政府が決定した以上は其の責任は政府がとるのである。其の決定に関し憲法第何条に因ったとか云ふ如き憲法上の学究的論議は、銘々の研究に委すべきもので、吾々に其の暇はないのである」。衆議院における絶対多数をバックとする政党内閣の首相にふさわしい発言である。

浜口は、11月14日、海軍軍縮条約に不満をもつ青年によって狙撃され重傷を負い、翌31年4月には若槻に首相を譲り、8月には死去した。

対米英協調の貫徹という観点から見れば、ロンドン軍縮条約はその頂点であり、それをリードした幣原・若槻の

コンビは国際的評価を高めた。幣原は第二次若槻内閣に留任し、若槻とのコンビはさらに安定したかに見えた。

【世界恐慌と満州の「危機」】

一方、中国との間では、現地の重光葵代理公使のイニシアティヴによって、国民政府との間で日中関税協定をまとめ上げ、関税自主権の承認という中国の要望に応えた。さらに重光は、輸出付加税の導入問題や、西原借款に源がある中国の対日債務問題についても宋子文との間で二国間交渉を進展させ、治外法権の撤廃問題にも取り組もうとしていた。重光の構想は中国国内の急進勢力との交渉を避けて、穏健勢力に譲歩を提供し、その主導権の確立を支援する、というものであった。重光自身も「幣原外交全盛の機運」に期待を寄せた。こうした重光の日中提携路線は満州事変後も継続される。１９３０年は、日米英による関税自主権の承認が完了し、中国を含むワシントン体制の再構築の道が開かれたかに見えた。

しかし、満州は別であった。31年初頭に、国民政府の革命外交のプログラムには満州権益の回収が含まれることを確認した重光は、以後の交渉に悲観的となった。それまで日中交渉は、「機微な満州問題には触れないとの暗黙の了解」があり、中国本土での不平等条約の改定を先行させる、という日本の交渉方針が崩れ去ろうとしていたからである。

革命外交が満州にも及び在満権益も中国に回収されるという危機感は、東北三省（張学良）政権下の在満、在華日本人社会の危機感と連動していた。日本は20年代から、張作霖政権の「操縦」による満蒙権益の擁護という政策を基本としていた。しかし、張作霖の爆殺後、後継の張学良政権は国民政府に接近し、満州統治の多くの権限を中央政府に移し、反日傾向を強めていた。満州の国民党部や左派勢力による排日宣伝や日貨ボイコットは激しくなり、日本が条約上の根拠を有するとみなす多くの既得権益の侵食も始まる。

さらに満州に波及した世界恐慌は、銀貨の崩落、主要産品である大豆の輸出不振などをもたらし、30年から翌年にかけて満鉄は著しい営業不振に陥った。傘下の関連会社、商店への影響はさらに深刻となった。満蒙は日本の「生命線」との主張は、二〇万人に及ぶ在満日本人社会の生活実感として浸透していく。31年7月には全満の日本人青年を組織化した満州青年連盟は、満蒙の分離独立を内地に訴える遊説隊を送るほどであった。

内地でもやはり世界恐慌の余波を受け、農産物価格は大幅に下落し、農家の生活を直撃していた。31年に入ると陸軍は、在郷軍人会や演説会などを通じて、それまで満蒙に無関心であった国民に「満蒙の危機」を訴えるようになる。こうして東アジアの日本人社会はボイコットを政策手段に用いる蔣介石政権や東北三省政権に対する怒りを募らせる。こうした怒りは、満州占領計画を練っていた関東軍を刺激した。

さらに関東軍を刺激する事件が起こる。31年6月初旬から、中国洮南地方を調査旅行中であった参謀本部の中村震太郎大尉ほか一名が、6月27日、中国軍（屯墾軍）に殺害され、この情報が7月中旬に関東軍に伝わり、事件を満蒙問題解決のための武力行使の契機とすべし、という声が高まる。外務省の谷正之アジア局長や林久治郎・奉天総領事は東三省当局との外交交渉による解決に躍起となり、8月17日から林総領事と奉天省主席・臧式毅との間で交渉が始まるが、中国側が当初、殺害の事実を認めなかったことから事態は重大化し、関東軍に武力行使の決意を促す一因となった（中村大尉事件）。

第7章 満州事変の衝撃

7-1　満州国皇帝即位式後の記念写真

年表

1931年（昭和6年）

1月23日　松岡洋右，衆議院で「満蒙生命線論」演説．
4月14日　**第2次若槻内閣**発足．
6月27日　中村（震太郎）大尉事件．
9月18日　柳条湖事件起こる（満州事変始まる）．
9月19日　若槻内閣，事件の不拡大方針を決定．
9月21日　中国，事件を国際連盟に提訴（22日から連盟理事会で審議）．
9月30日　連盟理事会，日本軍の満鉄付属地内への撤退などを決議（日本も賛同）して閉会．
10月 8日　関東軍，張学良政権の最後の拠点，錦州を爆撃．
10月15日　連盟理事会，米国をオブザーバーとして審議に招請することを決定（日本反対）．
10月17日　少壮将校らによるクーデター計画（10月事件）発覚．
11月16日　連盟理事会再開．
11月18日　関東軍，北満州のチチハルを占領．
12月10日　連盟理事会，調査団の現地派遣を採択して閉会．
12月11日　第2次若槻内閣総辞職．
12月13日　**犬養毅内閣**発足（政友会内閣）．
12月13日　金輸出再禁止（金本位制停止）を決定．

1932年（昭和7年）

1月 3日　関東軍，錦州を占領．
1月 7日　スチムソン国務長官，スチムソン・ドクトリン（不承認方針）を通告．
1月28日　上海事変勃発．
2月 1日　犬養内閣，陸軍部隊の上海増援を決定．
2月29日　リットン調査団，現地調査開始．
3月 1日　満洲国建国宣言．
3月11日　連盟総会，日中紛争の審査報告のため19人委員会を設置．
5月 5日　上海停戦協定調印．
5月15日　5・15事件（犬養首相射殺）．
5月26日　**斎藤実内閣**発足．
6月14日　衆議院，全会一致で満洲国承認を決議．
8月25日　内田康哉外相，衆議院で森恪の質問に答え，「国を焦土にしても」満洲国承認の主張を貫徹する決心と述べる（焦土演説）．
9月15日　日満議定書調印，満洲国承認．
10月 2日　リットン報告書公表．
11月 4日　ソ連，日ソ不可侵条約を提議．
11月 8日　フランクリン・ローズベルト，大統領当選．
11月16日　リットン報告書審議のための連盟理事会開会．

1933年（昭和8年）

1月 1日　日本軍，山海関を攻撃，1.3占領．
2月23日　関東軍，内蒙古の熱河省で熱河作戦開始．
2月24日　国際連盟総会，リットン報告書を採択（42対1），日本代表団退場．
3月 4日　関東軍，熱河省省都の承徳を占領（3月11日，作戦終了）．
3月27日　国際連盟脱退を通告，連盟脱退の詔書発布．
5月31日　塘沽停戦協定調印（満州事変の終結）．
6月12日　ロンドン世界経済会議開催（～7月27日）．

1 満州占領

【柳条湖事件】

1931（昭和6）年9月18日未明、東京の陸軍省に、関東軍から奉天近郊の柳条湖で満鉄の線路が中国軍により破壊され、戦闘に発展したとの第一報が届いた。満鉄線路を爆破したのは関東軍自身であった。関東軍参謀の石原莞爾《いしわらかんじ》中佐や板垣征四郎大佐によって立案され、同地付近の守備兵によって実行に移された謀略であった。

満鉄線路の爆破の規模は小さかったが、関東軍は計画通り約一万の兵力を奉天に集め、東三省政権の本拠地、北大営を翌朝までに陥落させた。さらに19日のうちに満鉄沿線の主要都市のほとんどが関東軍の占領下に置かれた。

一方、林久治郎奉天総領事は、関東軍の謀略の可能性や全面的な武力発動を推測させる情報を次々と打電した。19日午前、若槻礼次郎内閣は実情不明のまま事態の不拡大を臨時閣議で決定した。事態はなお流動的であった。同じ19日、本庄繁関東軍司令官は、板垣や石原参謀の強い意見具申によって、居留民保護を名目に、満鉄線から遠く離れた吉林への出兵を命じた。これに呼応して林銑十郎朝鮮軍司令官は、21日、中華民国領（満州）に接する新義州の部隊に満州への越境を命じた。同日夕方、東京の金谷範三参謀総長はその事実を天皇に報告した。天皇は、越境という事態を前に、やむなく金谷に「此度は致し方なきも将来充分注意せよ」と諭したうえ、追認した。

天皇のそばで経緯を見聞していた奈良武次武官長は、朝鮮軍司令官の「独断専行」は事態が収まってから詮議《せんぎ》する必要がある、と日記に書きとめた。しかし、ついに何の処分もなされなかった。国境を越えて軍を派遣する場合は、政府の決定が必要であった。22日、閣議は朝鮮軍の増派は認めないが、越境に必要な経費は拠出すると決定した。

南京では、19日午前から、駐華公使重光葵《まもる》と国民政府財政部長・宋《そう》

7-2 九・一八歴史博物館にある柳条湖事件が起きた当日のカレンダーをかたどった石造建築物

子文《しぶん》（蔣介石《しょうかいせき》の義弟）とが、事件を局地的問題として解決するよう動いた。宋が日中共同委員会の設置案を提案すると重光はこれを受け入れ、外務本省にも報告した。日中直接交渉による事態打開に期待を寄せる幣原喜重郎外相は、これに同意する旨の至急電報を重光に送った。しかし、中国側は事態はすでに戦時状態にあり、共同委員会を組織しても日本軍を原駐地に撤退させることができるか、疑問である、として直接交渉を拒否した。こうして中国側は、9月21日に事件を国際連盟に提訴した。

当時、蔣介石ひきいる国民政府は、統一を達成したとはいえ、江西省に本拠を置く共産党軍の掃討は道半ばであり、31年5月に成立した広東政権とも対立関係にあった。そのため、国民政府には、日本軍に抵抗を試みる余裕がなかった。蔣は、事変前から張学良《ちょうがくりょう》に対して日本側を刺激しないよう命じ、日本軍と対峙する張も、日本軍を圧倒する二〇万の兵力を擁しながら不抵抗をその方針としていた。日本軍と全面戦争となれば、装備や兵員の質に劣る張軍が打撃を受け、満州の地盤を失う恐れがあった。自己保存のためにも全面対決を避けねばならなかった。こうした中国側の「不抵抗方針」の間隙をぬって日本軍の軍事行動は拡大していった。

【国際連盟における論争】

1931年9月22日、ジュネーヴでは中国の提訴を受けて国際連盟理事会が開催される。芳沢謙吉日本代表は、軍事行動は満鉄や居留民の安全を確保するための自衛行動であり、事件の原因は日本の正当な条約上の権益が侵害されたことにある、と主張した。くわえて芳沢は、第三国の介入を排除し、日中間の直接交渉による解決をはかるべきだ、と幣原外相の方針を主張した。一方、中国代表施肇基《しちょうき》は、日本軍の軍事行動の拡大を指摘し、軍事占領をされたままでの直接交渉はあり得ない、と応酬して双方の立場は当初から対立した。

結局、理事会は、一四カ国の満場一致で、日本軍は日本人の生命財産の安全が確保されるならば、速やかに満鉄付属地に撤退を求める決議を採択し、9月末に休会した。この決議には日本も加わった。日本の行動が権益擁護のための自衛措置とみなされる限りは、日本の立場に配慮しつつ自制を促そうという連盟の意思を示していた。

しかし、10月8日、関東軍は張学良が本拠を移していた錦州を爆撃した。連盟理事会の再開を前にした錦州爆撃は、ジュネーヴの対日態度を急激に悪化させた。芳沢は10月中旬に再開された理事会に、日本軍の撤兵条件として五項目の大綱協定案を示した。それは、日本は満蒙を含む中国の領土保全を約束し、中国は満州における日本人の自由な活動を保証すること、などであった。日中直接交渉によってこれらの合意が成立するならば、撤兵するというのである。しかし、理事会はこれを拒否し、アメリカをオブザーバーとして理事会審議に招く案を日本の反対にもかかわらず手続き条項として採択した。10月下旬、理事会は日本軍が次回理事会（11月16日）までに占拠地域から撤退するならば、日中間で交渉を開始するという、日本案とは逆の期限付き撤兵勧告案を採決したが、日本一人の反対（一三対一）で否決された。一方、日本の大綱協定案も否決され、理事会は再び休会に入った。

【チチハル占領の衝撃】

理事会が休会に入った1931年10月下旬、関東軍は黒竜江省の省都チチハルの占領を計画する。チチハルの占領は北満進出のための重要な次のステップだった。11月に入って、日本の利権鉄道である洮昂線の鉄橋が中国軍（馬占山《ばせんざん》軍）によって破壊されたのを口実に、チチハル進撃を開始した。陸軍指導部は東支鉄道を越えた軍事行動を強く戒めた。ソ連を刺激し武力干渉を誘発することを恐れたからである。

ソ連軍の実力は、29年の東支鉄道をめぐる中ソ戦争によって、数日で中国軍（張学良軍）に壊滅的打撃を与えたことに示されていた。しかし、関東軍は逆に、北満を「空虚」のままにすることこそ、ソ連の侵入を許すことになる、と主張した。

11月中旬、ローマに駐在していた吉田茂大使は、北満侵攻は国の存亡に重大な結果を招くので、速やかにチチハル攻撃を中止して南満州を固守する方針に復帰すべきだ、と幣原外相に打電した。また、オーストリア公使の有田八郎もチチハル進撃の無謀を嘆く電報を送った。こうした懸念をよそに11月19日、関東軍は馬軍を撃破してチチハルを占領した。

関東軍が東支鉄道（満州里—綏芬河、ハルビン—長春）を越えて北満に進出したことは、日露戦争以後の満蒙の現状を揺さぶるもので日ソ関係に重大な影響を与えるかに思われた。しかし、ソ連は日本の動向を慎重に見きわめ、満州事変には局外中立の立場をとり、関東軍を刺激することも避け、対日関係を波立たせることもなかった。

7-3　チチハルに入城する日本軍

チチハル占領は、満州事変が次の段階に進んだことを意味していた。若槻内閣はここにいたって、満州問題の根本的な解決のためには、南京政府ではなく、関東軍が建国工作に着手していた満州新政権を相手とするほかはない、という陸軍の路線に大きく接近した。あくまで南京政府を相手に解決をはかってきた幣原外交は大きく転換したことになる。

さらにチチハル占領は、それまで日中双方が受け入れ可能な解決案を模索していた連盟理事会の空気を一変させる。中国代表施肇基は、連盟規約第一六条（制裁措置）の適用を要求するにいたる。一方、日本代表団は、31年11月21日の理事会に国際連盟調査団の現地派遣を提案した。事態が行き詰まるなかで、数少ない打開策が調査団の派遣であった。有効な対策のなかった理事会もこれを歓迎した。ただ、日本代表団は調査団派遣に二つの条件をつけた。一つは、調査団の構成員は大国に限ることであった。委員を大国に限ったのは、実情を無視して連盟規約の厳格な適用を主張してやまない多くの小国を排除する必要があったからである。

もう一つは、調査対象を満州だけでなく中国全域とすることであった。中国本部における激しい排外運動や条約上の権利の侵害の実情を観察させることで、日本の行動の正当性を理解させようというのである。12月10日、連盟理事会は調査団派遣案を採択して幕を閉じた。こうして調査団の派遣が決まるが、連盟における解決は先送りされたことになる。

【十月事件と「協力内閣」運動】

ところで、満州事変は、外地（満州）と内地を通ずる陸軍中堅層のクーデターという側面があった。関東軍の幕僚たちは、事変を将来の総力戦を戦うための「国家改造」の一環ととらえ、軍部主導による政権樹立を構想していた。実際、陸軍中堅将校で結成された桜会の橋本欣五郎《きんごろう》中佐らは、関東軍に呼応してクーデターによる若槻内閣の転覆を計画していた（十月事件）。計画は漏えいして失敗に終わるが、事件は政界に波紋を広げた。事件発覚を契機に、民政党単独政権から二大政党の大連合をめざす「協力内閣」運動が高まった。

クーデター計画を知った野党政友会の犬養毅《いぬかいつよし》総裁は、連立構想に熱心となり、一方、与党民政党でも、安達謙蔵内相が「政党の信用を維持しつつ、対外的国難の打開」をめざす方法として協力内閣に熱心であった。協力内閣に消極的であった若槻首相も、連盟理事会で孤立が明らかになると容認に傾き、元老・西園寺公望《きんもち》も協力内閣を容認する考えだった。ところが、11月になると、民政党では幣原と井上準之助蔵相が、野党との連立が外交・財政政策の転換をともなうことから反対論をとなえるようになり、犬養も、党内の反対勢力に配慮して消極的となる。

11月下旬になると政友会の内部から運動が再燃した。反対だった久《く》原房之助《はらふさのすけ》幹事長が12月初旬に、民政党顧問の富田幸次郎と「協力内閣」に関する覚書をつくり、富田が若槻に示した。若槻は、改めて閣僚を招集して連立反対を確認した。孤立した安達内相は辞職勧告を拒否したため、１９３１年12月11日、若槻内閣は閣内不一致で総辞職した。与野党の党首が連立を否定する以上、元老・西園寺には政友会単独の犬養内閣しか選択肢はなかった。

【幣原外交の終焉】

幣原外交の国際協調とは、中国問題に関しては国際連盟との協調行動を意味しなかった。連盟で奮闘していた佐藤尚武《なおたけ》ベルギー大使は、「日本は欧州問題に付いては連盟の擁護者たるも、自己に直接関係ある問題に対しては連盟の排斥者たるべく、右は決して世界の世論を我に有利ならしむる所以にあらず」（10月６日幣原宛電）と連盟の介入を排除する方針を批判していたが、幣原の方針に変化はなかった。

事変前の１９２９年からの第二次幣原外交は、蔵相の井上準之助と二人三脚であった。井上は、金本位制維持を基本に、財政経済の立場から国際協調を重んじ、幣原外交を支えた。外交と経済の両面で国際協調の維持を困難なものとしたのは満州事変と世界恐慌であった。世界恐慌は満州事変の誘因となったばかりでなく、主要国の金本位制の維持を困難なものとし、とくに満州事変直後のイギリスの金本位離脱は経済面での国際協調の将来に暗雲を投げかけた。日本もまた次の犬養内閣で金本位制を離脱することになる。

2 犬養内閣

【錦州占領とスチムソン・ドクトリン】

１９３１年12月に誕生した政友会の犬養毅内閣の最初の仕事は、イギリスの金本位制離脱の影響で「ドル買い」を招き、混乱に陥っていた財政経済の建て直しであり、そのため蔵相に熟達の高橋是清を起用した。高橋は入閣するとただちに金輸出再禁止と金・ドル兌換禁止に踏み切り金本位制から離脱し、いわゆる「積極財政」を推進することになる。

中国との関係が深かった犬養は、中国の宗主権のもとで満州を自治国体制とし、日中対等の条件で日中合弁による経済発展を構想していた。満州国の建国ではなく、既存の国際秩序と両立するような解決策を模索し、そのため中国勤務が長く、日本代表として国際連盟で奮闘していた女婿の芳沢謙吉（駐仏大使）を外相に起用した。31年12月末、外相就任のためモスクワに立ち寄った芳沢に、ソ連は非公式に不可侵条約の締結を提案したが、犬養はこの提案に諾否を明らかにしなかった。

　中国では、犬養内閣の誕生と同じくして、広東政権（広州国民政府）と南京の国民政府とが合流して孫科《そんか》政権が誕生した。広東政権を基盤とする孫政権は、下野した蒋介石とは異なり直接交渉による事変解決に意欲的であった。犬養首相は、中国に「密使」を派遣して、文字通り直接交渉で事変解決をはかろうとした。密使に起用された萱野長知《かやのながとも》は孫など要人と接触し、交渉はかなり進展する。だが、犬養の構想する満州の自治国体制は、国民政府の主権が満州に及ぶことを警戒する政友会幹部や陸軍の理解が得られず、頓挫する。

　この間、関東軍は12月末から張学良の最後の拠点であった錦州に進撃し、32年1月初旬に錦州を占領した。蒋も、張も、この段階にいたっても錦州を死守しようという強い意思はなかった。錦州の陥落は、満州地域を統治していた国民政府の地方行政機関の消滅を意味し、満州国の建国への道を大きく開くことになる。

　満州事変が起こったとき、欧米の大国はもっぱら世界恐慌の荒波を受け、その対応に追われ、極東の紛争に本格的に介入する余裕はなかった。そうしたなかで、連盟外の大国であったアメリカの動向が注目された。スチムソン国務長官は、連盟と共同歩調をとりつつ、ロンドン軍縮会議などに示された若槻礼次郎・幣原喜重郎のコンビが現地軍を抑制して、事態を収拾することを期待していた。

　しかし、錦州が陥落するとスチムソンの態度は変化し、32年1月7日、不戦条約の義務に違反する方法によって生じた一切の事態を承認せず、領土保全と門戸開放を約束した九カ国条約を再確認する、という内容の通牒を日中両国に発した（スチムソン・ドクトリン）。

【上海事変】

　1932年1月末、国民政府を率いていた孫科が退陣し、汪兆銘《おうちょうめい》が行政院院長、蒋介石が軍事委員会委員長となり、「蒋・汪体制」が成立する。その直前、上海事変が勃発する。

　上海では満州事変の余波で日本商品のボイコット運動が激しくなり、日本人居留民の生存を脅かすほど深刻なものとなっていた。こうしたなかで、1月中旬、日蓮宗の日本人僧侶が共同租界内で布教中に、中国人に襲われるという事件が起こる。当時、上海周辺には、抗日意識が強く、精強な国民政府の直轄軍（一九路軍）が配置されており、情勢は一挙に緊迫し、1月末、ついに日中両軍の戦闘に発展した。日本の海軍陸戦隊は中国軍と激しい戦闘を繰り返すが、進撃は阻止され、2月1日、犬養内閣は陸軍部隊の増援を決定した。こうして2月初旬、日本の陸軍史上、初めて上海に部隊を上陸させた。派遣された陸軍部隊も苦戦を強いられる。

　列国の租界が集中

7-4　上海事変　戦闘中の日本海軍陸戦隊

する上海に紛争が飛び火したことは、各国に大きな衝撃を与えた。事変の拡大によって中国市場と揚子江流域の権益が脅かされることを恐れたイギリスは、一貫して連盟と日本の間に立って調停を熱心に試みる。

イギリス主導のもと、2月初旬には、米英仏は停戦斡旋案を日中両国に通告し、即時停戦と中立地帯の設定、さらに満州問題を含む諸懸案の解決のため交渉に入ることを求めた。日本側は、満州事変と上海事変は別個の問題であるとして応じなかった。実際、日本は、両事変は別個のものとして取り扱い、事態を必要以上に拡大しない方針で臨んだ。

連盟理事会は中国の要求を受けて、総会の過半数で決議が可能となる連盟規約第一五条の適用に踏み切り、紛争審議を総会に移すことを決定した。理事会で日本の立場の擁護に奮闘していた佐藤尚武ベルギー大使は、日本は「完全に世界世論の前に孤立無援」の状態に陥った、と報告している。3月初旬の連盟総会は、スチムソン・ドクトリンを全面的に支持する趣旨の決議を全会一致で採択した（日本は棄権）。この決議によって「一九人委員会」が連盟内に組織され、日中紛争の解決に大きくかかわることになる。

3月に入ると上海事変の戦闘は日本側に有利に傾き、白川義則《よしのり》上海派遣軍司令官は、中国軍が反撃しない限り、戦闘行動は停止する、と一方的に声明した。日本との妥協の道を探っていた蔣は、日本軍と全面対決にもち込む意思はなく、3月中旬には事実上、停戦が成立し、5月初旬に停戦協定が調印される。停戦協定の調印直前の4月末、上海の天長節祝賀式の会場で、一人の朝鮮人の投げた爆弾によって白川司令官、重光葵公使らが重傷を負った。重光は病院で協定に署名した。上海事変の戦闘期間は短かったが、日本側の死傷者は三〇〇〇名を超え、中国側はそれを大きく上回る一万四〇〇〇人を超えた。

この間、関東軍は満州独立国家建設を着々と進めた。上海事変は国際世論の関心を満州からそらす役割を果たしたのである。

【満州国の建国】

満州事変の勃発当初、石原莞爾ら関東軍参謀の念頭にあったのは、まず満州の領有であったが、陸軍中央は容認しなかったため、1931年9月下旬には、東北四省を領域とする独立国家の樹立へと方向転換をはかる。性急な国家建設を懸念する陸軍中央をよそ目に、関東軍は新国家建設を急ぎ、32年1月には板垣征四郎参謀が新国家の具体的プランをもって上京している。他方、東京の日本政府の考え方は、満蒙はさしあたり中国中央政府から分離した一政権の形をとり、次第に独立国家に「誘導」するというものであった。犬養首相も九カ国条約に抵触することを懸念し、当面は日本の影響力の及ぶ一地方政権として樹立する、という考えであった。

しかし、関東軍は、上海事変に列国の関心が向くなかで、「満蒙独立新国家」の建設を着々と進めた。新政権にせよ、新国家にせよ、いずれにしても満州を支配する張学良政権の足元を崩す必要があった。そこで関東軍は事変勃発の直後から、説得、勧誘、買収、威圧といった手段によって東三省の中国人有力者を抱き込む工作に着手していた。中国人有力者のなかには、清朝の復興を夢見る「復辟派《ふくへき》」のように、清朝発祥の地である満州に溥儀《ふぎ》を迎え、清朝復活の足がかりとすることに期待する勢力もあった。

32年2月中旬には、関東軍の指導や懐柔によって満州各省の代表者となり、それぞれ独立宣言を発表した中国人指導者が関東軍司令部に集められ、満州国建国に合意した。そして3月1日には、東北行政委員会の名をもって、奉天、吉林、黒竜江、熱河、蒙古の各旗盟（各省に相当）は三〇〇〇万民衆の意向に基づき、中華民国との関係を絶って満州国を創立するという趣旨の満州国建国を宣言した。国際連盟の調査団（リットン調査団）が現地入りする前に、建国という既成事実がつくられたことになる。

【溥儀書簡と統治の実態】

満州国の元首（執政）に予定された溥儀は、退位以来、側近とともに天津に隠棲していたが満州事変の直後に天津軍の保護下に置かれ、1931年11月には、謀略によって旅順に移されていた。32年3月初旬、旅順から長春に入り、執政就任式のあと3月10日付で、秘密の「溥儀書簡」を本庄繁関東軍司令官に送った。板垣参謀が案文を作成し、事前に溥儀に署名させていたものである。それは、満州国は国防、治安維持の権限を日本に委託し、国防上必要な鉄道、港湾、航空路などの管理と敷設の権限を関東軍に与えることを内容とするもので、この趣旨で将来、両国間に正式に条約を結ぶ場合の基礎とする、と書かれていた。この溥儀書簡がのちの日満議定書の基礎となる。

7-5　溥儀の執政就任式

満州国は、現地住民の自治的、自発的な建国運動に基づく独立国という形をとり、建国宣言は、中華民国からの完全独立、民族平等の原則、条約責務の継承、門戸開放の実践などを理念にかかげていた。しかし、行政機構の各部局の実権は日本人官吏が掌握し、日本人官吏の最高位である総務長官は、中央行政を管掌する国務院全体の実権を握っていた。また、国家の枢要機能である国防、財政、外交、交通の実権もまた関東軍の掌中にあった。

その一方、満州国は、政府組織法、人権保障法などの基本法や、中央・地方政府の諸官制を整えたうえ、3月中旬、日米英など一七カ国に「建国に関する対外通告」を発した。各国との親善、国際法や慣例の遵守のほか、とくに中華民国から継承する条約上の義務の履行、門戸開放主義の尊重などを通告し、満州国の国際的承認を求めた。しかし、満州国の樹立は、関東軍の軍事行動の産物であることは国際的にも明らかであり、すでに「不承認主義」を明らかにしていたアメリカはもとより、英仏や中国など主要国から承認を得られる見込みはなかった。

3 連盟脱退の功罪

【内田外相と「焦土外交」】

犬養毅首相は満州国の国家承認に否定的であったが、1932年5月、海軍青年将校を主体とするテロで暗殺されてしまう。この五・一五事件は、政党政治に衝撃を与えた。2月の総選挙で政友会は圧勝していたが、その政友会のなかでさえ政党内閣を望む声は小さなもの

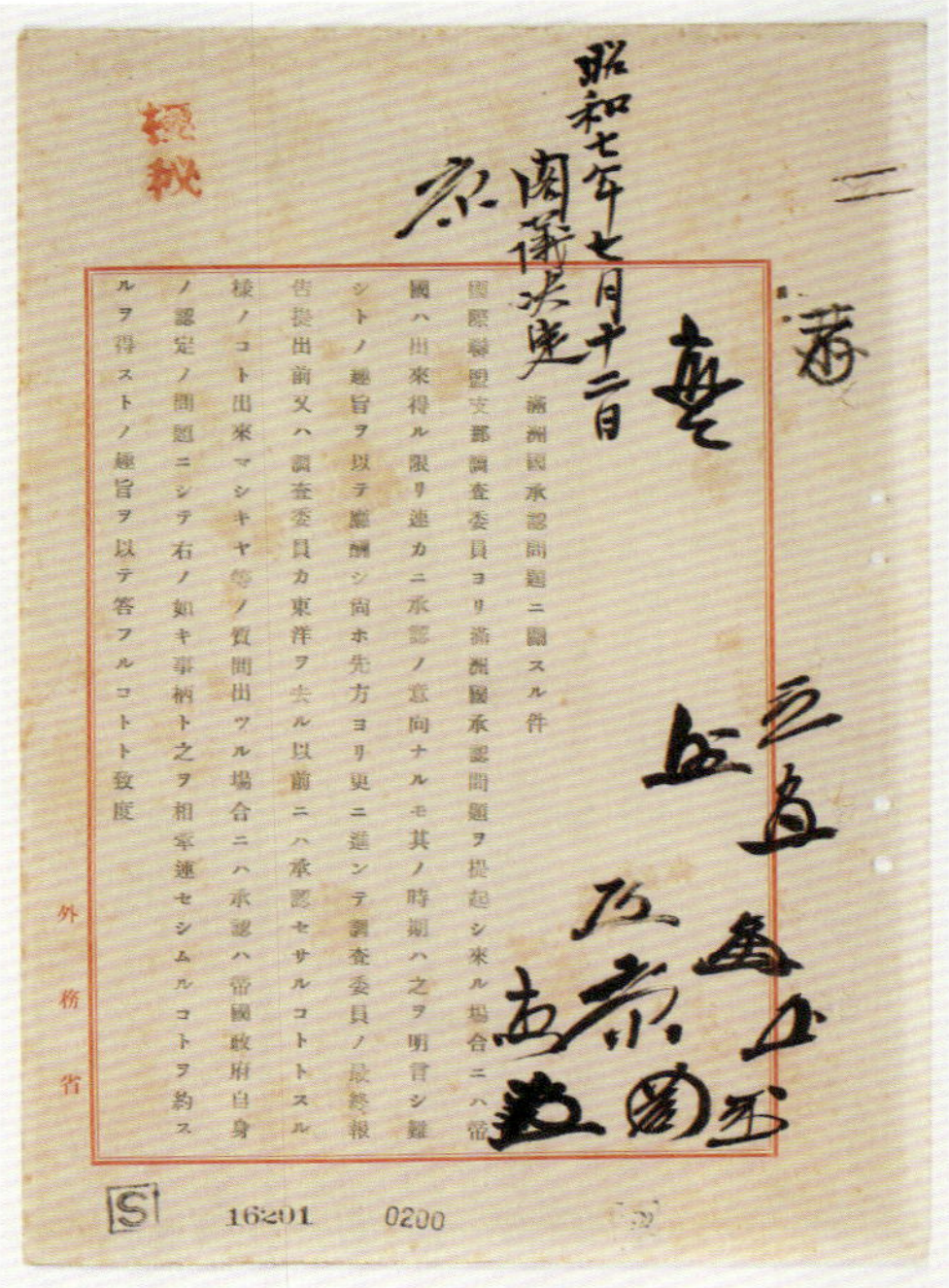

7-6　満州国の承認に関する閣議決定

となる。元老・西園寺公望は、陸軍を含む穏健派の代表格であった宇垣一成（朝鮮総督）と民政党に次期政権を託そうとしていたが、民政党の大敗で宇垣の議会内の基盤は損なわれ、陸軍内の穏健派も、皇道派の台頭で後退してしまった。

首相候補を天皇に推薦する権限をもつ西園寺の選択肢も、政友会内閣の継続か、非政党人による首相の挙国一致内閣か、二つしかなかった。結局、西園寺は後継首相に海軍長老で七四歳の斎藤実を指名した。ここに、八年近く続いた政党内閣の時代は終わり、政党の指導者以外の人物を首相とし、軍部、政党、官僚など各界に官僚を求める「挙国一致」内閣の時代が到来する。

斎藤は満鉄総裁の内田康哉を外相に起用した。満鉄総裁として関東軍の満州国の建国工作に協力してきた内田の立場は明らかであった。それは、「日本国の立場より看る時は最早満州問題なし、残るは満州国の承認問題のみ」というものだった（32年5月の手記）。

内田は8月の第六三回帝国議会における外交演説で、満州国承認は満蒙と極東の不安定な事態に平和をもたらす唯一の解決方法である、と訴えた。さらに、不戦条約に調印した当事者として、日本の行動が不戦条約違反であるという批判に、こう答えた。――不戦条約は、日本の存立にかかわる重大権益への侵害行為を防衛するための自衛権の行使を制限していない、それは、日本の領土外にある満州にも及びうるものである、と。

内田はまた、満州国の創建は、満蒙住民による「独立運動の結果」にほかならず、住民の発意によって成立した国家の承認は九カ国条約違反ではないこと、満州国政府に多数の日本人が雇用されている事実についても、明治新政府のお雇い外国人のように建国時に外国人の技能を利用することは多くの先例がある、とも述べた。

この外交演説に対し、政友会の森恪《かく》は、満州国承認が列国との関係を重大化させるがその準備が政府にあるか、と問いただした。内田は、わが国民は「国を焦土にしてもこの主張を徹することに於ては一歩も譲らないといふ決心を持って居る」と述べた。これが「焦土演説」として有名になった個所である。次官であった有田八郎によれば、森の「悪意ある質問」に乗せられる形で発言したものであった。

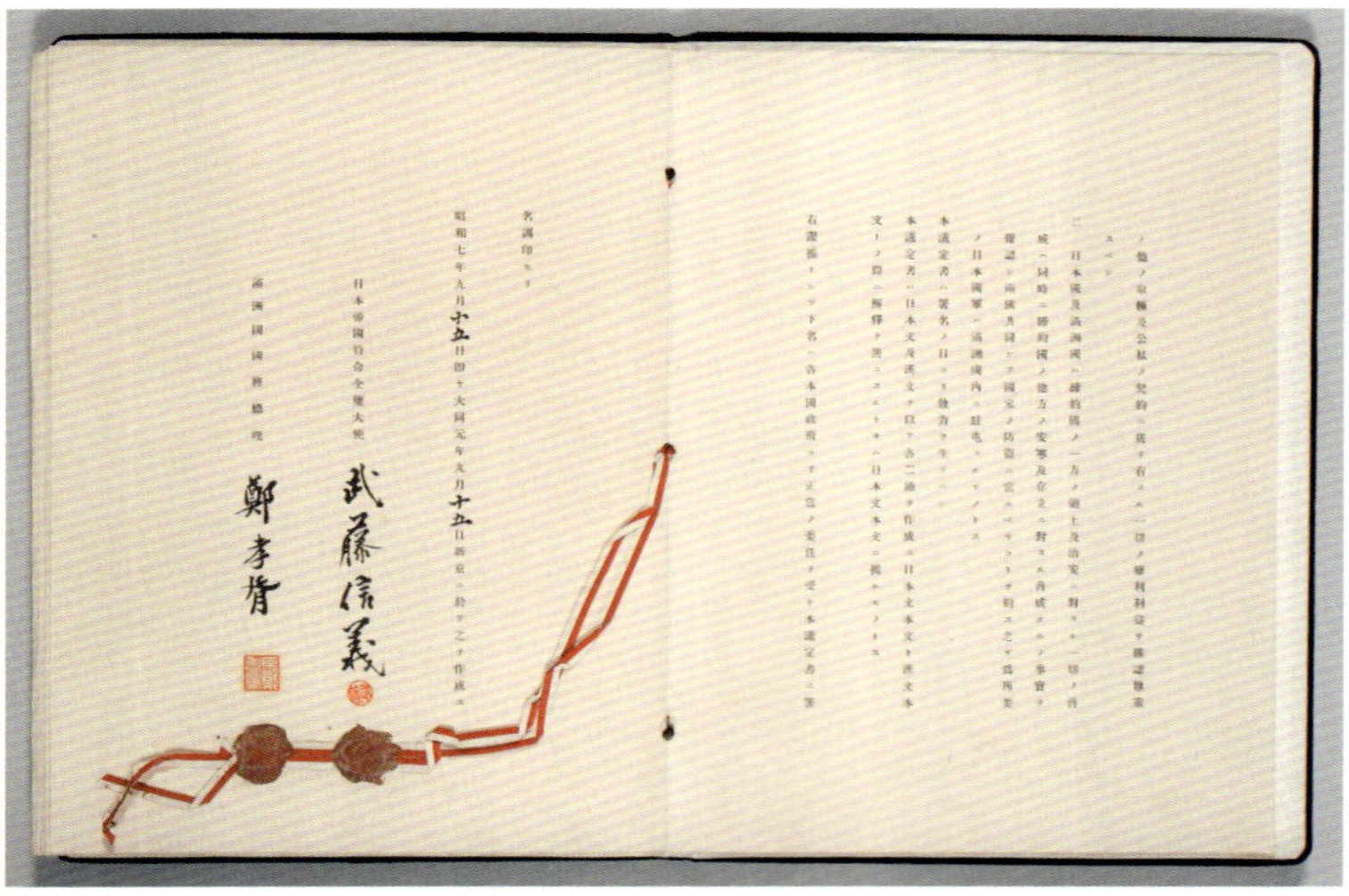

7-7　日満議定書

【満州国の単独承認—日満議定書】

国内世論も満州国の早期承認論が大勢となり、6月中旬には衆議院本会議は、満州国承認決議が全会一致で採択され、承認問題は国内的には終結する。

こうして1932年9月15日、溥儀書簡（前述）に基づき、武藤信義関東軍司令官と鄭孝胥《ていこうしょ》満州国国務総理との間に日満議定書が結ばれ、満州国承認を断行した。日満議定書は、日本の満州駐兵権はもとより、さらに過去の日中間の条約や合意で得られた満州の既得権益もその効力を保証していた。

関東軍司令官が日満議定書調印の日本政府代表者となったのは、本庄繁司令官に代わる新任の武藤大将が、満州派遣の特命全権大使（関東長官も兼務）となったからである。

【リットン調査団の活動】

1931年12月の連盟理事会の決議で発足したリットン調査団は、32年2月下旬から調査を開始し、日本政府、国民政府、関東軍、満州国政府などの多くの首脳や要人との会談を重ねた。激戦によって廃墟と化した租界や柳条湖事件の現場も視察した。

調査団の目的は、単に事変の原因の調査ではなく、日中紛争の解決に向け、何らかの提案を行うことにあった。例えば、4月に調査団を迎えた張学良は、日中間の危機は、もっぱら明治以来の日本の領土的野心に基づく中国侵略政策に原因がある、と論じた。これに対しリットンは、調査団は過去の行為の判定を下すのではなく、連盟規約のもと

リットン調査団

7-8　柳条湖の現場を視察するリットン調査団

1931年12月、国際連盟は満州と中国に調査団の派遣を決定した。英仏伊独米から各1人の5名が調査委員に推薦され、翌年1月下旬にジュネーヴに集まってリットンを委員長に選んだ。インド総督を父にもつリットンは、ケンブリッジ大学で学び、ベンガル州の知事や総督代理などを経験していた。ドイツ委員のシュネーは、外務省植民地局の勤務が長く、植民地関係の著作も多く、正確さへの執念が調査に大きく貢献した。このシュネーやリットンをはじめ、5名の大半は植民地行政の経験が豊富な実務家であり、その意味では公正な調査が期待できた。ことにリットンは、連盟による国際秩序の維持に強い信頼と共感をもち、委員長として適任であった。

調査団は32年2月下旬から7月まで、東京、北平（北京）、上海、満州と回り、精力的に調査や要人との面談を行った。廃墟となった上海の中心街や柳条湖事件の現場も見聞している。本文にも書いたように、事変の解決案を示すという目的からすると、国民政府首脳との会談は調査団にとって有用であった。一方、日本側要人との会談は、解決とはほど遠い不毛なものであった。

3月下旬に、芳沢謙吉外相によって特派された松岡洋右（前満鉄副社長）は、満蒙における横暴な日本排斥の動きを考えれば日本の軍事行動はやむを得なかったと論じた。奉天では6回にわたって関東軍首脳とも会談した。柳条湖事件の夜の関東軍の行動について主に石原莞爾参謀が説明にあたった。石原は、危急の事態に備えてかねてから演習を繰り返しており、すべては自衛上、やむを得ざる当然の行動であったが、現地指揮官のイニシアティヴのもとで実行されたことを強調している。本庄繁関東軍司令官は満州の防衛は日本のためだけではなく、文明世界をコミンテルンによる赤化の脅威から守るため、と説き、満州国の承認以外に有効な解決策はないと述べた。

調査団は、満鉄総裁から外相に転じた内田康哉とも2度会見し、満州国承認のほかに解決策がないかを再三たずねている。しかし内田はそれ以外に解決策はない、と繰り返すのみであった。さらに調査団が、中国側は旧体制への復帰ではなく広汎な自治を与えることを考慮している、と解決策を示唆し、承認問題を9カ国条約署名国と協議する意思はないか、とただしても、内田は住民の自由な意思の産物である満州国は9カ国条約の範囲外であり、他国と協議の意思もない、と突っぱねている。

で紛争がいかに調整されるか、過去よりも未来に関心があるとし、日本の侵略政策や領土的野心を強調しても、事態の解決の助けにならない、と答えている。

要人との会談のなかでも、二度の国民政府首脳との会談は重要であった。6月の二度目の会談では、リットンは満州調査の結果を踏まえ、満州の中国人は満州事変以前の原状への復帰を望んでいない、文民による行政と特別警察をそなえた「自治政府」を願っていると述べた。リットンの発言は張政権による東三省（満州）統治の否定を意味したが、汪兆銘は、張政権による満州統治に固執せず、満州における自治政府を容認する姿勢を見せた。この発言は調査団の報告書作成に重要なヒントとなった。

調査団は、7月中旬には最後の東京訪問を終え、報告書の作成にとりかかった。

【リットン報告書】

1932年10月初旬、リットン報告書が公表される。報告書は満州における日本の特殊な地位を認め、中国側の激しい排日ボイコット運動に対する日本の立場にも配慮していた。他方では、日本の軍事行動を自衛権の行使とは認めず、満州国は自発的な独立運動の結果ではない、として日本の主張を否定していた。報告書が示す事変解決の考え方は、事変前への原状復帰ではなく、日中間に以下の趣旨の取り決めを促すものであった。

（1）中国の主権のもとで広汎な権限をもつ「自治的政府」を設置する、（2）自治政府には連盟の主導のもとで外国人顧問が指導にあたる、（3）域内の治安維持には「特別警察隊」があたり、日中両軍は撤退し、漸次、非武装化する、などを提案していた。日本に対する配慮として、外国人顧問の割合について日本人の優先的登用、日本人の商工業や貿易活動に対する組織的ボイコットの禁圧、なども含まれていた。

しかし、すでに満州国を正式承認していた日本政府はこれらを一顧だにしなかった。とくに内田外相は、調査団に対し、満州問題の解決のためには満州国の承認以外に選択肢はないことを一貫して主張していた。

32年8月中旬、パリの長岡春一《はるかず》、佐藤尚武、吉田茂の三大使は日本の単独承認を回避しようという共同意見電を東京に送っている。その要旨は、満州国の連盟加入を促進し、加入までは満州国の領域における中国の主権を維持する、日本の仲介による満州国の連盟加入を支援する、といった内容であった。これを連盟に提案するならば、「連盟の面子」も救われるという。

内田外相は、単独承認回避のためのこうした構想を受け入れなかったが、国際連盟を脱退する意思はなかった。満州国の承認やリットン報告書の拒絶が、ただちに連盟脱退につながったわけではなかった。

【脱退回避の努力】

リットン報告書を審議する連盟理事会・総会の首席代表には松岡洋右が任命され、1932年11月中旬にジュネーヴに入った。ジュネーヴには連盟代表の随員として石原莞爾大佐も派遣されていた。内田外相は、連盟にとどまることを前提に、中国との直接交渉によって満州問題の解決をはかろうとした。

11月下旬から開かれたリットン報告書の審議のための理事会では、松岡と顧維鈞《こいきん》が型通りの主張を繰り返し、議長は議題を総会に移すことを提案して承認された（日本は棄権）。

12月初旬の総会では、各国代表が次々に演説に立ち、そのほとんどは日本非難であった。だが、イギリスのサイモン外相は、批判のみではなく妥協に向けた実際的な努力が必要だ、と強調した。松岡らの日本代表団は、イギリスの対日宥和的な姿勢に期待し、その斡旋によって連盟脱退を回避しようとしていた。

臨時総会は一九人委員会に、総会の討議を踏まえた事変の解決に関する報告書作成の委託を決議した。サイモン外相は、一九人委員会の動きと並行して、連盟規約（一五条三項）に基づき、日中紛争を調停するため、非加盟国の米ソを加えた「和協委員会」を提案する。12月中旬にこれが日本側に示されると、松平恒雄ら連盟の日本代表団はこれに賛同した。しかし、本国政府は、九カ国条約などにこだわるアメリカの非妥協的な態度が和協委員会に及ぶことを懸念して受け入れを拒否した。

しかし、サイモンによる調停の努力は続く。年を越えて33年1月には、米ソを含まない和協委員会を設置して、この監督下に日中直接交渉を行うことを提案した。

ところが東京の外務省幹部は提案の受け入れを渋った。1月中旬から再開された一九人委員会では、中国はもとより小国も日本非難を繰り返すようになった。和協委員会のもとでの日中間の直接交渉はもはや不可能となった。一九人委員会も、一五条三項の適用による和解をあきらめ、同四項（紛争の解決が困難となった場合、理事会は、勧告案を作成して総会の表決に付する）の適用による総会の勧告に傾いていく。

内田外相らは、連盟において日本が非妥協的態度を示していれば、連盟が事態収拾に乗り出し、直接交渉による有利な解決が期待できると踏んでいた節がある。しかし、こうしたもくろみに大きな打撃となったのが熱河問題の深刻化であった。

【熱河問題と連盟脱退】

熱河省は満州国の版図とされたが、満州国の動揺をねらう張学良から牽制され、不安定な地位にあった。そこで関東軍は熱河省を実力で掌握しようとしていた。中国側から見れば、熱河は満州の東三省とは異なり、中国領土であった。したがって、関東軍の熱河進出の動きに対し、国民政府は注意を怠らなかった。

斎藤実内閣や陸軍指導部は、国際的影響を考慮して熱河攻撃に難色を示していた。しかし、執拗に熱河攻撃を求める関東軍に、１９３３年１月中旬の閣議は長城以南には派兵しないことを条件に熱河攻撃を認めた。

問題は、熱河攻撃のタイミングと連盟における審議の関係であった。もし、熱河攻撃が天津、北平に及べば国際的な非難を浴び、連盟の対日態度にも、重大な結果を及ぼすことは容易に想定された。連盟規約第一六条によれば、紛争当事国を除く全会一致の勧告を当事国の一方が受諾し、他方がそれを不服として新たに戦争を始める場合には、その国に対して連盟は制裁を発動するものとされていた。したがって、連盟総会による勧告案の採択後に日本が熱河に武力を行使し、さらに華北に波及すれば、連盟は制裁を発動すべき事態とみなし、制裁が現実のものとなることが予想された。

7-9　国際連盟総会で演説する松岡洋右

こうした切迫した状況下で、一九人委員会は、さらに日本側との妥協の道を探り、日本代表団も、満州国の否認を回避するためいくつかの修正案を示した。しかし、こうした努力も限界に達し、2月上旬、一九人委員会は、報告書の核心部分であった中国の主権のもとでの満州の自治を認めるか否かの最終的な確認を求める。2月中旬、松岡代表はこれを否定し、改めて満州国の承認が唯一の解決策と反駁すると、勧告案が日中双方に内示された。イギリスが懸命に探ってきた和解の試みも最終的に挫折した。2月20日、斎藤内閣は連盟総会が勧告案を採択した場合は、連盟を脱退すると決定した。連盟を脱退すれば、制裁を受ける法的根拠はなくなるはずであった。

日本国内の世論が脱退論に大きく傾くなかで、総会の勧告を無視して連盟にとどまるという選択を提案するマスメディアもあった。例えば、『時事新報』は、2月中旬から下旬にかけて、「勧告は単に勧告のみ」にとどまり、連盟規約に照らしても制裁はあり得ず、大局より見て連盟にとどまるのが有利、と論じた。『朝日新聞』も「勧告書は判決文にあらず」（社説）と題し、「勧告を応諾すると否とは、当事国の裁量」であり、応じない場合も連盟は制裁手段に訴えるわけではない、と論じ、勧告書が日本の立場と相いれないからといって脱退することは連盟の性質を正しく理解していない、と論じた（33年2月18日）。

たしかに、総会における勧告案の採択と連盟脱退とは直結していなかったが、問題はその先にあった。連盟に残ったとしても、既定の方針であった熱河作戦が実施されれば、新たな戦争を引き起こしたものとして、連盟の制裁を受けることは確実であった。とすれば熱河作戦の実施前に、連盟を脱退してしまえば制裁も避けられるのであった。

2月24日、連盟総会は日華紛争調停勧告案を、賛成四二、反対一（日本）で可決した。松岡代表らは総会を退席し、脱退は避けられなくなった。他方、連盟による制裁を恐れて熱河攻撃を躊躇する意味はなくなり、その翌日、関東軍は本格的に熱河に進撃することになる。

【熱河攻略と塘沽停戦協定】

関東軍が本格的に熱河作戦を開始すると、中国軍は二週間足らずで敗走した。共産党軍の討伐戦を指揮していた蒋介石は大軍を長城の防衛戦に投入した。しかし、関東軍は1933年4月、長城線を越えて関内に侵入した。関東軍は、陸軍指導部の反対にあっていったんは長城線外に撤退したものの、5月には再びこれを突破して関内に入った。

中国にとって、張学良軍が敗走した「熱河の惨敗」は大きな衝撃であった。しかも、共産勢力との戦いは依然として決着が見通せなかった。蒋は、日本との妥協に向かう。天津、北平に迫る日本軍に徹底抗戦を挑んで、さらに失地を広げるよりも、一時的に屈して妥協を図り、将来の失地回復に備えようとしたのである。

こうして33年5月末日、天津郊外の塘沽で日中両国の軍事当局の間に停戦協定が調印された（塘沽停戦協定）。協定では、関東軍が長城線以北に引き揚げる代わりに、その南に九州とほぼ同じ面積の広大な非武装地帯（戦区と呼ばれた）が設定された。8月初旬には日中両軍が戦区から撤退し、長城線が満州国の事実上の国境となり、その南側が一種の緩衝地帯となった。そこには中国軍は駐留できず、中国側の警察部隊（保安隊）が治安の維持にあたることになった。

当時の責任者であった岡村寧次《やすじ》は、停戦協定は、満州事変から大東亜戦争にいたる対外戦において「最も重要な境界点であったと思う、この辺で対外積極策を中止しておけばよかった」と戦後語っている。しかし、日本は停戦協定を厳格に守り、満州国の建設に専念するという選択には踏み切れなかった。

【内田外交の功罪】

内田康哉外相は、1933年9月、健康を害して辞任した。後世になって、満州事変の処理をめぐる内田外交は批判されることが多い。第一は、満州国の単独承認をあまりに急いだことである。宇垣一成は列国承認がともなわない単独承認は国際関係を悪化させるもの、と批判したが、問題は、リットン報告書が公表される前に単独承認に踏み切ったことである。さらに、報告書が示唆する解決策について交渉する姿勢を示さなかった。第二は、連盟外交の最終局面で、連盟から提起された和協委員会のもとでの日中直接交渉という収拾案を拒絶し、日本を連盟内にとどめようという、イギリスの配慮を無視したことである。

内田外交は、国際連盟からの脱退という結果を招き、国際協調路線から後退したように見えるが、実際は、連盟脱退を梃子に、国際協調を基本として対外関係の修復をはかっていく。例えば、連盟脱退直前の33年2月には、アメリカによる招請を受け世界不況の克服のためのロンドン世界経済会議への参加を決定している。さらに、国際軍縮の重要性を認める立場から、連盟を脱退しても軍縮会議から離脱しようとはしなかった。

中国政策についても、蔣政権の対日宥和姿勢を前提に、日中直接交渉による懸案解決という立場から積極的に懸案解決をはかっていこうとしていた。32年8月、斎藤内閣は「国際関係よりみたる時局処理方針」において、満蒙政策と中国本部策とを分離し、中国本部に対しては統一政権樹立を助長するため、列国協調のもと貿易や企業市場を盛んにして門戸開放方針を堅持するものとされていたが、こうした方針の継続が基本であった。ただ、日中直接交渉による懸案解決という立場は、広田（弘毅《こうき》）外交の時代には、日中間の問題に第三国の介入を許さないというかたくなな姿勢に傾いていく。

国際連盟脱退後の日本外交は、国際協調の意欲を失ったわけではなく、対列国関係の改善、そして何よりも対中関係の修復に力を注ぎ、一定の成果をあげていく。しかし、こうした外交当局の努力と逆行する動きが、35年半ばから華北で胎動する。それが現地軍による華北分離工作であった。「北支自治運動」と称された現地軍の策動は、結局、盧溝橋事件を引き起こす原因となる。

日英通商摩擦

世界恐慌後の日本は、高橋是清財政のもと、円安・低賃金を追い風として、とくに綿布など繊維製品の輸出増進をはかり、先進国にさきがけて不況脱出を果たした。ところが、日本の輸出攻勢は、イギリス製品の海外市場進出に脅威となり、英領インドへの綿製品の輸出制限問題をはじめ日英の通商摩擦を引き起こした。輸出攻勢はインドだけでなく、南米、中東、アフリカといった新市場にも及んだ。こうした状況で、イギリスの綿業界は、日本の輸出品に対して制限を設けることを要求し、イギリス政府は、1933年4月、日本との通商摩擦の解決を目的として、日英綿業界の代表者によって民間交渉を提案する。34年2月からの民間交渉では、イギリス側が世界市場全体で、日本の繊維製品輸出に制限を設けることを要求したが、日本側は英本国と英領植民地のみに限定して輸出制限を示唆するにとどまり、決裂した。

民間交渉の決裂を受けて、34年5月、イギリス政府は報復措置として、輸入割当制の実施を発表した。これに対し日本は、最恵国待遇を規定する日英通商航海条約を根拠に反論を準備するが、法的な応酬は得策ではなかった。松平恒雄駐英大使は、厳密な条約論を展開しても事を荒立てないよう注意した。外務省は輸入割当制には反対しなかったが、構造的な問題として「均等待遇条項」問題を重視していた。

35年ごろには、日本の輸出が成功したのは、ダンピングではなく、円切り下げ、効率的な市場、生産の合理化であることが認識されるようになり、日本商品への圧力は姿を消す。

ロンドン世界経済会議

1933年6月、世界恐慌による不況の打開をめざし、国際連盟が呼びかけ64カ国が参集した。非加盟国の米ソも参加した。日本全権は、石井菊次郎（枢密顧問官）、深井英五（日銀副総裁）、松平恒雄駐英大使。イギリスは戦債問題の処理、金本位制復帰への条件整備、軍縮問題の解決を期していた。会議の焦点は、対独戦債問題に対する新大統領ローズヴェルトの態度であった。前政権はヨーロッパ諸国の対米債務の帳消しを認めていたため、イギリスと共同歩調が可能であったが、ローズヴェルト政権は国内情勢から、債務の帳消しが求められることを警戒し、戦債・軍縮問題や為替安定策については協議しない方針であった。

案の定、議長国イギリスのマクドナルド首相は、冒頭演説で戦債問題を議題とする方針を打ち出すが、ローズヴェルトは戦債問題を取り上げず、フランス、イタリアなど金本位制諸国が準備した、通貨安定のための共同声明（6月30日）を強く批判し、為替安定による通商拡大ではなく、貿易障壁を除去する方向で努力すべきだと声明して衝撃を与えた。結局、会議は不況克服の共通プランを示せないまま休会となる。

米英の対立のなかで、日本は、のちに互恵通商協定法として結実することになる、ハル国務長官提案の世界貿易の復活プラン（通商障壁の除去、関税率の引き下げのための2国間協議開始）を熱心に支持した。通商自由の原則を訴えて生産の合理化による低価格品の輸出増進をはかるという日本の不況打開策は、通商障壁の撤廃による貿易拡大を優先するアメリカの方針に適合的であった。さらに、自由通商に固執する日本が、イギリスの保護主義的な通商政策に対抗するうえでも、通商障害の軽減措置は望ましいものであった。

34年6月、互恵通商協定法（大統領は最大限5割まで現行税率を増減し、3カ年の2国間協定を締結できる）が成立すると、斎藤博駐米大使はハルを訪問して、保護主義的な産業復興法、輸入制限が互恵通商協定法で見直されることを確認した。それは、自由通商を基盤とする日米提携関係の持続性の確認でもあったが、日華事変後は脆弱なものとなっていく。

脱退後の国際連盟と日本

1933年3月、日本は国際連盟脱退を通告し、その2年後の35年3月に連盟国であることを終止した。その後は脱退前の閣議決定、脱退の詔書の趣旨により、政治的意義を有する連盟事業には関与しないが、平和的、人道的、技術的事業には引き続き協力を継続してきた。

連盟との関係で、日本がその継続を重視した既得権が南洋群島の委任統治であった。南洋群島に対する日本の委任統治は、「成功例」として連盟構成国から高く評価されていたが、委任統治領は連盟の監督下にあったため、脱退国の日本は受任資格を失うのではないか、と懸念した。そこで日本は、日本の立場は、アメリカのような「連盟と協力関係にある非加盟国」であるという解釈によって委任統治の継続を主張した。実際、第22条は受任国となる要件を明確に規定していなかった。南洋群島の委任統治は連盟によってではなく、「主たる同盟および連合国」によって日本に与えられ、その際、連盟が委任統治地域に対して一定の監督権限を有しているという付帯条件があった、と解釈したのである。この日本の解釈は35年の脱退の発効に際して連盟によって受け入れられた。こうして日本は常設委任統治委員会への参加を継続し、「委任統治行政年報」を毎年、理事会に提出し、ジュネーヴで行われる年報審査に政府代表を出席させ続けた。

さらに日本は、委任統治地域における通商均等待遇の存続も試みた。連盟規約は委任統治地域における通商均等待遇を保障していたが、脱退によってそれを失う恐れがあった。当時日本は、イギリスの保護主義的な通商政策に対抗するうえで、アメリカの互恵通商プログラムに期待を寄せるなど、自由貿易体制に執着していた。均等待遇条項の存続如何は、自由貿易の法的基盤を揺るがしかねない問題であった。脱退国でありながら、自由通商をうたう連盟の有用性に目をつけ、連盟規約の解釈論を展開することで通商均等待遇の存続をはかったのである。

日華事変勃発からまもない37年9月、再び中国が提訴して連盟審議が行われることになり、日本も招請されたが参加しなかった。連盟は16条の制裁規定を採択したが、その実施は連盟各国の措置に任された。しかし各国はその実行力がなく、日本は制裁を受けることはなかったものの、連盟との対立関係に立つ限り、協力関係を維持することは「国家の栄誉の上から見て不可能」であり、中ソの宣伝場と化した連盟に協力することは「列国の侮を招く所以」として、38年11月、日本は連盟諸機関との協力停止を通告した。

協力停止の時点で、政府代表を派遣していた専門委員会は、常設委任統治委員会、社会問題諮問委員会、アヘン諮問委員会。個人資格で日本人委員が任命されている委員会として、常設委任統治委員会（鮭延信道）、学芸協力委員会（柿崎正治）、個人資格での参加機関としてシンガポールの東洋伝染病情報局（次長に原田健）、国際労働機関、国際司法裁判所であった。なお、日本は連盟が主催するジュネーヴ一般軍縮会議やロンドン世界経済会議にもとどまっている。

第8章

揺らぐ国際協調と日中協力

8-1　ベルリンで行われた日独防共協定調印式

年表

1933年（昭和8年）

1月30日　ヒトラー，ドイツ首相に就任.
5月 2日　ソ連，日本に中東鉄道（北満鉄道）売却を提起.
6月12日　ロンドン世界経済会議開催（～7月27日）.
9月23日　日印シムラ会商開始(34年7月，日印新通商条約調印).
10月 3日　国防・外交・財政の調整のため5相会議開始.
10月14日　ドイツ，軍縮会議および国際連盟から脱退.

1934年（昭和9年）

3月22日　広田弘毅外相，国務長官ハルに親善メッセージ.
4月17日　外務省情報部長・天羽英二，談話を発表（天羽声明）.
6月18日　ワシントン海軍軍縮条約の満了にともなう米英日ロンドン海軍軍縮予備会商開催.
7月 8日　**岡田啓介内閣**発足.
9月18日　ソ連，国際連盟に加盟.
12月29日　ワシントン海軍軍縮条約の単独破棄を米国に通告.

1935年（昭和10年）

1月21日　北満鉄道（東支鉄道）譲渡に関する満洲国とソ連の協定成立.
2月18日　貴族院で菊池武夫議員，美濃部達吉を批判（天皇機関説事件）.
3月23日　満ソ間で北満鉄道譲渡協定調印.
5月 2日　天津で親日新聞社の社長ら2名が射殺される（天津事件）.
5月 4日　上海で発行の週刊誌『新生』に皇室に関する暴露記事が掲載され，日本側は「不敬」にあたるとして厳重抗議.7月8日，国民政府は正式に謝罪，関係者を処罰.
5月17日　日中両国の公使館を大使館に昇格.
6月10日　排日運動の鎮静化のため，国民政府は邦交敦睦令（友邦との親善についての命令）を発令.
6月18日　北支那駐屯軍が河北省からの国民党部の撤退や宇学忠・河北省主席の罷免などを中国側に要求し，中国側は口頭で受諾を回答（梅津・何応欽協定）.
6月 8日　蘭印（オランダ領東インド）市場の自由化をめぐって日蘭会商開始（～12月21日）.
6月27日　奉天特務機関長・土肥原賢二が，反日勢力や宋哲元軍のチャハル省からの撤退などを中国側に約束させる（土肥原・秦徳純協定）.
8月 1日　中国共産党，「抗日救国のために全同胞に告ぐるの書」（8・1宣言）を発出し，抗日民族統一戦線を呼びかける.
8月12日　永田鉄山軍務局長，皇道派将校に斬殺される（相沢事件）.
9月 6日　リース・ロス英政府首席財政顧問使節団来日.
10月 4日　中国政策に関する広田三原則決定(10月7日中国側に提出).
10月15日　中国経済使節団来日.
11月 3日　中国財政部，幣制（通貨）改革を布告.
11月25日　長城以南の非武装地帯に冀東防共自治委員会発足（委員長・殷汝耕）。12月25日冀東防共自治政府と改称.
12月 9日　中国で華北分離反対の12・9運動起こる.
12月 9日　第2次ロンドン海軍軍縮会議.
12月18日　北平に河北省，チャハル省を管轄する冀察政務委員会発足（委員長・宋哲元）．12月25日冀東防共自治政府と改称.

1936年（昭和11年）

1月15日　ロンドン軍縮会議からの脱退を通告.
2月26日　2・26事件（斎藤実内大臣，高橋是清蔵相ら殺害）.
3月 9日　**広田弘毅内閣**発足.
5月18日　軍部大臣現役武官制復活.
6月 8日　「帝国国防方針」「用兵綱領」など第3次改定.
6月 8日　リース・ロス使節団，再来日.
7月17日　スペイン内戦勃発.
8月 1日　ベルリン・オリンピック開幕.
8月 7日　5相会議，「帝国外交方針」，「国策の基準」決定.
8月24日　四川省成都で，日本人記者らが中国人に殺傷される（12月30日，中国政府の陳謝などで解決）.
9月 3日　広東省北海で北海事件起こる（12月30日，中国政府の陳謝などで解決）.
9月14日　川越・張群会談開始（12月2日、打ち切り）.
11月14日　内蒙軍，関東軍の支援を受け綏遠で中国軍と交戦（綏遠事件）.
11月25日　ベルリンで日独防共協定調印.
12月12日　張学良らが蒋介石を監禁（西安事件）.
12月26日　日豪間の通商摩擦に関し，日豪通商協定調印（38年7月，第2次協定が結ばれ，41年12月の日英開戦まで続く）.
12月31日　ワシントン，ロンドン海軍軍縮条約失効（軍縮無条約時代に突入）.

1937年（昭和12年）

2月 2日　**林銑十郎内閣**発足.
3月15日　児玉謙次（横浜正金銀行頭取）を代表とする経済使節団，中国を訪問.
4月 9日　日蘭間で石沢・ハルト協定調印.
6月 4日　**第1次近衛文麿内閣**発足.

1 広田外交の時代

【広田外交と陸軍】

１９３３（昭和８）年９月、内田康哉《やすや》外相の後を受けて広田弘毅《こうき》が斎藤実内閣の外相となる。次の岡田啓介内閣にも留任し、二・二六事件後の36年３月まで広田外交の時代が続く。この広田外交を次官として支えたのは重光葵《まもる》であった。とくに対中政策に関しては、重光が主導的役割を果たし、「広田＝重光体制」と呼ばれることがあるが、問題は満州事変を通じて発言力を増していた陸軍の統制にあった。

当時の陸軍はいわゆる「皇道派」の時代であった。犬養毅内閣の陸相であった荒木貞夫は、一連の人事措置によって参謀本部と陸軍省の要職は大半を「皇道派」系の将官で固めていた。皇道派は、急進的な改革を望み、反ソ・反共のイデオロギーが濃厚であった。したがって、対外政策も強硬であったか、といえばそうではなかった。その激しい反ソ姿勢を除けば、満州国経営に専念する環境整備という観点から、日中問題への深入りを避け、英米との関係調整を望んでいた。皇道派は対外政策の面では、広田外交を支える一定の基盤となっていた。

33年10月、斎藤内閣は五度にわたって五相会議（首相、陸海外蔵の各大臣）を開催した。国防・外交と内政の基本方針の確定、相互の調整がそのねらいであった。伝統的に大陸発展（北進）に国策の方向を求める陸軍は、ソ連の脅威を力説して対ソ国防の強化を主張した。一方、海洋発展（南進）に国策の方向を求める海軍は、陸軍への対抗上、対米強硬論を説いたが、英米との関係修復をめざす点で政府とは一致していた。結局、五相会議は、列国協調主義に基づく対外関係の修復とともに、財政に配慮した国防充実という穏健な路線に落ち着いた。

34年に入ると、荒木陸相と柳川平助陸軍次官が辞任して皇道派が後退し、代わって宇垣一成《かずしげ》大将を中心とする穏健勢力が陸軍内に台頭する。その拠点が、34年３月に陸軍省軍務局長に就任した永田鉄山少将であった。34年７月、斎藤内閣が帝人事件で退陣し、同内閣の海相であった岡田海軍大将が組閣した。広田は外相にとどまった。岡田内閣の課題は、やはり陸軍の統制にあったが、岡田は林銑十郎《せんじゅうろう》陸相と永田軍務局長を中心とする中堅層に期待した。

【東支（北満）鉄道の買収】

ソ連との「善隣関係」の確立は、前記の五相会議の了解事項の一つであった。満州国建国後のソ連との重要問題が東支（北満）鉄道の買収であった。ソ連は、建国直後には、東支鉄道の権利を満州国が継承することを認め、満ソ間の共同経営が続けられた。しかし、満州国政府が鉄道の両端でのトランジット（中継輸送）を遮断すると、ソ連にとっての経済的、戦略的価値は激減し、１９３３年５月に売却を申し入れた。

33年６月下旬から、日本を仲介国として買収交渉が始まり、主に買収価格をめぐって難航するが、粘り強い交渉によって35年３月、満ソ間に譲渡協定が結ばれる。ソ連は日本の満州支配の現実を認め、対日関係の安定をはかろうとしたが、ちょうど満ソ国境紛争が急激に増大し、日ソ間の緊張関係は続くこととなる。

この間、ソ連は33年にアメリカと国交を回復して、その国際的地位を上昇させ、また極東における軍事力も増強させて、日本外交の行動を大きく制約する圧力となる。

広田弘毅《ひろたこうき》（1878～1948）

8-2　広田弘毅

福岡県出身。軍人志望だったが三国干渉の衝撃で外交官をめざす。修猷館、一高を経て東京帝大卒業。在学中に政務局長であった同郷の山座円次郎の薫陶に接し、支援を受けていた玄洋社の領袖の次女と結婚。1906年に外交官試験に合格。同期に吉田茂、林久治郎ら。清国、英米に駐在し、パリ講和会議の随員に加わり、現地で起こった外務省革新運動に率先して参加した。23年欧米局長となり、同局第一課長の東郷茂徳とともに日ソ国交回復の長丁場の交渉に取り組む。オランダ公使を経て30年にソ連大使となり、満州事変期の対ソ外交をになう。現地関東軍の動向に配慮しない幣原喜重郎外相の原則主義的な訓令には不満であった。

満州国承認後の32年10月に帰国し、33年、内田康哉の後任として斎藤実内閣の外相となる。キャリア外交官出身の最初の外相であった。広田は入閣にあたって連盟脱退の詔書に即応する外交を条件とした。それは満州国の建国など現実の事態を認めたうえで、「東亜に偏して友邦のよしみをおろそかにせず､信を国際に篤くし」という「万邦協和」を意味した。満州事変によって損なわれた対外関係の修復が広田外交の課題であり、なかでも日中関係の改善は急を要したが、その広田外交を支えたのが次官の重光葵であった。

日中関係では、国民政府内の「親日派」に対する支援と連携を重視した「和協外交」を展開し、緊張緩和や経済提携を中心とする親善関係の構築に一定の成果をあげた。しかし、35年半ばからの現地軍による華北分離の策動を積極的に抑えようとせず、華北における日本の排他的な影響力の拡大を招き、中国側の不信感を増幅させたことは否めない（本文参照）。

2・26事件によって外相を退いた広田は、36年3月初旬、組閣の大命を受け、吉田を外相に内定する。だが、陸軍は「自由主義的色彩」を帯びているとして、陸相に内定していた寺内正毅が入閣を辞退し、流産か妥協かの危機に陥る。結局、広田は陸軍との妥協を選択し、有田八郎を外相に指名、施政方針も「庶政一新」など陸軍に歩み寄ったものとなった。この事実は陸軍の政治的影響力の増大を意味すると同時に、軍部との「対決」ではなく「妥協」を良しとする政治姿勢を示している。その点では、有田や重光も同様であり、「自由主義的」であった吉田や幣原と異なっていた。

37年2月、閣内不一致で総辞職するが、同年6月、再び第1次近衛文麿内閣の外相となる。日華事変が勃発し、年末に南京が陥落すると戦勝気分が国内を覆うなか、進行中のトラウトマン工作では、広田は和平条件を引き上げ、事実上、和平を閉ざしてしまう。

戦後、占領軍によって戦犯容疑者に指名され、東京裁判において文官で唯一人､死刑の判決を受ける。罪状の一つは、南京虐殺事件を把握しながら、公的には何の措置もとらなかったことが挙げられた。広田は裁判を通じて一切、弁明しないまま従容として死に就いた。

【日中関係の安定化と天羽《あもう》声明】

広田外交が発足したとき、華北の情勢は依然として流動的であったが、国民政府と満州国との間では、通郵、通車、関税など塘沽停戦協定を補完する実務協定が結ばれ、安定した関係が回復されていく。広田外交は、これらの交渉を関東軍の手に委ねながら、「対日宥和」の姿勢を保つ蒋介石《しょうかいせき》政権との提携を通じて日中関係を安定化させようとしていた。日中関係の安定化は、満州事変によって落ち込んだ貿易関係の回復にとっても必要であった。

1934年4月中旬、有吉明公使と汪兆銘《おうちょうめい》が日中の「共存共栄」を確認し、満州問題の棚上げによる関係改善の努力を確認し合った。汪も実行の自信を示し、有吉も外相に報告して考慮を求めると約束した。こうして前年の停戦協定以来の関係改善の試みが具体化に踏み出したかに見えたが、同じときに、いわゆる天羽声明問題が起きる。

4月中旬、外務省情報部長の天羽英二《あもうえいじ》は、定例の記者会見でこう述べた。

> 日本は東亜における平和と秩序を維持すべき任務と責任があり、列国の中国に対する共同援助の行為は、それが財政的、技術的なものであっても、必然的に政治的意味を帯びるので反対せざるを得ない――。

この天羽部長の談話はいっせいに内外に報じられ「天羽声明」と呼ばれるようになるが、その内容はこの年１月の広田の外交演説を基本としたものであった。また、日中間の懸案は直接交渉によって解決すべきで第三国が介入すべきではない、という立場は、内田外相時代にも連盟外交において繰り返し主張されていたものであった。駐日米大使グルーが指摘するように、「(天羽声明は) 日本が遂行したいと欲する政策を実にはっきりと表現している」のであった。この天羽声明は、米英や国際連盟に援助を頼ろうとしていた国民政府内の「欧米派」を牽制し、「親日派」を支持しようとしたもの、との解釈も有力である。

とはいえ、天羽声明は、海外では「東亜モンロー主義」と理解され警戒された。さらに天羽声明は国際連盟の中国援助計画に警告を発していたため、ジュネーヴの連盟本部において反発を買った。しかし、連盟は冷静で日中問題への不介入を貫くことに変わりはなく、各国政府も門戸開放・機会均等の原則を尊重するとの広田外相の釈明を受け入れていく。

【軍縮条約からの離脱問題】

中国問題とならぶ広田外交の課題は、海軍軍縮条約からの離脱問題であった。ワシントン、ロンドンの両海軍軍縮条約はともに１９３６年に期限満了を迎え、33年前後は世界の海軍力の点検の時期にあたっていた。日本が国際連盟を脱退すると、34年には軍備の平等権をかかげたナチス・ドイツもジュネーヴ軍縮会議と国際連盟から脱退し、国際協力の潮流が大きく崩れかけていた。

ロンドン条約後の日本海軍は、軍令部条例などの改定によって、軍政（海軍省）に対して軍令（軍令部）の優位が確立し、「艦隊派」と呼ばれる強硬派が台頭していた。艦隊派は、条約に拘束されない軍備自主権の確立を目標にかかげ、それは軍縮会議対策にも反映した。海軍の軍縮対策は、比率主義（対米英七割論）の放棄による均等軍備、総トン数制限主義（艦種別制限主義の放棄）が主なものであった。帝国国防方針の制定（07年）以来の日本海軍の基本的主張であった比率主義を放棄し、一挙に均等軍備を主張する、という大きな変化は、軍縮条約からの離脱が予定の行動であったことを示している。

こうした海軍の主張を正当化するため、33年ごろから海軍はひんぱんにパンフレットを発行し、軍縮条約からの離脱によって国防の危機が迫り、海軍軍備の充実は焦眉の急となっていることを、「１９３５～36年の危機」という標語で訴えた。一方、陸軍もこれに対抗して「対ソ国防の危機」を煽った。33年から翌年にかけて中央公論社が発行した『非常時国民全集』には、皇道派と艦隊派の将軍がこぞって寄稿し、陸軍将官は対ソ国防の危機を、海軍将官は、「１９３５～36年の危機」を高い調子で論じ立てた。

34年６月からのロンドンで日米英間の事前交渉を経て、同年10月から予備交渉が始まる。日本代表は松平恒雄駐英大使と山本五十六《いそろく》海軍少将であった。比率主義の放棄を前提とした日本の主張は、（１）各国の保有兵力量の共通最大限度を決める、（２）国防上不利なワシントン軍縮条約の廃止、の二点であった。外務省や陸軍の一部には、太平洋における防備体制の均衡維持に一定の効果がある軍縮条約の継続を望む声や、ワシントン軍縮条約に代わる何らかの取り決め（後述の日米英三国不可侵協定など）を期待する向きもあった。

アメリカは、ワシントン体制の擁護者として、その一角をなすワシントン軍縮条約の継続を望み、条約の継続を前提に一律二割の縮減を主張した。他方、イギリスは、一律に共通最大限度を設けることや、ワシントン条約を新たな取り決めの前に廃棄することに難色を示した。

交渉の行き詰まりに、イギリス（サイモン外相）は主催国の立場から、各国平等の権限を認めつつ、現実の兵力量については各国が自発的に建艦宣言を行う案が示された。しかし、日本はサイモン案には、既存条約による現有勢力を基準とするものであれば認め難い、と反対した。こうして予備交渉が失敗に終わると、34年12月末、日本はワシントン条約を期限満了とともに廃止することを米国政府に単独で通告した。松平は10月下旬の日米会談で、軍縮問題は「現実の必要の問題ではなく、日本人の感情の問題である。一度その熱情が満たされれば、気持が収まるであろう」と述べた。国民感情に左右されやすい軍縮問題の性格をよく物語っている。

35年12月、イギリスはワシントン、ロンドン両条約の規定に基づき、日米仏伊の四国代表による本交渉が行われた。日本は永野修身《おさみ》海軍大将と永井松三大使を全権として派遣したが、会議は前年の予備交渉の繰り返しにすぎず、日米英の意見対立は打開されなかった。日本はついに36年1月、軍縮会議から脱退した。この結果、ワシントン、ロンドン両条約は36年末をもって失効し、日本は「軍備無条約時代」に突入することになった。

【対米英協調の限界―日米英三国不可侵協定問題】

ところで、軍縮条約交渉と並行して日英間に、アメリカも含む「日米英三国不可侵協定案」が浮上する。１９３４年7月、広田外相と駐日イギリス大使クライヴの会談が行われ、広田はアメリカも含む「日米英三国不可侵協定案」を示した。広田の提案のねらいの一つは、日本には何ら侵略の意思がないことを米英に示すこと、もう一つは、ワシントン軍縮条約の廃棄に備えた英米協調のための代替手段という意味があった。

イギリスは不可侵協定案に前向きであったが、アメリカは特定国間に限定された不可侵協定には反対であった。ワシントン体制の擁護者としてのアメリカにとって、ワシントン軍縮条約は不可侵協定などで代替されるべきものではなかった。満州事変以後のアメリカは、東アジアの政治問題に深入りする意図はなく、日本側の働きかけにも、せいぜい34年3月の非公式の広田＝ハル交換メッセージが限度であった。日英間では、前述の広田とクライヴ大使の会談がきっかけとなり、非公式に日英折衝が始まるが、アメリカが脱落し、また内容も不可侵協定ではなく、ワシントン会議で成立した四国条約の延長といった程度の緩やかな協定案に後退し、結局、締結にはいたらなかった。

【日中親善と経済提携路線】

１９３５年は中国国民政府にとって最も共産党軍の脅威が薄らい

国策の基準

満州事変以来の軍事的環境の変化は、1907年に制定の「帝国国防方針」の改定を余儀なくさせていた。改定のための判断要素の一つはソ連の動向であった。極東における対ソ軍事バランスにおける著しい不利が、陸軍をとりまく軍事環境の変化とするならば、軍縮会議を離脱した海軍も36年には「無条約」時代に突入し、海軍戦略の見直しが必要となっていた。こうして帝国国防方針は36年6月に改定され、「衝突可能性が大の強大国（想定敵国）」の第1位にソ連とアメリカが同列に置かれ、イギリスと中国がそれに次ぐとされた。

一方、35年末から、陸海軍の統帥部の間で国策統合のための折衝が進行した。「今後10年間は、満州以外に国力を割くべきでないと信ずるから、南進を打ち出すのはその後にしてもらいたい」という石原莞爾作戦部長の対ソ国防集中論に対し、海軍は、きたるべき軍備無条約時代に備えて「海軍軍備拡張の基礎を得んがために」も「北守南進」を主旨とする国策案を対峙させていた。両者の妥協の結果、日本の根本国策を「東亜大陸における帝国の地歩を確保するとともに、南方海洋に進出するに在り」と定めた「国策大綱」が成立し、これが5相会議決定の「国策の基準」（36年8月）となった。戦後の極東国際軍事裁判では、東アジア制覇をねらう日本の意図を示すもの、として重視されたが、実際は陸軍の大陸発展論と海軍の海洋発展論の妥協の産物で、陸海軍の予算確保のための作文という側面が強い。

だ一時期であった。前年に共産党軍に対する包囲攻撃が成功し、共産党軍は革命の根拠地を失い、西遷を余儀なくされていたからである。こうした中国情勢を背景に、35年前半は日中親善の気運がさらに高まった。前年12月、蒋介石は中国国民党系の『外交評論』に「敵か？友か？」と題する論評を掲載し、日本人は究極的にはわれわれの敵ではなく、その日本と中国とが手をつなぐ必要性、さらに、懸案解決のためには日中直接交渉もあり得ることを示唆した。広田外相も、1月末の議会演説で、中国に対する「不脅威・不侵略」政策をかかげた。さらに答弁では「私の在任中には戦争は断じてないことを確信している」と述べた。

35年2月、国民政府は全国の新聞社に排日言論の掲載禁止を命じ、翌3月には、各省市の教育部に反日的な教科書の使用禁止を命令した。6月には、国民政府が邦交敦睦令《ほうこうとんぼくれい》を公布し、排日運動を禁止した。とくに5月に日中双方が公使館を大使館に昇格させたことは、国民政府の対日姿勢の確実な変化を物語っていた。大使の相互交換は、すでに24年に閣議決定していたが実行されていなかった。初代大使には、駐華公使であった有吉明が、国民政府の初代駐日大使は蒋作賓《しょうさくひん》が着任した。

日中経済提携という面でも、35年10月、中国実業界の有力者一五名による経済視察団が日本に派遣され、日本側の経済団体との間に、対等な日中経済提携の実現のため、双方に常設機関を開設することに合意した。この合意に基づき、東京と上海に、それぞれ日華貿易協会、中日貿易協会が翌36年1月に設立され、児玉謙次と周作民《しゅうさくみん》が相互に会長、副会長に就いた。

2 華北の危機――１９３５年

【梅津・何応欽協定】

塘沽停戦協定によって設定された非武装地帯では、東北義勇軍を名乗る抗日武装集団（孫永勤軍《そんえいきん》）と関東軍とが長城線を挟んで小競り合いを繰り返していた。孫軍の背後に于学忠《うがくちゅう》（河北省主席）の支援があるとみた関東軍は、１９３５年5月中旬、孫軍を討伐するため長城線を越えて河北省に侵入した（孫匪《そんぴ》事件）。5月初旬には、天津の日本租界内で親日新聞社の社長ら二名が何者かに射殺されるという事件が起こっていた。これらの事件をきっかけに、現地の天津軍（酒井隆参謀長）は、停戦協定違反を名目に、国民政府の代理機関（軍事委員会北平分会代理委員長・何応欽《かおうきん》）に、排日行為の厳重取り締まり、国民党部や憲兵隊、于の罷免、藍衣社などの反日勢力の河北省からの撤退を要求した。

天津軍（正式には支那駐屯軍）とは、01年の義和団事件最終議定書によって獲得した駐兵権に基づき、北京や天津に分駐していた日本軍のことである。

5月末、国民政府は蒋作賓大使を介して広田弘毅外相に斡旋を要請した。しかし、広田は軍の撤退は外交交渉の範囲外の統帥事項として斡旋を拒絶した。6月初旬、天津軍は国民政府側に期限付きの回答を迫った。6月18日、何は、日本公使館武官の高橋坦少佐に口頭で要求の受け入れを回答した。これが梅津・何応欽協定であるが、中国側の正式回答の文書はなく、梅津美治郎《よしじろう》天津軍司令官宛の通知（7月6日付）のみが知られている。中国側は合意内容を実行したものの、日本との協定によるのではなく、中国自身の自発的な措置であるとの立場をとった。

　この交渉のさなか、ちょうど林銑十郎陸相と永田鉄山軍務局長が渡満していた。関東軍を通じて天津軍の要求内容を知った林は、交渉の内容や方法を問題としつつも、「既に矢は弦を離れたるものなれば、中央に於ても之を支持」すること、また関東軍も天津軍を支持してその要求事項の達成に協力を求める電報を東京に送っている（6月3日）。陸軍中枢の林と永田が、ただちに天津軍の行動を支持したのは、華北からの国民政府の影響力の排除について中央と関東軍の間に了解が成立していたことを示している。

【土肥原・秦徳純協定】

梅津・何応欽協定は、塘沽停戦協定を事実上、河北省全域に適用するという意味をもち、于学忠や国民党軍などは河北省外に撤退する。

この協定が成立したころ、関東軍特務機関員が、チャハル省を支配する宋哲元《そうてつげん》軍（第二九軍）の兵士によって一時軟禁されるという事件が起こる（張北事件）。関東軍は、以前から宋軍をチャハル省から追い出し、満州国の国境防衛の拡充と内蒙古自治工作を進めようとしていた。関東軍はこの事件をきっかけに、奉天特務機関長の土肥原賢二少将が、省主席（宋）代理の秦徳純《しんとくじゅん》と交渉に乗り出し、1935年6月27日、土肥原・秦徳純協定を結んだ。その内容は、張北事件の責任者の処罰、チャハル省からの反日団体や宋軍の撤退を約束させるもので、宋軍は河北省に移駐した。この措置は宋の「親日化」に一定の期待を寄せていた関東軍のはからいであったが、やがて裏切られることになる。盧溝橋事件はこの宋軍と日本軍の衝突に始まるのである。

　二つの協定の成立後、現地軍は「北支自治運動」の名のもとに、満州国に接壌する華北一帯を中国本土から政治的、経済的に分離し、国民政府の影響力を絶つという工作に乗り出す。これを「華北分離工作」（当時は北支自治運動と呼んだ）というが、満州国の場合と同じく、現地の有力中国人の懐柔、威嚇などを通じて

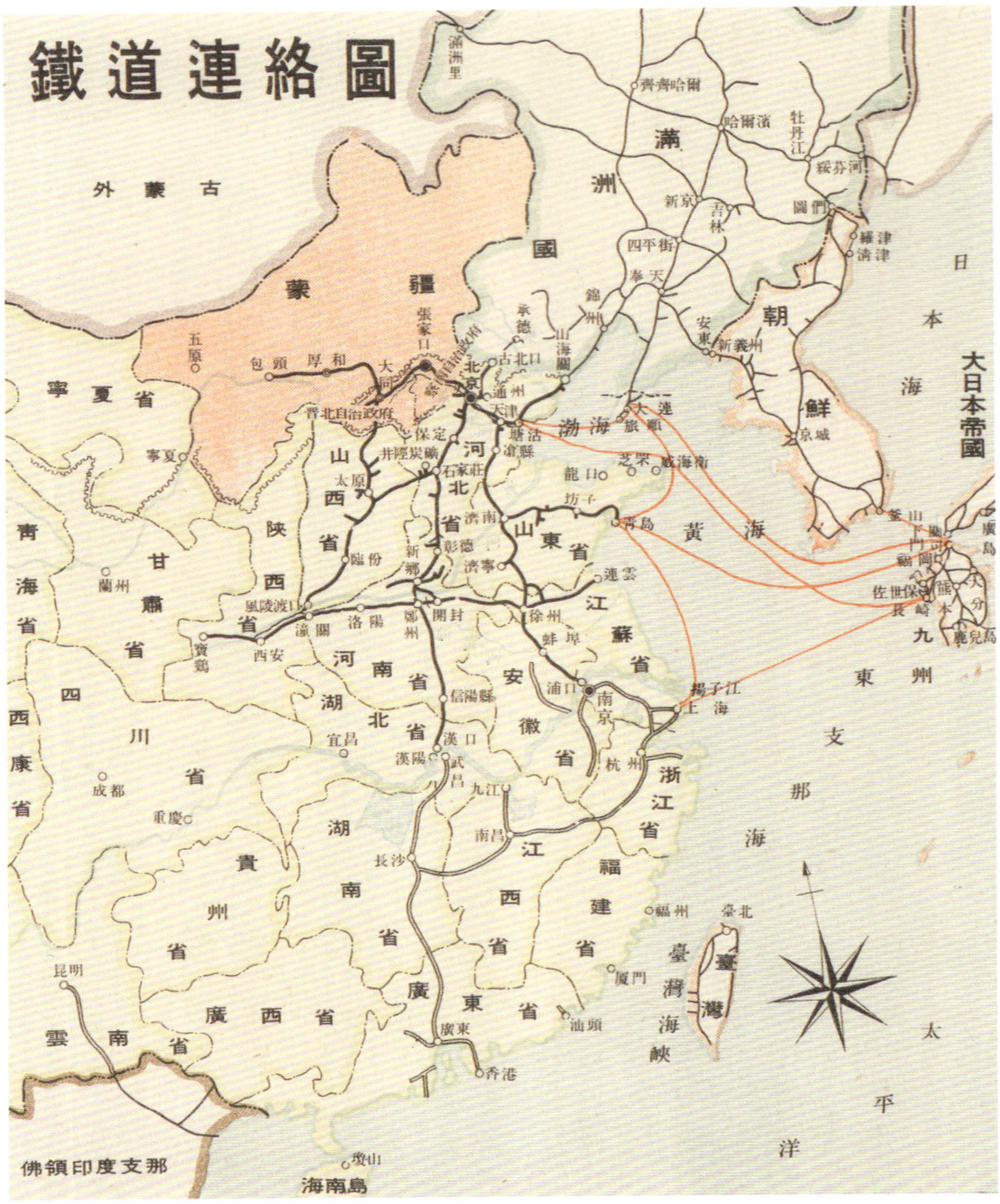

8-3　鉄道連絡図

国民政府からの離反や自治宣言を促すという手法をとった。要するに、日本列島よりも広い華北五省の「満州国化」がそのねらいであった。外務省が、中国統一をめざす国民政府との間に安定した関係構築を模索したのに対して、現地軍は、国民政府の本質を「抗日」であるとみなし、満州国の防衛や対ソ戦略の観点から、その影響力が華北に及ぶのを防ごうとしたのである。しかし、華北工作は満州国の建国工作とは違って順調ではなく、やがて中国のナショナリズムの激しい抵抗にあうことになる。

【広田三原則】

華北分離工作の展開に危機感を募らせた広田外交は、１９３５年10月、関係大臣の了解事項として、いわゆる「広田三原則」を新たな中国政策として打ち出した。それは以下三点を中国側に求めるものであった。①中国の排日言動の徹底的取り締まり、②満州国独立の黙認（できれば正式承認）、③共産勢力の脅威排除のための協力（共同防共）。了解事項の付属文書として、中国の統一あるいは分立を助成したり阻止したりする行動をとらない、という申し合わせがなされたが、これは華北の陸軍を牽制するために付け加えられたものであった。

三原則の特徴は、それまでの日本の要望に加え、蒋介石政権の「反共」の側面に着目し、日中協力による「防共」（共産化防止）という要望を新たに加えた点にあった。三原則には、中国側が満州国の存在を暗黙のうちに認めることを前提とし、華北政策の優先目標を「共同防共」に置くことで両国の接近をはかり、現地の日本軍には、行動の自重を促す、という二つのねらいがあった。

10月初旬、広田は三原則を蒋作賓《しょうさくひん》大使に示して話し合いの開始を求める。中国側は、すでに9月に、蒋作賓大使を通じて三原則（完全な独立の相互尊重、真正な友誼の維持、紛争の平和的解決）を示していた。したがって広田三原則は、中国側三原則への対案という意味があったが、相互独立の尊重や紛争の平和的解決には触れず、日本側の一方的な要望に終始していた。いずれにせよ、日中双方はそれぞれの三原則の優先的な討議と了解が必要として譲らず、交渉は進展しなかった。

日本側が重視した「防共」という共通目標にも、すでにソ連に対する接近を模索しはじめていた中国側が応ずることはなかった。その一方、「防共」というイデオロギーは、極東におけるソ連の脅威増大を背景に、しばしば日中提携を求める際の日本側の根拠として活用されることになる。

広田外交の推進にとって、痛手となったのが8月中旬の永田軍務局長の死（皇道派将校により斬殺）であった。現地軍の抑制に協力的であった永田の死は、現地軍の独断を許す一因となった。

【リース＝ロスの極東訪問―日英協調の模索】

ところで、中国国民政府は、その政治的基盤を揺るがすような経済危機に直面していた。１９３４年のアメリカの銀買い上げ政策によって大量の銀が中国から流出し、銀本位制に立脚する経済と国家財政は未曾有の苦境に陥っていた。この中国の財政危機に手を差し伸べようとしたのがイギリスであり、中国市場の安定を切望する産業界の要請を背景としていた。

イギリスの対中援助策の要点は、通貨改革とこれを支える借款にあった。第一に、中国通貨を銀本位から離脱させ、改組された中央銀行発行の紙幣をもって正貨とする、という管理通貨制度による通貨安定をねらいとした。第二に、借款は日英協調の観点から、満州国問題と結びつけられた。満州国に一〇〇〇万ポンドの日英共同借款を供与するが、実際には中国に対して「満州喪失」の代償として支払われる、という構想であった。満州国の事実上の承認による日英協調、さらに実質面での中国援助という二つの目的を追求しようとするものであった。こうした構想のもと、イギリスは、35年6月、政府首席財政顧問リース＝ロスを中国と日本に派遣した。

35年9月初旬、横浜に到着したリース＝ロスは、精力的に日本側要人と会談して中国財政の再建のためには日英共同の借款による通貨改革が不可欠であること、イギリスには事実上の満州国承認の用意があること、などを力説した。しかし、日本の対応はきわめて消極的であった。広田や重光葵は、リース＝ロスの提案に、列国による借款は中国の国際管理につながる危険性があり、中国は外国の援助に頼らず「自力更生」をはかるべきである、と論じた。満州国問題についても、日中直接交渉による解決の妥当性を力説するのみであった。

日本側がリース＝ロスの提案に応じ難かったのは、国際収支の悪化や対満投資の増大などが重なり、対中借款のような対外投資に応じる余裕がない、という経済構造に起因する限界もあった。

離日直前、リース＝ロスは、彼の任務の重要性を記し、天皇に理解と協力を求める、という趣旨の英国国王の親書を天皇に直接奉呈するという日本側が予想もしなかった行動に出る。

中国に渡ったリース＝ロスは国民政府に通貨改革を促すが、その改革内容は国民政府が自ら構想していた改革案に沿うものであった。イギリスがそれをプッシュする形となり、11月3日、国民政府は改革を断行した。通貨改革の要点は、銀本位制を廃止して管理通貨制に移行し、貨幣の発行を三つの銀行にのみ限定して銀を国有化する、というものであった。イギリスは単独の借款供与には踏み切らなかったが、自国の銀行が保有する銀を中国側に引き渡すことで、改革の成功を助けた。アメリカは銀購入に関する協定（米中銀協定）を締結し、中国の銀本位制からの脱却に力を貸した。

日本の金融界や経済界では、新通貨制度の早期崩壊を予測する議論が圧倒的であり、定着を予想する議論はほとんど見られなかった。しかし、中国の通貨改革は成功への道をたどり、経済面で国家統一を下支えする作用を果たすのである。

【華北工作の急進化】

現地軍にとって通貨改革の成功は見逃せない事態であった。改革を支援していたイギリスの影響力の拡大や、国民政府の基盤を固める可能性も危惧された。関東軍や天津軍は、宋哲元ら華北の有力者に圧力をかけて、通貨改革の阻止に動くとともに、華北経済を国民政府から分離するため、華北工作の「一挙断行」に動く。

奉天特務機関を中心とする関東軍の華北工作は急進展し、１９３５年11月末には、ついに殷汝耕《いんじょこう》が自治を宣言し、殷を委員長に河北省東部（非武装地帯を含む）を領域とする冀東《きとう》（冀＝河北省）防共自治委員会が成立する（のちに冀東防共自治政府と改組）。しかし、この措置は華北工作の推進力とはならず、逆に中国側の反発を招く。

12月初旬、北京では、華北分離に反対し、「抗日救国」をスローガンとする数千人の学生デモが起こり警察当局と衝突し、デモは各地に広がっていった（一二・九運動）。すると12月下旬には、国民政府が日本側に先手を打つ形で宋を委員長とする冀察（察＝チャハル省）政務委員会（冀察政府）を北京に成立させた。宋は国民党の直系ではなく、日本軍から自治政権の樹立を迫られていた有力者であったが、国民政府はあえて宋を起用し、華北工作の牽制を期待した。日本軍は冀東政府と冀察政府とを合体させ、より強力な政権をつくる方針であったが、国民政府はそれを押しとどめて実現しなかった。

国民政府は再三、日本側に分離工作の抑制を求めた。しかし、広田外交は現地軍の性急な行動には自制を求めつつも、中国の「内政問題」として取り合わず、華北の「自治」そのものは容認していく。

35年秋に急進展した華北工作は、国民政府の「親日派」の影響力を後退させた。華北の実質的な統治者であり、日本側との交渉の中心であった黄郛《こうふ》は委員長を辞任した。さらに11月初旬、汪兆銘は何者かによって狙撃されて負傷し、やがて行政院長兼外交部長を辞任した。12月には、外交部次長として対日外交を主導してきた唐有壬《とうゆうじん》が暗殺される。「親日派」との提携によって対中関係を安定化させようとしてきた広田外交は、中国における有力な協力者を失い、広田三原則による国交調整交渉も年末までに行き詰まる。

しかし、汪兆銘に代わって行政院院長となった蔣介石はいまだ対日宥和の方針を棄ててはいなかった。中国現地でも、有吉明大使を中心に、須磨弥吉郎（南京総領事）、石射猪太郎（上海総領事）といった外交官が、唐や黄と親密な関係を築きながら打開の道を探っていた。

3　最後の日中交渉——1936年

【二・二六事件と広田内閣】

1936年2月26日、突発的に起こった青年将校によるクーデター（二・二六事件）は、一時的に政府の活動を麻痺させ、外交活動も停滞させる。直前には総選挙が実施され、皇道派に批判的であった民政党と社会大衆党が躍進し、この二つの政党の勝利は皇道派への圧迫がさらに強まり、政党内閣の復活さえ予感させた。その直後のクーデターは、その目的の一つが皇道派中心の政権樹立と政党政治の復活阻止にあったことを示唆している。

岡田啓介首相は奇跡的に助かったものの内閣は総辞職し、3月初旬には広田弘毅が首相となった。広田の後任外相には、駐華大使であった有田八郎が着任した。次官は重光葵から堀内《ほりのうち》謙介（前アメリカ局長）に交代したが、その堀内を含め、桑島主計《かずえ》、東郷茂徳、栗山茂、天羽英二、栗原正《しょう》ら幹部はそのまま残った。

しかし、二・二六事件によって有田外交を支える国内基盤は弱まっていた。事件後の陸軍における粛軍人事によって、皇道派の陸軍将官だけではなく、陸軍中枢から有力幹部が一掃されてしまったからである。わずかに宇垣一成を中心とする穏健勢力や中堅層が頼りであったが、当面は力強い支持勢力とはなり得なかった。とくに皇道派が力を失った陸軍の現状では、もはや現地軍の分離工作の一層の拡大を抑えることは困難となっていた。

広田首相、有田外相の在任はともに37年1月まで一年足らずであったが、直面した課題は重要であった。その一つは、華北問題であったが、もう一つは、対ソ防衛という問題であった。

外相となった有田は、中国に関する日英協調の可能性を探るため、リース＝ロスの再訪を要請することを決断する。中国における通貨改革の成功はリース＝ロスに対する評価を高めていた。通貨改革による市場としての中国の安定は、日本の対中貿易にとって好ましいものと考えられた。現地の川《かわ》越茂《ごえしげる》大使も、中国問題の抜本的

8-4　2.26事件　ホテルを包囲した戒厳軍の兵士

解決のためには、鉄道や港湾のインフラ整備に協力するため日中経済提携の必要を訴えていた。

36年6月に再来日したリース＝ロスは、有田や堀内次官、馬場鍈一《えいいち》蔵相ら要人と会談した。馬場蔵相との会見では、中国の経済建設に対する日英協力に言及し、日英共同投資を打診している。しかし、馬場は投資能力がない、としてこれを拒否した。日本が求めたのは、巨額の投資をともなわない共同援助であった。また、リース＝ロスが重視していた華北分離工作の抑制についても、現地軍の策動を抑えることは難しく、有田らは、国民政府の「内政問題」とする立場を繰り返すほかはなかった。

8月初旬、関係大臣の間で「帝国外交方針」と、その具体策である「対支実行策」が決まる。そこで強調された中国政策は、華北工作を抑えることではなく、むしろ逆であった。具体的には、対ソ関係の「急迫」に備えるため、華北を「特殊地域」とする、中国全般を「反ソ依日」とする、という二点を速やかに実現することであった。そのため、とくに重視されたのが「防共」であり、日中防共協定も具体策の一つとされた。9月に始まる川越・張群《ちょうぐん》会談はこの防共協定の締結が重要な目標となる。

【川越・張群会談―最後の日中交渉】

1936年8月下旬から9月にかけて、日本人が襲われるテロ事件が相次ぐ（成都事件、北海事件）。とくに北海は海軍が南進政策の目標としていた海南島に近く、陸軍への対抗上も消極策はとれなかった。事件を重視した海軍は、国民政府が責任を回避する場合には武力行使も辞さない強硬な姿勢――「対支膺懲《ようちょう》」方針を固める。陸軍が華北以外の地域での武力行使に消極的で事なきを得たものの、処理を誤れば戦争を誘発しかねなかった。

結局、これらの事件の解決は、9月からの川越茂大使と張群外交部長との交渉に委ねられた。外務省は成都事件など個々の事件の解決を手がかりに、華北問題の解決を含む関係改善につなげようとした。

日本側の主な申し入れ事項は、（1）華北に「特殊制度」を設ける、（2）共同防共協定の締結、（3）華北における経済提携、（4）冀東密貿易の廃止に対応する関税率の低減、であった。これらの要求のうち、日本が重視したのは（1）と（2）であった。（1）の「特殊制度」とは、華北分離工作に対する対抗提案として須磨弥吉郎総領事が熱心に進めた「北支五省特政会」案であった。それは、華北五省を対象に、実質的に国民政府が指揮する自治政権（特政会）を設置し、「特殊行政」の実施にあたるものとされた。そのねらいは、華北への日本軍の勢力拡大を抑え、冀東政府を解消し、日中関係を修復させることにあった。さらに、対ソ作戦上の後背地の形成という意味が重要であり、陸海軍

冀東密貿易

1935年後半以降、日中関係の進展を妨げる問題や事件が相次いで発生したが、深刻な問題の一つが、「冀東特殊貿易」であった。満州事変以前も関東州から渤海湾を経由して河北省沿岸などに向かう密貿易が横行していたが、事変以後は、日本商品の関税が高かったこと、戦区（非武装地帯）の沖合での密輸取締船の活動を日本側が禁止したことから、戦区を経由する人絹や砂糖等の密輸が飛躍的に増えた。冀東政権（冀東防共自治政府）はその成立からまもなく、関東軍の指導のもと行政経費を捻出するため、国民政府の正規関税の4分の1という低額の査験料（特別税）を払えば密輸品の陸揚げを認めることにした。

冀東地区で陸揚げされた密輸品は華北全体から長江以南にまで広く出回り、国民政府の関税収入に大きなダメージを与え、国内経済を混乱させた。日本から見れば冀東政府が公認する「冀東特殊貿易」であったが、中国側から見れば「密貿易」にほかならず、これに抗議を繰り返した。リース＝ロスも密貿易を問題視したが、日本政府は中国の「内政問題」であるとして取り合わなかった。

の支持も得られていた。

　ところが9月下旬、中国側は、（1）塘沽・上海両停戦協定の廃棄、（2）冀東政府の解消、（3）冀東密貿易の停止、（4）内蒙古に侵入した「綏東《すいとう》偽軍」（傀儡軍）の解散、など五項目の要望を提出した。唐突ではあったが、満州事変後、中国側は初めて具体的な形で日本に要求を提起したものであった。なお、（4）の「綏東偽軍」とは、関東軍の影響下にあった綏遠方面の内蒙軍のことである。

　以後の交渉で、中国側は、広田三原則以来、受け入れを拒否してきた華北の「共同防共」について、冀東政府の解消と「綏東偽軍」の解散を認めれば、考慮の余地がある、として協議に応じようとした。冀東政府の解消は、主権と行政的統一にかかわる問題として中国側にとって重大であった。しかし、日本側は冀東政府の解消ではなく、自治政権の設置（特政会案）に固執し、交渉は行き詰まった。11月、関東軍の後押しする「綏東偽軍」（内蒙軍）が綏遠省北部に侵入し、中国軍と衝突する事件（綏遠事件）が起こり、同年12月初旬、交渉は打ち切られた。川越・張群会談は、関係改善のための最後の日中交渉であった。

　一方、外務省は、日中交渉と並行して進展していた日独防共協定交渉と関連させながら、軍事協定にいたらない範囲の日中防共協定を求め続ける。

8-5　蔣介石・川越大使会談　1936年10月8日

【日独防共協定へ】

　１９３６年10月初旬の四相会議は、「一般的赤化防止」を目的とする日中防共協定を提案していた。ここから「防共」を目的とする日中条約と、日独防共協定の交渉とはリンクすることになった。日独防共協定は、35年以来、陸軍の大島浩中将（駐独武官）が推進する協定であり、外務省は外交交渉にはノータッチであったが、日独防共協定が対英、対ソ関係を損なうことを懸念していた。しかし、その目的が、あくまで「反コミンテルン」というイデオロギー的なものであり、その手段もせいぜい情報交換程度で、軍事協定に発展する性格のものではなかったことから容認していた。有田外相は、こうした性格の防共協定を日中関係の改善に結びつけようとし、事実上の「日独中三国防共協定案」を推進する。こうして、ベルリンにおける日独協定交渉と防共協定のための日中交渉が同時進行する。

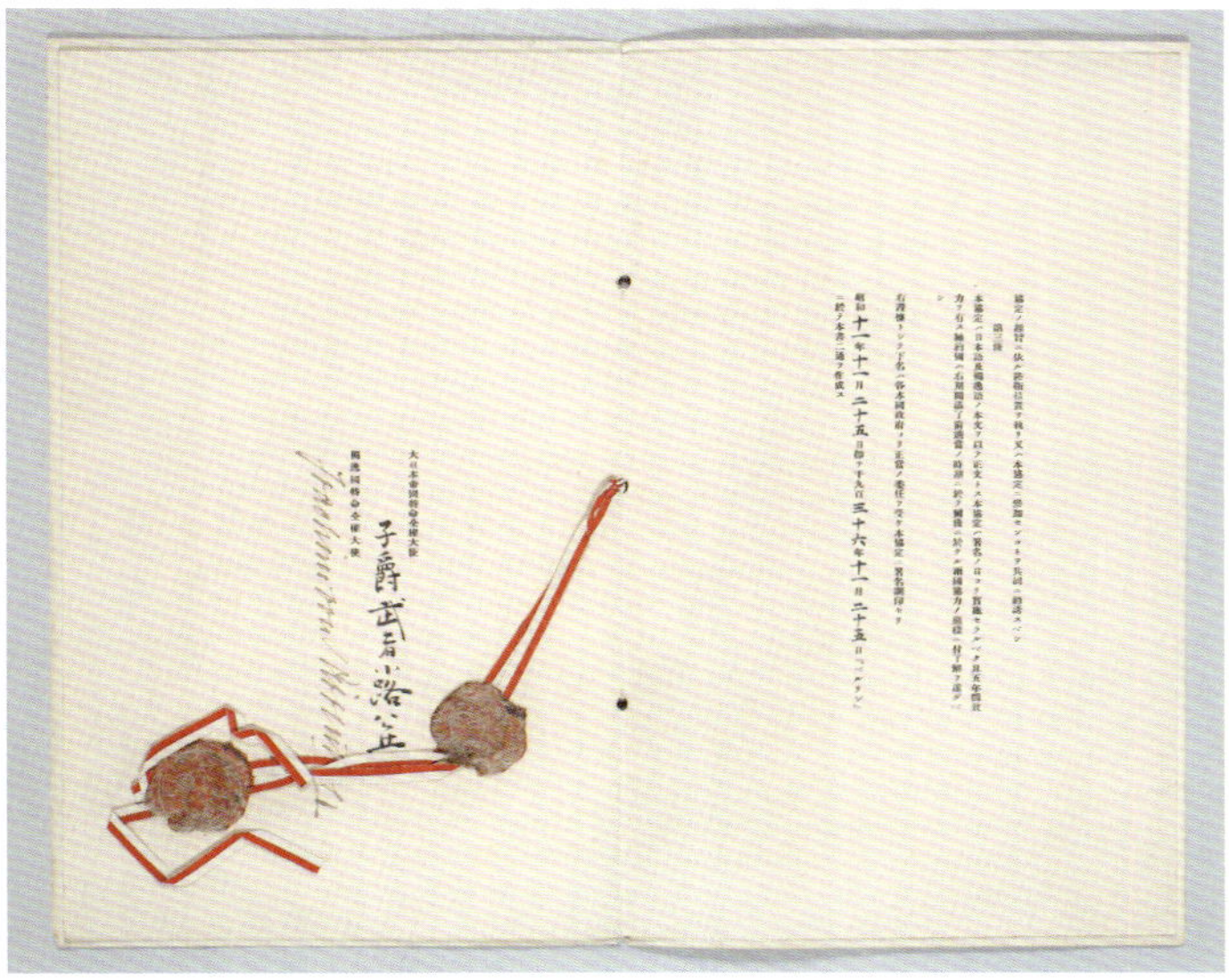
8-6　日独防共協定調印原本

10月8日、蒋介石と会談した川越大使は、「国際共産主義」に対する共同防衛という目的のため、日中防共協定の意義を説いた。しかし、蒋は、共産主義に対する共同防衛の考え方には異議がないが、中国国内の親ソ的な空気の一掃が先決問題と述べ、消極的であった。

こうして南京における交渉は行き詰まるが、ベルリンにおける日独交渉は進展し、10月下旬には仮調印される。日独中の三国防共協定によって対中関係の改善をめざした外務省の思惑は外れ、「防共」のための協定をドイツとのみ結ぶことになる。

36年11月に調印された日独防共協定は、ドイツ側では外務省ではなく、ヒトラーの私設外交機関というべき「リッベントロップ機関」が主導したもので、協定にはドイツ外相の署名はなかった。

日独防共協定は、共産インターナショナル（コミンテルン）の活動に対して共同で防衛するという特定のイデオロギーへの対抗を目的とする点で、国際協定では例を見ないものであった。しかし、その実質はソ連を対象とした軍事条約であり、協定交渉のきっかけとなった大島浩武官とリッベントロップの折衝の際は明らかに対ソ軍事条約として進行していた。その後の交渉で、軍事条約の部分は協定本文の秘密付属協定となり、イデオロギーの「マント」に隠れることになった。

防共協定は対ソ関係も対中関係も悪化させ、さらに日英関係の改善を妨げる大きな障害となる。

【西安事件と抗日民族統一戦線の形成】

1936年12月中旬、中国東北軍の張学良、西北軍の楊虎城《ようこじょう》らが「内戦停止・一致抗日」を要求して蒋介石を監禁する、という西安事件が起こる。前述のように、日本軍の華北分離工作への反対気運が「抗日救国」運動（一二・九運動）として盛り上がるなかで、「内戦停止・一致抗日」の要求が中国各層に広がっていた。中国共産党も35年に八・一宣言を採択して国民党員にも一致抗日の呼びかけを開始していた。しかし、蒋は、「まず内を安んじて外を討つ」（安内攘外）方針を堅持し、大規模な共産党討伐戦を継続していた。しかし、掃共戦の第一線に立たされていた東北軍は共産党軍に対しては戦意を欠き、36年半ばには一致抗日に傾く共産党との停戦を求めるようになっていた。

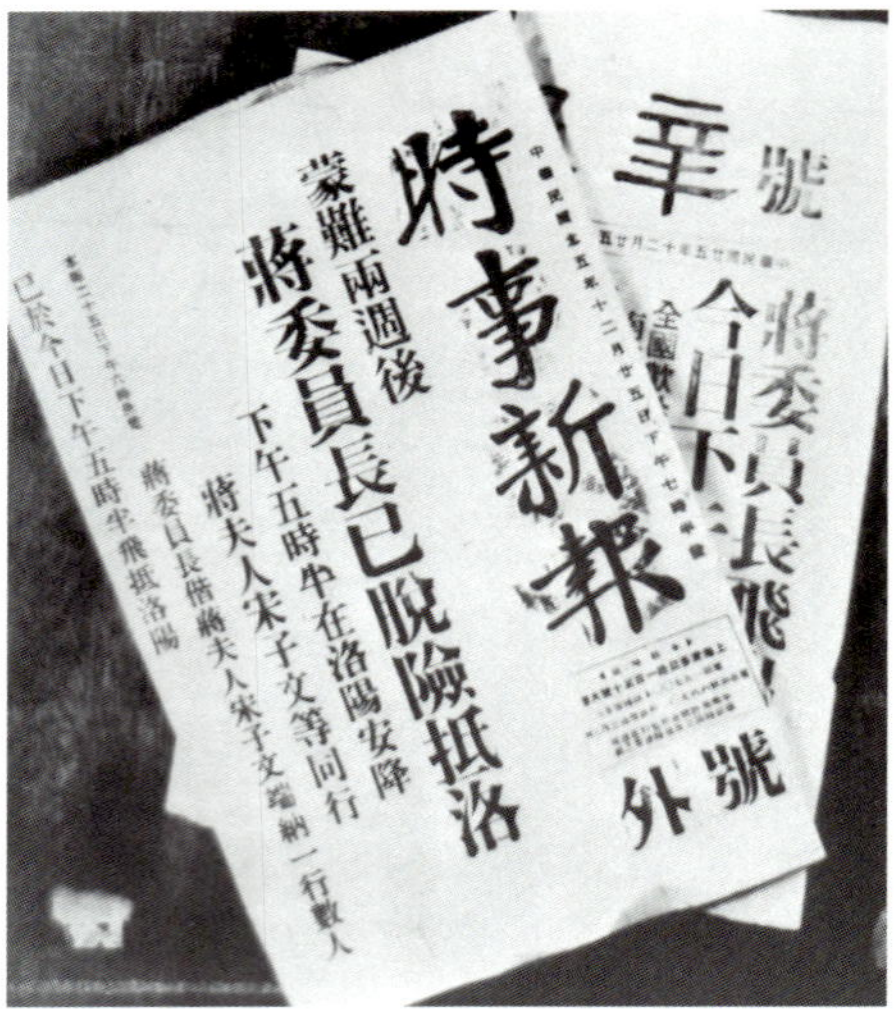

8-7　西安事件　蒋介石洛陽着の号外

しかし、蒋は逆に、大規模な最後の共産党討伐戦（第六次剿共戦）に乗り出そうとしていた。そして12月初旬には自ら討伐戦を指導するため西安に飛び、張に圧力をかけた。追い詰められた張らは、蒋を逮捕、監禁して翻意を促すという「兵変」に踏み切った。張は内戦停止、一致抗日、政治犯の釈放など八項目を蒋に要求した。蒋はこれに署名することを拒否した。

事件を知った共産党は、張の要請で周恩来《しゅうおんらい》を西安に派遣して調停にあたらせた。周は、張には蒋の釈放を説得し、蒋には一致抗日を約束させたとされる。蒋自身は約束を否定しているが、いずれにせよ、釈放された蒋は南京の国民政府の指導者に復帰して内戦停止に踏み出し、国共合作―抗日民族統一戦線の形成を大きく前進させた。

「一致抗日」への結集は、独裁化を進める蒋なくしては不可能であった。その蒋は、日本の華北分離の動きに危機感を強め、対日国防体制の強化を急ぐが、まだ対日和解の可能性を閉ざしてはいなかった。

4 中国政策の転換と挫折

【対中政策の修正―佐藤外交の登場】

１９３７年初頭、参謀本部作戦課は、西安事件を契機として中国には内戦反対と国内統一の気運が醸成され、「軍閥闘争時代」を克服しつつある、という認識から、前年8月の「帝国外交方針」などの修正を求める意見書を提出した。その眼目は、華北分離工作の抑制、冀東政府の解消を通じて、華北は国民政府の主権下にあることをまず明確にすることであった。この新政策は石原莞爾課長の構想を強く反映し、来るべき対ソ戦争に備えて、当面、満州国の育成と対外関係の改善に努めるという、対ソ国防構想の一環と位置付けられていた。陸軍省もまた中国政策の修正に踏み出していた。

言論界でも、通貨改革の成功と西安事件を契機に、蔣介石に対する国民の信頼は高まり、軍閥内戦を克服して統一に向かうであろう、という「中国再認識論」が36年後半から散見されるようになる。

一方、外務省でも、37年2月から東亜局の第一課（上村伸一課長）のもとで中国政策の再検討が進められた。その眼目は「北支五省分治」の工作を中止し、日中経済提携のための経済工作を主眼とするものに転換することであった。

こうして陸軍中央や外務省で、中国政策の見直しに着手されつつあった37年1月下旬、広田弘毅内閣は議会対策に失敗して総辞職した。後継首班には、穏健勢力にとって最後の切り札であった宇垣一成が指名された。しかし、陸軍中堅層の策謀によって組閣を拒まれ、林銑十郎大将が組閣する。

林内閣の外相は、駐仏大使の佐藤尚武であった。佐藤は外交界の長老ではあったが、三〇年以上も海外で過ごし、国内における知名度は高くはなかった。

入閣にあたって佐藤は、中国との平等な立場における国交調整、日ソ間の平和維持、対英関係の調整などを林首相に申し入れた。ことに日中関係について「統一した今日の支那は、もはや昔日の支那ではない。その新たなる力は、日本としても明白にこれを理解しなければならぬ」と説いた。佐藤の新外交方針のもと、4月上旬、「北支五省分治」のような政治工作の中止を主眼とする新たな華北政策（対支実行策）が四相会議の決定となる。中国全般については、国民政府が指導する中国統一運動に対して「公正なる態度」で臨むことが基本とされ、防共協定の締結といった前年の方針も消え去っていた。

ただ、華北工作を全面的に中止するものではなかった。華北における「経済工作」の促進によって、対ソ国防の強化と国防資源の確保という目標を追求すること、華北の経済開発にあたっては米英との提携に留意することが強調された。佐藤は、まず主要な懸案であった冀東密貿易（コラム188頁）の廃止とその代替策を各省にまとめさせた。

【近衛内閣の登場】

１９３７年3月中旬、横浜正金銀行頭取の児玉謙次を団長とし、財界人を広く網羅した使節団が、政府の支援を受けて訪中する。児玉訪中団は、日中間の経済提携に関する立ち遅れを挽回することが一つの目的であった。通貨改革を梃子とした中国経済の景気回復を背景に、ドイツをはじめ米英が36年から37年にかけて、重化学工業製品の輸出や投資で本格的に経済進出に乗り出していた。ソ連もまた中国への接近を強めていた。一人孤立し、大きく遅れをとっていたのが日本であっ

佐藤尚武《さとうなおたけ》（1882～1971）

8-8　佐藤尚武

大阪府出身。警察畑の父の転勤で各地を転々とした。東京の正則中学から東京高等商業学校に入り実業家をめざすが、在学中に叔父の佐藤愛麿（駐米大使で1918年に退官し、宮内省御用掛、34年逝去）の養子となり、その勧めで05年に外交官試験に合格。同期に佐分利貞男。ロシアに赴任、露仏語や社交術を学びつつ8年半の間ロシアで生活。17年にハルビン総領事となる。間もなくロシア革命が勃発し、シベリア出兵問題では、赤軍の東進とアメリカの介入を防ぐためにも大規模出兵が必要と本野一郎外相に進言。20年からは国際連盟第1回総会への参加を手始めに、自称「国際会議屋」として数々の国際会議に臨む。27年には幣原喜重郎外相の推薦で国際連盟帝国事務局長の重責をにない、連盟における奮闘が「日本の地位を向上せしめるゆえん」との信念のもと、アヘン、軍縮、少数民族など重要課題に粘り強く取り組む。

日本は連盟内でその地位を確立していくが、満州事変を契機に日本が築いてきた連盟での信用は失われていく。ベルギー大使を兼ねていた佐藤は、日本の行動や権益の擁護に努めるが、まもなく連盟脱退に追い込まれる。佐藤は、事務局長時代に一時帰国し、「満州問題は必ず土俵にのぼってくる。そのときに備え日本も連盟内で確固たる地盤を築いておく必要がある。もっと連盟を研究し、連盟内の努力を強化しなければならない」と省内に説いた。しかし、「霞が関の責任者たちは、あたかも初めて聞いた話」のごとくであったという。そのつけが回ってきたのが満州事変をめぐる日本の対応であり、何よりも、連盟において日本の利益を説得できなかったことが不幸を招いた。

佐藤は駐仏大使を最後に退官の心づもりであったが、37年2月、林銑十郎内閣の外相に就任する。外相としての活動は本文に記したが、とくに広田弘毅・重光葵の外交とは異なり、華北工作の停止など中国政策の刷新に取り組む。一方、国際通商自由の回復や資源の開放を「我が国生存権の主張」として力説していたことも特記に値する。しかし、着任からわずか4カ月後の37年6月、林内閣の退陣とともに広田に外相を譲る。

日米開戦後の42年2月、外交顧問を務めていた佐藤は、東郷茂徳外相に請われて駐ソ大使となる。北樺太の利権解消問題、漁業条約の更新問題など懸案の地道な解決を通じて、日ソ間の中立関係の維持に努め、参戦を防ぐ、というのが佐藤外交の眼目であった。第2次東郷外相期には、ソ連を通じた有利な対米英和平といった、中立維持以上の役割が対ソ外交に託される。しかし、佐藤は、米英ソ間の結束の破綻はあり得ず、国体護持の条件をもって早期に終戦をはかるべし、と説き、ソ連に対する過剰な期待を戒める意見電を、終戦間際まで打電する。案の定、ソ連は対日参戦し、日本の敗北を決定付ける。

戦後の佐藤は、参議院議員、参議院議長を務め、56年には、重光葵外相とともに第11回国連総会に日本代表として出席し、日本の国連加盟を見届ける。

た。

しかし訪中団は、国交調整（政治的提携）のともなわない経済提携には応じない、という中国側の基本的立場を確認するのみであった。児玉団長は、帰国後の4月、冀東政権の解消と冀東密貿易の廃止を訴える意見書を佐藤外相に提出した。

現地の関東軍や天津軍は、蔣介石政権の抗日政策は不変の政策であり、華北における譲歩がその緩和をもたらさない、という判断をいまだ崩していなかった。

佐藤は、改めて中国に関する日英協力を吉田茂駐英大使に訓令し、日独防共協定で冷却化していた日ソ関係の調整にも着手した。

政策転換の実績をあげるには時間が必要であった。実績があがる前の同年6月、林内閣は総辞職した。外務省内からは佐藤の続投を望む声があがったが、後継の近衛文麿内閣の外相に就任したのは、再び広田弘毅であった。

近衛内閣が誕生したとき、ジャーナリズムはこぞって「時局待望の首相」として近衛首相を熱烈に歓迎した。五摂家筆頭という家柄、現状維持よりも現状革新を旨とするその政治姿勢、45歳という若さ、何よりも「合法的革新」を主張する軍部中堅層が歓迎した。

第9章 対米開戦

9-1　日米交渉　野村、来栖両大使とハル米国務長官

年表

1937年（昭和12年）

1月30日　ヒトラー，ドイツ首相に就任．
7月　7日　盧溝橋事件勃発（北支事変）．
7月11日　現地停戦協定成立．
7月17日　蔣介石，廬山談話（7月19日公表）．
7月25日　北京・天津間の廊坊で，翌日には北京の広安門で日中両軍の衝突事件．
7月27日　内地3個師団の華北派遣命令．天津軍は7月28日から総攻撃開始．
8月　9日　上海で海軍陸戦隊の大山中尉らが中国保安隊に射殺される（大山事件）．
8月13日　上海で日中両軍が戦闘開始（第2次上海事変）．日中全面戦争に突入．
10月　5日　ローズヴェルト大統領，日独を伝染病にたとえた隔離演説．
10月　6日　国際連盟総会，日本の軍事行動に対する非難を採択
11月　2日　トラウトマン工作始る．
11月　3日　ブリュッセルで9カ国条約会議開幕（日本不参加）．
12月12日　日本海軍機，揚子江南京付近で米艦パネー号を撃沈．
12月13日　中支那方面軍，南京占領（南京虐殺事件起こる）．
12月14日　北支那方面軍の指導で中華民国臨時政府成立．

1938年（昭和13年）

1月16日　第1次近衛声明（国民政府を「対手トセス」）．
4月　1日　国家総動員法公布．
5月12日　ドイツ，満州国を承認．
7月11日　満ソ国境で張鼓峰事件起こる．
7月26日　宇垣外相，クレーギー英大使と会談．
9月29日　英独仏伊，ズデーテン地方のドイツ割譲を決定（ミュンヘン協定）．
10月27日　日本軍，武漢三鎮を占領．
11月　3日　第2次近衛声明（東亜新秩序声明）．
12月20日　汪兆銘，重慶を脱出してハノイ着．
12月29日　汪兆銘，12月22日の第3次近衛声明（善隣友好，共同防共，経済提携）に呼応して，国民党首脳に宛てた公開電報(艶電)をもって対日和平を呼びかけるが不発．

1939年（昭和14年）

1月　5日　**平沼騏一郎内閣**発足．
5月12日　ノモンハン事件起こる（9月15日停戦協定）．
6月14日　日本軍，天津の英仏租界を封鎖．
7月24日　有田・クレーギー協定調印．
7月26日　米国，日米通商航海条約廃棄通告（40年1月26日失効）．
8月23日　独ソ不可侵条約調印．
8月30日　**阿部信行内閣**発足．
9月　1日　ドイツ，ポーランドに侵攻．9月3日英仏，ドイツに宣戦（第2次世界大戦勃発）．
9月　4日　阿部内閣，欧州大戦「不介入」声明．
11月　4日　野村吉三郎外相，グルー米大使と日米国交調整会談．

1940年（昭和15年）

1月16日　**米内光政内閣**発足．
3月30日　南京に汪兆銘政権（中華民国国民政府）成立．
4月　9日　ドイツ軍，北欧から西欧へ進撃開始．
6月14日　ドイツ軍，パリ入城（6月22日，フランス降伏）．
6月24日　近衛文麿，枢府議長を辞して新体制運動推進の決意表明．
7月22日　**第2次近衛内閣**発足．
7月26日　近衛内閣，基本国策要綱を閣議決定．
8月30日　北部仏印に関する松岡・アンリ協定．
9月13日　日蘭印交渉開始（～41年6月17日打ち切り）．
9月22日　日本軍，北部仏印進駐開始．
9月27日　ベルリンで日独伊3国同盟調印．
9月28日　米国，対日クズ鉄全面禁輸．
11月30日　汪兆銘政権との間に日華基本条約締結．
12月29日　ローズヴェルト大統領，民主主義の兵器廠となる旨の談話．

1941年（昭和16年）

1月31日　タイ・仏印休戦協定調印．
3月12日　松岡外相，ベルリン，モスクワ訪問に出発．
4月13日　モスクワで日ソ中立条約調印．
4月16日　政府，日米諒解案を基礎に日米交渉開始を決定．
5月　9日　東京でタイ・仏印平和条約調印（紛争の調停にあたった日本も調印）．
6月22日　ドイツ軍，ソ連攻撃開始（独ソ戦争）．
7月　2日　御前会議，「情勢の推移に伴う帝国国策要綱」決定
7月18日　**第3次近衛内閣**発足．
7月25日　米国，在米日本資産を凍結措置（7月2日の御前会議決定による武力南進政策を暗号解読で知る）．
7月28日　南部仏印進駐開始．
8月　1日　米国，対日石油輸出全面禁止．
8月　7日　豊田貞次郎外相，近衛・ローズヴェルト会談を提案
8月14日　米英，大西洋会談（大西洋憲章発表）．
9月　6日　御前会議，「帝国国策遂行要領」決定．
10月18日　**東条英機内閣**発足．
10月　2日　ハル覚書，近衛・ローズヴェルト会談構想を拒絶．
11月　5日　御前会議，「帝国国策遂行要領」決定（対米交渉要領「甲乙案」）．
11月26日　米国，ハル・ノート提示．
12月　1日　御前会議，対米英蘭戦争開始を決定．
12月　8日　ハワイ真珠湾攻撃，その直前に陸軍部隊がマレー半島コタバルに上陸．宣戦の詔書を公布．
12月21日　日・タイ同盟条約調印．

1 日華事変の勃発

9-2　盧溝橋を占拠した日本軍

【盧溝橋の銃声】

1937年の華北は、宋哲元《そうてつげん》を委員長（兼河北省主席）とする冀察《きさつ》政務委員会が、河北、チャハル両省を統轄していた。この冀察政務委員会は日本の華北工作の圧力の前に、国民政府が緩衝機関として設置したという成立事情からして冀東《きとう》防共自治政府とは性格が異なり、抗日思想に染まっている兵士も少なくなかった。他方、宋が指揮する第二九軍に対する天津軍（支那駐屯軍）の不信感も根深いものがあった。

こうした現地事情のなかで、前年の36年4月、日本が天津軍の兵力を三倍（約五八〇〇）に増強したことも中国側の不信感を煽った。この兵力増強は、35年秋に長征を終え、陝西省延安に根拠地を構えた共産党軍に対処することを目的としていたが、別のねらいもあった。それは、強引に華北工作を画策する関東軍を満州国育成に専念させ、華北工作は天津軍に任せるというものであった。

北京近郊の盧溝橋（宛平県城に近接）付近で夜間演習中の天津軍に、二度にわたって実弾が撃たれたのは37年7月7日の午後一〇時半過ぎであった。発砲者はいまだに不明である。発砲事件によって両軍は臨戦態勢を固めるが、戦闘に突入したわけではない。その直後に、日本軍兵士一名が行方不明となったこと（のちに帰隊）、さらに8日未明の三度目の発砲事件が引き金となり、8日早朝から本格的な銃撃戦に突入した。それでも現地では戦闘の拡大を防ぎながら、正式に停戦交渉を開始し、11日夜半に現地協定の調印にこぎつける。第二九軍は、陳謝と責任者の処分、抗日団体の取り締まり等の要求を受け入れた。

【近衛内閣】

一方、7月8日の臨時閣議は、事件の「不拡大・現地解決」を基本方針とし、陸軍の要請を抑え、現地への増援部隊の派遣を自重していた。11日の閣議は、事態は悪化拡大の恐れありとして、関東軍、朝鮮軍のほか内地三個師団の派遣を決定するものの、内地師団の実際の派遣は留保された。不拡大・現地解決方針はいまだ堅持されていた。

近衛文麿首相は、11日の派兵声明の直後、言論界、政財界の指導者を集め、国民政府に反省を促すため、として派兵への全面協力を求めた。近衛は事態の拡大を望んではいなかったが、派兵という強硬姿勢を示すならば「中国側は折れて出る」はずであり、事件は短期間で片付くと信じていた。近衛内閣は、第二九軍と宋哲元を相手として局地解決をはかることが、その基本的姿勢であった。

天津でも局地解決の努力が継続され、7月19日には現地軍間で、排日言動の取り締まりに関する実施条項（停戦細目協定）が調印される。天津軍も21日、事態の鎮静化を認めて派兵慎重論を東京に打電した。

その前日、近衛内閣は、事態が好転すればただちに撤退するという条件付きで内地師団の華北派遣を決定していたが、参謀本部は再び派兵を見送った。

一方、蒋介石《しょうかいせき》は、中央軍を北上させていたが、対日抗戦のための内外体制の整備が途上にあったことから、当面事件の平和的解決に重点を置いていた。7月17日の廬山談話（19日公表）では、外交的解決の期待を込めつつも、事件の解決が不可能となるような「最後の関頭」に立ちいたったときは必ず抗戦する、と決意を述べた。しかし、いまだ本格的な抗戦に踏み込むことはなかった。

ところが7月25日には北京・天津間の廊坊で、翌日には北京広安門で衝突事件が起こり、27日、近衛内閣は再び内地師団の派遣を決定した。内地師団の派遣が現実のものとなる。天津軍は28日に全面攻撃を開始し、翌日には永定河以北の北京・天津地区をほぼ制圧した。

【「武力解決論」と「外交交渉論」】

ところで、日本と中国では、事件の解決をめぐって武力解決を重んずる「武力解決論」と外交交渉による解決を求める「外交交渉論」とがせめぎ合った。日本側の武力解決論は、陸軍省の田中新一軍事課長や武藤章作戦課長らの「拡大派」といわれる勢力で、国民政府軍に一撃を加え、国民政府の抗日姿勢の転換を迫り、一挙に日中問題を解決するという「一撃論」を展開していた。

他方、「外交交渉論」は、外務省東亜局長の石射猪太郎を中心とし

宣戦布告なき戦争（1937～41）

1937年7月に勃発した日中間の衝突事件は、全面戦争に発展したにもかかわらず、双方とも41年の太平洋戦争の開始まで宣戦布告を避けたという特徴がある。日華事変（日中戦争）は、“宣戦布告なき戦い（Undeclared War）”であった。

日本政府は「戦争」に格上げすることの利害得失を再三検討するものの、結局、日米開戦まで「事変」にとどめていた。その第一の理由は、宣戦布告すればアメリカ中立法の適用を受けることになり、経済制裁と同様の効果をもたらす恐れがあったからである。もう一つ日本側には、打倒すべきは蒋介石政権とその軍隊であり、広く中国国民まで敵とみなして戦う、という意識が薄かったことである。宣戦布告はこうした意味で、友敵関係を明瞭に規定してしまうことになるのであった。

さらに日本では、「戦争」への格上げは事態の早期収拾の妨げとなる、と判断された。日中紛争の長期化は、本来の敵と想定されたソ連や英米との対決に備えるためにも避けねばならなかった。こうして日本は、この戦争を当初「北支事変」と呼び、戦火が拡大した37年9月以降は「支那事変」と正式に呼称した。

日華事変のもう一つの特徴は、全期間に及んで無数の和平工作が様々なルートで日本側から試みられたことである。それは早期収拾への期待と焦慮の反映でもあった。しかし、早期収拾への焦慮とは裏腹に戦闘は8年を超え、宣戦布告による戦争以上に熾烈なものとなり、両国国民に大きな負担と犠牲を強いることになった。とくに戦場となった中国に深い傷跡を残した。

9-3　第一次近衛内閣

船津工作

日華事変勃発後、日中双方の外交交渉派（石射猪太郎東亜局長、高宗武ら）は、事変の早期解決を模索していた。とくに日本側の外交交渉派は、１年前の佐藤尚武外相期の新政策に則り、華北に対する中国中央政府の主権を認め、地方的特殊政権をつくらない、といった条件で国民政府との直接交渉のきっかけを探っていた。そこで中国側から停戦を提議させる方法が最良とされ、事前に中国側の直接話し合いをできる有力者を南京に特派する案が浮上し、1937年８月初旬、高と親交のあった船津辰一郎を上海に派遣することになる。

船津は、一貫して中国に在勤し、奉天総領事のあと中国大使館参事官を最後に26年に退官していたが、日本でも屈指の「中国通」として中国人にも多くの友人をもち、退官後は在華日本紡績同業会の理事長の職にあった。依頼を受けた船津は８月４日に東京を発ち上海に向かった。８月９日、上海の船津の家を高が訪ねた。船津は、個人の意見として和平解決の望みがある旨を説き、川越茂大使に接触するよう依頼した。他方、船津は川越にも高との接触をバトンタッチした。川越は高と９日夜に会談したが、事前に船津と情報交換もなく、成果はなかった。石射の日記には「川越大使が打診したのはよけれども、船津を阻止して高との話をハグラカして了ったのは誠に遺憾だ」と記されている。高は日本の真意をつかめなかったであろう。この９日には大山事件が起こり、船津工作は成果のないまま終わった。

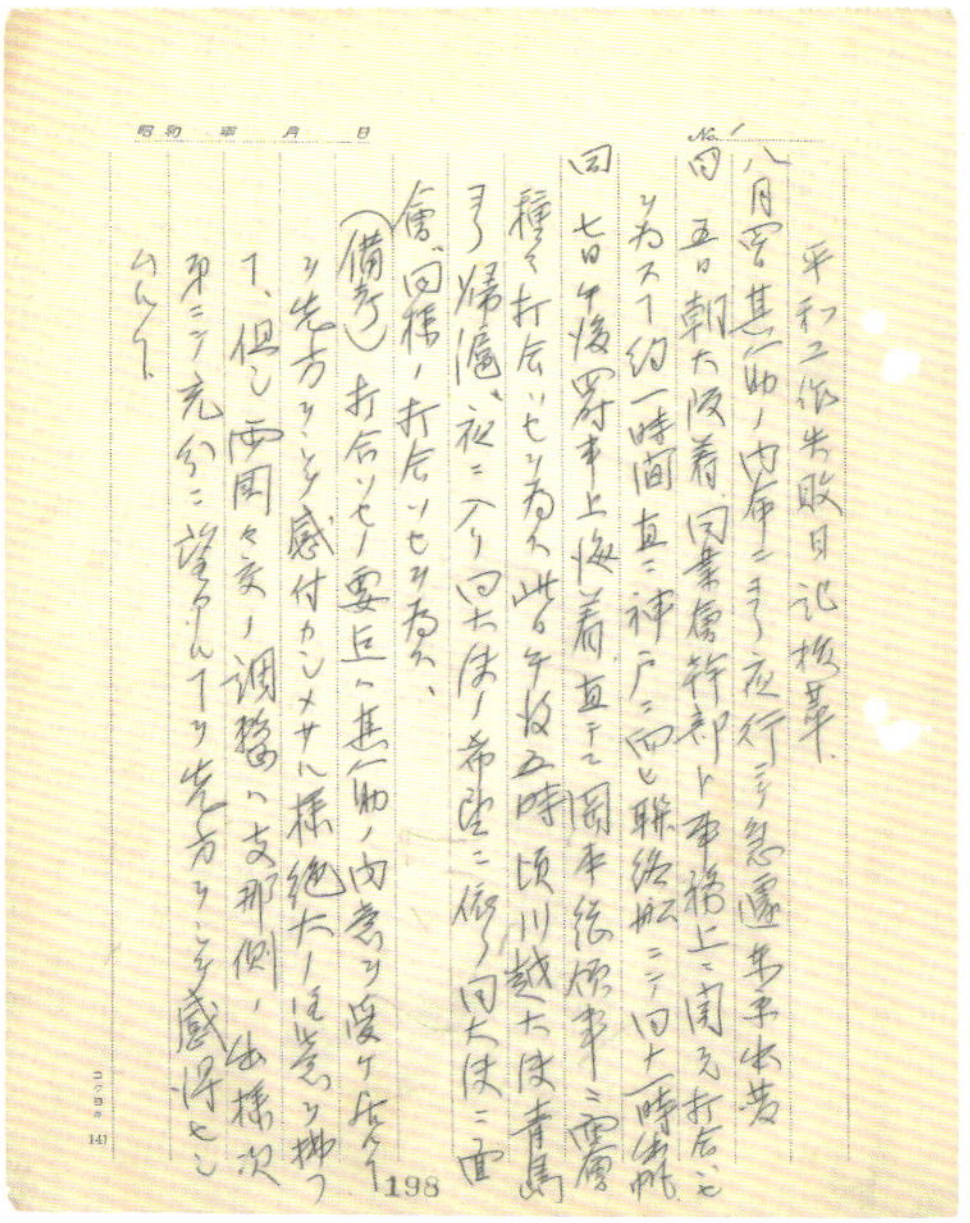

9-4　平和工作失敗日記抜粋（船津の自筆）

たグループであった。石射は、1937年7月下旬には閣議が事態拡大を抑えるよう、広田弘毅《こうき》外相に嘆願書を提出したのを手始めに、国民政府外交部の高宗武《こうそうぶ》らと接触しながら国民政府との交渉による解決を模索した。石射は陸軍の「不拡大派」の中心であった石原莞爾《かんじ》作戦部長とも連携を保っていた。石原らは、中国との戦争は長期化を免れず、国力を消耗して対ソ軍備に支障を生じ、ソ連の介入を招く恐れがあるとして局地的解決を主張し、作戦部が作成した華北派兵計画も作戦の範囲を北京、天津に限定していた。

石射局長は、7月末、日中直接交渉の重要性を説く「北支時局収拾に関する外務省の意見」を作成している。それは、事変勃発前の新政策を踏襲し、華北に対する中国中央政府の主権を認めることを前提に、華北分離を否定し、あくまで国民政府との外交交渉による解決をめざすものであった。これらの方針のもと、石射らは国民政府との直接交渉のきっかけを探る。

他方、国民政府内にも「外交交渉派」が存在したが、その中心が高であった。九州帝大出身の高は蒋介石や汪兆銘《おうちょうめい》の信頼を得て、国民政府外交部亜州司長として対日交渉の中心にあった。7月末の日本軍の総攻撃のあとも外交交渉論は根強く残り、国民政府は外交ルートを閉ざさなかった。

蒋は7月29日の緊急記者会見で、今や事態は「最後の関頭」にいたったことを認め、「局地的解決の可能性はまったくない」と、抗戦決意を改めて明らかにした。国民党は共産党との提携による抗日民族統一戦線の形成に向けて両党間の懸案解決に動きだし、9月下旬には国民党主導のもとで第二次国共合作が成立する。

しかし、汪や高ら国民政府の指導部は和平の可能性を棄てず、日本側の石射局長や石原らのグループと接触を続け、それが船津工作を生み出すことになる。

【戦火は上海へ】

華北で全面攻撃が始まると、政府は揚子江沿岸の日本人居留民約三万人の内地引き揚げを指示する。居留民は続々と上海に集結し、上海は緊張感に包まれる。その上海で、１９３７年8月9日、海軍陸戦隊の大山勇夫海軍中尉ら二名が中国保安隊に射殺される事件が突発した（大山事件）。上海は一触即発の危機に陥った。米内光政《よないみつまさ》海相は、それまで事変の外交的解決に期待し、水面下で進んでいた船津工作に望みを託していたが、中国側の挑発的な行動に積極的な派兵論に傾き、内地師団の上海派遣を閣議に要請し8月13日に了承された。翌日にはついに上海で戦闘が開始される。15日、政府は「支那軍の暴戻を膺懲《ようちょう》し以て南京政府の反省を促す」ため断固たる措置もやむなし、とする声明を発表。続いて17日の閣議は「不拡大方針の撤回」を正式に決定した。

一方、上海の事態を重視した蔣介石は自ら陸海空軍総司令となり、8月14日を期して、総攻撃を命じた。総攻撃の発動は、ソ連の介入や列国の対日制裁に期待し、さらに日本の兵力を分散し、華北占領の計画を挫折させるためでもあった。上海防衛戦には国民政府軍の精鋭部隊が投入され、その兵力は七〇万人を超え、戦死者も膨大な数にのぼった。上海戦は事変を局地紛争から実質的な全面戦争に転化させる。

【華北と蒙疆】

華北では、１９３７年8月末、北支那方面軍（支那駐屯軍＝天津軍を改編）が二軍に分かれて南下し、河北、山西、山東の各省に侵攻した。10月下旬までに華北一帯を占領した北支那方面軍は、崩壊した冀察政権に代わって37年末には中華民国臨時政府を樹立し、翌年1月には冀東防共自治政府を合併し、河南自治政府などを次々に併合した。

一方、関東軍は、8月初旬から張家口方面に進撃し、チャハル、綏遠両省を勢力下に収め、蒙古連盟、晋北、察南の三つの自治政府（傀儡政権）を樹立し、37年11月にはそれらをたばねる蒙疆連合委員会をつくった（39年9月に蒙古連合自治政府に統合）。

華北や内蒙に次々につくられた日本の傀儡政権（自治政府）は「新興支那政権」と呼ばれるようになり、国民政府の影響下から切り離し、それぞれ日本人顧問を置き、要地に駐兵して重要資源の優先的開発を行うことが目標であった。

華北や上海の軍事行動の範囲が拡大すると、武力解決論は陸軍部内の多数派となる。武力解決論や積極的な派兵論は陸軍のみではなかった。武力解決論に同調するジャーナリズムや政党は「暴支膺懲」の世論を煽った。近衛内閣も事態の拡大を抑制するより、行き詰まっていた中国政策の打開の好機ととらえ、蔣介石政権の早期敗北を想定して大兵力の派遣を容認するようになる。それでも、国民政府との交渉によって解決をめざすべきだ、とする石射らの外交交渉論は消滅したわけではなかった。

【南京攻略】

１９３７年10月中旬、参謀本部は主戦場を華北から上海方面に転換し、11月初旬に日本軍は杭州湾に奇襲上陸した。その直後、松井石《いわ》根《ね》を司令官に中支那方面軍が編成された。その任務はもはや「居留民の保護」を越えて北支那方面軍と同様に「敵の戦意を挫《くじ》く」ことであった。杭州湾上陸の成功は上海方面の戦況を一変させ、中国軍は退却を開始し、11月中旬、日本軍は上海全域を制圧した。

日本軍は、敵の退路を遮断するためとして、参謀本部の制止にもかかわらず勢いに乗じて南京攻略に突進していく。参謀本部内には、進行中のトラウトマン工作（後述）を念頭に、南京攻略以前に和平交渉による外交的解決のため、自重を求める声も強かった。しかし、進撃を制止することは困難であり、12月1日、中支那方面軍に南京攻略命令が下った。同月10日、南京総攻撃が開始され、13日、南京を占領した。

南京入城に際し、日本軍は俘虜や非戦闘員を含む大規模な虐殺事件を引き起こした。外務省東亜局長・石射猪太郎の日記（38年1月6日）には、「上海から来信、南京に於ける我軍の暴状を詳報し来る。掠奪・強姦、目もあてられぬ惨状とある。嗚呼、これが皇軍か」と記されている（南京事件）。

首都南京の占領は「勝利者」意識を日本国内に広め、事変の収拾方策や和平条件に大きな影響を与えた。近衛内閣が12月末の閣議で決定した「支那事変対処要綱」にも華北や上海周辺を政治的にも、経済的にも日本の強い影響下に置くという、勝利者としての意識が反映している。

9-5　南京の中華門を破壊する日本軍の戦車隊

38年3月、中支那方面軍は華北の臨時政府に対抗して、華中を治める中華民国維新政府を南京に樹立した。

【ブリュッセル会議とトラウトマン工作】

蔣介石は中ソ不可侵条約の締結（1937年8月）に続くソ連に対する対日参戦の要請、華北の事態の国際連盟への提訴（9月中旬）など事変の「国際化」による最終的勝利をめざすことになる。他方、事変収拾に関する日本政府の基本的立場は、あくまで日中間の問題として解決し、第三国の斡旋や干渉を排除するというものであった。しかし、長期戦の様相となると、第三国の「好意的斡旋」を活用する和平も視野に入ってくる。

まず名乗りをあげたのはイギリスであった。37年9月中旬、新着任のクレーギー駐日大使が仲介の可能性について広田外相に打診した。広田は具体的な和平条件を提示している。それは、華北における非武装地帯の設定、排日取り締まりや防共協力、満州国の不問などで、事

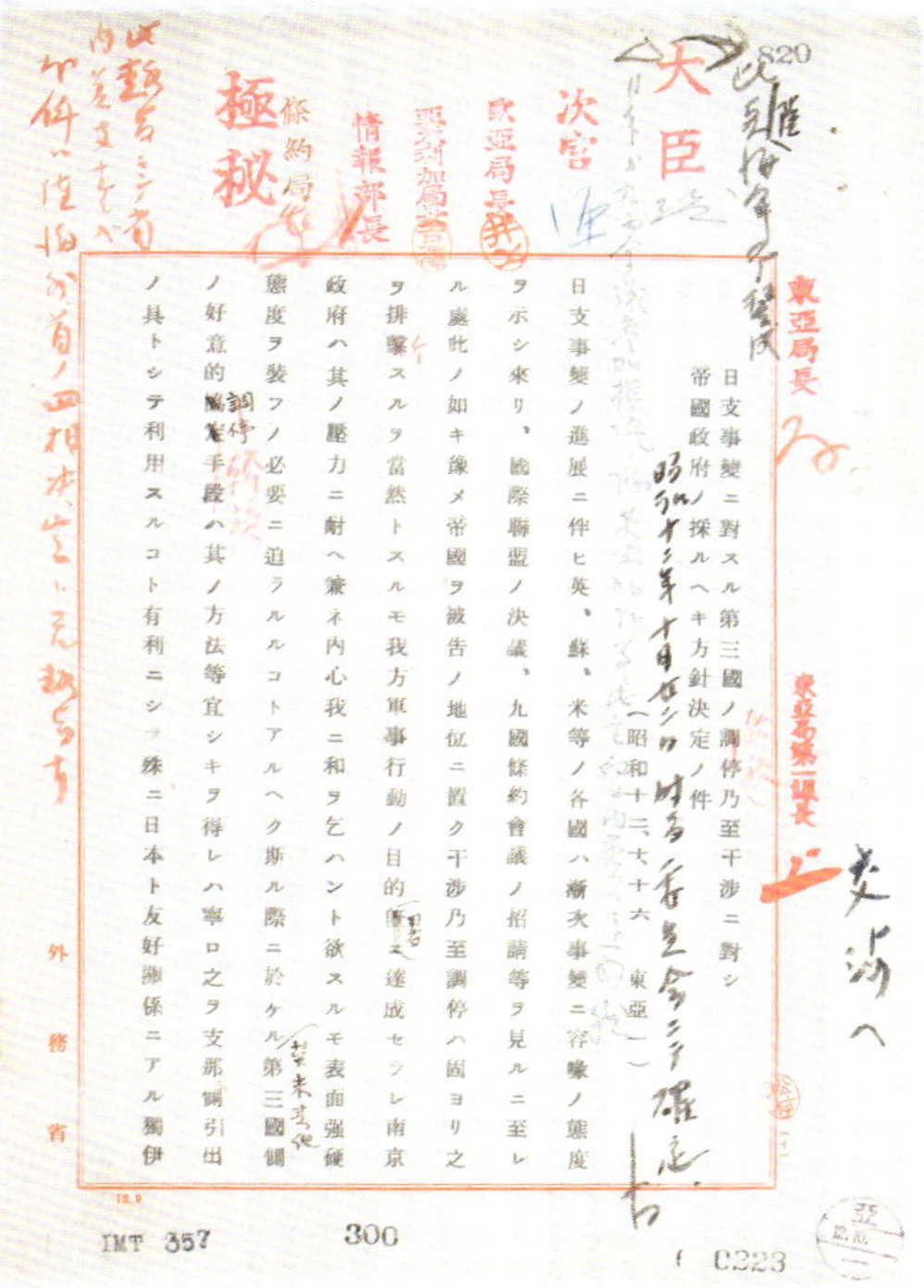

極秘

日支事變ニ對スル第三國ノ調停乃至干渉ニ對シ帝國政府ノ採ルヘキ方針決定ノ件

（昭和十二、十、十六　東亞一）

日支事變ノ進展ニ伴ヒ英、蘇、米等ノ各國ハ漸次事變ニ容喙ノ態度ヲ示シ來リ、國際聯盟ノ決議、九國條約會議ノ招請等ヲ見ルニ至レル處此ノ如キ豫メ帝國ヲ被告ノ地位ニ置ク干渉乃至調停ハ固ヨリ之ヲ排撃スルヲ當然トスルモ我方軍事行動ノ目的ヲ達成セラレ南京政府ハ其ノ壓力ニ耐ヘ兼ネ内心我ニ和ヲ乞ハント欲スルモ表面強硬態度ヲ裝フノ必要ニ迫ラルルコトアルヘク斯ル際ニ於ケル第三國側ノ好意的[illegible]手段ハ其ノ方法等宜シキヲ得レハ寧ロ之ヲ支那側引出ノ具トシテ利用スルコト有利ニシテ殊ニ日本ト友好關係ニアル獨伊

外務省

IMT 357　300

9-6　日華事変に対する第三国の斡旋ないし干渉に対し帝国政府の採るべき方針決定の件

変以前の広田三原則や川越・張群会談の延長に位置するもので、相変わらず「共同防共」が重視されていた。

国際連盟総会では、中国代表顧維鈞《こいきん》が日本の侵略行為に対し、国際的な緊急措置を訴えるが、賛同する加盟国はソ連のみであり、日中紛争諮問委員会にこの問題を委任することになる。諮問委員会は日本の行動を九カ国条約違反とする報告書を総会に提出し、総会は九カ国条約会議（ブリュッセル会議）の招集を勧告した。ブリュッセル会議は、非加盟国として諮問委員会に参加していたアメリカの呼びかけによるものであった。

9-7　ブリュッセルで開かれた9カ国会議議場

ローズヴェルト政権は日本との摩擦を避けてきたが、日中紛争が激化すると、諸国間の協調によるアジア太平洋の平和維持について関心を深めていた。その第一歩が、日独を「伝染病」にたとえ、伝染病は国際社会から一時的に隔離されなければならない、とする10月初旬の隔離演説であった。しかし、アメリカは具体的な制裁行動には慎重であった。

一方、欧米諸国による事変介入を警戒していた日本は、10月下旬の閣議でブリュッセル会議への不参加を決定した。不参加声明では、日本の行動は「支那側の挑発に対する自衛手段」と主張したうえで、「両国間の直接交渉に依りてのみ之を解決し得る」という立場を改めて表明した。他方、広田外相は10月下旬、各国大使に第三国の「好意的斡旋」は受諾の用意がある旨を通報したが、実際に和平条件を示したのはドイツだけであった。

ドイツによる和平斡旋は参謀本部が熱心に取り組み、情報部員がドイツ大使館側と頻繁に接触していた。それが奏功し、10月下旬には上海で駐華ドイツ大使トラウトマンに和平条件が提示される。一方、東京では、広田外相が駐日ドイツ大使ディルクセンに対し、クレーギーに示したものとほぼ同様の和平条件を中国側に伝達するよう要請していた。11月初旬、トラウトマンは日本側の和平条件を蒋に伝えるが、開催中のブリュッセル会議の対日制裁に期待していた蒋はこれを拒否した。

そのブリュッセル会議では、中国は経済制裁や中国への物的援助などの具体策を訴えるものの、参加各国はそれぞれの思惑から大半の国が慎重であった。結局、11月中旬の本会議は対日非難の声明を採択して事実上終了した。

【「対手トセス」声明】

ブリュッセル会議が実効的な行動をとることなく閉幕したこと、さらに上海戦における敗勢は蒋介石の態度を変化させる。1937年12月初旬、蒋はディルクセン大使を通じて、日本側の和平条件を基礎として交渉に応ずる意思を伝えたが、広田は最近の情勢変化は講和条件の変更を必要としている、として即答を避けた。南京攻略が迫っていたからである。実際、12月末までに中国側に示された和平条件は、石射東亜局長らの抵抗にもかかわらず華北や内蒙への保障駐兵、華北における「特殊機構」の設置など、要求が加重されていた。

中国側はこれらの新条件の内容の説明を求めたが、日本政府はこれを遷延策とみなし、ドイツの仲介拒否に大きく傾いていく。他方、参謀本部は、南京陥落の機会に寛大な条件によって停戦和平すべきであると考えていた。

一方、国民政府のなかでも対日和平をめぐって議論が分かれ、汪兆銘を中心に和平を主張する指導者も少なくなかった。結局、38年1月初旬、蔣はドイツの調停を拒否し、抗戦を貫くことを決定した。日本では、参謀本部の要請によって日露戦争以来の御前会議が開かれる（1月11日）。しかし、御前会議はもはや和平条件の緩和を議論する場ではなくなっていた。参謀本部のみは最後まで交渉による和平を主張するが、1月15日、政府は最終的に交渉の打ち切りを決定した。

こうして南京陥落という絶好の日中和平の機会は失われてしまう。御前会議決定によれば、和平が不成立の場合、日本は、もはや蔣政権を相手とする事変解決に期待をかけず、「新興支那政権」の成立を助長する一方、国民政府の潰滅をはかるか、または新興政権の傘下に吸収することになっていた。1月16日、この方針の下で「対手《あいて》トセス」声明（第一次近衛声明）が発表される。

中国側から見ると、「対手トセス」声明は和平交渉の途絶を意味しなかった。汪や孔祥熙《こうしょうき》の外交交渉論はもとより、徹底抗戦を決意した蔣も和戦両様の可能性を残していた。議論を尽くさない和平交渉の打ち切りは、抗戦路線と和平路線とを継続させることになった。実際、半年後には、孔を接点とする和平の試みが続けられるのである（宇垣・孔工作）。

【事変解決策の混迷】

1938年5月下旬、近衛文麿首相は内閣改造を行い、外相に宇垣一成を、陸相に板垣征四郎を任命した。そのねらいは「対手トセス」声明の路線修正をはかることであった。宇垣も入閣条件として、「対手トセス」声明に拘泥しないこと、重慶政権（重慶に移転していた国民政府）との和平交渉の開始を挙げていた。改造後の近衛内閣は、6月に休眠状態であった大本営政府連絡会議に代えて五相会議（首相、蔵相、外相、陸相、海相）を設置し、事変の早期解決方策を改めて審議する。

蔣介石否認政策を前提とする中国政策は、華北・華中の占領地につくられた新興政権（臨時政府、維新政府など）を国民政府に代わる中央政権として育成する一方、国民政府を崩壊させるか、あるいは国民政府を新政権の傘下に吸収することであった。問題は南京陥落によっても重慶政権に変化が見られないことであった。

こうした情勢のもと、日本政府内には二つの立場が生まれていた。一つは、中央政権の早期樹立を避け、国民政府との直接交渉を重視する立場（国民政府相手論）であり、宇垣外相に代表され、前述の外交交渉論を受け継ぐものであった。

石射局長は38年6月

9-8　日華事変　南京の城壁に書かれた抗日スローガン

の意見書で、新興政権の合流による新中央政権樹立論や、臨時・維新両政府に国民政府を合流させる方法は、蒋の下野を前提としたもので現実性がなく、国民政府を正統政府として認め、漢口攻略までに和平交渉を開始するという「国民政府相手論」の推進を外相に進言している。

もう一つは、国民政府の軍事的圧迫による瓦解、あるいは謀略工作による蒋の下野に期待する立場（国民政府否認論）であり、現地軍や板垣陸相がその代表であった。

五相会議は、蒋政権が「屈服」（蒋の下野や転向）すれば、新中央政権の構成分子として認めるとの方針を打ち出し、限定的ながら和平交渉の可能性が生まれるが、最大の問題は、新中央政権を構成するはずの新興政権の基盤が弱体だったことである。

【宇垣工作と日英協力構想】

石射猪太郎の「国民政府相手論」に賛同していた宇垣一成外相は、いくつかの国民政府との和平工作に取り組む。その一つは、宇垣と国民政府行政院長・孔祥熙とを結ぶ「宇垣・孔工作」であった。両者を結びつけていた人物は、孔の秘書・喬輔三《きょうほさん》と香港総領事・中村豊一《とよいち》であった。中村と喬の接触は香港を舞台として、1938年6月下旬から9月まで続けられた。中村は宇垣の意向に沿って柔軟な和平条件をもって臨ん

近衛文麿《このえふみまろ》（1891～1945）

9-9　近衛文麿

1891（明治24）年10月、天皇家に最も近い五摂家筆頭の近衛家の長男として東京に生まれる。父・篤麿は華族（公爵議員）として貴族院議長を務めたが40歳の若さで死去した。近衛は12歳であった。生後1週間で母を失っており、孤独な少年時代を過ごした。哲学を志し、一高、東京帝大哲学科と進むが社会主義への関心から河上肇を慕って京都帝大に転じた。1916年に貴族院議員となり、27歳のとき「英米本位の平和主義を排す」を『日本及日本人』に発表した（18年12月15日号）。

この論文は、「持てる（現状維持）国」と「持たざる（現状打破）国」とからなる国際社会の不均衡を衝き、「持たざる国」としての日本が英米の既得権に公然と挑戦した「現状打破」の宣言として知られるようになる。「現状維持を便利とする国は平和を叫び、現状破壊を便利とする国は戦争を唱ふ」というのが国際政治の現実と映ったのである。他方、近衛は、民主主義や人道主義の発達に期待し、ウィルソン大統領の提唱する民族自決主義や国際連盟構想を高く評価していた。パリ講和会議に同行した近衛は、その成り行きを「正義人道」に基づく「世界改造の事業」として注視していた。しかし、ウィルソンの新外交は「欧州政治家の現実的利害主義によって蹂躙」されたことを目の当たりにする。

近衛は父が創設した東亜同文会の会長や東亜同文書院院長を務めたが、中国訪問は2度しかなく、中国要人との人脈も形成されなかった。満州事変では日本軍の行動を積極的に肯定する。「経済交通の自由」と「移民の自由」という2大原則が認められていない現状では、人口増に苦しむ日本が、「今日を生きんが為の唯一の途」が満蒙進出であった。

日中関係悪化の原因を日本の行動ではなく、中国の無理解と欧米列強や共産主義の策謀に求め、中国の反省を促した。37年6月、近衛は45歳にして第1次内閣を組織した。1カ月後に盧溝橋事件が勃発した。近衛自身は戦争の拡大を望んでいなかったが、強硬な態度を示せば中国は折れるとみなし、華北派兵を容認した。近衛は日米開戦まで3度（37年6月～39年1月、40年7月～41年7月、41年7月～10月）組閣するが、最大課題であった日華事変の収拾に失敗したことが、その評価を低いものにしている。

対外関係は本文に記したが、国内政治全般の「革新」が事変解決の前提であり、「革新を断行して、政治を軍人の手から取り戻すべきである」との自論から、第2次内閣では新党結成と新体制運動に取り組む。新体制は40年10月に大政翼賛会として発足するが、その性格は政治性を除去した政府の外郭団体にとどまった。日米関係の修復に全力を注いだ第3次内閣では、自身の発案でローズヴェルト大統領との頂上会談に望みを託すが、会談の前提である中国からの撤兵という米国の要求に応えることはできなかった。

太平洋戦争末期の45年2月には、重臣としていわゆる「近衛上奏文」を天皇に提出し、憂慮すべきは敗戦にともなう共産革命であり、陸軍部内の親ソ勢力の粛清こそ終戦の前提と主張した。敗戦後の45年12月、戦犯容疑者として逮捕令が発せられると、出頭の当日、「米国の法廷に於て裁判を受けることは堪え難い」として自決した。

宇垣一成《うがきかずしげ》（1868～1956）

9-10　宇垣一成

岡山県出身。地元の小学校を卒業後、母校の代用教員となるが、軍人を志し、陸軍士官学校（第1期生）、陸軍大学校と進み、2度のドイツ留学を経て陸軍の要職を歴任し、田中義一に実力を認められる。1923（大正12）年に陸軍次官、翌年に陸相となり、民政党内閣で5年もの間、陸相を務める。とくに浜口雄幸蔵相や幣原喜重郎外相と組んで25年に断行した「宇垣軍縮」は大いに彼の名を高めた。この宇垣軍縮は、国際的な軍縮要求と陸軍装備の近代化を両立させるため、4個師団の廃止、人員整理、新兵器・装備の導入を断行するもので、陸軍内の反発に抗して断行した。宇垣の軍統制の指導力は賞賛されたが、軍内には不満が鬱積した。

宇垣は軍の独立性（とくに統帥権の独立）を重視したが、軍に好意的な政友会ではなく、むしろ批判的な民政党に積極的に協力した。軍部大臣が政党内閣に積極的に協力することで軍の独立性に対する非難攻撃を回避し、軍の独立性と政党内閣制との両立をはかろう、という逆説的な考えからであった。そのため、田中首相の政友会内閣への留任要請を断った。29年、浜口内閣の陸相に再任されるが、31年6月、第2次軍縮（軍政改革）に失敗した宇垣は、自ら現役を退いて陸相を辞し、朝鮮総督になる。

満州事変後の政局の焦点は、政党の力を結集して内外危機に対応するための「政民連携」にあり、政友会と民政党が合同した場合の首相候補の筆頭は宇垣であった。宇垣は朝鮮にあって、それをねらっていたが、政民連携はついに実現しなかった。政党に失望した宇垣は、既成政党に批判的であった国策研究会に近づく。37年1月、広田弘毅内閣の総辞職で宇垣に大命が下り、待望の首相の座を射止めたかに見えたが、陸軍は陸相の推薦を拒否した。宇垣は、湯浅倉平内大臣を介して天皇の大命による陸相指名を画策するが失敗して組閣を断念する。なぜ、陸軍は組閣を阻止したのか。一つは、31年のクーデター未遂事件（3月事件）への関与が疑われたからであったが、それより、過去には民政党に近かった宇垣は、軍拡の推進など「革新政策」の障害と考えられたからであった。

日華事変中の38年5月、外相として入閣した宇垣は、行き詰まっていた日華事変の収拾のため、中国問題に関する日英間の調整や、対中和平工作を積極的に進めるが、成果をあげないうちに5カ月弱で突然辞任してしまった（本文参照）。

宇垣は、軍事と外交の両面において図抜けた能力と行動力を備えていたことは確かであるが、大正デモクラシー期の軍縮の成功が「陸軍統制の切り札」としてのイメージ（宇垣待望論）をつくり出し、そのイメージのため30年代の「革新の時代」には陸軍から組閣を拒まれるという不本意な結果を招いたのである。

でいた。しかし、国内の「反蔣感情」を意識した宇垣が、蔣介石の下野にこだわったために絶ち消えとなる。

宇垣は他のルートにも関心を寄せ、とくに萱野長知《ながとも》を仲介として同じ孔との接触をはかっていた。中村香港総領事の有力な情報源でもあった萱野は、盧溝橋事件の勃発直後から、松井石根上海派遣軍司令官の要請で中国に渡り、和平ルートの糸口を探っていた。上海に滞在し国民政府の要人と接触をはかった萱野は、まもなく日本側に有利な和平条件による直接交渉の開始に手ごたえを得た。38年6月初旬、東京に着いた萱野は、旧知の小川平吉に訴えた。これを高く評価した小川は近衛、宇垣らに紹介すると、やがて宇垣・孔直接会談計画に発展した。宇垣も和平成立前の蔣の下野という条件を取り下げており、直接会談に乗り気になっていた。9月下旬には五相会議の承認をとりつけ、天皇にも上奏して内諾を得るまでに発展した（萱野工作）。

ところが宇垣は、9月末に突如、外相を辞任してしまう。辞任の理由は明らかではないが、国民政府を交渉相手とする宇垣の和平工作に、国内の支持が十分得られなかったことが一因とみられる。また、陸軍が力を入れていた興亜院の設置に、宇垣は反対しており、宇垣が抵抗を続ければ近衛内閣は総辞職せざるを得なくなり、和平工作も挫折してしまう、と考えたからであろうか。

他方、宇垣外相期には、中国に関する日英協力という試みがなされている。近衛改造内閣に入閣した池田成彬《しげあき》蔵相を中心としたもので、懸案を日英間で解決し、日本の優位のもとで中国に「講和」を迫り、戦後経営も日英協力によって行う、というもので、財界や西園寺公望元老など「親英勢力」の支援も得て宇垣工作の一環となる。宇垣はクレーギー大使との交渉に臨むが、日中直接交渉を重んずる宇垣はイギリスの仲介には消極的であり、交渉は進展しなかった。

宇垣の辞職で和平工作は立ち消えたわけではなかったが、他方で、新中央政府を樹立するという高宗武工作が大きく浮上してくる。

【東亜新秩序声明】

参謀本部は１９３８年秋、武漢（漢口）作戦と広東作戦という二つの大作戦を敢行した。二大作戦により中国主要部の実質的支配が達成され、蒋介石政権の壊滅や屈服が期待できた。中支那方面軍は、10月末には漢口を占領、さらに9月下旬から華南作戦を敢行して広東を占領した。しかし、臨時首都の重慶に立てこもる蒋政権は屈服の気配を見せず、正面作戦を縮小して「持久戦」体制をとる。一方、日本側でも、陸軍指導部は、新しい戦争指導の基本方針を決定し、12月初旬に天皇の裁可を得て発令された。作戦地域を限定しつつ占拠地域の安定確保と治安回復、資源獲得をはかり、「長期持久戦体制」への移行を目標としていた。

38年11月3日、近衛内閣は、東亜新秩序声明（第二次近衛声明）を発表した。日本が定義する東アジアの新たな国際秩序を「東亜新秩序」と呼び、日満華の共同による建設推進を「帝国不動の方針」と位置付け、三国が互恵平等の立場で経済協力や防共政策を進める、と宣言した。

その一カ月前の38年10月初旬、米国政府は長文の覚書で、盧溝橋事件以来アメリカ人が中国で被った差別待遇、市場独占化の現状を例示して、門戸開放原則・機会均等原則（九カ国条約）の侵害に対し、速やかな改善を要求した。これに対し、宇垣に代わる有田八郎外相は、事変前の事態に適用されていた観念や原則は、東アジアの現状と将来の事態を律することはできない、と反論し、九カ国条約などの国際原則を公式に否定していた。東亜新秩序声明は欧米が築いた国際秩序の原則に代わり、東アジアにおける新たな秩序の原則を示したものであった。

同年12月末、アメリカが、門戸開放原則を無視して樹立される「新秩序」は承認できない、と改めて通告したように、望ましい国際秩序をめぐる日米の対立は頂点に達した。しかし、そのことが戦争に直結したわけではなかった。現実の東亜新秩序を支える日本の戦時経済体制は圧倒的にアメリカ経済に依存していた。つまり、自給自足経済の追求ではなく、経済的開放主義が「東亜新秩序」外交の基盤である限り、英米との衝突に発展する性格のものではなかった。

【高宗武工作の進展】

東亜新秩序声明は、国民政府が従来の抗日・容共政策と人的構成を改めるならば「敢て之を拒否するものにあらず」と述べ、「対手トセス」声明の修正を示唆していた。このころ国民政府外交部亜州司長の高宗武を中心に、汪兆銘を日本占領地区の統一中央政権の首班に据え、蒋政権の切り崩しをはかり、蒋の下野と対日和平への転換を迫るという構想が浮上していた。この「高宗武工作」には、陸軍の影《かげ》佐《さ》禎昭《さだあき》大佐（参謀本部謀略課長）、今井武夫中佐を中心とし、中国側は高のほか、汪の同志とみなされた周仏海《しゅうふつかい》（元国民党中央宣伝部副部長）らが関与していた。

高らは１９３８年11月中旬から日本側代表と汪による挙事計画（汪の重慶からの脱出計画）や和平条件について影佐らと会談に臨み、11月下旬、日華協議記録に署名した。その根幹は駐兵条項であった。とくに重視されたのが蒙疆・華北の一定地域を対象とする「防共駐兵」

有田《ありた》八郎《はちろう》（1884～1965）

9-11　有田八郎

新潟県佐渡の出身で、生後まもなく有田家の養子となる。政友会の衆議院議員で閣僚経験もある山本悌二郎の実弟。一高、東京帝大を経て1909年に外交官試験に合格。同期に伊藤述史、来栖三郎。10年から奉天総領事館に赴任。各地に勤務してパリ講和会議の全権随員となる。パリでは外交体制の不備を痛感して、重光葵、堀内謙介、斎藤博らと外務省革新同志会を結成。幹事として外務省機構の拡充、省員の養成、門戸の開放などの要求を取りまとめた。25年天津総領事、27年に田中義一首相兼外相のもとでアジア局長となり、幣原喜重郎外相期の30年まで留任した。オーストリア公使のとき満州事変が勃発し、関東軍の北満進出の無謀を戒める意見を打電。32年5月から芳沢謙吉、内田康哉両外相のもとで次官となる。34年からベルギー大使と駐華大使を経て36年4月、2・26事件を受けて成立した広田弘毅内閣の外相に就任した。国内的には軍部の政治的台頭、対外的には中国や米英との関係悪化という情勢のなかで、有田は「防共」を共通目標に列国との関係修復を模索する。欧州勤務を通じてソ連の脅威を痛感していた有田は、まず対独提携が念頭にあった。日独提携案はすでに陸軍のルートで交渉が進んでおり、これに乗る形で、軍事同盟にいたらない範囲（「薄墨色」と表現した）で日独防共協定を36年11月に締結した。日中間でも防共協定を追求したが中国側は応じなかった。37年2月、広田内閣の退陣とともに外相を退く。

日華事変が長引くなかで38年10月、有田は宇垣一成が突如外相を辞任したため、再び外相に就任した。その直後、近衛文麿首相は東亜新秩序声明を発表した。有田の外交目標も「東亜新秩序」の完成に置かれる。本文に書いたように、声明直後には、有田は米英に対し、「事変前の事態に適用ありたる観念ないし原則をもって、そのまま現在および今後の事態を律せんとすることは、なんら当面の問題の解決をもたらす所以にあらず」と通告した。9カ国条約などの国際原則はもはや中国の現状には適用し得ない、という主張は内田外相、広田外相の時代にも見られたが、それを率直に米英に伝え、原則の修正を求めたのである。有田にとって世界経済のブロック化に適合する東アジア固有の地域秩序の形成は必然であったが、経済的には相互依存の関係にある米英との衝突は避けようとした。そのため、陸軍が推進する日独同盟（防共協定強化）交渉において、軍事同盟化を極力避けようとし、その対象をソ連に限定することに固執した。こうした立場は次の平沼騏一郎内閣でも変わらなかった。39年7月の陸軍による天津英仏租界の封鎖事件では、反英運動が全国で高まるなか、クレーギー英国大使との交渉を通じて日本の立場を認めさせようとした。39年8月、独ソ不可侵条約によって日独軍事同盟交渉が頓挫し、外交的に行き詰まった平沼内閣は総辞職する。

39年9月、欧州大戦が勃発すると日本外交は「不介入」方針のもと、日華事変の自主解決をめざした。有田は40年1月、三たび外相として米内光政内閣に入閣した。40年春にドイツ軍が欧州を席巻する情勢となると、独伊との提携強化と積極的な南進論が陸軍を中心に大きく浮上する。有田は対米英関係を損ねる性急な南進策には批判的であったが、40年7月、ドイツに呼応する現状打破論の大波に抗し切れず、米内内閣は総辞職を余儀なくされ、有田も外相を退いた。

であった。外務省は蚊帳の外に置かれていた。

12月初旬、汪一派は影佐らの手引きで重慶を脱出しハノイに到着した。これに呼応して日本政府は12月22日、近衛首相談話（第三次近衛声明）を発表した。その中心は日華協議記録の確認であった。汪は12月末、ハノイで対日和平を提唱し、国民党有力者の蒋政権からの離脱を期待する「艶電《えんでん》」を発表するが、和平条件について、速やかな日本軍の全面的撤兵と駐兵地域の限定とを強調した。

一方、参謀本部内では、武漢作戦後を想定した停戦和平条件の立案が進展し、それは「日支新関係調整方針」として38年11月に御前会議決定となる。政治形態の「分治合作主義」の採用、南京・上海・杭州三角地帯への治安駐兵、揚子江下流域の門戸閉鎖を意味する経済上の「強度結合地帯」化、日本人顧問の派遣など、第三次近衛声明や日華協議記録にはない要求を列挙し、「二一カ条要求を凌駕する苛酷なもの」となるが、翌39年秋まで汪政権側に示されることはなかった。

39年1月、近衛首相は、汪の重慶脱出を見届け総辞職した。しかし、汪の重慶離脱に呼応する国民党有力者や反蒋軍閥はほとんどなかった。しかし、高らは汪を中心に新中央政府を樹立する構想を推し進める。39年5月、来日した汪は自ら新政権樹立の決意を影佐らに語り、6月初旬、五相会議は新中央政府の樹立を承認した。汪政権樹立工作は本格化するが、陸軍指導部には汪を中心とする新政権の実力を疑問視する声が強まっていく。

【列国の中国援助】

盧溝橋事件の勃発によって逸早く中国援助に乗り出したのはソ連であった。ソ連は、1937年8月には国民政府と不可侵条約を締結し、同時に武器・弾薬、航空機などを借款の形で提供し、さらに義勇兵や軍事顧問団をも派遣した。その援助は、米英が援助を本格化させるまでは中国の抗戦力維持にとって大きな意味を持った。

アメリカの中国に対する直接的な援助は、38年末の二五〇〇万ドルの借款（輸出信用供与）協定に始まる。これを皮切りにアメリカは中国援助を本格化させ、40年以降は最大の対中援助国となる。イギリスの対中援助は道義的支援にとどまっていたが、38年にはビルマ・ルートの建設（38年12月に完成）に加え、借款供与に動きだし、39年3月には五〇〇万ポンドの法幣（中国通貨）安定資金を供与した。

こうして英米は、38年末から中国援助を本格化させるが、援助の本格化は対日方針の強硬化を意味したわけではなかった。「日本と事を構えず、アジアから撤退せず、日本の行動に同意を与えず」というハル国務長官の対日方針は維持される。一方、イギリスは、東アジア問題で対米依存を深めていくが、39年9月の欧州大戦の勃発後は、本国防衛が主要関心事となり、ますますその傾向を強める。

【天津租界封鎖――日英危機】

1939年6月、北支那方面軍は親日派要人が英国租界で暗殺されるという事件をきっかけに、華北の金融や経済の中心であった天津の英仏租界を封鎖した。租界封鎖は、事変遂行と東亜新秩序建設の妨害者とみなされたイギリスを事変解決に向けて同調させること、さらに蔣介石政権への打撃がねらいであった。租界封鎖は38年夏から計画され、徐々に封鎖網を強化していた矢先の事件であった。

反英運動と日英戦争

長い目でみると、太平洋戦争は日米対立だけが原因ではない。グローバルな国際原則である門戸開放主義や自由貿易主義の貫徹をめざすアメリカに対して、閉鎖的な東亜新秩序建設という目標をかかげる日本の挑戦という局面に着目すれば、望ましい国際秩序をめぐる対立が戦争を招いてしまった、という解釈もあり得る。しかし、経済面で大きくアメリカに依存していた日本がやすやすと対米戦争に踏み切ることはできなかった。東亜新秩序の建設も、アメリカとの経済的な相互依存関係を前提として初めて可能であった。そうした経済関係を断ち切ったのは、1940年9月の日独伊三国同盟であり、三国同盟こそが真の開戦原因であるとする説も有力である。

さらに広く、30年代の日本をとりまく内外情勢に目をやると、日米関係よりも、日英関係の方が緊迫していた。30年代前半には日英間に激しい通商摩擦が起こったものの、イギリスは、外交的には日本に対して宥和的であった。しかし、日華事変（日中戦争）が勃発し、日本の軍事行動が揚子江以南のイギリス権益を脅かし、38年秋に日本が東亜新秩序建設をスローガンに掲げるようになると日英関係は悪化する。日本の内外では、新秩序建設の最大の妨害者はイギリスであるとする反英論や反英運動が盛んになる。その策源の一つは大亜細亜協会であった。大亜細亜協会の「汎アジア主義」の思想と運動は、日本国内だけでなく英帝国圏内で反英独立運動を画策するインド商人（印僑）を刺激し、さらに台湾、朝鮮、中国など周辺アジア地域を巻き込み、39年夏の有田・クレーギー会談前後には一大政治運動に発展する。汎アジア主議のイデオロギーは、搾取されるアジア、搾取する英帝国主義といったイメージを一般庶民にも植え付け、日華事変を日英戦争へと向かわせる潮流を形成した（松浦 2010）。国内では「反米運動」は起こらなかったが「反英運動」は激しかった。

斎藤博《さいとうひろし》の死とアストリア号

斎藤は学習院に学び、漢文で秀でた成績を修め東大に進み、1910年に卒業。外務省入省後、シアトルの日本領事館を振り出しに8年間アメリカにとどまり、米語を磨き社交の術を身につけ各界との人脈を築いた。夫人は音楽家で犬養健（犬養毅首相の息子）の義姉であった。19年にパリ平和会議の日本代表団の一員となり、ワシントン会議では加藤友三郎全権の通訳兼秘書官。ついでニューヨーク総領事となり、松平恒雄に見込まれ、30年にはロンドン軍縮会議でも代表団に加わった。その活躍によってワシントン大使館の参事官となり、オランダ大使を経て、47歳で駐米大使となった。

34年、斎藤は、海軍条約離脱後のアメリカ国民の疑惑を振り払い、日米間の信頼関係の修復のため共同宣言を提案。太平洋の両岸における「主要な安定勢力」として両国の責任と権益を承認するという趣旨であった。国務省は拒否したが、斎藤は米国内を駆け回り、演説や対話集会で自国の立場の擁護に努めた。37年12月の日本海軍機による米艦パネー号への爆撃事件に際してはラジオ番組に出演する機会をとらえ、米国民に誤爆の事情を訴え、日本占領下の中国で外国人の安全の保障を約束する、という東京の外務省も国務省も了解していなかった行動に出る。

38年夏から肺患が悪化して同年末に退官し療養に専念するが翌年2月末、ワシントンで客死する。同地で追悼式が挙行されたが、国務省極東部次長のバランタインは、斎藤の遺骨を重巡洋艦アストリア号で送還する案を提案した。通常は現職大使の死亡に与えられる名誉であった。同僚は反対したが国務長官の政治顧問であったホーンベックの助言もあり、ローズヴェルト大統領はただちに賛同した。有田八郎外相は議会で謝意を表明し、駐英大使の任を終えて帰国していた吉田茂も、感謝の気持ちを伝える書簡をグルー大使に送った。

9-12　斎藤博

斎藤の遺骨は米艦アストリア号で横浜に到着し、築地の本願寺で挙行された葬儀には近衛文麿、広田弘毅の元首相が参列し、有田が日米の友好の証と賛辞を述べ、グルー大使も感動的な言葉でこれに応えた。外務省葬は小村寿太郎、杉村陽太郎についで3人目であった。

ターナー艦長は大統領の書簡を携えて天皇に謁見したが東京では日独伊防共協定の強化をめぐって賛否が争われていたため、手放しのアストリア号歓迎行事は抑えられた。

この事件を重視した英政府部内では対日制裁問題が再燃するが、チェンバレン首相は対日制裁よりも外交交渉による解決を選ぶ。激しい反英大衆運動のなか、東京における有田・クレーギー会談は、39年7月下旬、イギリスの譲歩と妥協のうちに了解を成立させた。その内容は、①イギリスは中国における現実の事態（戦争状態の存在）を確認し、②中国における日本軍の治安維持行為について妨害しない、というものであった。①は、国際法上の日本の交戦権の承認という以上に、イギリスの威信失墜という政治的意味があった。イギリスの対日宥和の姿勢に対し、中国は激しく非難した。他方、平沼騏一郎首相は蒋政権への打撃となるとして高く評価した。

しかし日英間の了解成立から数日後、アメリカは日米通商航海条約の破棄通告（失効は半年後）という挙に出る。アメリカ国内では、経済制裁を含む対日制裁論が高まり、ローズヴェルト大統領の決断を後押しした。事前にイギリスと協議したものではなかったが、東アジアにおいて対英支援に向けた具体的な第一歩であった。日本の外交的勝利は減殺され、日英現地交渉におけるイギリスの立場を強いものとし、東京における協定は反古同然となる。アメリカの強力な支持を得たイギリスが対日協調を選択する基盤はもはや存在しなかった。

日独同盟問題—防共協定強化交渉

事変解決が手詰まりとなるなかで、陸軍はナチス・ドイツの台頭によって流動化する欧州情勢を活用した外交戦略を展開する。それは、対米関係の改善をはかりつつ、独伊との防共協定を対ソ・対英同盟として強化し、事変遂行や東亜新秩序建設の最大の妨害者と考えられた英ソを欧州において牽制

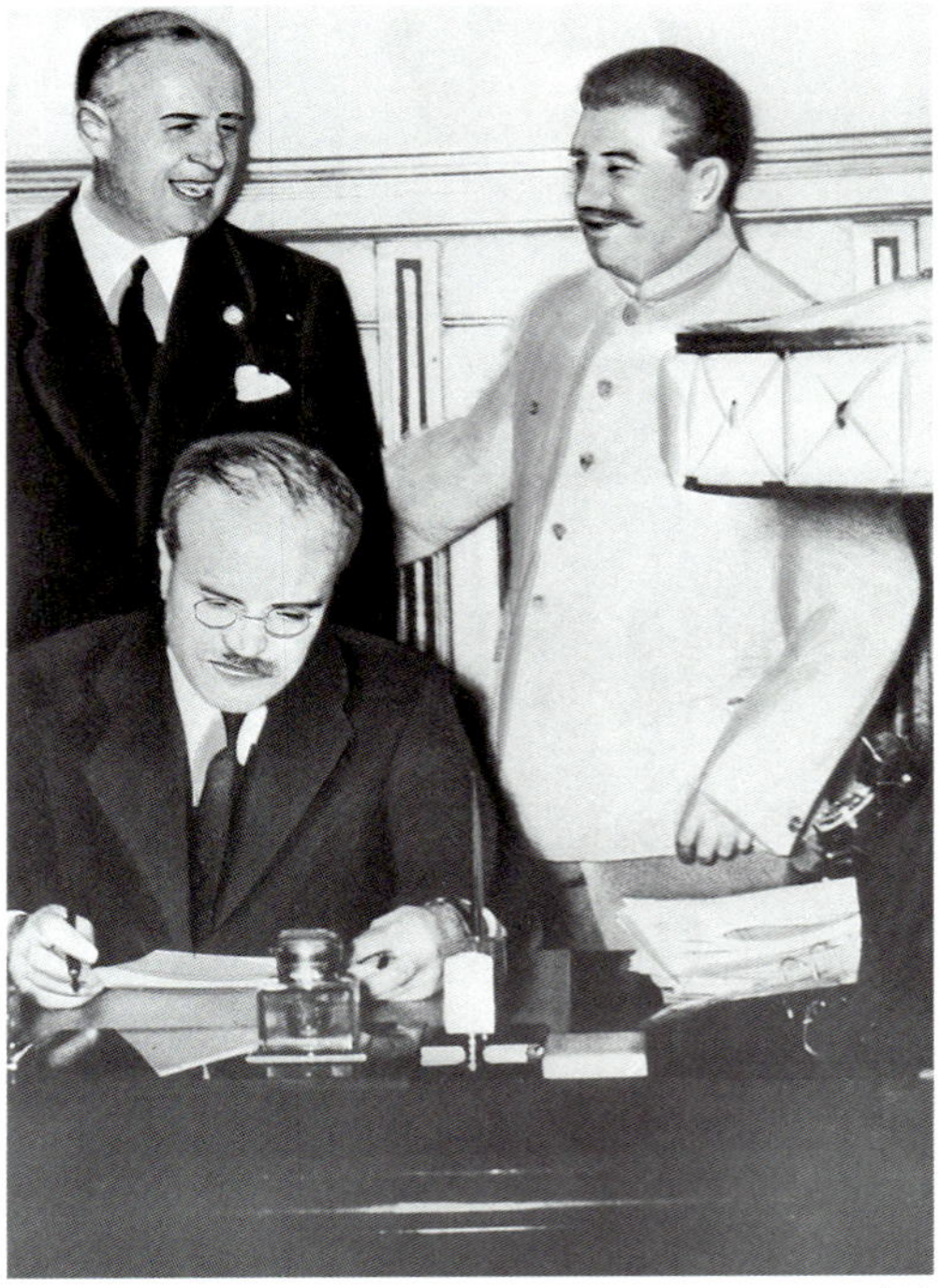

9-13　独ソ不可侵条約　署名するモロトフ露外相、左リッベントロップ独外相、右スターリン露首相

するという構想であった。

ドイツ側も１９３８年2月にリッベントロップが外相に就任し、極東政策は親中路線から親日路線へと転換しつつあった。日独の交渉は38年初頭からリッベントロップと大島浩陸軍武官との間で始まった。それを7月に知った東郷茂徳駐独大使は、日独同盟は日華事変の解決に役立つどころか欧州の戦争に巻き込まれる恐れがあるとして宇垣外相に交渉中止を要請するが効果はなかった。

日独同盟に対するドイツ側の期待はソ連よりも、主要な敵である英仏を対象とした同盟であった。日本側では、ソ連に絞るべきだとする外務省と、英仏を含むべきだとする陸軍との主張が相いれず、近衛内閣の総辞職（39年1月）の一因となる。

平沼新内閣が発足した直後、ドイツは改めて同盟案を正式に提起したが、相変わらず英仏を対象とする軍事同盟案であった。平沼内閣に留任していた有田八郎外相は、秘密了解事項を設けて実質的に英仏を同盟の対象から除外する案を五相会議で決定し、伊藤述史《のぶふみ》を特使として派遣して大島（38年10月、駐独大使）、白鳥敏夫（駐伊大使）に直接、訓令を伝達した。ところが、両大使は、これではドイツが受諾しないだろうとして、秘密了解事項の削除を連名で要請するという異例の事態となり、有田はその収拾に奔走し、39年4月初旬、天皇も、両大使の言動は大権無視ではないか、と注意を促すほどであった。有田も仰天し、五相会議で両大使の言動の取り消しと、交渉の中止を提案したが板垣陸相の反対によって合意を得ることはできなかった。

その後も、同盟の対象をソ連に限るか否かをめぐって、外務省と陸軍との調整がままならず、決着をもたらしたのは39年8月の独ソ不可侵条約であった。

「複雑怪奇」

１９３８年秋の英仏独ミュンヘン会談は、会談に招かれなかったソ連から見ると、英仏がドイツの脅威をソ連に向けたことを意味した。英仏は対ソ提携によってドイツの脅威に備えるよりも、対独宥和を選択したからである。そこでソ連は、英仏に三国間の相互援助条約を提案するが進展しなかった。ヨーロッパの外交体系から排除され、安全保障上の孤立を余儀なくされたソ連は対独政策の転換のため、39年5月、外務人民委員（外相）をリトヴィノフからモロトフに代え、対独関係の改善に乗り出した。

対独関係の改善は極東の事態に目を向けた場合にも必要であった。39年5月には、東京のソ連諜報員ゾルゲから、日独間で交渉中の軍事同盟はソ連を目的としたものであり、独ソ戦が起こった場合には、日本は自動的にドイツ側に立ってソ連を攻撃するであろう、という情報がクレムリンに届いていた。また、同じころ、満州国とモンゴルの国境ノモンハンで関東軍との戦闘が開始され、次第に拡大していた（ノモンハン事件）。最も恐れていた東西二正面戦争の危機を避けるためにも、ソ連は対独和解を必要としていた。長引く日独交渉の裏側で秘

野村《のむら》吉三郎《きちさぶろう》（1877～1964）

9-14　野村吉三郎

和歌山県出身。1898年に海軍兵学校を卒業。1908年から11年までドイツに在勤。第1次世界大戦期の14年から18年まで駐米大使館付武官としてワシントンに在勤し、のちの大統領ローズヴェルト、プラット大佐（のち米海軍作戦部長）らと親交を結び、知米派の海軍軍人として知られるようになる。パリ講和会議やワシントン会議にも海軍側委員として加わる。軍令部次長となり、27年の東方会議に臨み、武力より外交を重視する中国政策を支持した。「いかなる妥協も戦争より勝る」という信念のもと、芳沢謙吉外相に協力し、第3艦隊司令長官として32年の上海事変の処理にあたる。

39年9月阿部信行内閣の外相となり、貿易省設置問題に悩まされるが、日米通商航海条約の廃棄後、揺らいだ日米関係の修復に努めた。11月からのグルー大使との会談では、在華アメリカ人の損害補償、揚子江の開放などを条件に、新通商条約の締結や暫定協定を申し入れるが、米側は消極的であった。41年2月、駐米大使に起用される。4月から始まった国交調整のための対米交渉を託され、誠実な提督大使として成功を期待されたが、開戦を避けることはできなかった。戦後、自民党から出馬して参議院議員となり、党外交調査会長などを務め、64年に逝去。

貿易省設置問題

1939年8月、企画院は行政機構の整理の一環として貿易省設置案を各省に示した。外務省通商局のほか大蔵省、商工省等の貿易関係部局を貿易大臣のもとに統合するというものであった。各省はこぞって異論をとなえたが、とくに外務省は通商と政治外交は不可分であること、外政の一元化という観点から激しく抵抗した。10月初旬、修正案が閣議決定となるが、通商局の権限縮小、商務官の任免権の貿易大臣への帰属といった内容から、外務省の通商政策を大きく毀損するものであった。松島鹿夫通商局長は即座に辞意を表明し、多くの幹部も辞職を決意した。窮地に立った阿部信行内閣は結局、貿易省の実現をあきらめた。

実質的に商工省貿易局に貿易権を集約する企画院主導案に、軍部の意向を受けて軍備拡充のための輸入資金の獲得をねらうものとみなして反発したという側面も見逃せない。興亜院の設置によって対中国外交の重要部分が失われ、さらに通商外交の権限も奪われることは、外務省にとって忍び難いことであった。

かに進行した独ソ交渉は、8月23日の独ソ不可侵条約という成果を生む。独ソ条約は日独間に進行していたソ連を目標とする軍事同盟交渉を頓挫させた。

平沼内閣は、ドイツに対して、独ソ不可侵条約は防共協定違反であると抗議を申し入れ、8月28日総辞職する。平沼は総辞職の理由として、「欧州の天地は複雑怪奇なる新情勢を生じたので、（中略）従来準備し来った政策は之を打切り、更に別途の政策樹立を必要とするに至りました」と述べた。「別途の政策」とは何を想定していたのであろうか。平沼は防共協定問題の紛糾をよそに、対米関係改善に向けて積極的なアプローチを繰り返していた。枢軸提携路線の再建ではなく、米英との提携路線に転換せざるを得ないことを内外に訴え、後継内閣に期待したものと見ることもできよう。

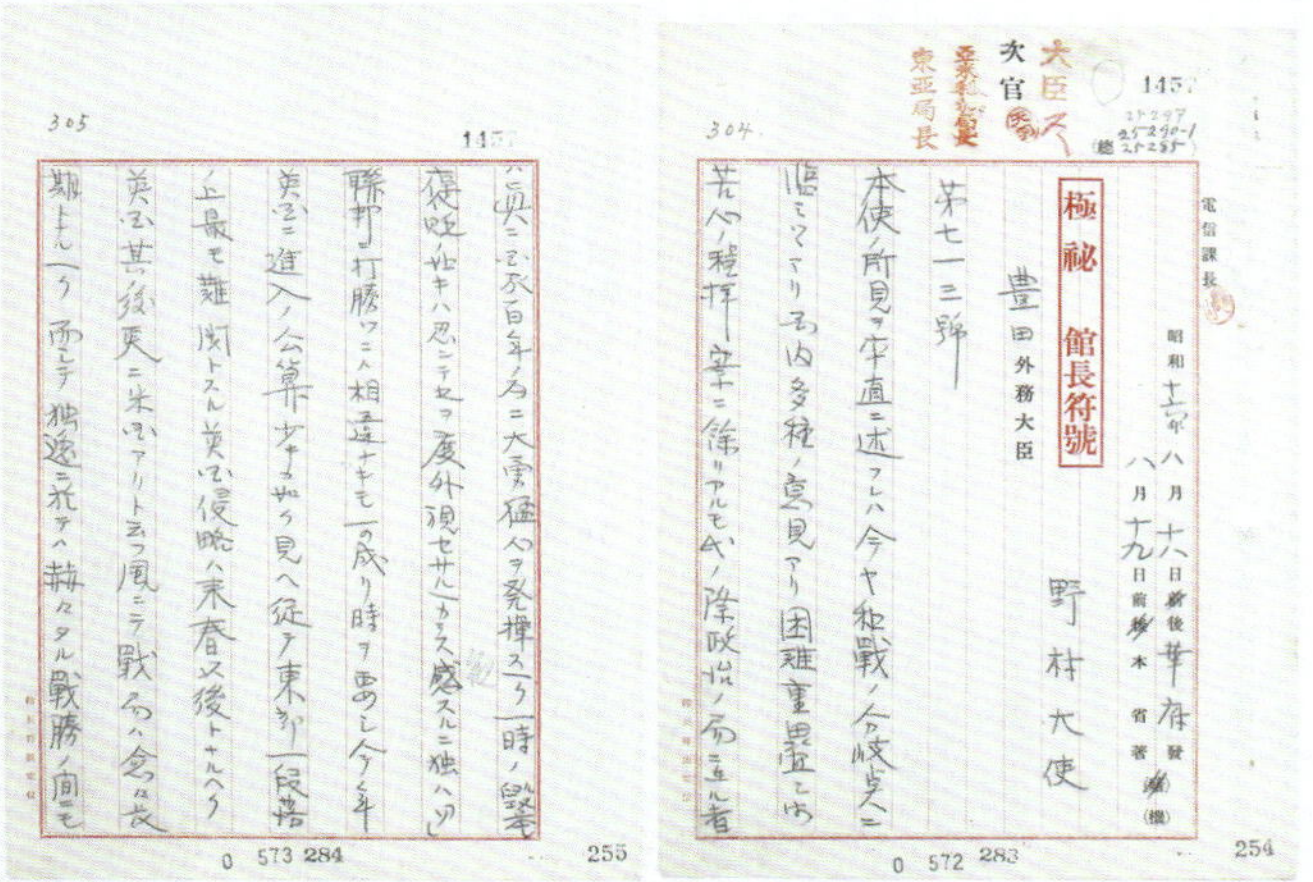
極秘　館長符號
豊田外務大臣
野村大使
第七一三號
本使ノ所見ヲ率直ニ述フレハ今ヤ独戦ノ今後ノ見透シ

9-15　日米交渉早期妥結に関する野村駐米大使の意見具申電

41年8月初旬、近衛首相が提案したローズヴェルト大統領との直接会談構想に対する米側の反応が好意的であることを踏まえ、「大局的見地」から「英断」を進言するもの（219頁以下参照）

2 欧州の激動と日本外交

【「不介入」政策と貿易省問題】

平沼騏一郎内閣が退陣し、陸軍のバックアップによって阿部信行大将が8月末に組閣した。直後の1939年9月1日、第二次世界大戦（欧州大戦）が始まった（外相は阿部が兼任、9月下旬に野村吉三郎が就任）。9月4日、阿部内閣は欧州大戦「不介入」を声明した。声明は、不介入の意味を「帝国が欧州戦争に介入せざる半面、列国も亦日支事変に介入せざること」と説明し、日華事変を欧州大戦から切り離し、局地的に解決する決意を示していた。新たな国際状況のもとで、事変の解決に第三国や国際連盟を介入させないという、それまでの方針を改めて鮮明にしたものでもあった。

欧州大戦の勃発は東南アジアに植民地をもつ英仏蘭の関心を欧州に集中させたという意味では積極的な南進政策の好機であった。実際、海軍中堅層には大胆な南進国策への転換論が起こり、外務省のなかにも、積極的な南進論が革新派を中心に議論される。しかし、欧州大戦への介入を意味するこうした積極的な南進論が政軍指導者に共有されることはなかった。むしろ、蘭印（オランダ領東インド）や仏印（フランス領インドシナ）を対象とする経済的な進出論が盛んとなる。

日華事変の局地解決（自力解決）のため、阿部内閣がまず取り組んだのが、中国における長期戦体制の構築と国内戦時体制の強化であった。阿部内閣を成立させた陸軍内では、長引く事変の収拾のため、中国からの自主的撤兵という選択肢も検討される。しかし、陸軍の選択は中国からの撤退ではなく、長期戦体制の確立であり、国内では、それを支える総動員体制の整備や行政機構改革を求めていた。貿易行政を一元的に統合するという、企画院が推進した貿易省の設置構想もその一環であった。野村外相が直面したのは、この貿易省設置問題であった（コラム209頁）。

【野村・グルー会談と日ソ関係の改善】

阿部信行内閣の当面の対外課題は、ノモンハン事件の収拾にあったが、幸い、事件は国際情勢の変動を背景に収拾に向かい、1939年9月中旬には休戦協定が締結される。モスクワの東郷茂徳大使は、停戦協定を一歩すすめる日ソ不可侵条約の締結を野村外相に提案している。しかし、阿部内閣は、北樺太の石油・石炭の利権問題、漁業問題など諸懸案の解決を進めるものの、不可侵条約はソ連の対中援助の停止が先決として消極的であった。この方針は次の米内光政内閣でも同じであった。

貿易省問題が収束すると、野村は、7月の日米通商航海条約の廃棄通告による無条約状態（40年1月から失効）の回避に取り組む。事変の長期化によって日本経済の対米依存度は一層高まり、さらに経済制裁が強化されれば、戦時経済の運営が窮地に陥るのは避けられなかった。また、野村は中国占領地の現状を見れば、資本不足のため深刻な経済危機に陥り、第三国の協力なくして復興は望めないとの判断から、前年秋の九カ国条約体制を否定する有田八郎外相の対米通告を批判し、門戸開放原則の遵守を政府内で訴えていた。

11月初旬から始まるグルー大使との会談で、グルーは、やはり占領地域における差別的待遇の継続を批判した。野村は、門戸開放原則の貫徹方針を示す第一歩として、揚子江下流を第三国船舶に開放することを提案し、通商条約の失効前に暫定協定を締結したいと述べた。在米の堀内謙介大使を通じてハル国務長官にも働きかけるが、アメリカは暫定協定の締結に応じなかった。

野村は、占領地に中央政権を樹立する必要は認めていたが、新政府の独立性を脅かす過度の干渉には批判的であった。門戸開放原則の遵守に固執する野村は、外務省内の革新派の批判の対象であった。すでにワシントン条約体制の打破を訴え、東亜新秩序建設に乗り出している現在、後退はあり得ないという批判であった。その野村外相は、米内光政内閣の登場とともに有田に交代する。有田は三度目の外相就任であった。

【汪兆銘政権の樹立】

1940年1月に成立した米内光政内閣は、欧州大戦「不介入」政策を堅持し、その枠組内でいくつかの重要政策に取り組む。その一つは占領地における強力な新中央政府の樹立であった。

前年11月には、秘かに汪兆銘政権樹立を前提とした国交調整交渉が開始されていた。交渉の基礎とされたのが、一年前の「日支新関係調整方針」であった。汪はこの対日交渉で撤兵と駐兵権の要求に抵抗するものの、結局、日本側の苛酷な和平条件を受け入れ、40年3月、国民政府の南京帰還という形をとって新

松岡洋右《まつおかようすけ》（1880～1946）

9-16　松岡洋右

山口県光市の出身。生家の没落で12歳のとき、従兄に同行して渡米。苦学の末、オレゴン州立大学法学部を卒業。1902年に帰国。04年に外交官試験に首席で合格し、ただちに上海総領事館に赴任した。ついで関東都督府の外事課長となり、後藤新平の知遇を得る。在米大使館に勤務していた16年、後藤の推薦で寺内正毅内閣の首相秘書官となり、シベリア出兵問題では積極的出兵論を展開し、幣原喜重郎次官ら慎重派と対立する。パリ講和会議では日本政府のスポークスマン（情報担当）を務め、21年、情報部第2課長を最後に退官。政友会の山本条太郎の推薦でただちに満鉄理事となる。社内改革に取り組み、いったん満鉄を離れるが27年、社長となった山本のもとで副社長（のち副総裁）に返り咲く。山本に協力し、同年10月、張作霖との間で懸案の満蒙5鉄道建設計画について秘密了解を成立させるが、翌28年の張作霖爆殺事件で頓挫。29年、満鉄を退社して政友会代議士に転じ、幣原外交批判の先鋒となる。

32年10月、満州事変の解決を主題とする国際連盟臨時総会の日本代表となり、翌年3月の脱退まで、政府訓令を受けて脱退の回避に奮闘する。脱退劇は、国内では「過去において言いたいことも言わず、虚偽と追随とを事とした無気力外交の型を破って国民のために気を吐いた」と賞賛された。帰国の船中で、「連盟から脱退することは世界から脱退することではない。〔中略〕真の自主外交こそ、真の国際協調の前提たり得べきものである」と語ったという。松岡は国際協調を放擲したわけではなかった。

35年に満鉄の総裁として復帰し、40年7月には第2次近衛文麿内閣の外相に迎えられる。独英戦争を軸に欧州情勢が激動するなかで、松岡は、まず日華事変の外交的解決に取り組む。それが行き詰まるとドイツの対英攻略を想定しながら南進政策を展開する。日独伊3国が米英を対象とする軍事同盟を結び、その圧力を利用して日ソ不可侵条約を成立させ北方の安全を確保し、併せてソ連と米英の接近を阻止する、という構想であった。最も懸念されたのが対米関係の悪化であり、対英圧迫と対米関係の調整を両立させながら3国同盟、北部仏印進駐、日ソ国交調整など次々に重要懸案を処理していった。

陸軍や革新勢力には、3国同盟にソ連を加え「4国協商」を構築するという意図が存在したが、松岡はそうしたグランド・デザインを描いてはいなかった。独ソ関係の険悪化などから、強固な「4国協商」は実現可能とは認められなかった。結局、40年末ごろから、ドイツの対外戦略がイギリス打倒からソ連打倒（対ソ戦争）へと大きく転換し、日ソの不可侵条約は中立条約にとどまり、ドイツの対英攻略に呼応する南進政策も行き詰まる。南進政策が破綻すると、ドイツに協力してソ連の屈服をはかるよりほかはなく、強硬な北進論を説くようになる。一方、なお3国同盟の圧力に期待する松岡は、強硬姿勢をもって対米国交調整交渉に臨み、日米会談の頓挫を懸念した近衛首相は、41年7月中旬、総辞職のうえ松岡を閣内から排除した。日米開戦の報に松岡は「3国同盟は僕の一生の不覚だった」と後悔したという。戦後、戦犯容疑者として東京裁判の被告となったが、審理中の46年6月に死去した。

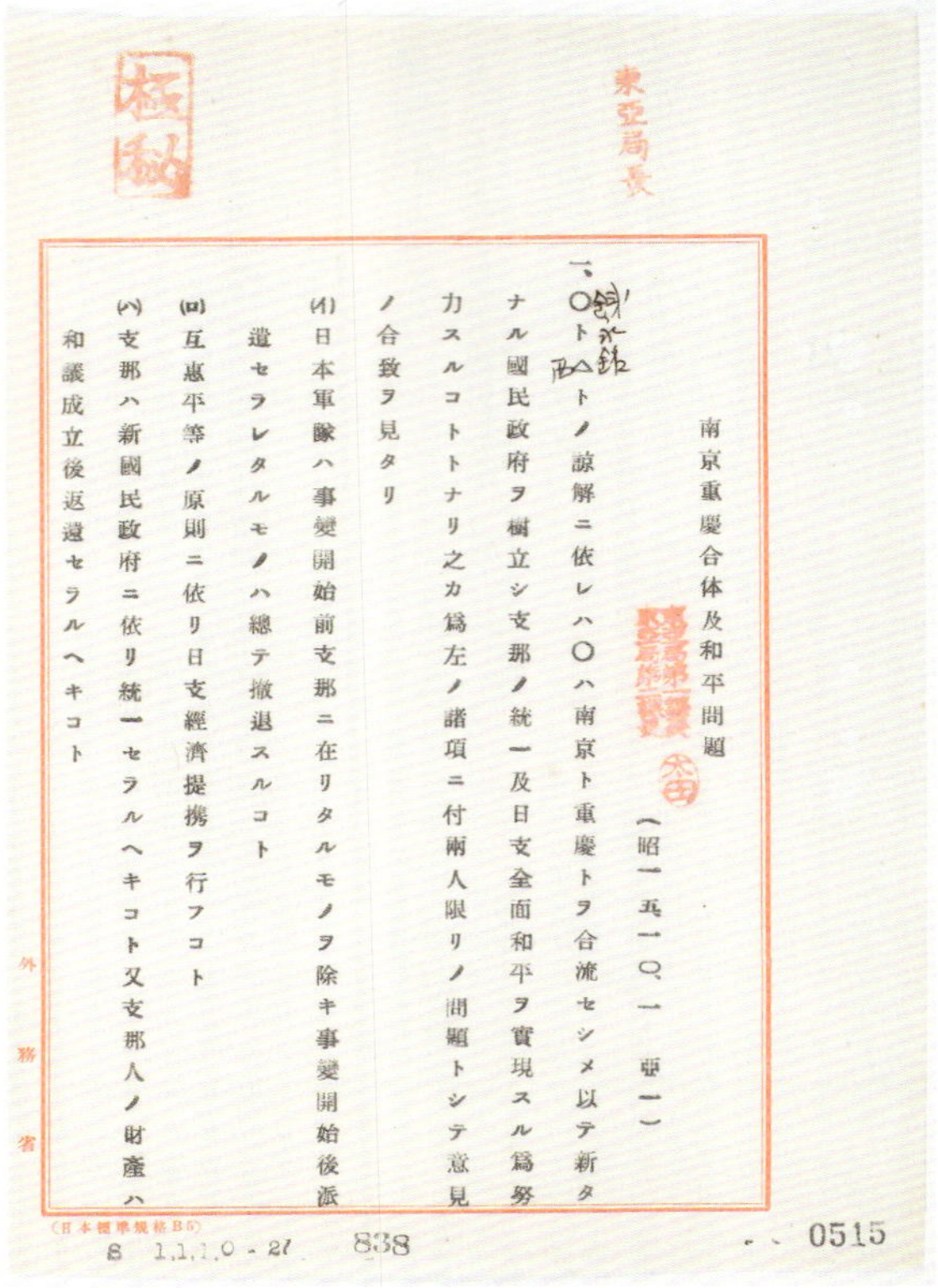
極秘

東亜局長

南京重慶合体及和平問題　（昭一五、一〇、一　亜一）

一、〇トハトノ諒解ニ依レハ〇ハ南京ト重慶トヲ合流セシメ以テ新タナル國民政府ヲ樹立シ支那ノ統一及日支全面和平ヲ實現スル爲努力スルコトトナリ之カ爲左ノ諸項ニ付兩人限リノ問題トシテ意見ノ合致ヲ見タリ

(イ)日本軍隊ハ事變開始前支那ニ在リタルモノヲ除キ事變開始後派遣セラレタルモノハ總テ撤退スルコト

(ロ)互惠平等ノ原則ニ依リ日支經濟提携ヲ行フコト

(ハ)支那ハ新國民政府ニ依リ統一セラルヘキコト又支那人ノ財產ハ和議成立後返還セラルヘキコト

外務省

（日本標準規格B5）

8 1.1.1.0-27　838　0515

9-17　南京重慶合体及和平問題
蔣・汪両政権を合体させ、日中全面和平を実現する案（1940年10月1日、東亜局第1課）

中央政府を樹立する。

新中央政府の主席代理には行政院長を兼ねて汪が就任した。維新政府は解消し、臨時政府は華北政務委員会と名称を変えた。新国民政府の成立に、ハル国務長官は、米国は重慶の国民政府を中国の正統政府とみなすことに変わりはないというステートメントを発表した。しかし、新中央政府は、その管轄地域は狭かったが、中国の総関税収入の約9割を掌握し、北京、上海など重要都市を含んでいた。

しかし、汪政権の権力基盤はあまりに弱体であり、参謀本部は汪政権と蔣介石政権の合流を期待して、重慶政権との直接交渉の可能性を様々なルートを通じて探ることになる。40年に入ると宋子良《そうしりょう》なる人物を通じた和平ルートが開拓される。「桐工作」と秘匿名で呼ばれたこの和平工作は、40年6月には蔣、汪と日本側代表者の三者による停戦会談の約束へと発展する。停戦会談の促進を目的に、6月中旬には、重慶の足元を脅かす宜昌《ぎしょう》作戦が発動される。宜昌の占領は事変全体を通じて重慶の国民政府に最も強い圧迫感を与えたという。

こうして東京の政府と陸軍は、汪政権の承認をしばらく見送り、桐工作の行方に期待をかけることになる。

不介入政策の枠組内で試みられたのが、第三国による援蔣ルート（重慶政権に対する列国の物資補給路）を遮断するための軍事的、外交的措置であった。とくに仏印を経由するルートは輸送量が大きかったため、日本は再三、軍需品などの輸送停止をフランス政府に申し入れていた。しかし効果はなく、39年末から仏印国境付近で南寧作戦が実施され、これを圧力として対仏交渉が展開されるが、仏印側は援蔣ルート遮断に応ずる態度を示さなかった。

仏印問題の行き詰まりは、ドイツ軍の西欧電撃戦によって打開されることになる。

【松岡外交の登場】

1939年秋以降、西部戦線でほとんど戦闘が行われない「奇妙な戦争」が続いたが、40年春からドイツ軍は電撃戦によってベルギー、オランダを制圧し、6月にはフランスが降伏した。ドイツの欧州席巻は難航していた援蔣ルート遮断問題を進展させる。イギリスは40年6月中旬、日本のビルマ・ルート閉鎖要求に応じて三カ月間の閉鎖に同意し、仏印当局も仏印ルートによる援助物資の輸送を停止した。また、フランスの対独敗北は、南寧占領後、遊兵化していた日本軍（第五師団）を中国方面に転用するか、仏印領内に侵入させるか、という問題に解答を与えることになり、9月末に北部仏印進駐が敢行される。

日本国内では、ドイツとともに「世界新秩序」建設をになうべきである、とする観点から、日独同盟論が盛んに説かれた。東南アジアにおける欧州植民地の宗主国がドイツの支配下に入るという、「力の真

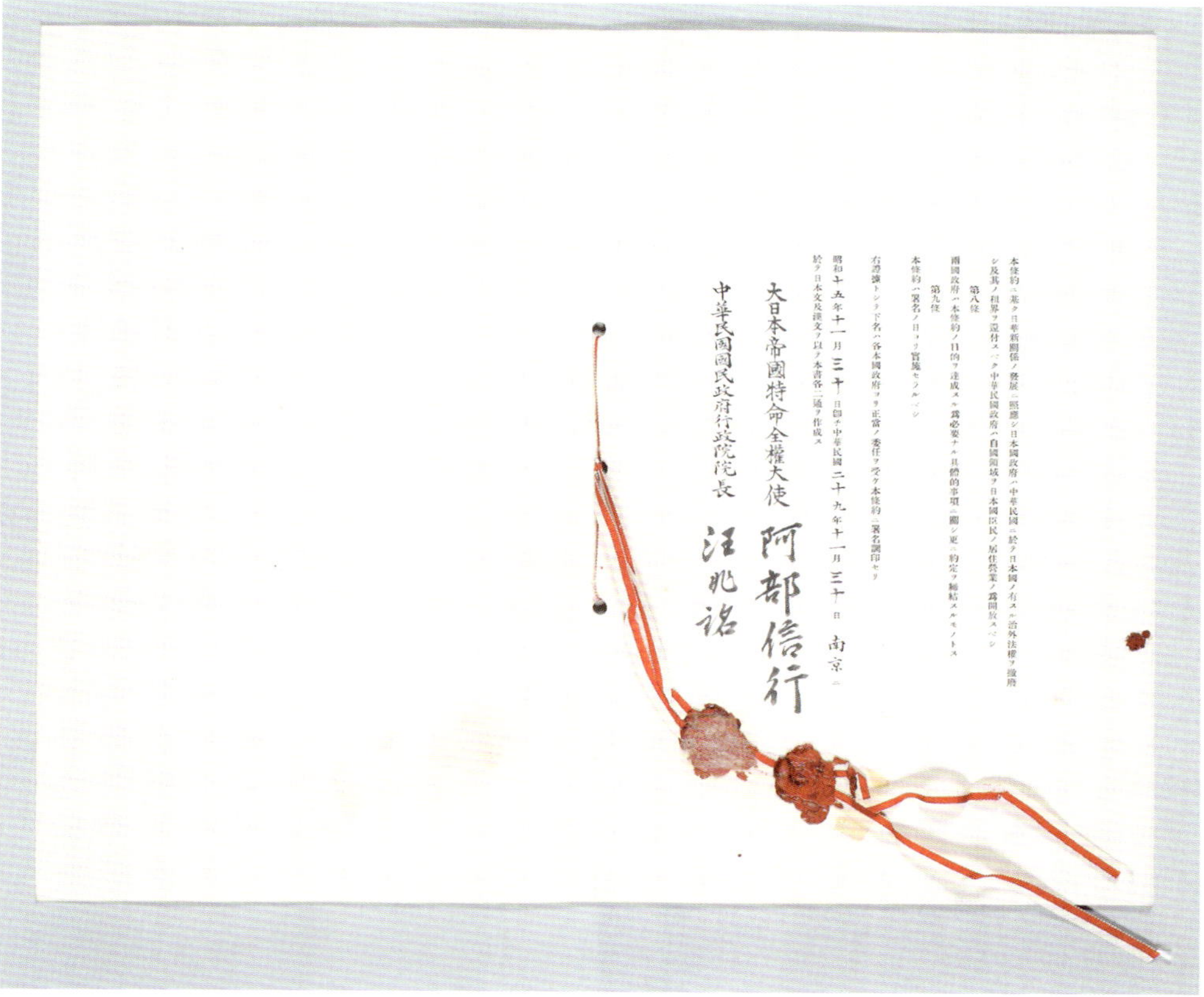
本條約ニ基ク日華新關係ノ發展ニ照應シ日本國政府ハ中華民國ニ於テ日本國ノ有スル治外法權ヲ撤廢シ及其ノ租界ヲ還付スベク中華民國政府ハ自國領域ヲ日本國臣民ノ居住營業ノ爲開放スベシ

第八條

兩國政府ハ本條約ノ目的ヲ達成スル爲必要ナル具體的事項ニ關シ更ニ約定ヲ締結スルモノトス

第九條

本條約ハ署名ノ日ヨリ實施セラルベシ

右證據トシテ下名ハ各本國政府ヨリ正當ノ委任ヲ受ケ本條約ニ署名調印セリ

昭和十五年十一月三十日即チ中華民國二十九年十一月三十日南京ニ於テ日本文及漢文ヲ以テ本書各二通ヲ作成ス

大日本帝國特命全權大使　阿部信行

中華民國國民政府行政院院長　汪兆銘

9-18　日華基本条約（調印書）

空」に乗じた性急な南進論も論壇をにぎわした。しかし、欧州戦争「不介入」政策を堅持する米内内閣は、南進にも日独同盟にも消極的とみなされ、陸軍や革新勢力から激しい批判にあい、40年7月中旬、陸軍によって総辞職に追い込まれる。不介入政策は限界に達した。

陸軍の強力な後押しで成立した第二次近衛文麿内閣は、7月下旬に二つの重要国策を定めた（閣議決定「基本国策要綱」、大本営政府連絡会議決定「世界情勢の推移に伴う時局処理要綱」以下、時局処理要綱）。組閣直前に、外相に予定された松岡洋右、陸相予定の東条英機、海相留任予定の吉田善吾《ぜんご》を荻窪の近衛私邸に集めて合意したものであった（荻窪会談）。

まず、「基本国策要綱」は、世界は今や「歴史的一大転換期」にさしかかっているとの認識から、日本の「国是」は、「大東亜新秩序」の建設にあるとし、国内政治全般の刷新、自給自足経済の確立、国防国家体制の確立などを国策にかかげた。8月初旬

9-19　荻窪会談　第2次近衛内閣の発足に先立つ4首脳の会談（1940年7月19日）

9-20　三国同盟を発表するリッベントロップ独外相　前列左から来栖駐独大使、チアノ伊外相、ヒトラー独総統

9-21　日ソ中立条約調印式

には新入閣した松岡外相が公式に「大東亜共栄圏の建設」という言葉を用い、大東亜共栄圏の範囲は、日満華三国の東アジアだけではなく、東南アジアを含む地域であると述べた。

一方、「世界情勢の推移に伴う時局処理要綱」は、6月下旬から、ドイツによる欧州制覇と米内内閣に代わる新内閣の出現を前提として、参謀本部を中心に立案が進んだものであるが、その柱は、英本国の敗北を想定した極東における英領の軍事的攻略であった。その条件は、ドイツの英本土上陸という事態の発生、日華事変の停戦実現であったが、事変が解決されない場合にも武力行使はあり得た。「南方作戦を敢行することが支那事変を有利に解決する途にあらずや」という願望が陸軍内に存在したからである。だが、欧州戦線はイギリスの必死の防衛戦によって長期化の様相となり、ドイツに呼応して極東の香港やシンガポールを攻撃するという軍事展開は遠のいていく。

【日独伊三国同盟と日ソ中立条約】

「世界情勢の推移に伴う時局処理要綱」の外交的側面は、枢軸提携の強化と対ソ国交調整とであった。独ソ不可侵条約後も枢軸提携路線は陸軍や外務省内で衰えたわけではなかった。ただ、その内容は、独軍の欧州席巻という情勢変化を踏まえ、東南アジアの資源地帯にドイツの影響力が及ぶのを避けるという意味が重要となり、アジアにおける日本の覇権と欧州におけるドイツの覇権の相互承認が基本となる。

問題は、対英戦争中のドイツにどの程度協力を約束するかにあった。とくに陸軍案はシンガポール攻撃などドイツから対英参戦を要求された場合には「原則的にこれに応ずる」ことを約束するものであった。しかし、１９４０年８月下旬からの対独交渉において、松岡外相は同盟の対象にイギリスとともにアメリカを加え、対米英軍事同盟案へと変質させ、とくに海軍や外務省の強い反対に直面した。

松岡の意図は同盟の威力によって対米戦争を回避することにあり、ドイツの日独同盟に対する期待もアメリカの欧州大戦への参戦阻止にあった。したがって日独は欧州の戦争とアジアの紛争へのアメリカの介入を牽制することに同盟の主眼があることについて了解できた。

ただ、松岡は、ドイツの対英攻略に呼応して武力で南進する場合に備えるため、枢軸同盟の圧力を利用して日ソ不可侵条約を成立させ北方の安全を固める、という考えを棄て切れなかった。

海軍は最後まで同盟に反対するものの、米独戦争が開始された場合の対英米参戦問題について交換公文等で自主的判断の余地を残すことで賛成に回る。こうして9月下旬、日独伊三国同盟がベルリンで調印される。松岡は同盟の意義について日米戦争の防止がそのねらいであることを力説したが、英米の援蔣政策の強化や、経済制裁措置の加重をもたらすのみであった。

ところで三国同盟の成立過程では、日独伊同盟にソ連を誘導して「四国協商」とするという構想が陸軍や革新勢力から提起されていた。松岡は、ドイツの対ソ影響力を活用して日ソ国交調整を図ろうとしていたが、そうした構想を最初から描いていたかは微妙である。

元来、日ソ間の国交調整はノモンハン事件の解決（39年9月）以来、ソ連の重慶政権に対する支援を抑制するという観点から追求されてきたが、40年夏の南進政策の浮上によって、南進に備えた北方の安全確保という観点が加わり、さらに重要な懸案となっていた。

しかし、対ソ交渉は難航した。松岡と陸軍は独ソ不可侵条約に匹敵する関係の設定を望んだが、具体的代償に乏しく、40年秋からの不可侵条約の打診はことごとくソ連の拒否にあう。そこで松岡は、41年3月からモスクワ、ベルリンを訪問し4月にはスターリンとの間で日ソ中立条約に調印した。しかし、日ソ中立条約が成立したとき、独ソ関係は悪化（すでにヒトラーは対ソ攻撃を決定していた）し、ドイツの対英攻略の可能性も遠のき、松岡の武力南進を想定した外交構想は、事実上、破綻していた。

【汪政権の承認―遠のく事変解決】

ところで１９４０年秋になると、陸軍が取り組んでいた桐工作（前述）は汪兆銘政権の攪乱をねらった中国側の謀略の疑いが濃厚となり停戦和平への期待は急速に萎んでしまう。さらに、浙江財閥の巨頭、銭永銘《せんえいめい》を通じた和平工作も、松岡外相のもとで秘かに進んだが汪政権樹立の妨害工作と判断された。こうして蔣政権との停戦の術をなくした日本政府は、40年11月末日、汪政権を南京国民政府として正式に承認し、同時に日華基本条約を締結した。12月には本多熊太郎が大使に任命された。

日華基本条約は前述の「日支新関係調整方針」を基礎としたもので、「善隣友好」や主権・領土の尊重、互恵平等をかかげてはいたが、共同防共や治安維持のための日本軍の蒙疆、華北への駐屯、蒙疆、華北の国防資源の共同開発と日本への優先的提供などが規定されていた。汪政権の承認は、事変の解決に寄与するどころか、かえって蔣政権（重慶政権）との対立関係を固定化することになり、停戦和平の道を閉ざす結果となる。汪政権承認後の収拾方策を定めた40年11月の「支那事変処理要綱」（御前会議決定）は、既占領地の安定確保を中国政策の基本とすることを確認するのみであった。

こうして40年秋には、陸軍にとって事変解決の手段は、欧州列国との衝突を覚悟した武力南進による自給自足圏確立―長期自給体制の確立のみが残されたことになる。しかし、米英の結束強化とＡＢＣＤ対日包囲陣が整ってくるなかでは、武力による東南アジア侵攻は当面避けねばならず、まずは蘭印（オランダ領東インド）、仏印に対する外交交渉による資源獲得や影響力拡大が優先された。しかし、これらの平和的・外交的手段による南進は、蘭印やタイへの米英の支援や牽制も作用して期待通りには進まなかった。

とくに、石油、スズなど戦略物資の供給地をアメリカから蘭印に代替するという強い希望のもとの、40年夏から粘り強く行われていた蘭印との交渉も、41年に入ると米英の支援を背景にオランダは遷延策をとり、交渉は風前の灯となっていた。

3 日米会談と破局

【事変解決と対米交渉】

事変解決のため、最後に残された外交的手段はアメリカによる和平斡旋を期待して直接、対米交渉に臨むことであった。そのための準備工作が1940年秋から日米民間人を中心に秘かに進展していた。41年4月中旬、その成果が野村吉三郎大使から日米会談のための非公式的な基礎案―「日米了解案」として伝えられた。了解案は三国同盟の実質的な無力化を期待してはいたが、同盟からの離脱は要求していなかった。また、日米通商関係の正常化、東南アジアの資源獲得に対する日米協力などをかかげており、近衛文麿首相も軍部もこれを歓迎した。とくに陸軍は、一定の条件のもとでの事変の和平斡旋の可能性に言及している点を歓迎した。ただし、了解案は和平斡旋の前提として、「ハル四原則」（領土保全と主権尊重、内政不干渉、機

日米了解案の怪

1940年晩秋、米国カトリック教会のジェームズ・ウォルシュ司教とジェームズ・ドラウト神父が訪日した。2人は、日本の財界、外交関係者など有力者と意見交換を重ねた。両師の滞日中、最も緊密な連絡を保っていたのは産業組合中央金庫理事の井川忠雄であった。さらに両師の背後には、有力な民主党員で郵政長官のフランク・ウォーカーという斡旋役が控えていた。明けて41年1月、両師はローズヴェルト大統領とハル国務長官を交えて日米和平の可能性を話し合った。両師は、日本における対米提携勢力の存在、3国同盟の空文化や太平洋の平和の可能性を熱心に説いた。両師の帰国を追うように井川が渡米する。井川の渡米には米国首脳部の意向打診という近衛文麿首相や武藤章軍務局長らの期待と指示があった。

井川は3月上旬から、両師とウォーカーを交えて日米国交調整のための基礎案（原則協定案）を作成した。4月になると、野村吉三郎大使を補佐するという名目で陸軍省軍事課長・岩畔豪雄が渡米して作業に加わる。野村大使も作業内容の報告を受けるようになり、作業の性格は半ば公的な性格をもってくる。基礎案は岩畔を加えた作業で修正され、4月16日に「了解案」が成立し、野村大使からハルに提示される。ハルは、国際平和に関する4原則（領土保全と主権尊重、内政不干渉、機会均等、平和的手段によらざる限り太平洋の現状不変更）を日本政府が受諾するならば了解案を会談の基礎としても良い、と答えた。野村は早速、了解案を近衛のもとに打電した。

ところが近衛首相をはじめ日本政府は、これをローズヴェルトやハルが了解した米国案として受け取った。それは、野村大使が、「ハル長官より両国諒解案に依り交渉を進めて宜しく、政府の訓令を得られたき旨申出あり」と打電したためであった。野村大使や岩畔課長が、本国政府が受け入れ易くするため、米国政府の起案によるかのように装ったことは確実のようである。誤解を招いた要因として、ハルが強調した4原則が日米会談の基礎であることを、野村大使が日本政府に明確に伝えなかったことがある。

米国政府に、了解案に基づく「交渉」によって日米和解に導こうという強い意思があったのか、といえばやや疑わしい。大西洋第一主義をとるアメリカにとって、対英援助の強化と対独戦の準備を早急に整えることが最大の課題であった。したがって、対日交渉のもう一つの側面は日本の南進を牽制し、同時に時間をかせぐことであった。5月下旬、英政府部内に日米交渉に対する疑惑が生まれたとき、ハルはイーデン外相に、日米交渉の目的は「大西洋・地中海での情勢をイギリスに有利に展開させるための、日本の行動をひき延ばす慎重な政略」であると反論していた。

会均等、平和的手段によらざる限り太平洋の現状不変更）の受諾を求めていた。

12月まで続く日米会談における主要な争点は、①通商上の無差別待遇、②三国同盟に規定された参戦義務の適用問題、③アメリカの仲介による日華事変の解決であった。前二者は条約の解釈と実行の問題として妥協の道が開かれていくが、日本が最も期待した日華事変の和平斡旋について、アメリカは単なる仲介者ではなく、その前提は、ハル四原則を日本が受諾することであった。

問題は、4月下旬に帰国した松岡洋右外相の反応であった。案の定、松岡は独伊に対する背信行為であるとして交渉に強く反対した。松岡によれば、了解案は柔軟さをよそおってはいるが枢軸陣営から日本を引き離すことをねらっていた。松岡は、三国同盟に関する日本の義務や事変収拾に関する和平条件の明確化という観点から了解案を大

幻の東京オリンピック

オリンピックの歴史のなかで、日本人初の金メダルは、1928（昭和3）年の第9回アムステルダム大会である。織田幹雄（三段跳び）と鶴田義行（競泳200メートル平泳ぎ）が金メダルを獲得し、女子でも人見絹枝（陸上女子800メートル）が銅メダルを獲得。翌29年に国際陸上連盟会長が来日したとき、アムステルダム大会の日本選手団長を務めた山本忠興（当時、日本学生陸上競技連盟会長）との間で、東京大会が話題にのぼり、山本がそれを東京市や市長に伝えると招致の気運はにわかに盛り上がった。31年10月、東京市会は、40（昭和15）年に予定された紀元2600年記念事業の一環として、「国際オリンピック競技大会開催に関する建議」を満場一致で採択した。永田秀次郎東京市長は外務省に対し、32年の第10回ロサンゼルス大会を機会に、在外公館を通じてIOCに対しオリンピックの東京招致活動を開始するよう要請した。

このロサンゼルス大会で、日本は東京大会開催を正式に申請することになるが、満州事変の翌年のことであり、「満州国代表」の是非の問題を引き起こした。満州国代表として派遣される予定であった劉長春選手は、この問題に巻き込まれることになり、結局、華北に逃れたうえ、中華民国代表として参加することになる（中華民国史上、初のオリンピック参加であった）。ロサンゼルス大会における日本選手の活躍はめざましかった。男子競泳で6種目中、5種目で金メダルを獲得し、さらに南部忠平（三段跳び）や西竹一（馬術）も金メダルを獲得した。

35年のIOC総会は、40年大会の開催地をめぐって東京、ローマ、ヘルシンキの3都市の争いになった。日本は杉村陽太郎駐イタリア大使を通じて、ムッソリーニ首相に直接交渉を行い、ローマの辞退を取り付ける。最終的な決定は、36年の第11回ベルリン大会となるが、東京市は35年末には東京市招致委員会を立ち上げ、具体的な準備を早くも開始する。東京開催が決定したベルリン大会でも、日本選手は前回大会に匹敵する好成績をあげた。三段跳びの田島直人、マラソンの孫基禎、女子200メートル平泳ぎの前畑秀子ら6種目で金メダルを獲得した。前畑は日本女子初の金メダルであった。

1932年ロサンゼルスオリンピック

金メダル

陸上男子三段跳び	南部忠平
競泳男子自由形 100ｍ	宮崎康二
競泳男子自由形 1500ｍ	北村久寿雄
競泳男子背泳ぎ 100ｍ	清川正二
競泳男子平泳ぎ 200ｍ	鶴田義行
競泳男子 800ｍリレー	
馬術障害飛越競技	西竹一

1936年ベルリンオリンピック

金メダル

陸上男子三段跳び	田島直人
陸上男子マラソン	孫基禎
競泳男子自由形 1500m	寺田登
競泳男子平泳ぎ 200m	葉室鉄夫
競泳女子平泳ぎ 200m	前畑秀子
競泳男子 800m リレー	

9-22　幻の東京オリンピック公式マーク

日本選手の活躍は東京大会の気運を大いに盛り上げたが、それに水を差したのが37年に始まる日華事変であった。事変が長引くにつれ、内外から東京大会の開催に疑問が提起されるようになり、38年4月、IOC会長ラトゥール伯爵は、ベルギー大使の来栖三郎を訪れ、事変の長期化によって、英米はもちろん多くの国が参加を拒否するだろう、として自ら辞退するよう勧告した。これを受けた日本政府は、国内での反対論も加味し、38年7月、第12回オリンピック東京大会の開催取りやめを決定し、組織委員会に通知した。東京大会に代わってヘルシンキでの第12回大会の開催を決定したが、ヘルシンキ大会も第2次世界大戦の勃発で取りやめとなった。

幅に修正することになる。松岡の意見を容れた日本側の対案（5月12日対米提案）の日華事変に関する部分は、事変の解決に第三国の介入を避けるという観点から、アメリカは、40年11月の日華基本条約（前述）を「了承」したうえで、蔣政権に対して和平を勧告すべし、と要求していた。

これに対するアメリカの回答（6月21日米国案）は、汪政権の否認、満州の中国への復帰、日本軍の無条件撤兵、防共駐兵の否認、通商上の無差別待遇などであり、日本の提案をほとんど否認していた。その後の交渉においてもアメリカはこれらの条件を後退させることはなかった。この回答に接した松岡は日本を「弱国・属国扱いするもの」と激怒し、交渉打ち切りを主張する。

【独ソ戦争と国策再検討】

1941年6月22日の独ソ戦争の勃発は、ソ連が明確に反枢軸陣営の一員となったことを意味し、日独伊ソの「四国協商」の形成という幻想を破綻させるものであった。松岡は独ソ関係の変調を自覚していたが、ドイツの進攻を恐れるソ連は、かえって対日譲歩に踏み出すものとみなした。

日本陸軍内では6月初旬に独ソ開戦情報が伝わると、ドイツの期待に応えて極東ソ連領を攻撃するか（北方戦争論）、北方の安全を確保しつつ、南方の資源を求めて武力で南進するか（南方戦争論）とで、激しい論争となる。参謀本部や松岡外相はドイツに呼応した対ソ攻撃を主張した。日ソ中立条約のもと南進を主張していた松岡は、ドイツの短期勝利は確実で、数カ月間、アメリカを抑え込めば、おのずと途は開けると主張した。

7月初旬に御前会議決定となった国策（帝国国策遂行要領）は「南北併進」に落ち着いたが、北方戦争は独ソ戦争がドイツに有利に展開した場合とされた。その準備のため関特演（関東軍特種演習）の名で関東軍の増強がはかられ、極秘裏に多くの内地師団が満州に送られた。しかし、北方戦争はシベリアの気候的条件に加えて、独ソ戦が早期に終結する見込はなくなり、8月初旬に中止される。

この間の7月中旬、近衛首相は交渉の打ち切りを主張する松岡外相を更迭するとともに、いったん総辞職して第三次近衛内閣を発足させ、交渉の継続をはかった。豊田貞次郎外相は着任早々、グルー駐日米国大使に、仏印以外に進出する意図はないことを伝えるなど南部仏印進駐がもたらした対米危機の緩和に努める。

【南部仏印進駐】

他方、石油資源の獲得をめざした日蘭交渉が行き詰まると、

9-23　サイゴン市内を行進する日本海軍陸戦隊

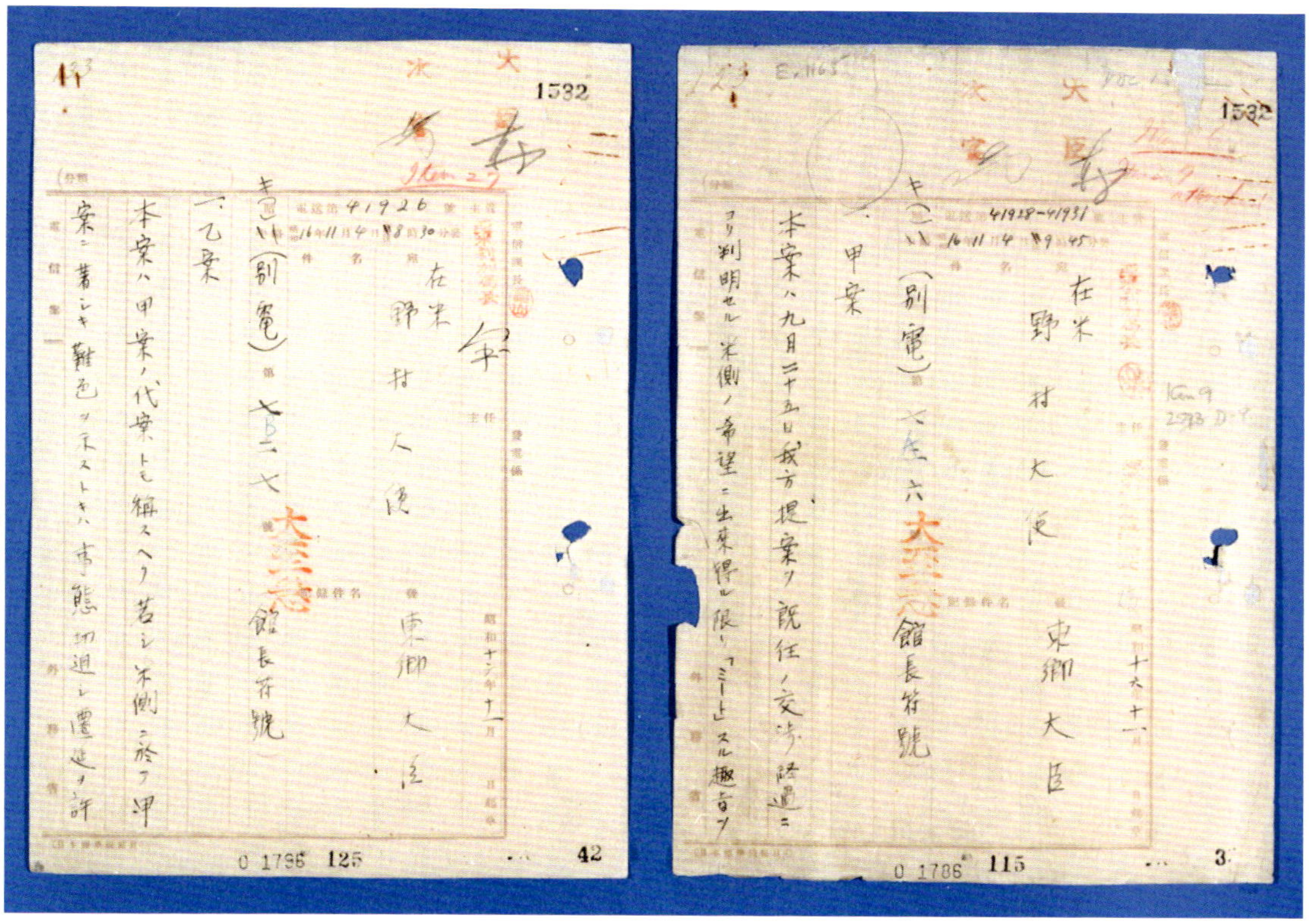

9-24　日米交渉日本側最終案（「甲案」「乙案」）

1941年7月下旬、日本軍は南部仏印進駐を強行した。蘭印を威圧するという効果が期待され、南方作戦のための航空基地をサイゴンに設定するという目的も含まれていた。

これに対しアメリカは在米日本資産の凍結と石油の全面禁輸という最高度の経済制裁で応えた。英蘭もアメリカにならった。しかし、日本と同じくアメリカも戦争を決意したのではなかった。アメリカの最大の脅威は依然としてドイツであり、米独関係は極度に悪化し、6月には独伊の在米資産はすでに凍結されていた。アメリカの対日強硬措置は、戦わずして日本を屈服させ、これ以上の南進を抑止するためであった。

しかし、日本側からすれば、最高度の経済制裁はまさに「自存自衛」に対する切迫した脅威であり、8月初旬には、まず海軍の中堅層の中に開戦やむなし、という声があがりはじめ、陸軍の中堅層をも巻き込んで外交交渉に限度を設けて開戦を決意すべきだ、という考え方が浮上し、それは新たな国策案として御前会議に提案されることになる。

9月6日、御前会議は「帝国国策遂行要領」を採択し、外交交渉の限度を10月上旬、戦争準備の完成を10月下旬とし、開戦の目途を11月初頭と定めた。対米交渉に関する「別紙」では、中国問題について「帝国軍隊の駐屯に関しては之を固守する」とされた。

【頂上会談構想】

近衛首相は、1941年8月になると自ら対米問題に取り組む意欲をローズヴェルト大統領との頂上会談という形で示した。国交調整を妨げる「陸海軍中堅層」の介入を回避するためには、頂上会談は良策であった。グルー大使も軍部の「過激派」を統制できる政治家は近衛をおいてほかになく、この機会を逃すべきでないと本国政府に督促した。

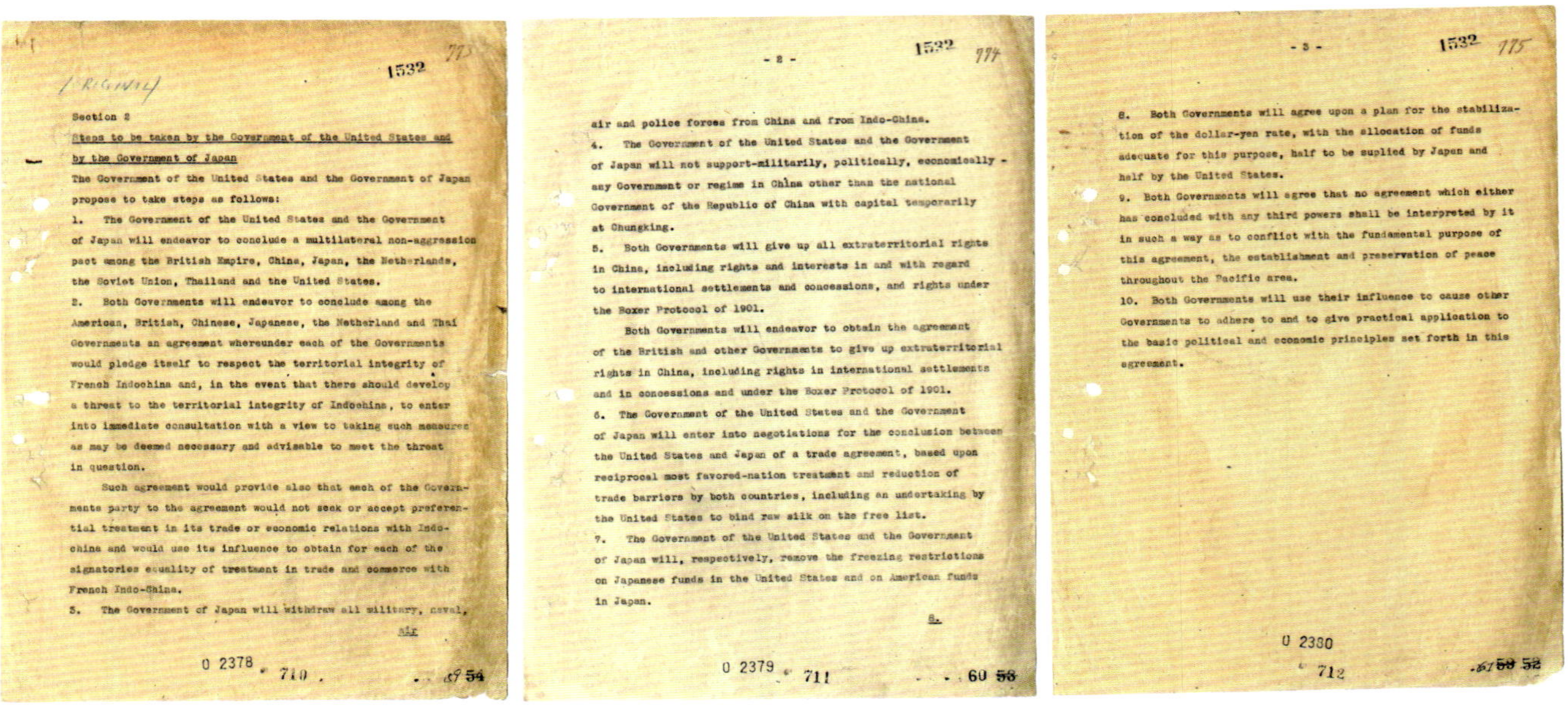

1532

Section 2

Steps to be taken by the Government of the United States and by the Government of Japan

The Government of the United States and the Government of Japan propose to take steps as follows:

1. The Government of the United States and the Government of Japan will endeavor to conclude a multilateral non-aggression pact among the British Empire, China, Japan, the Netherlands, the Soviet Union, Thailand and the United States.

2. Both Governments will endeavor to conclude among the American, British, Chinese, Japanese, the Netherland and Thai Governments an agreement whereunder each of the Governments would pledge itself to respect the territorial integrity of French Indochina and, in the event that there should develop a threat to the territorial integrity of Indochina, to enter into immediate consultation with a view to taking such measures as may be deemed necessary and advisable to meet the threat in question.

Such agreement would provide also that each of the Governments party to the agreement would not seek or accept preferential treatment in its trade or economic relations with Indochina and would use its influence to obtain for each of the signatories equality of treatment in trade and commerce with French Indo-China.

3. The Government of Japan will withdraw all military, naval,

air

0 2378 710 59 54

- 2 - 1532

air and police forces from China and from Indo-China.

4. The Government of the United States and the Government of Japan will not support-militarily, politically, economically - any Government or regime in China other than the national Government of the Republic of China with capital temporarily at Chungking.

5. Both Governments will give up all extraterritorial rights in China, including rights and interests in and with regard to international settlements and concessions, and rights under the Boxer Protocol of 1901.

Both Governments will endeavor to obtain the agreement of the British and other Governments to give up extraterritorial rights in China, including rights in international settlements and in concessions and under the Boxer Protocol of 1901.

6. The Government of the United States and the Government of Japan will enter into negotiations for the conclusion between the United States and Japan of a trade agreement, based upon reciprocal most favored-nation treatment and reduction of trade barriers by both countries, including an undertaking by the United States to bind raw silk on the free list.

7. The Government of the United States and the Government of Japan will, respectively, remove the freezing restrictions on Japanese funds in the United States and on American funds in Japan.

8.

0 2379 711 60 58

- 3 - 1532

8. Both Governments will agree upon a plan for the stabilization of the dollar-yen rate, with the allocation of funds adequate for this purpose, half to be suplied by Japan and half by the United States.

9. Both Governments will agree that no agreement which either has concluded with any third powers shall be interpreted by it in such a way as to conflict with the fundamental purpose of this agreement, the establishment and preservation of peace throughout the Pacific area.

10. Both Governments will use their influence to cause other Governments to adhere to and to give practical application to the basic political and economic principles set forth in this agreement.

0 2380 712 59 52

9-25　ハル・ノート

参謀本部は、頂上会談が枢軸陣営の結束を弱め、英米依存体制に国策の方向を転換する契機となる、といった観点から反対する。しかし、東条英機陸相は、頂上会談を拒否するならば近衛は内閣を投げ出し、政変となる可能性があり、その場合に陸軍が責任を負うことになる、として説得した。

頂上会談のために改めて対米提案が検討された。外務省は中国からの速やかな撤兵という原則のもとで、駐兵地域や駐兵期間の限定を盛り込もうとするが、陸軍はとくに華北・蒙疆における駐兵に固執した。結局、9月25日の対米提案は、通商上の門戸開放・機会均等については譲歩し、経済活動の自由を原則として認める方針を示していたが、駐兵について譲歩することはなかった。

【ハル覚書の衝撃――「サイ」は投ぜられたるか】

頂上会談の提案に対する最終的な拒否回答が、1941年10月2日付のハル覚書として日本側にもたらされる。ハル覚書は、改めて四原則を強調したうえ、「不確定期間、支那特定地域に軍隊を駐屯せしめんとする要望」を否定し、日本軍隊の仏印、中国からの撤退を明確に宣言することが必要と指摘していた。野村大使は「日米交渉は遂に『デッドロック』となる感あり」と打電してきた。外務省幹部はショックであったが、なお交渉の余地ありとみなして、駐兵と撤兵の期限について陸海軍と調整に乗り出すが、対米開戦を決意する時期が到来したと判断する陸軍は、9月6日の御前会議決定の実行を迫る。

東条陸相は10月14日の定例閣議で、「撤兵問題は心臓だ。〈中略〉米国の主張に其のまま服したら支那事変の成果を壊滅させるものだ。満州国をも危うくする。更に朝鮮統治も危うくなる」と論じ、交渉打ち切りを主張した。近衛首相や豊田外相は外交交渉の継続論であったが、及川古志郎《こしろう》海相は総理一任であった。その二日後、近衛内閣は閣内不一致をもって総辞職した。近衛首相は7月の閣内危機には松岡排除で対処したが、今回の危機には対処のすべを失っていた。

後継首班は、東条の推薦する皇族の東久邇宮稔彦《ひがしくにのみやなるひこ》ではなく東条であった。木戸幸一内大臣が東条を首相に推薦したのは、陸軍の強硬態度の源である「軍部中堅」を統制できる人物は東条をおいてほかにはない、と考えたからであった。10月18日、東郷茂徳を新外相に迎えて東条内閣が成立し、東条は陸相を兼任した。東条内閣の成立を知った参謀本部戦争指導班はその日誌に、「『サイ』は投ぜられたるか」と書いた。駐兵に固執していた東条陸相が首相となったとなれば、対米交渉の決裂は明らかと思われたからである。しかし、その夜、9月6日の御前会議決定を白紙に戻すべし、という、天皇の「優諚《ゆうじょう》」が伝えられる。

東条首相は、大きく開戦に傾いていた陸軍中堅層から「変節」の非難を浴びつつ、国力を中心に国策の再検討のための大本営政府連絡会議を連日開催した。そして11月5日の御前会議は、11月末日を目途に外交交渉と戦争準備を併進させる、妥結しない場合の武力発動は12月初旬と決定した。東条内閣に海相として入閣していた嶋田繁太郎《しげたろう》大将は開戦に傾いていたが、東条や東郷外相は外交的妥結のために最後の努力を傾ける。

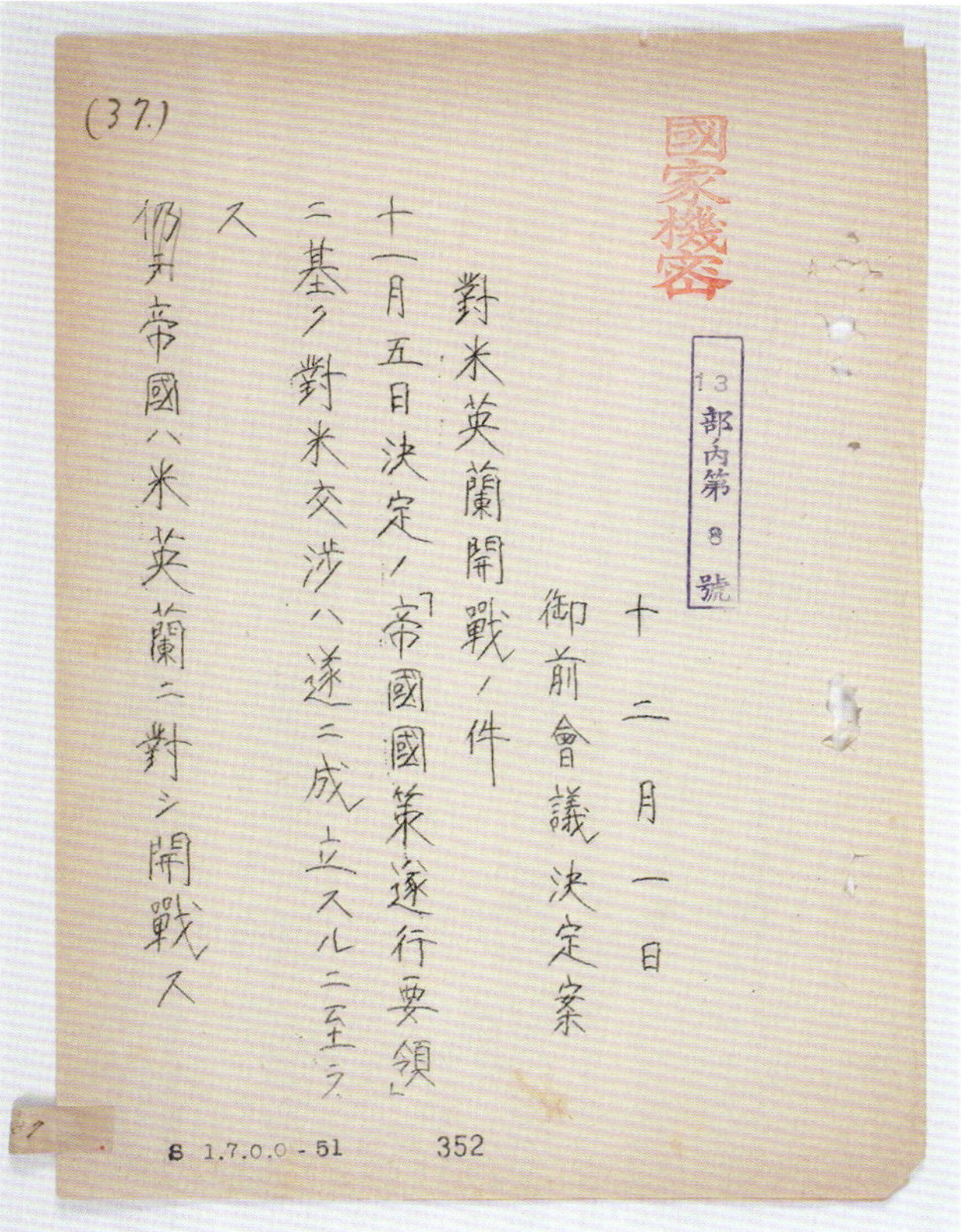
國家機密

13 部内第8號

十二月一日

御前會議決定案

對米英蘭開戰ノ件

十一月五日決定ノ「帝國國策遂行要領」ニ基ク對米交渉ハ遂ニ成立スルニ至ラス

帝國ハ米英蘭ニ對シ開戰ス

(37)

S 1.7.0.0-51 352

9-26 対米英蘭開戦の件（御前会議決定書）

【「甲案」・「乙案」と最後の交渉】

1941年11月5日の御前会議では、最後の交渉案として「甲案」「乙案」が採択された。「甲案」は、それまでの日本側案を総括するものであったが、若干の譲歩を含んでいた。とくに中国駐兵については、駐兵地域（華北、蒙疆、海南島）を限定、これら地域からの撤兵期限を「概ね25年」と限定していた（その他は2年以内）。

「乙案」は、東郷外相が吉田茂元駐英大使や幣原喜重郎元外相の協力のもとで、独自に準備した暫定協定案であった。対日石油供給と引き換えに、南部仏印の日本軍を北部仏印に引き揚げる、というものであった。ただ、援蒋行為の停止要求が含まれていた。

両案は11月20日にハル長官のもとに提出されるが、どのような形であれ日本軍の中国駐兵を容認する余地も、援蒋政策の停止に応ずる余地もなかった。他方、ハルは「乙案」を受けて、類似の暫定協定案（南部仏印からの日本軍の撤退と引き換えに、英米蘭が対日禁輸の一部を解除するという骨子の米国案）の成立に努力していた。対日戦の準備が完成するまでは、今少し時間が必要であった。暫定協定案は英蘭豪と中国（重慶政権）の駐米大使に示されるが、中英は拒絶した。

暫定協定による日米の妥協は、中国から見れば、アメリカは中国国

開戦通告問題—「騙し討ち」の本質

1941年12月1日の開戦決定後、外務省は、国際法（開戦に関するハーグ条約）に則る形で最終的な対米開戦通告文（最後通牒）を起案した。最後の結語部分は、やむを得ず交渉を打ち切ること、「将来発生すべき一切の事態」について米国政府の責任に任ずることを通告する、となっていた。ところが12月4日、これを審議した大本営政府連絡会議で、この結語では開戦決定をアメリカに察知されるとして、陸海軍の作戦当局が難色を示した。海軍は真珠湾の奇襲攻撃を、陸軍はマレー半島のコタバルへの奇襲上陸を計画し、すでに動き出していたからである。陸海軍は、奇襲を悟られないよう結語部分を書き換えるよう要求したのである。

そこで外務省は、結語部分を「今後交渉を継続するも妥結に達するを得ずと認むるの外なき旨を合衆国政府に通告するを遺憾とするものなり」と変更した。この表現では婉曲に交渉の打ち切りの意思を示すのみで、国際法上の最後通牒や開戦宣言の形式を満たしていなかったが、東郷外相は最後通牒に代わるものとして各国の在外公館に説明した。

一方、対米通告をいつアメリカ側に示すかも大きな問題であった。奇襲を成功させるためには、通告をできるだけ遅らせることが望ましかった。12月6日の大本営政府連絡会議は、7日午前4時（日本時間）に発信し、8日の午前3時（日本時間）に大統領に手交することを決定した。外務省は対米通告文（第902号電）が長文であったため、余裕を見て6日午後8時30分から14部に分けて送信を開始した。7日午前零時20分に第13部まで送信を終えた。第14部も午前1時ころには送信を終え、ワシントン時間の6日午後3時ころには在米大使館に届く予定だった。真珠湾奇襲攻撃まで20時間以上も前であった。ところが結語部分を含む第14部は15時間も外務省に止めおかれ、発信は7日午後4時になってしまい、在米大使館に到着したのはワシントン時間の7日午前7時半前後であった。野村大使が通告文をハル長官に手交したのは、奇襲から約50分後の7日の午後2時ころであった。コタバル奇襲上陸については、英国政府に何の通告もなされなかった。

ローズヴェルト大統領は、対日宣戦布告を要請する議会演説で、対米通告が奇襲攻撃から50分以上遅れたこと、対米通告の内容にも「戦争または武力攻撃の脅威ないしそのヒントが何も示されていない」と激しく非難した。下田武三（元条約局長、最高裁判事）は、対米通告文は、ハーグ条約の求める要件に欠け、最後通牒とはみなせず、仮に対米通告が7日午後1時に間に合っていたとしても、「騙し討ち」の非難は免れなかった、と述べている。つまり、日本政府の開戦手続きには、通告の内容と遅延という二つの問題があり、とくに後者は「騙し討ち」として長く日米両国にわだかまりを残すことになった。

通告の遅延をめぐって暗号解読やタイプの遅れなど、もっぱら大使館側の責任が戦後長らく強調されてきたが、本省側にも瑕疵があったことが指摘されている。同時に、とくに陸軍の作戦当局が通告内容だけでなく発信時刻にも介入し、第14部の発信が15時間も遅れる原因となったことも明らかとなっている。いずれにせよ、奇襲の成功を優先する陸海軍とそれに抵抗する外務省という構図のなかで、出先の大使館が翻弄され続けたことが問題の本質であろう。

民の犠牲において日本を宥和しているのであった。英政府もまたアメリカの譲歩が、中国政府や国民の士気に及ぼす影響を恐れ、中国に同調した。

こうしてハルは、「乙案」の拒否とともに暫定協定案も取り下げ、11月26日、いわゆるハル・ノートという形で対日回答を野村に手交した。ハル・ノートは中国全土および仏印全土からの撤兵、重慶政権以外のすべての政権の否認、という要求を含み、日本をいわば満州事変以前の状態に引き戻すに等しかった。一読した東郷外相は「眼も暗むばかりの失望に撃たれた」という。その一方、陸軍の中堅層にとっては、国論の一致が得られるという意味で「天佑」と受け止めた。これを事実上の最後通牒とみなした東条内閣は12月1日、全閣僚が出席した御前会議において「帝国は英米蘭に開戦す」と決定した。

第10章
太平洋戦争と戦時外交

10-1　最後の御前会議

年表

1942年（昭和17年）

1月 1日　連合国共同宣言に重慶政府（蔣介石政権）が署名.
1月 2日　日本軍, マニラ占領. 2月15日, シンガポールの英軍降伏, 3月9日, ジャワのオランダ軍降伏.
5月 1日　ビルマのマンダレー占領（南方作戦の一段落).
6月 5日　ミッドウエイ海戦始まる.
10月10日　米英, 中国（重慶政府）に対する不平等条約を撤廃（1842年の南京条約以来, 100年ぶり）.
11月 1日　大東亜省設置.
12月21日　御前会議, 新中国政策（汪政権の自主独立など）を決定.

1943年（昭和18年）

1月 9日　汪兆銘政府, 米英に対して宣戦.
5月31日　御前会議,「大東亜政略指導大綱」決定.
8月 1日　日緬（日本・ビルマ）同盟条約調印.
9月 8日　イタリア, 無条件降伏.
9月30日　御前会議, 絶対国防圏の設定を決定.
10月20日　日比同盟条約調印.
10月30日　汪兆銘政府との間で日華同盟条約調印.
11月 5日　大東亜会議開催（～6日), 大東亜共同宣言採択.
11月22日　米英中首脳カイロ会談（～11月26日). 12月1日カイロ宣言発表.
11月28日　米英ソ首脳テヘラン会談（～12月1日).

1944年（昭和19年）

3月30日　北樺太利権の移譲に関する日ソ議定書調印.
6月15日　米軍, サイパン島上陸開始（7月7日本軍玉砕).
7月 1日　ブレトン・ウッズ連合国経済会議開催（～7月22日). 7月22日**小磯国昭内閣**発足.
8月21日　ダンバートン・オークス会議（～10月7日), 10月9日「一般的国際機構の設立に関する提案」発表.
9月 7日　「近い将来のインドネシア独立の許与」に関する小磯声明.
10月24日　レイテ沖海戦（連合艦隊, ほぼ壊滅).
11月 6日　スターリン, 革命記念集会で日本を「侵略国」と非難.
11月10日　汪兆銘が名古屋の病院で死去.
11月24日　マリアナ基地からB29来襲, 東京初空襲.

1945年（昭和20年）

2月 4日　米英ソ首脳ヤルタ会談（～2月11日, ヤルタ協定署名).
3月 9日　日本軍, 仏印を武力解放（安南国など3国が生まれる).
3月10日　東京大空襲.
4月 1日　米軍が沖縄本島に上陸開始（沖縄戦).
4月 5日　ソ連, 日ソ中立条約不延長を通告.
4月 7日　**鈴木貫太郎内閣**発足.
4月12日　ローズヴェルト大統領死去, トルーマン副大統領が昇格.
4月25日　サンフランシスコ連合国会議（6月26日, 国連憲章調印)
5月 7日　ドイツ降伏.
5月14日　最高戦争指導会議構成員会議, ソ連を仲介とする戦争終結に合意.
6月 3日　広田・マリク会談始まる（～6月29日).
6月23日　沖縄で日本軍の組織的戦闘が終わる（慰霊の日).
7月12日　天皇, 近衛文麿に対ソ特使を要請.
7月16日　米国, 原爆実験成功.
7月17日　米英ソ首脳ポツダム会談（～8月2日).
7月26日　米英中ポツダム宣言発表（ソ連は対日参戦とともに加入).
7月28日　鈴木首相, ポツダム宣言を「黙殺」談話.
8月 6日　広島市に原子爆弾投下.
8月 8日　ソ連, 日ソ中立条約を破棄して日本に宣戦布告.
8月 9日　ソ連軍, 満ソ国境の3方面から満州侵攻.
8月 9日　長崎市に原子爆弾投下.
8月10日　第1回聖断, ポツダム宣言の条件付き受諾決定.
8月14日　第2回聖断, ポツダム宣言受諾決定。「終戦の詔書」を閣議決定.
8月14日　中ソ友好同盟条約調印.
8月15日　玉音放送（終戦の日).
8月17日　**東久邇宮稔彦内閣**発足.
8月16日　ソ連軍, 樺太の真岡に上陸.
8月17日　スカルノらインドネシア独立を宣言.
8月18日　ソ連軍, 北千島の占守島に上陸.
8月20日　ソ連軍, 奉天, ハルビン, 長春, 吉林を占領.
8月23日　関東軍とソ連軍, 現地停戦協定調印.
8月25日　ソ連軍, 樺太全島を占領, 9月5日までに北方4島を占領.
9月 9日　支那派遣軍総司令官・岡村寧次, 南京で降伏文書（降書）に署名.

1 開戦と東郷外交

「明るい戦争」

１９４１（昭和16）年12月8日の真珠湾攻撃の翌日、作家の伊藤整《せい》はその日記に、「今日は人々みな喜色ありて明るい。昨日とはまるで違う」と書き留めている。

日本にとって、宣戦布告による本格的な戦争は第一次世界大戦における対独宣戦以来のことであった。日華事変が有効な解決手段もなく、いたずらに国力を消耗してゆくなかで、事変の背後には東洋の植民地化をねらう英米が存在し、この英米を駆逐しない限り、東アジアの安定と平和はありえない、と多くの国民が考えるようになっていた。いい知れぬ重苦しさが国民の心を深く覆っていた。

真珠湾攻撃は、こうした重苦しさを一挙に取り払った。英米との一戦はあらゆる問題に決着をもたらすだろう、という心地よい緊張感と解放感に包まれた。宣戦の詔書も、欧米列強による経済的、軍事的圧迫と脅威の増大とは、東アジアの安定を目標とした日本の積年の努力を踏みにじるばかりか、日本の存在を脅かすにいたり、自存自衛のために決然として起つ、と訴えかけた。12月12日、政府は、この戦争を「支那事変（日華事変）を含め大東亜戦争と呼ぶ」ことを決定した。

しかし、陸海軍の作戦当局はこの戦争が短期間で終了するものとは考えなかった。アメリカは海上戦力が日本に優位となるまで決戦を避けるだろうし、また日本海軍が短期決戦を挑んだとしてもアメリカを屈服させることは不可能であり、従って、長期総力戦は避けられない、

東郷茂徳《とうごうしげのり》（1882～1950）

10-2　東郷茂徳

鹿児島の窯元・朴寿勝の長男。寿勝は1886年、士族株を購入して東郷姓を名乗り、朴茂徳も東郷茂徳となる。東京帝大独文科を卒業するが外交官をめざし、1912（大正元）年に外交官試験に合格。第1次世界大戦期の欧州に長く滞在し、21年に帰国して欧米局でロシア問題を担当。23年には欧米局長となった広田弘毅とともに、ソ連との国交調整交渉に取り組み、25年の日ソ基本条約の実現に一役買った。国際連盟脱退直後に欧米局長となり、さらに日ソ不可侵条約の締結や東支鉄道の買収を通じて対ソ関係の安定化をめざす。

37年10月にはドイツ大使となるが1年足らずで念願の駐ソ大使となる。日独伊防共協定によって悪化する日ソ関係のなか、粘り強い交渉で漁業条約の暫定取り決め、ノモンハン事件の解決にこぎつける。40年の松岡洋右外相期には北樺太の石油利権の譲渡による日ソ不可侵条約の締結をめざしたが、対独提携の強化に重点をおく松岡と意見が合わず、40年10月、惜しまれながらモスクワを離れた。

41年10月、日米国交調整交渉が行き詰まるなか、東条英機内閣の外相として抜擢される。最も難航していた中国撤兵問題を切り離し、北部仏印の軍隊を撤退させ、その代わり石油供給を再開させるという暫定協定案（乙案）をもって当面の破局を防ごうとした。ハル国務長官も同様の案をもって英中の了解を求めるが、中国を犠牲とした日米間の妥協はあり得なかった。42年9月、大東亜省問題をめぐって東条首相と対立した東郷は単独辞職する（コラム229頁）。

45年4月、東郷は鈴木貫太郎首相に請われ、再び外相となる。対米英直接和平を拒み、有利な終戦を求めてソ連に仲介依頼という外交方針に固執した。それら強硬な「徹底抗戦論」への配慮を優先した国内事情によるとはいえ、やや迂遠に過ぎたといえよう。だが、ポツダム宣言の受諾をめぐって最終局面に見せた東郷の非妥協的な早期終戦論は、天皇の「聖断」を導くのに決定的な意味をもった。戦後、東京裁判でA級戦犯として禁固20年の判決を受け、獄中で逝去。

重光葵《しげみつまもる》（1887～1957）

10-3　重光葵

大分の漢学者の次男。東京帝大独法科を卒業し、外交官試験に合格して1911（明治44）年に入省。同期に芦田均、堀内謙介。独英などに勤務し、パリ講和会議の随員ともなる。20年代の重光は、自ら望んで中国に在勤し、「幣原外交」の忠実な実行者となる。中国の関税自主権承認や治外法権の撤廃に尽力するなかで、民族的な自覚を成長させつつあった中国との政治的、経済的提携・協調関係の実現を自らの使命とみなすようになる。31年には中国公使として、満州事変の直前まで2国間交渉による関係修復に望みをつないでいた。

満州事変が一段落した33年から次官として広田弘毅外相の中国政策をにない、中国側の「親日勢力」との連携を軸に関係改善をめざす。その一方、次官時代の重光は、国際連盟や9カ国条約のような普遍的な国際秩序は東アジアに適合しない、と主張し、地域主義的な国際政治観に傾斜していった。34年の天羽声明に現れているように、中国問題への列国の介入を排斥する一方、日中直接交渉による解決を強調するようになる。36年8月、駐ソ大使、38年9月、駐英大使を務め、枢軸提携に傾く日本外交を批判する意見をしばしば本国に打電している。

日米開戦直後の42年初頭に中国（汪兆銘政権）の大使となった重光は、自ら「新政策」と呼ぶ新たな中国政策の推進力となった。南京政府の自主自立を促すため、政治と経済の両面における「自由」を最大限に確保しようとするもので、満州事変以来の対中政策の大きな転換を意味していた。43年4月、戦時外相として東条英機内閣に入閣した重光は、東条の全面支援、さらに昭和天皇の支持をも取り付け、対支新政策の拡大版ともいえる「大東亜新政策」を力強く推し進める。「大東亜新政策」とは、対支新政策の帰着点である日華同盟条約、「独立」を容認したビルマやフィリピンとの、日本・ビルマ同盟条約、日比同盟条約、さらに占領地の「独立国」の代表を東京に招いて開催された大東亜会議、そこで発表された大東亜共同宣言といった主に43年に実施された一連のアジア政策を指している（本文参照）。

44年8月、重光は小磯国昭内閣の成立にあたって、大東亜相の兼任を条件に外相に留任する。大東亜省に奪われていたアジア外交の実権を掌中に収めることが新政策の成功の条件であった。外交体制の実質的一元化を達成した重光は、「大東亜新政策」を次のステップに推し進める。その一つは、インドネシアの自治・独立の発展であり、もう一つは、仏印の解放・独立であった。これら一連の大東亜新政策は、民族自決が戦後世界の主題となることを展望した重光なりの対応であった。

戦後も鳩山内閣の外相となり、国連加盟を見届ける。

という判断は有力なものであった。対米戦争の長期化が免れないとすれば、この戦争をいかに終結に導くのか、その鍵はイギリスと重慶政権（蒋介石《しょうかいせき》政権）の打倒にあった。

南方（東南アジア）を日本の勢力下において長期戦争の基礎を固めたうえ、アメリカの最大の友好国であるイギリスと重慶政権を打倒すれば、アメリカはおのずと継戦意志を放棄するだろうと考えられた。しかし、まず重慶政権は、12月9日、日本に宣戦を布告し、42年1月には連合国共同宣言に「四大国」の一員として署名し、米英ソと並ぶ四大連合国の一つとなっていた。この重慶政権の打倒について確かな手段は見当たらず、後半期の「一号作戦」を除けば、太平洋戦争期を通じて大規模な軍事作戦は抑制されていた。

他方、イギリス屈服は、もっぱらドイツの力に依存しなければならなかった。ドイツに対する日本の軍事的協力は、ドイツの要望に応え極東ソ連を攻撃することであった。参謀本部内にも呼応する動きがあったが、南方中心の初期戦略は、北方における対ソ戦争の回避が大前提であった。

いずれにしても、41年に締結された日ソ中立条約の維持（静謐保持）は、日本にとって日独同盟にも優先すべき重大な外交課題であった。ソ連は枢軸陣営と連合国陣営をつなぐ唯一の公式ルートでもあった。

戦時外交を担ったのは東郷茂徳《しげのり》と重光葵《まもる》であった。東郷は、ハル・ノートに大きなショックを受けたが、開戦後も東条英機内閣にとどまる。42年9月に大東亜省問題で辞任するが、45年4月に成立した鈴木貫太郎内閣で再び外相に就く。

一方、重光は谷正之外相の後任として43年4月から45年

4月まで外相の地位にあった。両者とも駐ソ大使の経験があり、その点では対ソ外交の責任者として適任であった。

【対ソ外交と独ソ仲介問題】

1942年元旦、東郷は年頭の外務省員に対する訓示で、「力及ばずして戦争になってしまったが、われわれは此の戦争を日本に最も有利な機会に切りあげなければならない」と、そのための準備と研究を促した。早期和平という意味では南方作戦が一段落した42年春がその機会であった。しかし、南方作戦後の陸海軍の戦争指導方針（42年3月、大本営政府連絡会議決定）は、占領地域における重要資源の開発と海上交通線の確保のほか、「長期不敗の態勢を整えつつ機を見て積極的の方策を講ず」とされ、さらに太平洋の奥深く進攻しようというもので早期和平はあり得なかった。

枢軸陣営にとっての有利な終戦という観点からすると、日ソ間の「静謐保持」を前提に、ソ連を

杉原《すぎはら》千畝《ちうね》（1900〜86）と「命のビザ」

ロシア語の専門家として

岐阜県出身。上京して早稲田大学高等師範部で英語を学んでいた1919（大正8）年、外務省留学生試験に合格。満州北部のハルビンでロシア語を学び、やがて外務省所管の日露協会学校（のちのハルビン学院）にも在学した。24年に外務書記生として採用され、翌25年からハルビン総領事館に勤務中、大橋忠一総領事に見込まれ、32年の満州国建国により大橋が外交部次長となると満州国外交部に移籍となった。東支（北満）鉄道買収交渉などにたずさわり、35年7月には日本外務省に復帰し、36年末にはモスクワのソ連大使館の2等通訳官を命じられた。ところがソ連は、満州国外交部在勤のときソ連に敵対的な白系ロシア人と交流があったとして、杉原を「好ましからざる人物」（ペルソナ・ノン・グラータ）に指定し、ビザ発給を拒んだ。結局、杉原は、37年8月、フィンランド公使館に勤務することになる。39(昭和14）年夏、リトアニアのカウナスに領事館が新設されることになり、杉原は副領事として領事代理を務めることになる。

杉原がカウナスに着任したのは、独ソ不可侵条約が結ばれた直後の39年8月末であった。数日後の9月1日、ドイツ軍がポーランドに侵攻した。3日には英仏がドイツに宣戦布告、第2次世界大戦が始まる。9月中旬には、独ソ不可侵条約の秘密条項に基づいてソ連軍がポーランドに侵攻し、ポーランドは約1カ月で独ソ両国に分割されてしまう。ポーランドの北に位置するリトアニアには、多くのユダヤ系の人々を含む大量の避難民が押し寄せた。

避難民への「ビザ発給」

40年春からドイツ軍が北欧、西欧を席巻する事態となると、ソ連はバルト3国の併合に乗り出し、リトアニアは最初の標的となった。ソ連は大軍の圧力や恫喝をもって6月下旬には親ソ的な社会主義リトアニア共和国を成立させ、8月初旬にはついにソ連邦に編入してしまう。ソ連による併合の危機が迫るなか、ポーランドから逃れてきたリトアニアの避難民は安住の地を失い、やむなく日本を経由して第3国に逃れようとしてカウナスの日本領事館に殺到した。通過ビザの発給要件は、充分な旅費をもつこと、第3国の入国許可があることであったが避難民の多くはこうした条件を満たさなかった。杉原は、訓令違反や効力停止を避けるため、行先国の入国許可の取り付けなどを条件とする「特殊措置」によってビザを発給し続け、多くのユダヤ系の人々を含む避難民を窮状から救った。7月下旬から8月末までに発給したビザの数は、残存している発給リストだけでも2100名を超え、家族を加えると6000人以上が救われたという。

カウナス領事館の閉鎖後、杉原は40年9月から、ナチスのお膝元であるプラハの総領事代理となるが、この地でも80名近いユダヤ系避難民にビザを発給していたという。

カウナスにおけるビザ発給は「ナチスの恐怖」から守ったというより、狭い意味では「スターリンの恐怖」から守った、というのが真相に近い。プラハにおけるビザ発給は数は少ないが前者に近いといえるであろう。

杉原は、85年、イスラエル政府からホロコーストに抵抗し、命がけでユダヤ人を救った非ユダヤ人に贈られる最高の称号である「諸国民の中の正義の人」という称号を授与された。

10-4　杉原千畝

10-5　発給されたビザ

対独戦から離脱させて枢軸陣営に引き入れ、日独の戦争努力を対米英戦に集中させることが最も望ましかった。ソ連を対独戦から離脱させるためには、外交的には独ソ和平の斡旋、軍事的には「対ソ参戦」という選択が可能であった。前者は、日本の外交的努力によって独ソを講和に導くことによって、後者は、ソ連を東西から挟撃して敗北に追い込むことによって、枢軸陣営に有利な講和の情勢が得られるはずであった。両者とも独ソ戦の勃発以来、政府と軍部のなかで考案されていたものであるが、開戦とともに現実的な選択肢として浮上する。

二つの選択肢のうち、ドイツの要請に応える対ソ参戦は、北方と南方の二正面で戦うことを意味し、国力の上からも困難であった。42年7月、大本営政府連絡会議は、現情勢下ではドイツの対ソ参戦要求に応じないことを決定する。

他方、独ソ和平の仲介によってソ連を枢軸陣営に引き入れるという外交方策は、開戦後から断続的に追求された。東郷も「今次戦争に於ける外交戦はソ連の争奪」にあるとして独ソ和平斡旋を熱心に説いていた。42年前半には陸海軍でもその可能性が議論され、駐日ドイツ大使館を通じた打診も頻繁になされた。しかし、ドイツの日本に対する期待は独ソ和平の斡旋ではなく、一貫して対ソ参戦であった。

【日ソ関係の「静謐保持」】

ところで、開戦後に日本側が最も懸念した対ソ問題は、極東ソ連領の一部が日本爆撃のための軍事基地としてアメリカに提供されることであった。１９４２年４月、モロトフ外相と初会見した佐藤尚武《なおたけ》大使は、中立維持の再確認とともに、この問題に対するソ連側の態度の明確化を求めた。モロトフは、アメリカに対する基地提供はあり得ないと答えたが、日本側の不信感は払しょくされなかった。米軍の北東太平洋方面への進出が顕著になるにつれ日本の猜疑心は深まっていく。だが、ソ連は最後までアメリカへの基地提供を許すことはなかった。

佐藤大使の観察では、ソ連が対日関係の安定維持に注意を払っている状況を利用して、対ソ関係の「静謐」を保持し、南方作戦の戦果の安定確保に力を注ぐことが緊要であった。したがって、佐藤の対ソ交渉の重点は、両国間に介在する諸案件を地道に解決することに置かれ、ソ連を刺激する恐れのある独ソ和平斡旋には消極的であった。こうして佐藤は、北樺太利権の解消問題と八年来の懸案である漁業条約の改定問題の譲歩的解決を進言する。前者は、41年４月の中立条約の締結と同時に、松岡外相がモロトフ外相宛の「松岡書簡」において、北樺太利権の解消問題につき、「数カ月内の解決」を約束していたものであった。ただ、これらの問題解決は東郷外相時代には進展しなかった。

【大東亜省の設置と東郷の辞任】

開戦から半年後、日本は南方を掌中に収めたことによって、アジア太平洋の占領地をどのように統治するかが大きな問題となった。１９４２年３月、政府は、東条英機首相を会長として大東亜建設審議会を設置し、大がかりな建設プランの作成にとりかかった。その中心テーマの一つが植民地主義や民族自決主義の克服であり、「植民地なき大東亜共栄圏」をいかに作り上げるかにあった。二カ月の検討を踏まえた基本計画（「大東亜共栄圏建設に関する基礎要件」42年５月）が示す共栄圏像は、「指導国」たる日本が政治・経済・文化の秩序を統制し、圏外との交易も指導国の統制のもとにおかれるという姿であった。日本人の伝統的な家族観や階層観念の基礎をなす特有の秩序概念を、アジアの国際秩序にも適用したものであり、大東亜各国は「家長」である日本の指導を受け容れることによって、はじめて「独立」や「自治」が与えられるのであった。欧米流の民族自決主義のように、独立や自治は現地のナショナリズムの要求に応えていくという性格の

大東亜省と戦時外務省

日米開戦後、東南アジア占領地の拡大にともない、大東亜共栄圏内の政治、経済事項を処理するための一元的官庁の樹立が課題となり、1942（昭和 17）年 3 月、陸海軍や企画院は、大東亜地域内諸国と新占領地に対する政治、経済、文化、邦人保護に関する事務の「一元的統轄機関」を設置する案を策定した。具体的には対満事務局、外務省、興亜院、拓務省を廃止して、その事務を一省に統合する、というものであった。7 月中旬、東郷茂徳外相は東条英機首相と会見し、「独立国に関する事項は全部外務省に於て取扱うこと、即ち外交の一元化は如何なる機構の成立の場合も絶対必要なり」と強硬に反対した。外務省は外政大臣のもとに東亜、欧米の 2 局を置き、東亜局を総務、支那、満州、南方の 4 部より構成する「外政省案」をもって対抗した。8 月末、東条首相は、企画院案などを踏襲した内閣案として「大東亜省案」を提出する。9 月 1 日の閣議は東郷と東条の論戦となるが妥協がならず、東郷は、共栄圏内の独立国に、「外交機関以外の機関をして独立国に関する事務を処理せしむるときは、必然的に独立は名のみにして実は属国視せられたるもの」として単独辞職した。西春彦次官も辞任した。大東亜省は 42 年 11 月に発足（初代大東亜相は青木一男）。

10-6　大東亜省作成の満蒙開拓青少年義勇軍の募集ポスター

枢密院では石井菊次郎顧問官（元外相）のみが、共栄圏内諸国を別扱いすることは「植民地視するもの」と反対した。東条首相はこれに対し、共栄圏を儒教的な家父長制度になぞらえ、兄弟国に外交儀礼は不要であると説明したが、当時の共栄圏像を良く表わしている。

大東亜省官制には、大東亜大臣の管掌する政務から「純外交を除く」と定められたが、外務省は「純外交」の範囲を敢えて定めず、積極的に人材を新省に送り込む方針のもとで、実質的な外交一元化の確保に力を注いだ。実際、大東亜次官に山本熊一、南方事務局長に水野伊太郎らを送り込んだ。外務省から大東亜省に移管した者は本省で 97 名、在外職員 313 名であった。とはいえ外務省の権限縮小は否めず、本省は政務局、通商局、条約局、調査局のみとなり地域局は廃止された。谷正之新外相のもと次官に松本俊一、政務局長に上村伸一、通商局長に渋沢信一、条約局長に安東義良が就任した。ほぼこのままの体制で終戦にいたる。

ものではなかった。

こうした秩序観の延長線上に、42年11月に大東亜省が設置される。設置経緯はコラムの通りであるが、大東亜省は「植民省」の設置であり、大東亜における「外交」の消滅であるとして批判をあびたとき、東条首相はこれを儒教的な家父長制度になぞらえ、兄弟国に外交儀礼は不要であると説明していたが、当時の大東亜共栄圏構想の性格をよく表している。

この大東亜省設置に強硬に反対した東郷外相は、42年9月に単独辞職し、後任には谷正之が外相となるが、占領地の独立や自治の問題が浮上するのは重光外相期である。

「対支新政策」の展開

大東亜省問題が収まったころ、「対支新政策」と呼ばれる新中国政策が日本政府内に浮上してくる。それは、1943年1月の南京国民政府（汪兆銘《おうちょうめい》政権）の対米英参戦をきっかけに、中国に対する統制を緩め、自主自立を促そうというものであった。その背景の一つは、42年後半の南東太平洋のガダルカナル島をめぐる激しい攻防戦が国力の消耗を招いたことから、とくに経済面で南京政府側の自発的活動に委ねて統治の負担を軽減することにあった。とくに参謀本部がこの観点から新政策を支持した。もう一つの背景は、米英の重慶政権に対する不平等条約撤廃の声明であった(42年10月10日)。中国の「民心把握」と「協力強化」という観点では、不平等条約の廃棄が有効な手段と考えられたことは、連合国側も日本側も同様であった。

具体的な新政策は、治外法権の撤廃や租界の返還、華北、内蒙に対する特殊地域化方針の放棄、40年の日華基本条約の全面改訂などを通じて日華関係の再構築をはかり、南京政府の政治力を強化することであった。

しかし、多くの在華権益を失うことになる「新政策」の決定とその実施には、強力な推進力が必要であったが、その中心となったのが、42年1月に南京政府の大使となっていた重光であった。重光によれば、南京政府の自主自立を促すため、政治と経済の両面における「自由」を最大限に容認し、主権尊重と平等互恵を保障するならば、重慶政権の「抗日名目」も消滅することになり、日中全面和平の基礎が築かれるはずであった。そのためには、日本の対中国政策の「根本的是正」や「誤れる政策の清算」が必要であった。重光は、こうした考え方を政軍指導者に懸命に説き、谷外相や東条首相、そして天皇の支持も得て42年12月末には御前会議決定に持ち込む。南京政府の「自主独立」や「政治力の強化」という新政策の目標は目新しいものではなかったが、国民政府の「自発性」と「自由」を大幅に容認する方向へと舵を切ったことが画期的であった。

新政策の決定により、政治面では、治外法権の撤廃、租界の返還、経済面では統制の緩和などが43年初頭から順次実施される。しかし、中国現地（南京政府の支配地域）において、新政策の目的や理念に関する理解のギャップ、日本側機関の権限争い、さらに経済危機といった要素がからみ、その効果は限定的なものにとどまった。南京政府治下の中国人にとって、物価高騰による経済的逼迫の解決こそが切実な問題であり、「上は日本軍人に牛耳られ、下は日本商人に独占される」という実情は日本敗戦まで変わらなかった。

しかし、重光は、日華基本条約の全面改訂による新たな日華条約（日華同盟条約）の締結という新政策の主目標の実現のため、東条首相を説いて43年4月の電撃改造によって外相として入閣する。

2 重光外相と大東亜会議

【「絶対国防圏」と大東亜会議構想】

重光葵が入閣したとき、南東・北東太平洋方面やビルマ方面における戦局はさらに悪化し、日本軍は守勢に追いやられていた。陸海軍では開戦以来となる戦争指導計画の再検討がなされ、伸びきった太平洋における戦面を縮小し、戦争の正面を対米戦にすえるという「絶対国防圏」構想が浮上していた。千島、小笠原、内南洋（ミクロネシア）および西部ニューギニア、スンダ、ビルマを含む圏域を「絶対確保すべき要域」と規定していた（1943年9月、御前会議決定）。

戦略の重点が太平洋正面におかれるに伴い、また43年秋と予想された連合軍の反抗作戦に備えるため、アジア太平洋の占領地域の政治的結束と統治の安定化が必要であると考えられた。東条英機首相は、そのために「大東亜」の指導者を東京に参集させて大東亜会議を開催し、結束を固めるという構想を御前会議の決定とした（43年5月）。

一方、重光は、まず、南京政府との間で、主権尊重と平等互恵を基調とする新同盟条約の締結を目標に掲げた。同時に、同種の同盟条約をタイ、満州国、さらに独立が予定されていたビルマ、フィリピンとの間にも結び、これらの同盟条約網を基礎に数カ国が平等互恵の立場で「大東亜国際機構」を作り上げようとした。重光案にしたがえば、「共栄圏各国（日・満・華・タイ・ビルマ・フィリピン）が一つの共同機構を作り定時若しくは随時に東京又はその他の地において会同し、戦争遂行上及今日より平和時に於ける協力に付て協議する」というもの

10-7 「帝国領土」とされて日本軍政下に置かれたインドネシアから来日したスカルノ

であった。こうした構想のもとに、重光は大東亜会議を国際機構創設の第一歩と位置付け、創設理念としての「大東亜憲章」を大東亜共同宣言として発表する考えであった。

重光がこうした構想の推進を図ったのは、民族の独立あるいは植民地主義の克服という第二次世界大戦のテーマに彼なりの回答を与え、しかも植民地主義の推進力となっていた軍の外交への介入に歯止めをかけようというねらいが含まれていた。

しかし、重光の構想は二つの点で国内的な批判を浴びて後退を余儀なくされる。第一は日満華の三国は他の独立国（タイ、ビルマ、フィリピン）と対等の地位にはないこと、第二は、国際連盟に類似する機構の創設は好ましくないこと、であった。何よりも日本の「指導権」が否定される恐れがあった。結局、大東亜会議は「大東亜憲章」として予定された大東亜共同宣言のみを発表する場となる。

それでも、大東亜会議までに、主権尊重と平等互恵を基調とする三つの同盟条約が締結される。重光が最も力を入れた南京政府との間の日華同盟条約（43年10月）は、主権・領土の相互尊重、大東亜建設のための相互協力、互恵に基づく経済提携を三本柱とする対等条約であった。また、付属議定書では、戦争状態終了後の日本軍の撤退、義和団事件最終議定書（北京議定書）に基づく駐兵権の放棄を約束していた。ほぼ外務当局の要求を満たしていたものの、経済的に破綻寸前にあった南京政府を助けることにはならず、また重慶政権（蒋介石政権）を和平に誘い込むという効果もなかった。

日華同盟条約と前後して、日本・ビルマ同盟条約（43年8月）と日本・フィリピン間の同盟条約（日比同盟条約、43年10月）が結ばれ、ビルマとフィリピンの「独立」が実現し、大使館が置かれた。沢田廉《れん》三《ぞう》がビルマ大使に、村田省蔵がフィリピン大使に任命された。

【大東亜会議と新戦争目的】

1943年11月初旬、日本のアジア占領地に樹立された「独立国」の代表が東京に参集し大東亜会議が開催された。招かれたのは、満州国の張景恵《ちょうけいけい》国務総理、南京政府の汪兆銘行政院院長、ビルマのバー・モウ首相、フィリピンのラウレル大統領、タイはピブン首相の名代ワン・ワイタヤコーン殿下であった。ほかに自由インド仮政府主席のチャンドラ・ボースが陪席した。

東条首相のねらいは、占領地の指導者を東京に集め、共同宣言を発表することによってアジア諸民族の結束をアピールすることであった。しかし、この共同宣言の立案を担った外務当局と重光外相は、共同宣言に新たな戦争目的の表明を託そうとした。

大東亜共同宣言の立案は、43年8月に安東義良《あんどうよしろう》条約局長を中心に、省内の課長級によって構成された戦争目的研究会によって進められる。安東によれば、宣言は、単に戦時宣伝にとどまらず、「大東亜が何人より見ても客観的に公正妥当なる原則に立ち、世界平和維持の一大基礎たり得るもの」でなければならなかった。そこで41年8月の大

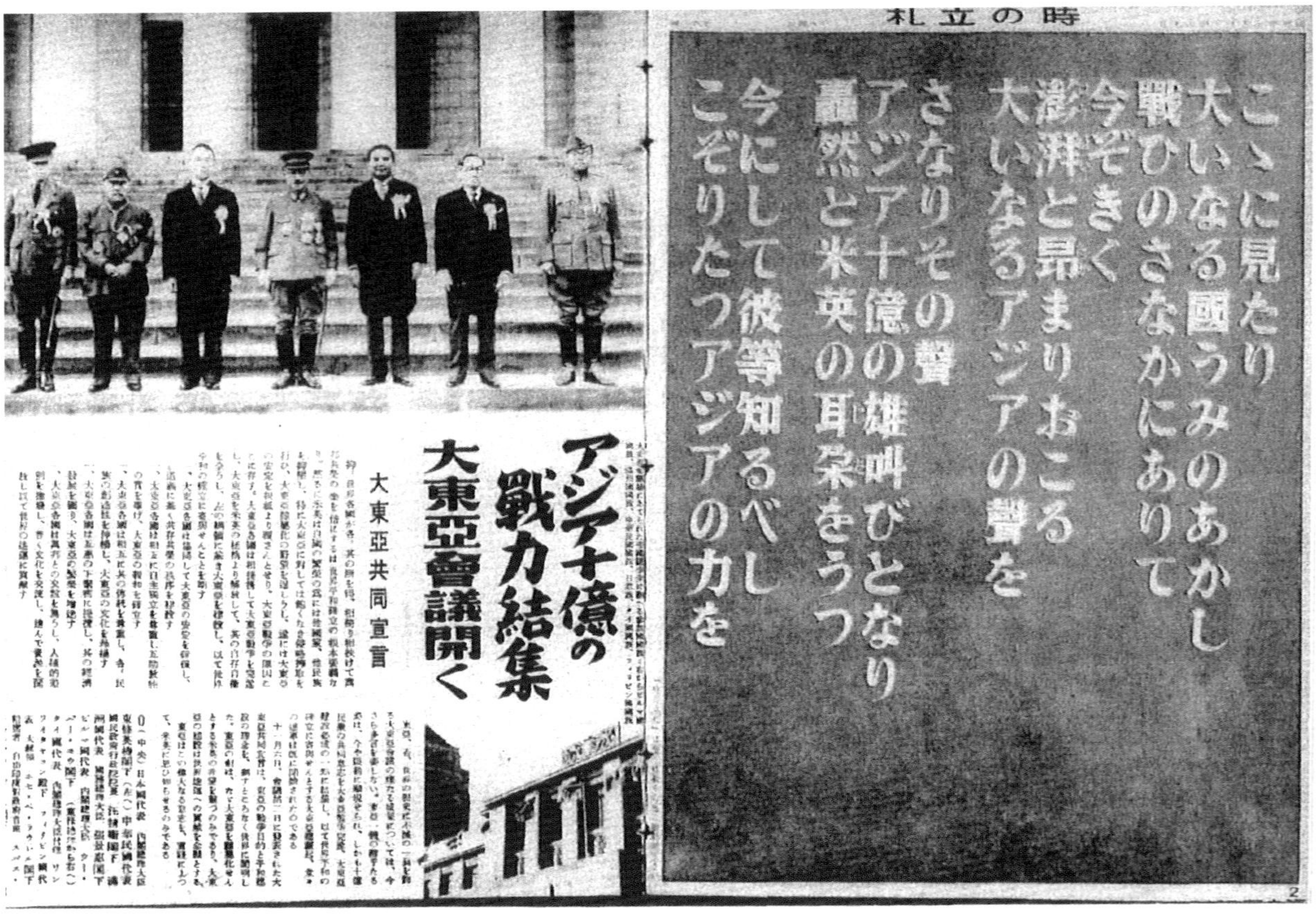
時の立札

こゝに見たり
大いなる國うみのあかし
戰ひのさなかにありて
今ぞきく
澎湃と昂まりおこる
大いなるアジアの聲を
さなりその聲
アジア十億の雄叫びとなり
轟然と米英の耳朶をうつ
今にして彼等知るべし
こぞりたつアジアの力を

アジア十億の戰力結集
大東亞會議開く

大東亞共同宣言

10-8　大東亜会議（『写真週報』298号、1943年11月17日）

西洋憲章を参照しながら立案を進められる。曽祢益《そねえき》委員が、「従来の指導国理念の極度に強調せられたる共栄圏思想は反省を要す」と述べているが、指導国理念と大西洋憲章との調整は容易ではなかった。

最も重要な争点は、「資源の開放」をめぐって、共栄圏内の経済体制を「計画経済」として想定するか、「自由経済」として想定するか、という問題であった。安東は「資源の開放は大きく唱ふる必要あり」と主張し、曽祢はこれをフォローして「戦後圏内のみを完全なる『アウタルキイ』と云ふことは不可なる旨周知せしめること必要なり」と述べている。論壇では閉鎖的な「広域経済論」も有力であったが、戦争目的研究会の大勢は開放経済論に傾く。

しかし、各省の担当者を交えた協議では、とくにインドネシアの重要資源地帯の統治を担当する海軍は、占領地において資源を開放することは「将来禍根を残すことになる」として、最後まで「資源の開放」に反対した。大蔵省や大東亜省も海軍の立場を支持した。こうして協議は難航するが、宣言案にはかろうじて「資源の開放」が盛り込まれる。その背景に、条約局作成の『執務報告』が指摘するように、戦争の勝敗にかかわらず、戦後には「思い切りて東亜を開放し他国との交易を能ふ限り自由にし、資本技術の導入を促進する」必要がある、という確かな展望の存在したことを特筆しておこう。

11月5日に発表された大東亜共同宣言には、「大東亜共栄圏の建設」なる言葉は使われず、新戦争目的（大東亜建設綱領）として、（1）自主独立の尊重、（2）相互に伝統の尊重、各民族の創造性の伸暢、（3）互恵的経済発展、（4）人種差別撤廃、（5）文化交流の促進、（6）資源の開放、が列挙された。

重光外相の観点では、共同宣言には二つの重要な意義があった。その一つは、「対支新政策の理念を東亜全域に拡張し、これを対内的に反映させ軍部を矯正する」という意義であった。二つ目は、戦争目的研究会の議論からうかがわれるように、自主独立、平等、互恵、開放といったより普遍性を備えた理念に戦争目的を組み替える、あるいは再定義することによって平和回復に備えようとした、という点である。

大東亜宣言の起草に関与した曽祢の回想によれば、大東亜宣言のねらいは、「日本は決して占領地の領土問題に固執していないのだという、非常にまわりくどいやり方であるけれども和平への一つの誘い」であり、連合国に対する和平のメッセージとしての期待が込められていた。

10-9　カイロ会談の3首脳（左から、蔣介石、ローズヴェルト、チャーチル）

しかし、対支新政策の拡大版である大東亜新政策や大東亜宣言は、重光や外務当局が期待するようなインパクトを連合国側に与えることはなかった。また、大東亜宣言は占領地住民の戦争協力の調達という面においても効果は見られず、ことに大東亜会議参加を許されなかったインドネシアでは、対日不信感を増幅させる結果に終わった。大東亜宣言が、単に戦時宣伝にとどまらず、同時期に発表されたカイロ宣言を凌駕するような反応を内外から得るためには、少なくとも「大東亜機構」の現実化といった具体的な形を示す必要があったといえよう。

大東亜会議の開催と相前後して連合国側の「外交攻勢」が活発となり、カイロ会談、テヘラン会談など一連の会談が開催される。とくに英米中カイロ会談の成果であるカイロ宣言（43年11月）は、開戦後、連合国側が初めて日本領土の処分に言及したもので、台湾、澎湖島の中国返還、14年以来日本の領有した諸島の剝奪、朝鮮の独立などを明記していた。待命中であった石射猪太郎《いしいいたろう》大使は、蔣介石がカイロ宣言に署名していることに注目し、「全面和平は千里も先に行って了《しま》った」と嘆いた。日本政府は、カイロ宣言の報道にあたっては、具体的な領土処分には触れることを許さなかった。

【日ソ関係の前進】

1943年に入ると松岡書簡（228頁）の履行を求めるソ連側の態度は強硬なものとなり、重光外相の時期に日ソ交渉が進展する。43年6月初旬、モロトフは佐藤尚武大使に、松岡書簡が提出されなかったならば、中立条約も結ばれなかったであろうと指摘して、利権問題に対する日本側の明確な回答を迫った。これを受け、6月19日の連絡会議は、日ソ間の各種懸案の積極的解決をはかり、北樺太利権はソ連側に有償移譲するという対ソ施策を決定した。この連絡会議の席上、実質的利益の交換なしでの移譲は国内的影響が大きいといった疑義が出されるが、重光は「対ソ友好増進は喫緊の急務」として押し切った。

佐藤は利権問題について対ソ交渉に入るが、その障害となったのが、アメリカからソ連に転籍されたとみられる船舶が、日本海軍によって抑留されるという事件であった。この事件が日本側の譲歩（抑留者の無条件釈放）によって解決に向かった43年秋から本格的交渉が開始される。日本側は、北樺太利権の放棄の代償として、金銭補償とともに、利権解消から五年間にわたって石油二〇万トン、石炭一〇万トンの供給を要求したが、ソ連側は金銭補償には応じず、石油、石炭の供給は戦後のこととして譲らなかった。交渉は翌年に持ち越され、44年1月下旬、モロトフは、五〇〇〇万ルーブルの金銭補償、戦後五年間、毎年五万トンの石油供給という妥協案を提示した。日本は不満足ながらも「有償移譲」の原則を貫く可能性を見出し、2月2日の連絡会議で妥結を決定した。同じころ、漁業条約の改定問題も、五カ年間の効力延長が合意され、それまでの不安定な暫定約定による操業問題は解決される。

44年3月の利権と漁業の両問題の解決は、日本の指導者に、中立維持以上の日ソ関係の好転の期待を抱かせた。重光外相は、諸懸案解決は米英ソの「対日包囲陣の形成強化」に楔《くさび》を打ち込んだものとみなし、独ソ和平斡旋と中国問題に関する日ソ妥協策を推進しようとした。

独ソ和平仲介問題は、43年にも、何度か日本側から独ソ双方に打診されていたが、その都度、双方から拒絶されるという応酬が繰り返された。44年秋にも独ソ間仲介の任務をもつ特使派遣がソ連側に打診されたが、ソ連は応じなかった。こうした対ソ施策を「時勢に背馳」するものとみなす佐藤大使は、重光と論争を繰り返すことになる。

【東条内閣の退場】

1944年4月、「一号作戦」（大陸打通作戦）と呼ばれる日本陸軍史上最大の作戦が中国大陸で敢行される。河南省黄河から広東・仏印国境まで約一五〇〇キロメートルにわたる大作戦の目的は、日本本土空襲の恐れがある西南地区（桂林、柳州）に散在する航空基地の奪取、南方資源の輸送のための仏印から中国、朝鮮にいたる交通路の確保などであった。

太平洋の戦局も重大な転機にさしかかっていた。44年6月、米軍は中部太平洋のマリアナ群島に迫り、7月初旬に同群島のサイパン島が陥落する。マリアナ群島の陥落は「絶対国防圏」の一角が崩されたことを意味した。さらに、北部ビルマからインド進攻をねらったインパール作戦でも敗退を続けていた。「一号作戦」は継続されるものの、マリアナ群島の失陥は、日本本土が米軍の長距離爆撃機B29の爆撃圏内に入ることを意味し、本土への爆撃を阻止するという主要な目的は失われつつあった。

こうした戦局の悪化、とくにサイパンの失陥は、東条内閣を窮地に追い込むが、東条はこの時、兼任陸相のまま参謀総長に親補され、国務と統帥の両権を掌中にしていた。しかも、対抗勢力として、政党も議会も形骸化しているなかで、政権交代を実現することは容易ではなかった。それでも7月下旬、岡田啓介や近衛文麿といった有力重臣は、木戸幸一内大臣との連携プレーによって倒閣に成功する。

参謀本部は、サイパンが陥落すると全般的な戦略を見直した。新戦略は、日本本土、沖縄、台湾、フィリピンを連ねる線を防備の第一線とみなした。新戦略は、この防衛ラインをもって米軍の進攻を迎え撃つというもので、「捷号作戦」と呼ばれ、フィリピンが主目標であった。

3 小磯内閣

【小磯内閣と重光外交】

1944年7月下旬、朝鮮総督であった陸軍大将の小磯国昭が組閣した。海軍部内の信望が厚かった米内光政海軍大将が現役に復して副総理格の海相として入閣した。小磯は連絡会議に代えて最高戦争指導会議を設置して、国務と統帥の実質的な統合をはかろうとした。

重光葵外相は、アジア外交の実質的な一元化のため、大東亜相の兼任を条件に外相に留任した。大東亜相を兼任した重光はインドネシアの自治・独立の発展と仏印の解放・独立問題に取り組む。仏印はマラヤとともに、最後に残った西欧植民地であった。

主に海軍の統治地域であったインドネシアは、43年5月の「大東亜政略指導大綱」において、マラヤとともに「帝国領土」としての地位に置かれ、その地位を離脱させ独立や自治に導くことは至難であった。前内閣でも、インドネシア（ジャワ）独立に関する重光の提言にもかかわらず、政治参加の拡大以上の措置をとることはできなかった。インドネシアにおける資源獲得を重視する海軍が「現状変更に反対」であったことが主な原因であった。それでも、将来、東インドの独立を認めるという簡単な「小磯声明」が44年9月に発表される。ただ、独立の時期や形態について具体的な決定は何もなされなかった。

仏印の独立問題も難航した。本国フランスがドイツの支配下に入り、三国同盟が結ばれて以来、仏印政権は「親日政府」とみなされ、日本は大使府を置いていた。その仏印に対する日本政府の政策は、開戦以来、「静謐保持（現状維持）」であった。その仏印の独立が現実的な政策問題となったきっかけは44年8月の本国フランスにおけるド・ゴールの臨時政府樹立であった。ド・ゴール新政権の樹立はヴィシー政権の対日離脱の危機を意味していたからである。

日本政府と軍部は武力による仏印解放の準備を急ぐが、44年12月に、仏ソ同盟条約が結ばれ、対ソ関係という新たな要素が加わることになる。仏印問題の焦点は武力解放後の統治方針であった。陸軍や現地軍は仏印を軍政のもとに置くことを主張したが、重光は強く反対した。陸軍は最終的に重光の即時独立論を受け入れる。陸軍の譲歩は、民族独立の意義を認めたからではなく、ソ連に対して仏印処理の「非侵略性」を示すことによって、日ソ関係の悪化を防ぐという配慮が働いたからであった。他方、大東亜宣言に基づく独立を優先目標としていた重光や外務省は、対ソ関係を利用することによって陸軍の譲歩を獲得したのである。こうして45年3月、仏印処理―仏印の武力解放が実施され、インドシナに安南国など三つの「独立国」が生まれる。

【対中和平工作】

日米開戦以来、日本政府の重慶政府に対する和平工作は南京国民政府の手にゆだね、日本政府は直接関与しないという方針であった。小磯内閣は、１９４４年8月と9月の最高戦争指導会議で、対重慶工作を首相のイニシアティヴのもとに統一し、日中終戦のために直接会談のきっかけを作ることに主目的を置くことを決定した。

44年9月初旬の最高戦争指導会議は、以下の「和平条件の腹案」を決定した。①完全平等の立場による和平、②和平にともなう重慶と米英との関係については中国側の意向尊重、③汪兆銘・蒋介石関係は国内問題、④英米が撤兵すれば全面撤兵、香港は中国に譲渡する、などの「画期的な和平条件」であり、日米開戦前後に提示されていたならば、あるいは日中和平の可能性も開かれたかもしれない。

10-10　爆撃で炎上する八幡製鉄所と市街地

これらは対重慶和平条件として南京政府に伝達されたが、周仏海《しゅうふっかい》ら汪政権首脳は、満州の中国返還（満州国の解消）が曖昧であったことから重慶政権への伝達を躊躇した。外務省案では「満州国は結局において支那の領域たらしむることを認む」という一項が含まれていたが、和平案の最終版には陸軍の意見を反映し、満州国の現状は変更しないものとされていた。汪政権強化という従来の方針に反していることもネックとなった。

日本国内でも重光外相は、汪政権の立場に配慮し、批判的であった。結局、44年9月の最高戦争指導会議決定は、蒋の南京帰還による統一政府の樹立、中国からの全面撤兵という、事実上の日本の敗北を日本が自ら提案せざるを得ない立場に陥ったことを物語っている。その後も様々なルートによる和平が模索されるが、重慶政府に通ずることはなかった。

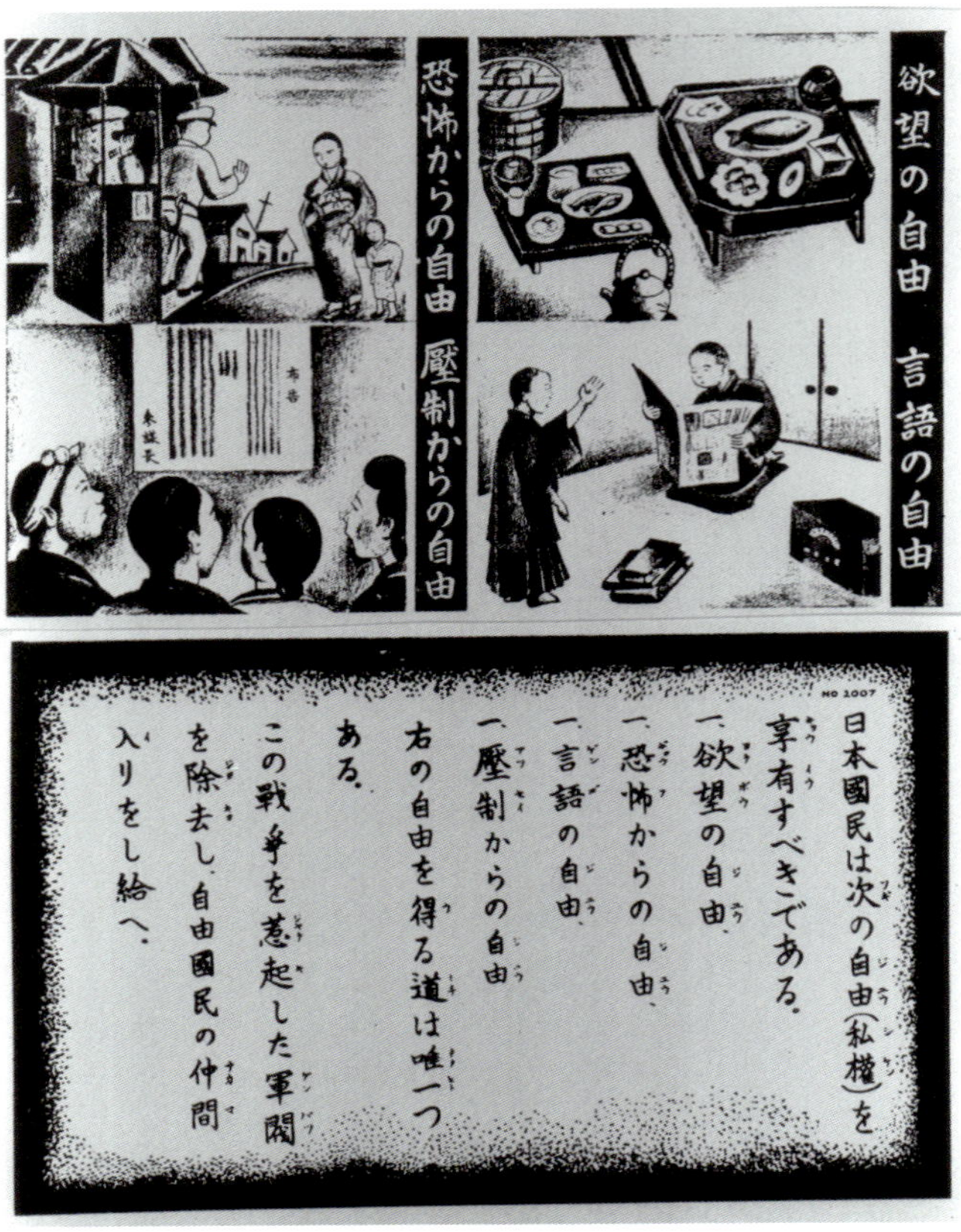

10-11　アメリカ軍がまいたビラ

【繆斌工作】

こうしたなかで「繆斌《みょうひん》工作」と呼ばれるアプローチが突如浮上してくる。繆斌は南京政府考試院副院長であったが、秘かに重慶側と連絡を保ち、汪政権でも主流から外れた存在であった。この繆と小磯をつなぐ人物が、東京では緒方竹虎国務相、上海では、緒方の朝日新聞編集局長時代の記者田村真作、朝日新聞記者太田照彦、元陸軍大佐で小磯の信頼が厚かった山県初男らであった。このうち田村が最も繆と親しくその和平論の良き理解者であった。

小磯は、重光らの反対を押し切って１９４５年3月中旬に繆の来日を実現させる。繆が示した「中日全面和平実行案」は、①南京政府の解消、②重慶側が承認する「留守府」政権の設置、③「留守府」政権を通じた日中停戦交渉の開始、であった。繆は緒方や小磯、東久邇《ひがしくにの》宮稔彦《みやなるひこ》（防衛総司令官）らと会談した。3月下旬の最高戦争指導会議で小磯はこの工作を正式に提案し、この実行案に了解を求めた。しかし、最初からこのルートに懐疑的であった重光外相は最後まで反対した。重光にとって南京政府の解消や全面撤兵という重大政策に踏み込むためには、「戦争終結の決心」が先決でなければならなかった。対英米戦争の終結の決断のない限り、南京政権の存在を無視した形での重慶和平工作はありえなかった。小磯は45年4月初旬、繆斌工作の続行を上奏したが、天皇は陸、海、外三大臣の反対を確認したうえで小磯に、繆の帰国を命じた。こうして繆斌工作は挫折し、それが原因の一つとなって小磯内閣は総辞職する。

【比島決戦から沖縄戦へ】

１９４４年後半から、ヨーロッパとアジア太平洋の両戦線は、圧倒的に連合国側に有利に傾き、戦後世界の勢力配置をめぐって米ソのかけひきが激しくなる。焦点はヨーロッパでは東欧、アジア太平洋では日本撤退後の「満州」であった。ソ連はすでに43年11月のテヘラン会談で対日参戦を約束していたが、45年2月のヤルタ会談では、スターリンはドイツ敗北から三カ月後の参戦を約束し、その代償として大連港の国際化とソ連の優先使用権、旅順港の租借、中東・満鉄両鉄道の中ソ合弁経営などを要求し、英米はこれを受け入れた。

日本はヤルタ会談情報の収集に躍起となるが、結局、このヤルタ密約を知ることはなかった。

こうした国際情勢のもと、44年10月下旬、米軍はフィリピンのレイテ島に上陸を開始した。聯合艦隊は全力を挙げてレイテ湾突入をはかったが、レイテ沖海戦で日本海軍は戦艦、空母合わせて三〇隻を失い、潰滅的な打撃を受け、45年1月、「捷号作戦」の破綻が明らかとなる。陸海軍の作戦当局は、本土とその周辺諸島、満州、中国を戦略要域として確保し、この要域において米軍の攻勢を破摧する、という「帝国陸海軍作戦計画」を決定する。この決定の過程では、「沖縄は米軍の出血を強要する一持久戦と認め、国軍総力大決戦は本土で遂行する」という本土最終決戦構想が確認される。

4月1日、米艦隊が沖縄本島の西方海上に姿をあらわした。一三〇〇隻を超える艦船、四五万人を超える人員という大部隊であった。迎え撃つ沖縄守備隊は七万七〇〇〇人に加えて、島民約二万五〇〇〇人が動員された。6月までの戦闘で日本軍約一一万人、島民約一〇万人が命を失うことになる。

10-12　次々と沖縄に上陸するアメリカ軍（1945年4月3日）

4 鈴木内閣と終戦

【組閣】

すでに七七歳となっていた鈴木貫太郎海軍大将が、天皇の再度の要請に応じて首相を受けたのは、長年の侍従長の経験から感得した「陛下の思召」を実現するためであった。「陛下の思召」とは、「すみやかに大局の決した戦争を終結」することであった。それは、天皇の指示であったわけではなく、「以心伝心として自ら確信した」ものであったという。

10-13　鈴木貫太郎

鈴木は公的な最高意思決定の場としての閣議と

ローズヴェルトの死を悼む

1945 年 4 月 14 日のローズヴェルト大統領の死去に際して、日本政府は次のような宣伝政策上の指示を在外公館に送っている。(1) ローズヴェルトの個人攻撃は避ける、(2) その死がアメリカの敵闘精神や戦力に直接影響を及ぼすといった観察を避ける、(3) 日本が勝ち誇ったような印象を避ける、これらの指示は忠実に守られたわけではなかったが、間接的な対米メッセージと読むこともできる。同時に、鈴木首相は大統領の死を悼むメッセージをアメリカ国民に向けて発した。これに対して、ドイツ外務省が遺憾の意を表明し、在ベルリン日本領事が欧米人と日本人の死生観の相違を説明して弁明に努めるという一幕もあった。

当時、アメリカに亡命中の詩人、トーマス・マンはラジオでドイツ国民に呼びかけた（1945 年 4 月 19 日）。

「ドイツの皆さん、皆さんは日本帝国の鈴木貫太郎首相が故ローズヴェルト大統領を偉大な指導者と呼び、その逝去に際し、アメリカ国民に対して日本国の深甚なる弔意を表したことを、いったい何とお考えになりますか。これは驚くべきことではないでしょうか。……日本はいまアメリカと生死を賭けた戦いをしています。野心的な封建的な一群の指導者が日本をこの戦争にひきずりこんだのです。だが、ナチスの国家社会主義がわがみじめなるドイツ国においてもたらしたと同じような道徳的破壊と道徳的麻痺が、軍国主義の日本で生じたわけではなかった。あの東洋の国日本はいまなお騎士道精神と人間の品位に対する感覚が存在する。いまなお死に対する畏敬の念と偉大なるものに対する畏敬の念とが存在する。これが独日両国の差である。」（平川 1993）

10-14　大西洋会談　戦艦上のローズヴェルトとチャーチル
会談後の 8 月 14 日、領土の不拡大・不変更、民族自決、自由貿易など戦後世界の諸原則を大西洋憲章として発表

閣僚の結束をきわめて重視した。東条英機内閣のように首相が複数の閣僚を兼ねることもなく、閣僚の辞職や排除による内閣瓦解を避けることに腐心した。実際、鈴木内閣は最後まで閣僚の辞任、補充は一度もなかった。鈴木の終戦指導は、閣内での徹底抗戦論を排除するのではなく、十分に耳を傾けることによって内閣瓦解を避けつつ戦争終結の機会をうかがうというものであった。組閣にあたって鈴木が最も重視したのは、米内光政海相の留任と阿南惟幾《あなみこれちか》大将の入閣であった。

陸軍の徹底抗戦論を排除しないためにも、陸軍中堅層に信望の厚かった阿南を陸相として入閣させる一方、米内を留任させ、陸軍に対抗する発言力の保持をはかった。レイテ決戦以来、主要艦艇を失っていた海軍を陸軍と統合させ、対米作戦の効率化をはかるという陸軍の主張に対し、米内は徹底して反対し、鈴木も4月末には自ら陸海軍首脳を首相官邸に招集し、建軍以来の陸海軍並立制の意義を説いて統合論を退けている。終戦の過程において、米内の役割はきわめて重要なものとなるが、米内の発言権は陸海軍の統合が実現していれば失われたはずであった。

【東郷外相と対ソ交渉】

鈴木首相に終戦外交を一任されて入閣した東郷茂徳の課題は、まずは日ソ中立関係の維持による対日参戦の防止であった。鈴木内閣の成立（1945年4月7日）の直前、ソ連は、一年後の破棄を意味する中立条約の不延長を通告していた。破棄は一年後であったが、それまで対日参戦しないという保証は何もなかった。参謀本部の本土決戦計画もソ連の中立維持を前提としており、4月下旬、東郷外相を訪問した新任の河辺虎四郎《かわべとらしろう》参謀次長は、参戦防止を目的に対ソ外交を「果敢」に展開することを促し、陸軍の全面支援を約束する。そこで東郷は、こうした「軍部の希望」を利用し対米英和平に導くことを決意した。

スイスにおける終戦工作

10-15　加瀬俊一

10-16　フリードリヒ・ハック

ダレス工作の広がり

第2次世界大戦が終末に近づくと、ヨーロッパの中立国を舞台に対日和平のための様々な工作が実施されている。スイスを舞台としたダレス工作、スウェーデンにおける小野寺信工作やバッゲ工作、ヴァチカンのローマ法王庁を通じた工作などが知られている。その多くはソ連以外のルートを通じた米英との直接和平をめざすものであったが、途切れるか、日本政府や陸海軍指導部の拒否にあって頓挫するか、いずれも終戦史を彩る一片のエピソードにすぎない、というのがこれまでの理解であろう。

しかし、最近の研究は、日本の終戦決定に一定の影響を与えた工作として、OSS（米戦略情報局）のスイス支局長、アレン・ダレスを中心とした幅広い和平のネットワークの存在を浮かびあがらせている。そのきっかけは、反ナチ派の親日ドイツ人で、日本海軍と関係の深かったフリードリヒ・ハックである。チューリヒに滞在のハックは1943年頃からベルリンの海軍武官室やOSSと接触していたが、44年後半になると、ハックを介してバーゼルの国際決済銀行の吉村侃、北村孝治郎、さらにベルンのスイス公使・加瀬俊一（かせしゅんいち）、公使館付武官岡本清福少将（元参謀本部情報部長）らがダレスを中心とした情報網に加わった（有馬2015）。

一方、ダレスは、国際決済銀行の幹部ペル・ヤコブソンと戦前から親しい関係にあった。有力な国際金融機関としての決済銀行は、強力な情報収集能力をもつインテリジェンス機関という一面があった。こうして44年末までにダレスのもとに、国際決済銀行グループ（ヤコブソン、北村、吉村）、スイス公使館グループ（加瀬、岡本）が日米間のコミュニケーション・チャンネルを形成する。45年春には、ベルリンからスイス海軍武官室に移った西原市郎大佐、藤村義朗中佐が加わった。ハックは工作の主体ではなく、ダレス機関のエージェントとなる。

ドイツ降伏（5月7日）が近づくと、ダレスはハックを介して北村・吉村のルートや加瀬公使のルートを用いて日本側の和平条件を探る。とくに加瀬は5月初旬、ソ連を通じた和平交渉より英米との直接交渉が望ましく、天皇の保全を唯一の条件とすべきとの私見を東郷茂徳外相宛に具申していた。その加瀬とともに北村や吉村の関心は、トルーマン大統領が5月に明言していた無条件降伏のもとで天皇制の保存や国体護持が可能か否かにあった。

「帝国が滅亡する前に」

7月中旬には、ヤコブソン、北村、吉村に加瀬公使を交えた会合がもたれ、それを踏まえてヤコブソンはダレスと会談する。ダレスは6月初旬からベルンを離れ、ワシントンでグルーらと接触していた。ダレスは無条件降伏を日本が受け入れるならば、天皇制存続の可能性もある、というメッセージの伝達を依頼する。7月21日、加瀬は早速、ヤコブソン、ダレス会談の内容を東郷に打電し、直接対米交渉に入るよう勧告した。

ところで、ダレスがヤコブソンとの会見で強調した点は7月10日の国務長官代理グルーの声明であった。長く駐日大使を務め、知日家として知られたグルーは、帰国後の44年11月、国務次官（45年には国務長官代理）となっていた。グルーは、ダレスとともにポツダム会談で予定された対日共同声明に、天皇の地位の保証を明記することを主張していたが、米政府内ではいまだ決着していなかった。そこで、グルーは、トルーマンの無条件降伏方針を逸脱しない範囲で、無条件降伏は日本国民の滅亡や奴隷化を意味するものではないことを7月10日の声明で強調したのである。

その一方、OSSの活動と深い関係をもっていたOWI（戦時情報局）のザカライアスが、45年5月からワシントンのラジオ放送局より日本に降伏を呼びかける放送を開始した。ザカライアス放送の情報源はOSSのスイスにおける活動であった。このザカライアスとグルーは、無条件降伏を受け容れても、大西洋憲章で認められた権利、政体選択の自由と領土保全は認められると、新聞とラジオを通じて懸命に呼びかける。

天皇制の存続に関するグルーらの意見は、7月26日にポツダム宣言には反映されることはなかった。しかし、加瀬は、吉村を通じて、ポツダム宣言はアメリカの意図は日本の奴隷化、絶滅ではないこと、天皇を犯罪者として裁かないこと、無条件降伏は軍隊のみに適用されることをヤコブソンに改めて確認し、7月30日に東郷に意見電を送る。加瀬の意見は、皇室と国体に触れていないこと、日本の主権を認めていること、などが対独処理と異なり、「要するに日本民族が死を以て擁護しつつある国体の下に国家生活を営み行く基礎」を認めている、というものであった。この加瀬の意見電はモスクワの佐藤尚武大使にも転送された。8月4日、佐藤は加瀬電に触れつつ、ソ連ルートは望みがなく、帝国が滅亡する前にポツダム宣言を基礎に終戦をはかるべきだ、と東郷外相に訴えた。

ダレス工作は、米英との直接和平交渉を導くことには成功しなかった。しかし、ポツダム宣言やバーンズ回答において明瞭ではなかった天皇の地位の保証という、最後にして最大の問題について、信頼にたる解答を与え、天皇をはじめ東郷外相や木戸幸一内大臣ら「和平派」の指導者に終戦の決断を促す有力な材料を提供したのである。

それは、参戦防止を目的とした対ソ交渉を、ソ連を仲介とする和平交渉に転換するという極度に慎重を要する外交交渉を意味していた。元来、陸軍が本土決戦を選択した重要な理由は、米英に「和平屈服」した場合、国体の破壊など過酷な無条件降伏を強要されると見通したからであり、本土決戦を控えて和平を前提とした対ソ交渉はあり得なかった。そこで東郷は、まず政府・軍部の最高指導者の間に「和平機運の醸成」をはかるため、最高戦争指導会議を事務スタッフを交えない六巨頭（鈴木首相、東郷外相、阿南陸相、米内海相、梅津美治郎《よしじろう》参謀総長、及川古志郎軍令部総長―5月末に豊田副武《そえむ》と交代）のみの会談とすることでメンバーの了解を取り付ける。

最初の六巨頭会談は5月11日から開催される。最終日の5月14日、六巨頭は対ソ交渉に関して、参戦の防止や中立の維持という従来の目標に加え、戦争終結に関する有利な仲介を依頼する、という目標を加えることに合意した。この合意の前提は、「無条件降伏以上の講和に導き得る外国」はソ連以外にない、との六巨頭の一致した認識であった。

また、六巨頭会談はこれらの目標にソ連を誘導するために、ポーツマス条約と日ソ基本条約の廃棄を基本に、南樺太の返還、漁業権の解消、津軽海峡の開放、北満における諸鉄道の譲渡、千島列島の北半の譲渡などの大幅な代償提供を確認する。要するに、ソ連の「欲求」はポーツマス条約の廃棄が主眼であるとみなし、これに応えようとするものであった。さらに六巨頭は、朝鮮の「中立」と満州国の「独立」の維持、さらに「日ソ支三国の共同体制」の樹立などを用意した。これらは、戦後米国の対抗勢力として台頭すると想定されたソ連を、対日関係の改善に誘導することがねらいであった。

その一方、米英側に提示すべき和平条件について議論は進展しなかった。議論の前提である日本の戦争能力の見通しについて、陸軍指導者と東郷外相が合意できなかったからである。例えば、新陸相の阿南が、「日本は未だ広大な敵の領土を占領しているのに反し、敵は未だ日本領土の一部に手をかけたにすぎない、米英との和平条件はこの現実を基礎として考慮しなければならない」と主張するのに対し、東郷は、今後の戦争能力について悲観的であり、両者の議論は激しく対立した。結局、戦争終結に関する有利な仲介依頼の実行は当面見合わせ、元首相広田弘毅をしてソ連の意向を「打診」することになった。

ちなみに、六巨頭会談方式は、和平問題が国内問題に巻き込まれるのを回避することをねらいとして設定されたものであった。ことに陸海軍の指導者を中堅層の徹底抗戦論から解放して六巨頭間の自由な議論の場に引き入れ、戦争終結の意思を共有させることにねらいがあった。そのねらいは一定の成功を収めた。反面、六巨頭が一致してモスクワに照準を絞ったことで、対米英直接交渉や、スイス、スウェーデンなど中立国を通じた和平アプローチを閉ざすことになった。少なくとも六名の指導者がそれらのアプローチを積極的に取り上げることはなかった。

【広田・マリク会談】

1945年6月初旬から下旬まで広田とマリク駐日ソ連大使の会談が断続的に開催される。最初の会合（6月3、4日）で、広田は「アジアの安全はソ連、日本、中国の協力のもとにのみ築かれる。この協力の基礎になるのが、日ソの友好である」と説いた。これは、戦後アジアにおける「日ソ支三国の共同体制」の樹立という六巨頭会談の合意に沿った提案であった。マリクはその内容と具体化の方法を質問したが、広田は日ソ友好関係を増進し、それに中国をも引き入れたい、と答えるのみであった。

その後、6月22日には、対米英和平に関する仲介依頼という5月中旬の合意の履行が天皇の臨席による六巨頭会談において確認されるもの結局、広田はそれを明瞭に提案することはなかった。また、仲介に関するソ連側の意向も探ることもできなかった。

事実上、最後の会合となった6月29日、広田は、満州国の中立化（戦争終結後の日本軍の撤兵）などを条件に、中立条約に代わる日ソ不侵略協定案を提案する。これらの条件は、マリクを通じモロトフ外相にも伝達されたが、モロトフは佐藤尚武大使に「慎重研究」を約束するのみであった。

ソ連側は明らかに広田との会談に乗り気ではなかった。この頃のスターリンは、対日参戦を控え、重慶政府の宋子文《そうしぶん》をモスクワに招き、ヤルタ密約について中国の了解を求めようとしていた。対日参戦は動かぬ行動シナリオとなっていたのであり、日本側の不可侵協定案に応ずる余地はなかった。

【本土決戦論と和平模索】

対ソ交渉の不調と沖縄戦における敗勢は、陸軍や革新勢力を大きく本土決戦論に収れんさせ、6月9日には陸軍と内閣の主導で、戦争完遂と本土決戦を強調する新たな戦争指導方針が御前会議決定となる。参謀本部は本土決戦に、「日本軍民の強烈なる抗戦意思を知らしめ得たならば、是に因り比較的有利な条件で終戦の好機を掴み得る」という効果を期待したが、それは阿南陸相の考え方でもあった。

しかし、6月9日の御前会議決定と併せて了承された「国力の現状」とはあまりに落差が大きかった。これに危機感をもった木戸幸一内大臣は即日、「時局収拾の対策試案」を書き上げた。それは、「国力の現状」に空襲の被害を加味すれば、あらゆる角度から見て本年下半期における戦争遂行能力は失われることを強調し、天皇の「御勇断」による戦争終結の必要を説いたものであった。具体的には、米英との直接交渉よりも、天皇の「親書」を奉じて仲介国（ソ連）と交渉する道を選び、また講和条件は、アジア占領地の独立保証、日本の指導的地位の放棄と自主的撤兵であった。

敵側は「軍閥打倒」をもって主要目的としており、従って軍部から和平を提唱することが「正道」であるが、そのような機運が熟すのを待てば、時機を失するというのがその理由であった。外務省などからの情報によれば、「軍閥打倒」を主要目的とする連合国側の対日処理方針は比較的寛大なものであった。そうであれば、国体護持を条件とした和平も可能と見通すのである。

木戸はこの「試案」を天皇に説明し、首相および陸海外三相と協議することについて願い出ると、天皇は、「速やかに着手すべし」と許可した。こうして木戸は、六巨頭の説得に乗り出し、6月22日の天皇の臨席による六巨頭会談にこぎつけ、戦争終結を目的とした仲介をソ連に申し出ることを改めて決定した。東郷はこの決定を、本土決戦に

10-17　沖縄戦で集団自決した住民たち（1945年6月22日）

傾いた6月9日の御前会議決定を「克服」するものとみなし、鈴木は「決戦もやる、外交もやる」と理解した。いずれにしても、木戸の説得工作の意味は、軍部より和平提案がなされる可能性がない限り、「聖断」によって終戦に運ぶほかはないという「試案」の考え方を六巨頭が共有したことにある。

しかし、相変わらずソ連に対する仲介の代償と対米英和平条件は決定できなかった。

【近衛特使の派遣交渉】

6月下旬、東郷外相は、もはや広田・マリク会談に見切りをつけていた。ポツダム会談が迫るなか、東郷は「誰かモスクワに人をやるより外はない」と考え、元首相の近衛文麿に打診する。7月8日、東郷の打診を受けた近衛は、天皇の命令によること、交渉条件については「白紙で行くこと」と注文をつけた。

近衛特使の派遣に備え、7月12日、佐藤大使を通じてスターリン宛の天皇の親書が打電される。しかし、この親書は、率直に和平を申し入れるのではなく、米英が無条件降伏に固執する限り最後まで戦い抜くほかはないが、そうした事態は天皇の望むところでなく、「平和の克復」を希望するという内容であった。佐藤大使は翌13日、この親書の内容では、ソ連側は、「平和愛好者」としての天皇の意思は了解するものの、使節の任務が明らかではない、と回答するだろうと本国に打電した。佐藤の危惧は現実のものとなる。7月18日、ソ連は近衛特使の使命は不明瞭であり、回答は不可能である、と応じた。

午後、鈴木はこの要領に従って記者団の質問に答えている。30日付の『朝日新聞』は、次のように報じている。

問　最近敵側は戦争の終結につき各種の宣伝を行つているが、これに対する所信はどうか。

答　私は三国共同声明はカイロ会談の焼直しと思ふ。政府としては何ら重大な価値があるとは思はない。ただ黙殺するのみである。

連合国側の宣言を「黙殺」するという方針はこれが最初ではなく、カイロ宣言に対する政府の対応も、やはり「黙殺」であった。カイロ宣言の場合には、「黙殺」方針そのものが公表されることはなかったが、不許可とされた領土処理に関する部分を除いた宣言が政府のコメントもないまま新聞に掲載されている。要するに、政府の態度としては「無視する」（意見を表明しない）というものであった。ポツダム宣言の場合も同じように「無視」する方針であったが、不注意にも軍の圧力によって「黙殺」方針を公言せざるを得なかったのである。

黙殺談話の波紋

ところで、黙殺談話は、公式に連合国に伝達されたわけではなかったため、国際的には複雑な波紋を広げた。そもそもポツダム宣言は、国際慣行を踏まえた正規の外交文書ではなく、一定間隔で繰り返し放送される宣伝戦の手段として英米の外交当局には理解されていた。トルーマンも宣言を宣伝文書とみなし、戦時情報局（OWI）に送って宣伝戦を指示していたという。したがって、英米の外交当局は、黙殺談話はポツダム宣言に対する日本政府の最終的態度を示すものなのか否か、判断に迷った。あるイギリス外務省文書は、黙殺談話以上のメッセージが日本から発出されないならば、「政治戦争」としての宣言を繰り返し放送するのが妥当か否か、米国務省と英国外務省との間で検討すべきであるとしている。

もし、宣言が最初から正規の外交文書として扱われ、利益代表国スイスを経由するルートで日本政府に伝達されていたならば、連合国側の主張と日本政府の意向も相互伝達できた可能性は否定できない。ポツダム宣言が、「外交宣伝攻勢の一手段としてのみ発表され、日米交渉の回路にならなかったことは、平和への機会を一歩も二歩も遅らせたといわねばならない。」（仲 2000）と指摘される所以である。

いずれにしても、鈴木が、記者会見でノーコメントで押し通したとしても、宣言受諾の用意がある、受諾すべく検討中である、とでも発言しない限り、連合国側の納得する応答とはならなかったであろう。受諾を示唆するような一言半句すらも口にすることが憚られる国内情勢にあっては、それは望み得なかった。要するに、ポツダム宣言に対する鈴木の応答の不備が、連合国側の対日態度を決定付けたわけではない。原爆投下やソ連の参戦は既定路線となっていた。トルーマンは、原爆投下直後の大統領声明のなかで原爆投下の理由について、ポツダム宣言の受け入れを「拒絶した」ことを挙げ、黙殺談話を示唆しているが、後付けの感がぬぐえない。

終戦を遅らせたという意味では、日本政府が、近衛特使のモスクワ派遣に淡い期待を寄せ、ノーコメントを基本的姿勢としていたことにこそ最大の問題がある。

ソ連の回答に接した六巨頭会談は、7月20日、近衛特使の任務は戦争終結の斡旋をスターリンに依頼することにある点を改めて確認した。しかし、対ソ代償や対米英和平条件については、この時点になっても合意できなかった。東郷は、7月21日、前日の六巨頭の合意をソ連側に伝え

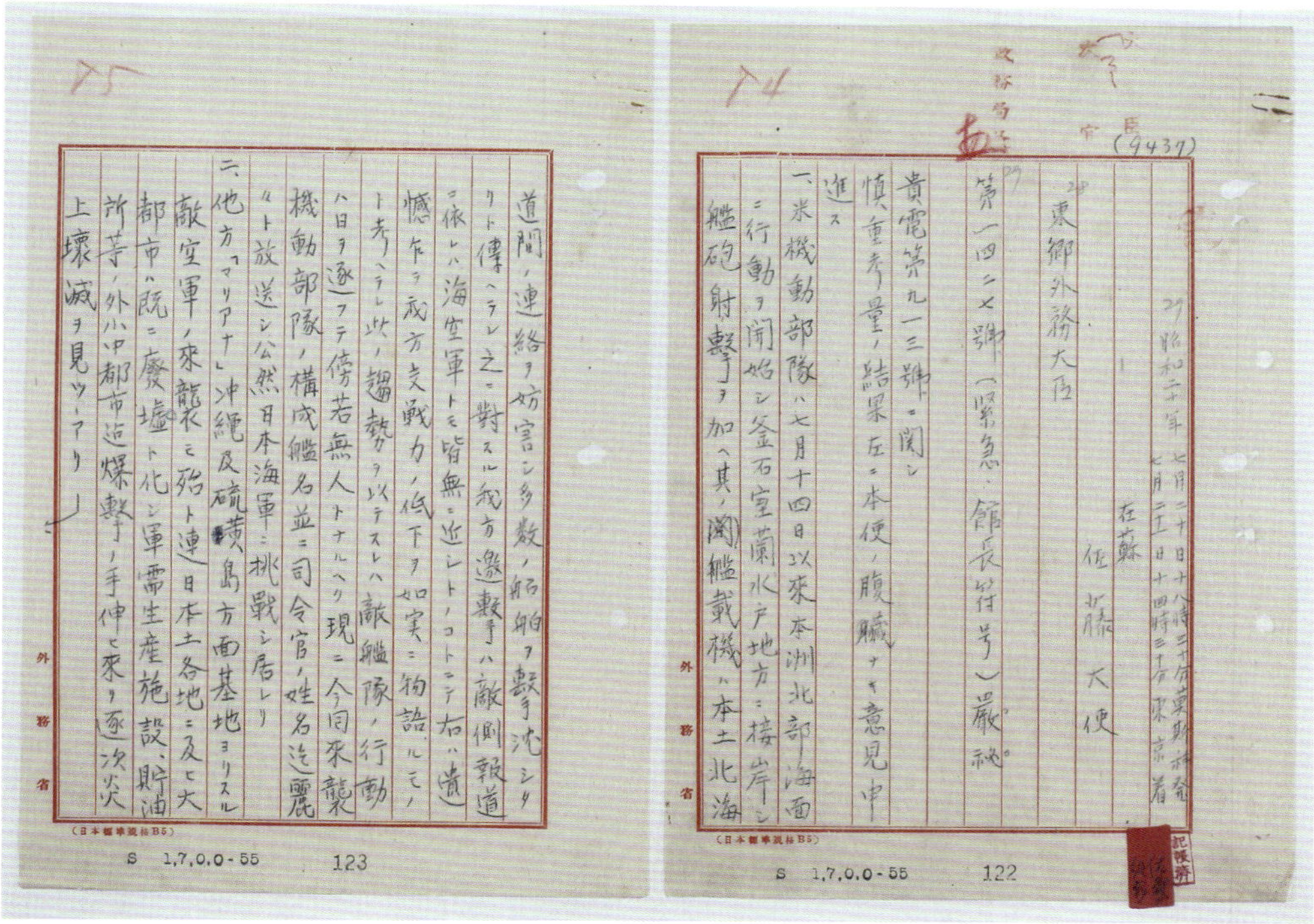

昭和二十年七月二十日十八時三十分莫斯科発
七月二十一日十四時三十分東京着
在蘇 佐藤大使
東郷外務大臣
第一四二七號（緊急、館長符号）嚴秘
貴電第九一三號ニ関シ慎重考量ノ結果左ニ本使ノ腹蔵ナキ意見申進ス
一、米機動部隊ハ七月十四日以来本洲北部海面ニ行動ヲ開始シ釜石室蘭水戸地方ニ接岸シ艦砲射撃ヲ加ヘ其ノ闘艦載機ハ本土北海道間ノ連絡ヲ妨害シ多数ノ船舶ヲ撃沈シタリト傳ヘラレ之ニ對スル我方邀撃ハ敵側報道ニ依レハ海空軍トモ皆無ニ近シトノコトニテ右ハ遺憾乍ラ我方交戦力ノ低下ヲ如実ニ物語ルモノト考ヘラレ此ノ趨勢ヲ以テスレハ敵艦隊ノ行動ハ日ヲ逐フテ傍若無人トナルヘク現ニ今回来襲機動部隊ノ構成艦名並ニ司令官ノ姓名迄麗々ト放送シ公然日本海軍ニ挑戦シ居レリ
二、他方「マリアナ」沖縄及硫黄島方面基地ヨリスル敵空軍ノ来襲ニ殆ト連日本土各地ニ及ヒ大都市ハ既ニ廢墟ト化シ軍需生産施設、貯油所等ノ外小中都市迄爆撃ノ手伸ヒ来リ逐次炎上壊滅ヲ見ツヽアリ

S 1.7.0.0-55 122
S 1.7.0.0-55 123

10-18　佐藤駐ソ大使の早期戦争終結に関する意見具申電

ポツダム宣言と「黙殺」談話

二度の「黙殺」報道

米英中3国の名で、対日降伏勧告として1945年7月26日に発表されたポツダム宣言について、外務省幹部は、原則的受諾に一致するのに時間を要しなかった。①無条件降伏は日本軍隊に限定されていること、②日本の主権を認めていること、③天皇制（皇室および国体）について触れていないこと、などがその根拠であった。東郷茂徳外相も、宣言は「無条件降伏を求めたものに非ざることは明瞭」として「有条件講和」の可能性を見出して受諾を決意する。

ただ、最も懸念されたのは、天皇制の存続について何も記されていないことにあった。よく知られているように、アメリカ国内で準備されたポツダム宣言案には、日本の占領統治の安定のために天皇制存続の明記を主張するグルー国務次官代理ら「知日派」の強い意見によって、その存続が明記されていたが、最終段階でバーンズ国務長官や軍の反対によって削除されていた。トルーマン大統領が就任早々に公約した「無条件降伏方針」に抗して条件を緩和することは容易ではなかった。

さて東郷外相は、即時受諾の意思を明らかにするより、当面は「ノーコメント」で押し通すことが賢明と判断し、これが外務省の方針となり、鈴木貫太郎首相も同意する。27日の閣議や最高戦争指導会議においても、軍部指導者が主張する即時拒絶論を押さえて暫く意思表示をしない方針を貫く。近衛文麿特使の派遣についてソ連と交渉中であり、ポツダム宣言にソ連が加わっていなかったことも、ソ連仲介による有利な和平に一縷の期待をつないでいた。こうして28日午前、東郷はポツダム宣言への態度表明はソ連の回答を待って行う旨をモスクワの佐藤尚武大使に打電する。

7月27日の閣議は、国民の戦意を低下させる恐れのある条項を削除のうえ、国内向けに発表する方針を決定した。ただし、暫く意思表示を避けるという東郷の方針を鈴木も受け入れ、政府としてのコメントは避けることになった。翌28日付の主要各紙は、内閣情報局の指導に従い、第1項から第4項を削除したポツダム宣言を掲載していた。コメントは各社に任されていたが、例えば『朝日新聞』は、「政府は黙殺」の見出しで、「帝国政府としては……何ら価値あるものに非ずしてこれを黙殺と共に、断乎戦争完遂に邁進するとの決意を固めている」と報じた。また『読売報知』は「笑止、対日降伏条件」の見出しのもとに、「帝国政府としてはかかる敵の謀略については全く問題外として笑殺、断乎自存自衛戦たる大東亜戦争完遂に挙国邁進」とコメントした。

28日午前に大本営・政府間の情報交換会議に集まった首相、陸海両相および参謀総長、軍令部総長、それに迫水久常内閣書記官長の間で、改めて宣言の取り扱いが協議された。東郷は所用のため欠席していた。東郷不在のなかで進行した会議では、軍部指導者の拒絶論に抗し難い状況となり、「政府は黙殺で行く」方針を午後の首相記者会見で明らかにすることになった。

記者団との会見要領は、内閣情報局のもとで作成された案文をもとに陸海両軍務局長と迫水が協議した。迫水は、「黙殺」の前に「差し当たり」などの文句を挿入することを主張したが、吉積陸軍省軍務局長に拒まれたという。28日

るよう佐藤に打電するものの、ソ連側の望む「具体的条件を示すことは対内関係上、並びに対外関係上不可能である」と述べざるを得なかった。東郷は、条件の決定よりも、近衛の「白紙委任」の希望にも鑑み、まずは近衛派遣をソ連側に受諾させることを急いだ。7月25日、佐藤大使と会見したロゾフスキー外務大臣は、日本政府が戦争終結のためソ連に斡旋を求める点は了解するが、その際、近衛公はどのような「具体的提議」をなそうとするのか、と迫った。佐藤は特使の使命の重要性を強調するのみであった。その翌日、ポツダム宣言が発表される。

【ポツダム宣言と黙殺談話】

対ソ交渉が行き詰まるなかで7月26日、ポツダム宣言（対日降伏勧告）が発表される。近衛文麿特使派遣をソ連に打診中の政府としては、ソ連がポツダム宣言に加わっていなかったことから、ソ連の出方に一縷の望みをつなぐことになる。鈴木や東郷外相は、陸軍の即時拒絶論を抑えて、暫く意思表示をしない方針であった。28日午前、東郷はポツダム宣言への態度表明はソ連の回答を待って行う旨を佐藤尚武大使に打電する。

しかし、当面、意思表示をしない方針は、鈴木自身によって破られる。陸軍の主張する拒絶論を抑え切れず、28日午後の記者会見で鈴木が「黙殺」を口にしてしまったからである（コラム243頁）。連合国側に公式に伝達されたわけではなかったが、事実上の「拒絶」回答として受け止められ、すでに連合国の既定方針とはなっていたものの、ソ連参戦と原爆投下の口実とされた。鈴木はこれを大いに悔いている。

【第一回聖断】

8月初旬の六巨頭の関心は特使派遣問題に対するソ連の回答に集中していた。ソ連がポツダム宣言に加わっていなかったことも、その「自主的行動」への期待を高めていた。8月6日の原爆投下、9日のソ連参戦は、和戦をめぐって硬直化していた日本の政局を一気に動かすことになる。原爆は突発的であったが、ソ連参戦はそれなりに予測されていた。例えば、8月初旬の参謀本部の判断では、ソ連は8月末には武力発動の準備を整え、参戦時期は「本年初秋」というものであった。ソ連参戦に備えた外交的措置の研究も7月末から陸軍省で着手されていた。参戦直前の研究案によれば、ソ連は「無警告攻撃」ではなく、「対日最後通牒」を提示したうえ、連合国の一員たる立場ではなく「自主的」に参戦するものとされていた。

10-19　ポツダム会談の3首脳（左から、チャーチル、トルーマン、スターリン）

しかし、ソ連が参戦と同時にポツダム宣言に加わったことは、ソ連仲介による終戦という選択肢を閉ざし、ポツダム宣言の受諾による終戦か、拒絶による戦争継続かという選択を六巨頭に迫ることになる。

8月9日から14日までポツダム宣言の受諾条件をめぐって、六巨頭間の議論は抜き差しならぬ対立に陥る。その争点は、10日未明の御前会議における第一回聖断までは、「国体護持」という絶対条件に他の三条件（①自発的武装解除、②自主的戦争犯罪人の処罰、③保障占領の回避）を付加するか否かであった。東郷外相、米内海相が国体護持のみを留保した受諾を主張し、阿南陸相、梅津参謀総長、豊田軍令部総長が他の三条件を付加する必要を力説し、互いに相いれぬ対立に陥る。鈴木は自らの意見は述べないまま聖断を仰ぐ。

天皇は「東郷案」を採用し、国体護持の一条件による受諾を決定した。連合国に対する受諾電では、当初、「天皇の国家統治の大権を変更するの要求を抱合し居らざることの了解の下に受諾す」と、一方的に言い放つはずであったが、御前会議を経て、この解釈の正当性について見解を連合国側に問いただす文言が付加される。

【第二回聖断】

8月12日に到着した連合国の回答（バーンズ回答）は、とくに第四項で、日本国政府の最終的形態は「日本国国民の自由に表明する意思に依り決定せらるべきものとす」と規定していた。ポツダム宣言第一二項と同じであった。東郷外相は、第四項は「内政不干渉」を意味し、国体護持は事実上、保証されたものと解釈したが、国体は民意に問われるべき性格の問題ではないとする平沼騏一郎《きいちろう》枢相や豊田総長、安倍源基《げんき》内相らの異論が相次いだ。国体護持にとって、どの選択（受諾か、再照会か、戦争継続か）が最も危険が少ないか、という観点から問題をとらえていた鈴木も、一時、再照会論に傾く。

鈴木は、13日午後の閣議で、第四項の外務省の解釈に同調しつつも、「将来の心配は保障占領と武装解除なり。大坂城の夏陣の危険なきや。不注意なれば此の二の舞を演ず」と述べている。「大坂城の夏陣」とは、徳川家康が大坂の陣の停戦後に約束を正しく履行せずに内堀を埋め、豊臣家を滅ぼしたことを指している。ポツダム宣言受諾後に、連合国が国体護持という条件を踏みにじった場合、連合国に抵抗するすべがなくなることを恐れたのである。

しかし、鈴木は、連合国の「悪意」ではなく、「善意」に国体護持を賭けた。この閣議における鈴木は、それまでの曖昧な態度を一変させ、厳然として全閣僚の意見を順次求め、聖断による決着を明言したうえ、翌日の御前会議の召集による二回目の聖断の舞台を整えるため、奔走するのである。

8月14日午前10時50分より最後の御前会議が開かれる。午前11時過ぎ二度目の聖断によりポツダム宣言の受諾が決定した。天皇の「御諚」は、バーンズ回答第四項に触れ、「私は此の回答文の文意を通じて先方は相当好意を持って居るものと解釈する。先方の態度に一抹の不安があると云ふの一応尤もだが私はさう疑ひたくない。要は国民全体の信念と覚悟の問題であると思ふ」と述べている。つまり、外務省の解釈に同意するという意思を明瞭に示しているわけである。同日午後、終戦の詔書に全閣僚が副署し、戦争終結が国家意思として確定した。

終戦の詔書に「朕は茲に国体を護持し得て」という言葉がある。14日の御前会議後の閣議で、阿南が「軍が部隊の反乱を抑えるのにどうしてもこれを必要とする」と主張して挿入されたものであった。なお士気旺盛な三〇〇万人を超える内外地軍隊の武装解除と復員を円滑に進めるためには、国民や政府ではなく天皇自身が国体を護持し得たという確信を有していることを詔書に示す必要があった。

14日午後6時、阿南と梅津の連名で在外軍に発電された「帝国の戦争終結の件」も、ポツダム宣言は国体を毀損するものとは考えない、との天皇自身の判断によって受諾に決した、と述べていた。こうした配慮は、陸軍の復員と武装解除のスムーズな実施に効果があり、終戦処理が平穏になされた重要な理由である。

【聖断の意味】

「聖断」という国策決定の方式は、立憲君主制に忠実であろうとすれば、避けるべき選択肢であった。組閣当初の鈴木も、最悪の事態に陥る前に、閣議が一致して戦争終結を決定し、天皇の裁可を仰ぎ、輔弼（補佐）の責任を全うすることを想定していた。御前会議決定がなされるとしても、それは、「聖断」ではなく、開戦の場合と同じく大日本帝国憲法の枠内での決定となるはずであった。

鈴木が、あえて輔弼責任を放棄して聖断を天皇に求めたのは、未曾有の国難に直面し、天皇と国民の意思を最高意思として御前会議の場に直接、反映させるためにほかならなかった。日本の政治は、開戦の決定がまさにそうであるように、「真に日本国の国体を思い、国民の幸福を思っての政治ではなく、一部政治家の意志による政治」に陥り、天皇や国民の意思が政治に反映されていないのが実情であった。

天皇もこうした鈴木の思いに応えた。天皇はそれまで、御前会議は「全く形式的なもので、天皇には会議を支配する決定権はない」という建前を墨守していたが、それでは国体も国民も救えないと考え、「肝胆相許した」鈴木と運命をともにすることを決断するのである。

聖断は、戦後の帝国議会でも指摘されたように、確かに輔弼制度の蹂躙であり、大日本帝国憲法体制の事実上の瓦解を意味したが、鈴木にとっては、政治を国民と天皇の手に取り戻した瞬間でもあった。

二回目の聖断を受けて、14日午後1時から閣議が開催され、「終戦の詔書」に全閣僚が副署し国家意思として戦争終結が決まる。他方、陸軍部内では、竹下正彦中佐（阿南陸相の義弟）ら軍務局の佐官級将校が近衛師団と東部軍をもって宮城を占拠し、要人を監禁して「聖慮」の翻意を促す、というクーデター計画を実行に移そうとしていた。彼らは13日から頻繁に阿南陸相のもとに至り、実行の決断を迫った。しかし、阿南は、梅津参謀総長にも諮った末、結局、同意しなかった。竹下らは最後に、「辞職して副署を拒みては如何」と迫るものの、思いとどまった。

【復員と引揚げ】

シベリア抑留

8月15日正午、玉音放送によって全国に流された「終戦の詔書」は、「開戦の詔書」に対応して作成され、何よりも米英との戦争終結を天皇の名で内外に宣言したものであった。したがって、中国との戦争や、満洲や樺太・千島を舞台とした日ソ戦争には言及されていない。とくに8月9日に始まったソ連軍の侵攻は9月初旬の全千島列島の占領まで続く。

この間、スターリンの北海道占領の断念（8月22日）が転じて日本人捕虜の強制抑留につながった。北海道占領の目的の一つは、道北部から大量の日本人労働力を調達することにあったからである。この強制抑留によって、関東軍将兵を中心に六〇万人がシベリア、モンゴル、中央アジアに連行され、長期間にわたって強制労働に服した（五万人弱が死亡）。ただ、被抑留者の処遇は地域によって異なっていた。ウズベキスタンには、日本人抑留者が建設に協力した堅牢なナヴォイ劇場が今も残っている。

とはいえ、被抑留者の大半はその帰還を1956年の日ソ共同宣言まで待たねばならなかった。捕虜のソ連領内への連行と使役はハーグ陸戦法規やポツダム宣言に明白に違反する行為であり、現在もなお、

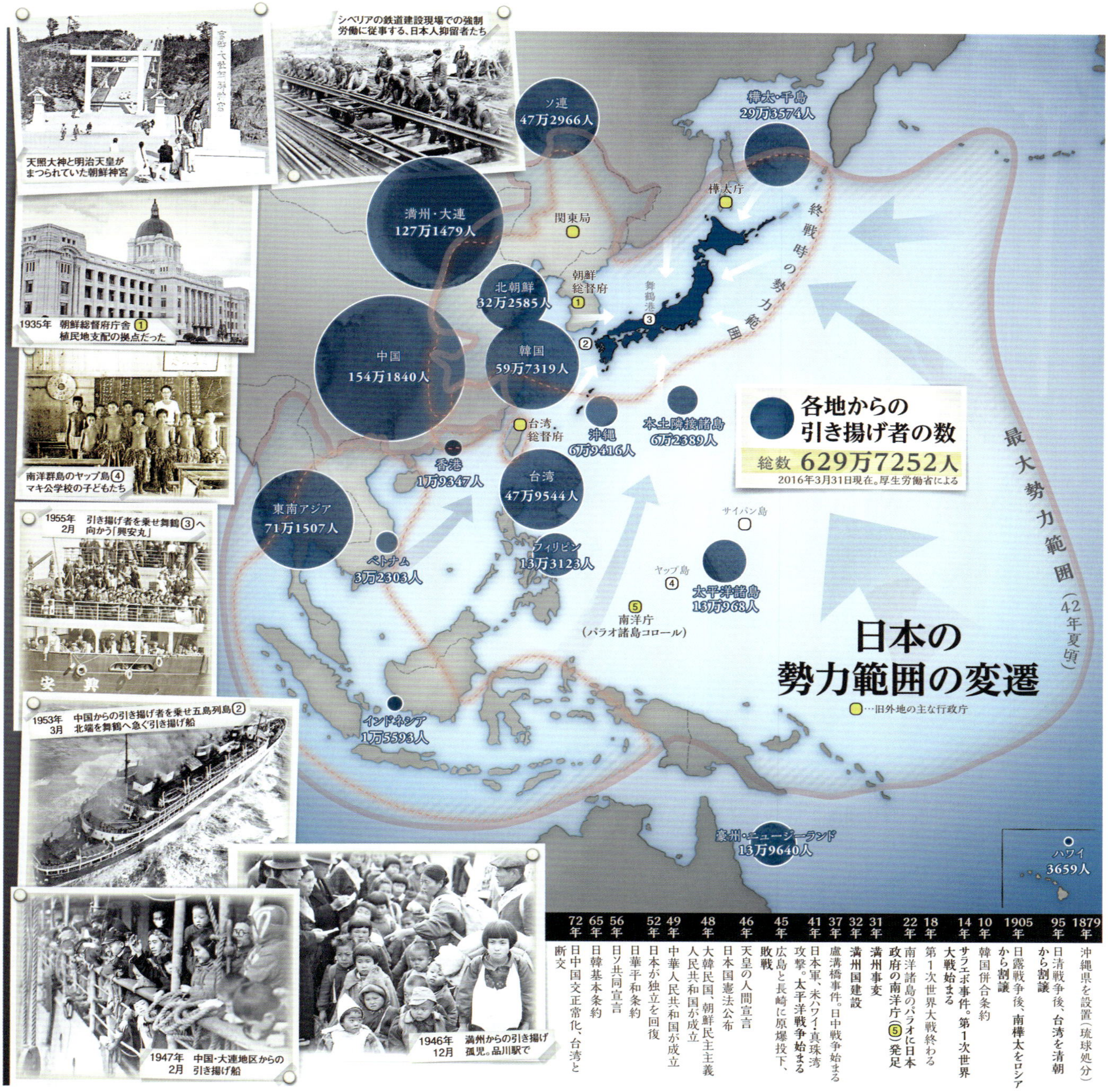

10-20 帝国の解体 各地からの引揚げ

補償問題は続いている。

終戦時の在外の陸海軍将兵は約三五三万人であったが、そのうち一〇五万人が支那派遣軍の指揮下にあった。華中・華南では大半の部隊が45年10月までに武装解除が完了する。しかし、華北一帯では、国民党軍の到着が遅れ武装解除がずれ込み、日本軍は8月15日以降も、中共軍の攻撃に対する自衛戦闘のため七〇〇〇名の死傷者を出した。こうして、9月9日、ようやく派遣軍は南京で降伏文書（降書）に署名した。この間、8月15日の蒋介石の「以徳報怨」演説（怨に報いるに徳をもってせよ）に示された、中国側の寛大な対日姿勢も派遣軍の降伏を後押しした。

英軍管理地域では、46年末までに南方軍の主力が帰還したが、ビルマ、タイ、マレーなどでは約一三万余が作業隊として一年ほどの残留を余儀なくされた。

「現地定着」方針の挫折

終戦時に、海外には三五〇万人を超える一般邦人（うち中国四九万、満州一五五万、台湾三四万、関東州二二万）が在住していたが、一般邦人の引揚げに関する連合国側の包括的な命令がなかったため、日本政府の初期の対応は迷走した。

政府は、終戦と同時に、原則として海外在留者を「現地定着」させる方針で臨む。8月14日には東郷茂徳大東亜相が中国と東南アジアの公館に、「居留民は出来得る限り定着の方針を執る」と伝達している。この現地定着方針は、国内の人口や食糧問題、住宅問題といった事情が絡んでいた。中国側の寛大な対日姿勢も現地定着が奨励される要因であった。しかし、現地定着方針は、間もなく挫折を余儀なくされる。大陸に日本の影響力が維持されることへの米中両国の懸念に加え、現地の日本人にも、国共両軍の衝突の危機や、「支那民衆の根強き怨恨」などから悲観的な見通しが広がっていった。こうして、現地定着の方針は事実上挫折し、居留民の早期帰還が連合国の方針となる。

46年3月からソ連軍管理地域（満州）以外の地域からの引揚げが急速に進み、同年末までに大半の一般邦人が引き揚げた。他方、満州の一五五万の居留民は、ソ連軍の侵攻によって、混乱のうちに苛酷な逃避行を強いられた。戦闘や略奪に巻き込まれ、集団自決や飢餓による犠牲者が相次いだ。混乱は10月には収まったが収容施設の環境は劣悪で、ここでも多くの命が奪われた。ソ連軍撤退後の46年5月から、ようやく集団引揚げが開始され、葫蘆島から舞鶴、佐世保、博多等の各港に続々と引揚船が向かった。48年8月にいったん打ち切られるまで一〇五万人が帰国した。53年に再開された集団引揚げで三万人余が帰国した。

留用の功罪

居留民の帰還が急がれる一方、様々な事情による中国残留者の扱いが難題となる。その一つが、国民政府の要望によって「留用」（残留）の対象となった技術者や医療関係者であった。戦時に日本が建設した産業施設や医療施設、交通網は日本人によって運用され、彼らの技術力は中国の戦後復興のためには不可欠であった。46年2月、アメリカ政府は全ての日本人の引揚げを決定するものの、中国側の強い申し入れによって日本人技術者の残留が許される。大陸における被留用者は三万五〇〇〇人を超えると推定され、国民党政府、49年からの共産党政府の双方に存在した。共産党政府下の中国東北（旧満州）の留用日本人は、一万六七〇〇人余りであった。

一方、台湾にも中国側の要望で、家族を含めて計二万七〇〇〇人余の技術者や医療関係者が残留したが、長くは続かなかった。

被留用者には、自発的に中国の復興に貢献しようとする者も少なくなかった。中国規格として初の自動織機の製造に貢献した豊田紡績の西川秋次は、45年11月、国民政府行政院長宋子文宛の手紙のなかで、こう書いている。

「戦い終わった今日から、報恩の途を考えねばならぬ。我等に今出来る事は紡績の技術を通じて、中国及び中国国民に奉仕することである。……豊田の紡績技術を、復興中国に植えつけることによって、両国民間の友好関係が芽生え共存共栄の道が開けることを信ずる」。

＊　＊　＊

終戦直後の東アジア情勢は混沌としていた。中国ではアメリカの調停で国民党主導の政治体制が築かれるかに見えたが、やがて東北（旧満州）の争奪をめぐって国共両軍の対立が激しくなり、46年夏には本格的な内戦に発展した。朝鮮半島の北側では進駐したソ連軍が金日成を担いで親ソ政権の樹立に向かい、米軍が進駐した南側では李承晩の親米政権の基盤が築かれ、分断国家は不可避となっていく。台湾では、大陸からの中国人と台湾人との間の軋轢が深まり、47年には台湾人による暴動（二・二八事件）に発展する。

占領下の日本は、こうした東アジアの激変を知る由もなかった。

第11章

吉田外交の時代

——サンフランシスコ講和体制

11-1　対日平和条約（講和条約）に署名する吉田首相

年表

1945年（昭和20年）

8月17日　**東久邇宮内閣**発足.
8月30日　連合国軍総司令官マッカーサー，厚木に到着.
9月 2日　降伏文書調印.
9月11日　連合国軍最高司令官総司令部（GHQ），東條英機ら39名の戦争犯罪人の逮捕命令.
9月22日　米政府「降伏後における初期の対日方針」公表.
9月27日　昭和天皇，マッカーサーを訪問.
10月 4日　GHQ，政治的，市民的自由の制限撤廃などに関する覚書.
10月 9日　**幣原喜重郎内閣**発足.
10月11日　マッカーサー，幣原首相に5大改革を要求.
11月 6日　財閥解体指令.
12月 6日　GHQ，近衛文麿，木戸幸一ら逮捕指令．同日，近衛自殺.
12月 7日　連合国賠償委員会ポーレー代表，中間賠償計画を発表.

1946年（昭和21年）

1月 1日　昭和天皇，人間宣言.
1月 4日　公職追放（進歩党260名，自由党30，社会党10など）.
1月19日　極東国際軍事裁判（東京裁判）条例公布.
1月24日　幣原・マッカーサー会談.
2月 1日　毎日新聞，憲法問題調査委員会（松本委員会）の松本試案をスクープ.
2月 3日　GHQ民政局，マッカーサー3原則（天皇は国の元首，戦争放棄，封建制度の廃止）に従い憲法草案の起草に着手.
2月13日　民政局，GHQ草案を日本政府に提示.
2月20日　ソ連，南樺太と千島列島の領有を宣言.
2月22日　閣議，GHQの憲法案の受入れを決定　3月6日，帝国憲法改正草案要綱を政府案として公表.
3月 5日　英チャーチル首相，「鉄のカーテン」演説.
5月 3日　極東国際軍事裁判（東京裁判）開廷.
5月22日　**第1次吉田茂内閣**発足.
8月24日　衆議院，憲法改正案を可決（賛成421，反対8），10月7日貴族院可決，11月3日公布.

1947年（昭和22年）

3月12日　トルーマン・ドクトリンを宣言.
5月24日　**片山哲内閣**発足（初の社会党中心の連立内閣）.
6月 5日　マーシャル・プラン発表.

1948年（昭和23年）

1月 6日　ロイヤル米陸軍長官演説（日本を全体主義の防波堤に）.
3月 1日　米国務省政策企画室長ジョージ・ケナン来日.
3月10日　**芦田均内閣**発足.
6月24日　ソ連，ベルリンを封鎖.
8月13日　大韓民国成立，8月9日朝鮮民主主義人民共和国成立.
10月15日　**第2次吉田内閣**発足.
11月12日　極東国際軍事裁判判決（25被告に有罪判決，7人絞首刑）.

1949年（昭和24年）

2月16日　**第3次吉田内閣**発足.
3月 7日　経済安定9原則に関するドッジ声明（ドッジ・ライン始まる）.
4月 4日　北大西洋条約機構（NATO）条約調印.
10月 1日　中華人民共和国成立.

1950年（昭和25年）

2月14日　中ソ友好同盟相互援助条約調印.
6月25日　朝鮮戦争勃発.
8月10日　警察予備隊発足.
10月25日　中国人民解放軍，朝鮮戦争に参戦，12月5日北朝鮮軍，ソウルを奪回.
11月24日　米国務省，「対日講和7原則」を公表.

1951年（昭和26年）

1月25日　大統領特使ダレス来日（吉田・ダレス会談）.
4月11日　マッカーサー総司令解任.
9月 4日　サンフランシスコ講和会議開会（～9月8日）.
9月 8日　対日平和条約（講和条約）に日本を含む49カ国調印.
9月 8日　日米安全保障条約（旧安保条約）調印.
10月26日　衆議院，講和条約を承認.
12月24日　吉田首相，ダレス宛書簡で国民政府（台湾）との講和を確約.

1952年（昭和27年）

1月18日　韓国，李承晩ライン設定.
2月15日　第1次日韓会談開始.
2月28日　日米行政協定調印.
4月 1日　琉球政府発足.
4月28日　講和条約発効，日華平和条約調印.
6月 1日　第1次日中民間貿易協定調印.
6月 9日　日印平和条約調印.
8月 1日　保安庁発足.
9月18日　日本の国連加盟申請，安保理事会でソ連の拒否権行使で否決.
10月30日　**第4次吉田内閣**発足.
11月24日　ココム（対共産圏輸出統制委員会）に加盟.

1953年（昭和28年）

1月20日　米国，アイゼンハワー共和党政権発足.
3月 5日　スターリン死去.
5月21日　**第5次吉田内閣**発足.
7月27日　朝鮮休戦協定調印.
9月12日　フルシチョフ，ソ連共産党第1書記に選任.
10月 1日　米韓相互防衛条約調印.
10月 5日　池田・ロバートソン会談開始.
10月15日　第3次日韓会談で，植民地統治を肯定する久保田発言.
10月29日　第2次日中民間貿易協定調印.
12月25日　奄美諸島返還.

1954年（昭和29年）

3月 1日　アメリカ，ビキニ環礁で水爆実験，第5福竜丸事件.
3月 8日　MSA協定調印（相互防衛援助協定など）.
7月 1日　防衛庁・自衛隊発足.
7月21日　インドシナ休戦協定調印.
9月 3日　中国軍，金門，馬祖両島を砲撃（第1次台湾海峡危機）.
9月 8日　東南アジア条約機構（SEATO）発足.
9月12日　ソ連外相モロトフ，対日国交正常化の用意に言及.
9月22日　日本国際貿易促進協会（国貿促）結成.
9月26日　吉田首相，欧米歴訪に出発.
10月 5日　英連邦中心の援助組織，コロンボ・プランに加入.
10月12日　中ソ共同宣言.
11月 5日　ビルマ連邦との平和条約，賠償協定調印.
12月 2日　米華相互防衛条約調印.

1 占領改革

【降伏文書調印】

終戦から二日後、東久邇宮稔彦《ひがしくにのみやなるひこ》内閣が誕生する。外相は重光葵《まもる》であった。当面の最大の課題は軍の復員、三〇〇万人を超える海外日本人の引揚げ、そして占領軍の受け入れ準備に道筋をつけることであった。そのための皇族内閣であった。

１９４５年8月30日、連合国軍最高司令官（ＳＣＡＰ）マッカーサーは厚木飛行場に降り立った。三日後の9月2日、東京湾の戦艦ミズーリの艦上で降伏文書の調印式が挙行される。ミズーリ号艦上の砲塔の側壁には、１８５３年のペリー艦隊の来航時に、旗艦に翻っていた星条旗が額縁に収まってかかげられていた。

11-2　厚木飛行場に着いたマッカーサー元帥

米国内では、一時、天皇の署名案も浮上するが、天皇の署名を求めることは日本軍のスムーズな武装解除の妨げとなる、という英国政府の異論で撤回される。

午前九時に調印式が始まる。マッカーサーは短い演説後、日本側に降伏文書への署名を求めた。日本側は天皇の全権委任状を示したうえ、政府を代表して重光、大本営（統帥部）を代表して梅津美治郎《よしじろう》大将が署名した。続いてマッカーサーが連合国を代表して署名、アメリカ、中国、イギリス、ソ連などがこれに続いた。降伏文書は、ポツダム宣言の正式受諾と誠実な履行、日本国軍隊の無条件降伏の布告、軍隊と国民の一切の敵対行為の終止などを命ずるものであった。

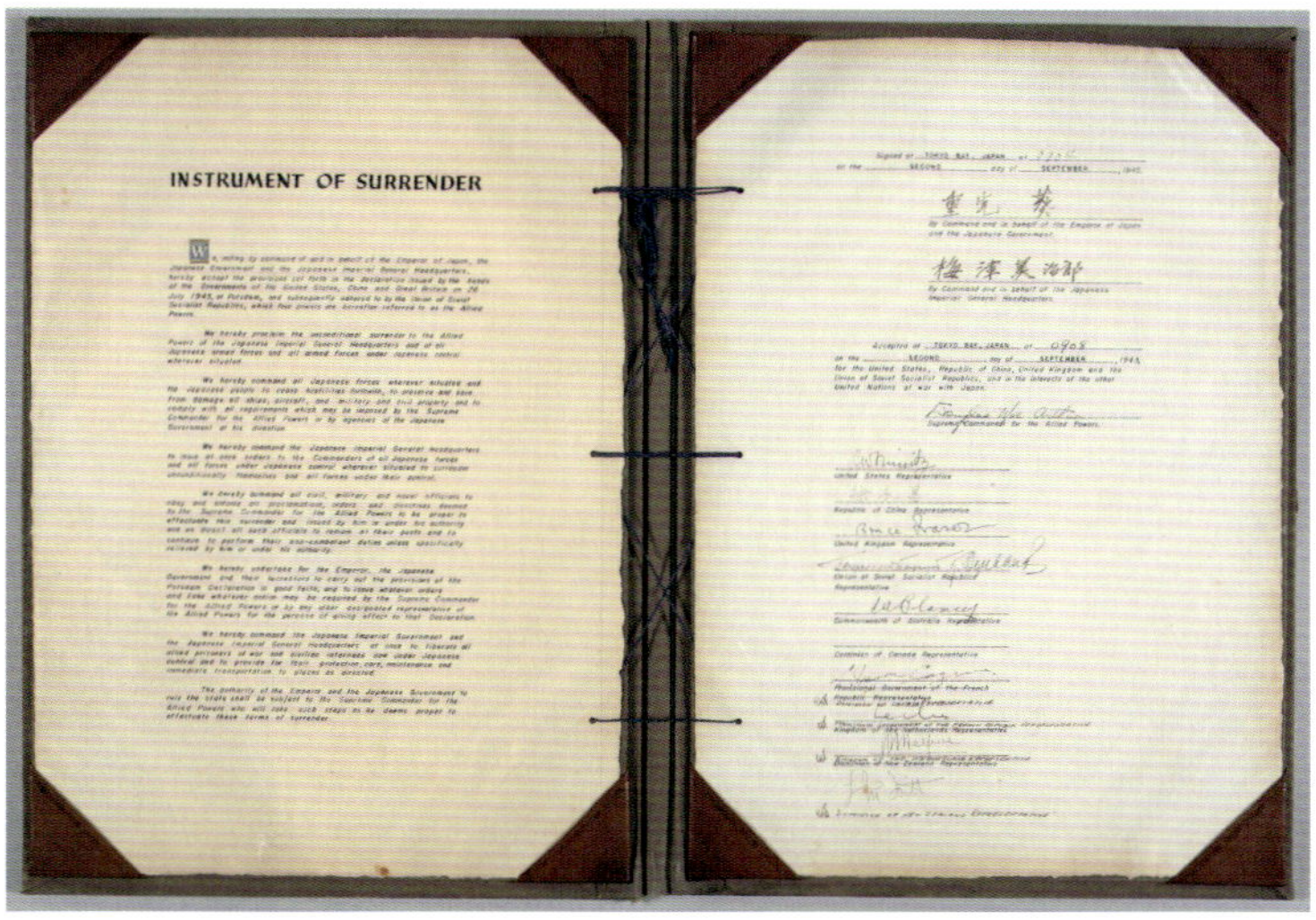

11-3
降伏文書

11-4
ミズーリ号艦上での
降伏文書調印

【外交権の停止】

日本の降伏と同時に、アメリカはスイス政府を通じて六つの中立国にあった日本の在外公館の財産、公文書の連合国への引き渡しを要求してきた。8月16日、東郷茂徳外相は、これらの要求はポツダム宣言のいずれの条項にも該当しない、として拒絶するようスイスの加瀬俊一公使に指示した。東郷外相の最後の仕事であった。しかし、連合国はこうした主張に聞く耳をもたず、1945年11月初旬には、外国政府との一切の接触や通信は禁止される。日本の「外交権」は失われ、中立国にあった日本公館はすべて閉鎖される。対外関係を処理するという意味での外交は消滅し、もっぱら占領軍との折衝こそが「外交」という時代を迎えることになった。

東京の外務省は残ったものの、その組織と任務の刷新を余儀なくされる。とくに、46年2月の外務省機構改革では、中核部局であった政務局は経済局とともに総務局に統合され、本省は条約、総務、調査、管理の4局と情報部（内閣情報局の廃止にともない46年1月に復活）のみとなる。外務本省が最も機構を縮小させた一時期であった。

他方、連合国軍の日本進駐を受け入れるため、外務省の外局として終戦連絡事務局（中央事務局と各地の地方事務局）が8月下旬に新設され、多くの外務省員が異動した。初代長官（のち総裁）の岡崎勝男をはじめ、中央事務局と地方事務局の幹部職員の大半がキャリア外交官であった。

【占領改革の開始】

ところで、アメリカの占領目的は、「日本国が再び米国の脅威となり、又は世界の平和及び安全の脅威とならざることを確実にすること」にあった（「降伏後における米国の初期の対日方針」1945年9月22

三布告問題―直接軍政の危機

降伏文書の調印式が終わった直後、9月2日の午後、鈴木九萬公使（横浜連絡事務局長）は、マーシャル参謀副長から呼び出され、占領軍の東京進駐を申し渡された。同時に、翌3日午前に告示される予定の3種の布告文のテキストを示された。第1号は「行政、立法及司法の3権を含む日本帝国政府の一切の権能は、爾今本官〔マッカーサー〕の権力下に行使せらるるものとす」と、まさに直接軍政の方針を明示していた。第2号は、占領政策違反者の軍事裁判を、第3号は、米軍の軍票B円を法定通貨として日本円（日銀券）と同格で流通させる、と規定していた。驚いた鈴木は、ただちに政府に知らせた。3布告が直接軍政を意味するものと理解した政府は、臨時閣議を開き、布告の中止を求めることを決定し、深夜に終戦連絡中央事務局長官の岡崎勝男を横浜に派遣した。岡崎はサザーランド参謀長に、とりあえず3布告の公布差し止めを要請すると、参謀長はこれを受け入れ、各部隊に差し止めを指示した。

翌3日午前、鈴木公使のあっせんで重光外相はマッカーサーと会見し、改めて布告の中止を申し入れた。重光は、直接国民に命令する布告案は、その内容も受け入れられないが、もし公布されれば、国民の政府への信頼は失われ政治の大混乱を招く、と力説した。マッカーサーは、連合国の意図は日本の破壊ではないとして布告文を撤回し、布告の内容を実施する場合もまず日本政府を通じて行うことを約束した。さらに4日にも重光はサザーランド参謀長と会見してB円使用の差し止めの確約を得た。こうして各地の占領軍に配布されていた10万の布告文のポスターは全て焼却され、国民の眼に触れることはなかったが、すでに占領下のドイツではマルク表示の軍票が使用されており、日本でも直接軍政は楽観できない情勢にあった。重光外相らの素早い対応、そしてサザーランド参謀長が、日本軍の武装解除が「整然と行われ居るは奇跡的」と感嘆したように、政府機能が強靭で、秩序の安定が保たれていたことが直接軍政を撤回させたのである。

11-5　岡崎勝男

日公表）。端的にいえば、徹底的な非軍事化であった。

日本降伏前の6月段階での「初期の対日方針」の原案は、最高司令官による直接統治が想定されていたが、ポツダム宣言が、占領軍は日本政府を通じて政策を執行するという間接統治の方針を明記していたために、間接統治が基本となった。しかし、他方では、「現存の政治形態を利用せんとするものにして支持せんとするものにあらず」と指摘し、また、場合によっては「直接行動する権利」も留保していた。それが現れたのが三布告問題であった。

占領軍が政策執行のための部局を整え、総司令部（GHQ）が東京に設置されたのは10月初旬であったが、この間にも9月10日には「言論及び新聞の自由に関する覚書」を日本政府に提出し、占領軍批判を禁止するとともに新聞や雑誌を始め、郵便・通信にいたるまで、占領軍批判を封ずる検閲を開始した。翌11日には東条英機以下、三九名の戦犯容疑者の逮捕を指令するなど占領軍の威力を見せつけた。

2 幣原・吉田内閣と戦後改革

【日本的デモクラシー】

1945年10月4日、政治的市民的自由及び宗教的自立に対する制限撤廃に関する覚書が出され、そのなかに山崎巌内相の罷免も含まれていた。東久邇宮内閣は、「占領軍が天皇の大臣を罷免することを黙過できない」として翌日総辞職した。すでに重光外相は、9月中旬、終戦連絡事務局の帰属問題や戦争責任の問題で緒方竹虎内閣書記官長と衝突して単独辞職し、後任外相には吉田茂が就任していた。

木戸幸一内大臣は、東久邇宮の後継首班として吉田外相に打診したが、吉田は幣原喜重郎を第一候補に推した。幣原であれば、「米国側に反対なき者、戦争責任者たる疑なき者、外交に通暁せる者」という三要件にかなっていた。すでに七三歳になっていた幣原はいったんは固辞するが、それでも拝謁して天皇の心痛を理解し、首相を受けた。

10月初旬に発足した幣原内閣は、吉田の外相留任を始め、戦時体制下にあって自立を貫いた気骨ある官僚や政治家を集め、一致して日本の再建を期した。幣原は、初閣議後の記者会見で「民主主義の確立」を掲げた施政方針を明らかにしたが、その内容は「五箇条の御誓文の精神に則って国民の基本的権利を尊重し、言論、集会、結社の自由を完全に回復して民主主義政治の確立を期せんとする」というもので、必ずしも大日本帝国憲法(明治憲法)の抜本的改正を意味していなかった。

幣原内閣が着手した具体的改革の第一歩は、婦人参政権の確保や大選挙区制への移行などを含む選挙法の改正（45年12月）であった。政治的民主化（政治参加の拡大）という観点からすると、一定年齢以上のすべての国民に参政権を与える、という近代立憲制の目標の一つが、新憲法の制定に先立って完成したことになる。

10月11日、幣原はマッカーサーと会見した。マッカーサーは、いわゆる五大改革（婦人参政権、教育の自由主義化、労働組合の結成、財閥解体、司法制度の改革）を要求する文書を読み上げた。幣原は、すでに婦人参政権などいくつかは内閣として着手している、としてそれらの実施を約束した。

さらに幣原は、日本にはかつて「民主主義的潮流」が存在したが、満州事変後に「有害なる勢力」がこの流れを逆転させてしまった。再び前進させることは困難ではないが、アメリカと同様のデモクラシーではなく、日本の環境に適合し、「民意を反映」させた「日本的デモクラシー」を成立させたい、と述べた。マッカーサーは、もっともであると好意的に受け止めた。

【戦争調査会と人間宣言】

幣原は、11月末の第八九帝国議会の施政方針演説で、「大東亜戦争」の「敗北の原因」と実相を明らかにし、「大いなる過ち」を将来において繰り返すことのないよう、内閣部内に「戦争調査会」を設置したことを明言した。幣原は、早くからこうした調査の必要を感じ、10月末には「敗戦の原因及実相調査の件」を閣議決定していた。ただ、その調査結果をもって責任追及の根拠とする意図はなかった。調査結果の判断は、「健全なる輿論」に委ね、最終的には個々の「責任者」とみなされる指導者がその身の処し方を自主的に判断する、というシナリオが念頭にあった。それは、国内摩擦の種となりかねない「国内裁判」による処罰よりも効果的な方法と考えられた。

一方、幣原内閣は11月初旬に、天皇の戦争責任について、太平洋戦争の開戦決定は、明治憲法の「運用上確立せられ居る慣例」に従ったまでである、という解釈を閣議決定した。

年末の幣原は、天皇の神格性を否定する、いわゆる人間宣言の英文テキストの調整に追われ、それが完成した翌日、急性肺炎で倒れ、復帰は1月下旬のことになる。ちなみに人間宣言の発案は総司令部であったが、実質的には日米の有識者の「合作」であった。天皇自身によれば、人間宣言の主眼は冒頭に置かれた五カ条の誓文にあり、それは「民主主義が輸入のものではないことを示す必要」からであった、という。

【憲法改正に向けて】

五大改革指令のあとも、総司令部は、軍国主義的な教育と教員の排除などの重要指令を次々と発し、年末には天皇制の支柱はすべて破壊

戦争調査会―日本はなぜ、道を誤ったのか

敗戦直後の1945年10月末、幣原喜重郎内閣は、「大東亜戦争の原因及実相」を明らかにするため、「大東亜戦争調査会」（のち総司令部の指示で「戦争調査会」と名称変更）を内閣に設置した。幣原はこの調査会をきわめて重視し、首相兼務という形で自ら総裁となり、副総裁には芦田均を就けた。事務局長官には大蔵省出身の青木得三を任命した。

調査委員には、有沢広巳（東大教授、経済学）、大内兵衛（東大教授、経済学）、片山哲（元社会党委員長）、高木八尺（東大教授、米国史）、富塚清（東大教授、電気工学）、斎藤隆夫（衆議院議員）、馬場恒吾（読売新聞社社長）、八木秀次（大阪大学総長、元技術院総裁）、和辻哲郎（東大教授、哲学）といった20名の有識者が選ばれた。各省次官が臨時委員となり、旧軍人も臨時委員に加わった。各委員は政治外交、軍事、財政、経済、思想文化、科学技術の六つの部会に配属された。調査態勢が整ったのは46年春であったが、各部会は、その前から精力的な調査に取り組んでいた。開戦責任の追及も調査項目に加えられるが、戦争責任者の追及が目的ではなく、「大なる過誤を将来に繰り返さないため」であった。

だが、総司令部は東京裁判に代わる自発的な戦争の検証を許さず、その活動は翌年8月に幕を閉じる。日本政府が「先の大戦」の大規模な公的検証に取り組んだのは、これが最初で最後となった。

調査会は全15巻にも及ぶ膨大な関係資料を残し、そのなかには40回を超える会合の議事録も含まれる。なぜ、道を誤ったか、今日まで多様な説明がなされてきたが、その大半が議事録のなかに出そろっていることが分かる。戦争の起源をどこに求めるのか。議論は多岐にわたる。明治維新という事業そのものにすでに内在していた。明治憲法の運用にこそ問題があった。第1次世界大戦後の軍縮と大正デモクラシーは軍部の地位を貶め、のちに反発を招いた――。

議論は満州事変にも及ぶ。政党の「協力内閣」運動や、リットン報告書への対応に問題があった。国民党の北伐の過程で、在留邦人の生命財産が脅かされたが、その解決を国際連盟に訴えていたならば事変は回避できた。日中戦争はなぜ早期に収拾できなかったか。中国国民政府も共産党との内戦をかかえ、早期和平は可能だったのではないか――。いずれも検証に値する論点である。

調査会の解散後、幣原は財団法人を設立して研究の継続をはかるが、総司令部は認めず、個人として青木に委嘱した。青木が心血を注いだ著作が『太平洋戦争前史』である。主観が排され資料集に近いが、幣原は序文を寄せ、「後世国民を反省せしめ、納得せしむるに十分であると信ずる」と書いた。

された、と声明するにいたる。最も重要な占領改革は明治憲法の改正であったが、アメリカは日本の自発的な改正の動きを期待していた。

幣原内閣は１９４５年10月下旬に、松本烝治《じょうじ》国務相を長とする憲法問題調査委員会（松本委員会）を発足させていた。美濃部達吉らを顧問に、委員には宮沢俊義、清宮四郎といった当代一流の憲法学者を集めた松本委員会は、46年に入り、いくつかの試案を作成するが、いずれも明治憲法の枠組みを大きく踏み出すものではなく、天皇の統治権の行使を前提とするものであった。

戦後復活した主要政党の憲法改正案も、天皇大権の存続を前提としていた。例えば、自由党案（46年1月）は、「天皇は統治権の総攬者なり」としていた。全面的な改正ではなく、軍に関する条項を変更すれば、立憲君主制を基本とする明治憲法は維持できるものと理解されていた。実際、当時のノルウェーやスウェーデンなど北欧憲法の立憲君主制と大きな差はなかった。しかし、こうした見通しは、まもなく覆される。

【マッカーサー草案の提示】

１９４６年2月初旬、マッカーサーは日本側の憲法改正作業の完成を待つことなく、民政局に草案起草を命じ、民政局案が2月中旬に日本政府に提示された経緯はよく知られている。民政局案は、象徴天皇、主権在民、戦争放棄をその基調とするもので、吉田外相らは愕然とした。幣原内閣の大勢は民政局案は受け入れ難いというもので、2月下旬、幣原がマッカーサーを訪問してその真意を問いただした。マッカーサーは、民政局案の基本は天皇を国民統合の象徴とすることと戦争の放棄である、とくにソ連は天皇制に反対している、と述べて譲らなかった。

日本政府は、民政局案の大綱を受け入れざるを得ず、3月初旬、

11-6　白洲次郎（1902 ～ 85）　19年に英国ケンブリッジ大学留学、28年に帰国。商売で英国を往復する間に吉田茂駐英大使と親交を深め、終戦後には終連次長として日本側の憲法改正案の作成にも助力。49年末、貿易庁長官となり通産省の設立に貢献。講和後は実業界に転じた。死後、日本人離れした生き様が注目を集める

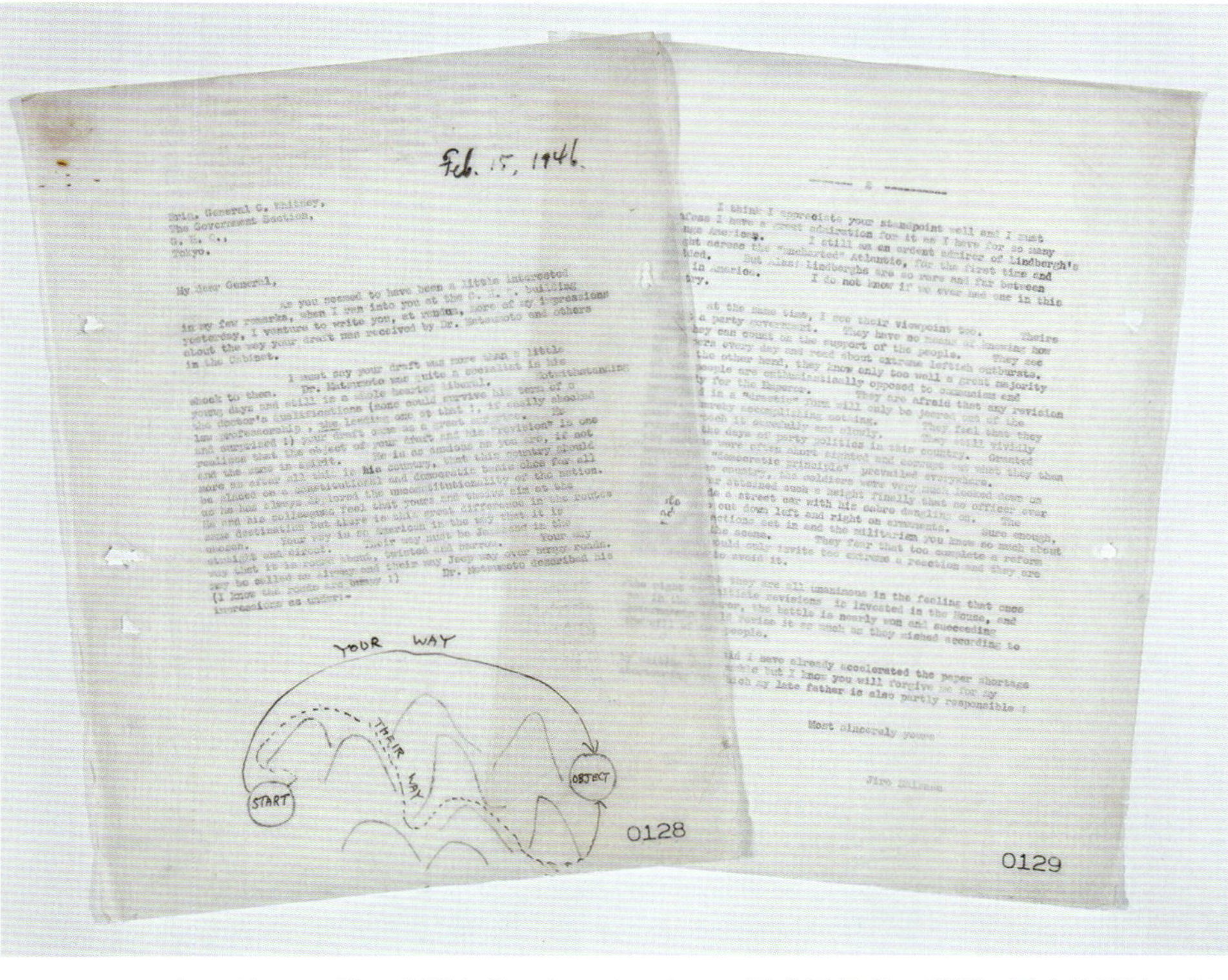
Feb. 15, 1946.

Most sincerely yours

Jiro Shirasu

11-7　1946年2月15日付の白洲次郎からホイットニー民政局長宛て書簡。民主的憲法の制定という目標は日米とも同じであるが、それにいたる道筋が異なり、GHQ案は一挙に目標を達成しようとするものだが、日本側（松本委員会）案は日本の国情に即したものだとし、暗に日本側案への理解を求めた

幣原と松本委員長は参内して天皇の了解を求めたうえ、受諾を閣議決定した。幣原は「大局のうえからこの外に行くべき途はない」と閣議を結んだ。3月6日、「帝国憲法改正草案要綱」が公表された。

【外務省の懸念】

6月下旬に始まった第九〇帝国議会は憲法審議に三カ月を費やしたが、第九条（戦争放棄、戦力の不保持、交戦権の否認）について、その理想主義をたたえる声はあっても、日本の安全保障についてどのような国際的保障を取り付けていくのか、自衛のための軍備は許されるのか、といった問題について議論は進まなかった。こうしたなか条約局は次のような意見書を提出していた（「改正憲法草案について」1946年4月）。

「第九条一項に於いて、既に侵略的意味の戦争を放棄し、第二項に於いて陸海軍の保有を認めざるの建前を執り居るを以て、国内的には充分戦争防止の措置を執り居るものと言い得べく、更に進んで『交戦権の不承認』を唱ふるの要なかるべし」。

そこで条約局は、「交戦権の不承認」を削除するか、または第一項中に挿入して侵略戦争の場合に交戦権を認めない趣旨とするか、いずれかの訂正が必要だとした。のちの「芦田修正」の原型ともいうべき意見であった。

条約局が提出したもう一つの意見は、条約遵守の義務を憲法に明記することであった。3月に公表された改正草案には、その趣旨が第九三条に盛り込まれていたが、衆議院における審議で削除された。そこで萩原徹条約局長は、第九三条の再修正を求める意見を吉田外相らに提出し、最終的に第九八条二項として追加された（日本国が締結した条約及び確立された国際法規はこの憲法とともに尊重されなければならない）。この追加条文は、独立後の外交・安全保障政策のうえで重要な意味をもつことになる。

【連立政権と自由党の台頭】

1946年4月、戦後最初の総選挙が実施され自由党が第一党となり、次の首班は自由党総裁の鳩山一郎のはずであった。しかし、鳩山は5月初旬、公職追放となってしまう。残った政党人から首相を選ぶ

芦田修正

帝国憲法改正案は、1946年6月、衆議院に上程され4日間の審議を経て、芦田均を委員長とする帝国憲法改正案特別委員会に付託される。特別委員会は7月下旬には終了し、「政府案」が作成される。さらに政府案に対する修正案の作成のため、芦田を委員長に懇談形式の小委員会が設置される。特別委員会の終了時点での「政府案」は第9条について、こう記していた。

第1項　国の主権の発動たる戦争と、武力による威嚇または武力の行使は、他国との間の紛争の解決の手段としては、永久に放棄する。

第2項　陸海軍その他の戦力はこれを保持してはならない。国の交戦権は、これを認めない。

芦田修正とは、小委員会における審議を通じて、第2項の冒頭に、「前項の目的を達するため」という文言を付け加え、自衛のための軍備は許されるという解釈の余地を残したもの、と理解されている。委員長であった芦田も、付け加えた文言は私が提案したもので、「前項の目的」とは、国策遂行のための戦争、または国際紛争解決の手段としての戦争を指し、自衛のための武力行使を禁じたものではない、と繰り返していた。

のちに明らかとなった委員会議事録では、芦田自身が「前項の目的」の付加を提案した形跡はないが、結論として賛同している。

芦田は外交史家として、総司令部草案の段階から、戦争放棄の考え方を、28年の不戦条約にいたる戦争違法化の潮流に結びつけて十分に理解し、自衛権の容認も当然とみなしていた。改正案の審議でも、国連憲章第51条において自衛権が認められているのであり、第9条のもとでも日本が自衛権を保持し、それを行使できると論じている。

のは困難となり、結局、吉田外相が自由党総裁に迎えられ、5月下旬、自由、民主両党が連立を組む形で吉田内閣が発足する。だが吉田内閣は、総司令部が次々に発する改革指令と経済危機への対応に終始し、翌年4月には自由党が総選挙で社会党に敗れ、一年足らずで退陣する。この第一次吉田内閣から49年1月の総選挙まで、衆議院で過半数を占める政党は生まれなかった。片山哲内閣、芦田均内閣と不安定な連立政権が続き、第二次吉田内閣も単独政権であったが、衆議院では過半数に満たなかった。

この間、力をつけたのが自由党（のち民主自由党）であった。自由党は片山内閣の時代から、国家主導の統制型経済を強く批判し、「戦時統制経済から自由経済へ」を基本目標にかかげるようになっていた。47年夏には総司令部は貿易の再開を認めたが、この措置は自由党に有利に働いた。貿易再開は国際経済への連結と外資導入の道を開き、自由党は輸出振興による経済の立て直しを展望することができた。

49年1月の総選挙で、吉田の民主自由党は圧倒的勝利を収めた。2月の第三次吉田内閣の成立は長期政権の始まりであった。政権基盤の安定は、総司令部による「改革」を「復興」に向けさせるという吉田の考えを実行する礎であった。総司令部も、改革志向の「中道政権」支持から「保守政権」支持へと、その方向性を変化させる。

11-8　ララ物資　ミルクの樽をかついで喜ぶ男児たち 1948年頃

第三次吉田内閣は、経済安定九原則の実施のため来日したドッジに協力し、激しいインフレと生産停滞に苦しむ日本経済を、アメリカの援助からの脱却、輸出振興による自由主義的な市場経済に向かわせた。輸出増進のため、一ドル＝三六〇円の単一為替レートが設定され、国際経済への復帰の条件を整えた。ドッジ・ラインは激しいインフレを克服したものの、その反動としてデフレ不況に陥り、失業者が増大し、労働争議が頻発する情勢となる。だが、朝鮮戦争の勃発はそれを救うことになる。

【非軍事化から経済復興へ】

米ソ対立が顕著となる１９４６年ごろから、アメリカの戦後世界政策の基本は、ソ連共産主義の浸透と拡散の防止に置かれ、その地域的拠点としてヨーロッパではドイツ、アジアでは日本が期待されるようになる。こうした冷戦政策に基づき、対日政策をになったのが国務省政策企画室長のケナンであった。48年3月、訪日したケナンは、総司令部による性急な改革路線を批判し、長期的な観点から共産主義の浸透力に対抗できる日本の経済的・社会的体質の強化が急務と説いた。対日講和の内容についても、日本の経済的・政治的自立を妨げ、反米感情を刺激する恐れのある懲罰的条項を避け、「寛大な講和」をめざすべきとした。

ケナンの報告に基づき、米国政府は対日政策を非軍事化から経済復興を促す方向へと舵を切る。その顕著な現れが賠償政策の転換であった。中間賠償と呼ばれた初期のアメリカの方針（ポーレー中間賠償）は、航空機、鉄鋼、工作機械、造船などの生産設備を賠償として撤去し、可能なものはアジアに移転して復興に役立てるというものであったが、49年5月のマッコイ声明によって賠償取立ては中止される。民主自由党の政調会長であった佐藤栄作は「日本経済の再建に対し非常に明るい見通しを得た」とする談話を発表して歓迎した。その後、アメリカは講和条約において賠償請求権の放棄を各国に呼びかけることになる。

3 講和と安保

【冷戦と「多数講和」】

吉田は、何よりも独立回復による「名誉ある国際的地位」の確立を優先目標としたが、講和条約（対日平和条約）と日米安保条約とは「一体不可分の関係」であったと語るように、安全保障の確保は主権回復の前提とみなされていた。そのため、本来の講和条約の目的である戦争に起因する問題の解決より、安全保障の確保が優先した。

外務省における平和条約研究は１９４５年末から秘かに始まっていた。初期の外務省が想定する講和は、苛酷な賠償、軍国主義の復活阻止、経済活動の制限措置、条約履行のための監視機構の設置など厳しい内容が想定されていた。しかも、その前提はすべての交戦国が参加する「全面講和」であった。米英における初期の講和構想も同様であった。

しかし、まもなく肝心のアメリカにおける早期講和論は後退し、講和は遠のく。その背景は、アジアの共産化の進展という事態であった。48年には、朝鮮半島の南に大韓民国が、北に朝鮮民主主義人民共和国が誕

芦田《あしだ》均《ひとし》（1887～1959）— 芦田覚書

再軍備論

京都府福知山出身の芦田は、東京帝大を卒業して 1912 年に外務省に入るが、満州事変後の 32 年、突如退官して衆議院議員総選挙に出馬して当選。以来、戦後まで議席を保ち続けるが、戦時は軍部が大きく台頭するなかで、理想とする政党政治の実現は翼賛政治の大波にはばまれた。戦後の 45 年 11 月、鳩山一郎を総裁に日本自由党を創設。第１次吉田茂内閣では、衆議院憲法改正案特別委員会の委員長として憲法改正草案の審議をとりまとめた。47 年３月、自由党を離れ日本民主党を結成して総裁となる。総司令部の支持のもとで社会党、国民協同党と組んで「中道政治」を追求し、片山哲内閣の外相、48 年３月には首相兼外相となる。しかし、昭電疑獄に巻き込まれ、わずか７カ月で退陣する。

その後、自民党の結成にいたる政治過程で芦田の政治的役割は大きくなかった。しかし、法学博士の学位をもち、34 年には『最近世界外交史』（全３巻）を著すなど、豊饒な外交史・国際政治の知識と雄弁をもって、吉田外交を鋭く批判し、日本外交に一つの選択肢を示した。それが朝鮮戦争をきっかけとする再軍備論であった。

50 年秋、朝鮮の戦況が国連軍に不利に傾くなかで、日本は迫りくる共産主義の脅威に対抗するため、超党派で国民世論を喚起し、自衛力の建設に取り組むべきだと声高に主張した。その再軍備論は、20 年代の戦争違法化の国際潮流への深い理解に根差し、自由陣営への積極的貢献を通じて集団安全保障の一角をになうべきだ、とする点で、自主防衛論とは一線を画していた。吉田の日米「共同防衛論」には理解を示していたが、再軍備否定論を強く批判した。芦田の超党派による再軍備推進論は一定の支持を集めたが、朝鮮戦争が収束に向かうなかで説得力を失っていく。

11-9 芦田均

芦田覚書

芦田が再軍備論を展開する前、外相時代の 47 年９月、アイケルバーガー米第８軍司令官に一つの覚書を提出している。当時の外務省は、講和後の日本の安全保障について、様々な方法を模索していたが、その一つが芦田覚書であった。芦田覚書は、米ソ対立が緩和し国連が本来の機能を回復するまで、「米国との間に特別協定を結んで第３国の侵略に備えると共に、国内の警察力を増加する」という日米協定案を推奨していた。吉田は後年、芦田覚書を「方向としては、後に日米安全保障体制の基本をなす考え方と全く同一のもの」である、と記す。

ただ、芦田覚書は、のちの日米安保条約とは異なる点があった。平時は本土周辺に展開した米軍の抑止効果に期待し、有事に本土進駐を認めるという有事駐留方式を採用していたことである。その重要な理由は、米軍の本土常駐が主権侵害との批判を招く恐れがあったからであるが、いずれにせよ、憲法や国民感情への配慮は芦田覚書に沿った省内研究を躊躇させ、そのまま日本側案となったわけではなかった（本文参照）。

生した。大陸中国では内戦が共産党軍の圧倒的有利な情勢となり、49年10月には中華人民共和国が誕生し、国民党政府は台湾に逃避する。こうした事態は米軍の日本占領の必要性を高め、早期講和を遠のかせた。

49年秋、米英が対日講和に向けて動きだすと、外務省は集中的に講和方式の検討を進めるが、中国の共産化という国際情勢を踏まえると、もはや「全面講和」は望み得ず、自由主義諸国と早期講和に踏み切ることも重要な選択肢となる。このような立場をいつしか「多数講和」（片面講和、単独講和）と呼ぶようになっていた。もはや「多数講和」を前提に、肝心の安全保障を駐留米軍に委ねざるを得なかった。米国内でも、米軍駐留方式が議論されるようになる。しかし、日本にとって米軍の常時駐留方式は、憲法との整合性、戦争を忌避する国内世論の克服が容易ではなく、何よりも「全面講和」を閉ざすことを意味し、いまだそうした選択に踏み出すことはできなかった。

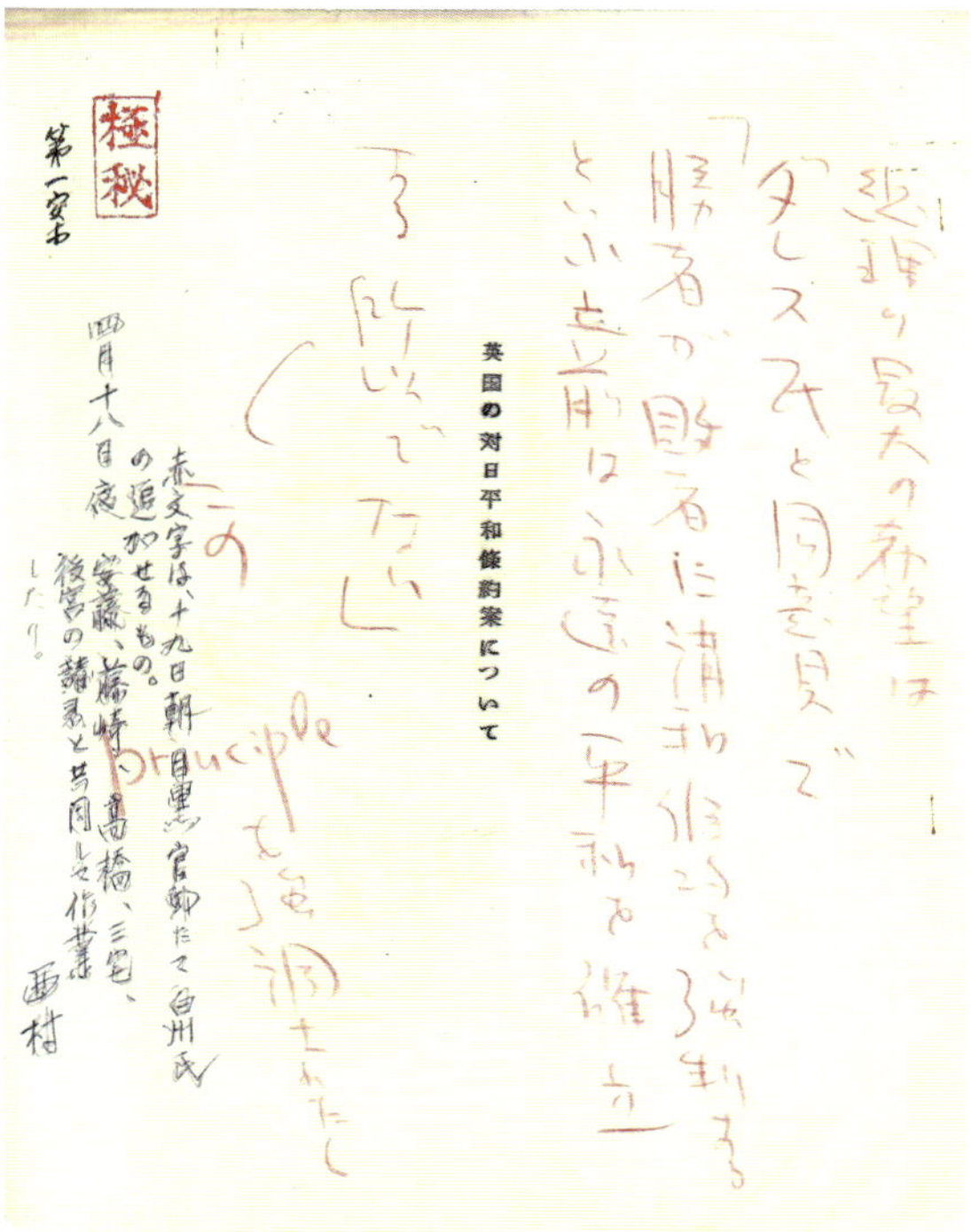

11-10　イギリスの平和条約案に対する意見（1951年4月18日付）として、「総理の最大の希望はダレス氏と同意見で勝者が敗者に講和条約を強制するといふ立前は永遠の平和を確立する所以でない」「このPrincipleを強調されたし」と記されている

他方、吉田首相にとっては、早期講和のためには米軍駐留を速やかに認めることが必要であった。機会をうかがっていた吉田は、50年5月、腹心の池田勇人蔵相や白洲次郎をワシントンに向かわせ、米軍の日本駐留について、日本政府がそれを提案してもよいと、旧知のドッジに伝える。この申し出は非公式ではあったが、講和後の米軍駐留の問題が日米双方の焦点となっていたとき、米側にとっては、いわば「渡りに船」であり、米国政府の講和推進の後押しとなった。ただ、この米軍駐留案も、朝鮮戦争前には一つの選択肢にすぎなかった。

【講和論争】

朝鮮戦争前の吉田は、国会で講和問題を問われると、「全面講和にこしたことはないのでありますが、日本が全面講和をしたいから、単独講和をしたいからと申しても、選択の余地はない」と述べるのが常であった。確かに、講和方式について日本が連合国側に申し出る余地はなかった。にもかかわらず、１９４９年後半から講和問題は国会や論壇の中心的な争点となり、50年には「多数講和論」に対する対抗軸として、国民の幅広い層に支えられた「全面講和論」が設定されていく。

全面講和論には多様な思惑や期待が込められていた。例えば、中ソを排除した講和は、伝統的な市場である中国大陸との経済関係を閉ざすことを意味し、経済自立を妨げる、といった主張も有力な根拠であった。しかし、何よりも「戦争に巻き込まれたくない」という敗戦体験に根ざす国民感情が全面講和論を支える大きな力であった。

全面講和論は、革新勢力の反米・反政府運動のシンボルとしての意味をもっていた。50年1月、社会党は他党にさきがけて「平和三原則」（全面講和、中立堅持、軍事基地反対）を党大会で採択し、同年4月、共産党を除く全野党による、永世中立と全面講和を主張する声明作成にも主導的役割を果たした。

【朝鮮戦争の衝撃】

1950年6月下旬に朝鮮戦争が始まる。トルーマン大統領は、北朝鮮の侵攻は単独行動ではなく、共産勢力が周到に計画した大攻勢の始まりとみなし、ただちに軍事介入を決定した。6月末には米地上軍の投入が決定され、日本本土内の四個師団も次々に朝鮮半島に投入された。日本国内の治安維持が手薄になることを恐れたマッカーサーは、7月初旬に、七万五〇〇〇人の警察予備隊の設置を命じた。兵員や軍需物資の輸送、軍需品の生産という面での国連軍（実際は米軍）への協力態勢も整備された。

吉田首相は朝鮮戦争勃発後の国会演説で、全面講和と永世中立を「現実に遊離した言論」として否定したうえ、「自由主義国家の一員」として迎えられることによってこそ安全が保障されると述べた。外務省にいまだ残っていた中ソに配慮した講和構想をも明瞭に否定し、多数講和に踏み出すことを宣言した。吉田は、憲法九条と「永世中立」とを必然的なものとして結びつけるのではなく、自由主義諸国の一員としての立場の選択と、非武装の選択とが両立しうる道を模索した結果であった。

他方、全面講和と永世中立とを不可分と見なしていた革新勢力にとって、朝鮮戦争の勃発は両者が遠ざかることを意味した。野党は動揺し、社会党はやがて右派勢力を台頭させ分裂の危機に陥る。

一方、朝鮮戦争は、ドッジ・ラインの強行による超均衡財政に苦しんでいた日本経済を一挙に好転させる。いわゆる「朝鮮特需」は滞貨を一掃し、輸出を飛躍的に伸ばし、国際収支を黒字に転換させた。沈滞していた企業活動も活力を取り戻した。

【日米安保と再軍備問題】

朝鮮戦争は、1950年10月の中国義勇軍の介入によって米中の代理戦争の様相となる。米国は日本に、基地提供だけではなく再軍備を求めるようになる。戦争の形勢が国連軍に圧倒的に不利となった50年末には、日本の世論調査でも再軍備論が六割を超えるようになる。

米国内では、早期講和に向け調整が進み、国務省顧問として講和問題に関する特使に任命されたダレスは、関係国との折衝のため、「対日講和七原則」を起草した（50年11月公表）。その内容は、①安全保障に関する日米協定の必要性、②沖縄・小笠原の国連信託統治構想、③カイロ宣言などに基づく領土問題の処理、④全当事国の賠償請求権の放棄（無賠償原則）など日本を自由陣営の一員として定着させるという観点で一貫していた。ダレスは、とくに④の原則をアジア諸国が受け入れるよう、各国を回った。

西村熊《くま》雄《お》条約局長を中心とした日本側は、基地提供に関する日米協定と国連との関係を重視した。国連憲章第五一条（集団的自衛権）に基づき、米軍駐留を集団的自衛のために日米が果たすべき「共同責任」と位置付けるという日米協定案が、ダレス特使の来日直前にまとまった。こうすれば憲法との整合性を克服し、形式的ではあるが両国の対等性を保つことも期待できた。

もう一つは、再軍備問題への対応であった。吉田は日本の再軍備を明確に否定していた。その理由は、軍事力の再建がもたらす経済的負担が復興を阻害すること、軍隊建設を嫌悪する国民感情や周辺諸国の懸念などであった。また、吉田は共産主義の脅威を軍事的なものというより、国内への浸透の脅威を重視した。それに対抗するための治安能力の強化、さらに基地提供や非軍事的分野での国連協力は、自由主義世界の防衛の一翼をになうものと位置づけられた。その一方、吉田は旧軍人を中心とする軍事アドヴァイザーに秘かに再軍備案を検討させていた。

【ダレス訪日と安保条約の合意】

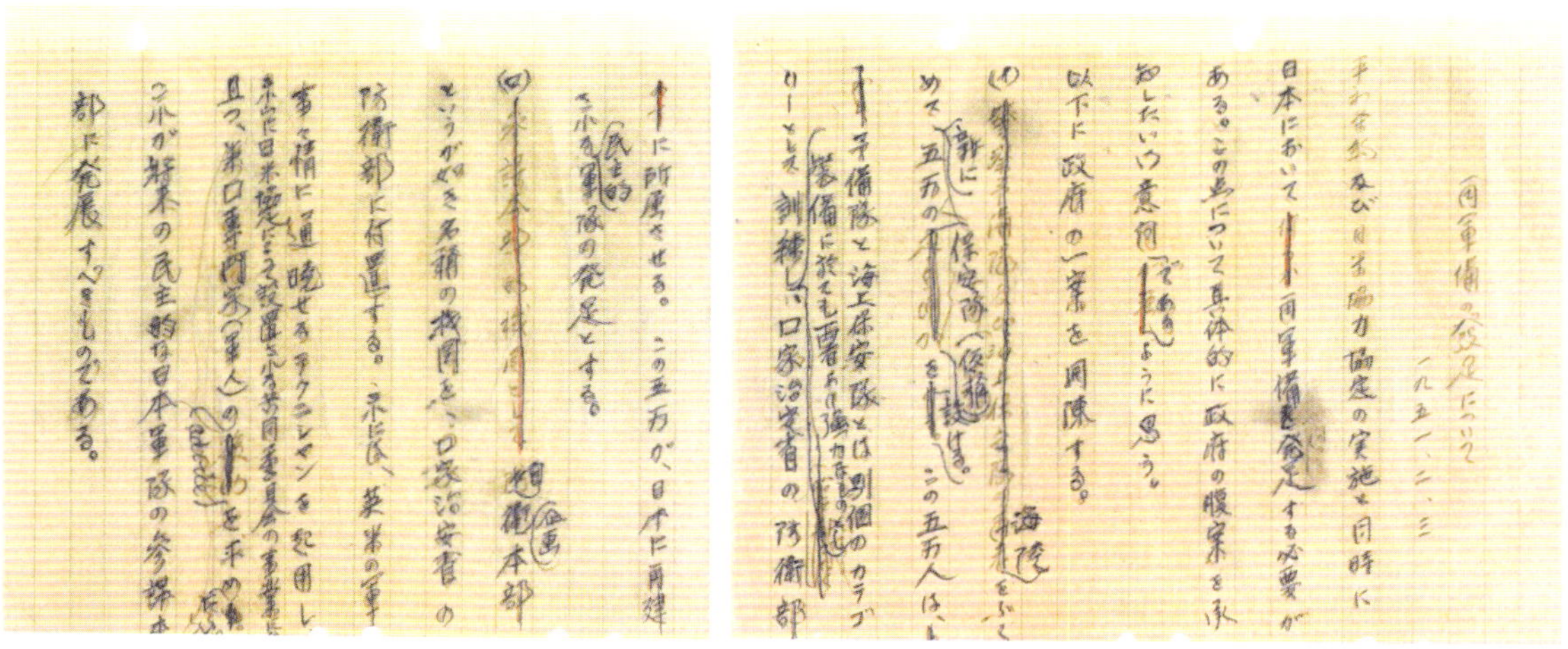

11-11　日本の再軍備に関する日本政府の「腹案」として作成された文書（1951年2月3日）

1951年1月、ダレスの訪日目標は定まる。まず、日本の発意という形での日米協定に合意させ、米軍基地の維持を確実なものとすること、次に再軍備を決断させることであった。

1月下旬に来日したダレス一行に対し、日本側は、講和・安保に関する基本方針を記した「わが方見解」を示した。「七原則」に対する最初の公式見解であった。安全保障に関しては、①再軍備の拒否と国内安全の自力確保、②対外的安全についてアメリカの協力を「希望」し、そのための日米取決めは、講和条約とは別個に作成する、③沖縄・小笠原についてアメリカの軍事戦略上の要請（信託統治）に最大限応ずるが、主権の保持を求める。

ダレスがまず注目したのは、日米取決めによる米軍駐留方式を日本側が「希望」している点であった。50年5月の池田蔵相による提案（前述）のように、こうした「希望」は非公式には伝えられていたが、吉田の真意をはかりかねていたダレスは、これによって米軍駐留の道が開かれることを確信した。

問題は再軍備であった。ダレスは、冒頭から執拗に再軍備を迫り、吉田は上述の理由を挙げて拒絶するという応酬に終始した。結局、吉田は2月3日、かねて軍事アドヴァイザーとの間で検討してきた一案を示す。それは、「海陸をふくめて新に五万の保安隊」を設け、将来の「民主的」軍隊の参謀本部として「自衛企画本部」を創設する構想であった。米側はこれ以後、独立回復までは再軍備問題を持ち出すことはなかった。

米側は一連の会談を通じて、まず米軍駐留を確実なものとしたうえで、再軍備計画を迫り、安保条約前文に、「自国の防衛のため漸増的に自ら責任を負う」と記載される程度の限定的な再軍備の公約を獲得したといえよう。

一方、日本側は、2月1日の協議の場で、前記の日米協定案を示すが米国側は受け入れなかった。米国案は国連憲章第五一条に基づく相互協力関係を事実上、拒否していた。その理由は、ヴァンデンバーグ上院決議（48年）にあった。同決議は、アメリカと相互対等の防衛条約を結ぶためには、「自助及び相互援助」の能力の存在を前提とする、と定め、自衛手段に欠ける日本と集団的防衛の取決めは不可能であった。

こうして日米安保条約は、西村の言葉を借りれば、集団的自衛の関係が設定できるようになるまで、「日本は施設を提供し、アメリカは軍隊を提供して日本の防衛を全うしよう」という暫定的な駐軍協定となる。
会談後の重要な変更は、7月末になって、いわゆる「極東条項」が挿入されたことであった。2月までの日米協定案では、駐留目的が「外部からの武力攻撃に対する日本の安全に寄与するため」と規定されていた。しかし、米軍の立場では、アジア地域で朝鮮戦争のような事態が起こったとき、日本の基地を確実に使用できる保証がなかった。この点を明確にするため「極東における国際の平和及び安全の維持」のため、という文言が加わった。

4 領土問題

【沖縄・小笠原と「潜在主権」】

「対日講和七原則」には、沖縄・小笠原を国連の信託統治のもとにおくことが示されていた。軍事戦略上の要請から沖縄の排他的支配を主張する米軍部に配慮した結果であった。日本側の懸念は、信託統治となった場合、沖縄が国連憲章に基づき日本から分離されることであった。1951年1月の日米会談でも、日本の領土主権が残されることを切望した。当初、ダレスは、解決済みとして耳を貸さなかったが、やがて国務省もダレスも、日本の主権を残す方法を模索し始める。

しかし、4月初旬の英国の講和条約草案は、日本の主権放棄を明文化していたため、この問題は6月の英米会談に持ち込まれるが、結局、英側の譲歩で信託統治は主権放棄を意味しないことが確認される。こうしてダレスは、沖縄の主権を日本に残すこととアメリカの排他的支配とを両立させる措置として、沖縄の地位について、アメリカを「唯一の施政権者」とする信託統治と講和条約第三条で表現することになる。

この第三条を含む講和案が7月中旬に公表されると、それが主権放棄の批判を浴びることを懸念した日本政府は、改めて第三条は「日本の主権が残存する」との意味であることを確認したうえ、沖縄における日本の主権は残されると発表した。9月の講和会議でもダレスによって明言される。こうして沖縄にはアメリカによる施政権の行使を前提に、「潜在主権」が残るものとされ、本土復帰への可能性もまた残ったのである。第三条の趣旨は、沖縄を信託統治とするか否かはアメリカの意思による、というもので、実際には信託統治制度は実施されなかった。

【未決の領土問題】

ところで、第二次世界大戦期の米英中間のカイロ宣言（1943年12月）に従えば、朝鮮の独立承認、台湾・澎湖諸島の中国に対する放棄、また、「南樺太の返還と千島の引渡し」をソ連に約束していた米英ソ間のヤルタ協定（45年2月）に従えば、南樺太と千島のソ連割譲という措置は外務省も予想できた。しかし、領土処分を定めた講和条約第二条は、朝鮮の独立承認、台湾・澎湖諸島の放棄、南樺太と千島の放棄は明記されるものの、帰属先が明記されなかった。帰属先と想定された国がいずれも講和条約の当事国とならなかったからである。

アメリカの初期の講和草案は、戦後日本の国境線を地図上に明確に示すもので、歯舞、色丹、竹島といった個々の島名も帰属先も明記され、将来に係争が残らないことを旨としていたが、こうした帰属未定の問題を生んだのは、一言でいえば、アジアに波及した冷戦の余波を受けたからであった。

吉田書簡と日華平和条約

11-12　日華平和条約調印

1951 年 6 月の講和条約に関する英米協議の結果、北京政府（中華人民共和国）と台湾の国民政府（中華民国国民政府＝国府）の「二つの中国」のうち、いずれと講和を結ぶかは日本の選択に委ねられたものの、アメリカが期待するのは国民政府との講和であった（本文参照）。だが、吉田茂首相は「ダレス氏に対して国民政府を承認するというような保証を与えたことはかつてありません」などと述べ、米国政府や米国上院にとって不安の種であった。

ダレスは対日講和の流産を恐れた。日本と国府の講和は、すでに調印を終えていた対日講和条約を上院が批准する条件となっていたからである。ダレスは、51 年 12 月下旬、自ら来日し、吉田に対し、北京政府と 2 国間条約を締結する意思を有しないこと、などを確約する書簡に了承を求めた。当面、北京政府を認める意思はなかった吉田はこれを了承した。吉田書簡は 52 年 1 月中旬に公表され、米議会は 3 月下旬に講和条約を批准することになる。

日本側全権は、吉田の旧友で大蔵省出身の河田烈であった。1 月末に始まった交渉では、国府側は中国を代表する政府として結ぶ「平和条約」という立場にこだわった。一方日本側にとって、国府との条約は「台湾政府」との条約であり、戦争状態を終結させ諸懸案を解決するためであった。こうした基本的な立場の違いは、交渉にも反映し、国府は、日本の北京政府への接近を阻止するためにも「平和条約」という名称にこだわった。日本側は、これを認めることは「全中国の代表」との講和を意味するとの懸念から拒否していたが、結局、妥協し、他の問題で譲歩を得ようとした。

条約の適用範囲の問題では、交換公文において「中華民国政府の支配下に現にあり、又は今後入る全ての領域に適用がある」とされ、大陸への影響を避けた形となった。賠償問題では、国府側は講和条約にならって役務賠償を要求したが、日本側は日本の在華資産を以て賠償に充てれば足りる、と主張した。結局、国府側が譲歩し、議定書において、国府が自発的に賠償請求権の放棄を宣言することで決着した（国府の管轄下にある日本資産は除かれた）。これ以降、日本政府は日中間で賠償問題は存在しないという立場をとり続け、72 年の日中国交正常化交渉では周恩来によって厳しく批判されることになる。

この間、講和条約の発効日が迫り、交渉の破綻を恐れたアメリカは、日台双方に妥協を働きかけた。吉田もこれに応じ、国府側の「意向を充分考慮し、円満妥結に到達するよう努力ありたい」と河田全権団に訓令するという一幕があった。ともあれ、すべての争点で妥協が成立したのは講和条約の発効日の前日、4 月 27 日であった。

日本政府は、台湾地域に適用範囲を限定することで、将来の北京政府との国交正常化の余地を残そうとした。吉田も、日華条約は「台湾政権」と結んだもので、北京政府は無関係と国会でも述べた。その一方、日華条約は、戦争状態の終了や賠償請求権の放棄など、中国の正統政府との条約とみなされる条項を含み、そのため、「台湾政府」ではなく、「中国」との間で結ばれた条約である、という法的建前をとらざるを得なくなる。

北京政府は日華平和条約に猛反発し、吉田内閣を強く非難するようになる。日華条約は、北京政府と国府がいずれも「一つの中国」を主張する、という抜き差しならぬ対立を招いたのである。

未定であった帰属先の問題で、日本にとって重要であったのは、日本が放棄すべき千島列島の範囲が明確でなかったことであった。吉田首相は、講和条約の受諾演説で、条約によって獲得した南樺太と千島列島がソ連によって占領されたままであること、とくに「北海道の一部を構成する色丹島及び歯舞諸島」の返還を各国に訴えた。

もう一つは、日本が放棄した台湾・澎湖諸島の帰属問題であった。講和会議までに、「二つの中国」―台湾の国民政府と北京政府（中華人民共和国）が誕生していたからである。

【台湾の地位】

講和会議に招請する「中国」の代表について、ダレスには、北京政府と国民政府ともに参加させるという案が念頭にあったが、朝鮮戦争への中共の介入という事態のなかで国民政府の招請に大きく傾いていた。一方、イギリスは１９５０年１月に北京政府を承認しており、北京政府の招請、台湾の北京政府への返還という立場にあった。しかし、ダレスは、米国議会の反発を考慮した場合に、北京政府の講和会議招請は不可能であり、講和条約では台湾に対する日本の主権放棄のみを記すという立場に固執した。

結局、6月中旬に確定した講和条約第2条は、ダレスの主張の通り、台湾・澎湖諸島の放棄のみが記された。同時に、「中国」代表問題について、①いずれの中国も講和会議に招請されない、②日本の中国に対する態度は、独立後に日本自身が決定する、という二点が英米の合意事項となる。「二つの中国」のいずれと講和を結ぶかは日本の選択に委ねられたのである。

この英米了解に基づいて台湾の国民政府との間で日華平和条約が結ばれる（コラム263頁）。

【サンフランシスコ講和会議】

1951年9月初旬に開催されたサンフランシスコ講和会議には、日本を含む五二カ国が参加した。政府代表は吉田首相のほか池田蔵相らが全権となった。政党代表も参加したが、「多数講和」に反対していた社会党はついに代表を送らなかった。

「多数講和」とはいえ、戦争の被害を受けたアジア諸国が多く参加することが望ましく米英は説得を重ねた。すでに「中国」の不参加は決まっていたが、賠償条項に不満をもつ東南アジア諸国のなかにはビルマのように、不参加を表明する国もあった。インドは、講和条約は極東の平和維持に関心をもつ国がすべて参加できるようつくられるべき、として不参加の意思を伝えた。

米英によって周到に準備された講和会議は、米英共同草案への「署名のための会議」であり議論の場ではなかった。参加各国の代表は粛々と賛否の演説を行った。フィリピンのロムロ外相やインドネシアのスバルジョ外相は、自国の甚大な被害を訴え、賠償協定の早期締結を訴えた。吉田は、彼らと個別に会談し、賠償の誠実な履行を約束している。

注目されたのはソ連代表グロムイコの修正提案を含む演説であっ

講和条約と領土問題

アジア太平洋地域の領土・領域問題の処理について、連合国間で共有され、広く公表された合意文書は三つである。一つは、1941年8月、米英両国によって発表され、42年1月に、連合国共同宣言によって支持された大西洋憲章である。大西洋憲章は、連合国共通の原則として、領土の拡張を求めないこと、関係国民の自由に表明せる希望に合致しない領土的変更は行わないことを宣言している。

もう一つは、43年11月の米英中によるカイロ宣言である。カイロ宣言は、対日領土処分の原則を規定したもので、次の5項目からなる。(1) 自国の利益のために利益を求めず、領土拡張の意思もないこと、(2)14年の第一次世界大戦の開始以後に日本国が「奪取」(seized) し、又は占領した太平洋におけるすべての島を日本国からはく奪すること、(3) 満州、台湾及び澎湖諸島のように日本が中国から「盗取」(stolen) したすべての地域を中華民国に返還すること、(4)「暴力及び強慾により日本国が略取」(taken by the violence and greed) した他のすべての地域からの駆逐 (expelled)、(5) 朝鮮の自由独立。

三つ目は、降伏条件として日本が受諾したポツダム宣言（45年7月）である。ポツダム宣言（第8項）には、「カイロ宣言の条項は履行せらるべく、又日本国の主権は本州、北海道、九州、四国及び吾等の決定する諸小島に局限せらるべし」と言及されている。

大西洋憲章を基点とする以上の連合国の合意文書を貫く原則は、領土不拡張と「暴力及び強慾により日本国が略取」したとされる地域や島嶼の剥奪である。換言すれば、第二次世界大戦の終結にあたって、連合国は、これら二つの原則によって、戦後のアジア太平洋の平和と地域秩序の安定をはかろうとしたのである。

一連の国際合意文書が日本との関係において法的効力をもつためには、平和条約の締結が必要であり、それが、日本を含む49カ国が署名した講和条約であった。対日平和条約は、領土・領域について、カイロ宣言とその履行を約束したポツダム宣言に従い、日本が放棄する地域として、「朝鮮」、「台湾及び澎湖諸島」、「千島列島」、「樺太の一部（ポーツマス条約で獲得した南樺太）」などを第2条で規定した。

以上のように、第二次世界大戦の日本の敗北にともなう領土処理は、大西洋憲章を起点とする一連の合意文書に基づき、最終的に平和条約によって法的に確定された。しかし、ポツダム宣言第8項に示された、日本の主権が及ぶ範囲としての「吾等の決定する諸小島」の厳密な範囲は、平和条約にも明記されなかった。千島列島、尖閣諸島および竹島はそれにあたる。

講和条約の要点（サンフランシスコ平和条約、正式には「日本国との平和条約」）

①領土・領域―朝鮮、台湾および澎湖諸島、千島列島、南樺太の放棄。「朝鮮の独立」を承認。「朝鮮」の領域中には、済州島、巨文島、鬱陵島を含む（第 2 条）。

北緯 29 度以南の南西諸島（琉球諸島と大東諸島を含む）、南方諸島（小笠原諸島、西之島を含む）などをアメリカを唯一の施政権者とする信託統治制度の下に置く。実際には信託統治制度は適用されず、米軍の軍政のもとに置かれた。

②自衛権と安全保障―日本は、国連憲章第 51 条の個別的または集団的自衛の固有の権利を有すること、および集団的安全保障取決めを自発的に締結できる（第 5 条 c）。

連合国軍は効力発生後、90 日以内に撤退する。ただし、連合国と日本との 2 国間、多数国間の協定に基づく外国軍隊の駐留を妨げない。

③賠償と請求権―戦争行為から生じた請求権を相互に放棄する（第 14 条、19 条）。そのうえで、日本軍によって占領され、被害を受けた連合国が賠償を希望するならば、日本は、生産や沈船引揚げなどの作業に日本人の「役務提供」について交渉しなければならない（第 14 条 a）。賠償を希望する国に対する「役務賠償」の原則を定めた。サービスや労務を提供する役務賠償には、のちに生産物賠償が加わる。

日本国の捕虜であった間に「不当な苦難」を被った連合国軍隊の構成員に対する償いとして、中立国の日本資産を赤十字国際委員会に引き渡す（第 16 条）。

④戦争犯罪―日本は、すでに終結していた東京裁判などの国際裁判の「判決を受諾」（accepts the judgments）し、刑の執行にあたる。戦犯者の特赦、恩赦、減刑は日本の勧告に基づき連合国が決定する（第 11 条）。日本語条文では「裁判を受諾」と意訳された。

全体として講和条約は、20 世紀の幾多の平和条約に比べて、日本に対してきわめて寛大であった。ヴェルサイユ平和条約やイタリア平和条約（1947 年）には厳しい賠償条項や軍備制限条項、戦争責任を問う条項が置かれていた。

た。その修正案には、外国軍隊の日本駐留禁止、日本の軍備制限、中華人民共和国など五カ国会議による賠償額と財源の決定、などが含まれていたが、これが審議されることはなかった。

吉田の受諾演説は、「この条約は復讐の条約ではなく和解と信頼の文書である」と評価したうえ、いくつかの不満を述べた。その一つは領土条項であり、潜在主権のある南西諸島の早期復帰を求め、さらに千島・南樺太は日本が奪取した領域ではない、ソ連占領下の色丹・歯舞は北海道の一部である、と訴えた。

9月8日、日本を含む四九カ国代表が「日本国との平和条約」に署名したが、ソ連、ポーランド、チェコスロバキアは調印式を欠席し、署名しなかった。講和会議に参加しなかった国々とは、順次、二国間条約が結ばれ、国交が正常化する。

ラオス、カンボジアは署名国であったが請求権を放棄した。不参加のインドは52年の日印平和条約で賠償請求権を放棄するとともに、インド国内の日本人財産の回復と返還にも応じている。他の請求権放棄国も国内の日本財産の返還までは応じていないことから、52年6月の同条約の批准国会でも称賛の声があがった。

【日米安保条約の調印】

9月8日夕刻、サンフランシスコ郊外の陸軍施設で、吉田は一人で日米安全保障条約に調印した。責任を一人で負うことを覚悟したのであろう。

安保条約は条文だけを見れば、日本にとって「片務的」で不利なものであった。まず、第一条は、在日米軍は「外部からの武力攻撃に対する日本国の安全に寄与するために使用することができる」と規定されていた。つまり、日本は基地を提供するのに対し、米側は日本防衛の義務を負っているわけではなかった。

11-14　極東国際軍事裁判法廷　左側判事席、右側被告席

の過去を日本の国民に暴露するために、法廷というプロセスを使ったことが果たして賢明であったか」と疑問を投げかける。占領政策の一環として見れば、戦勝国と協調可能な平和国家への変革という意図を読み取ることもできる。

ただ、日本政府は、こうした裁判を正面から批判することなく、裁判の進行に粛々と協力した。最も懸念された昭和天皇の戦争責任についても、「陛下に御責任なきことは、事実の真相を出すことにより明瞭となる」という判断から、弁護方針について格別の「思想統一」がなされた形跡はない。総司令部と日本政府の間に、天皇の免責という合意が固まりつつあったという政治的背景と無関係ではないであろう。その天皇について、開廷の直前の46年4月に極東委員会において不起訴が決定していた。それは、立憲君主としての「無答責」という憲法解釈からではなく、何よりも日本国内の政治的安定を重視したためであった。

講和条約と戦争裁判

連合国にとって、残された問題は、占領下で終結した裁判を、どのように講和条約に位置付けるかにあった。講和条約の英国草案には、侵略戦争を企図した日本国に戦争責任を負わせる「戦争責任条項」が置かれていた。しかし、最終的には明確な戦争責任は講和条約のどの部分にも明記されず、代わりに講和後の判決の扱いに関する第11条が置かれることになった。

まず、第11条前段は、日本国は「連合国戦争犯罪法廷の判決を受諾」し、これらの法廷が科した刑を執行する、と記された。戦争犯罪法廷は東京裁判だけではなく、横浜やアジア各地でＢＣ級裁判と呼ばれる軍事裁判が行われていた。これらの裁判の判決を含め、講和後も、日本政府が刑の執行にあたることを義務付けた。

また、第11条後段では、日本政府が判決と異なる措置をとる場合には、関係国に「勧告」し、了解を求めることが明記された。講和後は刑の執行は日本政府が実施するが、赦免、減刑などの恩典を実施する場合には、関係国の了解が必要となった。

この第11条は、判決の効力を維持させるための措置であり、日本が裁判の正当性を承認したことを意味するものではない、と理解された。そこで議論となったのは、戦犯受刑者の国内での取り扱いであった。講和前後の国会には、戦犯釈放に関する無数の請願や陳情がなされ、釈放に関する国会決議もいくつかなされる。それらの趣旨は、戦犯受刑者は「戦争の犠牲者」であるとし、海外拘禁者の内地送還、国内受刑者の赦免、減刑を要望していた。こうして政府も世論も戦犯釈放に大きく動き、52年5月には、政府は法務総裁通牒で、戦犯は国内法的には犯罪人ではないとの見解が示され、戦犯の「刑死」が「公務死」と変更され、A級、BC級を問わず靖国神社に合祀する道を開いた。

その一方、政府は第11条に従い、関係国政府に対する赦免や仮釈放の「勧告」を熱心に進める。各国は賠償交渉や対日関係の安定化といった、それぞれの思惑のもと順次、釈放に応じていく。岸信介内閣時の58年末にはすべての戦犯が釈放される。

第11条の解釈は、80年代後半に中韓との歴史問題が起こったとき国会で改めて問題となるが、それ以来、日本政府には、BC級を含む国際軍事裁判を正当なものと認めたこともないが、かといって異議を述べたこともない。

東京裁判—戦争犯罪とは何か

「平和に対する罪」

1946 年 5 月に開廷した東京裁判（極東国際軍事裁判）の根拠は、「一切の戦争犯罪人に対して厳重なる処罰を加えられるべし」と命じたポツダム宣言（第 10 項）にあった。「一切の戦争犯罪人」とは、戦場における捕虜の虐待などの罪を犯した者を指し、ハーグ陸戦条約など既存の国際法規で裁かれるものと、日本は解釈していた。しかし、東京裁判は、「通例の戦争犯罪」に加えて、「平和に対する罪」と「人道に対する罪」という二つの新しい法概念を適用した。二つは 45 年 8 月の米英仏ソのロンドン会議において「文明の裁き」として新たにつくられた事後法であったが、とくに「人道に対する罪」は、既存の国際法規には収まらないドイツ（ナチ）の残虐行為を追及するためのものであった。

「平和に対する罪」とは、侵略戦争の計画、準備、遂行、それらを達成するための「共同謀議」を指し、A 級に区分された。「人道に対する罪」とは、主に政治的、人種的な迫害を指し、要するにナチの残虐行為が対象でありC 級に区分された。そして、通例の戦争犯罪は B 級とされた。

被告 28 名は全員、「平和に対する罪」（A 級犯罪）の嫌疑によって起訴された。この A 級犯罪の中核をなす「共同謀議」は法廷の最も重要な争点となる。弁護側は、米英中蘭の包囲陣（ABCD）による経済封鎖に対し、自存自衛のためやむを得ず開戦に踏み切った、とする「自衛戦争論」をもって対抗した。しかし、裁判所は満州事変以来の中国侵略戦争が米英蘭との戦争の原因となったという因果関係を重視した。被告の一人であった木戸幸一（元内大臣）は、「支那事変関係の防御は一番弱点だった」と書いているが、とくに盧溝橋事件以後の中国に対する軍事侵攻の拡大を正当化するためには、「自衛戦争論」では無理があった。

さらに弁護側は、各被告は、それぞれの職務権限の範囲で一定期間、職務を遂行したにすぎず、「共同謀議」論によって個人の責任は問えない、と主張した。東郷茂徳（元外相）の弁護人であった西春彦（元駐英大使）は、「満州事変を始めた人は、大東亜戦争を始めたことについても責任がある。どこかの部分に関係しておれば、全部について責任がある。ここに非常に大きな理論上の無理があった」と書いている通りである。

11-13　首席検察官ジョセフ・キーナン

結局、48 年 11 月の判決書（多数意見）は、アジア太平洋において軍事的・政治的・経済的支配を確立するという「共同謀議」が 28 年の田中義一内閣で固まり、31 年から中国侵略を開始し、さらに 37 年からの大規模な中国侵略戦争、41 年からの対英米侵略戦争へと発展した、と認定した。

裁判所は、判決時の被告 25 名について、松井石根（元陸軍大将）を除く全員が 28 年以降の全般的な「共同謀議」に加わったと認定し、「平和に対する罪」で有罪とした。死刑が土肥原賢二、板垣征四郎、東条英機、松井ら 6 名の元陸軍将官と、元首相の広田弘毅の計 7 名であった。彼らは全般的な共同謀議だけで死刑となったのではなく、中国、米英、ソ連など個別の侵略行為や戦争法規違反を併せて判定された。広田が死刑となったのは、全般的な共同謀議に加え、当時の外相として南京虐殺事件の防止義務違反を問われたからである。松井は同じ虐殺事件の防止義務違反だけで死刑となり、25 名のなかでは唯一の B 級該当者となった。

ついで終身禁固が 16 名（半数が陸軍軍人）、有期禁錮が 20 年の東郷と、7 年の重光葵であった。当然ながら C 級の該当者は皆無であった。

「文明の裁き」と「勝者の裁き」

弁護側は、当然ながら事後法の適用は、「法なければ犯罪なし」という法の基本原則に違反する、と主張した。これに対し裁判所は、侵略戦争の当事者に事後法違反を根拠に法的保護を与えることは、法の根幹である「正義の原則」にもとる、として退けた。

連合国側は、事後法批判を十分に承知のうえで、それを超える「文明の裁き」という法概念をつくり出した。30 年代の枢軸国による大規模な残虐行為や侵略戦争は、通例の国際法で裁くことは困難であったからである。もう一つは、裁判を主導したアメリカが、戦後の世界秩序を牽引するリーダーとして、人類普遍の「正義」や「文明」にかなう道義的リーダーシップを示す必要があったことである。

とくに、裁判の生みの親であったスチムソン米陸軍長官は、旧枢軸国に対する報復ではなく、新たな法概念による侵略戦争の防止という観点を重視した。実際、東京裁判は、「文明」の名のもとに、侵略戦争の犯罪性を立証することに力が注がれた。東京裁判には、こうした政治的な意図が込められ、判事も全員が戦勝国であったために、「勝者の裁き」として強い批判を浴びることになる。総司令部の政治顧問として、裁判をつぶさに観察したシーボルトは、「軍国主義また、在日米軍は、大規模な内乱および騒擾を鎮圧するため日本政府の要請によって使用できる、という「内乱条項」も内政干渉として批判の対象となった。

さらに「極東条項」には、「この軍隊は、極東における国際の平和と安全の維持に寄与し」と明記され、「極東」の範囲や、米軍の軍事行動に巻き込まれる危険性がある、という議論に説得力を与えた（前述）。

一方、9月8日の安保条約の調印と同時に、講和後も引き続き日本政府の国連軍への協力を確保するため、吉田・アチソン交換公文が交わされた。朝鮮戦争がこう着化状態となり、米中対立が深まるなかで、「極東条項」や日本の米軍基地を自由に使用できる権利の確保は、米軍の軍事戦略にとって不可欠の措置であった。

【日米行政協定と指揮権問題】

米軍駐留の条件を定める行政協定は、1952年1月末からラスク国務次官と岡崎国務相が交渉に臨んだ。米軍人の日本社会での日常生活と密接にかかわる問題が多く難航した。米軍は、それまで占領軍として多くの特権をもっていたので、条約上の地位が変わったといっても急に変更するのは難しく、従来の特権をある程度容認し、漸進的に改善することになった。

その一つに刑事裁判権の問題がある。米上院は米軍の海外駐留は、駐留国の希望によるものであるから裁判権を米側にまかせるのは当然である、と主張していた。そこで行政協定は国会の承認を必要としない政府間の取決めとし、随時改善できるようにした。

52年8月、保安庁が設置され警察予備隊は保安隊となった。これに関連し、国会では日本防衛の最高指揮官は総理大臣であるが、実際に日本有事が生じたとき、在日米軍最高司令官が全体の防衛を指揮するのか、日本側なのかという問題がやかましく議論された。ラスクは、日本区域において敵対行為、急迫した脅威が生じた場合には、両国政府は必要な共同措置をとり、かつ安保条約第一条の目的を達成するため、ただちに協議しなければならないと規定するものであった。これが行政協定第二四条となるが具体的な協議方法は詰められなかった。

【戦争賠償の行方】

「対日講和七原則」は、すべての連合国が賠償請求権を放棄する原則を掲げ、英米のほかオランダ、フランスなど主要連合国も賠償請求権の放棄へと向かう。しかし、戦争の直接の被害国であったフィリピンなどが激しく抵抗したため、講和条約第一四条では、希望する国には日本との交渉によって役務賠償を支払うものとされた。

ただ、第一四条は、日本の支払い能力を考慮して賠償額を決定する原則をかかげていた。第一次世界大戦後の対独賠償が、支払い能力や経済事情が考慮されず、苛酷な賠償額が経済を破綻させ、ひいてはナチス台頭の一因となったという経験を踏まえたものであった。

結局、日本が賠償交渉に臨む相手は、フィリピン、ベトナム、ビルマ、インドネシアの四カ国であった。四カ国との賠償交渉はそれぞれ難航したが、ビルマとの間には1954年、フィリピンとの間には56年、インドネシアとは58年、最後にベトナムとの間には59年にそれぞれ賠償協定が締結されている。最初のビルマは、インドネシアとフィリピンとの均衡という観点から再交渉となり、63年に経済技術協力協定が結ばれている。

賠償交渉は決して順調ではなかった。まず、賠償額が巨額にのぼった。当初の前記四カ国の総額で三三〇億ドルを超え、当時の日本の国民総生産（GNP）の二倍を超えていた。また、ほとんど戦闘行為のなかったインドネシアやベトナムに戦争賠償を支払う必要があるのか、という疑問も国会で提起された。しかし、日本政府は不確かな賠償額の根拠の追及より、相互の経済的利益と経済発展を優先し、財界の協力を得つつ「経済協力」という形で解決していった。

経済協力とはいっても、アメリカの意向に沿いながら一定の政治目的にも配慮された。共産主義の浸透や拡大を抑えることもその一つであった。54年11月、訪米した吉田はダレスとの会談で、「賠償は一種の投資」であり、賠償の名目で東南アジアの経済開発に協力できるならば、共産主義の浸透防止ともなり、「一石二鳥の効果」があるとして資金協力を求めた。しかし、ダレスはアメリカが賠償資金の「裏書」をするならば、求償国の要求はさらに増額されるだろうとして拒絶した。

アメリカの資金的支援は得られなかったものの、投資による経済建設の基盤形成という側面を日本側は重視した。日本企業を通じた賠償支払（経済協力）の大半は相手国の電源開発、道路や鉄道といったインフラの整備に向けられ、日本の関係業界が進出する基盤となる。賠償はやがて、円借款へと切り替えられていく。

【日韓会談と李承晩ライン】

日本の植民地であった韓国は、1945年8月の解放後に、「戦勝国」としてサンフランシスコ講和会議に参加することを要求していた。講和条約の署名国となれば、連合国並みの賠償請求権を行使できるはずであった。結局、韓国は日本と戦争状態にはなかったとして講和会議に招かれなかったが、その一方、アメリカは「連合国並み」の処遇を韓国に与えることを約束し、朝鮮半島の公私の日本財産を在韓の米軍政府の管理下に置くとともに、その処理を日韓の交渉に委ねた（講和条約第四条）。

52年2月中旬、日韓両国は国交樹立をめざして正式会談を開始した。ところが直前の1月中旬、韓国政府は李承晩《りしょうばん》大統領の名で、隣接海域の一定の範囲を韓国の主権下にあるとする「李承晩ライン」を一方的に宣言した。講和条約の作成の過程で韓国が放棄したはずの竹島もラインの内側に取り込んでいた。日本政府は、海洋自由の原則に違反するとして抗議を申し入れるが、李ライン内に入った日本漁船を次々に拿捕するようになり、竹島の領有権をめぐる紛争に発展し、日韓会談を妨げる。

日韓会談が始まると、早速、在韓日本財産の処理が請求権問題として論争となる。韓国側は、三六年間の日本支配による損害の大きさから、在韓の公私の日本財産だけでは不十分として、戦時の債務の返済を請求権として主張した。日本側は、在韓財産を一切失い、そのうえさらにとられるのは国民感情が納得しない、として、在韓私有財産について日本に請求権があるという主張を繰り返す。

双方の主張の背景には、植民地支配の不法・合法をめぐる歴史認識の対立があった。韓国は10年の韓国併合条約の「無効」を主張し、日本側は、韓国併合条約や日韓協約は米英も承認していたことから、併合条約の合法性を前提に、朝鮮半島における日本人の経済活動の正当

11-15　李承晩ライン

性を主張した。結局、併合条約は「もはや無効」と表現することで、一応の合意が成立したが、請求権問題の解決にはいたらず、4月下旬に打ち切りとなる。

その後、53年10月の第三次会談で、日本政府代表の久保田貫一郎が、韓国側の要求に対し、「鉄道の敷設、港湾の建設、水田の造成、……多額の補助金を持出して韓国経済を培養したこと」をもって相殺可能と応酬した（久保田発言）。この発言が韓国側を刺激し、10月下旬、会談は決裂した。

日韓会談のもう一つの焦点は、終戦後も日本に残った六〇万人の在日朝鮮人の法的地位（国籍と処遇）という問題であった。講和条約の発効によって在日朝鮮人や台湾人は日本国籍を失い、「外国人」となっていた。その後、降伏文書の調印日から日本に在留する朝鮮人、台湾人については、法律の定めるまで在留資格がなくとも在留可能となったが、日本国籍を取得するためには、国籍法に基づく帰化の手続きが必要となり、外国人登録令に基づく取り締まりの対象ともなっていた。

5 吉田内閣の退場

【再軍備問題 ―「独立の完成」に向けて】

独立回復後の日本政治は、占領軍という絶対的権威の退場によって、政策選択の幅が広がるとともに不安定化した。与野党対立に加え、与党内にも公職から追放されていた鳩山一郎、岸信介らの戦前の有力政治家が復活し、吉田の対抗勢力となった。

11-16 ダレス特使と吉田首相

吉田内閣は1953年の総選挙で少数与党に陥ったが、吉田の闘志は衰えず、講和後の最大の課題であった再軍備問題に立ち向かう。51年1月の吉田・ダレス会談で、吉田は限定的な再軍備を約束していたものの、その規模や速度について日米間には何の合意もなかった。

53年夏からアメリカの対外援助に関するMSA（相互安全保障法・53年改正）に基づく交渉が東京で始まる。経済復興を達成するためには、アメリカの援助をなお必要としていた日本は、最小限の防衛努力と引き換えに、より大きな援助を引き出そうとした。一方、米側は日本の再軍備の促進をねらいとしていた。交渉はまもなく行き詰まり、同年10月から自由党政調会長であった池田勇人が訪米し、打開の道を探る。この池田・ロバートソン会談でも、米側が三〇万人以上の陸上兵力の整備を求めたのに対し、池田は一八万人以上にはコミットしな

吉田茂（1878～1967）— 吉田路線

評価の変転

吉田は 1878（明治 11）年、高知出身の自由民権運動家・竹内綱の五男として生まれたが、まもなく横浜の貿易商・吉田健三の養子となり、健三の死去で 11 歳にして莫大な財産を相続した。その後，様々な学校を渡り歩き、最終的に 1906 年に東京帝大法科大学を 28 歳で卒業し、外務省に入省。同期には広田弘毅や林久治郎がいる。

入省後の 20 年間をほぼ中国で過ごし、天津総領事、奉天総領事を務めた。田中義一内閣の満蒙を中国本土から分離する、という政策に呼応して、国際条約で保証された権益は断固として守るという対中姿勢は有名である。「新外交」には距離を置き、むしろ日英２国間の協力で対中権益の維持と拡張をめざした。満州事変後は幣原喜重郎の国際協調の擁護者ではあったが、日米よりも日英協力を重視し、駐英大使として枢軸同盟には終始批判的で、中国に関する日英提携の可能性を探った。39 年に退官するが、日米開戦前にはグルー駐日大使や東郷茂徳外相と接触を繰り返し、開戦の阻止に努める。戦時期には、旧知の近衛文麿らとはかって、米英との直接和平をねらって水面下の活動を続け、終戦間際には憲兵隊に拘束される。

敗戦をむしろ「新日本建設」の好機とみなした吉田は、積極的な外資や技術の導入、輸出振興、アメリカとの協調、自主防衛よりも共同防衛といったテーマに取り組みながら、独立国として西側世界への参入をめざす。５年を超える「吉田外交」（本文参照）の評価は、60 年代までは高いものではなかった。そもそも戦後日本の保守政治を肯定的にとらえようという知的雰囲気にはなかった。しかし、重光葵、鳩山一郎、岸信介といった追放解除組の政治が終わり、経済成長が軌道に乗る池田勇人政権期に入ると、吉田に対する評価は変わってくる。池田首相が就任直後の演説で、「歴代保守政権の外交的成功」に言及し、自国の安全を安保条約に託したがゆえに少ない国防費をもって経済発展を遂げ得た、と日米安保条約の効用を説いた。論壇でも、高坂正堯が 64 年に、「政治は悪いが、国民の努力が日本を復興させて支えているという思想は、戦後の知的雰囲気が生んだ不当な神話に過ぎない」と論じ、吉田の内外政を、再軍備論と非武装論の攻撃に耐え、曖昧な姿勢を貫いた「経済中心主義」として高く評価した。こうして 60 年代後半には、「日米安保（対米協調）・軽武装・経済中心」はセットとして「吉田路線」と呼ばれ、70 年代には戦略性を帯びた「吉田ドクトリン」とも評価されるようになる。

11-17　吉田茂

吉田の「選択」

一方、吉田路線の成功は、対米追随の結果である、という評価もあらわれるようになるが、吉田の「選択」という意味では二つが重要である。一つは、自国の安全を日米条約に委ね、外国軍の常時駐留を許したという選択である。自国の安全は自力で確保するという戦前日本の国防のあり方からすれば大胆な選択であった。

もう一つは、アメリカ主導の自由貿易体制のなかで輸出振興と外資導入をはかり経済発展を期す、という選択であった。自由貿易体制への参入はドル圏入りを意味したが、50 年代にあっては、総輸出額に占めるスターリング圏（ポンドを決済通貨とする東南アジア）の割合は 6 割を超え、ドル圏入りは貿易縮小を覚悟しなければならなかった。日米経済のつながりを重視する吉田の路線は、自立経済をめざす立場からは、対米属国化、無駄な外資導入という批判を招いた。経済中心主義は成り行きではなかったのである。

吉田の選択によって取り残された課題は、近隣諸国と安定した関係を築けなかったことであった。日米の利益を優先する「寛大な講和」の反面で、「アジア不在」といわれたように、戦争に起因する諸問題への対応を難しいものとした。それでも日本は、戦争賠償の履行に誠実に取り組み、経済成長の果実をもってアジアの経済発展、ひいては民主化に大きく貢献してきた。冷戦時代に形成された吉田路線は、21 世紀世界と日本の歩みのなかで、その意義が問われることになろう。

吉田は 54 年に退陣したあとも影響力を保ち続け、89 歳で生涯を閉じた。戦後の首相として初の国葬が挙行された。

11-18　再建された旧吉田邸

かった。池田は訪米前に、吉田と改進党総裁の重光とを会談させ、自衛隊の創設で合意を成立させて会談に臨んでいたが、実際、創立当初の自衛隊の陸上部隊の定員は一八万人であった。池田は、吉田の軽武装方針を守り、経済再建を優先する路線を堅持した。

【東南アジア開発とコロンボ・プラン】

吉田は、１９５４年9月、欧米歴訪に出発する。重要な目的の一つは、東南アジア開発のため、アメリカの支援を求めることにあった。輸出振興を優先課題としていた吉田内閣は、大陸との貿易関係が中国の共産化で閉ざされたことから、その活路を東南アジアに求めようとしていた。東南アジアの経済開発は、共産中国の影響を封ずるためにも必要であったが、アメリカの資金援助は不可欠であった。

アメリカ訪問では、こうした観点から巨額の資金投入を前提とした「アジア・マーシャルプラン」構想を示すが、米側は応じなかった。吉田が欧米首脳に力説した第二の提案は、中ソ離間であった。吉田によれば、「ソロバンに合わないことはしない」という「中国人の国民性」からして、経済発展は共産中国をソ連から離反させ、自由主義陣営に惹きつける有効な手段であった。

第三は、共産主義対策における日英提携の必要性である。吉田の眼から見ると、アメリカの戦後中国政策は、中国の過剰な反発を招き共産化を促したという意味で失敗であった。そこで、戦前から中国を良く知る日英が連携して中共対策にあたるべきであった。

日英提携という意味では、欧米歴訪中にその一端が実現した。それが、英連邦中心のコロンボ・プラン（東南アジア・南アジア地域の経済発展のための協力計画）への加入であった（54年10月）。

コロンボ・プランにおける日本の貢献は技術分野に限られたが、いくつかのねらいを託した。その一つは、50年代前半の日本の経済活動の舞台が南アジア（インド、セイロン）に重点が置かれ、アジアを広くカバーする「コロンボ・プラン地域」が、多角的援助や地域協力の推進基盤として適切と考えられたことである。

吉田が二カ月にも及ぶ欧米歴訪から帰国したとき、反吉田の新党運動は盛り上がり、鳩山を総裁に日本民主党が結成される。民主党は12月初旬、左右社会党とともに、内閣不信任案を提出した。吉田は総辞職を選択するほかはなかった。

第12章

「自主外交」と対米協調

12-1　日米新安保条約批准書交換

年表

1954年（昭和29年）

3月10日　第五福竜丸事件.
11月24日　日本民主党創立.
12月　7日　第5次吉田内閣総辞職.
12月10日　**第1次鳩山一郎内閣**発足.

1955年（昭和30年）

1月25日　元駐日ソ連代表部員のドムニツキー，鳩山首相の私邸を訪れ，書簡を手交.
3月19日　**第2次鳩山内閣**発足.
4月18日　バンドン会議（アジア・アフリカ会議）開幕（～4月24日）. バンドン10原則採択.
5月　4日　第3次日中民間貿易協定調印.
5月14日　ワルシャワ条約機構条約調印.
6月　1日　ロンドンで日ソ交渉開始（～9月13日）.
7月18日　ジュネーヴ4巨頭会談.
8月29日　重光外相，ワシントンでダレス国務長官と会談，安保条約改定を打診.
10月13日　左右社会党の統一（日本社会党）.
10月28日　日中・日ソ国交回復国民会議結成.
11月15日　自由党，日本民主党が合同（保守合同），自由民主党創立．鳩山が初代総裁に.
11月22日　**第3次鳩山内閣**発足.

1956年（昭和31年）

1月17日　ロンドンで第2次日ソ交渉（～3月20日）.
2月24日　フルシチョフ・ソ連書記長，スターリン批判演説.
4月29日　河野一郎農相，モスクワで日ソ漁業交渉開始。5月14日，日ソ漁業条約調印.
5月　9日　日比賠償協定調印.
5月14日　日ソ漁業条約調印（12月12日発効）.
6月　9日　沖縄の軍用地をめぐるプライス勧告発表，島ぐるみ闘争起きる.
7月26日　ナセル・エジプト大統領，スエズ運河の国営化宣言.
7月31日　重光外相，モスクワで日ソ国交交渉開始．8月12日二島返還での決着を具申.
10月15日　鳩山首相，モスクワで日ソ交渉再開.
10月19日　日ソ共同宣言調印（12月12日発効）.
10月23日　ハンガリー動乱.
10月29日　第2次中東戦争（スエズ動乱）勃発.
12月18日　国連総会，日本の国連加盟を承認.
12月23日　**石橋湛山内閣**発足.

1957年（昭和32年）

1月30日　ジラード事件発生.
2月25日　**第1次岸信介内閣**発足.
3月12日　日華協力委員会発足.
3月25日　欧州経済共同体（EEC）条約調印.
5月20日「国防の基本方針」を閣議決定.
5月20日　岸首相，第1次東南アジア，南アジア諸国歴訪に出発（～6月4日まで）.
6月14日　第1次防衛力整備計画を策定.
6月16日　岸首相，訪米，6月21日，日米共同声明（岸・アイゼンハワー共同声明，「日米新時代」を強調）.
7月　6日　日豪通商協定調印.
9月28日『外交青書』（第1号）を発表.
10月　4日　ソ連，人工衛星スプートニクの打ち上げに成功.
10月　4日　ネルー・インド首相来日.
11月18日　岸首相，第2次東南アジア，オセアニア諸国歴訪に出発（～12月8日）.

1958年（昭和33年）

1月20日　インドネシアと平和条約，賠償協定調印.
3月　5日　第4次日中民間貿易協定調印.
5月　2日　長崎国旗事件起こる（一切の日中交流が途絶える）.
6月12日　**第2次岸内閣**発足.
8月23日　中国軍が金門島を砲撃（第2次台湾海峡危機）.
10月　4日　安保改定に関する藤山愛一郎外相，マッカーサー大使の本格交渉開始.

1959年（昭和34年）

2月13日　政府，在日朝鮮人の北朝鮮帰還を閣議了解.
3月28日　安保改定阻止国民会議結成.
3月30日　砂川事件で米軍駐留を違憲とする伊達判決.
5月13日　南ベトナム政府と賠償協定調印.
7月11日　岸首相，欧州・中南米諸国訪問に出発.
12月14日　北朝鮮帰国事業開始（帰還第1船新潟出港）.

1960年（昭和35年）

1月19日　日米新安保条約調印，岸・ハーター交換公文署名.
2月27日　ソ連，日本領土から全外国軍隊が撤退しない限り，日ソ共同宣言で約束した歯舞，色丹の引き渡しはないと通告.
4月22日　ソ連，領土問題は解決済みとの覚書を発出.
5月　1日　ソ連領空で偵察飛行中の米軍機U－2型機が撃墜される.
5月20日　新安保条約，衆議院で強行採決.
6月10日　アイゼンハワー大統領の訪日準備のため来日した大統領秘書のハガティーがデモ隊に囲まれ，米軍ヘリで救出（ハガティー事件）.
6月15日　全学連が国会に突入し，警官隊と衝突，女子学生・樺美智子が死亡.
6月16日　アイゼンハワー大統領の訪日中止決定.
6月19日　新安保条約自然承認.
7月15日　岸内閣総辞職.
7月19日　**第1次池田勇人内閣**発足.

1 鳩山内閣の「自主外交」

【日ソ国交回復交渉と「55年体制」の成立】

民主党を与党として、1954年12月に鳩山一郎内閣が発足した。鳩山は、翌年1月下旬の施政方針演説で、「わが国最大の課題」は、「自主独立の完成」と「自主再建」の達成にあるとし、憲法改正にも言及した。外交面では、中ソを念頭に、「国交回復のない諸国との関係調整」をめざす「積極的自主平和外交」を約束した。内外政における「自主」の強調は、国民の心に潜んでいた自主・自立のナショナリズムの感情を刺激し「鳩山ブーム」を巻き起こした。

鳩山内閣の誕生とともに、元ソ連代表部の首席代理であったドムニツキーは、重光葵《まもる》外相に直接、接触しようとしたが拒否される。ソ連は講和条約の署名を拒否していたため、日本政府はソ連代表部の存在を認めていなかった。そこでドムニツキーは、外務省出身の杉原荒太《あらた》参議院議員らを介して、55年に入ると鳩山の私邸を秘かに訪問し、ソ連政府は国交正常化交渉の用意がある、とする趣旨の書簡を手渡した。外務省は、国連代表部を通じてソ連政府の真意を確かめたうえ、2月初旬には交渉開始を閣議決定する。

12-2　1955年「自由民主党」が誕生　右から大野、三木、緒方、鳩山

交渉は6月からロンドンで開始される。日本側全権は、元外務次官の松本俊一参議院議員であった。日本側は、第二次世界大戦の結果としてソ連が占拠した北方領土、すなわち南樺太、千島、歯舞・色丹の諸島の返還を要求した。しかし、ソ連側は、それらの帰属はヤルタ協定とポツダム宣言によって解決済みであり、日本が放棄したはずだ、として拒否した。

ところが8月初旬、駐英大使のマリクは、条件次第では歯舞・色丹を返還する用意がある、と明かした。松本はこの線で妥結したい、と東京の重光外相に打診した。しかし重光は、日本は講和条約で南樺太と千島を放棄したが、南千島（国後・択捉）は講和条約で放棄した千島には含まれず日本固有の領土である、という日本の立場を伝えるよう訓令した。要するに「四島一括返還論」であった。9月中旬、交渉は決裂し、ソ連は12月の国連安保理事会で、日本の国連加盟提案に拒否権を行使した。

日ソ交渉が中断している間、モスクワを訪問した西ドイツのアデナウアー首相が、短期間の交渉で、領土問題を棚上げし、五万人の抑留ドイツ人捕虜の送還を実現した。この「アデナウアー方式」は、外務省の関心の的となる。

この間、日本の国内政治にも大きな変化が起きる。55年10月、左右社会党が統一して日本社会党を結党した。さらに11月には日本民主党と自由党が合同して自由民主党（自民党）を結成し、鳩山が初代総裁となった。ここに日本政治は、それまでの不安定な政治を克服し、衆

12-3　日ソ共同宣言に署名　鳩山首相とブルガーニン首相

議院で優位を占める自民党とその半分の議席にとどまる社会党、という基本的な構図が定まる。この自民党による一党優位体制は「55年体制」と呼ばれ、93年まで続く。

しかし、鳩山の自民党は、合同によって対ソ・対中外交に慎重姿勢をとる旧自由党系の反鳩山勢力を抱え込むことになった。自民党の緊急対策として「日ソ国交の合理的調整」が公表されるが、その意見は、旧自由党系の主張に沿った四島一括返還論の貫徹であった。

【日ソ国交回復と国連加盟】

1956年1月、第二次ロンドン交渉が始まる。翌月にはフルシチョフ第一書記によるスターリン批判が行われ、日本側はソ連の軟化に期待したが、3月下旬になってまたも中断してしまう。重光も前年の立場（四島一括返還論）を崩すことはなかった。

一方、ソ連は、北洋のサケ・マスの漁獲を制限する特定水域を、千島列島を含む公海上に一方的に設定した。そのため、ソ連に拿捕される日本漁船が急増し、細々と続けられてきたシベリア抑留者の送還も途絶えた。そこで鳩山は、河野一郎農相を派遣して漁業交渉を行わせた結果、漁業条約は成立したが、発効は日ソ国交回復の日とされた。

鳩山一郎《はとやまいちろう》（1883～1959）

12-4　鳩山一郎

東京出身。東京帝大卒。1915年衆議院議員となり政友会に所属。田中義一内閣の書記官長、犬養毅内閣、斎藤実内閣の文相。34年に文相を辞任。このころから「自由主義者」を自任するようになり、大政翼賛運動に背を向け、日米開戦後の翼賛選挙では非推薦で当選。戦後の45年11月、芦田均らと日本自由党を結成して総裁となる。翌年4月の総選挙で第1党に躍進するが、直後に公職追放が襲い、吉田茂に首相を託す。追放解除後、自由党に入るが再軍備や日ソ国交回復をとなえて「反吉田」の立場に終始する。54年11月、反吉田勢力を結集した日本民主党の総裁に推され、吉田の退陣によって54年12月に首相に就任。

交渉はソ連の思惑にはまった形となったが、ともかく国交回復は急がねばならなくなった。

7月末からの第三次交渉は、重光が全権となりモスクワで始まった。重光は、南千島の返還のみに交渉を絞ったが、ソ連側はこれを拒否した。フルシチョフとブルガーニン首相が直接、歯舞・色丹の返還が最終的な譲歩であると伝えると、重光は「豹変」し、その受け入れを本国政府に迫った。だが、国内の強硬論を背景に、閣議はソ連案の受諾を容認しなかった。

8月中旬、スエズ問題会議のためロンドンに赴いた重光は、ダレス国務長官から、日本が千島列島に対するソ連の主権を承認するならば、アメリカは沖縄に対する完全な主権を行使する、と「恫喝」される。帰国した重光は、対応策を協議した結果、最悪の場合には領土問題を棚上げとし、戦争状態の終了、大使の交換、抑留者の帰還、漁業条約の発効、日本の国連加盟支持の五条件で交渉再開を決定した。アデナウアー方式による国交回復であった。

10月の最後のモスクワ交渉は、病軀をおして鳩山自らが全権となった。すでにアデナウアー方式はソ連側に伝わっており、数日間の交渉で日ソ共同宣言に署名した。ソ連側は抑留者の釈放と帰還、日本の国連加盟支持を約束した。その一方、共同宣言は、平和条約締結後に、ソ連が歯舞・色丹を引き渡すことを明記していた。

12月中旬、東京で批准書が交換された当日、ニューヨークの国連本部では、日本加盟の勧告がなされ、12月18日の総会で加盟が承認された。

【防衛分担金問題—危機の鳩山内閣】

防衛分担金は、在日米軍の駐留経費の一部を日本側が負担するもので、日米行政協定のなかで、日本側が毎年五五八億円を拠出することが義務付けられていた。吉田内閣のときから日本はその削減を求めていたが、１９５４年4月には、54年限りという条件のもとで、二五億円の削減に米側は同意していた。55年2月の総選挙では、与党民主党が分担金の削減と、その削減分を住宅建設に振り向けることを公約としていたが、その公約が問題の発端であった。

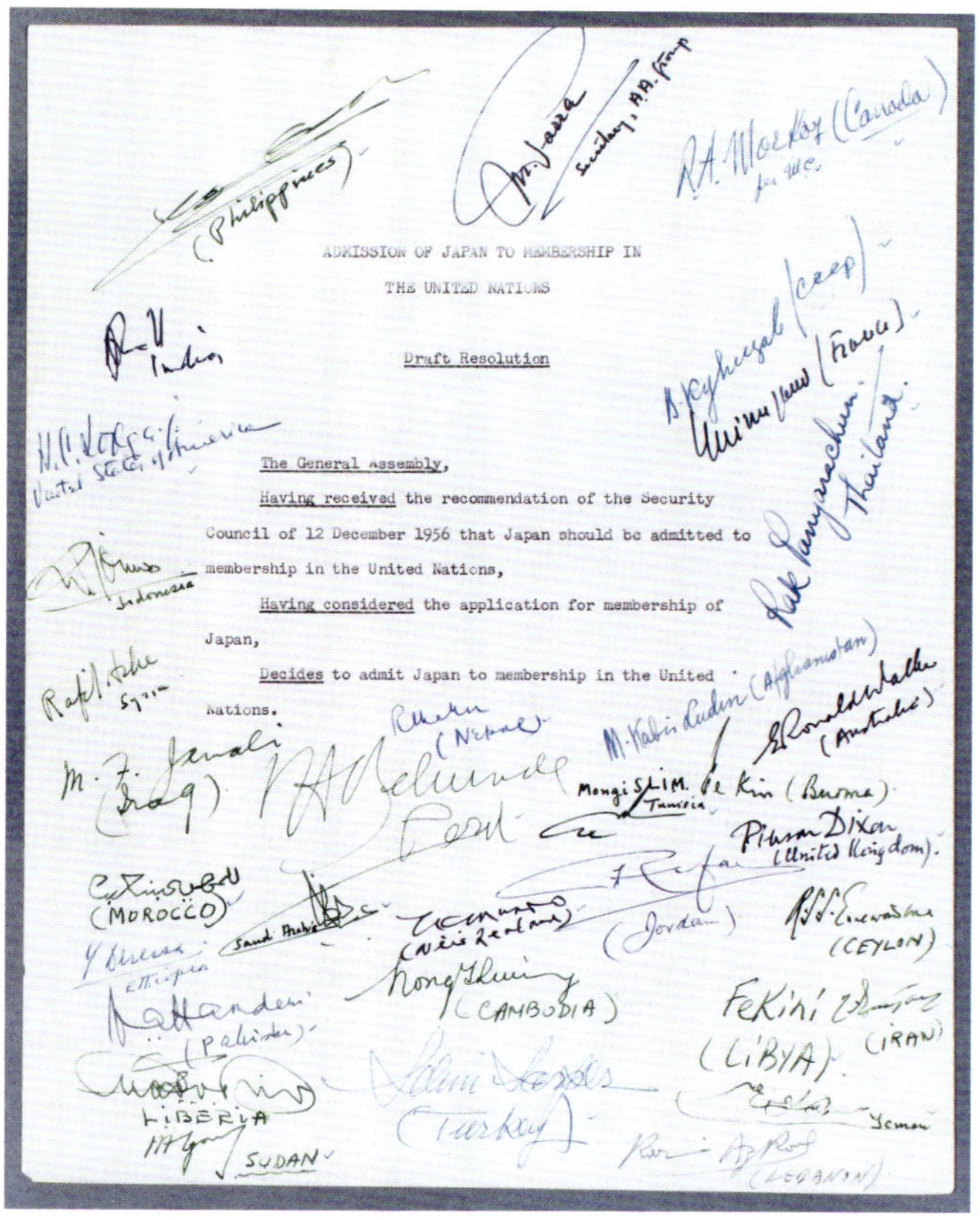
ADMISSION OF JAPAN TO MEMBERSHIP IN THE UNITED NATIONS

Draft Resolution

The General Assembly,

Having received the recommendation of the Security Council of 12 December 1956 that Japan should be admitted to membership in the United Nations,

Having considered the application for membership of Japan,

Decides to admit Japan to membership in the United Nations.

12-5　日本の国際連合加盟承認決議文

米側は、中国に妥協的で、防衛力増強に消極的な鳩山内閣を牽制する意味もあって削減に応じようとはしなかった。鳩山内閣は、重光の訪米による打開を試みるが、米側は拒否したため、衆議院外務委員会は鳩山内閣の外交的失策を戒告する決議を採択した。窮地に陥った鳩山は、米側の譲歩が得られなければ予算編成が不可能になり、内閣は倒壊し、社会党が台頭するとアリソン駐日大使に訴えた。アリソンは、当面、第三次日中民間貿易協定交渉に協力しないよう要求した。

ところが、4月初旬、アメリカは新たな対日政策を決定し、日本の政治的安定と経済力の強化を阻害する防衛力増強を求める圧力に待ったをかけた。対日政策の転換は分担金交渉に反映され、米側の譲歩による妥結へと向かった。鳩山内閣はかろうじて一兆円の予算の編成を実現し、倒壊の危機を免れた。結果として、分担金問題は、動揺していた日米関係を安定化させ、対中関係の改善にブレーキをかけることになった。

【重光訪米と安保改定問題】

日米安保条約を相互防衛条約に改定するという目標は、民主党の政策綱領にも明記され、重光自身の目標でもあった。１９５５年夏の訪米に備え、重光は下田武三《たけぞう》条約局長に改定案の作成を命じていた。その下田案（相互防衛条約試案）は、ほぼＮＡＴＯ型の相互防衛条約を踏襲するもので、共同防衛の地域的範囲として、「西太平洋」における両国の領域またはその施政権下にある地域とされていた。限られた範囲ではあるが「海外派兵の義務を負う」ことが想定されていた。

さらに下田案は、将来的な在日米軍の全面撤退を想定していた。鳩山が下田案を承知していたか否かは定かでないが、国力相応の自主防衛態勢の整備と駐留米軍の早期撤退を期する、との施政方針演説に沿った提案ではあった。

55年8月に訪米した重光はダレスとの会見で、米領であるグアム島が攻撃された場合、自衛のためであれば兵力使用について協議できる、と述べたのに対し、ダレスはそうした憲法解釈は理解できない、と反論し、性急な相互防衛条約への置き換えを戒めた。

同行した岸信介（民主党幹事長）は、重光・ダレス会談や米側との非公式会談で、国民生活の安定をもたらす強力な安定政権の形成こそが共産主義対策の根本であることを力説し、重光との違いを見せた。性急な安保条約の改定よりも、まずは、保守勢力の結集と経済の安定が重要とする岸の考え方は、アメリカには好意的に受け止められ、のちの岸政権の誕生を後押しすることになる。

【対中貿易問題】

鳩山は、政権発足直後には、中共との関係改善にも意欲的な発言を行っていたが、ダレスはすぐにこれを牽制する書簡を鳩山に送る。その直後の1955年3月、第三次日中民間貿易協定の締結のため中国の通商使節団が来日し、国際貿易促進協会などと折衝を開始した。焦点は、53年の第二次協定の覚書に明記されていた通商代表部の設置、中央銀行間の直接決済方式の実現であった。いずれも政府の承認が必要であり、政府間協定につながる性格をもった。

しかし、鳩山内閣は民間の通商代表部の設置は認めるが、「政府代表としては認めず、民間人として扱う」ことをあらかじめ確認していた。5月に貿易協定に調印したが、通商代表部、直接決済、政府間協定の締結は将来の努力目標にとどまった。第二次協定とあまり変わらない内容であった。鳩山の意欲にもかかわらず、アメリカの掣肘《せいちゅう》のなかで日中貿易の「積み上げ方式」も限界に達していた。

【アジア・アフリカ会議（バンドン会議）】

1955年4月に、インドネシアのバンドンで開催されたアジア・アフリカ会議は、アジア・アフリカの新興国を中心に二九カ国代表が一堂に集まり、国際政治の新たな勢力の登場を示す画期的な国際会議であった。バンドン会議構想の発端は、54年春、インド、ビルマ、セイロン、パキスタン、インドネシアの五カ国首脳が開催したコロンボ会議にあった。五カ国はまもなく「コロンボ・グループ」と呼ばれ、アジアにおける中立主義の旗振り役となる。とくに冷戦が足元に及ぶ脅威を感じたインドネシアは、熱心に関係国に団結を呼びかけた。

バンドン会議には中国も招かれる。中国はインドとの間で「平和五原則」に合意していた。平和五原則とは、領土・主権の尊重、相互不可侵など目新しい原則ではなかったが、体制の異なる国家が平和的に共存するための原則として支持を拡大し、バンドン一〇原則の核心部分となる。中国の招請にはパキスタンのように消極的な国もあったが、中国に対抗できる自由主義陣営の代表として日本が参加することで納得させた。

鳩山内閣にとって、会議参加は、対米依存の吉田政権とは異なる「自主外交」の姿勢を象徴する行動であり、「アジアの一員」としての立場を内外に示す好機でもあった。問題は、対米協調路線とどのように折り合いをつけるかにあった。重光外相は、施政方針演説でも、「アジアは日本の郷土であり、アジア民族が往年の植民地主義より解放せられ、自由独立の天地に発展向上することは日本の切に願うところである」と述べ、バンドン会議を歓迎した。しかし、重光には反共主義

12-6　アジア・アフリカ会議（バンドン会議）

者としての一面があり、「東亜の赤化」への警戒感はアジア諸国のナショナリズムへの配慮を凌駕するようになっていく。

結局、重光は、「会議が好ましからざる方向にリードされることを阻止する」ためとして、参加の意思をアメリカに伝えた。ダレス国務長官もこれに応え、日本の参加を促した。アメリカの懸念は、この国際会議を契機として、中国のアジアに対する影響力に弾みがつき、中立主義や反米ブロックに発展することにあったが、日本の参加によって一定の歯止めが期待できた。日本代表団への政府訓令にも、こうした配慮が反映され、能動的な役割を果たすべき分野を経済協力と文化交流にとどめていた。戦後初の大型の国際会議への参加であったが、政府代表は首相でも、外相でもなく、経済企画庁長官の高碕達之助であった。

4月中旬に開幕した本会議でも、訓令通り、日本の行動は経済と文化に偏重し、「経済協力に関する提案」では、多角協議方式による開発計画の調整の必要を説くもので、吉田内閣以来の構想の延長にあり、旧宗主国との関係を重視する東南アジア各国は消極的であった。また、文化協力の分野でも、日本は「AA地域文化賞」などを提案するが、結局、将来の努力目標にとどまった。

いずれにしても、バンドン会議における日本の行動は、「アジアの一員」と対米協調との狭間で、どちらかに与するのでもなく受け身に終始したが、二つの立場の「架橋」に日本の使命を求める、という外交姿勢を打ち出すきっかけとなった。

バンドン会議では、中国との閣僚レベルでの接触が試みられた。周《しゅう》恩来《おんらい》と接触した高碕は、「戦争中、わが国はお国に対し、種々ご迷惑をおかけしたことに対して、心からお詫びをしたい」と述べたうえで、政治問題と切り離し、経済関係を進展させたいとの考えを伝えた。両者はさらに会談することを約束したものの実現しなかった。

2 岸内閣とアジア外交

【東南アジア歴訪と開発計画】

鳩山内閣が１９５６年11月に退陣した翌月の12月、自民党初の総裁選が行われた。岸が有力視されたが、決戦投票で小派閥の石橋湛山《たんざん》（通産相）が逆転勝利を収め、56年12月、石橋内閣が誕生する。石橋は、「自主外交」の推進、対中経済関係の拡大を方針にかかげた。しかし、政権基盤はあまりに弱体で、その安定のため解散・総選挙をにらんで全国遊説に東奔西走した。それがたたってか57年1月下旬、脳血栓で倒れ、翌月やむなく辞任する。臨時首相代理であった岸信介が正式に首相に就任した。石橋内閣の全閣僚が再任、外相も岸が兼任した。

「東西のかけ橋」演説

1956年12月、悲願の国連加盟が実現した。同月18日の国連総会における重光葵外相の演説は、「東西のかけ橋」演説として知られている。この演説は重光の国際政治観がにじみ出た部分が多々ある。

例えば、民族主義について「第1次大戦後に東欧方面に樹立せられ、第2次世界大戦いらいアジア・アラビア地域に確立」されたと振り返り、「元来民族主義は、人類解放の自然の道程であって、（中略）民族主義は理解をもって育成されるべきものではあるが、極端な国家主義に陥ることは避けねばならない」と指摘した部分、資源開発のための国連による開放的取り組みが、「平和及び正義の確固たる基礎をなす」と論じた部分も、資源の開放を持論とした重光の国際政治観をよく示している。

何より最後のくだり、「わが国の今日の政治、経済、文化の実質は、過去1世紀にわたる欧米及びアジア両文明の融合の産物であって、日本はある意味において東西のかけ橋となり得るのであります」と述べた部分は、国際社会における日本の役割を示唆していた。

重光が誇らしげに述べた「東西のかけ橋」としての役割について、東西冷戦のかけ橋という意味ではむろんなく、欧米文明とアジア文明の「かけ橋」、あるいは途上国と先進国の「かけ橋」を意味するものと二様に理解されてきた。とくに、外務省にとっては、アジア諸国の中立主義あるいは反植民地主義的な動きと、西側諸国との調整・仲介を意味していた。アジアのナショナリズムが「過激に走るときは、善意の助言、相互理解の促進に努めることにより、日本外交は一貫した方策をもつことになる」のであった。こうした意味での南北対立を調整するための役割が、日本外交においてきわめて重視されていた。アジア・ナショナリズムとの豊富な接触経験は、ナショナリズムの穏健化に貢献できると考えられた。「東西のかけ橋」とは、このような認識のうえに生まれた外交的アイデアであった。

岸信介首相は、「日本の使命は、アジアの新興諸国が半植民地主義の名の下に、急激に極端な方向に走ることを牽制し、これら諸国が西欧と調和して行くようにすることにあり、これによってご指摘の危険性を除去することを眼目としている」と述べている。こうした使命感が、岸内閣の東南アジア外交の背景となり、60年代まで日本の自由世界への貢献のあり方としてアメリカにも支持されていた。

岸信介《きしのぶすけ》（1896～1987）

12-7　岸信介

山口県出身。東京帝大から1920年農商務省入省、のち商工省に配属、36年に退官して渡満、満州国実業部次長。41～44年、東条英機内閣の国務大臣（41～43年、商工大臣）。戦後、戦犯容疑者として逮捕。釈放後の52年、重光葵らの日本再建連盟会長となり、53年衆議院議員に当選。鳩山一郎らと結成した民主党の幹事長として保守合同に貢献。56年末から石橋湛山内閣外相、翌年2月から60年7月まで首相。

岸首相の優先的な外交課題は、日米関係の対等化――安保改定であった。岸は、訪米前にほぼ二週間をかけて東南アジア六カ国を訪問した。岸にとって、アジア諸国との関係の強化は対米交渉に臨むための布石という意味があった。

岸が携えた中心的な構想が東南アジア開発基金であった。政治的独立を達成したアジア諸国は、その経済的脆弱性のゆえに共産主義に冒される恐れがあり、その防止のために全般的な経済発展を支えるアジア諸国間の経済協力の枠組みが必要という、吉田内閣以来の問題意識によっていた。開発基金構想は、基本的にアメリカへの資金依存を前提とするものであり、吉田、鳩山時代に何度か提案され、その都度、アメリカやアジア諸国から拒否されていた構想と大同小異であった。岸がこれを取り上げたのは、東南アジアへの中国の経済的浸透を差し迫ったものと考えたからであった。

57年11月から12月にかけての第二次東南アジア訪問でも、岸は東南アジア開発基金構想に固執する。日本がいかに包括的な地域協力を望

岸信介とアジア研究

1957年8月末、岸首相はアジア学者との会談において「アジア研究の確立」について、次のように述べている。

「わが国が新しいアジア建設に協力しようというのに、アジアの勉強を疎かにするようでは、到底これを推進することはできない。まず『アジアの研究体制』を確立しなければならない。かつて日本は、アジア研究では世界の冠たる実績を持っていた。西欧人はアジア研究のためには日本に教えを乞いに来たものだ。暫く忘れていたアジア研究に対して、日本は旧に倍する努力を傾けるべきだ。」

岸は、こうした想いから、様々なアジア研究事業に資金的援助を惜しまなかったが、その中心がアジア問題調査会であった。調査会の生みの親は満州国の行政に従事していた藤崎信幸である。「アジア研究の緊要性」を痛感した藤崎は、51年に有志による調査会を発足させる。藤崎のもとに馳せ参じたのが、アジア研究の再開を切望していた赤松要門下の板垣与一、経済安定本部の原覚天調査官、大来佐武郎調査官らであった。この調査会に資金協力を約束したのが公職追放から解除されたばかりの岸であった。岸の勧めにより法人組織に改編され、岸自らが資金調達の責任者となる。

アジア問題調査会は、54年に発足したアジア協会の調査研究部門に統合される。アジア協会は、設立目的に従えば、賠償の実施機関として、「経済協力が日本の経済侵略という印象を与える事を避けるため」というねらいが託されていた。しかし、岸にとっては賠償問題を超えて「民間の創意を活用し、アジア諸国民との間の国民外交の展開を図るためのアジア協会」と位置付けられ、アジア外交の重要な基盤であった。アジア協会は58年に姿を消すが、調査研究事業はアジア経済研究所に、経済技術協力に関する事業は海外技術協力事業団（その後、国際協力事業団を経て、現在は国際協力機構）へと引き継がれる。

アジア協会の各種事業のなかでも、特筆に値する成果が調査研究部門の活動であった。多くの刊行物の刊行、海外視察および調査団の派遣、公開講演会、各種ゼミナール、啓蒙宣伝活動など多岐にわたった。アジア問題調査会から引き継がれた機関誌『アジア問題』（52～58年）は、政策志向の強い雑誌であったが、経済協力の可能性に関する調査報告のほか、農業問題、共同市場の可能性、ナショナリズム、政治体制、経済開発計画などを幅広く取り上げている。執筆者も学界・官界から政財界、国際機関、ジャーナリズムにも及び、アジア研究の一大ネットワークが形成されていたことがうかがわれる。

んでいたとしても、アジア諸国は依然として二国間援助方式に固執する傾向が強かった。しかも、東南アジア諸国には、なおも対日不信感が根強く残るなかで、日本主導による協力体制は地域経済を従属的なものとする、という懸念も拭えないものがあった。肝心のアメリカも、巨額の援助が想定される日本の包括的なアプローチを支援する余地はなかった。

【ネルーとスカルノ】

ところで、二度の東南アジア訪問で、岸が重視したのはインドとインドネシアであった。第一次訪問では、非同盟政策をとるネルー首相との会見が注目された。ネルーは開発基金構想には、アメリカの援助が姿を変えたものとして賛同しなかった。しかし、岸は会談後に、寛大な日印平和条約の締結や、東京裁判でパル判事が日本無罪論を展開したことに謝意を表した。ネルーはこれに応え、戦時のインド独立運動のゆかりの広場で歓迎集会を催し、日露戦争における日本の勝利がインド独立運動に大きな影響を与えたことを聴衆に語った。

1957年10月、岸の招待によって来日したネルーは、広島を訪問して反核の連帯を呼びかける。吉田や鳩山と異なり、米英の核実験に反対するアピールを内外に発信していた岸は、ネルーとの会見では核実験禁止問題で、日印提携を話し合っている。

さらに、岸は、インドの希望に応え円借款の供与に踏み切った。戦後日本の円借款の第一号であった。南ベトナムとパキスタンがこれに続いた。円借款は、輸出促進の手段という一面はあったが、賠償という強制された債務支払いとは異なる、政府の意思による経済協力が始まるのである。

11月下旬のインドネシア訪問では、スカルノ大統領との直接会談で難航していたインドネシア賠償交渉を一挙に妥結させた。この決着は、閣議了解も得ていない岸の政治的判断であった。翌年1月には藤山愛一郎外相がインドネシアを訪問して賠償協定と平和条約に調印した。しかしこのころ、スカルノ体制は、スマトラの反乱軍の攻勢で崩壊の危機に直面していた。共産党の躍進を懸念するアメリカは、反乱軍支援に傾き、日本は、アメリカに同調してスカルノ支援を打ち切るか否かの岐路に直面した。

岸内閣は、スカルノ支配のインドネシアの統一が日本の国益にもかなうと判断し、賠償協定の早期批准と賠償の着実な実施によってスカルノ体制の基盤強化をはかる方針を堅持した。その結果、58年4月、賠償協定、経済協力協定とならんで平和条約が批准された。日本政府にとって、これら条約・協定は、インドネシアの「自由世界」からの離脱を防ぎ、政治的、経済的安定をもたらす手段であった。その後、日本は65年の九・三〇事件まで、一貫してスカルノを支援することになる。

12-8　ネルー首相来日　上野動物園で象のインディラと８年ぶりに対面

【停滞する日韓・日中関係】

賠償問題の進展に比べ、韓国と中国との関係調整は難航した。就任直後から日韓関係の打開の道を探った岸は、1957年末には、久保田（貫一郎）発言や対韓請求権の撤回によって日韓会談の再開にこぎつけた。他方、岸内閣は、在日朝鮮人の大規模な北朝鮮への帰国運動が広がるなかで、人道的な観点から、59年2月に北朝鮮帰還を閣議了解した。同年12月には最初の帰国船が新潟を出航し、その後、九万人以上の在日朝鮮人や日本人妻が北朝鮮に渡ることになる。韓国はこれに反発し、60年には日韓会談は再び打ち切られた。

対中関係では、57年9月、北京で第四次日中民間貿易協定交渉が始まり、通商代表部の相互設置や、日本で開催予定の中国見本市関係者の指紋押捺が問題となり、日本側は指紋押捺の免除などの譲歩を余儀なくされ、58年3月に第四次協定が結ばれた。ただ、この協定は通商代表部が大使館と同格となり、職員には外交官特権が認められ、実質的に中国を国家承認するものとして、台湾とアメリカが反発した。そこで岸は、蔣介石《しょうかいせき》に書簡を送り、協定は中国承認を意味せず、通商代表部にも特権を与えず、国旗掲揚も認めないと約束した。

58年5月、長崎市のデパートで、開催中の中国物品展の会場に飾られていた五星紅旗を、酩酊した日本人青年が引き下ろすという事件が発生した。青年は業務妨害と標示物撤去・汚辱の罪で処罰されたが、中国は外国国章損壊罪が適用されないことに反発し、以後、貿易や文化交流を含む一切の日中交流が途絶えた（長崎国旗事件）。

日本外交三原則

1957 年 9 月、外務省は戦後初の『外交青書』(「わが外交の近況」)において、「外交活動の三原則」を示した。①国連中心主義、②自由主義諸国との協調、③アジアの一員としての立場の堅持。三原則はそれぞれ目新しいものではなかった。独立達成からまもない 52 年 11 月、吉田茂首相は、日本の国際的役割として、「世界平和維持のため国際連合及び民主主義諸国と提携、〔中略〕殊にアジアにおける平和と安定の増進に寄与する」と述べた。「国連」、「自由陣営」、「アジア」という 3 方面における提携・協力を日本外交の指針としたのである。栗山尚一(元外務事務次官)によれば、三原則に共通する理念は「国際協調」であり、戦前の独善的で「一国主義的な外交」に陥った反省がその原点であった。

三原則はそれぞれ、日本の国際的地位の上昇に応じて意味を変化させる。「国連」における協力姿勢は今も変わらないが、国連内の地位向上がより重要な目標となる。「自由陣営」どの協力という面では、共産陣営に対する共通の利益というより、「西側先進国」との協調が重視されるようになる。「アジア」についても、アジアの安定と繁栄に寄与するという観点から、「アジア太平洋」の地域協力を先導するといった意味をもつようになる。

三原則の起案にかかわった斎藤鎮男(元国連大使)によれば、「南北間の橋渡しをするという名目で国連中心主義と西側協力の立場を両立させた」のが三原則であったという。中立主義の傾向が強いアジアと自由陣営の対立の狭間にある日本の役割を、両者の摩擦や対立の緩和に求める、というのである。

この「かけ橋」論をよく示す事例が、56 年のスエズ運河国有化宣言をきっかけとしたスエズ危機への日本の対応であった。スエズ危機が西欧諸国とアラブ・ナショナリズムの対立という構図となり、戦争勃発の可能性が高まると、国連加盟を控えていた日本は国連を通じて両者を和解させようとした。結局、10 月末には、イスラエルと英仏がエジプトへの軍事力行使に踏み切り、調停努力は水泡に帰すものの、その努力の方向は、新興ナショナリズムと西側諸国の仲介者として振る舞い、全体として西側の利益を守ることであった。

国連重視という点では中国代表権問題への対応は、三原則の相互矛盾をはらむものであった。この問題について岸信介内閣は、「国連のとる線にそって中共問題に対処する」方針であった。しかし、日本の加盟当時の国連は、中国(中共)の国連加盟を容認する国が増大し、新興独立国の加盟急増がそれを助長していた。こうした情勢下で、外務省には、アメリカに同調し、中国の国連加盟や中国承認を受け入れない硬直した政策を堅持するのは得策ではなく、台湾の確保をはかると同時に、中国承認への道を閉ざさない、という「二つの中国」政策も重要な選択肢となる。

いずれにしても、国連における新興アジア・アフリカ諸国の台頭は、国連中心と自由陣営との協力という立場の矛盾を広げることになり、第 3 号の『外交青書』から三原則は姿を消すことになる。

3 「日米対等」の追求

【ジラード事件】

岸内閣の発足直前、1957年1月末、群馬県相馬ヶ原の米軍演習場で薬きょう拾いをしていた日本人女性を米軍兵士が射殺するという事件が起こった。このジラード事件は、前年秋の立川基地の拡張をめぐる砂川闘争など各地の反基地運動を盛り上げ、その矛先は安保条約や行政協定の「不平等性」に向けられる。また、沖縄では56年以来、軍用地の買い上げ問題をきっかけにして「島ぐるみ」の反基地・反米闘争が盛り上がっていた。

こうした国内情勢から、駐日米国大使館や米国政府には、日本が自由陣営を離れ、中立主義に向かうのではないか、という懸念が広がっていく。中立化への懸念は、保守合同による自由民主党の成立によっても解消されなかった。こうした懸念を解消し、保守政権の威信を高める有力な手段が安保条約の改定あるいは再調整であると考えられた。

【岸の訪米と日米共同声明】

岸内閣は、訪米前の5月末、「国防の基本方針」、6月には「第一次防衛力整備計画」を閣議決定していた。前者は、国連の支持、愛国心の高揚、「自衛のため必要な

核実験禁止問題

第五福竜丸事件の波紋

1954年3月1日、南太平洋のビキニ環礁で実施されたアメリカの水爆実験により、近くで操業していた第五福竜丸の乗組員が被ばくし、やがて久保山愛吉機関長が死亡するという事件が起こった。この事件は原水爆禁止を求める気運を大きく盛り上げる。とくに、東京杉並の読書サークル「杉の子会」の活動から始まった原水爆禁止署名運動は、湯川秀樹らが世話人となって組織化され、2千数百万人の署名を集めたといわれる。55年には原水爆禁止日本協議会(原水協)が発足し、国内の「反核」は党派を超えた揺るぎない世論となっていく。

反核運動は、反基地運動とも重なって国内の「反米感情」を盛り上げ、ワシントンをも動かすことになる。54年5月、アリソン駐日大使は、いまだ支配的ではないものの、「中立主義者」や「平和主義者」の立場を確実に強めており、それらは日本を反米へと導く重要な要素である、と米国政府に警告した。これが一つのきっかけとなり、55年春のアメリカの対日政策の見直し(ニュールック)を導くことになる。対日政策のニュールックでは、対米関係を強化し、中立主義への傾斜を防ぐためには、穏健な保守勢力の結集による政治的安定を支援することが必要とされた(本文参照)。

反核兵器政策の揺らぎ

ところで反核運動の盛り上がりは、対外政策としての「反核」政策に直結したわけではなかった。(旧)安保条約のもとで、アメリカの「核の傘」に日本の安全を委ねたばかりの政府は、核実験の停止をアメリカや核保有国に求めることはなかった。54年4月、岡崎勝男外相は、現在の平和は、「力の均衡」のうえに成り立っており、核実験は自由世界の防衛のために必要である、と国会で説明し、核実験をむしろ容認していた。

ところが、吉田茂内閣退陣後、社会党など革新勢力が主導する形で、核実験の禁止や中止を求める国会決議がたびたび採択されるようになると、日本政府は核実験の中止を国際的にアピールするようになる。56年2月、「原水爆実験禁止要望決議案」が両院で採択されると、政府は水爆実験を強行しようとしていたイギリスに決議を伝達している。とくに岸信介内閣は、積極的に反核実験外交を展開した。岸には、実質的に革新勢力に奪われてきた反核運動のリーダーシップを取り戻し、自民党への国内的支持を広げようというねらいがあった。

さらに、61年11月の国連総会に、「核兵器使用禁止に関する宣言」の決議案が提出されると、日本政府は西側諸国で唯一の賛成国となった。50年代後半から60年代初め、核実験の禁止や核兵器の使用禁止を求める決議が次々に超党派で採択され、それに応えたものである。冷戦下で核兵器使用禁止の国連総会決議に賛同したのは、これが最初で最後となった。自民党政権の安定化、野党の多党化、原水禁運動の分裂などで、反核運動は核軍縮問題や核不拡散外交に反映されにくいものとなり、日本政府の取り組みは、核廃絶といった理想の実現より、核抑止力の役割を重視する現実主義的なものとなるのである。

原子力の平和利用

その一方、原子力の軍事利用と平和利用を峻別し、平和利用を目的とする原子力開発に取り組む。その端緒が55年12月の原子力基本法の制定であった。その第2条で、原子力の利用は平和目的に限るとされ、「核兵器をつくらず」という非核三原則の一つは、実質的に確定するのである。

12-9　ビキニで被ばくした第五福竜丸

限度において効率的な防衛力を漸進的に整備」、日米安保体制への依存、といった内容である。これを受けた後者は、１９５８年度から三カ年で陸上部隊の一八万人体制の整備など、初めて中期的な防衛力整備計画を定めていた。

「日米新時代」を自らスローガンにかかげ、6月中旬に訪米した岸は、アイゼンハワー大統領やダレス国務長官と会見した。岸は、安保条約の維持を明言したうえ、自衛隊の成長や、国連加盟によって集団安全保障への参画が可能となったことから安保条約の再検討をしたいこと、再検討の要点は在日米軍の基地使用について事前協議制を設けること、条約に何らかの期限をつけること、さらに沖縄・小笠原の一〇年以内の返還などを提議した。すでに訪米前に、マッカーサー駐日大使に申し入れていた事項であった。米側は好意的に受け止めたが、これらの協議には応じなかった。日米協議委員会の設置では合意した。日米共同声明では、日本の防衛力整備計画の策定を歓迎し、米地上部隊の速やかな撤退にも言及された。

沖縄・小笠原の返還について、ダレスは現時点において、この問題を取り上げる段階ではないとして取り合わず、共同声明では、「日本がこれらの諸島に対する潜在的主権を有するという合衆国の立場」を再確認するのみであった。

【藤山の入閣と岸の決断】

訪米後の岸は、１９５７年7月の内閣改造によってすべての閣僚を入れ替え、自前の内閣をつくった。外相には、旧知の財界人、藤山愛一郎を就任させる。岸が本格的に安保の改定問題に乗り出すのは、翌58年5月の衆議院選挙後の第三次内閣においてである。

この間、マッカーサー大使は、58年に入ると日本側に先んじて相互援助型の新条約案をダレスに進言していた。マッカーサーは、日本に中立主義の道をとらせないためには、安保条約を改定して、他の同盟国と同じように、完全かつ平等なパートナーとして扱う必要があると論じた。8月下旬、マッカーサー大使は岸、藤山と会談して、安保条約を残し、補助的取決めによって処理するか、憲法に抵触しない範囲で根本的改定を行うか、という二つの選択を示した。そこで岸は、根本的改定であれば、「日本の国会でも大いに議論されることになろう。しかし自分は論議されることが良いと思う」と、根本的改定への意欲を述べた。激しい議論を経たうえであれば、「相当長期に亘って日米関係を安定した基礎におくことが出来る」という。

国会の論戦を避けられる「補助的取決め」を想定していた外務省にとっては、驚きの決断であった。

【改定交渉の始動】

１９５８年10月から東京で始まった正式交渉で、米側は、新条約草案とともに、事前協議に関する合意案を示す（コラム286頁）。

新条約の内容上の争点の一つは条約地域（日米の共同防衛区域）の問題であった。米側草案には、条約地域に「太平洋地域の米領土」が含まれていた。相互援助の建前からすれば、例えば、米領土のグアム島が攻撃された場合、日本の平和と安全を脅かすものと認め、米軍支援に乗り出す必要があった。しかし、日本のグアム攻撃は明らかに海外派兵にあたり、集団的自衛権の行使としても憲法違反となることは確実であった。日本政府は、このときまでに、集団的自衛権の行使は憲法上、許されないという解釈をとるよう

12-10　藤山愛一郎

になっていた。そこでマッカーサー大使は、「憲法上の手続きに従って」という歯止めを置き、憲法の許容する以上の行動は期待していない、と説明した。

しかし、日本側はこの問題は海外派兵問題として国会でも批判の対象となることは確実として、草案の修正を求め、結局、「日本国の施政の下にある領域」が条約地域となった。

当初の米国草案では、沖縄・小笠原を条約地域に含めることが想定され、岸や藤山も同調していた。しかし、条約地域として沖縄・小笠原を含める場合、施政権の返還という問題を誘発する可能性があり、しかも、58年末には警職法（警察官職務執行法）問題で政権の基盤が揺らぐなかで、反岸勢力に利用される恐れがあったことから沖縄・小笠原が除かれた。

新条約の早期調印をめざしていた藤山外相は、59年2月、「藤山私案」を公表した。その骨子は、①条約地域は日本の施政権が及ぶ範囲とし、沖縄・小笠原は含めない、②米軍の日本防衛の明確化、③在日米軍の使用・配置・整備などは日米間の協議事項とする、④条約期限を一〇年とする、というもので、調印された新条約とほぼ同じであった。

しかし条約交渉はここから難航した。まず、藤山は、行政協定の見直しを主張する自民党内の反岸派に配慮せざるを得ず、その改定を米側に申し出る。そもそも行政協定は見直さないことが日米の外交当局の間で確認されていたことから米側は強い難色を示すが、岸内閣の政治的立場に配慮して、日本の要求に沿った改定を容認していく。改定された行政協定は、日本における米軍の地位に関する協定（地位協定）として新安保条約と同時に発効する。

事前協議と日米「密約」

1958年秋から始まる安保改定交渉において、日本側は以下の二つの場合に「事前協議制」を設ける必要を主張し続けた。①日本防衛以外の目的で在日米軍基地を使用する場合。日本の意思に反して戦争に「巻き込まれる」という危険を回避するためであった。②核兵器の配備や持ち込みという場合。「核兵器に対する日本国民の特別な感情」に配慮した場合、事前の協議は是非とも必要な措置であった。二つの問題は、改定交渉の前から、国会でやかましく議論され、外務省は何らかの日米合意をめざした。

こうして安保改定交渉は、新条約の内容とともに、事前協議制度をどう構築するか、という問題が並行して進むことになる。日本側は、公表を前提とした交換公文によって、①②の場合に「事前協議」を行う、という案を基本とした。しかし、米側は、緊急事態における米軍基地からの発進や、核の持ち込みが事前協議によって拒否されるという懸念を取り除くため秘密の了解を求めるようになる。こうして最後まで厳しい調整が続いたが、最終的に、「岸・ハーター交換公文」（60年1月署名）において、上記①②の場合における事前協議を行うことが明記され、事前協議の対象とならない場合について、二つの非公表文書（密約）が交わされた。いずれも、60年1月、藤山愛一郎外相とマッカーサー大使が署名している。

その一つが「朝鮮議事録（Korea Minutes）」と呼ばれる合意で、朝鮮半島における「緊急事態」の場合、事前協議を回避して日本基地から米軍がただちに出撃できる、という趣旨である。もう一つが「討議の記録（Record of Discussion）」であり、核兵器の日本への「持ち込み（introduction）」の場合は事前協議の対象となること、さらに「米軍とその装備の日本への配置、米軍機の立ち入り（entry）、及び米国艦船の日本領海や港湾への立入りに関する現行の手続きに影響を与えない」と記されていた。

「討議の記録」は、核を搭載した艦船が寄港したような場合に、事前協議の対象となるか否か曖昧である。日本側は、すべての核兵器の「持ち込み」は事前協議の対象と理解したのに対し、米側は核を搭載した艦船や航空機の「一時立寄り」や通過の場合については、事前協議の対象とならないと解釈した。こうした解釈の食い違いは、原子力潜水艦の日本寄港や、74年のラロック証言（核装備した艦船が日本寄港の際に、核兵器を降ろしたりしない、との元海軍少将ラロックの米議会での証言）などの際に、明らかとなるが、日米両政府とも、それを埋めようとはしなかった。米国政府は核兵器の海外配備について、その抑止力を高めるため、核兵器の所在について「肯定も否定もしない（Neither Confirm Nor Deny［NCND］）」政策をとってきたが、それに抵触しないためであった。また、非核三原則の定着も大きな壁となった。

二つの密約の存否は政権交代のたびに国会で問われてきたが、政府が存在を認めるのは民主党政権下の2010年である。ただ、その効力は冷戦後は実質的に失われている。

【新安保条約の調印と日ソ関係】

改定交渉の進展を妨げた要因には、改定反対運動の盛り上がりがあった。その中心であった社会党は、1958年11月の臨時党大会で、改定に反対し、安保条約を解消して米ソ中日四カ国による安全保障体制の樹立をめざす、という立場を明らかにした。さらに翌年3月には、社会党、総評（日本労働組合総評議会）を中心に一〇〇を超える団体が結集し、安保改定阻止国民会議を結成して運動を盛り上げた。その主張の要点は、基地の容認は、極東における米軍の紛争に「巻き込まれる」危険性があること、条約そのものが中国やソ連を敵視するものであり、世界平和を乱すこと、などであった。

こうしたなか、60年1月、岸首相ら全権団はワシントンで新安保条約、行政協定に代わる地位協定、事前協議に関する交換公文などに調印した。米側は、旧安保条約の生みの親であったダレスが前年に亡くなり、ハーター国務長官が調印した。

新安保条約は、まず条約地域を「日本の施政下にある領域」と定め、この領域に対する外部からの武力攻撃に対し、アメリカは日本防衛の義務を負うこと、日本は、この領域内でアメリカが武力攻撃を受けた場合、それを「共通の危険」とみなして防衛義務を負うことになった（第五条）。また、日本の防衛と極東の平和と安全の維持のため、米軍が日本の「施設及び区域」（基地）を使用することを改めて規定した（第六条）。

さらに、第五条のような脅威が発生したときには、一方の締約国の要請によって協議する事前協議条項が設けられた（第四条）。第四条に基づく事前協議については、付属の交換公文で、領域外への米軍の戦闘行動や、米軍の配置や装備の重要な変更については事前協議が必要とされた。

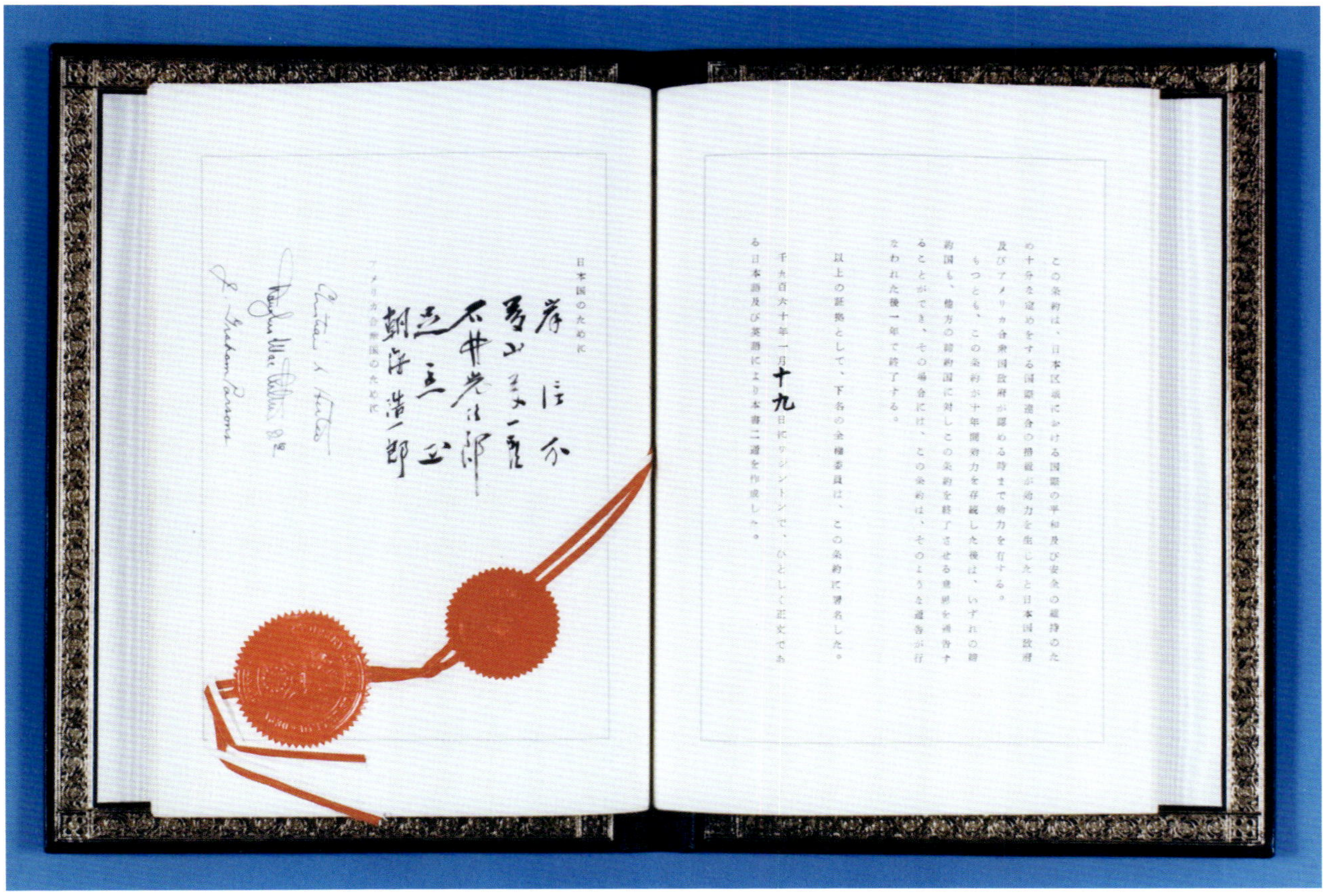

12-11　日米相互協力および安全保障条約（新安保条約）調印書

そのほか、日本の国内の内乱や騒擾に米軍が出動できるとした旧条約の「内乱条項」は削除され、経済協力の促進に関する「経済条項」が新たに設けられた（第二条）。条約期限は一〇年とされ、一年前の予告によって解消できることになった。外務当局の熱望であった、国連憲章に定める集団的自衛権に基づく取決めであることも明記された。

新安保条約は、日本が基地を提供し、アメリカが日本を含む極東を守る、という構図には変わりはなかったが、憲法を改正することなく、外交当局が望む相互対等な防衛条約に一歩近づくものとなった。

60年1月下旬、ソ連は激しく反発し、日本領土から全外国軍隊が撤退しない限り、日ソ共同宣言で約束していた歯舞・色丹は引き渡すことはない、と通告した。その後、日ソ間の平和条約交渉は停滞してしまったが、民間レベルの経済交流は進展し、65年には、政府派遣初の経済使節団がソ連を訪問した。これをきっかけに、翌年からシベリア開発プロジェクトが順次、発足する。日ソ関係は実質的な「政経分離」の時代が続く。

【安保騒動】

調印を終えた新安保条約は、1960年2月に通常国会に提出され、衆議院安保特別委員会を舞台に論戦が繰り広げられたが目新しい争点はなく審議は停滞する。自民党は、強硬な反対姿勢を崩さない野党の隙をついて審議打ち切り、会期延長、そして5月20日には、新安保条約など関連法案を衆議院本会議に緊急上程し、強行可決した。河野一郎、三木武夫、石橋湛山、松村謙三ら自民党議員二八名が欠席した。

強行採決されてから野党議員は登院を拒み、参議院の審議はストップした。国会や官邸周辺のデモや座り込みは、ますます激しくなり、6月初旬、総評は「岸内閣退陣」を要求して五六〇万人を動員する統一ストを打った。安保改定反対運動の矛先は、「復古的」政治家・岸の退陣要求、「議会制民主主義の擁護」へと大きく舵を切っていた。

日米修好一〇〇年を記念して、現職大統領としては初となるアイゼンハワーの訪日が迫っていた。6月10日、その準備のため来日した大統領報道担当秘書のハガティーが、デモ隊に車を取り囲まれ、米軍ヘリで救出されるという事件が起こった。それでもアイゼンハワーはワシントンを出発した。当初は、ソ連訪問後に訪日する計画であったが、5月1日、ソ連領空で偵察行動中の米U-2型機が撃墜されるという事件が起こり、ソ連を避ける空路に変更されていた。アイゼンハワーの訪日警備のため、防衛庁・自衛隊では治安出動が検討されるほどであった。6月15日、全学連主流派が国会に突入し、警官隊と激突し、混乱のなかで東大の女子学生が死亡した。

国会周辺の騒乱のなかで、岸はアイゼンハワーの訪日中止を決断した。同時に、新安保条約の自然承認を待って総辞職の決意も固めた。

12-12　国会前を埋めた安保反対のデモ隊

第13章

経済成長期の外交
——池田と佐藤

13-1　佐藤栄作と池田勇人

年表

1960年（昭和35年）
10月12日　浅沼稲次郎社会党委員長刺殺される.
11月 8日　米民主党のケネディが大統領に当選.
12月 8日　**第2次池田内閣**発足.
12月27日　国民所得倍増計画を閣議決定.

1961年（昭和36年）
4月19日　ライシャワー駐日大使着任.
6月20日　池田首相・ケネディ会談.
8月14日　ソ連ミコヤン第1副首相来日（～8月22日）.
8月15日　東京晴海でソ連工業見本市開催（～9月4日）.

1962年（昭和37年）
4月 5日　ソ連工業代表団, 来日（～4月26日）.
8月22日　経済使節団（団長・河合良成）訪ソ.
10月22日　ケネディ米大統領, キューバ海上封鎖（キューバ危機）.
11月 4日　池田首相, 欧州7カ国訪問（～11月24日）.
11月 9日　廖承志と高碕達之助が日中総合貿易に関する覚書に調印（LT貿易開始）.
11月12日　大平外相, 金鍾泌韓国情報部長と会談, 請求権問題で大筋合意（大平・金メモ）.

1963（昭和38年）
8月 5日　米英ソ, 部分的核実験停止条約（PTBT）調印.
10月 7日　中国視察団通訳の周鴻慶, ソ連亡命の意思表明.
12月 9日　**第3次池田内閣**発足.

1964（昭和39年）
4月 1日　国際通貨基金（IMF）8条国に移行.
4月28日　経済協力開発機構（OECD）加盟.
5月 7日　吉田元首相による総統府秘書官長・張群宛書簡（第2次吉田書簡）発出.
8月 2日　トンキン湾事件（米駆逐艦, 北ベトナム魚雷艇に攻撃される）公表.
8月11日　閣議, 南ベトナム第1次緊急援助50万ドルを決定.
10月10日　東京オリンピック開幕（～10月24日）.
10月15日　フルシチョフ書記長, 解任（後任にブレジネフ）.
10月16日　中国, 初の原爆実験に成功.
11月 9日　**第1次佐藤内閣**発足.

1965（昭和40年）
1月13日　佐藤首相訪米, ジョンソン大統領と会談（共同声明）.
2月 7日　米軍, ベトナムで北爆開始.
3月 7日　米軍, ベトナムに直接介入開始.
6月22日　日韓基本条約, 経済協力・請求権協定調印.
8月19日　佐藤栄作首相, 沖縄訪問（首相として戦後初）.
9月30日　インドネシアで9・30事件（クーデター失敗）.

1966（昭和41年）
4月 6日　東京で東南アジア開発閣僚会議開催.
5月16日　中国で文化大革命始まる.
5月30日　米原子力潜水艦, 横須賀へ初寄港.
11月24日　東京でアジア開発銀行創立総会.

1967（昭和42年）
2月17日　**第2次佐藤内閣**発足.
4月21日　佐藤首相, 国会で武器輸出三原則を表明.
6月17日　中国, 初の水爆実験成功.
7月20日　三木外相訪ソ, 第1回日ソ外相定期協議開催.
9月20日　佐藤首相, 東南アジア訪問（～30日）.
10月 8日　佐藤, 第2次アジア, オセアニア訪問（～21日）.
10月20日　吉田茂元首相没（30日国葬）.
11月15日　日米首脳会談（沖縄の「両3年内」返還合意）.

1968（昭和43年）
1月19日　米原子力空母エンタープライズ, 佐世保入港.
1月27日　佐藤首相, 国会で非核3原則を正式表明.
3月 6日　日中LT貿易,「覚書貿易」となる.
3月31日　ジョンソン大統領, 北爆停止発表.
4月 5日　小笠原返還協定調印（6月26日, 日本に復帰）.
7月 1日　核拡散防止条約（NPT）署名のため開放.
8月20日　チェコ事件.

1969（昭和44年）
3月 2日　中ソ, ダマンスキー島（珍宝島）で武力衝突.
3月10日　佐藤首相, 沖縄返還に関し,「核抜き, 本土並み」の交渉方針を表明.
7月20日　アポロ11号, 月面着陸.
7月25日　ニクソン大統領, グアム・ドクトリンを発表.
11月21日　佐藤・ニクソン共同声明（安保条約の継続,72年の沖縄返還に合意）.
11月26日　佐藤首相, 非核3原則の堅持, 有事の際の核持ち込み拒否を言明.

1970（昭和45年）
1月14日　**第3次佐藤内閣**発足.
2月 3日　日本政府, 核拡散防止条約（NPT）調印.
4月19日　周恩来総理, 覚書貿易代表団に,「周4原則」を示す.
6月23日　日米安保条約自動延長.
10月13日　中国, カナダと国交樹立（11月6日, イタリアとも）.
10月20日　初の『防衛白書』発表.

1971（昭和46年）
4月 7日　名古屋の世界卓球選手権大会に参加中の米国卓球チームが中国に招待される（ピンポン外交）.
6月17日　沖縄返還協定調印.
7月 9日　キッシンジャー大統領補佐官が極秘で訪中.
10月25日　中国の国連加盟決定.
12月30日　中国外交部, 尖閣諸島の領有権を主張.

1 経済成長と日本外交

独立達成後の1953年から73年の第一次石油危機まで、日本は、ほぼ直線的な経済成長を続けた。この二〇年間の平均成長率は年一〇％弱、実質的な国民総所得（GNP）で三倍という驚異的な成長を記録した。とくに60年代は、アメリカの圧倒的な経済力によって支えられた自由貿易体制が全盛期にあった。日本は負担を強いられることなく自由貿易体制に参入し、市場や技術を積極的に開放する米国経済の恩恵を受け、加えてエネルギー資源も安く輸入することが可能であった。

こうした恵まれた国際的環境のもとで、海外技術を積極的に導入した技術革新や設備投資など民間企業の活動こそが成長の原動力であったが、保守政治の安定という条件も見逃せない。60年代に誕生した、池田勇人《はやと》内閣と佐藤栄作内閣という二つの長期政権の成立は、経済成長と相補的な関係にあった。

【池田の経済外交】

1960年7月に発足した池田内閣は、前内閣からの留任者は皆無で、中山マサが初の女性閣僚として入閣するなど清新な印象を与えた。池田は就任直後の演説で、「歴代保守政権の外交的成功」に言及し、自国の安全を日米安保条約に託したがゆえに少ない国防費をもって経済発展を遂げ得た、と安保体制の効用を強調した。安保・経済中心・軽武装という保守政権がよるべき政策原理として、いわゆる「吉田路線」（コラム271頁）が定まった。なかでも、目標にかかげる「所得倍増計画」の実現のためには輸出拡大が第一の課題であり、その意味で経済中心

池田勇人《いけだはやと》（1899～1965）

13-2　池田勇人

広島県出身。京都帝大から1925年に大蔵省に入る。財務局長、主税局長、戦後の47年第1次吉田茂内閣の事務次官。48年に退官し翌年、衆議院議員。吉田に見込まれ、1年生議員にもかかわらず第3次吉田内閣の蔵相に抜擢。55年の保守合同以後、蔵相、通産相などを歴任し、60年7月首相。経済成長を牽引し、自由主義陣営の対等な一員となることに力を注ぎ、アジアでも独自の役割を模索した。念願だった東京オリンピックの開幕を見届けるが、病魔に冒され佐藤栄作を後継に指名して退陣、翌65年に他界。

佐藤栄作《さとうえいさく》（1901～75）

13-3　佐藤栄作

山口県出身。岸信介は5歳年上の兄。東京帝大から1924年に鉄道省に入り、政界入りするまで23年間、鉄道官僚を務めた。終戦後の46年鉄道総局長官、翌年運輸次官。48年退官して民主自由党に入党、国会に議席のないまま第2次吉田茂内閣の官房長官に一時抜擢されるなど、吉田に見込まれる。49年の総選挙で当選。第3次～第4次吉田内閣の運輸相、建設相、岸内閣の蔵相などを歴任。池田勇人と総裁・首相を競うようになる。64年池田の病気引退で首相となり、7年8カ月の長期政権を維持した。ベトナム戦争（65～75年）のもとでの外交は制約されたが、日韓国交正常化や東南アジア開発、非核政策の確立などに取り組んだ。何よりも米極東戦略の要であった沖縄の早期返還に向け、政府一体となった態勢のもと実現に導いた。72年5月の沖縄の祖国復帰を見届けて、2カ月後に退陣。74年、非核3原則を定着させたことなどを理由にノーベル平和賞を受賞。

13-4　ワシントンで会談するケネディ米大統領と池田首相

が池田外交の特色であった。

安保騒動は、米国政府には民主政治の危機と映っていたが、60年11月の総選挙で自民党が勝利を収めたことで、日米関係は落ち着きを取り戻した。翌61年にはケネディ政権が誕生し、対日政策の指針として「イコール・パートナーシップ」をかかげた。駐日大使に抜擢されたライシャワーの発案だったという。エマーソン駐日公使によれば、いまだ中立化への不安を残す日本に、自由世界の結束のため、対等な役割を期待する意味があった。池田首相もこれに呼応し、自由主義陣営の有力な一員となることを外交目標にかかげ、61年6月に訪米した。

ケネディ大統領はポトマック川の自分のヨットに池田を招待し、ヨット会談を演出し、日米貿易経済合同委員会の設置について合意した。合同委員会は毎年開催されることになるが、61年11月の最初の合同委員会（箱根会議）は、アメリカの半数近い閣僚がそろってワシントンを留守にするという、戦後の米国外交でも稀なパフォーマンスであった。

キューバ危機直後の62年11月、池田はヨーロッパを訪問した。訪欧の目的の一つは、GATT（関税及び貿易に関する一般協定）三五条の対日適用を撤廃して西欧諸国の対日貿易差別に終止符を打つことであった。この目的は、訪欧中に日英通商航海条約が調印され、他の西欧諸国もこれにならったことで達成された。

もう一つは、OECD（経済協力開発機構）に加盟の道筋をつけることであった。欧州諸国の反応は好意的で64年には加盟を果たす。OECD加盟は「先進国クラブ」への仲間入りではあったが、同時に、資本移動の自由化などの受け入れをともない、貿易・資本の自由化は必須路線となった。実際、外国製品の輸入自由化は着実に進展し、佐藤内閣時の67年には資本の自由化が閣議決定される。

さらに、池田は、日米欧の「三本柱」が結束して自由陣営を強化し、共産主義に対抗するという構想を各国首脳にアピールした。この日米欧「三本柱論」もド・ゴール仏大統領をはじめ各国首脳に歓迎された。こうして池田は日米関係の緊密化と西欧との提携をはかりつつ、自由貿易を柱とする米欧のグローバル市場に参入し、貿易増進に力を入れたのである。

【共産圏貿易の前進と限界】

岸時代に断絶した日中貿易の再開は、池田のアジア外交の最も重要な課題であった。中国は池田内閣の成立直後、新たに「貿易三原則」を打ち出し、友好貿易方式による貿易再開を宣言した。他方、政治関係では、中国と台湾という「二つの中国」問題に悩まされる。1960年代に入ると国連には新興独立国が続々と加盟するなかで、創設以来常任理事国であった国民政府（台湾）の地位を脅かす中国代表権問題が起こる。外務省内では、「二つの中国」をともに加盟させるという検討もなされたが、池田は結局、米国政府に協力して国民政府の国連における議席維持に協力することになる。

62年に入って、友好貿易とは異なり、政治的に中立な貿易方式が財界人の岡崎嘉平太《かへいた》から中国側に提案される。中国はこれを受け入れ、62年秋、松村謙三に続いて自民党の高碕達之助《たつのすけ》が訪中し、五カ年間の

LT貿易協定が成立した。池田は内外に向けて「政経分離」を強調し、表面的な関与を避けていたが、実際には松村や高碕を通して事前協議や情報交換を行っていた。池田は、日中貿易の実利よりも政治的意義を重視し、将来の中国承認の可能性を否定しなかった。

池田の対中政策に反発したのは台湾の国民政府であった。63年8月、政府は、LT貿易協定に基づく中国向けのビニロン・プラントの延払い輸出契約に、日本輸出入銀行の融資を承認した。さらに10月、訪日団の通訳であった周鴻慶《しゅうこうけい》がソ連大使館に駆け込んだ。周の希望する亡命先は変転したが、結局政府は中国に帰すことを決定した（周鴻慶事件）。二つの出来事に、国民政府は激しく反発し、対日断交も辞さない態度に出る。自民党内でも親台湾派を活気づかせた。党内対立を懸念した池田は、64年2月、事態打開のため吉田茂に訪台を要請した。吉田は蔣介石《しょうかいせき》と三度会談して国民政府の対日不信感を和らげた。その代償として5月に「吉田書簡」を送り、64年内は中国向けプラント輸出に、輸出入銀行の資金を用いないことを約束した。

一方、新安保条約の非難に終始していたソ連の対日姿勢は、中ソ対立や経済の停滞を背景に、徐々に経済協力に関心を移すようになる。62年8月には、河合良成《よしなり》（小松製作所社長）を団長とする大型経済使節団が派遣される。使節団は船舶の輸出契約やサハリン木材の輸入契約を成立させた。経団連は対米配慮から、河合使節団には関知しないと声明したように、あくまで民間交流としてアメリカの矛先をかわした。64年5月、ミコヤン第一副首相を団長とする最高会議議員団が国会の招きで来日した。経済団体は歓迎ムードに包まれ、貿易拡大を双方が提案し、いくつかの大型契約が結ばれた。池田は、ミコヤンと儀礼的に会談したものの、アメリカと中国への配慮から慎重な対応に終始した。

【日韓合意――「大平・金メモ」】

1961年の韓国のクーデターは、それまで行き詰まっていた日韓会談を前進させることになった。新たに発足した朴正熙《ぼくせいき》政権は、日本の経済援助への期待から関係改善に意欲を見せた。ただ、過去の植

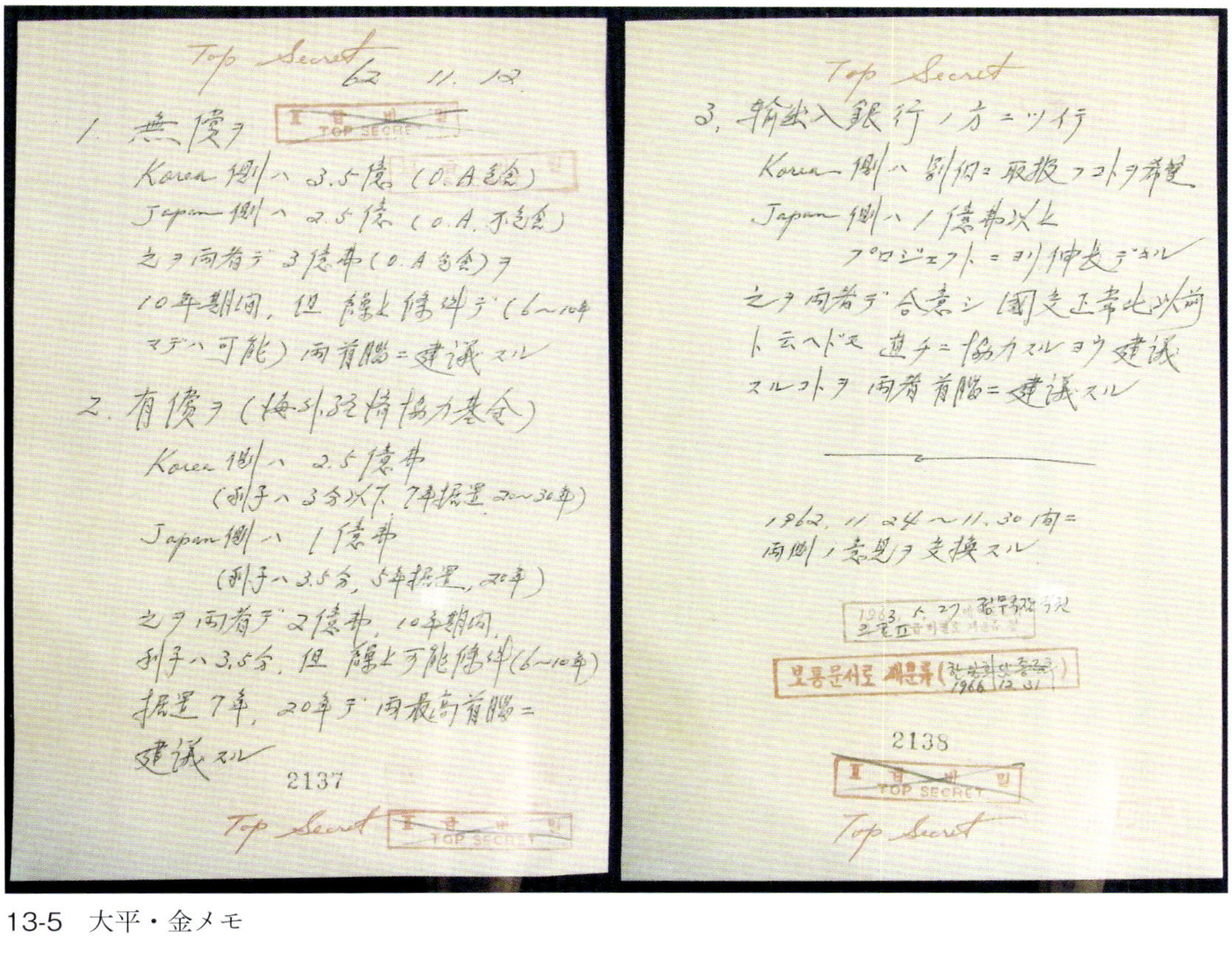

13-5 大平・金メモ

民地支配に根ざす請求権問題をめぐる日韓の溝は深く、妥結は容易ではなかった。

62年7月、改造内閣に入閣した大平正芳外相は、事態の打開に動き、同年11月に来日した金鍾泌《きんしょうひつ》情報部部長が大平と会談し、「大平・金メモ」と呼ばれる大筋合意に達した。合意の内容は、無償供与三億ドル、円借款二億ドル、民間信用供与一億ドルで請求権問題を決着させる、というものであった。経済協力という形での決着であったが、韓国の経済発展を通じた反共体制の強化に寄与することをねらうもので、米国政府による非公式の調停がなければ合意はむずかしかった。ただ池田は財政負担をともなう日韓交渉の早期妥結には消極的であり、韓国内の混乱も手伝って、その後の交渉は停滞する。

【東南アジアと経済協力】

1950年代を通じて、賠償問題に解決の道筋をつけた東南アジアは、60年代には、それまでの南アジアに代わる経済協力の主要舞台となる。企業活動の関心も、インドやパキスタンからビルマ(ミャンマー)以東の東南アジアに移っていく。経済協力の拡大気運のなか、61年には海外経済協力基金が発足する。幻に終わった岸時代の東南アジア開発基金構想の後継という意味があり、発展途上国の開発事業のため融資や出資を行うことが目的であった。

しかし、財政均衡主義を重んずる大蔵省は開発途上国に対する援助に消極的で、援助は進まなかった。財政均衡主義を破って戦後初の赤字公債発行を決定し、経済協力関係予算の倍増を決定するのは佐藤内閣期の65年であった。

他方、ヨーロッパでは、58年にEEC(ヨーロッパ経済共同体)、60年にはEFTA(ヨーロッパ自由貿易連合)が発足し、経済面での「地域主義」の気運が高まっていた。こうした流れを背景に、日本では「開かれた地域主義」が提唱され、池田も域内貿易の増進のためのOAEC(アジア経済協力機構)構想に着目するが、緊縮財政や貿易自由化に反対する国内勢力によって挫折に追い込まれる。

地域協力は進まなかったが、池田や大平は、共産中国の周辺地域への影響力の拡大防止という観点から、そうした可能性のある諸国に対する経済協力を進める。アジア諸国のナショナリズムが共産主義と結びつき過激化することを阻止し、西側との協調による国内開発の体制強化に向かわせる、という政策判断がその背景であった。

こうして池田外交は、62年には、難航していたタイとの特別円問題について経済協力方式で解決した。また、クーデターによって成立したビルマの軍事政権の中国接近を防ぐために、懸案であった追加賠償の譲歩的解決をはかった。いずれも東南アジアを舞台とした、経済を手段とする中共との「体制間競争」に肩入れするという意味合いがあり、地域大国インドネシアに対する継続的支援もまた同様であった。

【マレーシア紛争仲介工作と池田の退陣】

アメリカは1960年代を通じてアジア諸国の「穏健化」のための指導力の発揮を日本に期待していたが、その主たる対象はインドネシアであった。インドネシアは反植民地主義をかかげ、欧米への疑念が強く、中共の影響力の浸透が懸念されていた。賠償問題の解決以来、インドネシアと良好な関係を築いていた日本への期待は大きかった。

そうした期待に応えようとしたのが、インドネシアとマレーシアの軍事衝突(63〜66年)の調停工作であった。64年に入ると、池田は、スカルノの信頼の厚かった黄田多喜夫《おうだたきお》事務次官の策定した仲介構想を関係国に提案する。インドネシアの撤兵と紛争地域のサバ、サラワクの帰属について住民投票を実施するという構想であった。ちょうど米国司法長官ケネディがスカルノの対中接近を恐れて仲介工作を行っていたが、それと共同歩調をとることでスカルノを軍事行動から国内建設に向かわせようとするものであった。しかし、これらの工作は失敗に終わり、アメリカはインドネシア援助を全面的に停止する。

インドネシアは65年1月に国連を脱退し、中国に急接近していく。それでも日本はスカルノ支援の姿勢を崩さず、次の佐藤内閣も自民党副総裁・川島正次郎をインドネシアに派遣してなおも仲介を試みている。

この間、池田は64年7月の自民党総裁選で再選を果たすものの病魔に冒され、10月下旬、オリンピックの成功を見届けたうえ、佐藤を後継総裁に推薦して退陣した。

【佐藤内閣とベトナム戦争】

13-6　佐藤首相と談笑するライシャワー駐日大使

１９６４年11月に発足した佐藤内閣は、池田内閣の全閣僚を再任し、外相も椎名悦三郎が残った。外交案件の多くは池田時代からの継続であったが、新たな懸念は、10月中旬の中国の核実験成功であった。65年1月、訪米した佐藤と会見したジョンソン大統領は、アメリカの核抑止力による日本防衛の意義を説いて核保有を戒めた。前年12月、ライシャワー大使との会見で、佐藤は核武装に積極的な姿勢を示していたからであった。

佐藤の訪米直後の65年2月、アメリカは北ベトナム爆撃（北爆）に踏み切り、翌月には地上部隊を初めて投入した。南ベトナムの喪失は、日本を含むアジアの共産化をもたらすというドミノ理論のもと、アメリカは五〇万人を超える兵員を派遣した。

佐藤首相は、南ベトナムの「独立と安全」を守るジョンソン政権の努力に支持を表明したが、ベトナム戦争政策を直接支援することには否定的であった。65年4月、ジョンソン大統領がボルチモア演説で東南アジア開発と域内協力体制の構築のため、一〇億ドルの援助を提案した。ジョンソンの提案には、東南アジアへの共産主義の浸透阻止、自助努力によるアメリカの負担軽減といった多義的なねらいが込められていた。

外務省は、「アジア平和計画」を策定し、アジアの経済発展のための幅広い共同経済開発を提案する。中国や北ベトナムが参加する共同計画を通じてベトナム和平のきっかけをつかみ、また、各国が受け入れやすくするため、アメリカの存在を薄める案であった。しかし、佐藤は、財政的な理由から、これを受け入れなかった。日本は昭和40年不況にあえいでいた。

【アジア開発銀行と東南アジア開発閣僚会議】

外務省は、アジア平和計画の代替案として、ベトナム戦争に直接関連する援助は、対米関係を損なわない範囲にとどめ、戦後を見越して社会経済発展の基盤形成につながる構想を策定した。具体的には、アジア開発銀行（ＡＤＢ）と東南アジア開発閣僚会議の構想であった。これらの構想は、アメリカの賛同を得られ、日本政府はとくに、アジア開発銀行の設立を熱心に進めたが、設立に際しては、健全銀行主義と商業借款主義を貫いた。日本の過剰な資金負担を避け、東南アジア諸国の自助努力を促すためであった。

一方、東南アジア開発閣僚会議は、政治的利害から距離を置き、プラクティカルな多国間援助スキームとして提案され、アメリカの大規模援助の呼び水として、東南アジア開発における日米間の政策協調や相互補完的な役割が期待され、アメリカもこれを歓迎した。この開発閣僚会議は１９６６年に第一回が開催される。参加八カ国が、農業開発中心のプロジェクトによる漸進的な経済開発に向けた域内協力をめざした。しかし、ベトナム戦争への協力をめぐって参加各国の足並みがそろわず、プロジェクトの多くは行き詰まる。

66年に開業したアジア開発銀行は、援助機関というより、コマーシャル・ベースの健全銀行主義の導入による自助努力に重点を置いた点で独自性があり、その後の援助政策の原型となった。

他方、65年の九・三〇事件（インドネシアのクーデター）後も日本政府のインドネシア（スハルト政権）支援策は継続していた。66年には、前政権が残した膨大な「スカルノ債務」の処理のためのインドネシア債権国会議（ＩＧＧＩ）を主導した。ＩＧＧＩはやがて先進諸国によるインドネシア経済援助のための多国間協議の場となるが、そこでも日本は重要な役割を果たした。

【ベトナム和平工作】

佐藤内閣にとって、ベトナム戦後の東南アジアからのアメリカの全面撤退は、東南アジアに対する中国の影響力の拡大を意味し、アジアの安定という意味では望ましくなかった。佐藤はこうした観点からアメリカによる早期和平の努力に期待する一方、アメリカに呼応して独自のルートでベトナム和平を模索した。

ベトナム和平に向けた外交的努力は国際的規模でなされており、その一環でもあった。その機会は１９６５年12月の北爆の一時停止によって訪れる。66年1月、モスクワに赴いた椎名外相は、グロムイコ外相に、ベトナム戦争の継続で利益を得るのは中国にほかならず、ハノイに圧力をかけて和平会議の席につかせることがソ連の利益となると、説得を試みた。しかし、グロムイコは、日本はアメリカにこそ戦争終結を求めるべきである、と応酬するのみであった。

66年12月の佐藤改造内閣で外相に就任した三木武夫も、アメリカの了解のもとに、67年7月下旬からソ連・東欧の首脳を訪問し、アメリカが北爆を停止するならば、北ベトナムが必ず交渉のテーブルにつくような段取りを要請した。しかし、ソ連・東欧諸国は、いずれも和平仲介には慎重であり、結局、北ベトナムを交渉の場に引き出すことはできなかった。

【日韓基本条約の調印】

大平・金メモ後も、日韓会談は進展しなかった。そこでアメリカは、こう着した日韓会談への本格的な介入に乗り出す。ベトナム戦争に対する自由主義諸国の支援を取り付け、アメリカの負担を軽減するためにも日韓の和解は是非とも必要となっていた。アメリカの介入策は、韓国に対する説得と対韓支援の継続の約束として具体化される。日本に対する具体策が、閣僚級による公式謝罪であり、その成果が、１９６５年2月、訪韓した椎名外相による、植民地支配に対する「謝罪と反省」の声明であった。日本の閣僚級による最初の公式謝罪であった。この椎名声明は、ライシャワー大使の説得によるものであった。

基本条約の草案を用意していた椎名は、2月下旬に仮調印にこぎつけた。共同声明にも、「遺憾」と「反省」が盛り込まれていた。続いて李東元《りとうげん》外務部長官が訪日して、民間信用供与が増額され三億ドル以上となる。韓国はこれを「対日請求権資金」と呼んだ。

韓国政府はこの請求権資金を、経済発展の基盤形成のため、浦項総

竹島の「不法占拠」

竹島問題の起源

竹島（独島）は、17 世紀初頭から鬱陵島に渡航する際の日本人の航行目標となり、アシカやアワビ漁にも利用していた。1905 年 1 月、政府は閣議決定により竹島を島根県に編入し、官有地台帳への登録、国有地使用料の徴収などを継続的に実施してきた。

その後竹島は、太平洋戦争の終結まで日本が実効的支配を続けていたが、戦後の 46 年 1 月のマッカーサー総司令官覚書（SCAPIN）677 号には、行政上、日本から分離する地域として、鬱陵島、済州島に加え竹島が含まれていた。さらに、同年 6 月のマッカーサーラインの設定で、竹島は日本漁船の操業区域の外に置かれた。これらの事実をもって韓国は、竹島が日本から分離され韓国領となったと主張した。

しかし、総司令官覚書 677 号は、「連合国の最終的決定」と解釈してはならない、とされ、また、マッカーサーラインについても、これを設定した覚書は、国家管轄権、国境線や漁業権の連合国の最終的決定ではない、と念を押している。連合国の最終決定とは 51 年 9 月に調印の講和条約第 2 条のことであり、「〔日本は〕朝鮮の独立を承認し、済州島、巨文島、鬱陵島を含むすべての権利、権原および請求権を放棄する」とあり、放棄した地域から竹島は除外されている。講和条約草案の起草過程では、韓国政府は、竹島（独島）を第 2 条の日本が放棄すべき地域に明記するよう米国政府に要望している。しかし、国務省は、竹島は朝鮮の一部として取り扱われたことはなく、かつて朝鮮によって領有権の主張がなされたことはない、として受け入れなかった。

サンフランシスコ講和条約の調印後の 52 年 1 月、韓国政府は、竹島をその内側に含む、いわゆる「李承晩ライン」を宣言して一方的に同島の韓国編入を公表した。国際法上は「不法占拠」である。その後、李ラインの内側で操業する日本漁船の拿捕が続き、日韓関係を揺さぶった。

国交正常化交渉と竹島問題

国交正常化交渉の過程で、竹島問題が議論の対象となったのは朴正熙政権期の 62 年秋の 2 回の大平正芳外相と金鍾泌外務部長官の会談であった。2 回の会談を通じ、朴政権は独島問題を国交正常化後に討議するという立場を主張し、日本側は国際司法裁判所への提訴も視野に入れ、交渉対象とする必要性を指摘するという応酬に終始している。

国際司法裁判所への提訴に固執していた日本側は、竹島に関する合意が困難と判断すると、「紛争解決に関する交換公文」によって領有権問題に関する議論の余地を残そうとし、公文中に「独島を含む両国間のすべての紛争」の明記を主張した。しかし、最終的には韓国側の主張を反映し、「両国間の紛争はまず外交上の経路を通じて解決すること」となる。

この交換公文における「両国間の紛争」には竹島問題が

13-7　竹島

含まれるか否か、という条文解釈上の食い違いは、なおも解決されていないが、両国の解釈について互いに異議を挟まない、という暗黙の合意が成立していたことを、最近の韓国側の公開外交記録は示唆している。

国交正常化交渉における、こうした両国の抑制された態度が 65 年の日韓基本条約の締結を可能にしたということができる。国交正常化後も日韓両国は竹島問題に高い比重を置かず、漁業問題についても、領有権問題と切り離すことによって共通の利益を追求してきた。日本は周期的に竹島が日本領土であることを外務省声明を通じて発表し、韓国側はその声明に特別な反応も示さず、他方で、天然資源保護区指定、接岸施設建造など「静かな実効支配」を進め、日本はその都度抗議をする、という抑制された対応に終始してきた。

しかし、抑制された両国の姿勢も、2012 年 8 月の李明博大統領の唐突な竹島上陸以来の韓国政治家の突出した行動によって破綻しかねない情勢となっている。

「平穏な管理」の揺らぎ

竹島問題の根底には、日本による植民地化の過程において、「強制的に不法編入して発生した歴史問題である」という、1950 年代から変わらぬ韓国の主張がある。05 年の日本領土への編入措置は、韓国に対する保護権確立をめざした日韓協約の締結時期と重なり、「植民地化過程」の第一歩と位置付けられている。したがって、日本の領土編入以後の行為は、韓国侵略行為の一環にほかならず、国際法に基づく領域支配の継続とは認められないことになる。

しかし、たとえ植民地支配の「不法性」を日本が認めるとしても、日本の「固有の領土」論を打ち破るためには、日本の領土編入以前に、韓国が竹島に対して何らかの実効的支配を及ぼしていた、という事実を示す必要がある。

13-8　日韓基本条約と付属協定の調印

合製鉄工場などへの大型投資に回し、また、農水産業の近代化、国鉄電化、地下鉄など長期にわたる追加の円借款を日本と取り決め、「漢《ハン》江《ガン》の奇跡」と呼ばれる経済成長を導いた。

65年6月に正式調印された日韓基本条約は、10年の韓国併合条約とそれ以前の旧条約は「もはや無効」であること、韓国政府は朝鮮における唯一の合法政府であること、などを規定した。また、日韓請求権・経済協力協定は、前記額（無償供与三億ドル、円借款二億ドルなど）の経済協力を約束するとともに、請求権問題については「完全かつ最終的に解決」された。また、在日韓国人の法的地位協定も結ばれ、永住許可の範囲などが取り決められた。

さらに、日本側が竹島問題の解決方式とみなす、両国間の「紛争解決に関する交換公文」も署名された。一連の会談では取り上げられなかったが、61年10月の大平・金会談で合意されていたものである。

その後、両国国会における批准承認を経て12月には国交が正常化し、両国大使館が開設される。51年10月に始まる予備会談を含め、諸会合は一二〇〇回を数える難交渉であった。

【冬の時代の日中関係】

佐藤内閣は１９６４年から台湾の国民政府に対して円借款の供与を開始した。台湾経済を下支えしていたアメリカの援助の削減を、日本が肩代わりするという意味合いがあった。さらに韓国との国交正常化交渉の前進は、中国から見れば日台韓の三国が反共で団結し、中国に対抗することを意味した。日中関係の悪化は避け難いものとなり、それがあらわれたのが中国向けプラント輸出における輸銀（日本輸出入銀行）の融資問題であった。

佐藤首相は、融資を認めることによって日中関係を前進させるか、台湾や自民党内の「親台湾派」に配慮して不使用とするか、「二つの中国」の狭間で決断を躊躇していたが、65年3月、輸銀融資の不使用を決断した。中国政府は、早速、佐藤政権は「日本軍国主義」の復活をもくろんでいる、と激しい非難を開始した。

中国の激しい対日非難や反米姿勢の背景には、北爆の開始による米中対立の深まり、さらに65年のインドネシアの九・三〇事件によるインドネシア共産党の壊滅という情勢もからんでいた。中国共産党と提携を深めつつあったインドネシア共産党の壊滅は、アジアにおける「革命の輸出」の頓挫を意味した。こうした対外危機のなかで、毛沢東《もうたくとう》は66年春から本格的に国内の「修正主義」勢力の一掃、すなわち「文化大革命」に乗り出すことになる。文化大革命は中国の外交機能を麻痺させた。

佐藤にとって、文化大革命以上に中国の核兵器開発が懸念材料であった。66年には、核弾頭を搭載した中距離弾道ミサイルの配備を開始し、翌年には、中国は最初の水爆実験に成功していた。アメリカからの「核の傘」（拡大核抑止）による保障は重要性を増しており、佐藤が何よりも対米協調を重視した理由であった。

日中間の相互不信の深まりは、ＬＴ貿易が期限満了を迎えた68年の日中民間貿易交渉にも悪影響を与え、ＬＴ貿易は覚書貿易と変更され、協定は毎年、更新することになった。日中関係は冬の時代を迎える。

2 沖縄返還協定

【祖国復帰への決意】

沖縄・小笠原の返還という問題について、歴代内閣は施政権返還の要求を正面から持ち出すことはなかった。ベトナム戦争へのアメリカの軍事介入の深まりは、アメリカにとっての沖縄の戦略的重要性を高め、沖縄の返還は遠ざかる一方であった。その一方、国会では、政府の及び腰の姿勢を野党がただす場面が多くなってくる。沖縄の祖国復帰は、与党ではなく、むしろ野党や沖縄のスローガンだった。

佐藤には、沖縄・小笠原の返還という政治課題は、すでに池田内閣の通産相のときから念頭にあり、その決意を１９６５年8月の現職首相としては初の沖縄訪問で表明した。那覇空港における、「沖縄の祖国復帰が実現しない限り、わが国にとって『戦後』が終わっていない」という名演説である。この沖縄訪問と演説内容は、総理府と外務省北米局（65年5月、アメリカ局から名称変更）とが連携しつつ周到な準備にあたった成果であった。

佐藤演説によっても、日米間には返還問題を取り上げる雰囲気は生まれなかったが、国内では施政権の返還方式をめぐって、教育権の分離返還論などが議論されるようになった。そこで佐藤は67年1月の大津市における談話で、施政権の「一括全面返還論」を打ち出し、一連の分離返還論を封じ込めた。

日米の事務レベル協議は始まっていたが、問題は返還後の基地のあり方であった。現行の安保条約の枠内で基地問題を解決したい日本政府と、安保条約の枠を離れて基地使用の自由を確保したい米側という対立を乗り越えねばならなかった。アメリカにとって、基地機能の現状維持こそが返還の最も重要な条件であったが、日本側が「本土並み」返還を望む限り満たされないものであった。日本政府にとって「本土並み」とは、安保条約とそれに基づく「事前協議制」（コラム286頁）を返還後の沖縄にも適用することであった。

外交当局間では、日米間で特別取決めを結び、基地使用の自由を保証する案も検討されていたが、事前協議制は国会承認を得たものであり、それを回避する特別取決めは国会の厳しい批判を受けることは明らかであった。67年8月、外務省幹部がこの案を佐藤に示すが、佐藤は受け入れなかった。交渉促進のため佐藤が考えたのは、返還時期を

尖閣諸島領有権への挑戦

13-9　尖閣諸島、手前から南小島、北小島、魚釣島

領有権問題の不存在

日本政府が尖閣諸島（中国名：釣魚島）を閣議決定によって日本の領土に編入したのは1885（明治18）年1月であった。再三の現地調査を通じて無人島であるだけでなく、他国の支配が及んでいないことを確認したうえでの措置であり、国際法上の「先占の法理」として認められた正当な行為であった。

その後も日本政府は、古賀辰四郎に対して官有地の貸与を決定し、島々の土地台帳への記載、行政官の視察など平穏に管理してきた。太平洋戦争後は南西諸島の一部としてアメリカの施政権下に置かれた。講和が近づくと、日本政府は尖閣諸島を日本が放棄する領土に含めず、南西諸島の一部として明確に位置付けるよう、米国政府に働きかけている。この申し入れは連合国が受け入れ、サンフランシスコ講和条約（第2条）が規定する日本が放棄した「台湾および澎湖諸島」には含まれなかった。

1972年5月の沖縄返還協定の発効によって、日本は尖閣諸島を含む施政権を回復した。ところが、沖縄返還協定調印の直前、71年6月中旬、台湾の中華民国政府は、同諸島は「台湾省に付属して中華民国領土の一部分を構成している」とする声明を発表した。さらに、71年12月末には中華人民共和国政府（中国政府）が外交部声明を発表し、尖閣諸島を台湾の付属島嶼と位置付けたうえ、沖縄返還協定が同諸島を返還区域に含めたことを中国の「領土主権の侵犯」と批判した。これらの主張の背景には、東シナ海で有望な石油資源が眠っていることが判明し、海底資源開発がにわかに注目されてきたという事情がある。

72年9月の日中国交正常化交渉では、尖閣諸島の領有権は議題として取り上げられることはなかった。交渉以前に、外務省は「わが政府としては、同諸島がわが国の領土であることは議論の余地なき事実」であり、「如何なる国の政府とも同諸島の領有権問題につき話し合う考えはない」との立場を確認していた。領土問題は存在しないのである。

「国有化」問題

日中平和友好条約の批准書の交換のため78年10月下旬に来日した鄧小平副総理は、福田赳夫首相との会談で、尖閣諸島問題について、「われわれの世代では知恵が足りなくて解決できないかもしれないが、次の世代は、われわれよりももっと知恵があり、この問題を解決できるだろう」と述べた。中国首脳による「棚上げ」発言の最初であったが、福田首相は同諸島の問題には触れなかった。ただ、日中交渉を通じて中国側に異なる見解があることを認識した日本政府は、同諸島の実効支配のあり方について、従来にも増して平穏で慎重な管理を行う方針をとり、建造物の設置や一般人の上陸を制限してきた。

実際、80年代には同諸島は平穏に管理されてきたが、92年にいたって中国は国内法として領海法を制定し、同諸島を中国の領土と一方的に規定した。領海法の制定は、同諸島に対する日本の主権に影響を及ぼすものではないものの、中国自身による「現状変更」の第一歩として重要であった。

2012年9月、野田佳彦内閣は、尖閣諸島を「平穏かつ安定的に管理する」観点から同諸島の民法上の所有権を民間人から国に移した。東京都の石原慎太郎都知事が同諸島を購入し、船だまりの造成や灯台の設置など、両国が懸念する「現状変更」の可能性があり、それを阻止するための措置であった。これを「国有化」とみなした中国は、同諸島の「棚上げ」に関する日中間の諒解に背く行為であり、戦後国際秩序への挑戦であり、主権侵犯であると激しく批判した。中国公船の接続水域への入域や領海侵入による挑発が激増し、日中関係を急速に悪化させることになった。

先に決めるという交渉テクニックであった。

東郷文彦《ふみひこ》北米局長らはこれに批判的であったが、佐藤は、67年11月のジョンソン大統領との二度目の会談で、「二、三年のうちにいつ返せるかとの目途をつけられないか」と提案した。このころのアメリカは、ベトナム戦費の負担から国際収支の未曾有の悪化に苦しみ、西ドイツなど西側諸国と困難な交渉の最中にあった。ジョンソンは日本にも、アジア援助の拡大、アジア開発銀行への追加出資、五億ドルの国際収支協力（中期債）を要求した。佐藤は、これらの要求に最小限応じながら、共同声明において、「両三年内」に返還時期について合意することを明記させるという成果をあげた。

こうして佐藤と外務省は、69年の返還合意をめざす一方、69年3月には、佐藤は国会で「核抜き・本土並み」の方針を明らかにした。すでに佐藤は、非核三原則（コラム302頁）を明らかにしていたがそれを踏まえ、返還時の核兵器の撤去を公約したものであった。

【核撤去問題】

1969年5月から始まる本格交渉において、米側の目標は基地使用の自由を確保すること、そのうえで核撤去の問題の交渉に応ずる、というものであった。これを察知していた外務省は、まず前者の問題を優先して交渉に臨み、かろうじて事前協議による歯止めを残す形で合意した。すなわち、11月に予定された日米共同声明において、佐藤首相が「韓国の安全は日本自身の安全にとって緊要である」と述べ、それを受ける形で、佐藤の演説において、韓国に対する武力攻撃が発生し、戦闘作戦行動に出撃する場合には、「事前協議に対し前向きかつすみやかに態度を決定する」と応ずることになった。

最後に争点となったのが核の撤去問題であった。米側は、返還後の沖縄に「非核三原則」が適用され、核兵器の撤去後、有事に際しての核の再搬入や貯蔵が事前協議によって妨げられることを恐れた。米側は、この問題に関する公式的な議論を最後まで避けた。日本側は、「事前協議制度に関する米国政府の立場を害することなく」返還を実施する、という内容の共同声明案を用意したが、これに対する米側回答は首脳会談までついに得られなかった。しかし、11月19日の首脳会談では、ほぼ日本側案と同様の共同声明案が日米首脳間で採択され、かろうじて核撤去と再持ち込みの場合の事前協議が約束された。東郷局長らにとって意外な結末であった。

その裏側では、緊急時の核兵器の再持ち込みや通過の権利を保証する秘密の「合意議事録」が若泉敬とキッシンジャーの間で用意され、首脳会談の直後に佐藤とニクソンが別室で署名していた。合意議事録がなければ、共同声明に合意できなかったか、といえば微妙であるが、少なくとも、米軍部を説得するために必要であったことは確かである。

佐藤にとって合意議事録を受け入れることは、定着したばかりの「非核三原則」からの逸脱を意味した。その佐藤が、ニクソンとの会談を控えて、「非核三原則の『持ち込ませず』は誤りであったと反省している」と、思わず口にしたという。いずれにしても、佐藤は秘密の合意議事録に一人で署名し、自ら責任をとる形で交渉を終わらせた。

佐藤は、共同声明直後の演説（前述）で、日本の安全にとって韓国の安全は「緊要」であり、台湾の安全は「重要な要素」である、と述べた。アメリカの極東戦略に協力する意思を示したもので、これが日米同盟における「韓国条項」と「台湾条項」と呼ばれるようになる。韓国と台湾は、返還によって沖縄の基地機能が低下したとき、ただち

小笠原返還協定

父島、母島、硫黄列島からなる小笠原諸島は、1876年に明治政府が欧米の同意を得て、その領有に成功した（第1章）。先住者は日本国籍に編入され、82年までに居住外国人も日本国籍を取得した。この間、本土からの本格的な入植も始まり、糖業や野菜栽培で栄えた。1930年代には軍事要塞化が進み、硫黄列島にも日本軍飛行場が建設される。太平洋戦争末期の44年、日本政府は島民約7000人を本土に強制疎開させた。一方、16歳から60歳までの男性約800人は軍に徴用され、その大半は硫黄島での凄惨な地上戦の犠牲となった。

終戦後、小笠原全域は米軍の占領下に置かれ、アメリカは欧米系帰化島民130人余りを除き、島民の帰島を認めなかった。67年の佐藤・ジョンソン日米首脳会談で、アメリカにとって戦略的価値が低下した小笠原諸島の施政権の返還に合意し、68年4月、小笠原返還協定が調印される。ようやく父島や母島では帰島が許されたが、硫黄島は米軍に代わって自衛隊の管轄下に置かれ、帰島は認められなかった。返還後も米軍が核兵器を島に持ち込める密約が日米間で交わされていたからとされる。

非核三原則

日本の安全保障政策の重要な柱である「非核三原則」（もたず、つくらず、持ち込ませず）のうち、「もたず」と「つくらず」は、1955 年に制定の原子力基本法が、「原子力の利用は平和目的に限る」（第 2 条）と規定したことによって、実質的に確立されたといえる。「持ち込ませず」についても、60 年代初頭には不動の政府方針となっていた。

他方、「持ち込ませず」方針は微妙であった。核兵器を搭載した米国艦船の寄港、原子力空母エンタープライズの佐世保入港（68 年 1 月）など、国民の反核感情を刺激する事態が続き、その遵守はつねに疑惑の対象であった。ことに、60 年代後半の沖縄返還交渉では、「持ち込ませず」方針を本土並みに厳格に適用することはアメリカの極東戦略の支障となることから、米側はその適用を避けようとした。

68 年 1 月末、佐藤栄作首相は国会答弁で、「核兵器と核エネルギーの平和利用について、截然とこれを区別することが一番大切」としたうえで、「核 4 政策」を明らかにした。①非核三原則の堅持、②原子力の平和利用、③核軍縮の国際協力による推進、④アメリカの「核の傘」（核抑止力）への依存。当時、佐藤の相談役として核 4 政策の立案に関与した若泉敬（京都産業大学教授）によれば、非核三原則は、「他の三つの政策を伴ってはじめて維持できるもの」であったという。つまり、沖縄返還交渉の重大な障害となる恐れがある非核三原則を、④と関連させることで障害の緩和をねらった。実際、68 年 3 月に自民党が公表した「核政策の基本方針」には、核抑止力への依存は、三原則を維持するための前提である、という立場が明らかにされている。

こうして佐藤は、69 年 3 月、「核抜き・本土並み」返還の方針を明らかにし、69 年 11 月に佐藤・ニクソン会談で沖縄の「核抜き・本土並み」の合意を成立させる。その後、71 年 11 月の沖縄返還協定の批准国会で、核持ち込みや基地縮小問題をめぐって紛糾すると、それまで非核三原則の国会決議を避けていた自民党は妥協し、非核三原則の遵守と沖縄の基地縮小を国会決議とする収拾案によって乗り切った（本文参照）。

冷戦終結後の 92 年以来、米軍艦艇から戦術核兵器が撤去されたことは、「持ち込ませず」政策の実効性を高めた。他方、「米国の核抑止力への依存」の方針は、防衛計画の大綱（95 年と 2004 年）に明記される。

ちなみに、2017 年に国連総会において採択された核兵器禁止条約の内容は、非核三原則そのものであるが、日本は核廃絶の目標は共有しつつも、アメリカの核抑止力の正当性を損なうとして、署名していない。

国会における政府発言では、1967 年 5 月 18 日、参議院内閣委員会で増田甲子七防衛庁長官が、「政府の方針として核兵器を製造せず、保有せず、持ち込ませずというきびしい方針を岸内閣以来堅持しているわけでございます」と述べたのが最初であろう。さらに、佐藤首相は、同年 12 月 11 日の衆議院予算委員会で、小笠原への核持込みについて「核の三原則を忠実に守る」と発言している。

核拡散防止条約（ＮＰＴ）と日本

1950 年代後半から、平和目的の原子力開発が各国で進むにしたがい、核兵器の開発に転用可能な核物資や技術が拡散し、核保有国が増える可能性が高まった。とくに、64 年に中国が核実験に成功すると、核拡散の防止が差し迫った国際社会の課題となる。こうして国連総会の決議のもと、66 年から 18 カ国軍縮委員会（ENDC）において条約交渉が始まる。その目的は米英仏ソ中の 5 カ国の核保有を認めたうえで、新たな核保有国の出現を防ぐことにあった。

日本は ENDC のメンバーではなかったが、核兵器の製造が可能な技術力、経済力を備えた潜在的核保有国とみなされ、アメリカは日本の参加を強く促す。64 年末に、佐藤栄作首相が核保有の可能性をライシャワー大使ににおわせたことも一因となっていた（295 頁）。

そうした国際的な懸念を取り除くためにも、日本は「非核保有国」として積極的にその立場を主張した。日本の主張は、核兵器の保有国と非保有国の義務の公平と均衡という観点から、①核兵器保有国の軍縮義務、②原子力の平和利用分野における技術や情報の共有、③国連決議などによる非核保有国の安全保障措置、であり、②には、平和目的の核物質の軍事転用を防ぐための国際保障措置（セーフガード）をすべての締約国に義務付けるという要求も含まれていた。

これらの主張の多くの部分が条約案に反映されたもの、と判断した政府は、国連総会が 68 年 4 月に採択した条約推奨決議に賛同した。同年 7 月、核拡散防止条約（NPT）が署名のために開放され、日本は 70 年 2 月に署名した。ただ、国内には条約の差別性や核開発の是非に関する議論がくすぶり、批准は 76 年であった。ここに日本は、非核兵器政策を宣言するだけでなく、製造、保有しない義務を国際社会に負ったことになる。以来、国際軍縮と核不拡散政策の中核として、日本は NPT 体制を重視している。核軍縮、不拡散（大量破壊兵器の拡散防止）、原子力の平和利用という三本柱からなる NPT 体制を揺るがしたのが、90 年代の北朝鮮の核開発疑惑であった。

沖縄「密約」の不思議

沖縄の本土復帰に関する対米交渉の過程では、いくつかの「密約」の存在が指摘されてきた。よく知られているものは以下の四つである。

①佐藤・ニクソン合意議事録（1969年11月、Agreed Minute）—まず大統領が、重大な緊急事態の場合の事前協議に際し、沖縄に再び核兵器を持ち込む権利の保証を求め、総理は、その必要性を理解し、事前協議に際して遅滞なくその要求を満たすであろう、という趣旨の双方の発言記録である。厳密にいえば、合意議事録がなければ、佐藤・ニクソン共同声明も成立しなかった、という因果関係を断定することはできない。しかし、その重要な意味が軍部を納得させることにあったことは、議事録の後半で、緊急事態の場合には、核貯蔵地の維持、嘉手納、辺野古、那覇など基地施設の活用を必要とする、と軍でなければ要望が難しい内容が含まれていることによく示されている。

②議論の要約（71年6月、Summation of Discussion）—米軍用地の原状回復補償費（400万ドル）を日本側が肩代わりしたとされる日米合意文書。関連の交渉記録の一部が漏えいし、のちに「西山事件」（毎日新聞記者・西山太吉氏によるスクープ報道が、不正手段による情報入手だとして訴えられた事件）として誇大に報道される。

③VOAの移転費の日本側負担に関する日米合意メモ（71年6月、Memo）—アジア向けラジオ放送基地であったVOA(Voice of America)の移転費用（1600万ドル）を日本政府が負担することを約束したとされる文書。

④通貨交換など経済財政処理に関する柏木・ジューリック了解覚書（69年12月）

以上の「密約」のうち、①は佐藤家に原文書が存在していたことが2009年末に確認されたが、外務省には存在せず、また当時の外務省幹部もその存在を知らず、引き継がれた形跡もない。そうした「密約」の効力については大きな疑問が残る。

②③④はアメリカに存在することが確認されている（日本側には存在しない）。そのうち②③の文書は担当局長（吉野文六アメリカ局長）のイニシャルのみで、外相による事前・事後の了承を得たものではない。つまり正規の決裁手続きを経ていない。その意味では両国の合意を記録した外交文書としては不十分なものである。

いずれにしても、②と③の問題の決着のためには日本側が一定の財政負担を約束せざるを得ない状況に追い込んでいったのは、「支出を伴わぬ復帰」という原則的立場から全面的な財政負担を迫る米側の圧力であった。

④は、柏木雄介（大蔵省財務官）とアンソニー・ジューリック（米財務省顧問）とが了解した覚書。財政経済に関する交渉は、外務省による交渉とは別に、大蔵省と米財務省の間で1969年9月から開始され、佐藤・ニクソン共同声明までに交渉がまとまっていた。その内容を確認したものである。内容は複雑であるが、通貨交換によって回収されたドルを日米双方の債務とならないよう、米連邦準備銀行に25年間、無利子預金すること、などを約束した。

に安全保障上の影響を被る周辺国として、大きな懸念をもって交渉を注視していただけに、一定の安心感を与えた。

【沖縄返還協定の調印】

１９６９年11月下旬に帰国した佐藤は、早速、青山墓地の吉田茂の墓に参拝した。吉田が最も心残りとしていた沖縄の施政権返還という大事業に目途をつけた安堵の報告であろう。

翌70年は、日米安保条約が6月に期限切れを迎える年であった。安保反対闘争は学生や総評（日本労働組合総評議会）を中心に各地で展開されたが、国会承認が不要であったことから、一〇年前のように政権を脅かすまでにはいたらず、自動延長に関する政府声明が発表された。

一方、政府は、共同声明で言及された72年返還に向けて、復帰準備と返還協定の準備を急ぐ。一〇〇万の住民が居住する地域の施政権を一挙に日本の主権下に置くという大事業に、外務省だけではなく一〇を超える省庁が連携して取り組んだ。通貨の交換や返還費用の問題、米軍基地の縮小・整理問題など課題は山積みであった。

なかでも「支出を伴わぬ復帰」という原則

13-10　愛知外相を訪問した屋良朝苗琉球政府主席

的立場から、米側は、返還後の基地の維持費を含む全面的な財政負担を日本側に迫り、交渉を難航させた。アメリカにとって極度に悪化した国際収支の改善（ドル防衛）は、単に自国経済のためだけではなく、自由世界の安定という世界政策を維持するためにも不可欠と考えられ、「支出を伴わぬ復帰」という立場も、ドル防衛策の重要な一環であった。

これらの問題の細部交渉が終わり、閣議決定にこぎつけたのは返還協定の調印式の直前、71年6月中旬であった。交渉が大詰めに近づいて基地の多くが残されることが明らかとなると、沖縄では失望感が広がり、返還協定に対する反対運動がゼネストにまで発展した。

こうしたなかで6月17日、沖縄返還協定の調印式が東京とワシントンで開催された。日米繊維問題が解決できなかったニクソンは出席せず、屋良《やら》朝苗《ちょうびょう》主席は、愛知揆一外相と佐藤首相の努力に敬意を表しつつも、多くの米軍施設が撤去されず、県民の切実な要望が反映されていない、として調印式を欠席した。

13-11　沖縄復帰記念式典

返還協定の国会審議も難航した。政府としては72年1月に予定された日米首脳会談までに承認を得たい考えであったが、野党の激しい抵抗、国会周辺の大規模なデモによって国会はストップする。そこで自民党幹部は、非核三原則と返還協定を抱き合わせで国会決議を行うことで事態の収拾をはかった。それまで自民党は非核三原則の国会決議に反対していたが、返還協定の実現のために公明党、民社党に譲歩した。こうして71年末の衆議院本会議で返還に関する諸法案が一気に可決される。

翌72年5月、27年に及ぶ米軍の沖縄統治は終了した。沖縄の祖国復帰を見届けた佐藤は、同年6月、退陣を表明した。

日米繊維問題

問題の発端は、1968年の大統領選挙期間中に、アメリカ南部の繊維業界を票田とするニクソンが、日韓台などからの繊維品の輸入を制限することを公約したことにある。ニクソン政権発足後、アメリカは日本などに自主規制を要求したため、各国の業界は強く反発し、解決には丸4年を要することになった。担当の通産相は大平正芳、宮沢喜一、田中角栄と交替し、米側の交渉担当者も3人が代わった。

交渉の難航は、対米自主規制を強く求める米側に対し、自主規制は、GATTの定める自由貿易原則を逸脱するものと日本側が反発し、双方とも関係業界をバックとして譲らなかったことにある。日本側はGATTへの提訴も辞さない構えであった。69年11月の日米会談では、沖縄返還交渉と並行して繊維交渉も行われ、佐藤栄作首相は、キッシンジャーが示した対米輸出の自主規制案に同意し、解決を約束していた。その裏側では、若泉敬が再びキッシンジャーと問題解決のために奔走し、約束にこぎつけたとされる。しかし、帰国後の佐藤はこの約束について口をつぐみ、所管の通産相にも漏らさなかった。巷では「糸と縄の取引」と噂が広まった。

70年秋、ニクソン大統領と1年ぶりに会見した佐藤は、友好関係の維持を確認し、繊維問題の交渉再開に合意するものの、一向に解決の糸口が見いだせなかった。結局、田中通産相が、日本の繊維業界に自主規制をのませる代わりに、多額の補助金を拠出することで、ようやく決着させた。通産相として解決にあたっていた宮沢は、後任の田中が補助金で解決したことについて、「田中さんが政治家であって、私が政治家でなかったところですね」と、後年のインタビューで語っている。

第14章

「西側先進国」の責務

14-1　1997年の東京サミットに集まった各国首脳

年表

1971年（昭和46年）

7月15日　ニクソン大統領，翌年5月までに訪中を発表（第1次ニクソン・ショック）．
8月15日　ニクソン大統領，金・ドル交換停止（ドル防衛），10%の輸入課徴金発表（第2次ニクソン・ショック）．
9月27日　昭和天皇，ヨーロッパ歴訪に出発．
10月25日　国連，中国招請，台湾追放案可決．

1972年（昭和47年）

1月　3日　日米繊維協定調印．
2月27日　ニクソン訪中，米中共同声明．
5月15日　沖縄の施政権返還．
5月26日　米ソ間に戦略兵器制限条約（SALT）調印．
7月　7日　**第1次田中角栄内閣**発足．
9月29日　日中共同声明調印．
12月22日　**第2次田中内閣**発足．

1973年（昭和48年）

1月27日　パリでベトナム和平協定調印．
2月14日　円の変動相場制移行決定．
8月　8日　金大中事件発生．
9月21日　日本・北ベトナム国交樹立．
10月　6日　第4次中東戦争勃発，第1次石油危機．
10月　8日　田中首相，訪ソ（17年ぶりに日ソ首脳会談）．
12月10日　三木武夫副総理，特使として中東歴訪に出発．
12月25日　OAPEC（アラブ石油輸出国機構），日本を「友好国」と判定．

1974年（昭和49年）

1月　7日　田中首相，東南アジア5カ国を訪問（～17日）．バンコク，ジャカルタで反日暴動．
4月20日　日中航空協定調印．
8月　9日　ニクソン大統領辞任，後任にフォードが就任．
11月18日　フォード大統領来日（現職大統領として初）．
12月　9日　**三木武夫内閣**発足．

1975年（昭和50年）

4月　5日　台湾，蔣介石総統死去．
4月30日　サイゴン陥落（ベトナム戦争終結）．
9月30日　昭和天皇，訪米出発．
11月15日　第1回先進国首脳会議（サミット）開催．

1976年（昭和51年）

1月　8日　中国，周恩来首相死去．
7月　2日　統一ベトナム発足．
7月27日　ロッキード事件で田中前首相逮捕．
9月　9日　毛沢東主席死去，10月22日，華国鋒主席就任．
10月29日　政府「防衛計画の大綱」決定．
11月　5日　政府，防衛費のGNP 1%枠を決定．
12月24日　**福田赳夫内閣**発足．

1977年（昭和52年）

1月20日　米カーター大統領就任．
8月18日　東南アジア訪問中の福田首相，マニラで東南アジア外交3原則（福田ドクトリン）を発表．
8月12日　中国，文化大革命終結．

1978年（昭和53年）

7月16日　ボン・サミット開幕．
8月12日　日中平和友好条約調印．
12月　7日　**第1次大平正芳内閣**発足．
12月25日　ベトナム軍，カンボジアに侵攻．

1979年（昭和54年）

1月　1日　米中国交樹立．
1月17日　国際石油資本，対日原油供給削減を通告（第2次石油危機）．
2月17日　中越戦争勃発．
6月18日　米ソ，SALTⅡ条約調印．
6月28日　第5回先進国首脳会議（東京サミット）．
10月26日　韓国，朴正熙大統領暗殺．
11月　4日　イランで米大使館人質事件発生．
11月　9日　**第2次大平内閣**発足．
12月　5日　大平首相訪中，鄧小平らに第1次円借款を約束．
12月27日　ソ連，アフガニスタンに軍事介入．

1980年（昭和55年）

1月15日　大平首相，オセアニア訪問，「環太平洋連帯構想」表明．
4月25日　モスクワ・オリンピック不参加を発表．
6月12日　大平首相急死．
6月22日　ヴェネツィア・サミット開幕．
7月17日　**鈴木善幸内閣**発足．
9月　9日　イラン・イラク戦争勃発．
11月　4日　レーガン共和党候補，大統領に当選．

1982年（昭和57年）

7月26日　教科書記述に関し，中国政府が日本政府に抗議．
8月26日　教科書問題で宮沢喜一官房長官，政府見解を発表（政府の責任で記述を是正）．
11月27日　**第1次中曽根康弘内閣**発足．

1983年（昭和58年）

1月11日　中曽根首相，訪韓，全斗煥大統領と対韓経済協力40億ドルで合意．
1月17日　中曽根首相，訪米．米紙に日本列島「不沈空母」発言．
5月28日　ウィリアムズバーグ・サミット開幕．
9月　1日　ソ連空軍機，サハリン沖で大韓航空機を撃墜．
12月27日　**第2次中曽根内閣**発足．

1984年（昭和59年）

9月　6日　全斗煥大統領来日．昭和天皇，宮中晩さん会で，「不幸な過去」に遺憾の意を表明．

1985年（昭和60年）

8月15日　中曽根首相，靖国神社に公式参拝．
9月22日　先進5カ国蔵相・中央銀行総裁会議（G5），ドル高是正の政策協調で一致（プラザ合意）．
10月15日　ゴルバチョフソ連共産党書記長，ペレストロイカ（刷新）路線を発表．

1986年（昭和61年）

4月　7日　経済構造調整研究会，「前川レポート」提出．
4月28日　ソ連，チェルノブイリ原発事故発生．
5月　4日　東京サミット開幕．
7月22日　**第3次中曽根内閣**発足．
9月　8日　韓国の植民地支配をめぐる記事で，藤尾正行文相罷免
9月15日　GATT ウルグアイ・ラウンド開始．

1987年（昭和62年）

1月24日　防衛費の対GNP費1%枠の撤廃を決定．
2月22日　G7，通貨安定に関するルーブル合意．
11月　6日　**竹下登内閣**発足．
11月29日　大韓航空機爆破事件．
12月　8日　米ソ，INF全廃条約調印．

1988年（昭和63年）

5月　4日　竹下首相，ロンドンで「国際協力構想」を発表．
6月20日　牛肉，オレンジの輸入自由化交渉妥結．

1989年（昭和64年／平成元年）

1月　7日　昭和天皇崩御，皇太子明仁，即位．平成と改元．
4月　5日　ベトナム，カンボジアからの無条件撤退を発表．
5月15日　ゴルバチョフ書記長訪中，30年ぶりに中ソ和解．
6月　3日　**宇野宗佑内閣**発足．
6月　4日　中国，天安門事件．
8月10日　**第1次海部俊樹内閣**発足．
11月　6日　APEC 創設．
11月　9日　東ドイツ，西独との国境を開放（ベルリンの壁取り壊し）．
12月　3日　ゴルバチョフ書記長，ブッシュ大統領，マルタ島で会談（冷戦終結を宣言）．

1 ニクソン・ショックと日中国交正常化

【戦後処理外交の終焉】

佐藤栄作内閣の退陣一年前、日本は未曾有の国際変動に直面する。一つは、１９７１年7月中旬、ニクソン大統領が突然、訪中を発表したことであった。戦後アジアの国際政治を規定した米中冷戦から米中和解への大転換であったが、ワシントンから東京への伝達は声明発表の直前であった。それまで国連における中国代表権問題では、アメリカに同調して台湾の代表権を支持していただけに、野党は一斉に佐藤の中国政策を批判した。自民党内における親台湾派の立場は弱まり、対中関係の打開を求める声はまたたく間に国会内外に広がった。佐藤首相や福田赳夫《たけお》外相は、中国情報の収集に努めるが、念頭にあったのは台湾を西側陣営に確保することであり、積極的に中国と接触しようとはしなかった。

14-2　ニクソン訪中

しかし、71年10月、台湾の中華民国は国連から脱退し、アルバニア決議案の通過で中華人民共和国の国連加盟が実現した。国連における中台の逆転は、台湾問題をめぐる国内の議論を決定付け、日台断交を前提とした対中外交の模索が外務省内でも始まる。日中国交正常化と台湾の問題は次の田中角栄内閣に引き継がれる。

71年8月中旬には、もう一つのニクソン・ショックが日本を襲う。ニクソンは、金・ドル交換の一時停止など新たなドル防衛策を発表した。戦後の国際経済秩序を支えたブレトン・ウッズ体制の動揺を予期させる出来事であった。とくに60年代に入って、アメリカの対外債務が金準備高を大きく上回り、金を裏付けとするドルの信用が損なわれ、固定相場制の放棄という通貨危機に直面した。それでも先進諸国は71年末にスミソニアン協定によって、いったんは固定相場制の維持に合意した。

二つのニクソン・ショックの原因は、何よりもベトナムへの軍事介入がもたらしたアメリカの相対的な国力の低下であった。世界秩序の形成者であり、擁護者であったアメリカが、その過剰な国際的介入の縮減に乗り出し、経済と安全保障の両面で自由主義諸国に負担の分担を求めるようになる。69年に発表されたグアム・ドクトリンもベトナムからの漸次撤退を視野に入れ、同盟国に「自助努力の強化」、とくに日本には、「地域の平和的発展により大きな責任を負う」ことを求めていた。

こうした国際変動に直面した日本外交は、まずは最後の戦後処理外交ともいうべき日中国交正常化を達成する。日本外交は戦後処理を中心とする二国間外交から解放され、その地平拡大の模索が始まる。アジアにおいては地域の安定への役割が期待され、さらに、世界が直面する新たな課題に先進国との協調を基本に多国間で対処することが求められるようになる。

【日中和解を可能にしたもの】

１９７２年７月初旬、田中内閣の初閣議後、田中角栄と大平正芳《まさよし》外相は日中国交正常化に意欲的な姿勢を相次いで示した。すでに中国側は、前年７月、公明党の訪中団に、国交正常化の条件として、①中華人民共和国は中国人民を代表する唯一合法の政府（二つの中国）、②台湾は中国領土の一部、③日華平和条約は不法・無効という「復交三原則」の承認を求めていた。問題は台湾の地位に関する②と③であった。

72年７月下旬、公明党委員長の竹入義勝《たけいりよしかつ》は、周恩来《しゅうおんらい》との会談メモの形で日中共同声明案を持ち帰った。復交三原則は含まれていたが、日米安保条約には触れず、賠償請求の放棄も明らかにしていた。台湾の扱いは明確ではなかったが、断交後の実務関係の維持が示唆されていた。この「竹入メモ」は、田中と大平に訪中に向けた決意を促した。田中と大平は、８月末にはハワイでの日米首脳会談でニクソン大統領から対中関係の正常化について理解を取りつけ、台湾には自民党副総裁の椎名悦三郎を派遣して日本の立場を説明した。こうして９月下旬に田中と大平は北京に飛んだ。

北京交渉において、日本側は台湾との関係を絶つ覚悟はあったものの、日華平和条約を違法とは認め難かった。結局、共同声明の発表と同時に、大平外相が日華平和条約の「終了」を宣言することで妥協がはかられた。日本を悩ませた「二つの中国」の問題は、日華平和条約の終了と引き換えに、日本と台湾の民間レベルの実務関係を維持するという形に収まった。

賠償問題について、周首相は「蔣介石《しょうかいせき》が放棄したから、もういいのだという考え方は我々には受け入れられない。これは我々に対する侮辱である」と、法律論を説く日本側を激しく非難したものの、賠償放棄の方針は撤回しなかった。結局、日華平和条約においてすでに国民政府が「賠償請求権」を放棄していることから、共同声明では「請求権」を「請求」と表現することで双方が折り合った。他方、共同声明には、過去の日本の行為について「責任を痛感し、深く反省する」という表現が盛り込まれる。賠償放棄と謝罪表明はセットであった。

こうして９月29日、日中共同声明が発表される。二〇年以上も国交関係が断絶していた日中両国が、短い交渉で妥結にいたったのは、国交正常化を望む国民世論の広がり、外交当局による周到な準備を踏まえた指導者のリーダーシップによるものであった。加えて、ソ連と対立を深めていた中国が、ソ連の対日接近を恐れて交渉を急いだことも背景にある。中国にとっての対日国交正常化は、米中和解の延長線上

田中角栄《たなかかくえい》（1918～93）

14-3　田中角栄

新潟県刈羽郡出身。地元の高等小学校を卒業後、15歳で上京、夜学に通い種々の職業を経験し、1943年に田中土建工業を創業。戦後の47年、28歳で衆議院総選挙に出馬し当選。57年には岸信介内閣の郵政相として初入閣。71年には佐藤栄作内閣の通産相として、4年越しの日米繊維問題を決着させた。この間、内政本位の政治家として「列島改造論」を目玉に自民党総裁選を勝ち抜き、72年に首相の座につく。米中和解、石油危機という国際変動のなか、盟友の大平正芳外相の助けを借り日中国交正常化を実現し、続く73年の日ソ首脳会談では、平和条約交渉の継続、「戦後未解決の諸問題」の存在をかろうじて認めさせる。訪ソ後の石油危機では、石油確保のため「親アラブ」政策を打ち出す。また、エネルギー供給源の多角化、分散化に大きな関心を払い、欧州や東南アジアを精力的に訪問して各種の開発プロジェクトに合意するものの、74年12月の退陣で頓挫。

にあり、対ソ国際戦略の一環であった。

日中国交正常化は、日中関係と日米関係が外交的に両立し得たという意味でも、戦後外交の歴史を画する大きな成果であったが、反面、対ソ関係の修復を遠ざけることになる。

【日台関係の断絶と持続】

台湾の国民政府は、ただちに日本との国交断絶を発表したが、実務関係の維持や交流の方法について日本側と検討を重ねていた。早くも1972年12月には、台北に日本の交流協会が、東京に台湾の亜東関係協会が設置され、国交断絶後も交流を維持する仕組みがつくられた。

14-4　田中首相が中国を訪問　第1回日中首脳会議

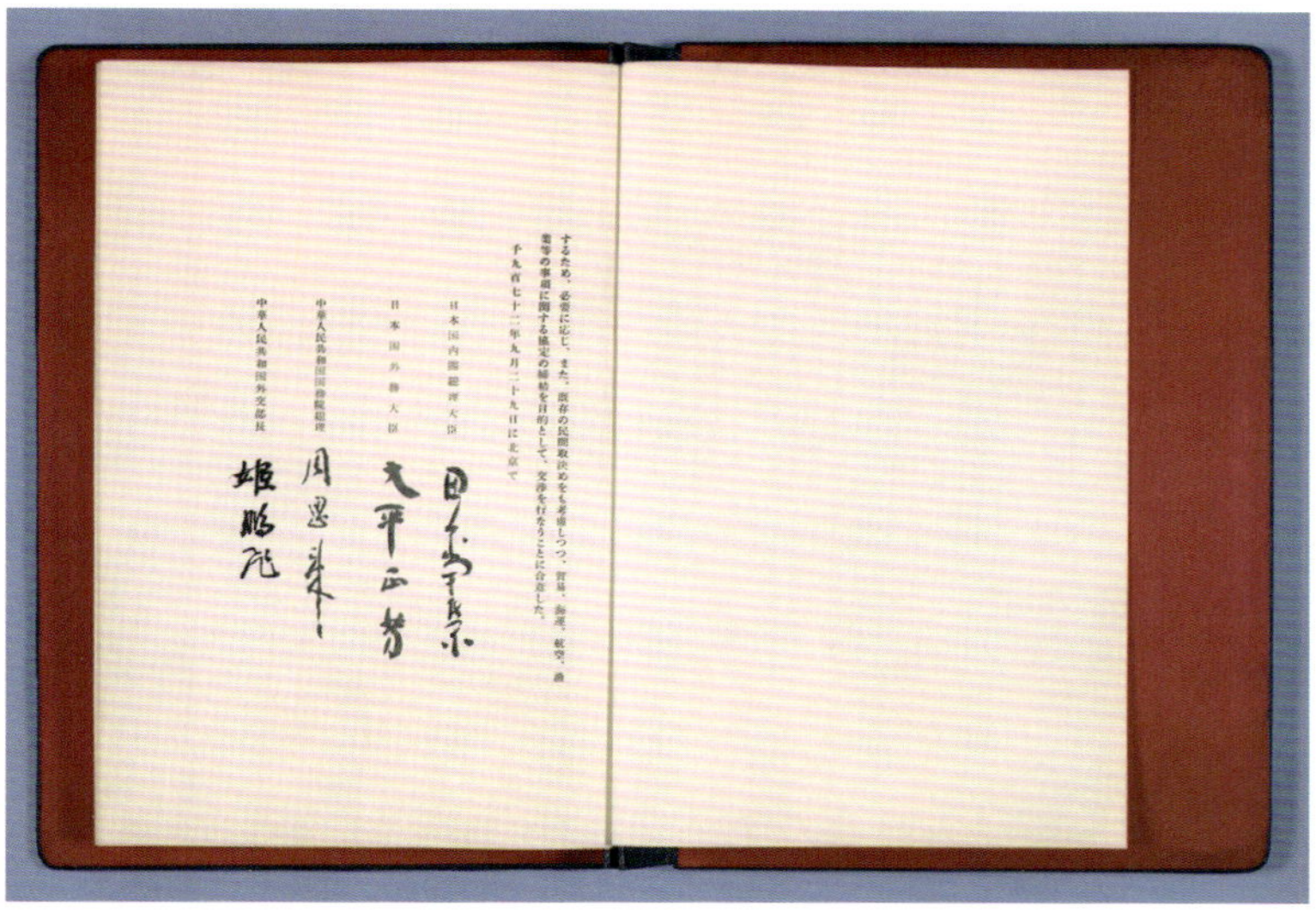

14-5　日中共同声明（調印書）

次の課題は、日中平和友好条約の締結であった。国交正常化は国会承認を要しない政府間の共同声明という形で実現したが、中国側は国会の批准を要する平和条約の形を望んだ。当初、平和友好条約は短期間で達成できると見込まれたが、予想に反してさらに六年の歳月を要することになる。

この間、共同声明の規定に従って貿易、海運、航空、漁業の四分野の実務協定をめざして日中は交渉を続けたが、とくに難航したのが航空協定であった。日台間の航空事業の扱いをめぐって抜き差しならぬ対立に陥った。結局、首脳間の妥協で、日台路線は民間取決めによって維持する、中国民航（中国）は成田、中華航空（台湾）は羽田と使い分ける、などに合意し、74年4月、日中航空協定が調印される。しかし、台湾は強く反発し、中華航空の運行を停止した。日台関係の修復による日台空路の再開は75年のことになる。

【田中首相のモスクワ訪問】

日中和解に刺激されたソ連は、日本の経済協力を必要としていたことから、1972年末には、日本に関係改善のシグナルを送った。外務省も、首相や外相ではなく、最高指導者のブレジネフ書記長との政治会談にこぎつける。73年10月、三日間の田中・ブレジネフ会談で日本側は、共同声明において、平和条約交渉の継続と「戦後未解決の諸問題」としての領土問題の存在を示唆する表現をかろうじて盛り込ませた。しかしソ連は、その後、領土問題の存在自体を認めない姿勢に転じてしまう。

2 先進国間協調の模索

【石油危機】

１９７３年10月、第四次中東戦争が勃発すると、ＯＰＥＣ（石油輸出国機構）に加盟のペルシャ湾岸六カ国は原油価格の大幅引き上げを決定、さらに翌11月、ＯＡＰＥＣ（アラブ石油輸出国機構）は、親イスラエル政策をとるアメリカ、オランダには全面禁輸、日本を含むその他の「非友好国」には供給削減の意向が示される。『日本経済新聞』は、「原油価格の大幅引き上げに続くＯＡＰＥＣ諸国の供給削減は、石油資源九九・七％を海外に依存するわが国経済の存立基盤を揺さぶるもの」と警鐘を鳴らした。長年の中東紛争に関心がなく、対米協調のもと、平和的な通商関係を維持していたはずの日本にとって、アラブ諸国から突然、親イスラエルの「非友好国」とみなされたことも衝撃であった。

朝日新聞
石油生産を削減
アラブ十カ国会議決定
九月基準に毎月五％
占領地解放まで
対象 イスラエル支援国

14-6　石油危機

アラブの石油戦略の発動に、消費国の結束を求めてキッシンジャー国務長官が11月に来日した。田中首相は、中東に対する石油依存度の高さを強調し、アメリカが石油の代替供給をしない限り、アラブ寄りにならざるを得ない、と政策転換に了解を求めた。11月下旬の官房長官談話では「今後の情勢如何によっては、イスラエルに対する立場を再検討せざるを得ない」と述べ、「アラブ寄り」の政策を打ち出した。

12月初旬、三木武夫副総理が中東八国に派遣され、経済協力と引き換えに石油供給を要請して回った。アラブ諸国は、こうした日本の姿勢に好意的に反応し、12月下旬のＯＡＰＥＣ会議は日本を友好国と認め、必要量を供給する方針を明らかにした。

【資源外交と国際協調】

外務省は、１９６７年の第三次中東戦争後から、石油の安定供給を外交課題としてとらえる取り組みを進めていた。政治家のなかでも、ともに通産相経験者の中曽根康弘や田中角栄などがこの問題に高い関心を払っていた。70年代に入って、ＯＰＥＣと国際石油資本との間で産油国側に有利な協定が次々に結ばれると、ＯＥＣＤ（経済協力開発機構）を舞台に検討されていた消費国間協調に参画することで石油の安定確保をめざすという資源外交の基本方針を定めた。他方、産油国に接近する方針のもとで、中東政策を「アラブ寄りの中立」という立場で明確化すべきだ、という意見も根強かった。

いずれにしても、日本の資源外交にとって、石油危機は想定の範囲内にあり、問題は長期的な観点から、消費国と産油国の安定した関係をどうつくるかにあった。日本は消費国間協調という、石油危機前の基本方針のもと、74年2月にキッシンジャーの提唱で開催された石油消費国会議に臨む。産油国との対決姿勢を強く押し出すアメリカの構想に対し、日本は他の消費国とともに、それを穏健なものに導き、ＯＥＣＤの傘下にＩＥＡ（国際エネルギー機関）を設置する構想の実現に大きく貢献した。

【先進国首脳会議（サミット）参加】

1974年12月、田中内閣が金脈問題で退陣に追い込まれ、三木武夫内閣が誕生する。日本は、前内閣から新しい経済外交の課題に直面していた。それは、ニクソン・ショックや石油危機という、戦後初めての国際経済秩序の動揺に、西側先進国の一員としていかに対応するか、という問題であった。

国際通貨の面では、71年末に先進国間で合意されたスミソニアン協定が73年には維持が困難となり、日本や欧州各国が変動相場制に移行して国際取引は著しく不安定となっていた。国際取引を安定した為替相場のもとで行い、国際経済秩序の安定を維持するためには、複数国による集団的な措置が必要となっていた。また、石油危機は先進国にインフレと不況が同時に進行するという、深刻なスタグフレーションを引き起こしていた。

こうした課題に対処するため、75年11月に、フランスの提唱で先進国の首脳が互いに理解を深め、解決をめざすというサミット（先進国首脳会議）がランブイエで開かれる。

日本はアジア諸国で唯一、このサミットに招かれ、三木首相が参加した。三木は、かねてからの持論である先進諸国による途上国の支援という、南北問題を提起した。南北問題はやがてサミットの重要なテーマとなるものの、このサミットでは主要議題となる余地はなかった。しかし、サミットや石油消費国会議への参加は、西側先進国との政策協調によるグローバルな課題に対処する機会が訪れたという意味で、新たな日本外交の地平拡大を象徴していた。72年の国連人間環境会議への積極的な参加もそうした意味があった。

国連人間環境会議は、「人間環境」にかかわる諸問題を、一〇〇カ国以上の参加国を集めて包括的に議論した史上初めての国際会議であった。環境問題の位置づけについて、環境汚染問題を重視する先進国と、経済開発に重点をおく開発途上国との対立が浮き彫りになった。環境汚染対策に力を入れた日本の主張は孤立気味となり、捕鯨問題でも、哺乳動物の脱資源化の流れに逆らうものであった。その一方、国境を超える放射能汚染問題として大気圏内核実験をとらえ、その禁止を環境宣言に盛り込むという成果を挙げた。

三木武夫《みきたけお》（1907～88）

徳島県出身。1937 年に明治大学を卒業、米欧に遊学。30 歳で衆議院議員に当選。以来、半世紀近くも議席を保ち続けた。佐藤栄作内閣外相として、66 年には「南北問題」に対する取り組みとして、「アジア太平洋協力」という視点を提起した。日本が「橋渡し役」となり、「アジアの南北問題をアジア・太平洋の広さにおいて取組もうというのが私の構想である」と雄弁に訴えた。74 年 12 月に首相となり、翌年 8 月の三木・フォード会談で日米安保条約の効果的運用のための協議に合意し、76 年 10 月には「防衛計画の大綱」、防衛費の GNP1％枠を決定した。

14-7　三木武夫

75 年の第 1 回サミットに参加し、南北問題の重要性を訴えるが、議題として取り上げられることはなかった。重要課題であった日中平和友好条約、ソ連との平和条約交渉などはいずれも進展しなかったが、ASEAN 重視の方向を打ち出し、以後の東南アジア外交に道筋をつけた。ただ、政権後半にはロッキード事件が発覚してその追及に熱心なあまり、党内抗争や国会空転を招き外交は停滞した。首相としての外遊はサミットとアメリカのみであった。

サミット（先進国首脳会議）と日本

1975年、パリ郊外のランブイエで第１回先進国首脳会議が開催される。その背景は、石油危機後の西側世界が、未曾有の大型不況、為替相場の不安定に見舞われたことであった。アメリカの経済的優位が動揺するなかで、国際通貨の安定維持のためには、主要国の協力が急務となり、フランスが呼びかけ、西ドイツ、米英伊のほか日本も招請された。やがて会議は主要先進国がアメリカを支えながら集団で国際経済体制を運営するため、首脳間の率直な意見交換と信頼関係を築く場となっていく。70年代は、通貨、エネルギー、貿易不均衡など、もはや一国だけでの経済問題の解決はむずかしく、政策協調が必要となっていた。

14-8　第１回先進国首脳会議（ランブイエ・サミット）

第２回からカナダが加わりＧ７となる。第３回からEC委員長が別格として参加。冷戦後にはロシアが加わってG8に拡大されるが、「西側先進国」というより、大国首脳の集まりとなり、名称も「主要国首脳会議」と呼ばれるようになる。なお、ロシアはウクライナ併合が批判の的となり、2014年に参加資格を停止されている（G7となる）。

第１回サミットの重要な成果は国際通貨の安定に関する米仏の合意であった。それが翌年の最終合意につながった。1970年代末から80年代には、石油輸入の国別上限目標の設定（79年東京）、参加国間のマクロ経済政策調整、経済運営の多角的監視といったテーマが議論され、経済運営の参加国間の相互監視機能ももつようになる。

日本が主体的にサミットに参加するのは77年の第３回ロンドン・サミットからであるが、このころから世界経済の牽引役として米独日に期待する「機関車国理論」が流行り、３台の機関車が勝手に走ることがないよう、調和が求められた。とくに貿易黒字が急増するなかで、内需拡大による黒字の削減を諸外国から求められていた。

78年のボン・サミットでは、日本は西ドイツとともに、78年度実質成長率を７％に設定するよう求められた。西ドイツは抵抗するが、福田赳夫首相は、不況脱出のための国際協力の必要性を説き、「機関車国理論」を進んで受入れ、年７％の成長を国際公約とした。福田首相は、この国際公約と世界の期待を理由に総裁選に乗り出す。

79年の第５回（東京）サミットでは、OPEC（石油輸出国機構）による原油価格の大幅引き上げ（第２次石油危機）への対応が主要議題となる。先進国側は輸入抑制によって対抗するため、フランスが６年後の抑制目標を示し、国ごとに目標を設定するよう求めた。フランス提案の基準に従えば日本経済は苦境に陥り、拒否すれば先進国の協調を乱すことになる。大平正芳内閣は苦境に立つが、アメリカの助け舟で幅をもたせた案で決着できた。

このようにサミットへの参加は、日本外交が２国間外交から多国間外交に地平を拡大したことを意味したが、同時に、明確な姿勢と行動指針を国際社会に示し、責任ある行動が求められることになった。

97年のアジア通貨危機を通じて、危機の発生源が新興国であるか、先進国であるかを問わず、一国における経済危機は、瞬時に世界大に広がることが明白となり、もはや主要国首脳会議だけでは危機に対応できなくなる。

そこで、世界の経済問題を討議する実質的な場として、86年の東京サミットの合意で設置された蔵相・中央銀行総裁会議や、2008年のリーマン・ショックの直後に設けられたＧ20サミット（20カ国金融・世界経済に関する首脳会議）が担うようになる。

16年５月のＧ７伊勢志摩サミットでは、安倍首相は、エネルギー安全保障の観点から、過激主義の拡大を阻止し、中東・北アフリカの安定した社会の構築のため、２万人の人材育成を含む総額60億ドルの支援を表明した。シリアの復興支援のためシリア人留学生の受け入れも併せて約束した。

Ｇ20サミット参加国は、世界のGNPの８割を占め、人口でも３分の２を占める。とくに通貨政策の面で中国の参加が不可欠となっている。G20がグローバル化し、多極的な世界経済を適切に運営できるか、その鍵は中国が握っている。

G20は「反保護主義」を中心的理念とし、度々の通貨危機を乗り越えてきたが、トランプ政権の登場で揺らいでいる。

3 福田・大平内閣

【ベトナム戦争の終結―北ベトナム承認】

1973年1月、ベトナム和平協定が成立し、米軍は撤退を開始した。ようやくベトナム戦争は終結に向かう。すでに外務省は、インドシナの戦後復興に大きな役割を果たし、存在感を示そうとして田中内閣の成立前後から北ベトナムと接触し、西欧諸国にやや遅れて73年9月には北ベトナムと国交を樹立した。だが、南ベトナム臨時革命政府の承認や多額の賠償を求める北ベトナムの要求をのむことはできず政府間の交流が存在しない状態が続いた。

しかし、75年4月にサイゴンが陥落すると、北ベトナム主導による南北統一、続いてラオス、カンボジアも共産化に向かうという新たな情勢のなかで、三木武夫内閣は同年10月、総額一三五億円の無償援助供与で北ベトナムとの間で合意し、大使の相互交換も実現する。

日本は南北ベトナムの統一後もベトナム支援策を継続し、中ソに依存する国づくりを抑制しようとする。それは、インドシナにおいて影響力を失ったアメリカの期待する外交的なイニシアティヴでもあった。

一方、アジアの冷戦対立の中心であった米中が和解に転ずると、日本が主導していた東南アジア開発閣僚会議や、反共色の強いASPAC（アジア太平洋協議会）などアメリカの冷戦戦略の強い影響下にあった地域協力組織は次々に活動を停止する。集団安全保障のための軍事機構であったSEATO（東南アジア条約機構）も75年に活動を終了した。こうしたなかで存在感を増していったのが、67年に結成されたASEAN（東南アジア諸国連合）であった。

ASEANは、域外大国の介入を排除し、東南アジアの五カ国（インドネシア、マレーシア、タイ、フィリピン、シンガポール）が結束し、一体として政治経済の両面で自立を追求した。ASEANとの関係を重視するようになるのは三木内閣からである。

福田赳夫《ふくだたけお》（1905～95）

14-9　福田赳夫

群馬県出身。東京帝大から1929年に大蔵省入省。ロンドン在勤を経て主計局勤務。41年には汪兆銘政権の財政顧問を務める。戦後の47年に主計局長となるが昭電疑獄に巻き込まれて退官。52年の総選挙で当選、翌年に自由党に入党するが、大蔵省の先輩の池田勇人ではなく、政界に復帰していた岸信介と行動を共にする。岸内閣の退陣後の62年、岸派の流れをくむ党風刷新連盟を結成し、池田の経済成長路線を「物質至上主義」と批判した。

佐藤栄作内閣から三木武夫内閣まで、経済閣僚として、とくに70年代前半の経済危機（狂乱物価）の収拾に手腕を発揮し、岸・佐藤兄弟の有力な後継者と目されたが、田中角栄、三木のあと、ようやく76年末に首相。早くから温めていた政策構想「平和大国」論は、蓄えた経済力をもって世界の平和に貢献するため、「軍事大国」の道を歩まない決意のもと、経済協力とともに「心の交流」を重視するものであった。福田が創設に力をいれた国際交流基金も、人材や文化の交流を重視する外交強化の一環であった。

77年8月の東南アジア歴訪で発表した福田ドクトリンは、「平和大国」論を反映したものであった。それは、日米関係という2国間枠組みに拘泥せず、ベトナム戦争後のアジア地域の課題に積極的に働きかける、という「外交基盤の拡大」を意味した。「全方位外交」はその拡大版であり、日中平和友好条約や積極的な対ソアプローチも「平和大国」論に根ざしていたが、未完に終わった。78年12月、総裁選に敗北して退陣するが、その後も各国の有力指導者とのOBサミットの会長を長く務め、環境やエネルギーなど世界の課題に取り組んだ。

【福田ドクトリン】

１９７６年12月、三木に代わった福田赳夫首相は、「日本外交の枠組みをいかに拡大していくか」をテーマとし、日本外交を「受身に調整していくのではなく、もっと広くさまざまな地域的問題にも働きかけていく」ことで、日本の存在感を高めようとした。アメリカの撤退傾向が著しい東南アジアはその恰好の舞台であった。

77年8月、ASEAN五カ国を訪問した福田は、マニラでのスピーチで、ASEANに対する支持を明確にしたうえ、日本の立場を三原則をもって示した。①平和に徹し、軍事大国とはならない、②東南アジア諸国との間に「心と心の触れ合う相互信頼関係を築きあげる」、③ASEANとインドシナ諸国との間に相互信頼を醸成して地域全体の平和と安定をはかる。

①は、戦前のような軍事的膨張への懸念を改めて否定するもので、②は、経済進出にともなう摩擦の緩和のためには、「心と心の通う相互理解」が必要として、福田が佐藤内閣の外相時に取り組んだ国際交流基金の設置を導く動機となっていたものである。

74年1月に、田中首相が東南アジア諸国を訪問したとき、タイやインドネシアで激しい反日デモや暴動にみまわれたこともその背景にあった。この反日暴動は、軍部独裁体制や外国資本の進出に対する批判が、形を変えて日本に向けられたもの、という観測もあったが、外務省は、日本の民間主導の経済進出や経済協力のあり方にも問題があるとみなしていた。

この福田ドクトリンの重要な意義は、ASEANに対する積極的な支持表明と、インドシナ社会主義三国とASEANとの平和共存の構築を目標としたことであった。『外交青書』には「わが国が戦後初めて示した積極的外交姿勢」と書いている。

しかし、社会主義建設を始めたばかりのインドシナ三国に、ASEANとの平和共存を促すことが可能か、その鍵は、地域大国となっていたベトナムが握っていた。そこで日本は、ベトナムへの援助継続を通じて、ベトナムの中ソへの依存を抑制し、「自主独立」路線を堅持させようとした。積極的なベトナム援助を通じて、西側諸国との協調姿勢に導くことができるならば、長期的にはASEANとベトナムの平和的共存の実現にも貢献できるというのが外務省の見通しであった。

だが、ASEANとインドシナ諸国の平和的共存という外交構想は、中ソ対立が東南アジアに及んで成功する条件は失われていく。カンボジア（ポル・ポト政権）と対立していたベトナムはソ連との友好条約の締結直後の78年12月下旬、カンボジアに侵攻して親ベトナム政権を樹立する。ポル・ポト政権の後ろ盾となっていた中国は翌年2月にベトナムに軍事侵攻した（中越戦争）。こうして13年に及ぶカンボジア内戦が始まる。カンボジアは、米中とソ連の対立だけでなく、域内諸勢力の固有の利害を反映した複雑な国際紛争の舞台となり、インドシナ諸国とASEANの平和的共存という可能性は遠のいてしまう。

他方、日本とASEAN諸国との関係はさらに親密となり、膨大な政府開発援助（ODA）が投入され、日本企業の進出や投資が急速に進み、ASEAN諸国を、経済発展を優先目標とする「開発体制」に向かわせる下地となった。

【日中平和友好条約と対中円借款】

三木内閣は、宮沢喜一を外相にすえ、対中・対ソ関係の改善に意欲を示すものの、進展はなかった。１９７６年に入ると毛沢東《もうたくとう》と周恩来が相次いで死去し、周に代わって外交を統轄していた鄧小平《とうしょうへい》も「四人組」の策動で失脚するという中国内政の混乱で日中交渉は麻痺してしまう。

77年になると中国では失脚していた鄧が夏に復帰して安定した外交態勢が確立され、対日交渉の再開に前向きとなった。福田首相もいまだ強かった党内の慎重派を説得し、翌年から平和友好条約交渉の再開にこぎつける。共同声明では問題化しなかった「反覇権条項」が争点となり、日本側は、反ソ色を薄めるため、条約は特定の第三国に影響を及ぼすものではない、とする第三国条項の挿入を主張し、中国側が最終的にこれを受け入れた。78年8月、北京において園田直《すなお》外相と鄧との間で平和友好条約が調印された。平和友好条約には、72年の共同声明に含まれない新たな取決めはなかったものの、ソ連の軍備増強に日中米が連携してあたるという態勢の要となった。

78年10月、平和友好条約の批准書交換のため訪日した鄧は、日本各地の工場を精力的に見学し、新幹線にも乗ってその技術を賞賛した。日本は有力な「発展モデル」であった。このころ中国は、鄧路線が確立し、「改革・開放」路線に舵を切ろうとしていた。本格的な経済建設のためには中国の資金不足は明らかであった。

鄧の訪日直後の78年12月、田中内閣の外相であった大平正芳が首相となった。大平は、79年9月、中国から正式な経済協力の申し入れを受け円借款の供与を決断する。ただ、円借款の供与には、様々な懸念があった。その一つは、日本の経済協力が、ASEAN重視から中国重視に転換するのではないか、というものであった。そこで、大平は、大平三原則を定め、ASEAN各国とのバランスを円借款供与の条件とした。他の二つは軍事協力の否定と市場独占の否定(欧米との協調)

14-10　日中平和友好条約調印

大平正芳《おおひらまさよし》（1910～80）

14-11　大平正芳

香川県出身。東京商大を卒業、1936年に大蔵省入省。まもなく興亜院に出向、中国に勤務して大蔵省に復帰、敗戦を迎える。51年に退官し、翌年衆議院議員に当選。池田勇人の側近として頭角をあらわし、60年池田内閣の官房長官に抜擢される。同内閣の外相として日韓国交正常化交渉を前進させ、田中角栄内閣の外相としても日中国交正常化を実現した。78年末、福田赳夫の後を受けて首相となり、軍事と経済の両面におけるアメリカの優越的地位の低下を背景に、「経済大国」にふさわしい役割を二つの政策構想に託そうとした。その一つである「環太平洋連帯構想」は、太平洋（日米加豪）とアジアの両地域の安定と発展をはかるため、多様性を重視した「開かれた連帯」をめざすもので、相互の経済発展のほか、とりわけ文化交流と相互理解の促進が重視された。80年にはその第一歩というべき太平洋の経済発展のための日豪協力に合意した（本文参照）。

もう一つは、「総合安全保障構想」であり、相互依存を深める世界を「一つの共同体」とみなし、日本の内政、経済、文化を安全保障の問題としてとらえようというものであった。具体的には、軍事的脅威のほか食糧、エネルギー、大規模災害など、「国民生活をさまざまな脅威から守ること」を安全保障の要諦とみなし、司令塔として「国家総合安全保障会議」の設置を促す構想であった。80年6月に急逝したため、いずれも構想倒れに終わったが、その後の日本の外交・安全保障政策に関する議論の基礎となり、枠組みとなった。

である。

79年12月、北京を訪問した大平首相は、港湾、鉄道、水力発電など六件の第一次円借款プロジェクトを発表した。こうして対中ＯＤＡがスタートする。その長期的な目的は、中国の経済発展を支え、西側世界との協調を促すことにあった。

【環太平洋連帯構想】

ところで、大平首相は１９７８年12月の就任演説において「環太平洋連帯構想」を提唱し、翌年３月には具体策の検討のため「環太平洋連帯研究グループ」を発足させる。研究グループの報告書は、自由貿易体制に陰りが見られる現状を踏まえ、「自由で開かれた相互依存関係の形成」をめざすこと、先進国による発展途上国の自助努力の支援、といった目標をかかげていた。他方、経済的な相互依存関係が深化すれば、人種や文化の多様性に富むこの地域ではかえって摩擦や対立を増幅させる危険があり、その意味で文化交流と相互理解の促進を説いていた。オーストラリアと連携し、アメリカを多国間協議の場に引き入れることもねらいの一つであった。

大平の構想は、80年１月のフレーザー首相との合意によって、ひとまず経済分野の協力の可能性を探るため民間ベースのＰＥＣＣ（太平洋経済協力会議）が発足する。ＰＥＣＣの活動は、やがて89年のＡＰＥＣ（アジア太平洋経済協力）を生み出す基盤となる。

また、大平は、安全保障の問題を軍事的脅威だけでなく、多様な脅威から国民を守るという視点から「総合安全保障」を提唱し、その後の議論の枠組みを提供した（コラム315頁）。

【新冷戦】

米ソ間のデタント（緊張緩和）は、ソ連の軍拡と世界各地への関与の増大で70年代後半から後退局面にあったが、１９７９年12月のソ連軍のアフガニスタン侵攻によって崩壊し、「新冷戦」と呼ばれる時代に突入する。大平首相は改めて「西側の一員」として対米協調を貫く方針を表明し、80年初頭には、ソ連との人的交流の制限、モスクワ・オリンピック夏季大会の不参加を決断する。初の戦略的制裁であった。

大平の急逝で80年７月に首相となった鈴木善幸《ぜんこう》は、対米関係では、経済面で貿易摩擦に対処を迫られる一方、政治面での関係強化を自らの課題とした。81年５月、鈴木首相とレーガン大統領の首脳会談後の共同声明には、「日米両国間の同盟関係は、民主主義及び自由という両国が共有する価値の上に築かれている」と、初めて「同盟」の文字が登場した。

4 中曽根・竹下内閣

【「日米同盟」の定着】

１９８２年11月、中曽根康弘首相は新内閣を発足させると、翌年１月、韓国を訪問した。戦後初の首相の韓国公式訪問であった。ソウルでは挨拶の一部を韓国語で行うなど全斗煥《ぜんとかん》大統領と親密な関係を築き、懸案の経済協力問題では総額四〇億ドルで決着させる。韓国は先の日米共同声明の「役割の分担」を盾に、北朝鮮に対峙している韓国は日本防衛の肩代わりも果たしている、として巨額の経済協力を要求していた。

中曽根は訪韓後、ただちに訪米してレーガンと会談した。訪米に先

歴史教科書問題の衝撃

日中国交正常化から 10 周年目の 1982 年、祝賀ムードを一変させる問題が発生する。6 月 26 日付の国内の主要各紙は、日本の高校教科書における日中戦争にかかわる記述が、文部省の教科書検定によって、「侵略」を「進出」や「進攻」などの表現に訂正させられた、と報じた。報道内容は教科書検定によって表現の訂正を強制された、という意味では誤報であったが、改善意見によって、「侵略」を「進出」と書き換えた教科書があったことは事実であった。いずれにしても、中国政府は、1 カ月後、「日本軍国主義が中国を侵略した歴史を改竄」したとして文部省を批判し検定教科書の誤りを正すよう求めた。韓国政府からも植民地統治に関する記述について批判が寄せられたが、是正を求める姿勢は韓国よりも中国が厳しかった。

中国の抗議に対して日本政府は、修正には応じないとする立場を明らかにすると、中韓の反発は強まり、9 月に予定された鈴木善幸首相の訪中にも悪影響を与える様相となった。日本政府は、8 月下旬、宮沢喜一官房長官が、「アジアの近隣諸国との友好、親善を進める上で、これらの批判に十分に耳を傾け、政府の責任において是正する」という談話を発表して決着をはかった。82 年 11 月、文部省はこの「宮沢談話」を受けて、歴史教科書の検定基準の一つに「近隣諸国条項」を設け、「近隣アジア諸国との間の近現代の歴史的事象の扱いに国際理解と国際協調の見地から必要な配慮がなされていること」と規定した。

86 年 5 月、82 年の教科書問題における日本政府の対応（宮沢談話）の「軟弱」に反発するグループが編集した『新編日本史』が、検定終了前に『朝日新聞』にスクープされる事件が起こる。この教科書は、日本の対外侵略を正当化する傾向や、日本側の被害を強調する記述が目立ち、中韓両国が激しく反発した。ことに中国は「侵略戦争」としての性格を曖昧にするものとして反発し、中曽根康弘内閣は教科書の一部修正に応じた。日本側からは教科書主権の侵害、内政干渉との反発の声もあがった。中国政府も納得したわけではなかったが、これ以上の修正を求めることはなかった。

ちなみに 20 年代に、自国政府にとって都合のよい歴史が教えられることは、他国民に対して偏見と敵愾心を植え付け、国民の精神的な戦争準備を促す、という危機感から、国際連盟の知的協力国際委員会において、複数国間で歴史教科書を相互に検討し、他国に対する重大な誤解を招きかねない記述を排除する運動が進められたことがある。日本でも、教員組合「啓明会」が、敵愾心を助長する一切の教科書の排斥、国際的な歴史教科書の編纂をアピールした。この運動は教科書主権、内政干渉といった主張の前に 30 年代半ばには挫折するものの、自国本位の教育を棄ててヨーロッパ全体を一つと見た歴史を教えることが統一を助ける、という考え方に導かれていたことは、示唆的である。

日本の国会でも、80 年代半ばに、教科書づくりについて「当面、日韓、日中両民間人による円卓会議を開いて、お互いが腹蔵のない意見交換をしてみたらどうか」という提案が自民党議員によってなされたことがあるが、90年代になると日中韓の民間レベルで共通教科書づくりが始まる。

立ち、前内閣が武器輸出三原則にこだわり、米側の要求に応じなかった対米武器技術供与について、中曽根は同盟国への技術協力は可能との見方で乗り切った。米側もこれらの決定を高く評価した。共同声明でも、日米「同盟関係」がはっきりと確認された。中曽根は、米紙『ワシントン・ポスト』の社主との朝食会で、ソ連の大型爆撃機に対して、「日本列島を不沈空母のように強力に防衛する」と述べた。この発言は波紋を広げたものの、中曽根は意に介さなかった。

こうして中曽根はレーガンと個人的な信頼関係を築き、「ロン・ヤス」時代を迎える。

83年5月のウィリアムズバーグ・サミットでは、欧州に配備のソ連の中距離核ミサイル（SS-20）に対抗するアメリカのパーシングⅡミサイルの欧州配備が争点となった。フランスや西ドイツが配備に躊躇すると、中曽根はレーガンに助け船を出し、ソ連を交渉の場に引き出し、西側の結束を示すべきだと主張して合意形成に

14-12　レーガン米大統領来日

重要な役割を果たした。共同声明は、サミット参加国の安全は不可分であり、「グローバルな観点から取り組まねばならない」と述べた。ソ連ミサイルのアジア配備を牽制する意味があった。

83年9月、ソ連戦闘機がソウル行きの大韓航空機をサハリン沖で撃墜するという事件が起こった。中曽根は、自衛隊のレーダーが傍受していたソ連機の交信記録の開示に踏み切り、国連安保理でも公表した。ソ連は撃墜の事実を認め、米上院は全会一致の感謝決議をもって日本の措置に応えた。同年11月にはレーガンが来日し、現職大統領では初めて日本の国会で演説しソ連の軍拡を指摘するとともに、「日米友好は永遠である」と語った。

【プラザ合意】

その一方、中曽根内閣は前内閣と同じく日米間の貿易不均衡という問題に直面していた。中曽根は、アメリカの要請に応え、日本市場の開放のため様々な手を打つが、効果は限定的だった。レーガン政権はそれまで国際的威信と自由市場の観点から放置してきたドル高の是正に踏み切った。米国政府は、1985年9月、G5(先進五カ国の蔵相・中央銀行総裁会議)を招集し、ドルを経済の実力を反映する水準まで下落させることで、米国産業の国際競争力を回復させ、対外収支の悪化に歯止めをかけようとした。他の四カ国も、貿易不均衡の拡大は、やがて世界経済全体の不安定要因となるとの懸念を共有し、ドル高是正のため国際協調による経済政策の調整や市場介入をはかることで合意した(プラザ合意)。

プラザ合意を受けてドル安が急速に進むが、貿易不均衡は期待通りには是正されなかった。その反面、円高も空前の勢いで進行した。円高の定着は日本の海外直接投資を急増させ、韓国、台湾、ASEANなどが直接投資の対象となり、アジア諸国の経済発展の原動力となる。直接投資はアメリカや欧州にも向かい、それが現地生産を増やし、経済摩擦の緩和に役立った。その一方、不動産投資も急増してアメリカを代表する企業を買収する、といった事態が横行して「日本脅威論」が起こる。

中曽根は、日本の経済構造を外需依存から内需志向、国際協調型に舵を切ることが急務と判断し、85年に経済構造調整研究会(前川委員会)を立ち上げる。内需主導型への経済構造の転換をうながす「前川レポート」が翌年5月の東京サミットの直前に公表され、東京サミットでは日本批判は抑えられた。

【中韓との一時の蜜月】

1984年3月、中曽根は中国を訪問した。とくに第二次円借款の供与が課題であった。中国の近代化路線を揺るぎないものとするため、七年間で四七〇〇億円の増額に踏み切った。胡耀邦《こようほう》総書記も日本の経済協力に、「中国はあなた方の厚い友情を忘れることはないであろう」と感謝を表明した。日中関係は「戦後最良」といわれた。

84年9月には全斗煥大統領を迎えた。韓国大統領の訪日は初めてだった。晩さん会では、天皇の「お言葉」に、植民地支配に遺憾の意を明確にするよう手を加えた。全大統領は「雨降って地固まる」と、天皇の「お言葉」を評価した。翌日の歓迎昼食会では中曽根が、韓国国民に「多大の苦難」をもたらしたことに「深い遺憾の念」を表明した。外務省も、全大統領の訪日の成果を、「65年以来の国交正常化プロセスを完成」させ、「成熟時代」に入ったと評価した。

【靖国参拝と歴史問題】

四〇回目の終戦記念日を控えた1985年8月15日、中曽根は戦後の総理として初めて公式に靖国神社に参拝した。中曽根にとって、

日米経済摩擦—「外圧」の功罪

「自主規制」から市場開放へ

第 2 次世界大戦後のアメリカは、多くの産業部門で圧倒的な競争力を誇っていたが、次第に様々な分野で競争力を失っていった。1950年代の繊維、60年代の鉄鋼、70年代の家電や自動車、80年代以降には、先端技術の分野で輸入が輸出を大幅に上回るようになる。この間、対外貿易収支は赤字に転落し、85年には最大の債務国となる一方、日本は最大の債権国となり日米間の貿易不均衡は拡大する。

アメリカが国際競争力を失った代表的な産業部門が繊維であった。50 年代に、日本の低価格の綿製品がアメリカに大量に流れ込み、米国繊維業界が政府に訴えると、米国政府は輸出の自主規制を日本に求め、日本は綿製品輸出を数量で規制することを約束し、57 年には日米綿製品協定が結ばれる。その後の毛織物や化繊製品、さらに鉄鋼といった部門の対米輸出問題も、日本側の「自主規制」によって解決するというパターンが定着する。

60 年代後半にアメリカの経済力が相対的に大きく低下すると、それまで比較的穏やかだったアメリカの「自主規制」圧力は強まり、日米関係そのものを揺るがすような外交問題となる。それが 69 年後半からの日米繊維問題であった。このとき結ばれた 72 年の日米繊維協定は、世界レベルでの繊維製品貿易の数量規制へと発展し、やがて世界貿易の自由化を原則とする GATT の枠組みの例外的な扱いを受けるようになる。

80 年代になると、アメリカは、日本製品の対米輸出を、日本側の「自主規制」によって抑える、という「守勢」から、輸入割当枠の拡大など市場開放や市場拡大を日本に促し、米国品の日本市場への参入機会を増やす、という「攻勢」に舵を切る。牛肉・オレンジといった農産物、先端技術などがその対象であった。

牛肉・オレンジの輸入自由化問題はすでに 78 年からの懸案であり、日本側は輸入割当枠を徐々に広げる戦術で臨んだが、交渉は難航し 88 年にはアメリカは GATT に提訴した。日本政府（竹下登内閣）は、GATT で争うより、2 国間の解決を選ぶが、やがて輸入割当制の撤廃を迫られる。割当制の撤廃による影響を緩和するため、農業の合理化と近代化に資金（補助金）を投入した。

日本市場の開放問題の解決は容易でなかった。日本が市場開放や市場拡大を約束したとしても、米国製品の対日輸出が期待されたほど増えたり、貿易不均衡の是正にはつながらなかった。日本の市場閉鎖性も一因であったが、米側の財政赤字、米国産業の競争力の低下、輸出努力の不十分さなども原因であった。

ジャパン・バッシングと構造協議

85 年初頭、訪米した中曽根康弘首相とレーガン大統領との間で、新たな交渉方式として、市場志向・分野選択型協議（MOSS 協議）に合意した。アメリカの得意とするエレクトロニクス、電気通信、医薬品、林産物の 4 分野を対象に、個別テーマごとに日米の関係省庁幹部が直接協議して問題を洗い出し、日本市場に参入を容易にするための方途を探った。MOSS 協議は一定の成果をあげたものの、貿易不均衡問題の抜本的な解決には至らなかった。ただ、輸入障壁となっている国内の制度や慣行までも検討対象となり、旧弊を矯正する健全な外圧として日本でも好意的に受け止められ、その点では、のちの構造協議のさきがけであった。

最も紛糾した分野が半導体であった。70 年代末にはアメリカの半導体貿易は赤字を記録し、日本製品のシェアは急拡大していた。米国政府は、市場閉鎖性、ダンピングという議会を巻き込んだ関係業界の圧力を受けて、日本市場での外国製半導体シェアの大幅引き上げを要求し、86 年に日米半導体協定が結ばれる。ところが、アメリカは翌年、20％のシェア確保の約束が守られていないとして制裁を課した。付属文書で 5 年後に日本におけるシェアを 20％以上とすることを期待と明記していたからである。日本側は、市場の占有率をあらかじめ設定することは自由競争の原則に反し、政府の約束はできないが、アメリカの希望にそって努力することを協定の付属文書で述べたまで、と応酬した。91 年の第 2 次協定では日本側が譲歩し、協定本文に移すことに同意したが、あくまで「努力目標」とする主張は譲らなかった。

87 年に入ると、上下両院が半導体協定違反を理由に、対日制裁のための課税を決議した。これを受け行政府は、小型カラーテレビ、コンピューターなどの日本製品に 100％の関税を課した。中曽根はいくつかの対応策をもってレーガンとの会談に臨むが色よい返事はなかった（本文参照）。

海部俊樹内閣が誕生してまもない 89 年 9 月、日米構造協議が始まる。構造協議とは、貿易摩擦の原因と考えられた国内の経済制度、土地税制、商慣行などを踏み込んで協議の対象とするもので、いわば外圧によって「日本改造」をめざす実験であった。構造協議は、例えば、小売業者の保護のため、大規模店の参入を拒んでいた法律の全面改正を迫るなど、時代遅れの規制撤廃を求める世論の後押しもあり、その外圧は一定の成果をあげた。

しかし、冷戦終結後も、対日貿易赤字は一向に減少せず、日本側の様々な市場開放の試みも大きな成果を生まなかった。アメリカは、スーパー 301 条（アメリカの通商利益に反する不当な外国の措置、慣行に対する報復措置の強化を規定した 88 年包括通商法第 301 条）の発動を匂わせながら、貿易不均衡問題の解決を迫る。

とくにクリントン政権は、自動車やその部品の米国製品のシェアについて「数値目標」の受け入れを執拗に迫るようになる。93 年の宮沢・クリントン会談に始まり、細川護熙内閣、橋本龍太郎内閣まで数値目標の導入をめぐって紛糾し、抜き差しならぬ対立に陥るが、自動車と同部品、金融サービスは 95 年に、保険は 96 年に合意が成立し、ようやく日米経済摩擦は沈静化した。貿易不均衡は解消されたわけではなかったが、アメリカの景気回復と日本経済の低迷が、摩擦を抑えたのである。

公式参拝は防衛費のＧＮＰ一％枠の撤廃とならんで「戦後政治の総決算」の実践目標であった。それまで靖国問題といえば、閣僚の参拝が合憲か違憲かという国内問題であった。中曽根首相の参拝は、宗教色を帯びない参拝形式であれば憲法に抵触しないという政府（内閣法制局）の判断を踏まえたものであった。しかし、思わぬ反発を中国から招いた。

『人民日報』は、靖国神社にA級戦犯が祀られていることを取り上げ、首相の公式参拝は「戦争の性質と責任を曖昧にするもの」と激しく批判し、日本軍国主義の復活を非難する学生デモが広がった。中国にとって、東条英機元首相ら侵略戦争の責任者が祀られている靖国神社に首相が公式参拝することは、侵略戦争の肯定と責任回避を意味したのである。その一方、『人民日報』は、「中国政府は一貫して日本の少数の軍国主義分子と広範な日本人民を厳格に区別する方針を堅持」してきた、と論じた。この「責任二分論」からすればBC級戦犯は犠牲者の

14-13　中曽根首相の靖国神社公式参拝

中曽根康弘《なかそねやすひろ》と「国際国家」

14-14　中曽根康弘

昨年（2018年）100歳になった中曽根は、群馬県高崎市出身。東京帝大を卒業し、1941年内務省に入るが、まもなく海軍に志願し主計中尉となる。日米開戦後には、護送船団の乗組員としてミンダナオ島やボルネオ島で激しい爆撃や銃撃に遭い、「純粋な愛国心」をもつ多くの仲間（庶民）を失った。「庶民の愛国心こそが、その後私に政治家の道を歩ませたのです」と語る。敗戦後、47年に民主党から総選挙に立候補し、当選した。田中角栄と同じ28歳で全国最年少であった。吉田茂外交を独立心を損なう「向米一辺倒」として強く批判し、自衛軍の創設や対等な相互防衛条約の必要を説いた。原子力の平和利用にも強い関心をもち、55年の原子力基本法の制定に大きく貢献した。

第3次佐藤栄作内閣時に自ら希望して防衛庁長官となる。「自主防衛」の推進を主張し、57年に策定の「国防の基本方針」を日米安保体制を補充的なものに改訂しようとしたが、野党の反発や閣内調整の不足から頓挫し、以降、現実の状況を見据えた政策にシフトする。石油危機の直前には、田中内閣の通産相として中東を歴訪し、日本の石油資源の確保に警鐘を鳴らしている。82年11月、首相に就任し、以後、87年11月まで5年間の長期政権をにない、多くのブレーンを活用した「トップダウン型」の政治指導により、外交・安全保障面でも多くの実績を残した（本文参照）。靖国参拝に固執する一方、83年2月の国会で、日本が過去に中国に発動した戦争は「侵略戦争」であったと認め、胡耀邦の立場に配慮して参拝を自重する、というバランス感覚ももち合わせていた。

中曽根は各国指導者との信頼関係を重んじ、盛んに「首脳外交」を繰り広げたが、それは「国際国家日本」という外交構想の実践であった。86年9月の国会でこう演説している。

「（日本は）これまでのような、世界の平和と繁栄の、ややもすれば一方的な受益者となりがちであった立場を真剣に見直し、応分の負担を引き受け、国際社会に積極的に貢献していかなければなりません。『世界の中の日本』から『世界と共にある日本』さらに『世界に貢献する日本』として、世界の平和と繁栄に責任を持つ日本を築いていくことこそ、『国際国家日本の実現』の真の意味です」

側にあり、侵略戦争の責任をになうべきA級戦犯とは区別されるべきであった。

日本政府は対応に苦慮するが、中曽根以降の一〇年間、首相の靖国神社公式参拝は公私にかかわらず自重される。後藤田正晴官房長官が、サンフランシスコ平和条約（講和条約）によって東京裁判の判決を日本が受諾したという事実を踏まえるならば、公式参拝を懸念する「相手の感情を無視することはできない」として、公式・非公式を問わず参拝を中止するよう党の有力者や閣僚を説得した結果であった。

【対ソ関係の停滞】

1985年3月、ソ連では、「新思考」外交をかかげたゴルバチョフが書記長となる。中曽根はただちに訪ソして新たな関係の構築を探るものの、その道筋は得られなかった。その一方、グロムイコに代わるシェワルナゼ外相は、86年1月に訪日し、八年ぶりに日ソ定期協議が開始される。安倍晋太郎外相がソ連の軍事力の削減を求め、ソ連側が、日本周辺の米軍基地の存在を理由にそれを否定するというパターンは同じだったが、領土問題の議論を拒まず、外相会談の定例化にも合意した。

ゴルバチョフは西側との対話を重視する姿勢に転じ、対日関係にも新局面が開かれるかに思われたが、ソ連邦内の保守派の抵抗は強く、結局、新たな対日方針の登場はソ連崩壊後を待たねばならなかった。

【ロン・ヤス憲章】

1986年7月には総選挙で三〇四議席という歴史的勝利をおさめた中曽根は、同年9月にはアメリカが主導するSDI（戦略防衛構想）研究への参加を決定、翌年1月には防衛費のGNP一％枠が撤廃される。

87年に入ると、日米間には貿易不均衡問題のほかにも、日本の技術力の挑戦の前にFSX（次期支援戦闘機）の選定問題がこじれ、また、東芝機械のココム（対共産圏輸出統制委員会）違反事件が発覚し、これらは議会を中心に「日本たたき」（ジャパン・バッシング）の恰好の材料となった。3月には、上下院は全会一致で、半導体協定違反を理由に、対日制裁のための課税を決議した。これを受けてレーガン政権は、小型カラーテレビ、コンピューターなどの日本製品に法外な一〇〇％の関税を課した。中曽根は87年4月、巨額の景気刺激策、政府調達の拡大策などの経済対策をもってレーガンとの首脳会談に臨んだものの、色よい返事はなかった。

同年9月の国連総会出席の折にもレーガンと会談した。実に一二回目の首脳会談であった。レーガンは中曽根政権の五年間で、世界の日本を見る目が大きく変わった、とねぎらった。この最後の会談では、両者は日米間の友情と信頼関係を深めることに貢献したこと、大統領は西側の団結に、首相は日本の対外イメージを高めたことなど、互いにたたえ合う「ロン・ヤス憲章」が私的に交わされた。なおも収まる気配のなかった経済摩擦の問題については、建設的に解決すべきこと、というメッセージが盛り込まれた。

【竹下内閣と国際協力構想】

1987年10月、中曽根は、蔵相を長く務めた竹下登を後継首相に指名して官邸を去った。11月に発足した竹下内閣は、早速「世界に貢献する日本」をスローガンにかかげた。

竹下の「国際協力構想」は三本柱からなっていた。①平和のための協力強化、②経済協力の強化、③国際文化交流の促進。①の具体的な取り組みは88年6月の国連軍縮特別総会での演説に示された。それは、平和の基盤づくりのための政治対話の促進、紛争予防活動への貢献、

光華寮《こうかりょう》問題と「雲の上」発言

京都市左京区に光華寮という名の中華民国留学生のための寮があり、戦後の1952年末から中華民国（台湾）の所有となった。だが、寮生の多くは中共支持派によって占められ、中華民国による管理を無視したため、67年9月、中華民国大使の名で、寮生の立ち退きを求める訴訟を京都地裁に起こした。問題は、審理中の72年9月、日中共同声明によって、日本が北京政府を中国の「唯一の合法政府」として承認し、中華民国との国交を断絶したことから起こった。

法的争点は、政府承認の切り替えによっても、中華民国政府は日本の裁判において当事者能力があるのか、光華寮の所有権は中華民国政府から北京政府に移転するのか、という2点であった。77年9月の第1審判決は、中華民国の当事者能力は認めたが、光華寮の所有権は北京政府に移転するとして、原告の請求を棄却した。しかし、控訴を受けた大阪高裁の判断は原告勝訴に傾き、87年2月、原告の表記を「台湾」と改めたうえで、当事者能力と光華寮の所有権を認め、被告側の控訴を棄却した。中国政府は、すでに原告勝訴を予測し、日本政府に注意を促していたが、大阪高裁の判決に対し、「二つの中国」を肯定するもので、日中共同声明と平和友好条約に違反するとして抗議した。

日本政府は、光華寮裁判には三権分立の立場から対応できない、と反論したが中国政府はこれに納得せず、3月末にも抗議を繰り返した。6月には、訪中した公明党の矢野絢也委員長に鄧小平自身が、防衛費の対GNP1％枠の撤廃の閣議決定に触れ、軍事大国化への懸念や軍国主義復活の動きに注意を促した。さらに光華寮問題について、中曽根康弘首相が問題を解決できるはず、と善処を求めた。また、日中貿易不均衡問題に関連し、日本はどの国よりも中国に対し借りが多いが、中国は国交回復の際には戦争賠償を要求しなかった、日本は中国の経済発展のため、もっと多くの貢献をすべきだ、と述べた。

これに対し、外務省幹部は、当日の記者懇談会で、鄧主任は「雲の上の人になってしまったのではないか、年をとると誰でも頭が固くなる（中略）中国要人の発言には日本は一喜一憂すべきではない」とコメントした。世俗を離れた高官を意味する「雲の上の人」が、中国語では「ボケ老人」の意味に訳されたため、中国側の激しい反発を招いた。

こうして日中関係は一挙に険悪化し、87年6月の日中定期閣僚会議でも、光華寮問題の本質を「法律問題」と見る日本側と、「原則問題」と見る中国側の溝は埋まらなかった。こうしたなかでも、第3次円借款供与に対する日本側の積極的な姿勢は変わらず、87年11月の中曽根内閣の退陣も転機となって中国側も対日批判を抑制するようになり、翌年の竹下登首相の訪中にも影響しなかった。

平和維持活動に対する人的貢献、難民への支援などであった。これらの具体化は90年代となるが、日本外交が新たに取り組むべき指針となった。88年夏から国連アフガニスタン・パキスタン仲介ミッションと国連イラン・イラク軍事監視団にそれぞれ外務省員一名を派遣した。わずか二名ではあったが人的貢献への第一歩であった。

②の具体策は、ODAの質と量の改善であり、過去五年間の実績総額の二倍に相当する五〇〇億ドルが目標とされた。この目標の実施を通して日本は、90年代に世界一の援助供与国となる。

ODA拡充策は、88年8月末の竹下の訪中の目玉として第三次円借款として結実する。新総書記となっていた趙紫陽《ちょうしよう》が進める改革・開放政策を支えることになる。竹下は敦煌《とんこう》における遺跡保存の協力も約束した。

88年9月の天皇の容態急変から翌年1月の崩御まで、首相の外遊は自粛された。89年2月下旬の大喪の礼を挟む一週間に、各国からの弔問使節は国際機関を含め、一九〇カ国を超え、二〇世紀では最大規模のものであった。

14-15 天皇崩御の号外に見入る人々

89年6月、竹下首相はリクルート事件で政治不信が高まるなかで辞任し、後任には宇野宗佑《そうすけ》が首相となるが7月の参議院選挙で自民党は大敗し、宇野内閣は短命に終わる。後任は海部俊樹《かいふとしき》であった。

第15章 ポスト冷戦

15-1　日米首脳会談　京都迎賓館前でブッシュ米大統領と小泉首相

年表

1990年（平成2年）
8月 2日 イラクがクウェートに侵攻, 湾岸危機始まる.
8月30日 湾岸危機に10億ドル支援決定（翌年1月までに130億ドル）.
10月 3日 東西ドイツ統一.

1991年（平成3年）
1月17日 多国籍軍, イラク攻撃, 湾岸戦争始まる.
4月24日 ペルシャ湾岸に海上自衛隊派遣決定.
11月 5日 **宮沢喜一内閣**発足.
12月25日 ソ連邦解体.

1992年（平成4年）
6月15日 PKO協力法成立. 9月17日, 自衛隊, カンボジアPKOに出発.
10月23日 天皇訪中（～28日）.

1993年（平成5年）
1月20日 米クリントン政権発足.
3月12日 北朝鮮, NPT（核拡散防止条約）脱退宣言.
5月29日 北朝鮮, 日本海に向けノドン1号を発射.
8月 4日 慰安婦問題で河野官房長官談話.
8月 9日 **細川護熙内閣**発足（55年体制崩壊）.

1994年（平成6年）
4月28日 **羽田孜内閣**発足.
6月13日 北朝鮮, IAEA（国際原子力機関）脱退声明.
6月30日 **村山富市内閣**発足.
7月18日 村山首相, 国会で「安保条約堅持」「自衛隊合憲」を表明.

1995年（平成7年）
1月17日 阪神・淡路大震災発生.
6月 9日 戦後50年国会決議（不戦決議）.
8月15日 村山談話（終戦50年談話）発表.
8月17日 アジア女性基金が主要紙に募金広告を掲載.
9月 4日 沖縄少女暴行事件発生.

1996年（平成8年）
1月11日 **第1次橋本龍太郎内閣**発足（11月7日, 第2次内閣）.
3月 8日 中国, 台湾沖でミサイル発射演習（台湾海峡危機）.
4月12日 日米, 普天間基地返還合意を発表.
4月17日 橋本・クリントン会談（日米安保再定義を発表）.

1997年（平成9年）
11月 1日 橋本・エリツィン会談（クラスノヤルスク合意）.

1998年（平成10年）
4月18日 エリツイン大統領訪日, 橋本首相と川奈会談.
7月30日 **小渕恵三内閣**発足.
8月31日 北朝鮮, 弾道ミサイル・テポドン発射実験.
10月 7日 金大中韓国大統領, 国賓として来日, 日韓共同宣言.
11月25日 江沢民中国国家主席来日, 日中共同宣言.

1999年（平成11年）
5月24日 97年ガイドライン関連法成立.

2000年（平成12年）
4月 5日 **第1次森喜朗内閣**発足（7月4日　第2次内閣）.
7月21日 九州・沖縄サミット開幕.

2001年（平成13年）
1月20日 米ブッシュ政権発足.
4月26日 **第1次小泉純一郎内閣**発足（03年11月第2次, 05年9月第3次）.
9月11日 米国同時多発テロ.
10月 7日 米英, アフガニスタン攻撃.
10月29日 テロ対策特措法成立, 11月下旬から海上自衛艦がインド洋で給油活動.

2002年（平成14年）
9月17日 小泉首相, 訪朝, 日朝平壌宣言に調印.

2003年（平成15年）
1月10日 北朝鮮 ,NPT脱退を宣言.
3月20日 米英など多国籍軍, イラク攻撃（イラク戦争）.
6月 6日 有事関連3法成立, 7月26日, イラク特措法成立.

2004年（平成16年）
5月22日 小泉首相再訪朝, 拉致被害者の家族と帰国.
6月14日 有事関連7法成立.
8月13日 沖縄国際大学に米軍ヘリ墜落.

2005年（平成17年）
12月14日 第1回東アジア首脳会議（EAS）.

2006年（平成18年）
8月15日 小泉首相, 終戦記念日に靖国神社参拝.
9月26日 **第1次安倍晋三内閣**発足.
10月 8日 安倍首相, 中国訪問（日中共同プレス発表）.
10月 9日 北朝鮮, 地下核実験の成功を発表.

2007年（平成19年）
4月11日（～13日） 温家宝首相来日.
9月26日 **福田康夫内閣**発足.
12月27日 福田首相訪中.

2008年（平成20年）
1月16日 新テロ特措法施行（2年間の時限立法）.
5月 6日 胡錦濤主席来日, 戦略的互恵関係の包括的推進共同声明.
6月18日 東シナ海ガス田開発について日中合意.
9月15日 リーマン・ショック発生.
9月24日 **麻生太郎内閣**発足.

2009年（平成21年）
1月20日 米オバマ政権発足.
4月 5日 北朝鮮のミサイルが日本上空を越え太平洋に落下.
5月25日 北朝鮮が2回目の地下核実験.
9月16日 **鳩山由紀夫内閣**発足.

2010年（平成22年）
5月23日 鳩山首相, 辺野古飛行場の県外移設を断念.
6月 8日 **菅直人内閣**発足.
8月10日 菅首相, 日韓併合100年談話を発表.
9月 7日 尖閣諸島沖で中国漁船が海上保安庁巡視艇に衝突.

2011年（平成23年）
3月11日 東日本大震災.
9月 2日 **野田佳彦内閣**発足.

2012年（平成24年）
4月11日 金正恩が朝鮮労働党第一書記に就任.
4月12日 石原東京都知事, 尖閣諸島の都による購入表明.
8月10日 李明博大統領, 竹島上陸.
9月11日 野田内閣, 尖閣諸島の「国有化」決定.
12月26日 **第2次安倍内閣**発足（14年12月第3次）.

2013年（平成25年）
11月23日 中国が東シナ海に防空識別圏を設定.
12月 4日 日本版NSC（国家安全保障会議）発足.

2014年（平成26年）
3月18日 ロシアがウクライナのクリミヤを併合.
7月 1日 集団的自衛権の限定的行使容認を閣議決定.

2015年（平成27年）
8月14日 戦後70周年談話（安倍談話）.
12月28日 慰安婦問題に関する日韓合意.

2016年（平成28年）
5月27日 オバマ大統領, 広島訪問.

2017年（平成29年）
1月20日 米トランプ政権発足.
7月29日 北朝鮮, 大陸間弾道ミサイル発射.

2018年（平成30年）
4月27日 南北首脳会談（金正恩・文在寅）, 板門店宣言.
6月12日 初の米朝首脳会談（トランプ・金正恩）.
10月25日 安倍首相, 7年ぶりに中国を公式訪問.
11月14日 日ロ首脳会談（56年宣言を基礎に平和条約交渉加速）.

2019年（平成31年）
2月27日 2回目の米朝首脳会談.

1 冷戦終結と日本外交の変容

【冷戦終結と政治の不安定】

１９８９年は未曾有の国際変動の年であった。東欧の民主化革命に続き、11月には東西ドイツを分断していたベルリンの壁が崩れた。ブッシュ大統領（父）は12月にマルタ島でゴルバチョフ・ソ連最高会議議長と会見し、冷戦構造の清算を宣言した。ブッシュとゴルバチョフは、さらに大胆な核軍縮と米ソ和解を進めた。そして91年末にはソ連邦は崩壊する。

米ソ冷戦の終結は70年代初頭の米中和解のような衝撃を日本外交に与えることはなかったが、安全保障という分野では二つの変化が起こった。その一つは、ソ連という長年の脅威が消滅したことである。もう一つは、大規模戦争の可能性は遠ざかったが、代わりに地域紛争が多発する可能性を高めたことである。要するに日本の安全保障環境は、きわめて不安定、不透明なものとなった。

他方、経済面では、80年代から歴代内閣を悩ませた日米経済摩擦が90年代半ばには鎮静化する。貿易不均衡は続いたが、アメリカの景気の回復と日本経済の低迷が摩擦を抑えた形となった。

日本は冷戦の「勝利者」ではあったが、「失われた一〇年」といわれたように、経済は低迷し、政治の不安定は克服されなかった。93年には自民党がついに政権を手放し、38年余りも続いた「55年体制」はいったん終わる。自民党を含まない初の連立政権として細川護熙《もりひろ》内閣が生まれる。94年6月には、自民党は社会党委員長の村山富市《とみいち》を首相に推して、社会・さきがけと連立を組み、政権復帰を果たした。だが、その後も２００１年の小泉純一郎内閣まで、橋本龍太郎、小渕恵三《おぶちけいぞう》、森喜朗《よしろう》と短命内閣が続く。１９８９年の海部俊樹《かいふとしき》内閣から２０１２年に発足の安倍晋三《しんぞう》内閣にいたるまで、なんと一六代の首相が交代している。

だが、日米同盟のみは、揺らぎながらも深化を遂げていった。福田康夫《やすお》首相は、日米同盟をアジア太平洋地域の「公共財」と位置付け、域内の交流や交易のリスクを軽減する「安定装置」とみなしたが、そうした同盟観が次第に定着していった。

15-2　ベルリンの壁に立つ東西両ドイツ市民

【世界の安全保障にどうかかわるか—湾岸戦争】

１９９０年８月初旬、イラクが突如としてクウェートに侵攻し、併合してしまう。国連安保理事会は、イラクが撤退しないとみるや、11月、武力行使を容認する決議を採択し、翌年１月には、アメリカを中心とする多国籍軍がイラク軍をまたたく間に圧倒し、２月末にはクウェートは解放される（湾岸戦争）。

日本自身の安全に直接関係しない世界の安全保障問題に、どう関与するのか。この新たな問題に直面したのが海部内閣であった。ブッシュ大統領は、イラクの侵攻直後から海部に掃海艇や輸送艦の派遣を求めた。90年８月末、海部首相は、多国籍軍に対する輸送や物資協力、医療協力、資金協力などを発表する一方、自衛隊による後方支援など人的貢献策を探った。急きょまとまった国連平和協力法案は、肝心の自衛隊の派遣について行動の準備も関係国内法との整理も不十分で、国会を紛糾させ、同年11月に廃案となる。

結局、日本の貢献は、総額一三〇億ドルにのぼる巨額の資金協力に限られた。資金協力は増税によるもので、ドイツなどと比較しても大きな額であり、米軍の活動の相当部分は日本の資金手当てによるものであった。停戦成立後にペルシャ湾に派遣された海上自衛隊の機雷掃海作業は実績をあげ、各国の専門家の間では高く評価された。

しかし、こうした貢献も国際的には不十分とみなされ、とくにアメリカにおいて対日批判が高まり、日米関係は一時的に危機におちいった。湾岸戦争への対応は、日本外交にとっては深刻なトラウマとなった。

【カンボジアＰＫＯ】

湾岸戦争への対応が不十分だとする対日非難は、ただちに日本政治にはね返り、国際安全保障のために何をなし得るかをめぐって国会内外で論争が続いた。議論の中心は、国連の平和維持活動への参加問題であった。

15-3　ペルシャ湾で機雷除去作業をする掃海艇あわしま

折から、一〇年以上も続いたカンボジア内戦が収束に向かっていた。紛争の背後にあった大国間対立が後退すると、１９８９年にベトナムはカンボジアから撤退し、カンボジア内の四派対立も緩和する。91年10月にはパリ国際会議で、包括的政治解決に関するパリ和平協定が採択された。この間、日本は和平プロセスやカンボジア復興構想に積極的な役割を果たしていた。パリ和平協定を実施するためのＵＮＴＡＣ（国連カンボジア暫定統治機構）の特別代表には国連事務次長の明石康《あかしやすし》が任命され、92年３月から活動を開始した。

宮沢喜一内閣は、国連の平和維持活動に自衛隊員を参加させるため、新たな立法措置を進め、自民、民社、公明の三党の協力によって、国際平和協力法（ＰＫＯ協力法）を92年６月に成立させた。カンボジア

カンボジアPKO―国際安全保障への「人的貢献」

15-4　カンボジアにおけるPKO
駐屯地住民との交流や教育支援も重要な活動の一つ

国連は、紛争地域の平和維持や平和回復を助けるため、加盟国による自発的な協力としてPKO（平和維持活動）を発展させてきた。冷戦時代は軍人が中心であったが、冷戦後は、紛争後の復興支援、選挙支援、難民対策など任務も多様なものとなり、軍人以外にも行政官、警察官、選挙の専門家などが参加している。

国連加盟後、日本は何度かPKOに対する要員派遣の要請を受けてきた。外務省はその都度、自衛隊を中心に、組織的な派遣を模索するものの、自衛隊はおろか、文民の派遣さえ実現しなかった。その理由は、結局、国際安全保障という問題にどうかかわるかという問題で国会内外の世論が分裂し、推進力となる「政治の意思」が形成できなかったことが大きい。

事態を動かすきっかけは、1988年に竹下登首相が、要員の派遣を含む国際協力構想を打ち出したことにある（321頁）。竹下構想のもとで、PKO参加体制の準備が進められている矢先、90年、湾岸戦争が発生し、要員派遣は現実のものとなる。紆余曲折の末、92年に国際平和協力法が成立し、自衛隊の参加が可能となった（本文参照）。最大の課題は、平和維持部隊と憲法の整合性にあったが、PKO参加5原則を歯止めに切り抜けた。

92年春、パリ和平協定に基づいて活動を開始したUNTAC（国連カンボジア暫定統治機構）のもとに、施設大隊600人、停戦監視要員60人、文民警察75人、選挙監視要員41人が派遣された。

93年5月、カンボジア和平プロセスは、90％近い投票率の総選挙の成功をもって幕を閉じた。宮沢喜一首相は「真の勝利者はカンボジア国民である」と祝福の声明を発表した。

この間、文民警察官が犠牲となり、PKO要員の撤収論が高まるなかで、宮沢は現地にとどまる決断を下し、施設大隊による文民の安全確保に踏み込む。武器使用を厳しく制限された施設大隊は、危険がともなったが、UNTACの一員として公平に任務を遂行し、信頼を獲得していった。

カンボジアでは国連PKOの撤収後、戦犯法廷の設置について、カンボジア政府が国内法廷を主張し、国際法廷を求める国連と対立したが、日本はそれを仲介し、最終的に外国人判事も加わる国内法廷で合意した。日本の貢献は要員派遣だけではなかった。こうした仲介や和平工作を含む総合的な政策で対応し、日本外交の新時代を開いた。

2001年の9・11事件後、日本政府は、PKO政策を和平プロセスの促進、人道・復興支援と併せて、「人間の安全保障」の視点に立つ「平和の定着」政策に位置付けるようになる。

日本はこれまで、27のミッションに延べ1万2500人を派遣した（17年末現在）。最近では、南スーダンに派遣された施設部隊が、12年から17年までインフラ整備などにあたった。

の和平はたんにカンボジアにとどまらず、アジア全域の政治の民主化、国際関係の安定、経済面の地域協力にとって大きな意味をもった。

実際の自衛隊の活動範囲は、憲法の厳格な解釈から、かなり制限されたものとなる。停戦監視や武装解除など、武力行使に巻き込まれる可能性のあるＰＫＯ本体業務への参加は、当面凍結され、実質的に後方支援業務にとどまった。それでも、ＰＫＯ協力法のもとで92年9月から一年間に一二〇〇名もの自衛隊員がカンボジアに派遣され、ＵＮＴＡＣのもとで主に社会インフラの整備にあたった。

国連ＰＫＯ活動への参加は湾岸戦争における「外交敗戦」の挽回という面だけでなく、福田ドクトリン以来の、インドシナとＡＳＥＡＮの共存による東南アジアの安定という目的に一歩近づく成果であった。ＰＫＯ活動への参加はその後も継続されるが、総理府（01年から内閣府）による世論調査でも、「国民の支持（現状維持＋積極参加）は常に七割を超えた。

宮沢《みやざわ》喜一《きいち》（1919～2007）

東京都出身。東京帝大を卒業し、1942（昭和17）年に大蔵省に入省。学生時代の39年、日米学生会議の日本代表として渡米し、日本で学んだ英語がいかに使いものにならないかを知り、独学で英語の習得に精を出し、やがて「政界随一」といわれる英語力を身につけた。

戦後は52年に大蔵省を退官するが、池田勇人の勧めで参議院議員となり、池田・ロバートソン会談、池田・ケネディ会談などにつねに側近として仕えた。62年には42歳で経済企画庁長官となり、池田の逝去後も佐藤栄作内閣で通産相、三木武夫内閣で外相などを歴任する。やわらかな語り口とリベラルな主張は、自民党の「ニュー・リーダー」として期待されるようになる。しかし、派閥政治のかけひきによって露骨に権力の座をめざす、といった行動を嫌い、首相となったのは73歳の91年11月であった。

通産相時代の繊維問題や、首相時代の経済摩擦への対応に見られるように、自由や民主主義を共有する先進国として、アメリカには公正な態度を期待し、GATTのルールを逸脱するような不条理・不公正な姿勢には厳しくあたった。その一方、慰安婦問題のように、アジアの被害者からの訴えには真摯に向き合い、「常にこちら側から手をさしのべる」という姿勢で一貫していた。

15-5　宮沢喜一

宮沢外交の貢献は、カンボジアにおける国連平和維持活動への自衛隊の派遣を可能にする道筋をつけたことである。92年、国際平和協力法（PKO協力法）を、野党の反対や憲法上の障害を克服して成立させる。選挙監視にあたっていた日本人文民警察官が殺害され、撤収論が高まっても国際的信用とPKO活動の意義を重んじ派遣継続を決断した。93年8月に首相を退いたあとも、小渕恵三首相に請われ蔵相となり、森喜朗内閣でも蔵相（のち財務相）を務めた。2007年6月、私邸で逝去。遺族は本人の意向に従い、すべての叙勲を辞退した。

【「周辺事態」への対応】

１９９３年３月、核開発に向けプルトニウムの抽出を進めていた北朝鮮はＩＡＥＡ（国際原子力機関）の核査察に反発して、ＮＰＴ（核拡散防止条約）からの脱退を宣言した。94年に入るとアメリカは核開発を阻止するため、軍事行動の準備に入り、在日米軍は臨戦態勢をとり、朝鮮戦争以来の戦争の危機に直面した。日本から遠く離れた湾岸戦争に比べて身に迫る危機であった。北朝鮮の核危機は、朝鮮半島有事のような危機が発生したとき、日米安保条約にそれに備えた運用規定がなく、日本がどこまで軍事協力が可能かがあいまい、という問題を露呈させた。

同じころ日米両政府は、日米安保体制を冷戦後の安全保障環境に位置付け直す作業を進めていたが、北朝鮮の核危機はこの作業に大きな影響を与え、安保体制の運用見直し、信頼性を高める作業を加速させた。この作業は日米安保の「再定義」と呼ばれ、その結果は、96年4月のクリントン大統領と橋本龍太郎首相との間の日米安全保障共同宣言に反映される。

日米安保共同宣言は、ソ連の脅威が去ったあとの安保条約の意義は、伝統的な軍事的脅威に加え、テロや大量破壊兵器の拡散など新たな脅威に備えるためであることを示したが、その眼目は、宣言に盛り込まれた78年のガイドライン（日米防衛協力のための指針）の見直しにあった。中国は95年8月と翌年3月、初の台湾総統選挙を前に、ミサイル発射演習を実施して台湾を牽制する姿勢を示したため、米国が空母派遣の構えを見せた（台湾海峡危機）。これもガイドラインの見直しを後押しした。

97年9月にまとまった新ガイドラインの特徴は、日本の周辺地域において、日本の平和と安全に重要な影響を与えるような事態（周辺事

15-6　日米安保共同宣言に署名するクリントン米大統領と橋本首相

態）が発生した場合の対応にあった。旧ガイドラインが、日本有事の際の自衛隊と米軍の協力の明確化にとどまったのに対して、日本への直接攻撃でなくても、朝鮮半島有事の場合の共同行動や協力の大枠を定めた。橋本内閣は、周辺事態とは地理的なものでなく、事態の性質に着目したものとする政府見解を貫き、台湾海峡が「周辺」に含まれるか否かについても「戦略的あいまいさ」を保持したまま退陣した。次の小渕内閣は、参議院選挙の敗北で「ねじれ国会」のなか難産の末、周辺事態法などガイドライン関連法案を成立させた。

日米安保の「再定義」とは、冷戦後の新たな国際環境に安保条約や憲法をそのままにして安保体制を適応させるという難題を克服するプロセスであった。

【普天間移設問題】

1995年9月、日米同盟を揺るがしかねない事件が沖縄で発生した。米兵による少女暴行事件である。同様の悲劇の繰り返しに、沖縄の基地負担に抗議する大規模な県民集会が開かれる。日米両政府は、事件から二カ月後、沖縄の基地再編・統合に改めて取り組むため、ＳＡＣＯ（沖縄に関する特別行動委員会）を立ち上げる。

米国政府は、ＳＡＣＯの検討を踏まえ、市街地に囲まれ、老朽化した普天間飛行場を返還することで、沖縄情勢の鎮静化や日米安保の「再定義」を促す、という判断に傾き、96年3月には普天間返還を検討する旨を日本側に伝え返還条件について協議を求めた。4月初旬に橋本首相とモンデール大使とが記者会見で普天間の返還合意を発表した。普天間返還の条件は、新たなヘリポートの建設、一部機能の嘉手納飛行場への移転などであった。

翌97年11月、ＳＡＣＯは、沖縄米軍の一一施設の全面返還や地位協定の運用改善などに合意する最終報告を提出した。だが、その目玉である普天間飛行場の代替施設の場所（県内か県外か）や規模は未定とされた。その後、普天間返還と沖縄の負担軽減を両立させる妙案をめぐって日米協議が続くものの、結局、2006年に名護市辺野古沖を埋め立てるという現行案に行き着く。

15-7　米軍普天間飛行場

【人間の安全保障】

安全保障を国家間の問題としてよりも、個々の「人々」を襲う恐怖や欠乏からの安全確保の問題として提唱したのは1994年に国連開発計画による「人間開発報告

小《お》渕《ぶち》恵《けい》三《ぞう》（1937～2000）

15-8　小渕恵三

群馬県出身。都立北高から1958年に早稲田大学文学部に入学。その直後、衆議院議員に再選を果たしたばかりの父・光平が急逝し、その志を継ぐため政治家の道を決意する。62年に同大学院政治学研究科に進学。翌63年、沖縄を皮切りに単身で世界38カ国を巡る。ワシントンでは一介の学生の面会に応じたロバート・ケネディ司法長官の開かれた姿勢に感銘を受ける。同年秋の総選挙で、福田赳夫、中曽根康弘、社会党2名の大物候補と同じ群馬三区で争い、26歳にして当選。憲政史上でも稀な「院生議員」となる。79年、大平内閣の総理府総務長官・沖縄開発庁長官として初入閣。87年11月、竹下内閣の官房長官となり、総理とともに、国民の声に広く耳を傾ける「開かれた官邸」をめざした。昭和天皇の崩御にともなう昭和から平成への代替わりを支えた。

橋本内閣の外相となり、とくに対人地雷全面禁止条約（オタワ条約）の成立に熱心に取り組み、内外の反対論を押し切って署名した。「人間の安全保障」という新たな国際安全保障への日本のコミットメントの先がけであった。98年7月、総理大臣に指名され、秋には金大中大統領、江沢民主席を迎え、金大統領との間では、画期的な日韓共同宣言（21世紀に向けた新たな日韓パートナーシップ）を発表する（334頁）。

2000年サミットの開催国として沖縄開催を決断した。学生時代から何度も沖縄に足を運んでいた小渕は、沖縄の苦闘の歴史にことのほか強い思いがあった。だが、サミット開催を目前にした00年4月、脳梗塞に倒れ、そのまま62歳の生涯を閉じた。21世紀を目前に控え、「富国有徳」を基本に国家のめざすべき方向を模索したが、道半ばに終わった。

村山富市元首相は、国会における追悼演説で、「ブッチホンという造語が流行語大賞に選ばれるほど、常に市井の声に耳を傾け、国民と同じ目線で物事を見る屈託のない姿勢は、国民の共感するところ」と、その謙虚で庶民的な人柄に何度も言及した。

書」であった。日本政府は、「人間の安全保障」という問題に高い関心を払ってきた。とくに小渕恵三首相が熱心に取り組んだ。

小渕が外相時代に取り組んだ具体的な施策として、例えば対人地雷問題がある。97年3月、日本政府は対人地雷に関する東京会議を主催し、地雷除去、技術開発、犠牲者支援についてガイドラインの取りまとめに中心的な役割を果たし、同年末の対人地雷全面禁止条約（オタワ条約）の成立を導いた。首相となった小渕は、「人間の生存、生活、尊厳を脅かすあらゆる種類の脅威」に対応する人間の安全保障基金の設置のためイニシアティヴをとった。次の森喜朗首相も、２０００年9月のミレニアム・サミットで、アフリカ地域を念頭に置きながら、人間の安全保障を外交の柱とする考えを示した。森首相は、この問題への国際的な取り組みを促すための国際委員会の設置を提唱し、翌年1月にアナン国連事務総長と、元国連難民高等弁務官の緒方貞子の主導によって人間の安全保障委員会が設立される。

「人間の安全保障」という観点は、03年に改定された「政府開発援助大綱」において開発援助の基本方針の一つに加えられ、日本外交の一角を占めるにいたった。

【アジア太平洋―「開かれた地域主義」】

アジア太平洋地域は、制度的な枠組みがないにもかかわらず、１９８０年代を通じて実態として貿易・投資が大きく伸び、急速に経済成長が実現した。その一方、米国市場への高い依存度と貿易不均衡が問題化し、持続的成長と貿易拡大を確保するため、政府間調整の場が必要になり、89年にＡＰＥＣ（アジア太平洋経済協力）が創設される。欧州で進む市場統合に対抗するという側面もあった。日本はオーストラリアとともにＡＰＥＣの創設に積極的な役割を果たしたが、貿易摩擦を抱えていた日米経済関係を、地域的な枠組みを構築することで安定した関係にしたいという期待があった。２０１７年現在、二一の国と地域が参加している。

ＡＰＥＣのかかげる「開かれた地域主義」の理念は、ＧＡＴＴ／ＷＴＯ体制を支える自由・無差別のグローバル・ルールのもとで、50年代からの日本の経済外交を貫く原則でもあった。ＡＰＥＣにおける多国間の貿易自由化の取り組みは、交渉合意に基づく拘束力をもたず、参加国の自発性を重視することから、自由化は思うように進まなかった。そこで各国は通商政策の選択肢を、自国の利益に沿って形成しやすい二国間や地域的なＦＴＡ（自由貿易協定）に広げることになった。貿易における「地域主義」の端緒となったのが、ＥＵ（ヨーロッパ連合）の市場統合と北米におけるＮＡＦＴＡ（北米自由貿易協定）であった。

グローバル・ルールに基づく貿易政策を重視してきた日本も、90年代末には、それまで消極的だったＦＴＡの締結へと舵を切る。２０００年の『通商白書』は、ＧＡＴＴ／ＷＴＯ体制の強化を基本としつつも、東アジアでの地域協力（リージョナリズム）や各国との二国間通商貿易関係（バイ）を組み合わせた「重層的な通商政策」をめざすことを初めて政府の方針とした。こうして02年には初のＦＴＡとしてシンガポールとの間でＥＰＡ（経済連携協定）が締結される。

ＥＰＡは、貿易の自由化に加え、投資や人の移動など幅広い分野でのルールづくりを含む協力関係を築こうというもので、特定業種の外国人労働者の受入れ拡大など国内の規制緩和に及ぶ場合もある。二一世紀には、さらにＥＰＡが増えていく。

国際金融でも、97年のアジア通貨危機後、日本は、東アジア諸国が通貨・金融危機に備え、外貨を融通し合う地域枠組みを推進し、地域金融協力（チェンマイ・イニシアティヴ）を２０００年に構築した。

経済的相互依存の深化、実態としての経済統合の進展というアジア太平洋域内のダイナミックな発展が１９９０年代の地域協力構想を押し上げたのである。

地域協力という意味では、通貨危機後に形成されたＡＳＥＡＮ＋３（日中韓）という協力枠組みと、94年に成立したＡＲＦ（ＡＳＥＡＮ地域フォーラム）が重要である。「協調的安全保障」と呼ばれる後者は、新しい安全保障の仕組みとして、ＡＳＥＡＮが中心となって紛争予防や相互信頼をはかる協議体であり、日本が設立に大きく貢献した。

【天安門事件後の中国と日本】

中国では、１９８９年4月、改革派のリーダーであった胡耀邦《こうようほう》の死を契機に、学生や市民の民主化運動が一挙に拡大した。6月初旬、中国指導部は北京を戒厳令下に置き、戒厳軍によって天安門広場の学生デモ隊を実力で排除するという天安門事件が起こった。

欧米諸国は中国を厳しく批判し、宇野宗佑内閣もＯＤＡの凍結を発表した。しかし、事件直後に開催されたアルシュ・サミットでは、他の西欧諸国が人権問題を重視するのに対し、日本政府は、改革・開放路線の堅持への期待と、中国を孤立に追い込むこと

15-9　天安門事件　戦車の進路を阻止する市民

の不利益を説き、結果として日本の主張が宣言に盛り込まれる。中国を国際社会から排除せず、改革路線を支えるというのが日本の対中政策の基本であった。海部俊樹首相は、91年8月、天安門事件後、西側先進国の首脳としては初めて訪中し、改めて改革・開放路線への期待を語り、11月には円借款の凍結解除を決定した。

中国は西側諸国の民主化圧力のなかで、改革・開放を続けて国際社会に復帰するか、閉鎖的な体制をより強化するか、という選択に迫られた。92年、鄧小平《とうしょうへい》は前者を決断し、中国共産党大会は「社会主義市場経済」を公式に表明した。市場経済に積極的に参入することで体制の基盤を強化する道を選んだ。この決断が世界から投資を呼び込み、中国は年一〇%を超える経済成長の時代を迎える。

92年10月、日中国交正常化二〇周年を記念して、天皇の中国訪問が実現した。江沢民《こうたくみん》総書記が希望したものであった。歓迎宴において天皇は、両国の長い歴史において、「わが国が中国国民に対し多大の苦難を与えた不幸な一時期がありました。これは私の深く悲しみとするところであります」と述べた。

天皇の「お言葉」は、日本にとって戦後の日中関係の一つの区切りであった。その一方、中国は、92年2月には独自の領海法を制定し、南シナ海はもとより、日本の領土である尖閣諸島も中国の領土であると規定した。だが日本は、政局の混乱もあってか、これを大きく問題視することはなかった。

93年の自民党の下野——55年体制の終焉に中国はとまどった。だが、多党連立政権をひきいた細川護熙《もりひろ》首相が記者会見で日中戦争を「侵略戦争」と認め、所信表明演説でも、過去の「侵略行為」に反省とお詫びを述べたことから、中国はこれを歓迎した。さらに、95年の終戦五〇周年を機に村山内閣が、いわゆる村山談話を発表する。こうして日中の歴史問題は終息に向かうかに思われたが、同じころ中国では、

村山談話

1995年の終戦記念日に発表された村山富市首相の談話（戦後50年談話）の核心部分は、日本の「植民地支配と侵略」によって被害を受けたアジア諸国民に対する「痛切な反省」と「心からのお詫び」の表明である。

過去の戦争や植民地支配について、公的検証の必要性が国会などで指摘されてきたが、政府はそれを避け続け、よるべき統一的な見解を形成できなかった。その結果、歴史問題に関する政府の説明は著しく一貫性を欠き、閣僚や政府要人による「失言」と「謝罪」の悪循環に陥っていた。首相による謝罪や反省は珍しくなかったが、その言葉の「軽さ」が目立っていた。しかし、村山談話は一時しのぎではなく、政権交代によっても踏襲されるべき政府の意思表明として外務省と首相官邸で立案され、閣議決定を経たものである。

談話は、国内の歴史認識の分裂を統合に向かわせるものではなかったが、揺らいでいた政府の歴史認識を一応確立させ、その後の政府首脳の発言を抑制する効果があった。「侵略戦争か否かは、考え方の問題だ」といった発言は少なくとも閣僚からは聞かれなくなった。冷戦の終焉や自民党政治の揺らぎを背景に、アジア諸国民の被害に誠実に向き合おうとした90年代前半の歴代政権の問題意識が底流にあった。

15-10　村山富市

靖国神社参拝に固執していた小泉純一郎首相も、歴史問題に関する公的発言では村山談話に忠実であった。最初の参拝時の首相談話、2005年4月のアジア・アフリカ首脳会議におけるスピーチ、同年の終戦60周年談話などは村山談話の内容を踏襲していた。さらに、近隣諸国にもかなり浸透し、98年の日韓共同宣言（21世紀に向けた新たな日韓パートナーシップ）の案文作成の基礎ともなった。

対外開放政策を引き締める「愛国主義教育」が強化され、抗日戦争の正当性が歴史教育を通じて徹底され、中国メディアも大きくこれを報じ、村山談話は埋没気味であった。

【慰安婦問題の浮上】

1980年代後半、韓国では政治の民主化運動が盛り上がり、87年には盧《ノ》泰愚《テウ》大統領による民主化宣言(六・二九宣言)によって大統領の直接選挙制などが実現していく。90年2月、訪日した盧との会談で、海部首相は「過去の一時期、朝鮮半島の方々がわが国の行為により、耐え難い苦しみと悲しみを体験されたことについて、謙虚に反省し、率直にお詫びの気持ち」を語った。天皇も歓迎宴で「痛惜の念」を表明した。盧大統領は、歴史問題の核心は解決されたと語り、未来志向の関係への取り組みが確認された。

しかし、次の宮沢内閣で日韓の外交問題として浮上した慰安婦問題によって、その成果は埋没してしまう。韓国では政治的民主化の結果、とくに市民団体が政治に影響力をもつよ

慰安婦問題とアジア女性基金

15-11　慰安婦問題に関し日韓両政府が合意

戦時のアジア太平洋における慰安婦の存在は早くから知られていたが、もっぱら民間業者が慰安婦を集め、軍の駐屯地に慰安所をつくり将兵に性的サービスを提供するもの、と理解されていた。だが、1980年代末には、慰安婦を強制連行事件の一環とみなす女性団体の動きが活発となり、91年12月には、韓国人元慰安婦が謝罪と補償を求めて東京地裁に提訴するという、日韓問題に発展した。

宮沢喜一内閣はこの問題を重視し、92年に入ると慰安婦の募集段階における「軍の関与」がほぼ明らかとなったことから、1月中旬に訪韓した宮沢首相は反省と謝罪を繰り返し、本格的な調査を約束した。同年7月、政府は最終的な調査結果を公表したが、軍による暴力的な強制連行を示す資料は発見されなかった。さらなる真相究明と適切な措置を求める韓国側の要請に応じ、宮沢内閣は、広範な調査と日韓間の調整を経て、93年8月、河野洋平官房長官談話を発表した。談話は、韓国側が重視する「強制性」について、「当時の朝鮮半島は我が国の統治下にあり、その募集、移送、管理なども、甘言、強圧によるなど、総じて本人たちの意思に反して行われた」と表現された。韓国政府は、河野談話を「軍隊慰安婦の募集、移送、管理などにおいて全体的な強制性を認定」したもの、と評価する論評を発表した。

「お詫びと反省の気持ち」を表す具体的な方法に取り組んだのは94年に成立した村山富市内閣であった。村山内閣は「道義的立場」から責任を果たすため、「幅広い国民参加の道」を探った。その結果、95年7月、国民から寄付を募り、運営には政府も協力する形の国民基金方式として「女性のためのアジア平和友好基金」(アジア女性基金)を発足させた。

直接的な国家補償を求める内外の市民団体や政党からは、国家責任を回避する措置であるとして、基金構想は激しい批判の対象となった。しかし、政府は明確な国家補償の立場をとることはできなかった。国家補償(国庫支出)に踏み込む場合は、個人補償を含む請求権の相互放棄を規定したサンフランシスコ講和条約や日韓請求権協定の法的枠組みを踏み外す可能性があった。

基金の中心的事業は、①元慰安婦に対する1人200万円の「償い金」の支給、②首相の「お詫びの手紙」、③政府資金の拠出による医療・福祉支援事業、であった。2007年の事業の終了までに6億円余りの寄付が集まったが、①②の事業は必ずしも順調ではなかった。韓国政府は、当初、この基金方式を受け入れたが、金大中政権となって否定的となり、多くの韓国人元慰安婦も基金による「償い金」の受け取りを拒否するようになる。1999年に基金事業の中止を余儀なくされる。他方、フィリピン、インドネシア、オランダ、台湾については、肯定的評価のもとで実施され一応の成功を収めた。

基金事業は日韓間の慰安婦問題を決着させることはできなかった。慰安婦問題が国際的な人道・人権問題として展開するなかで、基金事業は一定の評価を得たものの、それを超えた法的対応を求める声が消えなかった。さらに、2000年代には、アメリカや韓国で慰安婦の記念碑や慰安婦の銅像が次々に建立されていく。

こうしたなか、日韓の間では15年12月の外相会談の合意において、元慰安婦に対する支援を目的に、韓国政府が財団を設立し、これに日本政府が資金を拠出すること、これによって慰安婦問題が「最終的かつ不可逆的に解決される」こと、併せて両国政府はこの問題で国際社会において互いに非難・批判を控えることを確認した。

うになり、それまで埋もれていた慰安婦問題が女性団体によって大きく取り上げられ、日本政府は対応に苦慮することになる。

宮沢首相は、日韓基本条約や講和条約体制の法的枠組みを逸脱しない範囲で、道義的観点に立って、何らかの「償い」が必要との考えから、まず慰安婦問題に関する政府調査に着手した。宮沢内閣は、調査結果に基づいて日本軍の関与を認め、93年8月に「河野洋平官房長官談話」を発表する。河野談話は元慰安婦に対するお詫びと反省の気持ちをどのように表すか、検討を約束していたが、94年に発足した村山内閣がアジア女性基金として具体化させる（コラム333頁）。

【金丸訪朝】

アジアの経済発展と民主化から取り残された国が北朝鮮であった。１９９０年９月に金丸信《しん》元副総理と田辺誠社会党副委員長を団長とした金丸訪朝団が平壌に降り立つ。88年に盧泰愚が「韓国は中ソとの関係樹立をめざす。北朝鮮が日米と関係改善をめざすならば、協力する」と宣言したことが金丸訪朝に結びついた。

金日成《キムイルソン》主席と長時間会談した金丸は、不幸な過去を詫び、償いたいという誠意を伝えた。北朝鮮は日朝国交正常化のため政府間交渉を求めてきた。それまで北朝鮮は、日本が南北双方と国交を樹立することは朝鮮分断を固定化するものだ、と反対してきたが方向転換をはかった。自民、社会、朝鮮労働党の3党共同声明の作成の段階となり、「戦後の償い」が問題となった。北朝鮮は植民地支配の時代だけでなく、戦後の国交がなかったことにも「償い」を求め、共同声明には、早期の日朝国交正常化とともに、戦後の償いが盛り込まれた。声明を受けて政府間交渉が行われるが、北朝鮮の核開発疑惑や拉致疑惑が浮上して頓挫した。

【金大中と江沢民の訪日—日韓・日中共同宣言】

１９９８年２月に大統領となった金大中《キムデジュン》は、対日関係の改善に強い意欲を示し、「過去清算」を求める一方、戦後日本の平和的発展にも肯定的な眼を向け、日本文化の解禁にも積極的となっていた。同年10月、国賓として来日した金は小渕首相と会談し、日韓共同宣言（二一世紀に向けた新たな日韓パートナーシップ）を発表した。この日韓共同宣言は、村山談話そのままの表現をもって日本政府が韓国国民に植民地支配を謝罪し、韓国側がそれを真摯に受け入れるという構成になっている。

さらに、共同宣言では、両国が民主主義や自由主義といった普遍的な価値と政治経済体制を共有することを確認していた。派手な演出もなかったが、内容からすれば戦後の日韓関係にとって画期的な共同宣言であった。さらに金は、今回の訪問で日本側から明確な謝罪があれば、今後は韓国から歴史問題を持ち出すことはないとも述べ、日韓関係の未来志向を強調した。日韓の間では歴史問題の再燃は終わりを告げたかに見えた。

98年11月、今度は中国の江沢民国家主席が国賓として来日した。中国側は事前の協議で、日韓共同宣言には「痛切な反省と心からのお詫び」という言葉が入っていたことから、共同宣言に「お詫び」の言葉を挿入することを主張した。しかし日本側は、「お詫び」はすでに日中共同声明や村山談話などで表明済みで、また92年の天皇訪中で歴史問題は一定の区切りをつけたはず、として認めなかった。宮中晩さん会における天皇の歓迎の辞は、過去の戦争に言及しなかったが、江は日本軍国主義による対外拡張政策を厳しく批判した。結局、共同宣言には江も小渕首相も署名せず、署名なき共同宣言という異例の事態となった。

こうした事情を背景に、江は歴史問題に関する発言を繰り返し、早稲田大学における講演でも、過去の日本の侵略行為を強く批判した。しかし、江の歴史問題に関する厳しい発言はやや個人的な思いが込められ、訪日後に日中関係が悪化したわけではなかった。その後の中国は、小渕首相が推進したASEAN＋3（日中韓）の協議枠組みや日中韓の首脳会談の定着に好意的に応じている。

【エリツィン期の日露関係】

冷戦後の日ソ（ロ）関係は振れ幅が激しかった。1991年4月、最後のソ連指導者としてゴルバチョフが来日し、海部首相と共同声明に署名した。共同声明には北方四島の名称を挙げて領土問題の解決を含む平和条約に関する協議が行われたことが記された。同年末にはソ連邦は崩壊して一五の独立国からなるロシア連邦が誕生し、エリツィンが権力を掌握して大統領となる。

エリツィンは親西側外交を展開するなかで、92年3月、コズイレフ外相が来日し、渡辺美智雄外相との非公式会談において、歯舞・色丹の引き渡しをもって平和条約を結び、その後に国後・択捉に関する交渉を継続し、四島問題の解決をめざすという提案を行ったとされる。しかし、日本側は、国後・択捉の引き渡しに関する保証が不十分として、交渉の基礎として認めなかった。訪日予定であったエリツィンは、直前にキャンセルした。その理由は、エリツィン自身によれば、日本側の四島一括返還の主張にあった。

93年10月に来日したエリツィンは、細川首相との間で、四島の帰属問題を解決して平和条約を締結するという東京宣言を発表。基本的には海部・ゴルバチョフ共同声明の合意内容を再確認するものであった。この頃から、ロシア指導部の関心事は、国内政治の安定と経済発展に置かれるようになり、ロシアの改革支援が、領土問題とならぶ日本の対露政策の柱となる。市場経済の運営のための技術協力や安全保障対話も進む。

大統領に再選されたエリツィンは、97年11月、橋本首相とクラスノヤルスク会談に臨み、大胆にも2000年までに平和条約の締結をめざすことに合意した。日露経済協力の発展の指針として橋本・エリツィン・プランも決まる。11月下旬のAPEC首脳会議で、橋本は1998年からのロシアのAPEC加入の導き役となった。橋本のねらいは、中国を牽制するためにロシアをアジア太平洋のプレーヤーの一員に引き入れる、というものであった。

翌98年4月、伊豆の川奈における二度目のエリツィンとの会談では、橋本は平和条約で北方四島の北側に日露の国境線を画定し、別途合意するまでの「当面」の間、ロシアによる施政を合法と認めるという川

15-12　日韓共同宣言　金大中韓国大統領と小渕首相

15-13　訪日した江沢民中国国家主席と小渕首相

北方領土問題は「解決済み」なのか

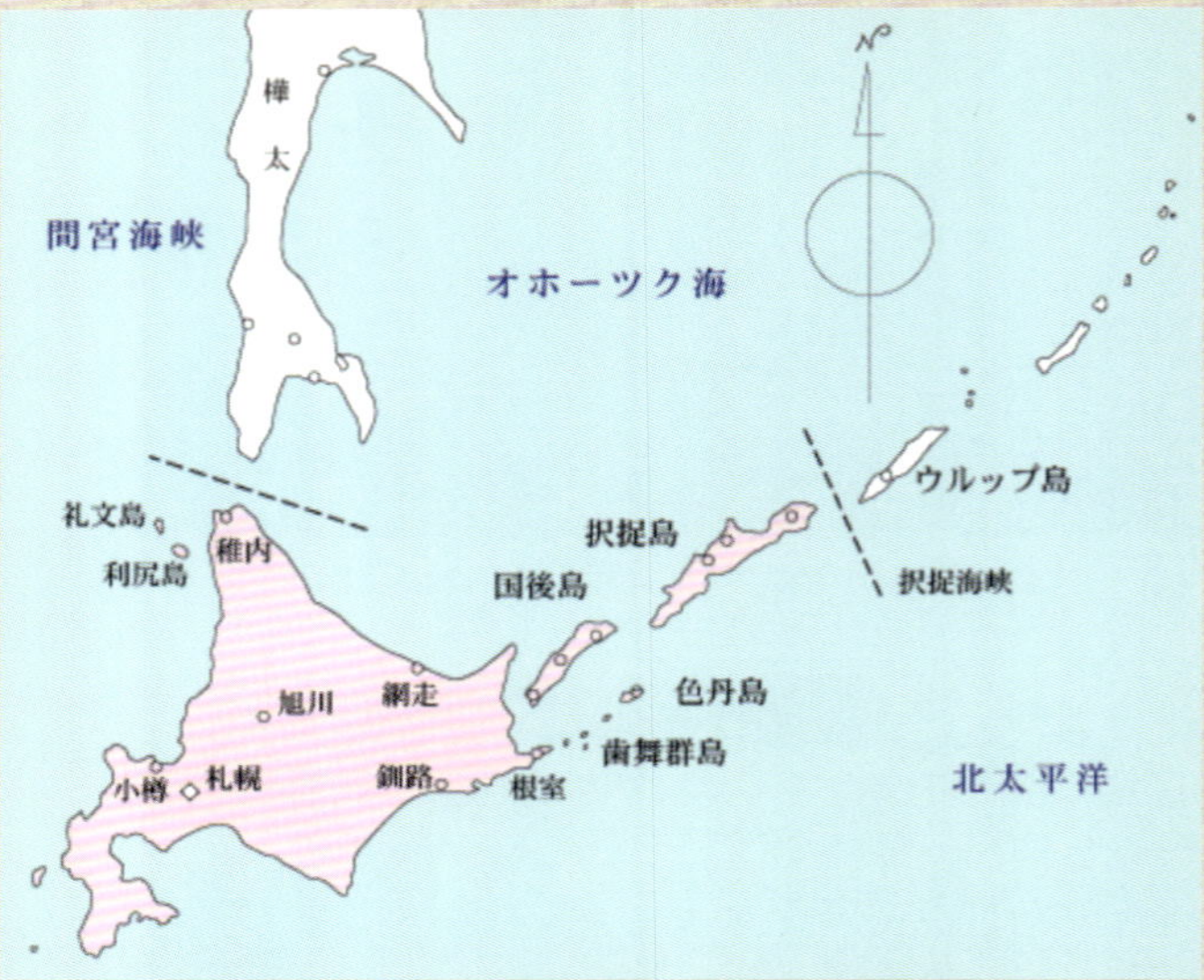

15-14　北方領土
サンフランシスコ講和条約で、日本は南樺太、千島を放棄したが、帰属先が示されず、さらに帰属先と想定されたソ連（ロシア）との平和条約が結ばれていないため、南樺太と千島列島は白塗りとなっている

領土問題の発生

千島列島の南部に位置する北方４島（歯舞群島、色丹島、国後島、択捉島）は、かつて一度も他国の領土となったことはない。これらの島々は徳川時代には松前藩の管轄（ときには幕府の直轄）のもとにあり、明治維新後は北海道の行政区画の一部であった。

この間、1855 年には日露和親条約を結び、初めてロシアと国交を開いたが、同時に択捉島とウルップ（得撫）島との間に国境を設け、択捉島以南は日本、ウルップ島以北はロシアの領土と定めた。ここに北方４島は国際法上､明確に日本の領土となった。樺太については、日露和親条約では両国民の混在の地として国境を定めなかった。

次いで 75 年、日露は樺太・千島交換条約を結び、樺太全島に対する領有権を日本は放棄し、その代償として日本は千島列島に対する領有権を譲り受けた。譲り受けた千島列島の範囲は、北端のシュムシュ（占守）島から南のウルップ島までの 18 の島々と定義された。これによって、北方４島が千島列島に含まれないことが明瞭になった。さらに日露戦争後のポーツマス条約によって日本は南樺太を獲得した。

第２次世界大戦末期の 1945 年８月、ソ連は日ソ中立条約を破棄して対日宣戦を布告し、９月４日までに、南樺太のほか千島列島と北方４島を一方的に占拠した。ここに北方領土問題が発生する。

戦後の講和条約（第２条）で、日本は千島列島および南樺太を放棄することになった。吉田茂首相は受諾演説において、北方４島は日本が放棄する地域に含まれないことについて各国の注意を喚起した。他方、ソ連代表は、千島列島と南樺太に対するソ連の主権が認められていない点を強く批判して講和条約への調印を拒否した。

その後、領土問題は 55 年からの日ソ交渉において中心的な争点となるが決着せず、56 年の日ソ共同宣言では、国交回復後に平和条約交渉を継続すること、ソ連は平和条約締結後に、歯舞群島および色丹島を日本に引き渡すことに合意した。しかし、共同宣言に基づく平和条約交渉は、ソ連側が「領土問題は解決済み」として交渉を拒否したため進展しなかった。ようやくソ連側が平和条約交渉に応じたのは 72 年であった（以後の交渉は本文を参照）。

ヤルタ協定と日露の溝

ところで、ソ連が北方４島の領有の根拠とするのは 45 年２月のヤルタ協定である。ソ連が連合国の一員として対日参戦する条件を米英ソ間で合意したものであり、その条件のなかに、日露戦争によって「侵害された旧権利」の回復措置としての南樺太の「返還」、そして千島列島の「引渡し」が含まれていた。

ヤルタ協定は秘密とされ、日本がその内容を知ったのは戦後の 46 年２月のソ連政府の公表によってであり、それまで知るすべはなかった。第２次世界大戦を通じて、日本が認識していたのは、広く公表され、ソ連も受け入れていた大西洋憲章（41 年８月）、カイロ宣言（43 年 11 月）、ポツダム宣言（45 年７月）であった。これらの国際合意を貫く原則は、連合国相互の「領土不拡張」と「暴力及び強慾により日本国が略取した」とされる地域や島嶼のはく奪である。

これらの原則に照らしてみると､北方４島（南千島）は、かつて一度もロシアの領土となったことはなく、45 年８月の日本の降伏後に、ソ連に一方的に占拠された地域である。したがって、４島はロシアに「引渡」されるのではなく、日本に「返還」されるべきものである。さらに千島列島は、日露和親条約と樺太・千島交換条約によって獲得したものであり､カイロ宣言にいう「暴力及び強慾」によって「略取」した地域ではない。それゆえ、ヤルタ協定でも、千島列島はソ連に「引渡す」、ポーツマス条約によって日本が獲得した南樺太は、ソ連に「返還する」とされ、違いを区別しているのである。

結局､ソ連は､自ら約束した領土不拡大原則の遵守よりも、スターリンが「対日戦勝利に関する布告」（45 年９月３日）において宣言したように、南樺太と千島という失った領土の回復を優先したのである。21 世紀に入り、北方４島は、ロシアの主権下にあり、第２次世界大戦の結果、正当に獲得した領土である、とするロシア高官の発言が目立つようになる。領土問題をめぐって深まる日露間の溝は、多面的な日露協力によって埋めていくほかはない。

奈提案を行った。エリツィンは関心を示したものの、同行した側近の進言で持ち帰って検討することになったという。

川奈提案への対案として、98年11月、エリツィンはモスクワを訪問した小渕首相に、二点を示した。①国境画定に先立つ条約で、北方四島で共同経済活動を実現するための特別の法制度を整備する、②別途、国境線を画定するための交渉を継続する。この提案は、のちの第二次安倍内閣時の日ロ交渉の参考となったと思われる。

15-15 「東京宣言」に署名するエリツィン・ロシア大統領と細川首相

2 二一世紀の日本外交

【小泉外交のダイナミズム】

小泉内閣とイラク戦争

2001年9月、アメリカに対する同時多発テロ（九・一一事件）は、低迷していた日本外交を一変させる。ブッシュ政権は、まずアフガニスタン、次いでイラク戦争に踏み切った。小泉内閣は、九・一一事件の直後の19日、対テロ戦争への支持を表明し、輸送・補給・情報収集などで自衛隊派遣など七項目の支援措置を明らかにした。9月下旬には小泉首相はニューヨークで世界貿易センタービル跡地を訪ねたあと、ブッシュ大統領と会見し、支援措置を伝えた。

だが、対テロ戦争の後方支援のための自衛隊派遣は、周辺事態法など既存の法で対応できないことから、国際テロリズムを非難する国連安保理決議に基づき、10月末には異例の速さでテロ対策特措法を成立させる。官邸主導で迅速な決定が可能だったのは、橋本内閣の行政改革による内閣法の改正（1999年7月）により、首相の発議権が明確化され、首相の補佐機関である内閣官房の権限が強化されていたためであった。11月下旬には、早くも海上自衛隊の艦艇がインド洋での多国籍軍への給油活動のため出発した。

03年3月、アメリカは、イラクが大量破壊兵器を保有し、無条件査察に応じないことを国連安保理決議の違反として開戦した。米英中心の「有志連合軍」が、またたく間にバグダッドを制圧してイラク戦争が終了すると、小泉内閣は内閣官房を中心にイラク復興支援の立法化

15-16　イラク復興支援　サマーワ宿営地開設式

をめざす。争点は再び自衛隊の派遣であった。政府案は「非戦闘地域」に限って自衛隊を派遣するという政府案に対して、民主党のように、復興支援には賛成するものの、イラクの治安情勢の悪化から「非戦闘地域」の識別は困難と主張する立場も有力であった。結局、7月にイラク復興支援特別措置法が成立し、小泉首相は12月に派遣を決断した。この間、11月には日本人外交官二名がイラクで銃撃され、殺害されるという事件も発生した。停戦後とはいえ、自衛隊員にも犠牲者が出るのでは、という緊張感のなかでの決断であった。翌年1月、「非戦闘地域」であるサマーワに派遣され、現地で復興支援活動にあたった陸上自衛隊は、06年の撤収まで一人の犠牲者も出さなかった。

この間、小泉内閣は、周辺事態法や97年新ガイドラインなどを踏まえながら、防衛庁の長年の悲願であった有事法制の制定に踏み込み、03年6月には有事関連三法を、翌年には国民保護法などを成立させた。基本となる武力攻撃事態法は、有事（戦時）における政府の強い関与を確立するもので、首相の地方公共団体の首長に対する指示権、国民保護のための首相の執行権などを定めている。

07年7月の参議院選挙では、自民党が大敗し、参議院で野党民主党が第一党となり、「ねじれ国会」が常態となる。第一次安倍政権のあと、福田康夫内閣は、時限立法であったテロ対策特別措置法を延長することができず、同法は11月に失効し、インド洋の給油部隊は撤収した。08年には補給支援に特化した特措法が成立して、インド洋での海上自衛隊の給油活動が再開される。

日中・日韓関係の揺らぎ「政冷経熱」

終戦記念日には必ず参拝すると公約していた小泉首相は、01年8月を最初に、在職中に六回、靖国神社に参拝している。8月15日は避けていたが、最後の06年の参拝は、中曽根康弘首相以来、二一年ぶりとなる8月15日であった。最初の参拝は事前に予測されていたことから、日中の外交当局もそのダメージを抑えるため、早い時期の小泉首相の訪中を企画した。

01年10月に中国を訪問した小泉は、盧溝橋などを巡り、「心からのお詫びと哀悼の気持ち」を表明した。江沢民との会談では、靖国参拝について、「不戦の誓いと戦没者への哀悼の意を表するために参拝した」と率直にその理由を述べた。しかし、二回目の電撃参拝から、中国政府は、被害国国民の感情を傷つけるもの、と激しい批判を繰り返すようになる。

小泉首相は、靖国参拝に固執する一方、歴史問題に関する対外発言においては村山談話に忠実であった。05年4月のアジア・アフリカ首脳会議におけるスピーチや、同年の終戦六〇周年にあたっての談話は、村山談話の内容を踏襲したものであった。

03年5月、江の後継主席となった胡錦濤《こきんとう》は小泉と会談して、靖国問題について「歴史を鑑として、未来に目を向ける」と触れるにとどめ、日中関係の安定的な発展への期待を語った。小泉も、両国の協力強化とアジアの発展と友好のため、ともに貢献することは可能だ、と応じた。しかし、日中関係の改善の気運は盛り上がらなかった。05年春には、日本の国連安保理常任理事国入りに反対する運動が中国国内で広がり、4月には北京で大規模な反日デモも発生した。

　他方、04年には、中国がアメリカを超えて最大の日本の貿易相手国となり、日中間の経済交流は増進の一途をたどった。小泉時代の日中関係は、「政冷経熱」といわれたように、政治関係は冷え込み、経済関係は熱気を帯びていた。

　小泉首相は、01年に中国訪問に続いて韓国を訪問し、植民地時代に独立運動家らを投獄した刑務所跡地（西大門独立公園）などを見学し、金大中大統領との首脳会談では「反省とお詫び」の意思を明瞭にしたうえ、日韓歴史教科書の共同研究の推進について合意した。この年の春には、新たな歴史教科書問題が発生していたが、金大統領の対日姿勢は、慎重で抑制的なものであった。しかし、韓国世論はエスカレートし、韓国政府は日本文化の開放停止という措置に出る。さらに、自治体や民間レベルの交流事業が中止されるという事態にも発展する。

　こうしたなかで、小泉と金の合意に基づく日韓歴史共同研究と、それに続く日中歴史共同研究（06〜09年）は、政治外交を脅かす「歴史摩擦」の鎮静化、非政治化をねらいとした新たな歴史和解の試みであった。

日朝平壌宣言

　02年8月末、突然、小泉首相の訪朝が発表された。一年以上も前から日朝の外交当局が続けた水面下の交渉が実を結んだものであった。9月中旬、小泉一行は日帰り訪問した。前日にはブッシュから核開発への注意を喚起するメッセージが届けられていた。

　小泉首相は、金《キム》正日《ジョンイル》国防委員長との会談に臨むが、首脳会談が始まる直前、拉致被害者に関する調査結果（八人死亡）が伝えられ、小泉首相は強く抗議し、明確な謝罪を求めた。北朝鮮は、拉致を認め生存者の帰国と真相の究明を約束した。

15-17　「日朝平壌宣言」に署名し握手する小泉首相と北朝鮮の金国防委員長

　日朝平壌宣言の検討では北朝鮮側は補償ではなく、経済協力を受け入れ、村山談話を踏襲する形がとられた。宣言には、国交正常化の早期実現、過去に対する日本側の「痛切な反省と心からのお詫び」、正常化後の経済協力、「日本国民の生命と安全にかかわる懸案」についての北朝鮮側の遺憾表明、核やミサイルにかかわる国際合意の遵守などが盛り込まれた。

　拉致被害者の五名が02年10月に帰国、残った被害者家族が04年5月に帰国したが、それ以後、拉致問題は進展が見られなくなる。小泉訪朝の直後、日本政府は、米国自身が直接北朝鮮と核に関する交渉を行うよう米国政府に働きかけ、03年8月にようやく六者協議が立ち上がる。05年9月、六者協議は、北朝鮮による検証可能な核放棄、日米との国交正常化、経済協力などを含む包括的な解決枠組みに合意し、共同声明を発表。拉致問題も包括的解決の一部となった。ようやく平壌宣言に従って懸案を解決し、国交正常化に向かうという道筋が定まるが、核開発問題が進展を妨げた。

「戦略的互恵関係」をめざして

06年10月、とりわけ中国との関係修復を望んだ安倍晋三首相は、就任直後に中国を訪問した。中国訪問は首相としては五年ぶりで「氷を砕く旅」と銘打たれた。両国の外交当局の判断で靖国参拝については明言を避けた。胡錦濤との共同声明では、めざすべき新たな日中関係を「戦略的互恵関係」と位置付けた。「戦略的互恵」とは、過去の問題よりも、未来志向で地域の課題にともに対処し、相互の利益を探る、といった関係のあり方を指した。歴史問題についても、戦争の時代よりも、戦後日本の平和的発展に着目する姿勢がにじみ出るようになる。

07年4月には温家宝《おんかほう》首相が来日し、国会では、日中国交正常化以来、日本政府と日本の指導者は、歴史問題について何度も「侵略を公に認め、被害国に対して深い反省とお詫びを表明しました。これを中国政府と人民は積極的に評価しています」と明言した。さらに、「中国の改革開放と近代化建設は日本政府と国民から支持と支援をいただきました。これを中国人民はいつまでも忘れません」とも述べた。日本の支援に、かつてないほど踏み込んだ。

07年12月、次の福田康夫首相が訪中した。中国は破格の待遇で福田を迎えた。歓迎晩さん会は胡が主催し、中国トップによる日本首相に対する晩さん会は中曽根康弘以来だった。訪中と前後して、最後となる大型インフラへの円借款（有償資金協力）の供与が決定された。小泉内閣のもと、08年の北京オリンピックを区切りとして、新規借款は打ち止めとなり、18年度には全てのODA（政府開発援助）が終了する。

08年5月には、胡が国賓として来日。戦略的互恵関係を包括的に推進することをかかげた共同声明に署名し、日本側は中国の発展が国際社会に好機をもたらしていることを、中国側も戦後日本の平和国家としての歩みを高く評価した。戦略的互恵の深化の具体策として、エネルギー、環境、投資、東シナ海資源開発、気候変動、貧困、感染症などグローバルな課題における協力を約束した。日中が二国間問題を超えて、「初めてグローバルな視野を獲得した」（福田首相）のである。

ただ、高いレベルの和解ムードに水を差す事件も起こる。08年初頭、中国製造の冷凍餃子を食べた日本の家族が中毒を起こす事件が続発して、日中問題に発展した。

プーチン時代の日露関係

プーチン大統領時代の日露関係の出発点は、01年3月、イルクーツクでの森喜朗首相とプーチンの首脳会談である。１９５６年の日ソ共同宣言を出発点に平和条約の締結をめざす、としたイルクーツク共同声明によって、日露関係は新たなスタートを切るはずであったが、小泉政権下で、日本側の対露方針が混乱したこともあり、進展しなかった。

２００３年1月、小泉首相は仕切り直しのため訪露し、行動計画の採択に関する共同声明に調印し、多方面での課題の確認と関係改善の努力がうたわれたが、具体的な計画に乏しかった。05年11月にはプーチンが訪日し、一二の合意文書に署名したが、そのなかに領土や平和条約に関するものはなかった。他方、ロシアは、北方領土を含む千島諸島の「社会経済発展計画」を策定し、千島の人口増と経済開発に着手した。

民主党三内閣の功罪

09年8月の総選挙で民主党は三〇八議席を獲得し、戦後初の本格的な政権交代が起こる。12年11月の総選挙で大敗して再び自民党政権に戻るまで、鳩山由紀夫、菅直人《かんなおと》、野田佳彦と三内閣が政権をになう。外交面では民主党マニフェストは「対等で緊密な日米関係」を第一にかかげたが、それぞれ色合いを異にした。

09年9月に就任した鳩山首相は、自論の東アジア共同体構想を打ち出し、民主主義フォーラムで共同議長を務めるなど新機軸を打ち出す。だが、党内の合意も不十分で、反米ではないにせよ離米を疑われ、構想は不発に終わる。肝心の対米関係では、普天間飛行場の「最低でも県外」への移設をめざす、と表明した。鳩山首相は、首相の意向として検討される間に、沖縄の世論は県内移設反対へと大きく傾く。しかし、鳩山内閣は現行案以上の妙案を見つけられず、米国政府の信頼も失って退陣する。

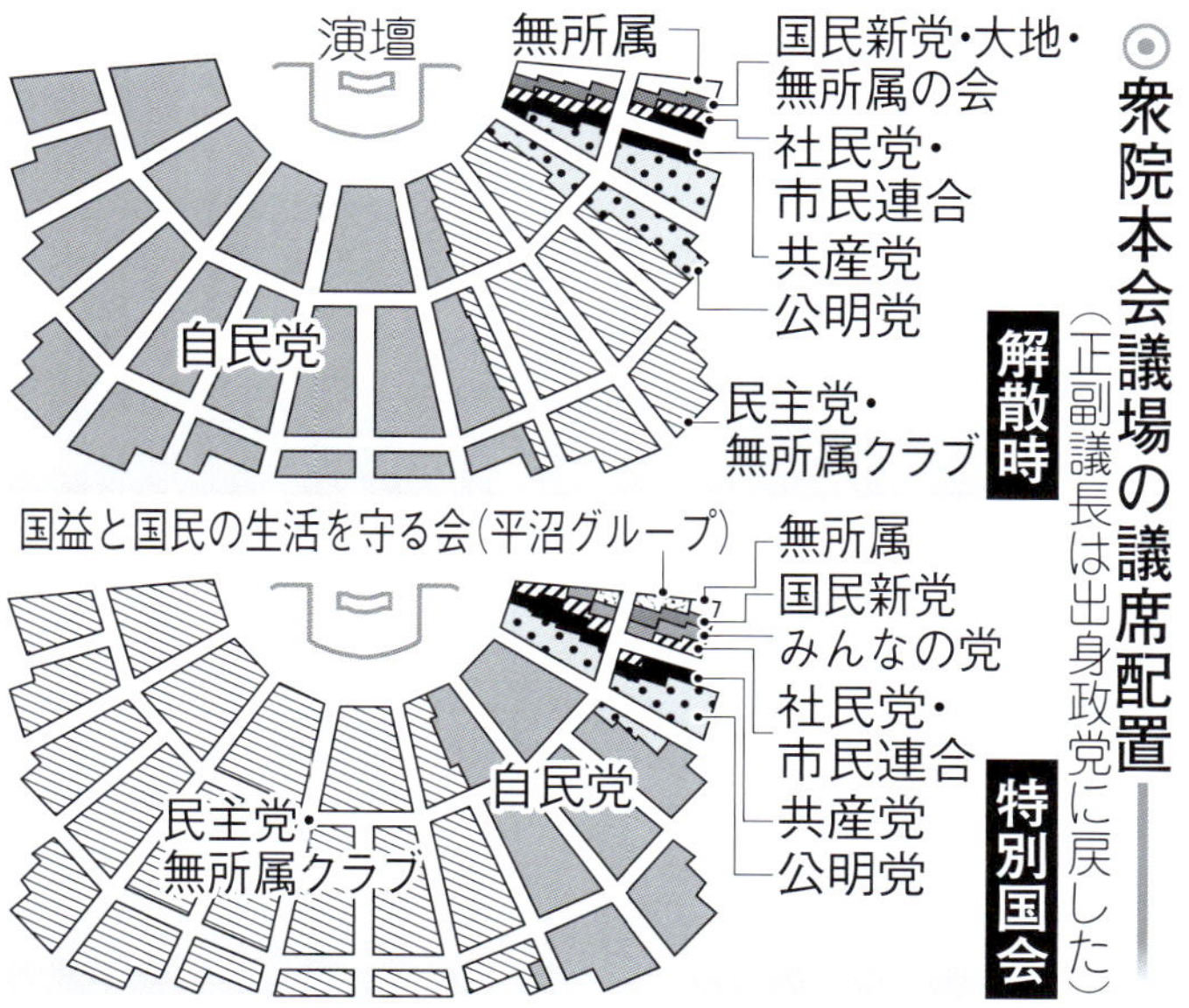

15-18　政権交代　衆院本会議場の議席配置

続く菅内閣が組閣してまもない10年9月、尖閣諸島沖で、不法操業中の中国漁船が海上保安庁の巡視艇に衝突するという事件が起こる。逮捕された船長は、結局、検察の判断で処分保留のまま釈放となるが、日中間はにわかに険悪な情勢となった。釈放には異論もあり、情報漏洩も問題となる。

その直前の9月には、菅内閣は、韓国併合一〇〇周年にあたる節目の年として、韓国に対する謝罪を盛り込んだ菅談話を閣議決定した。ほぼ村山談話を踏襲した内容であったが、とくに韓国を明記した。統治時代に日本にもたらされた文化財（朝鮮王朝儀軌などの図書）の「お渡し」（返還）を盛り込み未来志向の日韓関係の構築に意欲を見せた。しかし、12年8月、李明博《イミョンバク》大統領が歴代大統領として初となる竹島上陸を敢行した。玄葉光一郎外相は、領有権問題の解決のため、国際司法裁判所への提訴を韓国側に打診するものの、１９５４年、64年と同じく韓国側は拒否した。

２０１１年3月の東日本大震災は、ある意味で日米同盟の内実を問うことになった。アメリカは在日米軍を中心に4月末までに二万四〇〇〇人の兵士を動員し「トモダチ作戦」と名付けた救援活動を展開し、その存在感を近隣諸国にもアピールした。

15-19　トモダチ作戦

台頭する中国への対応

11年9月、新首相となった野田は中国を訪問し、戦略的互恵関係の一層の深化のため、グローバルな課題に関する協力強化などを提案する。しかし、12年になると、尖閣諸島の「国有化」という、より深刻な問題に直面する。

12年4月、石原慎太郎東京都知事が尖閣諸島（魚釣島など三島）を東京都が購入する計画であることを明らかにした。尖閣諸島の「平穏な管理」が失われることを恐れた野田内閣は国による購入方針を決め、9月中旬、三島を地権者から購入した。中国側は、これを「現状変更」（戦後国際秩序への挑戦）とみなして反発し、反日デモが激しくなり、一部のデモは暴徒化した。中国公船による接続水域への入域や領海侵入という挑発の頻度が増すことになる。

こうして民主党三内閣の対外政策は、前内閣とは異なる選択肢を示しながら一貫性と安定性を欠いていた。その原因の一つは、専門家集団としての官僚との連携を排除した過度の「政治主導」にあった。他方、安全保障や国際協力の領域では、注目すべき成果も少なくない。その一つは、一〇年の新たな「防衛計画の大綱」の策定である。この新大綱は、南西諸島方面における中国の挑発行動を念頭に、日本周辺での自衛隊の機動的な運用に着目した「動的防衛力」の概念を導入した。冷戦終結から二〇年にして、基盤的防衛力という考え方をようやく改めたことになる。11年12月には、官房長官談話で武器輸出三原則の緩和に踏み出している。さらに、12年1月、平和構築支援のため南スーダンに大規模な施設部隊を派遣した。

15-20　2011年11月、日中韓首脳会議に臨む温家宝中国首相、野田首相、李明博韓国大統領。12年には両国との関係は冷え込む

また、野田内閣の玄葉外相は、中国の台頭によるパワー・バランスの変化に着目し、アジア太平洋の新たな秩序形成のため、アメリカ、韓国、オーストラリア、インド、ASEANなどと連携しつつ、国際法に則ったルールづくりや、「開かれた多層的なネットワークの構築」を一貫して目標にかかげた。11年にはASEAN海洋フォーラム拡大会合の検討を東アジア首脳会議の議長声明に盛り込んだ。こうした視点は、台頭する中国への対応のあり方として、次の安倍政権に引き継がれていく。

鳩山内閣の岡田克也外相は、政権発足と同時に、日米「密約」問題の清算に果敢に挑んだ。歴代政府は五〇年近くも「密約は存在しません」と国会答弁を繰り返し、そのたびに国会を空転させ、日米外交の運用を妨げていた。岡田は、有識者と省内チームのタッグによる徹底調査の結果を10年3月に公表した。併せて岡田は、外交記録の「三〇年公開ルール」を徹底する省内規則を設けた。外交記録の積極的公開は、外交活動を内外に説明するための原動力である。

【第二次安倍内閣と外交地平の拡大】

インド太平洋戦略

2012年12月に政権に返り咲いた安倍首相は、自由と民主主義、法の支配、基本的人権といった価値観を共有する国々との連携を重視する姿勢を見せる。自ら「価値観外交」とも呼んだが、その発案は、第一次安倍内閣の外相として「自由と繁栄の弧」の形成を提唱した麻生太郎であった。非欧米圏で、前記の「普遍的価値」の先駆者である日本が、「自由と繁栄」を追求する国々の安定と平和に貢献するという構想であった。

とくに重視されたのがインドとオーストラリアとの連携であり、麻生内閣と安倍内閣のもとで、両国との間に「安全保障に関する共同宣言」が発表されている。これが安倍内閣の「自由で開かれたインド太平洋戦略」へと発展する。16年8月、安倍首相はこの戦略について、「日本は、太平洋とインド洋、アジアとアフリカの交わりを、力と威圧に無縁で、自由と、法の支配、市場経済を重んずる場として育て、豊かにする責任を担います」と述べた。力をもって台頭する中国が意識されている。透明性を欠いたまま軍事力を強化する中国は、東シナ海の尖閣諸島周辺では、依然として公船による領海侵入をやめず、排他的経済水域や大陸棚の境界画定がいまだ行われていない海域で一方的な資源開発を続けている。

他方、日韓関係では、15年12月、岸田文雄外相と尹炳世《ユンビョンセ》外交部長官との間で、慰安婦問題について待望の合意が成立した。韓国政府が、元慰安婦の方々の支援を目的とした財団を設立し、日本政府がその資金を拠出することを前提に、この問題が「最終的かつ不可逆的に解決されることを確認する」。併せて両国政府とも、国連等国際社会において互いに非難することを差し控えることを確認した。16年7月に「和解・癒やし財団」が設立され、日本政府は一〇億円を拠出した。

北方四島の「共同経済行動」に向けて

13年4月、安倍首相はロシアを公式訪問し、プーチン大統領との間で共同声明に署名した。首相のロシア公式訪問は一〇年ぶりであった。共同声明では、小泉首相の訪露時に確認された問題を「最終的に解決することにより、平和条約を締結する」ことが改めて合意された。

14年3月のロシアのクリミア半島併合以来、ロシアと欧米との関係は冷え込んだが、日露関係への影響は限定的であった。16年末の安倍・プーチン会談では、両者は平和条約問題の解決に向け、双方の真摯な決意を表明するとともに、北方四島における「共同経済活動」を実施するための協議開始に合意し、具体的なプロジェクトが特定されつつある。

平和条約や領土問題を除けば、朝鮮半島の非核化や信頼醸成措置といった東アジア地域の安定化の試み、国際テロ、サイバー犯罪、海賊行為、違法武器輸出など「新たな脅威」に対する協力などで日露の立場は一致している。07年からの日露戦略対話や外務・防衛相会合（2＋2）も定例化し、こうした課題が話し合われている。

15-21　首脳会談冒頭に握手するロシアのプーチン大統領と安倍首相

「平成の開国」

安倍内閣は、13年2月にTPP（環太平洋パートナーシップ協定）への参加を正式に表明した。TPPは、単に貿易の自由化にとどまらず、アジア太平洋地域で、サービスや投資の障壁撤廃、知的財産の保護、国有企業の民業圧迫を回避する措置など幅広い分野を対象にした新たなルールづくりのための取り組みである。

日本は、すでに二国間のFTA（自由貿易協定）とEPA（経済連携協定）を組み合わせる重層的な貿易ルールの推進に舵を切り（前述）、17年末までに二〇カ国との間で一六のEPAが署名・発効している。だが、これらのEPAは合意をめざす分野の広さや開放度において、TPPのような野心的なものではない。交渉参加を求められた民主党政権は、これを「平成の開国」と銘うち、参加を模索するものの、そのハードルの高さから躊躇していた。

結局、TPPには一二カ国が交渉に参加し、16年2月に署名にいたった。自由で公正な一つの経済圏が誕生することになった。新たなルールを通じて、日本企業の海外市場での飛躍、成長市場の活力の取り込みを加速し、日本経済の基盤を強化する効果がある。TPP協定で基本的価値を共有する国々とともに経済面で法の支配を強化することは安全保障、アジア太平洋の安定にも寄与する。

トランプ米政権は17年1月にTPPからの離脱を表明したが、一一カ国で新たな協定（TPP11）が18年3月に署名にいたった。日本はTPP11の成立に向けて中心的な役割を果たし、保護主義に対抗する「自由主義の旗手」としての力強いメッセージとなった。

また、18年には五年に及ぶ交渉を経て日本・EU間の日EU経済連携協定にも署名した。世界のGDPの約三割、貿易の約四割を占める、自由経済圏が新たに誕生することになり、TPP11とともに成長戦略の切り札として大きな推進力となることが期待されている。

集団的自衛権の限定的行使容認

一方、安倍内閣は、中国の台頭や北朝鮮の相次ぐ核実験など安全保障環境が厳しさを増すなか、日米同盟の抑止力を高めるため、憲法第九条の解釈を見直し、集団的自衛権の行使容認の道を改めて探った。

15-22　集団的自衛権の行使容認に反対し、デモ行進する人たち

その結果、14年7月、「存立危機事態」に限り、一定の要件を満たす場合、集団的自衛権の行使を容認することを閣議決定した。与野党には、個別的自衛権や警察権で対応可能との立場もあったが、限定容認論によって政府解釈との整合性をはかるという考え方が与党の大勢となった。

この閣議決定に基づき、新たに整備された安全保障関連法（平和安全法制）が15年5月に制定された（16年3月施行）。既存の一〇本の法律改正を束ねた「平和安全法制整備法」と、他国軍の後方支援をいつでも可能にする「国際平和支援法」の二つからなる。PKO活動において武器を用いた「駆け付け警護」や平時の米艦船の防護が可能となった。16年11月、政府は南スーダンPKOに派遣する部隊に「駆け付け警護」の任務を付与した。17年5月に帰国したが、駆け付け警護の機会はなかった。

一方、新ガイドライン（15年「日米防衛協力のための指針」）の日米協議は加速し、15年4月に公表される。その内容は、後方支援などの日米間の広範な協力体制、アジア太平洋地域を中心としたグローバルな平和と安全のための協力、宇宙やサイバーに関する協力、国際協力では、平和維持活動、人道支援、海洋安全保障、能力構築支援など広範な協力が含まれる。1997年のガイドラインのもとで成立した周辺事態法では領域外における米軍支援が公海上における人員・物資の輸送のみであったのに比べると、格段の差である。

積極的平和主義とは

13年12月、安倍内閣は安全保障に関する司令塔として国家安全保障会議（日本版NSC）を設置した。すでに第一次内閣のとき、安倍首相が力を入れた構想であったが、政権交代などのため実現しなかったものである。同じ12月には、閣議と安全保障会議は、おおむね一〇年ほどの期間を念頭に、外交と防衛の両方をカバーする総合的な「国家安全保障戦略（NSS）」を策定した。

15-23　現職大統領として初めて広島を訪れ、演説するバラク・オバマ米大統領

NSSの基本理念には、国際協調主義に基づく「積極的平和主義」がうたわれている。積極的平和主義は、突然登場したわけではない。戦後日本は、平和憲法や非核三原則のもと、ODAの供与でアジアの安定と繁栄に貢献してきた。また、国連の平和維持活動を通じてグローバルな課題解決に寄与してきた。さらに、「人間の安全保障」の概念を示して、貧困地域の援助や内戦終結後の国づくりに貢献してきた。積極的平和主義はこれらの取り組みをさらに強化、拡充する努力にほかならない。

NSSは、とくに中国の台頭によるパワー・バランスの変化や、多様化する脅威という冷戦後の安全保障環境の変化を踏まえ、日本のとるべき外交戦略の指針を示している。要約すれば、安全保障を（1）自らの努力、（2）同盟国との協力、（3）国際社会との協力、という三つのレベルでとらえ、それぞれのレベルでの一層の努力を求めている。とくに、（3）について、地球的規模の課題解決のための国際社会の取り組みに対する協力や貢献が重視されている。

安全保障に関するこうした幅広い重層的な取り組みは、最近の防衛計画の大綱の改定時につねに踏襲されているが、新たなODAの指針としての「開発協力大綱」（15年2月）にも反映されている。途上国に対する援助も安全保障や国益と密接なつながりが期待されるようになる。

NSSの根底には、「普遍的価値」（自由、民主主義、人権、法の支配）に基づく国際秩序の維持・擁護・拡大を通じてこそ、国益は確保されるという考え方がある。そのため普遍的価値を共有し、それを追求する地域や国との連携が重視されている。

なおも「経済大国」の地位にあるとはいえ、政治的には、国連常任理事国のような、国際社会における格別の特権も地位ももたない日本は、つねに多くの国の支持と協力を得なければ、安全保障も国益も確

ODA（政府開発援助）―「自助努力」と「人づくり」

ODAの発展

日本の対外援助政策の始まりは1954年10月のコロンボ・プラン（アジア太平洋地域の開発協力のための英連邦諸国中心の国際機関）への加入であった。加入日の10月6日を記念して「国際協力の日」が制定されている。日本の貢献は技術協力や研修員の受け入れなどに限られていたが、「人づくり」（人材育成）という観点は、コロンボ・プランのときから現在まで重視されている。

60年代には実施体制の整備が進み、61年に海外経済協力基金（OECF）、62年に海外技術協力事業団（74年に国際協力事業団に改組、現在は国際協力機構／JICA）が設立される。60年代半ばに貿易収支が黒字基調となり、OECDの一員として援助政策を本格化させるが、東南アジア諸国を対象とした戦争賠償のフォローアップとしてのODAが大半を占めた。

70年代には転機が訪れ、73年の石油危機後には、資源の安定確保が援助の課題となり中東への援助が増額される。先進国として、国際的責務という観点からアジア太平洋地域の安定と発展のため、77年には福田赳夫内閣がODAを5年間で倍増するという第1次中期目標を設定した。対外援助額も大幅に増え、その大部分がアジアに向けられた。ODAによるインフラ建設が開発と経済成長を促し、経済成長は地域の平和と安定にも大きく貢献した。

プラザ合意以後、ODAはさらに伸び、89年には90億ドルにものぼり、76億ドルのアメリカを抜いて世界第1位となった。79年から低金利の対中円借款が始まり、対中ODAの比重がASEANと並んで大きくなるが、天安門事件や経済発展を背景に、対中ODAの見直しが行われ、大型インフラのための円借款（有償資金協力）は2007年度に終了した。それ以降、医療専門家の派遣といった技術協力や少額の無償資金協力による学校建設など限られた分野に供与されていたが、18年度を最後に終了する。1979年から中国に供与されたODAの総額は3兆6500億円にのぼり、ドイツ、イギリス、アメリカを抜いて第1位である。

日本型ODAの特色

日本のODAの第1の特色は、アジアの経済発展をインフラ建設によって支えることを目標としてきたことである。日本の近代化の経験を反映している。第2は、受け入れ国政府の主体性を重んじた「自助努力」支援の原則である。元本と利子の返済を要する借款は、返済コストを上回る利益を求めて、効率的な資金利用を促し、アジア諸国の効率的な事業展開を可能とした。第3は、専門家の派遣による研修事業を通じた人材育成に注力してきたことである。インドネシアのユドヨノ大統領は、かつてJICAの経済発展セミナーに参加した経験がある。

2015年2月、政府は、対外援助の指針となる新たなODA大綱（「開発協力大綱」）を決定した。それまでのOECD加盟国による一方的な援助という開発協力のあり方を転換し、「官民連携」の観点が重視されている。また、13年の国家安全保障戦略の決定を受けて、緊急人道支援や平和構築支援にとどまらず、感染症、大規模自然災害、越境的脅威への対応、中長期的には気候変動にともなう社会の脆弱性など、広く国際安全保障上の課題と密接に関連する課題への対応が求められている。さらに、日本の開発協力を象徴する指導概念として、人々の「恐怖からの自由」や「人間としての尊厳」、女性の権利拡大などを包摂する「人間の安全保障」が提唱されている。

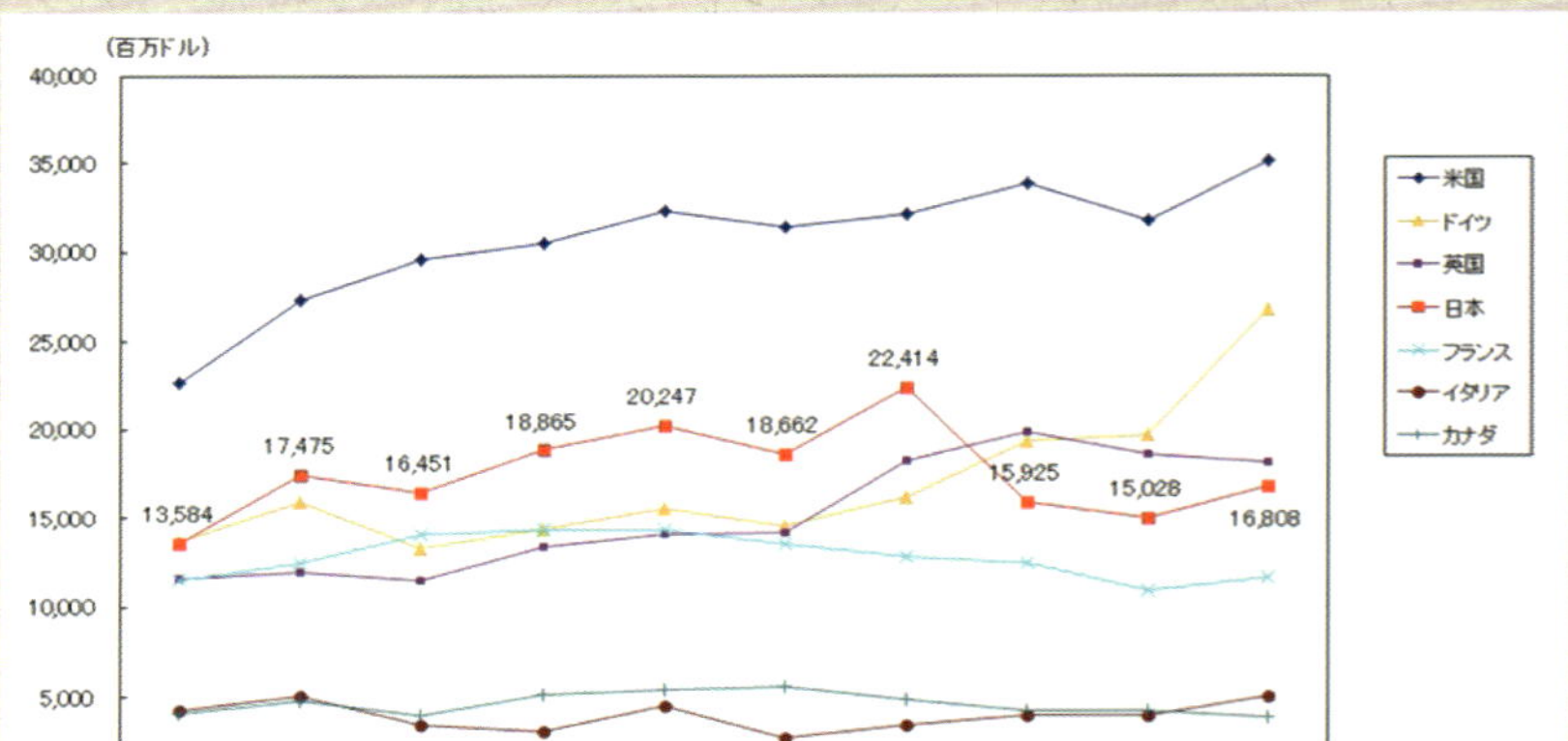

15-24　主要援助国のODA実績の推移（支出総額ベース）

保できない。

15年8月の安倍談話（戦後七〇年談話）は、村山談話を踏襲しながら、「先の大戦」への反省と謝罪に言及し、「あの戦争と何ら関わりのない、私たちの子や孫、そして先の世代の子供たちに、謝罪を続ける宿命を負わせてはなりません」と述べている。それは、後の世代が再び謝罪に追い込まれるような事態を作りださないという、歴史に裏付けられた決意にほかならない。そうした事態を招かない努力も必要であるが、相互に信頼できる友人関係をできるだけ多く世界に築くこともそれ以上に必要な努力である。

3 「不安」と「希望」の新時代

【冷戦再び―中国の躍進】

平成最後の年（2018―19年）は、かつてなく混沌とした国際環境のまま終わろうとしている。

国際政治のレベルでは、14年のクリミヤ半島のロシア併合以来、米ロ関係は冷え込んだままである。さらに18年10月、アメリカは1987年に旧ソ連と結んだINF（中距離核戦力）全廃条約から離脱すると表明した。ロシアによるINF違反の新種のミサイル開発や、INFに縛られない中国の核戦力能力の増強に対抗するためであった。冷戦時代には、複数の軍縮条約や兵器削減条約が結ばれ、軍備管理・軍縮システムとして一大ネットワークがつくられ、INFはその中心にあった。こうした軍備管理の体系が崩れつつある。2011年に発効した米ロ間の新START（新戦略兵器削減条約）は、21年に期限切れとなるがその行方は危うい。二つの条約に代わる、核兵器を含む軍備管理の方法はいまだ示されていない。

他方、17年7月には核兵器禁止条約が国連で採択された。核兵器保有国とともに、日本政府は支持していない。この条約がめざす核兵器廃絶という目標を共有しながら、現状の安全保障環境のもとでは、アメリカによる核抑止力の維持を必要としているからである。その一方、日本は、この条約の支持国と核兵器保有国との間の「橋渡し役」を果たそうとしている。だが、核兵器の廃絶に向けた取り組みが進まないなかで、大国が再び核開発競争に突入する懸念も杞憂ではない。

一方、国際経済のレベルでは、18年春から、米中は輸入製品に互いに高関税を課し合う報復合戦――貿易戦争に突入し、世界貿易の縮小の懸念が広がっている。アメリカが中国に求めているのは貿易赤字の解消だけではない。知的所有権の保護、技術移転の強要停止、サイバー攻撃、非関税障壁といった問題が含まれる。かつて日米貿易摩擦で日本が経験したような中国国内の制度改革にも及ぼうとしている。

政治と経済の世界レベルでの混沌の原因は、いうまでもなく中国の経済的躍進である。改革・開放によって解き放たれた13億人の活力と、世界からの投資とは中国を巨大な工場と市場に変えた。21世紀初頭には、アメリカのGDPは世界の32％を占め、中国の8倍であったが、今日では世界の24％、中国の一・五倍に低下した。日本のGDPも世界の13％から6％に下落した（小原2017）。

世界一の貿易・製造業大国となった中国は、13年以降中国から中央アジア、中東、欧州へと続く「シルクロード経済ベルト」を軸に「一帯一路構想」を推し進めている。一帯一路の通路沿線の多数の国は鉄道や道路、港湾といったインフラ建設の支援を受ける一方、中国の政治的、軍事的影響を受ける可能性がある。

【朝鮮半島に「恒久平和」は訪れるか】

朝鮮半島情勢も大きく動いている。2018年2月の平昌オリンピックを契機に、北朝鮮は南北対話に積極的となり、非核化にも応ずる姿勢を見せ、4月末には金正恩朝鮮労働党委員長と文在寅韓国大統領との首脳会談が実現した。南北共同宣言では、両国は「完全なる非核化を通じて核のない朝鮮半島をめざす」とされ、休戦協定のままであった朝鮮戦争の「恒久的な和平の体制を確立」するため、米中を含む4国会談をめざす、とも宣言した。

6月には金委員長とトランプ大統領の首脳会談が実現した。米側は、

「完全かつ不可逆的」な非核化の約束を得ることはできなかったものの、19年の「新年の辞」で表明したように金委員長の非核化は固い決意のように見える。19年2月末の二回目の米朝首脳会談は物別れに終わったが、協議は継続される。

朝鮮半島は、日清戦争以前から外国の干渉に悩まされてきたが、非核化や朝鮮戦争の終結、さらに南北統一、米軍の撤退というプロセスが軌道に乗れば、最後の冷戦の舞台に幕が下り、朝鮮半島に平和が訪れることになる。その希望は閉ざされていない。

【日ロ関係―平和条約は近づくか】

二国間関係に眼を向けると、第二次安倍政権の発足以来、日米関係は今のところ安定し、日中関係も改善に向かい、日ロ間の領土問題も動き始めた。

２０１８年11月中旬、第一次安倍内閣を含めれば、実に二五回目となる安倍・プーチン会談で、平和条約締結後に、歯舞諸島と色丹島を日本に引き渡すとした１９５６年の日ソ共同宣言を基本に、交渉を加速させることに合意した。両首脳は、戦後70年以上、残されてきた課題を次の世代に先送りすることなく、必ずや終止符を打つという強い意思を共有し、二島返還を確実にすることを当面の目標にするという。

しかし、ロシアにとって、北方領土の問題は単に国境紛争ではなく、第二次世界大戦の結果として領有したものである。四島の主権を主張とする日本との間には、大きな溝がある。また、ロシアの懸念の一つは、二島を引き渡せば、米軍基地がおかれる可能性である。60年の日米安保条約の締結に際して、旧ソ連が二島返還は、在日米軍の日本からの撤退が条件だと通告した経緯もある。日ロ関係は経済や資源開発の進展にもかかわらず、政治関係の行方は予断を許さない。

【揺らぐ日韓「65年体制」】

日韓関係は、１９６５年の国交正常化時の基盤が揺らいでいる。

２０１８年11月末、韓国大法院は、戦時中の韓国人元徴用工らが日本企業に損害賠償を求めた訴訟について、最終的に原告への賠償支払いを命じた。元朝鮮人徴用工らの戦時動員は、「朝鮮半島への不法な植民地支配や、侵略戦争の遂行と結びついた日本企業の反人道的な不法行為」と認定したのである。

１９６５年の日韓請求権・経済協力協定によって、賠償請求権は、国によるものと個人によるものとにかかわらず、「完全かつ最終的」に解決されたとの立場をとる日本政府にとって、この判決は、国際法の安定を損ない、日韓関係の法的基盤を覆すものである。韓国側は、個人の請求権は消滅していない、との立場をとる。さらに、植民地支配そのものを「不法行為」と認定したことのショックが大きい。

日本の韓国統治の法的性格の評価は、国交樹立交渉を長引かせた原因であるが、その起点となった韓国併合条約（10年）の不法性を主張する韓国側と、合法性を主張する日本側とが対立し、結局、15年にも及ぶ長い交渉の末に、韓国併合条約は「もはや無効」という微妙な表現に落ち着いた。それは両国が絞り出した智恵であったが、その智恵も「もはや無効」ということになる。２０１５年12月の慰安婦問題に関する日韓合意（コラム333頁）に基づく「和解・癒し財団」も解散状態にある。政府間の和解は、歴史認識に関する和解も、国民間の和解も意味しなかったことになる。

【リベラリズムへの挑戦】

２０１８年6月のＧ７シャルルボア・サミットでは、「保護主義との闘い」をうたった共同宣言に合意したものの、トランプ大統領は結局、署名しなかった。同年12月、アルゼンチンでのG20サミットでは、初めて反保護主義の姿勢が首脳宣言から抜け落ちた。反保護主義は、G20にとって中心的理念であった。

世界と日本にとって、最も懸念されることは、アメリカが牽引してきたリベラルな国際秩序が瓦解してしまうことである。そもそもアメリカの追及する国益とは、狭い意味での自国の利益に限定されず、民主主義あるいは共和国の理念に結びついたものである。同盟国や友好国の利益はもとより、自由世界の利益がアメリカの利益にもかなう、という国益観がアメリカ外交の根底にある。そのアメリカが、保護貿易主義に傾いてＴＰＰから離脱し、気候変動枠組条約など多国間協力から撤退傾向にあることは確かにリベラルな国際秩序の危機である。

しかし、アメリカは、同盟国や友好国の安全確保、自由貿易体制の維持、民主主義や市場経済の擁護、人権や法の支配といった、長年の諸原則を簡単に下ろし、「普通の大国」となることはないであろう。力を背景に「普通の大国」として振る舞うとき、失われるアメリカの国益はあまりに大きいからである。

15-25　シャルルボア・サミット（2018年6月）

米中の狭間にあって日本外交の舵取りは難しいが、まずは、アメリカの求める同盟諸国のコスト負担に応え、日米同盟の機能強化に努めることであろう。そのうえで、政治的には民主主義、経済的には市場経済と自由貿易、国際規範としての法の支配といった、日本外交が拠ってきた基礎的な条件を、他の志を同じくする諸国と共有し、グローバルな課題に結束してあたることであろう。数年前から日本が取り組む「自由で開かれたインド太平洋構想」は、その足掛かりにほかならない。

【国連の活性化】

冷戦後、注目すべき現象は、国連の活性化である。まず、前提となる世界が冷戦終結前とは様変わりした。創設時に二五億人だった世界の人口はいまや七五億人に達した。経済のグローバル化は、発展途上国間の貿易を急速に拡大させ、市場規模は冷戦終結時から五倍にも膨らんだ。それにともない、グローバルな課題も飛躍的に増大しているが、それに対応できる国際組織は国連しかない。軍縮・軍備管理にとどまらず、人権、人間の安全保障、宇宙、開発、環境、気候変動、防災といった多種多様な分野の規範づくりや法の形成に国連は中心的役割を果たしている。

そうした取り組みの一環として２０１５年に国連は「持続可能な開発目標」（ＳＤＧｓ）を採択した。ＳＤＧｓがめざすのは、経済成長、社会問題の解決、環境保全がバランス良く達成された世界であり、市民や企業に積極的に参加を求める点に特色がある。18年には日本でも、全閣僚を構成員とする「ＳＤＧｓ推進本部」が設置され、保健や防災といった分野で市民（ＮＧＯ）や企業などステーク・ホルダーとの連携に着手している。

国連の活性化は、核開発競争の再燃や貿易戦争など大国間の対立と断絶が、国際社会の分断を意味しないことを示しているのであろう。

天皇と君主制国家

昭和天皇と退位問題

世界の大多数の国は君主制と共和制に大別できる。選挙によって元首や大統領を選ぶ場合が共和制である。日本の場合は共和制ではなく、現在の新憲法（日本国憲法）のもとでも、明治憲法（大日本帝国憲法）のもとでも君主制である。君主制は立憲君主制と専制君主制とに分けられるが、戦前の帝国憲法は、天皇を統治大権の「総攬者」として位置付けており、その点に着目すれば専制君主制であった。しかし、天皇大権は、憲法上、天皇を補佐する各種機関（内閣、軍、司法など）の助言によって制限的に行使されることになっていたため、実質的には立憲君主制とみなされる。

他方、戦後の日本は、議会（国会）に責任をもつ内閣が憲法に従って政治を行うことが想定されており、明らかに立憲君主制である。新憲法における天皇は、「日本国国民の統合の象徴」とされ政治（統治）にはかかわらず、内閣の助言によって国事行為を行うため、「議会主義的君主制」あるいは「象徴君主制」と呼ばれることがある。

こうした天皇制度の変転のなかで、壮年期を「大元帥」として過ごした昭和天皇は、立憲君主として戦争の法的責任は問われないとしても、自らの責任を深く自覚していた。責任のとり方の一つは退位であり、何度か退位に傾いたように見える。しかし思いとどまった。周囲も退位には批判的な意見が多かった。

例えば、終戦時の首相として、昭和天皇と「肝胆相照らす」関係にあった鈴木貫太郎は、戦後、枢密院議長として新憲法の審査を終え、象徴天皇制が確定したことについて「明らかに国体が護持されたことを知り、大いに安心した」と評価する。他方、鈴木は「陛下としては戦争の責任をお取りになるのが至当」と考えるが、退位には反対であった。それは、日本の復興のためでもあり、天皇自身が望む「苦難の途」でもあったからである（『鈴木貫太郎伝』）。実際、天皇は、在位のまま戦争責任を全うするという、「苦難の途」を選ぶことになる。

明仁天皇―「先の大戦」と沖縄

1989年に即位した明仁天皇は、こうした昭和天皇の思いを真摯に継承してきたかに見える。2018年の85歳の誕生日会見は、沖縄と「先の大戦」への言及が半分以上も占め、わがことのように受け止める。とくに沖縄訪問は皇太子時代を含め、11回にも及ぶ。「沖縄は、先の大戦を含め実に長い苦難の歴史をたどってきました。（中略）沖縄の人々が耐え続けた犠牲に心を寄せていくとの私どもの思いは、これからも変わることはありません」。

幾たびかの慰霊の旅は、昭和天皇と心を一にしているかのようである。「戦後60年にサイパン島を、戦後70年にパラオのペリリュー島を、さらにその翌年フィリピンのカリラヤを慰霊のため訪問したことは忘れられません」。いずれも日本人が忘れ去っていた戦場である。ことに、ペリリュー島における日米両軍の戦闘は、ある生存者が、「一つの瓶のなかで2匹のサソリが互いに殺しあうようなものだ」と語ったように、太平洋の激戦地のなかでも、最も悲惨な戦いであった。

「平成が戦争のない時代として終わろうとしていることに、心から安堵しています」とは、昭和天皇の深い思いと重なっている。

中国と韓国

明仁天皇は92年10月、初めて中国を訪問し、「わが国が中国国民に対し多大の苦難を与えた不幸な一時期がありました。これは私の深く悲しみとするところであります。戦争が終わったとき、わが国民は、このような戦争を再び繰り返してはならないとの深い反省にたち、平和国家としての道を歩むことを固く決意して、国の再建に取り組みました」と述べた。外務省の原案をもとに、歴代首相の声明や政府見解を参考にしながら、自身の考えを表現したものという。銭其琛外交部長も、これを高く評価した（服部2010）。

その一方、韓国には一度も訪問する機会はなかった。2001年、明仁天皇は、韓国とのかかわりについて、「私自身としては桓武天皇の生母が百済の武寧王の子孫であると『続日本書紀』に記されていることに、韓国とのゆかりを感じています」と述べたことがある。そこにどのようなメッセージが含まれていたのか知るよしもないが、日韓の不幸な一時期を踏まえながら、両国関係を深めるためには、「両国の人々がそれぞれの国の歩んできた道を個々の出来事において正確に知ることに努め、個人個人として、互いの立場を理解していくことが大切と考えます」と、含みのある言葉で締めくくった。

「望ましい天皇像」の模索

第2次世界大戦後、新興国の多くが「共和制」を採用し、17年現在、国連加盟国193カ国のうち、君主制を採用している国は、日本を含め28カ国にすぎない。しかし、「共和制」国家が増えることによって各国の内政が安定し、平和がもたらされたのか、といえば疑わしい。むしろ逆である。15年現在、GDPのランキングで上位30カ国のうち、17カ国が君主制を採用し、社会福祉大国はすべて北欧の君主国であるという（君塚 2018）。

とはいえ、平成の30年間は、明仁天皇にとって、世界に類のない象徴君主として、国民とともにある「望ましいあり方」を常に模索する30年であった。望ましい象徴天皇像の模索は次の天皇にも続いていくだろう。

あとがき

大正期の外交官で、国際連盟でも活躍し、外相も務めた石井菊次郎は『外交余録』において、外交官の理想としては、ビスマルクのように「経綸と折衝とに兼ね長じたる者」であるが、日本の外交官には、「誠実と穏健」が求められる資質である、と書いている。もし、明治初年に征韓論が勝利していたならば、国内体制が未整備のまま大きな事変に発展し、日清戦争後の三国干渉に対して臥薪嘗胆ではなく独露仏を敵に回して戦ったならば、取り返しのつかない「非境」に陥り、日露戦争後の対露交渉で、樺太全島と賠償金を固辞して譲らなかったとすれば、日露は共倒れに終わっただろう、という。いずれも「興廃の分水嶺」にあって「穏健隠忍」の態度をもって自重したがために、日本は生き残れたのだ、というわけである。実際、石井は、困難な対米交渉のすえ、細かな工夫と譲歩によって石井・ランシング協定をまとめあげたが、それはまさに「誠実と穏健」の成果であった。

本書は、こうした外交指導者の自画像を頭の片隅に置きながら執筆したものであるが、目を配ることができなかった要素の一つに世論がある。自由主義的な外交評論家として名高い清沢洌が、『日本外交史』のなかで、明治日本の指導者たちは、「国内体制が整ふまで、国内における絶えざる対外硬論と戦つてよく自制した」、彼らは「無責任なる世論」に叩かれながら、「冒険に赴くことを拒絶した」と記す通り、国内世論とどのように向き合うかは、外交の行方を左右する大きな要因であった。

むろん、時代が下るにしたがって、「誠実と穏健」だけでは乗り切れない場面が増えていったが、その姿勢は戦後まで継承されているようだ。「誠実と穏健」は大戦略を生みださないが、信頼関係を築くための最も重要な資質として、二一世紀の外交官の基本に位置しているように思われる。

最後になったが、本書がいくらかでも日本外交の理解に資するとすれば、その多くは以下の方々の献身的なご協力の賜物である（敬称略）。

高木功介（元外務省職員、筑波大学博士〔国際政治経済学〕）、浜岡鷹行（外務事務官、外交史料館編纂室勤務）、鈴木祥（中央大学文学部兼任講師）

さらに、一方ならぬご支援をいただいた外務省外交史料館の関係職員および国立公文書館アジア歴史資料センターの研究員の方々、また、貴重な資料や情報をご提供いただいた諸機関、そして、企画の推進に全面的な支援を惜しまれなかった一般社団法人日本外交協会の英断にも感謝の意を表したい。

平成三一年三月

波多野澄雄

波多野澄雄（はたの すみお）

1947年生まれ.
慶応義塾大学大学院法学研究科博士課程修了，博士（法学）．防衛省防衛研究所所員，筑波大学教授，同副学長，附属図書館長，ハーバード大学客員研究員などを歴任.
現在，国立公文書館アジア歴史資料センター長，外務省「日本外交文書」編纂委員長，筑波大学名誉教授．専門は日本政治外交史.
著書に，『幕僚たちの真珠湾』（朝日新聞社），『太平洋戦争とアジア外交』（東京大学出版会），『国家と歴史』（中公新書），『歴史としての日米安保条約』（岩波書店），『宰相鈴木貫太郎の決断』（岩波現代全書），共編著に，『日本の外交』全6巻（岩波書店），『日中戦争はなぜ起きたのか』（中央公論新社）など.

日本外交の150年 ― 幕末・維新から平成まで ―

2019年3月30日　第1刷発行

編 著 者　波多野澄雄
発 行 者　池浦泰宏
発 行 所　一般社団法人 日本外交協会
〒105-0011 東京都港区芝公園3-5-8
Tel 03-5401-2121　Fax 03-5401-2124
https://www.spjd.or.jp/
E-mail webmaster@spjd.or.jp
発　　売　東出版 株式会社
製　　作　株式会社 現代史料出版
装　　丁　及川真咲デザイン事務所
印刷製本　亜細亜印刷 株式会社

ISBN978-4-9901224-1-6
Printed in Japan

人名索引

あ

い

う

え

お

か

き

く

け

こ

さ

し

す

せ

そ

た

事項索引

あ

い

う

え

お

か

き

く

け

こ

さ

し

す

せ

そ

た

ち

ね

の

は

ひ

ふ

へ

ほ

ま

図 版 目 録

1-1 咸臨丸船中困難の絵図 外務省外交史料館所蔵……1
1-2 ペリー提督 横浜開港資料館所蔵……3
1-3 北亜墨利加人物ペルリ像 一般財団法人黒船館所蔵……3
1-4 久里浜への初上陸 『ペリー提督日本遠征記』1856年……3
1-5 浦賀奉行にアメリカ大統領の国書を渡す
『ペリー提督日本遠征記』 1856年……3
1-6 フィルモア大統領の国書（写） 筑波大学附属図書館所蔵……4
1-7 サスケハナ号 横浜開港資料館所蔵……4
1-8 田辺太一
国立国会図書館ホームページ『幕末名家写真集』第1集より……5
1-9 日米和親条約（調印書複製） 外務省外交史料館提供……6
1-10 プチャーチン 沼津市戸田造船郷土資料博物館所蔵……8
1-11 横井小楠 福井市立郷土歴史博物館提供……8
1-12 日露和親条約（調印書複製） 外務省外交史料館提供……9
1-13 ヘダ号進水式 公益財団法人東洋文庫所蔵……10
1-14 ヘダ号模型 沼津市戸田造船郷土資料博物館所蔵……10
1-15 ハリス江戸登城の図 一般財団法人黒船館所蔵……11
1-16 ハリス（似顔絵） 高野紀夫氏画……11
1-17 日米修好通商条約 外務省外交史料館所蔵……12
1-18 徳川斉昭 The Tokugawa Museum 彰考館所蔵……13
1-19 徳川慶喜 The Tokugawa Museum 彰考館所蔵……13
1-20 ワシントン海軍造船所を見学した万延の遣米使節一行
国立国会図書館ホームページ『幕末名家写真集』第1集より……14
1-21 ブキャナン大統領肖像入金時計 外務省外交史料館所蔵……14
1-22 岩瀬忠震 新城市設楽原歴史資料館提供……16
1-23 川路聖謨（似顔絵） 高野紀夫氏画……16
1-24 水野忠徳 大儀寺所蔵……16
1-25 筒井政憲（似顔絵） 高野紀夫氏画……16
1-26 パークス 鹿児島県歴史資料センター黎明館所蔵……17
1-27 アーネスト・サトウ 横浜開港資料館所蔵……17
1-28 幕末の旅券 外務省外交史料館所蔵……18
1-29 下関砲台占拠 横浜開港資料館所蔵……19
1-30 福沢諭吉 外務省外交史料館所蔵……19
1-31 福地源一郎 外務省外交史料館所蔵……19
1-32 初見小笠原島図 外務省外交史料館所蔵……20
1-33 池田長発 個人蔵、画像提供井原市教育委員会……21
1-34 薩長同盟覚書写 鹿児島県歴史資料センター黎明館所蔵……22
1-35 坂本龍馬
国立国会図書館ホームページ『近世名士写真』其2より……22
1-36 小栗忠順
国立国会図書館ホームページ『幕末名家写真集』第2集より……23
1-37 徳川昭武
国立国会図書館ホームページ『近世名士写真』其2より……24
2-1 伊藤博文、大隈重信、井上馨、中井弘、久世治作
国立国会図書館ホームページ『幕末名家写真集』第1集より……25
2-2 各国公使召見（広島晃甫画）聖徳記念絵画館所蔵……27
2-3 五箇条の誓文 国立公文書館所蔵……27
2-4 寺島宗則 外務省外交史料館提供……29
2-5 鮫島尚信 外務省外交史料館提供……28
2-6 森有礼
国立国会図書館ホームページ『近代日本人の肖像』より……28
2-7 デニソン 『新生日本外交百年史』1952年……31
2-8 アレキサンダー・シーボルト シーボルト記念館所蔵……30
2-9 初期の外務省 『新生日本外交百年史』1952年……32
2-10 大久保利通
国立国会図書館ホームページ『近世名士写真』其1より……32
2-11 木戸孝允
国立国会図書館ホームページ『近世名士写真』其1より……34
2-12 岩倉大使欧米派遣（山口蓬春画）聖徳記念絵画館所蔵……34
2-13 岩倉使節団 朝日新聞社提供……35
2-14 日清修好条規（調印書） 外務省外交史料館所蔵……38
2-15 日朝修好条規（調印書） 外務省外交史料館所蔵……39
2-16 台湾出兵の日本兵
Davidson, J. W, 1903. *The Island of Formosa.*……41
2-17 榎本武揚 外務省外交史料館提供……42
2-18 黒田清隆 内閣広報室提供……42
2-19 樺太・千島交換条約（批准書） 外務省外交史料館所蔵……43
2-20 樺太・千島交換条約に基づく国境線
外務省「われらの北方領土」2017年版より……43
2-21 花房義質
国立国会図書館ホームページ『近代日本人の肖像』より ……44
2-22 漢城条約（調印書） 外務省外交史料館所蔵……45
2-23 魚釣り遊び（漁夫の利）ビゴー作
川崎市市民ミュージアム所蔵 ……47
2-24 貴顕舞踏の略図 神戸市立博物館所蔵……49
2-25 条約改正会議（上野宏一画）聖徳記念絵画館所蔵……50
2-26 日布渡航条約（調印書） 外務省外交史料館所蔵……51
2-27 メンザレ号の救助（ノルマントン号事件）ビゴー作
川崎市市民ミュージアム所蔵……51
2-28 大隈重信 外務省外交史料館提供……52
2-29 大日本帝国憲法 国立公文書館所蔵……52
2-30 憲法発布式（和田英作画）聖徳記念絵画館所蔵……52
2-31 青木周蔵 外務省外交史料館提供……53
2-32 大津事件関係資料 滋賀県立琵琶湖文化館提供……54
2-33 日英通商航海条約（調印書） 外務省外交史料館所蔵……55
2-34 伊藤博文 外務省外交史料館提供……57
2-35 井上馨 外務省外交史料館提供……57
3-1 対露宣戦御前会議（吉田苞画）聖徳記念絵画館所蔵……59
3-2 朝鮮異聞：小戦の顛末 大英図書館所蔵……61
3-3 陸奥宗光 外務省外交史料館提供……62
3-4 我軍大勝利旅順口占領 大英図書館所蔵……63
3-5 日本艦隊威海衛攻撃の図 大英図書館所蔵……63
3-6 日清講和条約（調印書） 外務省外交史料館所蔵……64
3-7 日清講和条約（付属地図） 外務省外交史料館所蔵……64
3-8 下関講和談判（永地秀太画）聖徳記念絵画館所蔵……64
3-9 遼東半島還付条約（調印書） 外務省外交史料館所蔵……65
3-10 西徳二郎 外務省外交史料館提供……66
3-11 本野一郎 外務省外交史料館提供……66
3-12 北京議定書 外務省外交史料館所蔵……68
3-13 日本をロシアにけしかけるイギリス 美術同人社所蔵……69
3-14 第1回日英同盟協約（調印書） 外務省外交史料館所蔵……70
3-15 林董 外務省外交史料館提供……72
3-16 小村寿太郎 外務省外交史料館提供……73
3-17 小村外務大臣発在露国栗野公使宛電報第54号
外務省外交史料館所蔵……74
3-18 日露役旅順開城 （荒井陸男画）聖徳記念絵画館所蔵……75
3-19 「三笠」艦橋の図 記念艦「三笠」提供……76
3-20 「三笠」艦橋の図 登場人物解説図 記念艦「三笠」提供……76
3-21 皇国の興廃此の一戦にあり
防衛省防衛研究所戦史研究センター所蔵……76
3-22 日露講和条約（批准書） 外務省外交史料館所蔵……77
3-23 金子堅太郎
国立国会図書館ホームページ『近世名士写真』其1より……77
3-24 ポーツマス講和会議 外務省外交史料館提供……78
3-25 山県有朋 内閣広報室提供……79
3-26 桂太郎 内閣広報室提供……79
3-27 ポーツマス条約に基づく国境線
外務省「われらの北方領土」2017年版より……80

3-28　樺太国境画定（安田稔画）聖徳記念絵画館所蔵 ……… 80
3-29　満州問題に関する協議会記録　後藤新平記念館所蔵 ……… 81
3-30　平和宮　朝日新聞社提供 ……… 82
3-31　平和宮の日本の間の錦絵　外務省外交史料館所蔵 ……… 82
3-32　第 1 回日露協約（調印書）　外務省外交史料館所蔵 ……… 84
3-33　栗野慎一郎
国立国会図書館ホームページ「近代日本人の肖像」より ……… 84
3-34　憐れむべき瘠馬　美術同人社所蔵 ……… 85
3-35　第 3 次日韓協約（調印書）　外務省外交史料館所蔵 ……… 87
3-36　大隈と伊藤韓国統監　『東京パック』所収 ……… 87
3-37　ドイツ兵捕虜の演奏を聴く市民　鳴門市ドイツ館所蔵 ……… 88
3-38　明治 44 年移民旅券　外務省外交史料館所蔵 ……… 90
4-1　南満州及東部内蒙古に関する条約（批准書）
外務省外交史料館所蔵　……… 91
4-2　山座円次郎
国立国会図書館ホームページ「近代日本人の肖像」 より ……… 93
4-3　伊集院彦吉　外務省外交史料館提供 ……… 93
4-4　西園寺公望　外務省外交史料館提供 ……… 94
4-5　南満州鉄道株式会社　『南満州鉄道株式会社 10 年史』より ……… 95
4-6　内田康哉　外務省外交史料館提供 ……… 96
4-7　日本軍の青島入城　写真提供：共同通信社 ……… 97
4-8　加藤高明　外務省外交史料館提供 ……… 98
4-9　日独開戦通告書　国立公文書館所蔵 ……… 99
4-10　排日運動のビラ　外務省外交史料館所蔵 ……… 100
4-11　21 カ条要求のうち山東権益に関する日中条約（調印書）
外務省外交史料館所蔵 ……… 100
4-12　南満州および東部内蒙古に関する条約（調印書）
外務省外交史料館所蔵 ……… 101
4-13　寺内正毅　外務省外交史料館提供 ……… 102
4-14　石井菊次郎　外務省外交史料館提供 ……… 104
4-15　石井・ランシング協定　外務省外交史料館所蔵 ……… 105
4-16　石井菊次郎とロバート・ランシング　米国議会図書館所蔵 ……… 105
4-17　日本人排斥の風刺画　米国議会図書館所蔵 ……… 107
4-18　珍田捨巳　外務省外交史料館提供 ……… 107
4-19　日米未来戦　『米国武官の見た日米未来戦』（1930 年）より……… 108
5-1　ヴェルサイユ講和条約各国首席全権　毎日新聞社提供 ……… 109
5-2　原敬　外務省外交史料館提供 ……… 112
5-3　牧野伸顕　外務省外交史料館提供 ……… 113
5-4　パリ講和会議日本代表団　『新生日本外交百年史』1952 年 ……… 115
5-5　パリ講和会議　『新生日本外交百年史』1952 年 ……… 116
5-6　国際連盟本部　毎日新聞社提供 ……… 119
5-7　芳沢謙吉　外務省外交史料館提供 ……… 121
5-8　新渡戸稲造　外務省外交史料館提供 ……… 121
5-9　杉村陽太郎　外務省外交史料館提供 ……… 121
5-10　伊東巳代治
国立国会図書館ホームページ「近代日本人の肖像」より ……… 123
5-11　皇太子裕仁の欧州訪問　朝日新聞社提供 ……… 124
5-12　シベリア出兵　写真提供：共同通信社 ……… 126
5-13　米騒動　朝日新聞社提供 ……… 126
5-14　シベリア撤兵方針　外務省外交史料館所蔵 ……… 128
5-15　後藤新平自筆「ヨッフェとの会談覚書」　後藤新平記念館所蔵 ……… 131
5-16　後藤とヨッフェ　後藤新平記念館所蔵 ……… 131
6-1　ワシントン軍縮会議各国代表　朝日新聞社提供 ……… 133
6-2　ワシントン会議第 1 日　朝日新聞社提供 ……… 135
6-3　ワシントン会議日本全権団　『新生日本外交百年史』1952 年 ……… 137
6-4　原敬暗殺の連絡電報　外務省外交史料館所蔵 ……… 138
6-5　日米海軍比率 10 対 7 の閣議決定
『新生日本外交百年史』　1952 年 ……… 139
6-6　1922 年 2 月 5 日の閣議決定　外務省外交史料館所蔵 ……… 140
6-7　幣原喜重郎　内閣広報室提供 ……… 141
6-8　東亜同文書院　東亜同文書院大学同窓会提供 ……… 143
6-9　移民募集のポスター　外務省外交史料館提供 ……… 144
6-10　閣議決定「内政不干渉方針について」
外務省外交史料館所蔵 ……… 146
6-11　日ソ基本条約調印　朝日新聞社提供 ……… 149
6-12　芳沢、カラハン両代表のサイン
『新生日本外交百年史』1952 年　……… 149
6-13　外務省覚書　外務省外交史料館所蔵 ……… 151
6-14　田中義一　内閣広報室提供 ……… 152
6-15　張作霖爆殺　朝日新聞社提供 ……… 153
6-16　小幡酉吉　外務省外交史料館所蔵 ……… 155
6-17　日中関税協定（調印書）　外務省外交史料館所蔵 ……… 155
6-18　「支那」呼称に関する件　外務省外交史料館所蔵 ……… 157
6-19　ロンドン軍縮会議　朝日新聞社提供 ……… 157
6-20　高橋是清　内閣広報室提供 ……… 159
6-21　井上準之助
国立国会図書館ホームページ「近代日本人の肖像」より ……… 158
7-1　満州国皇帝即位式後の記念写真　朝日新聞社提供 ……… 161
7-2　9・18 歴史博物館　毎日新聞社提供 ……… 163
7-3　チチハルに入城する日本軍　朝日新聞社提供 ……… 165
7-4　上海事変　朝日新聞社提供 ……… 167
7-5　溥儀の執政就任式　毎日新聞社提供 ……… 169
7-6　満州国の承認に関する閣議決定　外務省外交史料館所蔵 ……… 170
7-7　日満議定書　外務省外交史料館所蔵 ……… 170
7-8　リットン調査団　朝日新聞社提供 ……… 171
7-9　国際連盟総会で演説する松岡洋右　朝日新聞社提供 ……… 173
8-1　日独防共協定調印式　逓信省提供 ……… 177
8-2　広田弘毅　外務省外交史料館提供 ……… 180
8-3　北支満蒙鉄道略図（1939 年）より
日本大学図書館文理学部分館所蔵 ……… 184
8-4　2. 26 事件　朝日新聞社提供 ……… 187
8-5　蒋・川越会談　朝日新聞社提供 ……… 189
8-6　日独防共協定調印原本　外務省外交史料館所蔵 ……… 189
8-7　西安事件　毎日新聞社提供 ……… 190
8-8　佐藤尚武　外務省外交史料館提供 ……… 192
9-1　日米交渉　同盟通信提供 ……… 193
9-2　盧溝橋を占拠した日本軍　朝日新聞社提供 ……… 195
9-3　第 1 次近衛内閣　朝日新聞社提供 ……… 196
9-4　平和工作失敗日記抜粋　外務省外交史料館所蔵 ……… 197
9-5　南京の中華門を破壊する日本軍戦車隊　朝日新聞社提供 ……… 199
9-6　日支事変に対する第三国の斡旋ないし干渉に対し帝国政府の採るべき方針
外務省外交史料館所蔵 ……… 199
9-7　9 カ国会議議場『新生日本外交百年史』1952 年 ……… 200
9-8　日華事変　抗日スローガン　朝日新聞社提供 ……… 201
9-9　近衛文麿　内閣広報室提供 ……… 202
9-10　宇垣一成　外務省外交史料館提供 ……… 203
9-11　有田八郎　外務省外交史料館提供 ……… 205
9-12　斎藤博　外務省外交史料館提供 ……… 207
9-13　独ソ不可侵条約署名　毎日新聞社提供 ……… 208
9-14　野村吉三郎　外務省外交史料館提供 ……… 209
9-15　日米交渉に関する野村駐米大使の意見具申電
外務省外交史料館所蔵 ……… 209
9-16　松岡洋右　外務省外交史料館提供 ……… 211
9-17　南京重慶合体及和平問題　外務省外交史料館所蔵 ……… 212
9-18　日華基本条約（調印書）　外務省外交史料館所蔵 ……… 213
9-19　荻窪会談　朝日新聞社提供 ……… 213
9-20　ドイツ外相、3 国同盟を発表　朝日新聞社提供 ……… 214
9-21　日ソ中立条約調印式　朝日新聞社提供 ……… 214
9-22　1940 年東京オリンピック公式マーク　外務省外交史料館提供 ……… 217
9-23　サイゴン市内を行進する日本海軍陸戦隊
『新生日本外交百年史』1952 年 ……… 218
9-24　日米交渉日本側最終案（「甲案」「乙案」）
外務省外交史料館所蔵 ……… 219
9-25　ハル・ノート　外務省外交史料館所蔵 ……… 220
9-26　対米英蘭開戦の件　外務省外交史料館所蔵 ……… 221
10-1　最後の御前会議（白川一郎画）　鈴木貫太郎記念館所蔵 ……… 223

10-2 東郷茂徳　外務省外交史料館提供……225
10-3 重光葵　外務省外交史料館提供……226
10-4 杉原千畝　外務省外交史料館提供……227
10-5 発給されたビザ　資料協力：八百津町・杉原千畝記念館……227
10-6 満蒙開拓青少年義勇軍募集ポスター　朝日新聞社提供……229
10-7 来日したインドネシアのスカルノ　朝日新聞社提供……231
10-8 大東亜会議 『写真週報』298 号……232
10-9 カイロ会議の 3 首脳
米国フランクリン・ローズヴェルト大統領図書館所蔵……233
10-10 爆撃で炎上する八幡製鉄所と市街地　朝日新聞社提供……235
10-11 アメリカ軍がまいたビラ　朝日新聞社提供……236
10-12 沖縄に上陸するアメリカ軍　米国立公文書館所蔵……237
10-13 鈴木貫太郎（似顔絵）　高野紀夫氏画……237
10-14 大西洋会議　米国海軍歴史・遺産コマンド所蔵……238
10-15 加瀬俊一　外務省外交史料館所蔵……239
10-16 フリードリヒ・ハック　朝日新聞社提供……239
10-17 沖縄戦での集団自決　朝日新聞社提供……241
10-18 佐藤駐ソ大使の早期戦争終結に関する意見具申電
外務省外交史料館所蔵……243
10-19 ポツダム会談の 3 首脳
米国ハリー・トルーマン大統領図書館所蔵　……244
10-20 帝国の解体 各地からの引揚げ　朝日新聞社提供……247
11-1 対日平和条約に署名する吉田首相
『新生日本外交百年史』1952 年……249
11-2 マッカーサーの厚木到着　毎日新聞社提供……251
11-3 降伏文書　外務省外交史料館所蔵……251
11-4 ミズーリ号上での降伏文書調印　朝日新聞社提供……251
11-5 岡崎勝男　外務省外交史料館提供……252
11-6 白洲次郎　外務省外交史料館提供……255
11-7 白洲からホイットニー民政局長宛て書簡
外務省外交史料館所蔵……255
11-8 ララ物資
The Archives of the American Friends Service Committee 所蔵……257
11-9 芦田均　内閣広報室提供……258
11-10 イギリスの平和条約案に対するわが方意見（案）
外務省外交史料館所蔵……259
11-11 日本の再軍備に関する日本政府の「腹案」として作成された文書
外務省外交史料館所蔵……261
11-12 日華平和条約調印　台北賓館所蔵……263
11-13 首席検察官ジョセフ・キーナン
『新生日本外交百年史』1952 年……267
11-14 極東国際軍事裁判法廷　朝日新聞社提供……266
11-15 李承晩ライン　外務省ホームページより作成……269
11-16 ダレス特使と吉田首相　朝日新聞社提供……270
11-17 吉田茂（似顔絵）　高野紀夫氏画……271
11-18 旧吉田茂邸外観　大磯町郷土資料館提供……271
12-1 日米新安保条約批准書交換　朝日新聞社提供……273
12-2 1955 年「自由民主党」誕生　朝日新聞社提供……275
12-3 日ソ共同宣言調印　朝日新聞社提供……276
12-4 鳩山一郎　内閣広報室提供……276
12-5 日本の国連加盟承認決議文　外務省所蔵……277
12-6 アジア・アフリカ会議　写真提供：共同通信社……279
12-7 岸信介　内閣広報室提供……280
12-8 ネルー・インド首相来日　毎日新聞社提供……282
12-9 ビキニの水爆実験で被ばくした第五福竜丸　朝日新聞社提供……284
12-10 藤山愛一郎　外務省外交史料館提供……285
12-11 日米相互協力および安全保障条約（調印書）　外務省所蔵……287
12-12 安保反対のデモ隊　朝日新聞社提供……288
13-1 佐藤栄作と池田勇人　朝日新聞社提供……289
13-2 池田勇人　内閣広報室提供……291
13-3 佐藤栄作　内閣広報室提供……291
13-4 ケネディ米大統領と池田首相　写真提供：共同通信社……292
13-5 大平・金メモ　韓国外交資料館所蔵……293
13-6 佐藤首相と談笑するライシャワー米駐日大使　朝日新聞社提供……295
13-7 竹島　朝日新聞社提供……297
13-8 日韓基本条約と付属協定の調印　韓国国家記録院所蔵……298
13-9 尖閣諸島　朝日新聞社提供……300
13-10 愛知外相を訪問した屋良朝苗琉球政府主席　朝日新聞社提供……303
13-11 沖縄復帰記念式典　朝日新聞社提供……304
14-1 東京サミットに集まった各国首脳　毎日新聞社提供……305
14-2 ニクソン訪中　写真提供：共同通信社……307
14-3 田中角栄　内閣広報室提供……308
14-4 第 1 回日中首脳会議　朝日新聞社提供……309
14-5 日中共同声明（調印書）　外務省所蔵……309
14-6 石油危機　朝日新聞社提供……310
14-7 三木武夫　内閣広報室提供……311
14-8 第 1 回先進国首脳会議　写真提供：共同通信社……312
14-9 福田赳夫　内閣広報室提供……313
14-10 日中平和友好条約調印　外務省外交史料館所蔵……315
14-11 大平正芳　内閣広報室提供……315
14-12 レーガン米大統領来日　外務省外交史料館所蔵……317
14-13 中曽根首相の靖国神社公式参拝　毎日新聞社提供……320
14-14 中曽根康弘　内閣広報室提供……320
14-15 昭和天皇崩御　毎日新聞社提供……322
15-1 日米首脳会議に臨むブッシュ米大統領と小泉首相
毎日新聞社提供　……323
15-2 ベルリンの壁崩壊　アフロ提供……325
15-3 ペルシャ湾で機雷除去の掃海艇あわしま　毎日新聞社提供……326
15-4 カンボジア PKO　毎日新聞社提供……327
15-5 宮澤喜一　内閣広報室提供……328
15-6 日米安保共同宣言署名　外務省ホームページ……329
15-7 米軍普天間飛行場　朝日新聞社提供……329
15-8 小渕恵三　内閣広報室提供……330
15-9 天安門事件　写真提供：共同通信社……331
15-10 村山富市　内閣広報室提供……332
15-11 慰安婦問題に関し日韓両政府が合意　外務省 Twitter……333
15-12 日韓共同宣言　毎日新聞社提供　……335
15-13 訪日した江沢民中国国家主席　首相官邸ホームページ……335
15-14 北方領土地図　外務省ホームページ……336
15-15 東京宣言に署名するエリツィン大統領と細川首相
外務省「われらの北方領土」2017 年版より……337
15-16 イラク復興支援　毎日新聞社提供……338
15-17 日朝平壌宣言に署名　代表／毎日新聞社提供……339
15-18 政権交代　衆院本会議場の議席配置
写真提供：共同通信社……341
15-19 トモダチ作戦　朝日新聞社提供……341
15-20 日中韓首脳会議　首相官邸ホームページ……342
15-21 プーチン・ロシア大統領と安倍首相
ロシア大統領ホームページより……343
15-22 集団的自衛権の行使容認に反対し、デモ行進する人たち
毎日新聞社提供……344
15-23 現職大統領として初めて広島を訪問し、演説するオバマ米大統領
代表／毎日新聞社提供……345
15-24 主要援助国の ODA 実績の推移　外務省ホームページ……346
15-25 シャルルボア・サミット（2018年 6 月）　内閣広報室提供……349

主要参考文献目録

（紙幅の都合で、ごく例外を除き、自伝・回顧録・日記、雑誌論文・記事、外国語文献、資料集は省略）

相澤淳（2002）『海軍の選択』中央公論新社
青山瑠汐（2013）『中国のアジア外交』東京大学出版会
阿川尚之（2016）『憲法改正とは何か』新潮選書
明田川融（1999）『日米行政協定の政治史』法政大学出版局
麻田貞雄（1993）『両大戦間の日米関係』東京大学出版会
麻田雅文（2016）『シベリア出兵』中公新書
———（2018）『日露近代史』講談社現代新書
浅野豊美（2008）『帝国日本の植民地法制』名古屋大学出版会
天川晃（2014）『占領下の日本』現代史料出版
荒川憲一（2011）『戦時経済体制の構想と展開』岩波書店
有賀貞（2010）『日米関係史』東京大学出版会
有馬哲夫（2015）『「スイス諜報網」の日米終戦工作』新潮選書
粟屋憲太郎（1988）『東京裁判論』大月書店
飯島渉・久保亨ほか編（2009）『シリーズ　20 世紀中国史』東京大学出版会
飯塚一幸（2016）『日清・日露戦争と帝国日本』吉川弘文館
家近亮子（2012）『蒋介石の外交戦略と日中戦争』岩波書店
家近亮子ほか編著（2007）『岐路に立つ日中関係』晃洋書房
五百旗頭薫（2010）『条約改正史』有斐閣
五百旗頭真（1985）『米国の日本占領政策』上、中央公論社
———（2001）『戦争・占領・講和（日本の近代 6）』中央公論新社
———（2001）『日米戦争と戦後日本』中央公論新社
———　編（2006）『戦後日本外交史　新版』有斐閣アルマ
———　編（2008）『日米関係史』有斐閣
———・下斗米伸夫ほか編（2015）『日ロ関係史』東京大学出版会
五十嵐武士（1995）『戦後日米関係の形成』講談社学術文庫
井口武夫（2011）『開戦神話』中央公論新社
井口治夫（2012）『鮎川義介と経済的国際主義』名古屋大学出版会
池井優（1992）『日本外交史概説　3 訂版』慶応義塾大学出版会
———（2002）『駐日アメリカ大使』文春新書
池内敏（2012）『竹島問題とは何か』名古屋大学出版会
池田慎太郎（2004）『日米同盟の政治史』国際書院
———（2012）『独立完成への苦悶（現代日本政治史 2）』吉川弘文館
池田直隆（2004）『日米関係と「二つの中国」』木鐸社
伊香俊哉（2002）『近代日本と戦争違法化体制』吉川弘文館
———（2007）『満洲事変から日中全面戦争へ』吉川弘文館
石井修（1989）『冷戦と日米関係』ジャパン・タイムズ
———（1995）『世界恐慌と日本の「経済外交」』勁草書房
———（2000）『国際政治史としての二〇世紀』有信堂
———（2016）『覇権の翳り』柏書房
石井明ほか編（2003）『記録と考証　日中国交正常化・日中平和友好条約締結交渉』岩波書店
石井孝（1972）『日本開国史』吉川弘文館
———（1977）『明治初期の国際関係』吉川弘文館
石川禎浩（2010）『革命とナショナリズム 1925 − 1945（シリーズ中国近現代史③）』岩波新書
石田憲編（2007）『膨張する帝国　拡散する帝国』東京大学出版会
———（2009）『敗戦から憲法へ』東京大学出版会
伊藤隆（1983）『昭和期の政治』山川出版社
———　劉傑編（1993）『石射猪太郎日記』中央公論社
伊藤之雄（1999）『立憲国家の確立と伊藤博文』名古屋大学出版会
———（2005）『昭和天皇と立憲君主制の崩壊』名古屋大学出版会
———（2007）『元老西園寺公望』文春新書
———（2011）『昭和天皇伝』文藝春秋
———・川田稔編（1999）『環太平洋の国際秩序の模索と日本』山川出版社
犬塚孝明（1986）『森有礼』吉川弘文館
井上勲編（2004）『開国と幕末の動乱（日本の時代史 20）』吉川弘文館
井上寿一（1993）「国際協調・地域主義・新秩序」（坂野潤治ほか編『日本現代史　3　現代社会への転形』岩波書店）
———（1994）『危機のなかの協調外交』山川出版社
———（2003）『日本外交史講義』岩波書店
———（2011）『戦前日本の「グローバリズム」』新潮選書
———　ほか編（2013）『日本の外交 6』岩波書店
井上正也（2011）『日中国交正常化の政治史』名古屋大学出版会
猪木武徳（2000）『経済成長の果実（日本の近代 7）』中央公論新社
猪口孝（1991）『日本（東アジアの国家と社会 6）』東京大学出版会
入江昭（1966）『日本の外交』中央公論社
———（1968）『極東新秩序の模索』原書房
———（1978）『日米戦争』中央公論社
———（篠原初枝訳）（1991）『太平洋戦争の起源』東京大学出版会
———・有賀貞編（1984）『戦間期の日本外交』東京大学出版会
岩下明裕（2005）『北方領土問題』中公新書
岩谷将（2013）「日中戦争初期における中国の対日方針」（劉傑・川島編『対立と共存の歴史認識』）
———（2017）「日中戦争拡大過程の再検証」（『軍事史学』第 53 巻第 2 号）
鵜飼政志（2014）『明治維新の国際舞台』有志社
臼井勝美（1972）『日本と中国―大正時代』原書房
———（1983）『中国をめぐる近代日本の外交』筑摩書房
———（1995）『満洲国と国際連盟』吉川弘文館
———（1998）『日中外交史研究』吉川弘文館
———（2000）『新版　日中戦争』中公新書
梅渓昇（2010）『お雇い外国人の研究』上下，青史出版
浦田秀次郎（2013）「第二次大戦後における日本の通商政策」（波多野編『日本の外交 2』）
海野福寿（1995）『韓国併合』岩波書店
海野芳郎（1972）『国際連盟と日本』原書房
江藤淳（監修）（1986）『終戦工作の記録』上下、講談社
———編（1995）『占領史録（下）』講談社
NHKドキュメント昭和取材班（1986）『ベルサイユの日章旗』角川書店
エルドリッジ、ロバート（2003）『沖縄問題の起源』名古屋大学出版会
大賀哲（2005）「日本外交史における境界の政治学」（『国際政治』140 号）
大澤武司（2008）『人民の義憤』を超えて」（『軍事史学』175 号）
———（2009）「『ヒト』の移動と国家の論理」（劉傑・川島編『1945 年の歴史認識』）
大澤博明（2001）『近代日本の東アジア政策と軍事』熊本大学法学会
———（2013）「朝鮮永世中立化構想と日本外交」（井上寿一編『日本の外交 1』岩波書店
大芝亮編（2013）『日本の外交 5 対外政策 課題編』岩波書店
大杉一雄（2007）『日中戦争への道』講談社現代文庫
太田修（2006）『日韓交渉請求権問題の研究』クレイン
大沼保昭（2007）『慰安婦問題とは何だったのか』中公新書
大庭三枝（2004）『アジア太平洋地域形成への道程』ミネルヴァ書房
大矢根聡（2015）「サミット外交と福田・大平の『世界の中の日本像』」（福永編『第二の「戦後」形成過程』）
岡崎久彦（1999）『陸奥宗光とその時代』PHP研究所
小此木政夫・張達重編（2005）『戦後日韓関係の展開』慶応義塾大学出版会
緒方貞子（1964）『満洲事変と政策の形成過程』原書房
———（添谷芳秀訳）（1992）『戦後日中・米中関係』東京大学出版会
岡部達味（2001）『中国をめぐる国際環境』岩波書店
岡本隆司（2008）『世界のなかの日清韓関係』講談社選書メチエ
———（2011）『李鴻章』岩波新書
———（2013）『中国近代史』ちくま新書
岡義武（1958）『山県有朋』岩波新書
———（1972）『近衛文麿』岩波新書
———（1978）『近代日本の政治家』岩波書店
奥健太郎・河野康子編（2015）『自民党政治の源流』吉田書店
外務省編（1965）『日本外交年表竝主要文書』原書房
外務省編（1952）『終戦史録』上下、新聞月鑑社
外務省欧亜局第 1 課編（1942）『日「ソ」交渉史』巌南堂書店

外務省外交史料館（1992）『新版　日本外交史辞典』山川出版社
外務省百年史編纂委員会（1969）『外務省の百年』上下，原書房
笠原十九司（2017）『日中戦争全史』上下、高文研
鹿島平和研究所編（1971 ～ 73）『日本外交史』第 13 ～ 32 巻、鹿島研究所出版会
片山慶隆（2011）『小村寿太郎』中公新書
加藤聖文（2009）『「大日本帝国」崩壊』中公新書
―――（2006）『満鉄全史』講談社メチエ
加藤秀俊ほか編（1977）『日本とアメリカ』日本学術振興会
加藤祐三（2004）『幕末外交と開国』ちくま新書
加藤陽子 1993.『模索する 1930 年代』山川出版社
―――（2005）『戦争の論理』勁草書房
―――（2007）『満州事変から日中戦争へ』岩波書
我部政明（2000）『沖縄返還とは何だったのか』日本放送出版協会
川島真（2004）『中国近代外交の形成』名古屋大学出版会
―――編（2014）『近代中国をめぐる国際政治』中央公論新社
―――・服部龍二編（2007）『東アジア国際政治史』名古屋大学出版会
―――・毛里和子（2009）『グローバル中国への道程』岩波書店
―――ほか編（2008）『日台関係史　1945 ‒ 2008』東京大学出版会
川田稔（1998）『原敬と山県有朋』中公新書
―――（2011）『昭和陸軍の軌跡』中央公論新社
―――・伊藤之雄編（2002）『二〇世紀日米関係と東アジア』風媒社
河西秀哉（2010）『「象徴天皇」の戦後史』講談社
河野康子（1994）『沖縄返還をめぐる政治と外交』東京大学出版会
―――（2002）『戦後と高度成長の終焉（日本の歴史 24）』講談社
神田豊隆（2012）『冷戦構造の変容と日本の対中外交』岩波書店
菅英輝（1992）『米ソ冷戦とアメリカのアジア政策』ミネルヴァ書房
―――（2016）『冷戦と「アメリカの世紀」』岩波書店
―――　編著（2011）『冷戦史の再検討』法政大学出版局
菊池一隆（2009）『中国抗日軍事史、一九三七‐一九四五』有志舎
菊池努（1995）『APEC』日本国際問題研究所
貴志俊彦ほか編（2009）『模索する近代日中関係』東京大学出版会
北岡伸一（1978）『日本陸軍と大陸政策』東京大学出版会
―――（1999）『政党から軍部へ』中央公論新社
―――（2011）『日本政治史』有斐閣
―――（2015）『門戸開放政策と日本』東京大学出版会
―――・御厨貴編（2001）『戦争・復興・発展』東京大学出版会
―――・歩平編（2014）『「日中歴史共同研究」報告書』、勉誠出版
キッシンジャー、H（岡崎久彦監訳）（1996）『外交』上下、日本経済新聞社
木畑洋一ほか編（2000）『日英交流史 1600-2000　2 政治外交Ⅱ』第 2 巻、東京大学出版会
木宮正史（2012）『国際政治のなかの韓国現代史』山川出版社
―――　編（2015）『朝鮮半島と東アジア』岩波書店
―――・李元徳編（2015）『日韓関係史 1965-2015 Ⅰ政治』東京大学出版会
木村幹（2014）『日韓歴史認識問題とは何か』ミネルヴァ書房
木村汎（2000）『新版　日露国境交渉史』中公新書
清沢洌（1942）『日本外交史』上下、東洋経済新報社
君塚直隆（2018）『立憲君主制の現在』新潮選書
近代日本研究会編（1989）『協調政策の限界（近代日本研究 11）』山川出版社
―――　編（1994）『戦後外交の形成（近代日本研究 16）』山川出版社
草野厚・梅本哲也編『現代日本外交の分析』東京大学出版会
久保亨（1999）.『戦間期中国〈自立への模索〉』東京大学出版会
熊本史雄（2013）『大戦間期の対中国文化外交』吉川弘文館
楠綾子（2009）『吉田茂と安全保障政策の形成』ミネルヴァ書房
倉沢愛子（2011）『戦後日本=インドネシア関係史』草思社もう一つは、
栗原健（1985）『天皇　昭和史覚書』原書房
―――・波多野澄雄編（1986）『終戦工作の記録』上下、講談社
栗山尚一（2016）『戦後日本外交』岩波書店
黒崎輝（2006）『核兵器と日米関係』有志舎
黒沢文貴（2000）『大戦間期の日本陸軍』みすず書房
―――・河合利彦編（2004）『日本赤十字社と人道援助』東京大学出版会
―――・イアン・ニッシュ編（2011）『歴史と和解』東京大学出版会
黒野耐（2000）『帝国国防方針の研究』総和社
黒柳米司（2003）『ASEAN 35 年の軌跡』有信堂
軍事史学会編（1997）『日中戦争の諸相』錦正社
―――　編（2008）『日中戦争再論』錦正社
憲法改正記念刊行会（1947）『日本国憲法制定誌』同会
小池聖一（2003）『満洲事変と対中国政策』吉川弘文館
高坂正尭（1968）『宰相吉田茂』中央公論社
―――（1996）『世界史のなかから考える』新潮社
小風秀雅編（2004）『アジアの帝国国家』吉川弘文館
小風秀雅・李武嘉也編（2015）『グローバル化のなかの近代日本』有志舎
国分良成（2017）『中国政治からみた日中関係』岩波書店
―――ほか（2013）『日中関係史』有斐閣アルマ
古結諒子（2016）『日清戦争における日本外交』名古屋大学出版会
古城佳子（2013）「通商と金融をめぐる外交」（大芝編『日本の外交』5）
古関彰一（1995）『新憲法の誕生』中公文庫
後藤乾一（1994）『近代日本と東南アジア』岩波書店
―――（2010）『「沖縄核密約」を背負って‒若泉敬の生涯』岩波書店
―――（2012）『東南アジアから見た近現代日本』岩波書店
後藤春美（2006）『上海をめぐる日英関係』東京大学出版会
小林啓治（2002）『国際秩序の形成と近代日本』吉川弘文館
―――（2008）『総力戦とデモクラシー』吉川弘文館
小原雅博（2017）「『偉大な米国』の衰退と二つの危機」（『外交』Vol.42）
佐々木克（1998）『大久保利通と明治維新』吉川弘文館
小林英夫（2003）『日中戦争と汪兆銘』吉川弘文館
小林道彦（1996）『日本の大陸政策　1895―1914』南窓社
―――・中西寛編（2010）『歴史の桎梏を越えて』ミネルヴァ書房
―――・黒沢文貴編著（2013）『日本政治史のなかの陸海軍』ミネルヴァ書房
小宮一夫（2001）『条約改正と国内政治』吉川弘文館
小村捷治（2002）『父の一生』小村寿太郎侯奉賛会
権容そく（2008）『岸政権期の「アジア外交」』国際書院
斎藤鎮男（1991）『外交』（サイマル出版会、一九九一年）。
酒井哲哉（1989）「『英米協調』と『日中提携』」（近代日本研究会編 1989）
―――（1992）『大正デモクラシー体制の崩壊』東京大学出版会
―――（2007）『近代日本の国際秩序論』岩波書店
酒井一臣（2009）『近代日本外交とアジア太平洋秩序』昭和堂
坂元一哉（2000）『日米同盟の絆』有斐閣
櫻井良樹（2009）『辛亥革命と日本政治の変動』岩波書店
―――（2017）『国際化時代「大正日本」（日本近代の歴史 4）』吉川弘文館
佐々木隆（2002）『明治人の力量』（日本の歴史 21）講談社
佐々木卓也（2011）『冷戦』有斐閣
佐々木雄一（2017）『帝国日本の外交　1894-1922』東京大学出版会
佐道明弘（2015）『自衛隊史論』吉川弘文館
―――ほか編（2008）『人物で読む近代日本外交史』吉川弘文館
―――ほか編（2009）『人物で読む現代日本外交史』吉川弘文館
佐藤誠三郎（1992）『「死の跳躍」を超えて』都市出版
―――・R・ディングマン編（1974）『近代日本の対外態度』東京大学出版会
佐藤元英（1992）『昭和初期対中国政策の研究』原書房
サンソム（Sansom,G. B.）（1966）『西欧世界と日本』下、筑摩書房
塩崎弘明（1984）『日英米戦争の岐路』山川出版社
信田智人（2006）『冷戦後の日本外交』ミネルヴァ書房
篠原初枝（2003）『戦争の法から平和の法へ』東京大学出版会
―――（2010）『国際連盟』中公新書
白鳥潤一郎（2015）『「経済大国」日本の外交』千倉書房
信夫隆司（2012 ）『若泉敬と日米密約』日本評論社
幣原平和財団編（1955）『幣原喜重郎』幣原平和財団
柴田伸一（1995）『昭和期の皇室と政治外交』原書房
下斗米伸夫（2011）『日本冷戦史』岩波書店
庄司潤一郎（2012）「歴史認識をめぐる日本外交」（『国際政治』170 号）
徐顕芬（2011）『日本の対中 ODA』勁草書房
白石仁章（2011）『諜報の天才　杉原千畝』新潮選書
―――（2010）『プチャーチン』新人物往来社
白鳥潤一郎（2015）『「経済大国」日本の外交』千倉書房
須藤季夫（1996）『東南アジア国際関係の構図』頸草書房
季武嘉也・武田知己編（2011）『日本政党史』吉川弘文館

杉山伸也ほか編（1990）『戦間期東南アジアの経済摩擦』同文館
鈴木啓介（1998）『財界対ソ攻防史』日本経済評論社
鈴木淳（2002）『維新の構想と展開（日本の歴史 20）』講談社
鈴木多聞（2011）『「終戦」の政治史』東京大学出版会
鈴木宏尚（2013）『池田政権と高度成長期の日本外交』慶応義塾大学出版会
関静雄（1990）『日本外交の基軸と展開』ミネルヴァ書房
―――（2001）『大正外交』ミネルヴァ書房
添谷芳秀（1995）『日本外交と中国』慶應義塾大学出版会
―――（2005）『日本の「ミドル・パワー」外交』筑摩書房
―――（2015）『日本の外交』ちくま学芸文庫
高木誠一郎編（2007）『米中関係』日本国際問題研究所
高崎宗司（1996）『検証　日韓会談』岩波書店
高杉洋平（2015）『宇垣一成と戦間期の日本政治』吉田書店
高野雄一（1962）『日本の領土』東京大学出版会
髙橋和宏（2018）『ドル防衛と日米関係』千倉書房
髙橋秀直（1995）『日清戦争への道』東京創元社
高原明生・服部龍二編（2012）『日中関係史 1972 ～ 2012 I 政治』東京大学出版会
――― ほか編（2014）『日中関係　何が問題か』岩波書店
高原秀介（2006）『ウイルソン外交と日本』創文社
高光佳絵（2008）『アメリカと戦間期の東アジア』青弓社
瀧井一博（2003）『文明史のなかの日本国憲法』講談社
―――（2010）『伊藤博文』中公新書
竹内俊隆編著（2011）『日米同盟論』ミネルヴァ書房
武田知己（2002）『重光葵と戦後政治』吉川弘文館
――― 萩原稔編（2014）『大正・昭和期の日本政治と国際秩序』思文閣出版
武田悠（2015）『「経済大国」日本の対米協調』ミネルヴァ書房
田嶋信雄（2013）『ナチス・ドイツと中国国民政府』東京大学出版会
―――（2008）「東アジア国際関係の中の日独関係」（工藤章・田嶋編『日独関係史，1890―1945』第 1 巻，東京大学出版会）
―――・工藤章編（2017）『ドイツと東アジア』東京大学出版会
田所昌幸（2000）『「アメリカ」を超えたドル』中央公論新社
田中明彦（1991）『日中関係　1945 – 1990』東京大学出版会
―――（1997）『安全保障』読売新聞社
―――（2007）『アジアのなかの日本』NTT出版
―――（2013）「安全保障」（大芝亮編『日本の外交 5』岩波書店）
田中孝彦（1992）『日ソ国交回復の史的研究』有斐閣
田中均（2009）『外交の力』日本経済新聞出版社
田中正弘（2008）『幕末維新期の社会変革と群像』吉川弘文館
千葉功（2008）『旧外交の形成』勁草書房
―――（2012）『桂太郎』中公新書
茶谷誠一（2010）『昭和天皇側近たちの戦争』吉川弘文館
―――（2013）『牧野伸顕』吉川弘文館
中央大学人文科学研究所編（1993）『近代日本の形成と宗教問題』中央大学出版部
中央大学人文科学研究所編（2005）『日中戦争』中央大学出版部
陳肇斌（2002）『戦後日本の中国政策』東京大学出版会
筒井清忠（2006）『満州事変はなぜ起きたのか』中央公論新社
寺本康俊（1999）『日露戦争以後の日本外交』信山社
寺崎英成ほか（1991）『昭和天皇独白録 寺崎英成御用掛日記』文藝春秋社
東郷和彦（2013）『歴史認識を問い直す』角川書店
等松春夫（2011）『日本帝国と委任統治』名古屋大学出版会、
戸部良一（1991）『ピース・フィーラー』論創社
―――（1998）『逆説の軍隊（日本の近代 9）』中央公論新社
―――（1999）『日本陸軍と中国』講談社
――― 編（2014）『近代日本のリーダーシップ』千倉書房
冨永望（2010）『象徴天皇制の形成と定着』思文閣出版
友田錫（1988）『入門・現代日本外交』中公新書
ドリフテ, R.（吉田康彦訳）（2000）『国連安保理と日本』岩波書店
仲晃（2000）『黙殺』上下、日本放送出版協会
永井和（1993）『近代日本の軍部と政治』思文閣出版
永井均（2010）『フィリピンと対日戦犯裁判』岩波書店
中北浩爾（2002）『1955 年体制の成立』東京大学出版会
中島信吾（2006）『戦後日本の防衛政策』慶應大学出版会。
中島琢磨（2012）『沖縄返還と日米安保体制』有斐閣。
―――（2012）『高度成長と沖縄返還』吉川弘文館
中谷直司（2016）『強いアメリカと弱いアメリカの狭間で』千倉書房
中西寛（2002）「戦後日本の安全保障とアメリカ」（川田稔・伊藤編『二〇世紀日米関係と東アジア』）
中見立夫（2013）『「満蒙問題」の歴史的構図』東京大学出版会
中村隆英（2007）『昭和経済史』岩波現代文庫
中村政則（1997）『象徴天皇制への道』岩波新書
中村元哉（2017）『対立と共存の日中関係史』講談社
納家政嗣（2016）「国連外交」（『外交』Vol.40）
奈良岡聡智（2006）『加藤高明と政党政治』山川出版社
―――（2015）『対華 21 カ条要求とは何だったか』名古屋大学出版会
西川博史（2014）『戦時・戦後の中国とアメリカ・日本』HINAS
西原正・J.W. モーリー編（1996）『台頭するベトナム』中央公論社
西村熊雄（1999）『サンフランシスコ平和条約・日米安保条約』中公文庫
西村成雄編（2004）『中国外交と国連の成立』法律文化社
日米協会編（2012）『もう一つの日米交流史』中央公論新社
ニッシュ、イアン（宮本盛太郎監訳）『日本の外交政策』ミネルヴァ書房
日本学術振興会（1951）『通商条約と通商政策の変遷』世界経済調査会
日本国際政治学会編（1963 ～ 64）『太平洋戦争への道』全 7 巻、朝日新聞社
日本政治学会編（1997）『危機の日本外交－ 1970 年代』岩波書店）
――― 編（1998）『日本外交におけるアジア主義』岩波書店
――― 編（1991）『戦後国家の形成と経済発展』岩波書店
野村実（1988）『天皇・伏見宮と日本海軍』文藝春秋
萩原充（2000）『中国の経済建設と日中関係』ミネルヴァ書房、2000
萩原宣之・後藤乾一編（1995）『東南アジア史のなかの近代日本』みすず書房
萩原稔・伊藤信哉編著（2015）『近代日本の対外認識I』彩流社
橋本五郎編・読売新聞取材班（2015）『戦後 70 年日本の記憶』中央公論新社
長谷川雄一編著（2014）『アジア主義思想と現代』慶応義塾大学出版会
長谷川毅（2006）『暗闘―スターリン、トルーマンと昭和天皇』中央公論社
秦郁彦（1972）『太平洋国際関係史』福村出版
―――（1993）『昭和史の謎を追う（上・下）』文藝春秋
―――（1996）『盧溝橋事件の研究』東京大学出版会
波多野澄雄（1996）『太平洋戦争とアジア外交』東京大学出版会
―――（2010）『歴史としての日米安保条約』岩波書店
―――（2011）『国家と歴史』中公新書
―――（2015）『宰相鈴木貫太郎の決断』岩波書店
――― 編（2004）『池田・佐藤政権期の日本外交』ミネルヴァ書房
――― 編（2013）『日本の外交 2　外交史　戦後編』岩波書店
―――・戸部良一編（2006）『日中戦争の軍事的展開』慶應義塾大学出版会
―――・佐藤晋（2007）『現代日本の東南アジア政策』早稲田大学出版部、
―――・中村元哉編（2018）『日中戦争はなぜ起きたかのか』中央公論新社
波多野勝（1998）『裕仁皇太子ヨーロッパ外遊記』草思社
服部聡（2012）『松岡外交』千倉書房。
服部龍二（2001）『東アジア国際環境の変動と日本外交』有斐閣
―――（2008）『広田弘毅』中公新書
―――（2010）『日中歴史認識』東京大学出版会
―――（2011）『日中国交正常化』中公新書
―――（2014）『大平正芳』岩波書店
―――（2017）『増補版　幣原喜重郎』吉田書店
――― ほか編（2007）『戦間期の東アジア国際政治』中央大学出版部
馬場明（1993）『日露戦争後の日中関係』原書房
浜井和史（2014）『海外戦没者の戦後史』吉川弘文館
林博史（2010）『戦犯裁判の研究』勉誠出版
原彬久（1988）『戦後日本と国際政治』中央公論社
―――（1991）『日米関係の構図』NHKブックス
―――（2000）『戦後史のなかの日本社会党』中公新書
原貴美恵（2005）『サンフランシスコ平和条約の盲点』渓水社
春原剛（2013）『暗闘　尖閣国有化』新潮社
坂野潤治（1985）『近代日本の外交と政治』研文出版
―――（1996）『近代日本の国家構想』岩波書店
―――（1997）『改訂版　日本政治史』放送大学教育振興会

――――（2008）『日本憲政史』東京大学出版会
樋口秀美（2002）『日本海軍から見た日中関係史研究』芙蓉書房
日暮吉延（2002）『東京裁判の国際関係』木鐸社
――――（2008）『東京裁判』講談社現代新書
姫田光義ほか編（1993）『中国 20 世紀史』東京大学出版会
平川祐弘（1993）『平和の海と戦いの海』講談社学術文庫
広中一成（2012）『ニセチャイナ』社会評論社
樋渡由美（1990）『戦後政治と日米関係』東京大学出版会
福永文夫（2014）『日本占領史』中公新書
――――編（2015）『第二の「戦後」の形成過程』有斐閣
藤村欣市朗（1992）『高橋是清と国際金融』福武書店
船橋洋一（2006）『同盟漂流』岩波現代選書
古川隆久（2011）『昭和天皇』中公新書
――――　ほか編（2015）『「昭和天皇実録」講義』吉川弘文館
防衛研究所編（2009）『太平洋戦争と連合国の対日戦略』防衛研究所
保城広至（2008）『アジア地域主義外交の行方』木鐸社
細谷千博（1979）『日本外交の座標』中央公論社
――――（1984）『サンフランシスコ講和への道』中央公論社、
――――綿貫譲治編（1977）『対外政策決定過程の日米比較』東京大学出版会
――――・斎藤真編（1978）『ワシントン体制と日米関係』東京大学出版会
――――　編（1982）『日英関係史』東京大学出版会
――――・有賀貞編（1987）『国際環境の変容と日米関係』東京大学出版会
――――　ほか編（1993）『太平洋戦争』東京大学出版会
――――　ほか編（1997）『太平洋戦争の終結』柏書房
――――（監修）A 五〇日米戦後史編集委員会編（2001）『日本とアメリカ』ジャパンタイムズ
――――（2005）『シベリア出兵の史的研究』岩波現代文庫
細谷雄一（2012）『国際秩序』中央公論新社
――――（2015）『歴史認識とは何か（戦後史の解放1）』新潮選書
――――（2018）『自主独立とは何か（戦後史の解放 2）』新潮選書
――――　編（2013）『グローバル・ガヴァナンスと日本』中央公論新社
眞壁仁（2007）『徳川後期の学問と政治』名古屋大学出版会
マクマリー , J.A.（衣川宏訳・A. ウォルドロン編）（1997）『平和はいかに失われたか』原書房
真崎翔（2017）『核密約から沖縄返還へ―小笠原返還の政治史』名古屋大学出版会
増田弘編著（2016）『戦後日本首相の外交思想』ミネルヴァ書房
――――　編著（2012）『大日本帝国の崩壊と引揚・復員』慶応義塾大学出版会
升味準之輔（1983）『戦後政治』上下、東京大学出版会
松浦正孝（1995）『日中戦争期における経済と政治』東京大学出版会
――――（2010）『「大東亜戦争」はなぜ起きたのか』名古屋大学出版会
松尾尊兊編（1991）『石橋湛山評論集』岩波書店
松尾正人（1995）『維新政権』吉川弘文館
――――（2001）『廃藩置県の研究』吉川弘文館
松田宏一郎・五百旗頭薫編『自由主義の政治家と政治思想』中央公論新社
松村正義（2014）『金子堅太郎』ミネルヴァ書房
光田剛（2007）『中国国民政府期の華北政治』御茶の水書房
三谷太一郎（1995）『増補　日本政党政治の形成』東京大学出版会
――――（2017）『日本の近代とは何であったか』岩波新書
三谷博（1997）『明治維新とナショナリズム』山川出版社
――――（2012）『明治維新を考える』岩波現代文庫
――――　編著（2007）『歴史教科書問題』日本図書センター
蓑原俊洋（2002）『排日移民法と日米関係』岩波書店
――――・奈良岡聡智編（2016）『ハンドブック近代日本外交史』ミネルヴァ書房
宮城大蔵（2001）『バンドン会議と日本のアジア復帰』草思社
――――（2016）『現代日本外交史』中公新書
――――（2004）『戦後アジア秩序の模索と日本』創文社
――――（2015）「サンフランシスコ講和と吉田路線の選択」（『国際問題』638 号）
――――　編著（2015）『戦後日本のアジア外交』ミネルヴァ書房
三宅紹宣（2002）「薩長明約の歴史的意義」（『日本歴史』647 号）
三宅正樹（1975）『日独伊三国同盟の研究』南窓社
――――　ほか編（1983）『昭和史の軍部と政治』第 1 ～第 3 巻、第一法規
――――（2000）『ユーラシア外交史研究』河出書房新社
宮下明聡・佐藤洋一郎編（2004）『現代日本のアジア外交』ミネルヴァ書房
宮田昌明（2014）『英米世界秩序と東アジアにおける日本』錦正社
三輪公忠・戸部良一編（1993）『日本の岐路と松岡外交』南窓社
陸奥宗光（中塚明校注）（1983）『新訂　蹇蹇録』岩波文庫
村井良太（2005）『政党内閣制の成立』有斐閣
村上友章（2007）「カンボジア PKO と日本」（軍事史学会編『PKO の史的検証』錦正社
村瀬信一（2011）『明治立憲制と内閣』吉川弘文館
村山富市・和田春樹編（2014）『慰安婦問題とアジア女性基金』青灯社
明治文化研究会編（1992）『明治文化全集』正史篇（下）、日本評論社
毛里和子（2018）『現代中国外交』岩波書店
――――（2017）『日中漂流』岩波書店
――――（2006）『日中関係』岩波新書
森本敏（2010）『普天間の謎』海竜社
森靖夫（2011）『永田鉄山』ミネルヴァ書房
森山茂徳（1978）『近代日韓関係史研究』東京大学出版会
――――（1995）『日韓併合』吉川弘文館
森山優（1998）『日米開戦の政治過程』吉川弘文館
安井三吉（2003）『柳条溝事件から盧溝橋事件へ』研文出版
安田佳代（2014）『国際政治のなかの国際保健事業』ミネルヴァ書房
矢野暢編（1991）『東南アジアと日本』弘文堂
山極晃・中村政則編（1990）『資料日本占領　一　天皇制』大月書店
山田朗（1990）『昭和天皇の戦争指導』昭和出版
山田辰雄編（1996）『歴史のなかの現代中国』勁草書房
――――・松重充浩編 2013.『蒋介石研究』東方書店
山影進（1991）『ASEAN』東京大学出版会
――――　編（2001）『転換期のASEAN』日本国際問題研究所
山本有造編（2003）『帝国の研究―原理・類型・関係―』名古屋大学出版会
山室信一（2011）『複合戦争と総力戦の断層』人文書院
楊大慶（2009）「中国に留まる日本人技術者」（劉傑・川島真編『1945 年の歴史認識』）
横手慎二（2005）『日露戦争史』中公新書
義井博（1977）『日独伊三国同盟と日米関係』南窓社
吉澤文寿（2005）『戦後日韓関係』クレイン
吉田茂記念事業財団編（1991）『人間　吉田茂』中央公論社
吉田慎吾（2012）『日米同盟の制度化』名古屋大学出版会
吉田裕（1992）『昭和天皇の終戦史』岩波書店
吉次公介（2011）『日米同盟はいかに作られたか』講談社メチエ
――――（2018）『日米安保体制史』岩波新書
吉村道男（1991）『増補　日本とロシア』日本経済評論社
李鍾元ほか編（2011）『歴史としての日韓国交正常化I 』法政大学出版局
劉傑（1995）『日中戦争下の外交』吉川弘文館
――――（2000）『漢奸裁判』中央公論社
――――　三谷博・楊大慶編（2006）『国境を越える歴史認識』東京大学出版会
――――・川島真編（2009）『1945 年の歴史認識』東京大学出版会
――――・川島真編（2013）『対立と共存の歴史認識』東京大学出版会
鹿錫峻（2001）『中国国民政府の対日政策　1931 – 1933』東京大学出版会
――――（2016）『蒋介石の「国際的解決」戦略：1937 ～ 1941』東方書店
若月秀和（2006）『「全方位外交」の時代』日本経済評論社
――――（2017）『冷戦の終焉と日本外交』千倉書房
渡辺昭夫（1992）『アジア・太平洋の国際関係と日本』東京大学出版会
――――（2000）『大国日本の揺らぎ（日本の近代 8）』中央公論社
――――　編（1985）『戦後日本の対外政策』有斐閣
――――・宮里政玄編（1986）『サンフランシスコ講和』東京大学出版会
――――　編（2001）『現代日本の国際政策』有斐閣
――――　編（2001）『戦後日本の宰相たち』中公新書
渡辺治（1990）『戦後政治史の中の天皇制』青木書店
和田春樹（1999）『北方領土問題』朝日選書
――――（2002）『朝鮮戦争全史』岩波書店
――――　ほか編（2011）『岩波講座　東アジア近現代通史　第 6 巻』岩波書店